中华文化原典选读

（第2版）

主　　编：姚　电　康丽云　胡毓智

副 主 编：涂序才　王水根　刘旭东

编写组成员：（按姓氏笔画排名）

王水根　江立员　刘旭东　余达锡

张绍红　李　剑　姚　电　侯清娜

胡毓智　涂序才　高建青　康丽云

黄定华　谢志勇　谢建罗　涂序勇

北京理工大学出版社

BEIJING INSTITUTE OF TECHNOLOGY PRESS

图书在版编目（CIP）数据

中华文化原典选读/姚电，康丽云，胡毓智主编．—2版．—北京：北京理工大学出版社，2009.12（2022.1重印）

ISBN 978-7-5640-1272-4

Ⅰ．中…　Ⅱ．①姚…②康…③胡…　Ⅲ．传统文化-中国-古代
Ⅳ．K203

中国版本图书馆CIP数据核字（2009）第224124号

出版发行／北京理工大学出版社
社　　址／北京市海淀区中关村南大街5号
邮　　编／100081
电　　话／(010)68914775(办公室)　68944990(批销中心)　68911084(读者服务部)
网　　址／http：//www.bitpress.com.cn
经　　销／全国各地新华书店
印　　刷／北京虎彩文化传播有限公司
开　　本／787毫米×1092毫米　1/16
印　　张／31
字　　数／730千字
版　　次／2009年12月第2版　2022年1月第16次印刷　责任校对／张沁萍
定　　价／49.80元　责任印制／边心超

再版前言

中华民族的优秀传统文化，历经数千年绵延不断，铸造和凝聚了我们民族的伟大精神，是中华民族生生不息的力量之源。而作为文化载体的中华原典犹如一位母亲，她丰富的乳汁使我们民族的每一个细胞中都贯注了生命的创造力。接续文化传承，宏扬人文精神，对中华民族永远矗立于世界民族之林具有极其重要的意义，也将对整个世界产生不可估量的影响。

然而，目前在我国高校中，中华民族优秀传统文化却无奈地被置于尴尬的边缘化地位，这一状况直接导致的后果，便是大学生人文精神的严重缺失。因此，加强大学生的优秀传统文化教育，培养大学生的人文精神，是摆在各高校面前的一项极其重要和紧迫的任务。人文素质教育作为一种基础性素质教育，对提高大学生的专业素质、心理素质、思想道德素质，以及树立正确的价值观、培育民族精神、改善思维方式、增强非智力因素等都具有不言而喻的重要作用。鉴于此，在探索人文素质教育方面，我们以加强大学生的优秀传统文化教育为核心，在改革课程体系、增加通识教育课程学分、面向全校开设“中华文化”课程等方面做了诸多尝试。为了配合好上述种种努力，我们在学校领导的支持下，经多次研究，决定在原有讲义的基础上编写《中华文化原典选读》教材，以解教学之需。

我们在编写此教材时，力求选取文化源头性、衍生性强，并且对中华文明的产生与发展具有母体作用的经典要籍。这样，我们实际上就为读者提供了一个能仅以选篇之四两撬动传统文化之千斤的杠杆，从而大大帮助他们缓解因为面对浩如烟海的中华文化而产生的畏难与茫然。基于以上考虑，我们把选取要籍的下限断于《史记》——第一部对中华文化做最大范围纪录与总结的著作。而《史记》时代以后的作品，其中虽不乏经典，但我们认为，相对于《史记》时代前的原典，她们更多程度上是处于被衍生的地位。因此，我们从全局上考虑，就对她们一概予以忍痛割爱了。不过，为了避免某种意义上的矫枉过正，我们在教材中还是谨慎地加设了课外延伸阅读篇目。基于同样的原因，我们还把一般相类教材极少选取的《周易》、《尚书》等“原典”作为重点内容做了相当大比重的录入。这类作品虽然因为自身的佶屈聱牙而常常使一般编著者敬而远之，但她们对中华文明无可替代的母体作用又不得不让我们对其重视有加。另外，我们对每一部“原典”都不是简单地单篇甚至单节摘录，而是多篇录入，且篇篇提供简明扼要的解题，力求覆盖和辨明全书所有精华。这样，就让读者得到了一个能提供对该“原典”全面而深入理解的优秀文本平台。在内容的涵盖广度上，我们也是力求能够全面兼赅，文学原典、哲学原典、历史原典、政治原典、军事原典等等，凡符合我们上述“原典”内涵的，均为我们收罗于本教材中。

似乎，我们的选篇思想无可挑剔。

然而，我们仍然还在一定程度上延续着一个历史的缺憾——一个由于种种特定历史原因，三足鼎立之二的佛、道教文化，在中华传统文化的地位被不恰当地贬损的文化缺憾。鉴于此，我们在此次的再版修订中毅然引入了佛、道教经典如《坛经》、《太平经》的选篇，并将她们一如首版选篇而等同定位为中华文化源头性经典篇章。我们之所以这样做，一方面，是对一直以来的历史缺憾进行力所能及的文化救赎，努力使佛、道教文化回归三足鼎立的本来待遇。另一方面，是希望通过她们的回归，为我们的读者指引方向，使他们能由浅入深，略窥佛、道教文化的要旨，涵养对多元文化的包容之心和对他者文明的敬重之德。

我们在编写过程中参考了大量学界前辈的研究成果，在此深表谢意！囿于编者的学术水平，本书错谬之处在所难免，敬请学界同仁和广大同学不吝批评指正。

《中华文化原典选读》编写组

2009年7月

目　录

诗　经

尚　书

礼　记

周 易

左 传

国 语

战国策

论 语

老　子

墨　子

孟　子

庄　子

荀　子

诗　经

导读

《诗经》是我国最早的一部诗歌总集，它收录了从西周初年至春秋中叶大约500年间的诗歌作品共311篇，其中包括有目无文的“笙诗”6篇，实际收录诗歌305篇。《诗经》本名《诗》，或举其整数称为《诗三百》。到汉代，《诗》被奉为儒家经典，尊称为《诗经》，并沿用至今。

《诗经》本为乐歌，按其音乐性质的不同，可分为风、雅、颂三类。“风”即土乐、民谣，含周南、召南、邶、鄘、卫、王、郑、齐、魏、唐、秦、陈、桧、曹、豳等十五国风，共160篇；“雅”为朝廷正乐，按其音律之不同，又可分为大雅和小雅，共105篇；“颂”是宗庙祭祀的乐歌，有“周颂”、“鲁颂”、“商颂”三种，共40篇。

作为中国第一部诗集，《诗经》以其完美的体裁形式，高超的艺术技巧，精纯的语言艺术奠定了中国抒情诗的伟大传统。《诗经》是以四言为主的诗体，同时又在四言中夹入二、三、五、六、七、八字句，整齐中富于变化，这使它具有明显的节奏感和韵律美。“赋、比、兴”是《诗经》中最常用的艺术手法，也往往被人当作用诗之法。简单地说，赋就是直陈其事，比就是运用比喻，兴就是借物起兴。一首诗中赋、比、兴三者既可并用，亦可单独使用。《七月》、《氓》是典型的以“赋”成篇的作品；《硕鼠》、《硕人》则以“比”为主；而《关雎》、《桃夭》则重在起“兴”。《诗经》的语言简洁生动且具有形象性，多用重章叠句、双声叠韵来摹声象形，大大加强了诗的艺术效果。

另一方面，《诗经》也以其丰富的生活内容、广泛的创作题材反映了当时的社会生活、社会各阶层的精神风貌及各地的民俗风情，展现了农业文明浸淫下的中华民族浓重的乡土情蕴、深厚的人伦亲情与宗族观念以及鲜明的人本主义精神，从而奠定了我国诗歌现实主义的传统。《诗经》产生于礼乐文明昌盛的周代，其中的每篇作品都潜藏着无数有待开掘的文化内容。如《东山》、《鸨羽》抒写的游子征夫的怀乡之情；《载驰》、《黍离》揭示的流离客的亡国之痛；《常棣》、《蓼莪》包含的父母兄弟的人伦亲情，都值得我们去细细品味。

关　雎①

关关雎鸠②，在河之洲③。窈窕淑女④，君子好逑⑤。

---

① 选自《诗经·周南》。该诗写男恋女之情。大意是河边一个采摘荇菜的姑娘引起一个男子的思慕。那“左右采之”的窈窕形象使他寤寐不忘，而“琴瑟友之”、“钟鼓乐之”成为他寤寐求之的愿望。

② 关关：水鸟叫声。雎（jū）鸠：水鸟，一名王雎，状类凫鹥，生有定偶，常并游。

③ 洲：河中沙洲。一、二两句是诗人就所见以起兴（起头儿）。

④ 窈窕：美心为窈，美状为窕。淑：善，好。

⑤ 君子：当时贵族阶级男子的通称。好：男女相悦。逑（qiú）：配偶。

参差荇菜①，左右流之②。窈窕淑女，寤寐求之③。
求之不得，寤寐思服④。悠哉悠哉，辗转反侧⑤。
参差荇菜，左右采之。窈窕淑女，琴瑟友之⑥。
参差荇菜，左右芼之⑦。窈窕淑女，钟鼓乐之⑧。

桃　夭⑨

桃之夭夭⑩，灼灼其华⑪。之子于归⑫，宜其室家⑬。
桃之夭夭，有蕡其实⑭。之子于归，宜其家室。
桃之夭夭，其叶蓁蓁⑮。之子于归，宜其家人。

绿　衣⑯

绿兮衣兮，绿衣黄里⑰。心之忧矣，曷维其已⑱！
绿兮衣兮，绿衣黄裳。心之忧矣，曷维其亡⑲！
绿兮丝兮，女所治兮。我思古人，俾无訧兮⑳！
絺兮绤兮，凄其以风㉑。我思古人，实获我心！

---

① 参差：长短不齐。荇（xìng）菜：多年生水草，夏天开黄色花，嫩叶可食。

② 流：顺水之流而取之，和下文“采”“芼”义相近。以上两句言彼女左右采荇。她采荇时的美好姿态使那君子时刻不忘，见于梦寐。

③ 寤（wù）：睡醒。寐（mèi）：睡眠。

④ 思：语助。服：思念。

⑤ 悠哉悠哉：犹悠悠，就是长，这句是说思念绵绵不断。辗：就是转。反侧：反身，侧身。不能安睡。第三、四章写思服之苦。

⑥ 琴：五弦或七弦乐器。瑟：二十五弦乐器。友：亲。

⑦ 芼（mào）：有选择之意。

⑧ 钟：金属打击乐器。鼓：皮革打击乐器。乐：娱悦。最后两章是设想和彼女结婚。琴瑟钟鼓的热闹是结婚时应有的事。

⑨ 选自《诗经·周南》，这首诗是祝贺女子出嫁。

⑩ 夭夭：桃含苞貌。一说形容茂盛而艳丽，一说形容少壮的样子。

⑪ 灼灼（zhuó）：鲜明貌。华：花。

⑫ 归：妇人谓嫁曰归。

⑬ 宜：与仪通。仪，善也。室家：犹夫妇。男子有妻叫做有室，女子有夫叫做有家。

⑭ 有：语助词。蕡（fén）：实之盛也。

⑮ 蓁蓁（zhēn）：草木茂盛貌。

⑯ 选自《诗经·邶风》。这是男子睹物怀人，思念故妻的诗。“绿衣黄裳”是“故人”亲手所制，衣裳还穿在身上，做衣裳的人已经见不着（生离或死别）了。

⑰ 衣、里、裳：上曰衣，下曰裳；外曰衣，内曰里。

⑱ 已：止。

⑲ 亡：一说通忘，一说停止。

⑳ 古人：故人，指亡妻。俾（bǐ）：使。訧（yóu）：同尤，过失，罪过。

㉑ 絺（chī）：细葛布。绤（xì）：粗葛布。凄：凉意。

静　女①

静女其姝，俟我于城隅②。爱而不见，搔首踟蹰③。
静女其娈，贻我彤管④。彤管有炜，说怿女美⑤。
自牧归荑，洵美且异⑥。匪女之为美，美人之贻。

柏　舟⑦

泛彼柏舟，在彼中河。髧彼两髦，实维我仪⑧。之死矢靡它⑨。母也天只！不谅人只⑩！
泛彼柏舟，在彼河侧。髧彼两髦，实维我特⑪。之死矢靡慝⑫。母也天只！不谅人只！

载　驰⑬

载驰载驱，归唁卫侯⑭。驱马悠悠⑮，言至于漕。大夫跋涉⑯，我心则忧。
既不我嘉⑰，不能旋反。视而不臧，我思不远⑱。
既不我嘉，不能旋济⑲。视而不臧，我思不閟⑳。

---

① 选自《诗经·邶风》。该诗以男子的口吻写幽期密约的乐趣。大意是那位性情和容貌都可爱的姑娘应约在城楼等他。也许是为了逗着他玩，她把自己隐蔽起来。他来时不曾立刻发现她，急得“搔首踟蹰”。等到他发觉那姑娘不但依约来到，而且还情意深长地带给他两件礼物时，便大喜过望。那礼物不过是一支涂红的管和几根茅草，但在他看来却是出奇的美丽。他自己也知道，正因为送礼的人是可爱的，这些东西才这么令人喜爱。

② 静：娴雅安详。姝（shū）：美好。城隅：城角隐蔽处。

③ 爱：隐藏。踟蹰（chí chú）：徘徊不定。

④ 娈：年轻美丽，和“姝”同意。彤管：一说红管的笔，一说和荑应是一物。

⑤ 说怿（yì）：喜悦。

⑥ 牧：野外。荑（tí）：白茅，茅之始生也。象征婚媾。洵：实在，诚然。

⑦ 选自《诗经·鄘风》。这诗写一个少女自己找好了婚姻对象，誓死不改变主意，恨阿母不体察她的心。

⑧ 髧（dàn）：头发下垂状。两髦（máo）：男子未成年时剪发齐眉。仪：配偶。以上四句是说那在河中泛舟，垂着两髦的青年才是我要嫁的人啊。

⑨ 之：到。矢：誓。靡它：无他心。

⑩ 只：语助词。

⑪ 特：匹配。

⑫ 慝（tè）：邪恶，恶念，引申为变心。

⑬ 选自《诗经·鄘风》。卫国被狄人破灭后，由于宋国的帮助，遗民在漕邑安顿下来，并且立了新君卫戴公。不久，戴公死，文公立。戴公的妹妹许穆公夫人从许国要赴漕吊唁，并且为卫国计划向大国求援。许国人不支持她的这些行动，一直抱怨她、反对她、阻拦她。她在这首诗里表达了她的愤懑。

⑭ 唁（yàn）：凡有丧事向生者吊问叫做唁，吊人失国也叫唁。卫侯：指卫文公。

⑮ 悠悠：远貌。

⑯ 大夫：指许国赶来阻止许穆夫人去卫的许臣。这句连下句就是说诸大夫远道来此，我不免增加了忧愁。

⑰ 嘉：善。

⑱ 思：忧思。远：摆脱。

⑲ 既不我嘉：就是全都不以我的主张为然。许穆夫人的主张是要联合大国（特别是齐国）助卫抗狄。济：止。

⑳ 閟（bì）：谨慎。

陟彼阿丘，言采其蝱①。女子善怀，亦各有行②。许人尤之③，众稚且狂④。

我行其野，芃芃其麦。控于大邦，谁因谁极？⑤

大夫君子，无我有尤。百尔所思，不如我所之。

硕　　人⑥

硕人其颀⑦，衣锦褧衣⑧。齐侯之子，卫侯之妻。东宫之妹，邢侯之姨⑨，谭公维私⑩。

手如柔荑⑪，肤如凝脂，领如蝤蛴⑫，齿如瓠犀⑬。螓首蛾眉⑭，巧笑倩兮⑮，美目盼兮⑯。

硕人敖敖⑰，说于农郊⑱。四牡有骄，朱幩镳镳⑲，翟茀以朝⑳。大夫夙退，无使君劳。

河水洋洋㉑，北流活活㉒。施罛濊濊㉓，鳣鲔发发㉔，葭菼揭揭㉕。庶姜孽孽㉖，庶士有朅㉗。

---

① 阿丘：有一边偏高的山丘。蝱（méng）：贝母草。采蝱治病，喻设法救国。

② 行：道路。

③ 许人：许国的人们。尤：过。

④ 众稚且狂：众：既是。稚：幼稚。作者指斥那些轻视女子意见而自以为是的许国人都是骄横而且狂妄的。

⑤ 芃（péng）：草茂盛貌。因：亲也。极：急。对别人的灾难迫切地关心和及时地援助就叫做急人之难。这句是说谁和我卫国相亲谁就会急我卫国之难。

⑥ 选自《诗经·卫风》。这是赞美卫庄公夫人庄姜的诗。第一章叙述她出身高贵，第二章写她的美丽，第三章写她出嫁到卫时礼仪之盛，第四章写她的随从众多而健美。

⑦ 硕：大。硕人：指卫公夫人庄姜。颀（qí）：修长貌。古代男女同以硕大颀长为美。

⑧ 褧（jiǒng）：妇女出嫁时御风尘用的麻布罩衣，即披风。第一个"衣"是动词。

⑨ 齐侯：指齐庄公。子：女儿。卫侯：指卫庄公。东宫：指齐国太子（名得臣）。东宫是太子所住的宫。这句是说庄姜和得臣同母，表明她是嫡出。邢：国名，在今河北省邢台。姨：妻子的姊妹。

⑩ 谭：国名，在今山东省历城东南。私：女子称谓其姊妹之夫为私。

⑪ 荑（tí）：初生的芽。嫩茅去皮后洁白细软，所以用来比女子的手。

⑫ 蝤蛴（qiú qí）：天牛的幼虫，色白身长。

⑬ 瓠犀（hù xī）：瓠瓜子儿。因其洁白整齐，所以用来形容齿的美。

⑭ 螓（qín）：虫名，似蝉而小，额宽广而方正。蛾眉：蚕蛾触角，细长而曲。人的眉以细长为美，所以用蛾眉作比。

⑮ 倩：笑靥美好貌。

⑯ 盼：眼黑白分明。

⑰ 敖敖：身长貌。

⑱ 说（shuì）：停。农郊：近郊。

⑲ 幩（fén）：装在马口上的扇汗用具。镳镳（biāo）：马嚼子。一说盛多的样子。

⑳ 翟茀（dí fú）：以雉羽为饰的车围子。

㉑ 河：黄河。

㉒ 活活（guō）：水流声。

㉓ 施：设。罛（gū）：大的鱼网。濊濊（huò）：撒网入水声。

㉔ 鳣（zhān）：鳇鱼。一说赤鲤。鲔（wěi）：鲟鱼。一说鲤属。发发（pō）：鱼著网时尾动貌。

㉕ 葭（jiā）：初生的芦苇。菼（tǎn）：初生的荻。揭揭：长貌。诗意似以水和鱼喻庄姜的随从之盛。

㉖ 庶姜：指随嫁的姜姓众女。姜是齐君的姓。孽孽：高长貌。

㉗ 庶士：指齐国护送庄姜的诸臣。朅（qiè）：武壮高大貌。

氓①

氓之蚩蚩②，抱布贸丝③。匪来贸丝，来即我谋④。送子涉淇，至于顿丘⑤。匪我愆期，子无良媒⑥。将子无怒⑦，秋以为期。

乘彼垝垣⑧，以望复关⑨。不见复关，泣涕涟涟。既见复关，载笑载言。尔卜尔筮⑩，体无咎言⑪。以尔车来，以我贿迁⑫。

桑之未落，其叶沃若⑬。于嗟鸠兮⑭，无食桑葚。于嗟女兮，无与士耽⑮。士之耽兮，犹可说也⑯；女之耽兮，不可说也。

桑之落矣，其黄而陨⑰。自我徂尔，三岁食贫⑱。淇水汤汤，渐车帷裳⑲。女也不爽，士贰其行⑳。士也罔极，二三其德㉑。

三岁为妇，靡室劳矣；夙兴夜寐，靡有朝矣。言既遂矣㉒，至于暴矣。兄弟不知，咥其笑矣㉓。静言思之，躬自悼矣㉔。

及尔偕老，老使我怨。淇则有岸，隰则有泮㉕。总角之宴㉖，言笑晏晏。信誓旦旦，不思其反。反是不思，亦已焉哉！

---

① 选自《诗经·卫风》。这首诗是写一个勤劳善良的妇女，哀诉她被遗弃的不幸遭遇。写了不幸的婚姻，她的悔、她的恨和她的决绝。第一、二章写结婚经过，第三章追悔自陷情网，第四、五章写男方负情背德，第六章表示对男方的深恨。

② 氓（méng）：民，弃妇对她丈夫的称呼。一说，同“甿”。《广雅》：“甿，痴也”犹言傻小子。蚩蚩：憨厚老实的样子。一说笑嘻嘻的样子。

③ 布：货币。一说布匹。

④ 即：靠近。谋：商量。

⑤ 顿丘：地名。

⑥ 愆（qiān）：过，误。这两句是说并非我要拖过约定的婚期而不肯嫁，是因为你没有找到好媒人。

⑦ 将（qiāng）：愿请。

⑧ 垝垣（guǐ yuán）：破颓的墙。

⑨ 复：返。关：在往来要道所设的关卡。女望男到期来会。他来时一定要经过关门。一说“复”是关名。

⑩ 卜：用龟甲卜吉凶。筮（shì）：用蓍草占吉凶。

⑪ 体：卜卦之体。咎言：凶，不吉之言。

⑫ 贿：财物，嫁妆。

⑬ 沃若：润泽貌。以上两句是以桑的茂盛时期比自己恋爱满足，生活美好的时期。

⑭ 鸠：斑鸠。传说斑鸠吃桑葚过多会醉。

⑮ 耽：沉湎于爱情。

⑯ 说：脱。

⑰ 陨：坠落。

⑱ 徂尔：往你家，嫁与你。食贫：过贫苦生活。

⑲ 渐（jiān）：沾湿。

⑳ 爽：差错。贰：差错。

㉑ 罔极：没有准则，行为不端。二三其德：三心二意。

㉒ 遂：久。

㉓ 知：智。咥（xì）：大笑貌。

㉔ 躬：自己，自身。

㉕ 淇：淇水。隰：当作湿，水名，即漯河。泮（pàn）：通畔，岸，水边。以上两句以水流必有畔岸喻凡事都有边际。言外之意，如果和这样的男人偕老，那就是苦海无边了。

㉖ 总角：古时儿童两边梳辫，如双角。指童年。

伯　　兮①

伯兮朅兮②，邦之杰兮。伯也执殳③，为王前驱。
自伯之东，首如飞蓬。岂无膏沐④？谁适为容⑤？
其雨其雨，杲杲出日⑥。愿言思伯，甘心首疾。
焉得谖草？言树之背⑦。愿言思伯，使我心痗⑧。

黍　　离⑨

彼黍离离，彼稷之苗⑩。行迈靡靡，中心摇摇⑪。知我者谓我心忧，不知我者谓我何求。悠悠苍天！此何人哉⑫？

彼黍离离，彼稷之穗。行迈靡靡，中心如醉。知我者谓我心忧，不知我者谓我何求。悠悠苍天！此何人哉？

彼黍离离，彼稷之实⑬。行迈靡靡，中心如噎⑭。知我者谓我心忧，不知我者谓我何求。悠悠苍天！此何人哉？

---

① 选自《诗经·卫风》。这首诗写一个妇人思念她的从军远征的丈夫。她想象丈夫执殳前驱，气概英武，颇有一些骄傲之感，但别后刻骨的相思却是难以忍受的，在她寂寞无聊的生活里，那相思不但丢不开，甚至倒成为她宁愿不丢开的东西。

② 伯：或是丈夫的表字。女子也可以叫他的爱人为“伯”、“叔”。朅（qiè）：英武高大。杰：本义是特立貌，引申为英杰。

③ 殳（shū）：古兵器，杖类。长一丈二尺，用竹制成。

④ 膏沐：妇女润发的油脂。

⑤ 谁适（dí）为容：适，悦。修饰容貌为了取悦于谁呢？

⑥ 杲（gǎo）：明亮的样子。以上两句言盼望下雨时心想：下雨吧下雨吧！而太阳偏又出现，比喻盼望丈夫回家而丈夫偏不回来。

⑦ 谖草：谖，忘。萱草，假想令人善忘之草。后人因为“谖”和“萱”同音，便称萱草为忘忧草。树：种植。背：古文和“北”同字。这里指北堂，或是后庭，就是后房的北阶下。以上两句是说世上哪有谖草让我种在北堂呢？也就是说要想忘了心上的事是不可能的。

⑧ 痗（mèi）：忧思成病。

⑨ 选自《诗经·王风》。《毛诗序》说周人东迁后有大夫行役到故都镐京，见旧时宗庙宫室被平为田地，遍种黍稷。他忧伤彷徨，“闵周室之颠覆”，乃作此诗。此说在旧说之中最为通行，但从诗的本身体味，只见出这是一个流浪人诉忧之辞，是否有关周室播迁的事却很难说。所以“闵周”之说只可供参考而不必拘泥。

⑩ 黍、稷（shǔ、jì）：两种农作物。离离：行列貌。头两句是说黍、稷离离成行，正在长苗的时候。“离离”和“苗”虽然分在两句实际是兼写黍、稷。下两章仿此。

⑪ 靡靡：行步迟缓的样子。中心：心中。摇摇：心忧而不能自主的感觉。

⑫ 此何人哉：致此颠覆者是什么人？另说此指苍天。人、仁古字通，问苍天何仁，等于说“昊天不惠”。

⑬ 彼稷之实：第二、三章的头两句是说黍、稷成穗结实。从抽苗到结实要经过六、七个月。不过苗、穗、实等字的变换也可能为了分章换韵，不必呆看作写作时序的变迁。

⑭ 噎（yē）：忧深气逆不能呼吸。

君子于役①

君子于役，不知其期，曷至哉②？鸡栖于埘③，日之夕矣，羊牛下来。君子于役，如之何勿思④！

君子于役，不日不月，曷其有佸⑤？鸡栖于桀，日之夕矣，羊牛下括⑥。君子于役，苟无饥渴⑦！

女曰鸡鸣⑧

女曰："鸡鸣。"士曰："昧旦⑨。""子兴视夜，明星有烂⑩。""将翱将翔，弋凫与雁⑪。"

"弋言加之，与子宜之⑫。宜言饮酒，与子偕老。琴瑟在御，莫不静好⑬。"

"知子之来之，杂佩以赠之⑭。知子之顺之，杂佩以问之⑮。知子之好之，杂佩以报之。"

子 衿⑯

青青子衿⑰，悠悠我心。纵我不往，子宁不嗣音⑱？
青青子佩⑲，悠悠我思。纵我不往，子宁不来？

---

① 选自《诗经·王风》。这首诗写丈夫久役，妻子在家怀念之情。每当家禽和牛羊归来的黄昏时候便是她想念最切的时候。

② 役：服劳役。曷：何时。至：归家。

③ 埘（shí）：鸡舍。墙壁上挖洞做成。

④ 如之何勿思：如何不思。

⑤ 不日不月：不可以日月来计算。这是"不知其期"的另一种说法。有佸（huó）：有为又意，有佸为再相会。

⑥ 桀：小木桩。括：牛羊下来而群聚一处叫做"下括"。

⑦ 苟：大概，也许。苟无饥渴：希望他无饥渴而又不敢确信。

⑧ 选自《诗经·郑风》。这篇是夫妇的对话。第一章妻子说：鸡叫了。丈夫说：天将亮未亮。妻子说：你起来看看吧，启明星那么亮。丈夫说我要去射凫雁了。第二章妻子说：射得凫雁我为你制肴下酒。愿我们和乐偕老。第三章丈夫答：我知道你是和我同心，衷心爱我的，我将这杂佩送给你，表示我的报答。

⑨ 昧旦：天色将明未明之际。

⑩ 明星：启明星。早晨金星出现在东方，称为启明星或明星。有烂：明亮。天将明的时候众星隐蔽，独启明星显得更亮。

⑪ 弋（yì）：射箭，以生丝做绳，系在箭上来射鸟叫做"弋"。凫：野鸭。

⑫ 加：射中。宜：肴。这里指作肴。

⑬ 御：侍。在御犹言在侧。静好：安静和乐，指琴瑟之音。

⑭ 来：和顺。杂佩：古人所带的佩饰。每一佩上有玉、有石、有珠，有珩（héng）、璜（huáng）、琚（jū）、瑀（yǔ）、冲牙，形状和材料都不属于一类，所以叫杂佩。

⑮ 问：赠送。

⑯ 选自《诗经·郑风》。这首诗写一个女子在城阙等候她的情人，久等不见他来，急得她来回走个不停。一天不见面就像隔了三个月似的。末章写出她的烦乱情绪。

⑰ 子：男子的美称，诗中的女子指他的情人。衿：衣领，或指系佩玉的带子。

⑱ 宁不：犹"何不"。嗣音：传音讯。

⑲ 佩：佩玉的绶带。

挑兮达兮，在城阙兮①。一日不见，如三月兮。

出其东门②

出其东门，有女如云。虽则如云，匪我思存③。缟衣綦巾，聊乐我员④。
出其闉阇，有女如荼⑤。虽则如荼，匪我思且⑥。缟衣茹藘，聊可与娱⑦。

野有蔓草⑧

野有蔓草，零露漙兮⑨。有美一人，清扬婉兮⑩。邂逅相遇，适我愿兮。⑪
野有蔓草，零露瀼瀼⑫。有美一人，婉如清扬。邂逅相遇，与子偕臧。⑬

伐　檀⑭

坎坎伐檀兮，置之河之干兮，河水清且涟猗⑮。不稼不穑，胡取禾三百廛兮⑯？不狩不猎，胡瞻尔庭有县貆兮⑰？彼君子兮，不素餐兮⑱！

坎坎伐辐兮，置之河之侧兮，河水清且直猗⑲。不稼不穑，胡取禾三百亿兮⑳？不狩不猎，胡瞻尔庭有县特兮㉑？彼君子兮，不素食兮！

---

① 挑兮达兮：往来轻疾貌。城阙：城门两边的观楼，是男女惯常幽会的地方。

② 选自《诗经·郑风》。这首爱情诗表现男子对女子的专一。大意说东门游女虽则“如云”、“如荼”，都不是我所属意的，我的心里只有那一位“缟衣綦巾”，装饰朴素的人儿罢了。

③ 存：思念。匪我思存：非我所思念。

④ 缟（gǎo）：未经染色的绢；素白绢。缟衣：较粗贱的衣服。綦（qí）：暗绿色。员：语助词。以上两句说那位穿缟衣，佩綦巾，服装贫陋的姑娘才是令我喜爱的。

⑤ 闉阇（yīn dū）：城外曲城的重门。闉：曲成，又叫做瓮城，就是城门外护门的小城。阇：闉的门。上章出门是出内城的门，本章出闉阇是出瓮城的门。荼：一说白茅花。如荼：言众多。

⑥ 且：语助词。一说慰藉。

⑦ 茹藘：茜草，可做绛色燃料。在这里是绛色佩巾的代称。綦巾变为茹藘是因分章换韵而改字，所指还是同一个人。

⑧ 选自《诗经·郑风》。这首诗写的是大清早上，草露未干，田野间一对情人相遇，欢喜之情，发于歌唱。

⑨ 蔓草：蔓生的草。零：落。漙：（tuán），凝聚成水珠。

⑩ 扬：明。清、扬都是形容眼睛清澄明亮。婉：目大貌。

⑪ 邂逅：不期相遇。遇：相逢或配合。适：恰好符合。适我愿：称心满意。

⑫ 瀼（ráng）：露珠多。

⑬ 偕臧：一同藏匿。

⑭ 选自《诗经·魏风》。这首诗反映了劳动者对剥削者的不满。每章一、二两句写劳动者伐木。第四句以下写伐木者对于不劳而食的君子的冷嘲热讽。

⑮ 坎坎：伐木声。干：河岸。涟：波纹。猗（yī）：托声字，犹“兮”。

⑯ 稼（jià）：播种。穑（sè）：收获。廛（chán）：束。“三百廛”就是说三百束，三百言其多，不一定是确数。下两章仿此。

⑰ 县：古悬字。貆（huān）：獾。兽名。今名猪獾。

⑱ 素餐：不劳而获。

⑲ 直：水流的直波。

⑳ 亿：束。

㉑ 特：三岁的小兽。

坎坎伐轮兮，置之河之漘兮，河水清且沦猗①。不稼不穑，胡取禾三百囷兮②？不狩不猎，胡瞻尔庭有县鹑兮？彼君子兮，不素飧兮③！

硕　鼠④

硕鼠硕鼠，无食我黍⑤！三岁贯女⑥，莫我肯顾。逝将去女⑦，适彼乐土。乐土乐土，爰得我所⑧？

硕鼠硕鼠，无食我麦！三岁贯女，莫我肯德。逝将去女，适彼乐国。乐国乐国，爰得我直⑨？

硕鼠硕鼠，无食我苗！三岁贯女，莫我肯劳⑩。逝将去女，适彼乐郊。乐郊乐郊，谁之永号⑪？

鸨　羽⑫

肃肃鸨羽⑬，集于苞栩⑭。王事靡盬，不能艺稷黍⑮。父母何怙⑯？悠悠苍天！曷其有所？

肃肃鸨翼，集于苞棘⑰。王事靡盬，不能艺黍稷。父母何食？悠悠苍天！曷其有极？

肃肃鸨行⑱，集于苞桑。王事靡盬，不能艺稻粱。父母何尝？悠悠苍天！曷其有常？

---

① 漘（chún）：河坝。

② 囷（qūn）：束。一说圆形的谷仓。

③ 飧（sūn）：晚餐。

④ 选自《诗经·魏风》。这首诗表现农民对统治者沉重剥削的怨恨与控诉。诗人骂统治者为田鼠，指出他们受农民供养，贪得无厌。农民年年为剥削者劳动，得不到他们丝毫的恩惠，只得远寻“乐土”，另觅生路。所谓“乐土”在当时只是空想罢了。

⑤ 硕鼠：大老鼠。一说田鼠。这里用来比剥削无厌的统治者。黍：黏米，谷类。

⑥ 贯：侍奉。三岁贯女：侍奉你多年。三岁言其久，汝指统治者。

⑦ 逝：誓。

⑧ 爰：犹乃。所：可以安居之处。

⑨ 直：同值。得我值：使我的劳动得到相当的代价。

⑩ 劳：慰劳。

⑪ 之：犹“其”。永号：长叹。末两句言既到乐郊，就再不会有愤懑，谁还长吁短叹呢？

⑫ 选自《诗经·唐风》。这诗是农民在徭役重压下的呻吟。农民因为劳于“王事”，不能兼顾耕种，使父母的生活失掉保障。而所谓王事又是永远没有完的，什么时候才能安居乐业，只能去问那“悠悠苍天”。

⑬ 肃肃：鸟翅扇动的响声。鸨（bǎo）：鸟名，似雁。性不善栖木。

⑭ 集于苞栩：草木丛生为“苞”。苞栩：丛密的柞树。鸨的脚没有后趾，在树上栖息不稳，所以颤动羽翼，肃肃有声。这里以鸨栖树之苦，比人在劳役中的苦。

⑮ 盬（gǔ）：闲暇。艺：种植。

⑯ 怙（hù）：依靠，凭恃。

⑰ 棘（jí）：酸枣树，落叶灌木。

⑱ 行：飞成行。一说鸨腿；一说翅。

蒹　葭①

蒹葭苍苍②，白露为霜。所谓伊人③，在水一方④。溯洄⑤从之，道阻且长；溯游⑥从之，宛在水中央⑦。

蒹葭凄凄⑧，白露未晞⑨。所谓伊人，在水之湄⑩。溯洄从之，道阻且跻⑪；溯游从之，宛在水中坻⑫。

蒹葭采采⑬，白露未已，所谓伊人，在水之涘⑭。溯洄从之，道阻且右⑮；溯游从之，宛在水中沚⑯。

七　月⑰

七月流火，九月授衣⑱。一之日觱发，二之日栗烈⑲。无衣无褐，何以卒岁⑳？三之日于耜，四之日举趾㉑。同我妇子，馌彼南亩，田畯至喜㉒！

---

① 选自《诗经·秦风》。这篇似情诗。男或女词。诗中所写的是：一个秋天的早晨，芦苇上露水还不曾干，诗人来寻所谓“伊人”。伊人所在的地方有流水环绕，好像藏身洲岛之上，可望而不可及。每章一、二两句写景，以下六句写伊人所在。

② 蒹葭苍苍：蒹（jiān）：没长穗的芦苇。葭（jiā）：初生的芦苇。鲜明、茂盛貌。苍苍：鲜明的样子。

③ 所谓：所念。伊人：犹如是人、彼人。所谓伊人：指诗人所思念追寻的人。

④ 方：边。在水一方：这里指在水的另一边。

⑤ 溯洄：逆流而上。

⑥ 溯游：顺流而下。

⑦ 宛：可见貌，犹言“仿佛是”。

⑧ 凄凄：一作“萋萋”，犹“苍苍”。

⑨ 晞（xī）：干。

⑩ 湄：水草交接之处。

⑪ 跻（jī）：登；升。

⑫ 坻（chí）：水中高地。

⑬ 采采：犹“萋萋”。

⑭ 涘（sì）：水边。

⑮ 右：迂曲。

⑯ 沚（zhǐ）：水中的小沙滩。

⑰ 选自《诗经·豳风》。这诗叙述农人全年的劳动。绝大部分的劳动是为公家的，小部分是为自己的。诗公分八章。第一章从岁寒写到春耕开始。第二章写妇女蚕桑。第三章写布帛衣料的制造，第四章写猎取野兽。第五章写一年将尽，为自己收拾屋子过冬。第六章写采藏果蔬和造酒，这都是为公家的。为自己采藏的食物是瓜瓠麻子苦菜之类。第七章写收成完毕后为公家做休屋或室内工作，然后修理自家的茅屋。第八章写凿冰的劳动和一年一次的年终燕饮。

⑱ 流火：火，星名，心宿之亮星，又名大火。每年夏历五月，黄昏时候，这星当正南方，也就是正中和最高的位置。过了六月就偏西向下了，这就叫做“流”。授衣：分发寒衣。一说女工裁寒衣。

⑲ 一之日：周历正月，夏历十一月。以下二之日，三之日，四之日顺序类推。觱（bì）发：风寒盛。栗烈：凛冽。

⑳ 褐：粗麻或粗毛制短衣。穷人所穿。卒岁：终岁，年底。

㉑ 于耜（sì）：整修农具。举趾：举足耕耘。

㉒ 妇子：妻子和小孩。馌（yè）：送饭食到田间。南亩：向阳的耕地。畯（jùn）：管农事的管家。一说田神。喜：酒食。这两句是说妇人童子往田里送饭给耕者。

七月流火，九月授衣。春日载阳，有鸣仓庚①。女执懿筐，遵彼微行，爰求柔桑②？春日迟迟，采蘩祁祁③。女心伤悲，殆及公子同归④。

七月流火，八月萑苇⑤。蚕月条桑，取彼斧斨⑥。以伐远扬，猗彼女桑⑦。七月鸣鵙，八月载绩⑧。我朱孔阳，为公子裳⑨。

四月秀葽，五月鸣蜩⑩。八月其获，十月陨箨⑪。一之日于貉，取彼狐狸，为公子裘。二之日其同，载缵武功⑫。言私其豵，献豜于公⑬。

五月斯螽动股，六月莎鸡振羽⑭。七月在野，八月在宇，九月在户，十月蟋蟀入我床下。穹窒熏鼠，塞向墐户⑮。嗟我妇子，曰为改岁，入此室处⑯。

六月食郁及薁，七月亨葵及菽⑰。八月剥枣，十月获稻⑱。为此春酒，以介眉寿⑲。七月食瓜，八月断壶，九月叔苴⑳，采荼薪樗，食我农夫㉑。

九月筑场圃，十月纳禾稼。黍稷重穋，禾麻菽麦㉒。嗟我农夫，我稼既同，上入执宫功㉓。昼尔于茅，宵尔索绹。亟其乘屋，其始播百谷㉔。

二之日凿冰冲冲，三之日纳于凌阴。四之日其蚤，献羔祭韭㉕。九月肃霜，十月涤场㉖。朋酒斯飨，曰杀羔羊㉗。跻彼公堂，称彼兕觥：万寿无疆㉘！

---

① 阳：温暖。仓庚：黄莺。

② 女：女子，女奴。懿筐：采桑用的深筐。微行（háng）：小路。

③ 迟迟：缓慢。指白日渐长。

④ 殆：恐，怕。及：与。公子：指国君之子。殆及公子同归：是说怕被公子强迫带回家去。一说指怕被女公子带去陪嫁。

⑤ 萑（huán）苇：长成的荻苇。萑、苇，初生时称蒹、葭。

⑥ 条桑：修剪桑枝。斨（qiāng）：斧，受柄之孔方形。

⑦ 远扬：又长又高的桑枝。猗彼女桑：用索拉着采嫩桑。

⑧ 鵙（jú）：鸟名。又名伯劳。体态华丽，嘴大锐利，鸣声洪亮。载绩：纺麻。

⑨ 孔阳：甚为鲜明。

⑩ 秀：不荣而实曰秀。葽：草名，即远志。蜩（tiáo）：蝉。

⑪ 陨箨（tuò）：草木之叶陨落。

⑫ 同：会集。缵：继续。武功：武事。一说田猎。

⑬ 豵（zōng）：一岁的猪。豜（jiān）：三岁的猪。

⑭ 斯螽动股：螽斯以股翅相摩而鸣。莎鸡：昆虫名。即纺织娘。

⑮ 穹窒（qióng zhì）：堵好墙洞。向：北窗。墐（jìn）：用泥涂抹。

⑯ 曰：助词。同聿。改岁：除岁。

⑰ 郁：木名。郁李。一说樱桃。一说山楂。薁（yù）：木名。野葡萄。葵：滑菜。菽：豆类。

⑱ 剥：扑，打。

⑲ 介：乞。眉寿：人老眉长，表示寿长。

⑳ 断壶：摘葫芦。叔：拾取。苴（jū）：麻子。

㉑ 荼（tú）：苦菜。樗（chū）：木名。臭椿树。

㉒ 重：晚熟作物。穋（lù）：晚种早熟的谷类。

㉓ 上：同尚。宫：宫室。功：事。

㉔ 绹（táo）：绳子。亟：急。

㉕ 凌阴：冰窖。蚤：取。一说通早。

㉖ 肃霜：下霜。一说天肃爽。涤场：十月之中，扫其场上粟麦，尽皆毕矣。

㉗ 朋酒：两樽酒。

㉘ 称：举。兕觥（sì gōng）：犀牛角酒具。

东　　山[①]

我徂东山，慆慆不归[②]。我来自东，零雨其濛[③]。我东曰归，我心西悲。制彼裳衣，勿士行枚[④]。蜎蜎者蠋，烝在桑野[⑤]。敦彼独宿，亦在车下[⑥]。

我徂东山，慆慆不归。我来自东，零雨其蒙。果赢之实，亦施于宇[⑦]。伊威在室，蟏蛸在户[⑧]。町畽鹿场，熠耀宵行[⑨]。不可畏也，伊可怀也[⑩]。

我徂东山，慆慆不归。我来自东，零雨其蒙。鹳鸣于垤，妇叹于室[⑪]。洒扫穹窒，我征聿至[⑫]。有敦瓜苦[⑬]，烝在栗薪[⑭]。自我不见，于今三年。

我徂东山，慆慆不归。我来自东，零雨其蒙。仓庚于飞，熠耀其羽[⑮]。之子于归，皇驳[⑯]其马[⑰]。亲结其缡，九十其仪[⑱]。其新孔嘉，其旧如之何？

鹿　　鸣[⑲]

呦呦鹿鸣，食野之苹[⑳]。我有嘉宾，鼓瑟吹笙。吹笙鼓簧，承筐是将[㉑]。人之好我，示

---

① 选自《诗经·豳风》。这是征人还乡途中念家的诗。第一章写在细雨濛濛的路上，他想象到家后恢复平民身分的可喜。第二章写想象那可能已经荒芜的家园，觉得又可怕，又可怀。第三章想象自己的妻子正在为思念他而悲叹。第四章回忆三年前新婚光景，设想久别重逢的情况。

② 徂（cú）：往。东山：诗歌中军士远戍之地。相传本诗和周公伐奄有关，东山当在奄国（今山东曲阜）境内。慆慆（tāo tāo）：久。

③ 零雨：徐雨、小雨。濛：微雨貌。

④ 士：事。行枚：裹腿。一说士兵行军口中衔枚（似筷），以防喧哗。

⑤ 蜎（yuān）：蠕动貌。蠋（zhú）：毛虫，桑蚕。烝（zhēn 或 zhēng）：乃。一说放置。

⑥ 敦：团。敦本是器名，形圆如球。这句连下句是说在车下独宿，身体蜷曲成一团。上文“蜎蜎者蠋”两句以蠋和人对照，独宿者蜷曲的形状像蠋，但蠋在桑间是得其所，人在野地露宿是不得其所。

⑦ 果赢（luǒ）：栝楼，又名瓜蒌。蔓生葫芦科植物。施：移。栝楼蔓延到檐上无人剪伐的荒凉景象。

⑧ 伊威：一名鼠妇，潮虫。蟏蛸（xiāo shāo）：长脚蜘蛛。

⑨ 町畽（tǐng tuǎn）：平地被兽蹄所践踏处。鹿场：鹿经行的途径。熠（yì）耀：萤光。宵行：萤火虫。以上两句写宅外荒凉景象。从果赢句以下到这里都是设想自己离家后，园庐荒废的情形。

⑩ 不可畏也，伊可怀也：这两句设为问答，上句说这样不可怕吗？下句说是可怀念的啊。下句并非上句的否定，诗意是尽管情况可怕还是可怀念的，甚至越可怕越怀念。

⑪ 鹳：水鸟名。垤（dié）：蚂蚁壅的土堆。

⑫ 聿（yù）：语助词。以上三句是说征夫设想妻子在家悲叹，恨不得告诉她：别叹息了，赶紧收拾屋子吧，我正在赶路，将要到家了。

⑬ 敦（duī）：圆的。瓜：一说瓠。瓜苦：即瓜瓠，也就是匏瓜，葫芦类。古人结婚行合卺（jǐn）之礼，就是以一匏分作两瓢，夫妇各执一瓢盛酒漱口，这诗“苦瓜”似合卺的匏。下文叹息三年不见，因为想起新婚离家已经三年了。

⑭ 栗：裂。皇：黄白相间。以上两句言团团的瓠瓜搁在那柴堆上已经很久了。

⑮ 仓庚：鸟名。黄鹂，黄莺。

⑯ 之子：指妻子。驳：红白相间。

⑰ 仓庚：鸟名。黄鹂，黄莺。

⑱ 亲：指“之子”的母亲。缡（lí）：古时女子的佩巾。结缡：将佩巾结在带上。古俗嫁女时母为女结缡。九十：言其多。这句是说仪注之繁。以上追忆新婚时的情形，和上章瓜苦栗薪的回忆紧相承接。

⑲ 选自《诗经·小雅》。大宴群臣宾客的诗篇。

⑳ 呦呦（yōu yōu）：鹿鸣声。苹：皤蒿，俗名艾蒿。一说萍。

㉑ 簧：乐器中用以发声的片状振动体。承筐是将：古代用筐盛币帛送宾客。

我周行①。

呦呦鹿鸣，食野之蒿。我有嘉宾，德音孔昭。视民不恌②，君子是则是效。我有旨酒，嘉宾式燕以敖③。

呦呦鹿鸣，食野之芩④。我有嘉宾，鼓瑟鼓琴。鼓瑟鼓琴，和乐且湛⑤。我有旨酒，以燕乐嘉宾之心⑥。

伐　木⑦

伐木丁丁，鸟鸣嘤嘤⑧。出自幽谷，迁于乔木。嘤其鸣矣，求其友声。相彼鸟矣，犹求友声，矧伊人矣⑨，不求友生？神之听之，终和且平⑩。

伐木许许，酾酒有藇⑪。既有肥羜⑫，以速诸父。宁适不来⑬，微我弗顾。於粲洒扫，陈馈八簋。既有肥牡，以速诸舅。宁适不来，微我有咎。

伐木于阪，酾酒有衍⑭。笾豆有践，兄弟无远。民之失德，干餱以愆⑮。有酒湑我，无酒酤我⑯。坎坎鼓我，蹲蹲舞我⑰。迨我暇矣，饮此湑矣。

采　薇⑱

采薇采薇，薇亦作止⑲。曰归曰归，岁亦莫止。靡家靡室，猃狁之故⑳。不遑启居，猃狁之故。

---

① 示我周行：指我路途。

② 视：示也。民：奴隶。一说自由民。恌（tiāo）：佻，偷。

③ 式：发语词。燕：一说通宴。敖：游逛。

④ 芩（qín）：蒿类植物。

⑤ 湛（dān）：过度逸乐。

⑥ 燕：安也。

⑦ 选自《诗经·小雅》。这是燕亲友的乐歌。第一章以鸟与鸟的相求比人和人的相友。以神对人的降福说明人与人友爱相处的必要。第二章言备酒肴，勤洒扫，专侍长者们到来。第三章写醉饱歌舞之乐。末尾两句是再约后会。

⑧ 丁丁：伐木声。嘤嘤：鸟和鸣声。

⑨ 矧（shěn）：况且，何况。

⑩ 神之听之：一说指应警戒和听从。以上两句是说人类友好和爱，神听到之后也会给与人既和且平之福。

⑪ 许许：众人共力之声。即劳动号子。酾（shī 或 shāi）：滤酒。藇（xǔ）：美貌。一说茱萸，用以制酒，酒有其香。

⑫ 羜（zhù）：五个月的小羊。

⑬ 宁适不来：这句是说诸父何往而不来呢？言其比来。

⑭ 衍：美貌。一说满溢。

⑮ 餱：干粮，这里代表食品之粗薄。愆：过失。以上两句言人和人反目失和，往往因饮食细故。

⑯ 湑（xǔ）：滤过的酒，引申为清。酤：买酒。一说一种速成的酒。

⑰ 坎坎：鼓声。蹲蹲（cún）：舞貌。

⑱ 选自《诗经·小雅》。这是戍边兵士的诗。第一、二、三章是说远别家室，历久不归，饥渴劳苦。第四、五章写将帅车马服饰之盛和戍卒不敢定居之劳。末章写归途雨雪饥渴的苦楚和痛定思痛的心情。

⑲ 薇：豆科植物，野生，可食，相当于野豌豆。又名大巢菜，冬发芽，春长大。亦：作语助。作：初生。止：语尾助词。岁暮：一年将尽的时候。

⑳ 猃狁（xiǎn yǔn）：我国古代民族名。春秋时被称戎狄。一说秦汉时为匈奴，隋唐时为突厥。以上两句是说远离家室是为了和猃狁打仗。

采薇采薇，薇亦柔止①。曰归曰归，心亦忧止。忧心烈烈②，载饥载渴。我戍未定，靡使归聘③。

采薇采薇，薇亦刚止④。曰归曰归，岁亦阳止⑤。王事靡盬，不遑启处。忧心孔疚，我行不来⑥。

彼尔维何，维常之华⑦。彼路斯何⑧，君子之车。戎车既驾，四牡业业。岂敢定居，一月三捷。

驾彼四牡，四牡骙骙⑨。君子所依，小人所腓⑩。四牡翼翼，象弭鱼服⑪。岂不日戒，猃狁孔棘⑫。

昔我往矣，杨柳依依⑬。今我来思，雨雪霏霏。行道迟迟，载饥载渴。我心伤悲，莫知我哀。

采　芑⑭

薄言采芑，于彼新田⑮。于此菑亩，方叔莅止⑯。其车三千，师干之试⑰。方叔率止，乘其四骐。四骐翼翼，路车有奭⑱。簟茀鱼服，钩膺鞗革⑲。

薄言采芑，于彼新田。于此中乡⑳，方叔莅止。其车三千，旂旐中央。方叔率止，约軝错衡㉑。八鸾玱玱，服其命服㉒。朱芾斯皇，有玱葱珩㉓。

鴥彼飞隼，其飞戾天㉔，亦集爰止，方叔莅止。其车三千，师干之试。方叔率止，钲人

---

① 柔：肥嫩。比喻进一步的生长。

② 烈：本是火势猛盛的样子，用来形容忧心，等于说忧心如焚。

③ 聘：问讯。这句是说没有归聘的使者代我问家室安否。

④ 刚：是说薇菜将老而粗硬。

⑤ 阳：农历十月。现代对农历十月还称为“小阳春”。

⑥ 疚：病痛。孔疚：等于说很痛苦。来：慰问。

⑦ 尔：《说文》引作“薾”，花繁盛貌。常：常棣的简称。以上两句是以开得很繁盛的常棣起兴，引到壮盛军容的描写。

⑧ 路：辂，大车。

⑨ 骙骙（kuí kuí）：马强壮貌。

⑩ 小人所腓：小人指士兵。腓（féi）：庇，掩护。步卒借戎车遮蔽矢石。

⑪ 翼翼：娴熟。指马训练有素。弭（mǐ）：弓两端受弦的地方叫弭，以骨为之。象弭就是用象牙制成的弭。鱼服：“服”是“箙”的假借字。箙是盛箭用的器具。鱼箙就是用沙鱼皮制的箭袋。

⑫ 棘：急。

⑬ 依依：柳条柔弱随风不定之貌。

⑭ 选自《诗经·小雅》。赞美周宣王卿士方叔率军出征，克狄致胜。芑（qǐ）：苦菜。

⑮ 新田：开垦两年的田地。

⑯ 菑（zī）：开垦一年的田地。

⑰ 其车三千：兵车一乘，有甲士三人，步卒七十二人，载辎重车二十五人，共百人；三千乘，应有三十万之众。一说非实数，夸张说法，以壮军威。师干之试：士卒皆有佐师捍敌之用。

⑱ 翼翼：顺序貌。奭（shì）：赤色。

⑲ 簟茀：以方文竹簟（席）为车蔽。鱼服：以鲛鱼皮为矢服（箭囊）。钩膺：马胸腹上的带饰。膺：马带。

⑳ 乡：一说乡党的乡；一说在开垦一年的新田当中。

㉑ 约軝（qí）：以皮革缠束兵车之毂。错衡：车上横木的花纹。

㉒ 八鸾：铃在镳上叫鸾。马口两鸾，四马八鸾。玱玱（qiāng）：玉声。

㉓ 葱珩：青色佩玉。

㉔ 戾：至。

伐鼓①。陈师鞠旅，显允方叔②。伐鼓渊渊，振旅阗阗③。

蠢尔蛮荆④，大邦为仇。方叔元老，克壮其猷⑤。方叔率止，执讯获丑。戎车啴啴，啴啴焞焞⑥。如霆如雷⑦，显允方叔。征伐猃狁，蛮荆来威。

正　月⑧

正月繁霜⑨，我心忧伤。民之讹言，亦孔之将⑩。念我独兮，忧心京京⑪。哀我小心，癙忧以痒⑫。

父母生我，胡俾我瘉⑬。不自我先，不自我后⑭。好言自口，莠言自口⑮。忧心愈愈，是以有侮⑯。

忧心茕茕，念我无禄⑰。民之无辜，并其臣仆⑱。哀我人斯，于何从禄。瞻乌爰止，于谁之屋⑲。

瞻彼中林，侯薪侯蒸⑳。民今方殆，视天梦梦㉑。既克有定，靡人弗胜㉒。有皇上帝，伊谁云憎㉓。

---

① 钲：古时号令士众进退的一种乐器。

② 陈师：整列队伍。鞠旅：告戒士众。允：作语助词。

③ 渊渊：鼓声。振旅：一说休整军队；一说停止操练军队。阗阗（tián）：象声词。击鼓声。

④ 蠢：不恭。

⑤ 猷：谋。

⑥ 啴啴（tān）：众多。焞焞（tūn）：盛貌。指朱红的车子闪闪发光。

⑦ 霆：霹雷。

⑧ 选自《诗经·小雅》。这是忧国衰民、愤世嫉邪的诗。大约产生于西周已经沦亡，东都尚未巩固的时期。第一章从天时失常说到忧心独深。第二章自伤生逢乱世、谗邪可怕。第三章忧虑后祸不测。第四章寄希望于天命。第五章言讹言不止，是非纷纭。第六章言人民危惧不安。第七章言自己在朝孤立，不见用。第八章举宗周事做鉴戒。第九章用大车输载比喻错误的失败的政治措施。第十章用行车逾险比喻正确的成功的政治措施，第十一章自伤进退维谷。第十二章以当权小人的朋比对照自己的孤立。第十三章举出社会不平现象，说明可哀的不只是个人的不幸遭遇。讽刺周幽王宠爱褒姒，荒淫无道，致国危亡。

⑨ 正月：《毛传》："正月：夏历四月"。是孟夏时节。繁霜：多霜冻。这种天时失常的现象古人往往认为是灾祸的预兆，所以诗人为之忧伤。

⑩ 孔：甚。将：大。以上两句是说谣言流传的很盛。

⑪ 京京：忧愁不止。以上两句是说想到忧时的人只有我一个时，我心就更忧了。

⑫ 癙（shǔ）：忧。痒：病。

⑬ 俾：始。瘉（yù）：病。

⑭ "不自"两句：言忧患之来不先不后，正让我碰上。

⑮ 莠言：恶言。以上两句的意思是好话和丑话都可以从人口中出来，是畏惧谗言的意思。

⑯ 愈愈：忧惧的样子。有侮：是说被小人所轻侮。小人不以国事为忧，而以忧国的人为迂阔，加以嗤笑，甚至嫉害。

⑰ 茕茕（qióng）：孤独的样子。无禄：犹言"不幸"。

⑱ 并：使。臣仆：奴仆。以上两句是说一旦亡国，无论有罪无罪，都将做人奴隶。

⑲ 瞻乌爰止，于谁之屋：古时相传，乌鸦集于富人之屋。这两句说，全国的人都已十分贫困，看乌鸦能落在谁的屋上，也比喻国人不晓得何所归依。这句是承上文"并其臣仆"说的。

⑳ 中林：林中。侯薪侯蒸：林中树木都被砍伐做薪蒸。喻国人将被摧残，沦为臣仆。

㉑ 梦梦（méng）：形容昏聩。以上两句是说一般人正在危殆之中，因为把天看做昏昧无知。

㉒ 靡人弗胜：言无人不为天所胜。以上两句是说天意有定之后，可以消灭人祸。表示作者仍然对天寄予希望。

㉓ 有皇：犹"皇皇"。上帝：指天的主宰。伊：是。一说作语助词。憎：恨。这句连下句是说天心憎恶什么人还不知道呢？言外之意是殃民者未必为天所偏爱。

谓山盖卑？为岗为陵。① 民之讹言，宁莫之惩。召彼故老，讯之占梦，具曰予圣，谁知乌之雌雄②。

谓天盖高？不敢不局③。谓地盖厚？不敢不蹐④。维号斯言，有伦有脊⑤。哀今之人，胡为虺蜴⑥。

瞻彼阪田，有菀其特⑦。天之扤我⑧，如不我克⑨。彼求我则⑩，如不我得。执我仇仇，亦不我力⑪。

心之忧矣，如或结之。今兹之正，胡然厉矣⑫。燎之方扬，宁或灭之⑬。赫赫宗周，褒姒灭之⑭。

终其永怀，又窘阴雨。其车既载，乃弃尔辅⑮。载输尔载，将伯助予⑯。

无弃尔辅，员于尔辐⑰。屡顾尔仆，不输尔载。终逾绝险，曾是不意⑱。

鱼在于沼，亦匪克乐。潜虽伏矣，益孔之炤⑲。忧心惨惨⑳，念国之为虐。

彼有旨酒，又有嘉殽。洽比其邻，昏姻孔云㉑。念我独兮，忧心慇慇㉒。

佌佌彼有屋，蔌蔌方有穀㉓。民今之无禄，天夭是椓㉔。哿矣富人㉕，哀此茕独。

---

① 盖：读为“盍（hé）”，犹何。下同。冈陵都是高处。以上两句是说高山何尝变卑呢？它不是仍然为冈为陵吗？比喻讹言无凭。

② 乌之雌雄：乌鸦的形状毛色雌雄无别。这句以乌鸦的雌雄难辨别比喻故老和占梦者各执一说，是非难分。

③ 局：曲，弯着身子。不敢不局：顶上如有所压。

④ 蹐：小步。不敢不蹐：言轻轻下脚，不敢放步。以上四句是说天虽高地虽厚，人在其间刻刻危惧，不得舒展。

⑤ 号：呼。斯言：指上四句。伦：理。脊：《春秋繁露》引作“迹”。迹：道理。

⑥ 胡为虺蜴：言人畏惧官吏如怕虺蜴。

⑦ 阪田：山坡上的田。菀（wǎn）：茂盛貌。特：独特。以上两句作者以高田里一棵特出壮苗自比。

⑧ 扤（wù）：动，摇。我：作者自称。

⑨ 克：制胜。以上两句是说天对我这茂盛独特之苗要加以摧残，唯恐不克。

⑩ 彼：指周王。则：语尾语助词。这句连同下句是说王征求我的时候好像唯恐不能得到。

⑪ 仇仇：缓持。不我力：不用我。以上两句是说征得我后并不认真用我。

⑫ 正：政。厉：恶。

⑬ 燎：放火烧草木。扬：盛。

⑭ 宗周：镐京（今陕西省长安县西南），指西周王朝。褒姒：人名，西周时褒国之女，被周幽王纳为妃，幽王因宠爱她而做了许多荒唐的事，终于亡国。以上四句以方扬的燎火比显盛的宗周。言燎火虽烈仍然可以灭，宗周虽盛亡国并不难。所以该引为借鉴。

⑮ 终：既。永怀：长忧。辅：车箱板。用来比国家辅佐之臣。

⑯ 载输尔载：第一个载是语助词，第二个载是指所载之物。输：堕也。伯：长者。以上四句是说车上的货物已经装载好了，之后把夹板扔了，所载的东西必然垮下来，到这时只得呼唤“请老哥帮忙”了。

⑰ 员：增益，就是加大。

⑱ 不意：不放在心上。这里以御车比喻执政，言度过险关本有方法，但执政者不加考虑。

⑲ 炤：明。以上四句是说鱼在池中不能快乐，虽潜伏深藏还是昭然可见，难逃网罟。作者以鱼自比。

⑳ 惨惨：忧郁貌。

㉑ 洽：和协。邻：近，亲近的人。云：周旋。昏姻孔云：在姻戚之间周旋。以上四句是说当权小人绞结联络，成群树党。和自己的孤立相对照。

㉒ 慇慇：悲伤。

㉓ 佌佌（cǐ）：小也。地位低微。蔌蔌（sù）：陋也。穀：俸禄。以上两句是说那猥琐卑鄙的小人都有屋有谷（拥有财产）。

㉔ 夭：摧残。椓：以斧劈柴。喻沉重打击。

㉕ 哿（gě）：喜乐。

谷　风①

习习谷风②，维风及雨。将恐将惧③，维予与女。将安将乐，女转弃予。
习习谷风，维风及穨④。将恐将惧，寘予于怀。将安将乐，弃予如遗。
习习谷风，维山崔嵬⑤。无草不死，无木不萎。忘我大德，思我小怨。

北　山⑥

陟彼北山，言采其杞。偕偕士子⑦，朝夕从事。王事靡盬，忧我父母。
溥天之下⑧，莫非王土。率土之滨⑨，莫非王臣。大夫不均，我从事独贤⑩。
四牡彭彭，王事傍傍⑪。嘉我未老，鲜我方将⑫。旅力方刚⑬，经营四方。
或燕燕居息⑭，或尽瘁事国。或息偃在床⑮，或不已于行⑯。
或不知叫号⑰，或惨惨⑱劬劳⑲。或栖迟偃仰⑳，或王事鞅掌㉑。
或湛乐饮酒㉒，或惨惨畏咎。或出入风议㉓，或靡事不为。

---

① 选自《诗经·小雅》。讽刺朋友可共患难，不可共安乐。一说是弃妇的哀怨。

② 习习：微风和煦。一说大风之声。谷风：谷中之风。一说东风。

③ 将：且。一说作语助词。

④ 穨（tuí）：暴风。旋风、龙卷风之类。

⑤ 崔嵬：山巅。

⑥ 选自《诗经·小雅》。这篇是小官道苦道怨的诗。苦于统治者用人劳逸不均，等级森严。第一章言久役贻父母之忧。第二章言役使不均。第三章言奔走四方。第四、五、六章历举不均现象，将朝廷上别人的悠闲和自己的劳苦对比。

⑦ 偕偕：强壮貌。

⑧ 溥（pǔ）：也可写作“普”，大。

⑨ 率：循；自。滨：涯，水边。率土之滨：古人相信中国四周都有海，“率土之滨”是举外而包内，即“四海之内”。

⑩ 贤：古音 xín。独贤：犹言独多、独劳。

⑪ 彭彭：不得休息。傍傍：纷至沓来，无穷尽。

⑫ 嘉：夸奖。鲜：珍。指珍视，重视。将：强壮。

⑬ 旅力：同膂力，体力，筋力。

⑭ 燕燕：安息貌。居息：言在私居休息。

⑮ 偃：卧。

⑯ 不已于行：言奔走不停。

⑰ 叫号：呼叫号哭。不知叫号：言不识人间有痛苦事。

⑱ 惨惨：忧愁不安。

⑲ 劬（qú）劳：劳累。

⑳ 栖迟：叠韵连绵词，栖息盘桓之意。偃仰：犹息偃。

㉑ 鞅掌：叠韵连绵词，忙乱烦扰的意思。

㉒ 湛（dān）：喜乐；逸乐无度。

㉓ 风议：放言。即吹牛，说大话。

生　民①

厥初生民②，时维姜嫄③。生民如何？克禋克祀④，以弗无子⑤。履帝武敏歆⑥，攸介攸止，载震载夙⑦。载生载育，时维后稷⑧。

诞弥厥月⑨，先生如达⑩。不坼不副，无菑无害⑪。以赫厥灵⑫，上帝不宁。不康禋祀，居然生子。

诞寘⑬之隘巷，牛羊腓字之⑭。诞寘之平林，会伐平林。诞寘之寒冰，鸟覆翼之。鸟乃去矣，后稷呱⑮矣。实覃实讦，厥声载路⑯。

诞实匍匐，克岐克嶷⑰。以就口食，蓺之荏菽⑱。荏菽旆旆，禾役穟穟⑲。麻麦幪幪，瓜瓞唪唪⑳。

诞后稷之穑，有相之道㉑。茀厥丰草，种之黄茂㉒。实方实苞，实种实褎㉓。实发实秀，实坚实好㉔。实颖实栗，即有邰家室㉕。

---

① 选自《诗经·大雅》，是周人自述其创业过程的史诗。记述了周民族始祖后稷的诞生及其对农业的天赋才能，是周人祭祀赞颂始祖的诗篇。讴歌后稷在农业发展中的功绩，在客观上也是赞颂古代人民的勤劳与智慧。

② 民：人，指周人。

③ 时：是，此。维：语助词。姜嫄（yuán）：后稷的母亲。“厥初”两句：最初诞生周人的就是姜嫄。

④ 克：能。禋（yīn）：指祀禖于郊。“禖”是主生子之神。一说，一种野祭，用火烧牲，使烟气上冲于天，以祀天帝。

⑤ 弗：“祓”的假借字，除去不祥。“生民”三句：她是怎样诞生周人的呢？她能诚敬的祭祀，以祓除无子的不祥。

⑥ 履：践，踏。帝：上帝。武：迹，脚印。敏：拇。脚拇指。歆：动，指有所感应。传说姜嫄因脚踩巨人脚印的大拇指有所感应而怀孕。

⑦ 载：语助词。震：“娠”的假借字，怀孕。夙：“肃”的假借字，指怀孕后生活很严肃。

⑧ 后稷：姓姬，名弃。后稷本事主管农事的官名，传说他在尧、舜时任此官，故周人称他为后稷。

⑨ 诞：发语词。弥：满、终。指怀胎足月。厥：其。

⑩ 先生：犹言头胎。达：出生的小羊子。朱熹《诗集传》：“达，小羊也。羊子易生，无留难也”。

⑪ 不：一说语助词。坼（chè）：破裂。副（pì）：绽开。菑：灾的古字。此句是说，后稷出生很顺利，胞衣和母亲的产门都没有破裂。

⑫ 赫：显示。

⑬ 寘：置，弃置。

⑭ 腓（féi）：庇护。字：哺乳。

⑮ 呱（gū）：婴儿哭声。

⑯ 实：是，此。覃：长。讦：大。载：满。

⑰ 匍匐：爬行。岐：聪慧。嶷（yí）：伶俐。

⑱ 就：求。蓺：同艺。种植。荏（rěn）菽：大豆。

⑲ 旆旆（pèi）：茂盛的样子。禾役：谷穗。穟穟（suì）：谷穗下垂的样子。

⑳ 幪幪（měng）：茂盛貌。瓞（dié）：小瓜。唪唪（běng）：多实貌。

㉑ 相：助。“诞后”两句：后稷对于庄稼有助其成长的方法。

㉒ 茀（fú）：拔除。黄：嘉谷。茂：美。

㉓ 方：始，指谷种开始发芽。种：矮。指粗壮。种（zhǒng）：短，禾苗刚出土时的样子。褎（yòu）：禾苗长高的样子。

㉔ 发：禾苗发兜。秀：扬花。

㉕ 颖：谷穗下垂的样子。栗：犹“栗栗”，众多的样子。邰：地名，今陕西武功西南。传说尧因后稷对农业生产有贡献而封他于邰。此句是说后稷去邰成家立业。

诞降嘉种，维秬维秠①，维穈维芑。恒之秬秠②，是获是亩。恒之穈芑，是任是负③，以归肇祀。

诞我祀如何？或舂或揄④，或簸或蹂。释之叟叟⑤，烝之浮浮。载谋载惟⑥，取萧祭脂，取羝以軷⑦。载燔载烈，以兴嗣岁⑧。

卬盛于豆，于豆于登⑨，其香始升。上帝居歆⑩，胡臭亶时⑪。后稷肇祀，庶无罪悔，以迄于今⑫。

丰　年⑬

丰年多黍多稌，亦有高廪⑭。
万亿及秭⑮，为酒为醴。
烝畀祖妣，以洽百礼，降福孔皆⑯。

烈　祖⑰

嗟嗟烈祖，有秩斯祜⑱。申锡无疆，及尔斯所⑲。
既载清酤，赉我思成⑳。亦有和羹，既戒既平㉑。
鬷假无言，时靡有争㉒。绥我眉寿，黄耇无疆。
约軧错衡，八鸾鸧鸧，以假以享㉓。

---

① 秬（jù）：黑黍。秠（pī）：黑黍的一种，一个黍壳里有两粒米。
② 穈：谷子的一种，初生时禾赤。芑（qǐ）：一种白苗的高粱。恒（gèn）：亘的借字，遍，遍种。
③ 任：抱。负：背。
④ 揄（yóu）："舀"的借字，把舂好的米从臼中舀出。
⑤ 簸：扬去米糠。蹂：通揉。用手搓米。释：淘米。叟叟：淘米声。
⑥ 浮浮：蒸饭的气。惟：考虑、筹划。
⑦ 羝（dī）：公羊。軷（bá）：古代祭路神。
⑧ 以兴嗣岁：将求新岁之丰年也。
⑨ 卬（áng）：我。豆、登：一种高脚食器，祭祀时用以盛各种祭品。木曰豆，瓦曰登。
⑩ 居：语助词。歆：享，指享用祭品。
⑪ 胡：大。臭（xiù）：气味。亶：诚，确实。此句是说，浓烈的香味确实好。
⑫ "后稷"三句：后稷始创的祭祀制度，庶几没有获罪于天，直到现在。
⑬ 选自《诗经·周颂》。周成王时，秋冬丰熟祭祖。
⑭ 稌（tú）：稻。一说专指糯谷。廪：藏米仓库。
⑮ 亿、秭（zǐ）：数目。万万为亿，亿亿为秭。这里指数目多。
⑯ 畀（bì）：给予。以洽百礼：指汇集百样祭物。洽：齐。皆：遍。一说嘉。
⑰ 选自《诗经·商颂》。祭祀成汤之乐。
⑱ 秩：大貌。
⑲ 及尔斯所：一直到你所。一说直到如今。
⑳ 赉我思成：赐我福也。
㉑ 和羹：五味调和的浓汤。戒：备。
㉒ 鬷（zōng）假：奏假。谓精诚上致乎神。时靡有争：肃敬而齐一也。
㉓ 约軧：毂饰。鸧鸧（qiāng）：同锵锵。以假以享：指制祭与献祭。

我受命溥将①，自天降康，丰年穰穰②。
来假来飨，降福无疆。顾予烝尝，汤孙之将。

殷　　武③

挞彼殷武，奋发荆楚④。罙入其阻，裒荆之旅⑤。
有截其所，汤孙之绪⑥。维女荆楚，居国南乡⑦。
昔有成汤，自彼氐羌⑧。莫敢不来享，莫敢不来王，曰商是常⑨。
天命多辟⑩，设都于禹之绩。岁事来辟，勿予祸适⑪，稼穑非解。
天命降监，下民有严⑫。不僭不滥⑬，不敢怠遑。命于下国，封建厥福⑭。
商邑翼翼，四方之极⑮。赫赫厥声，濯濯厥灵⑯。寿考且宁，以保我后生。
陟彼景山，松柏丸丸⑰。是断是迁，方斫是虔⑱。松桷有梴，旅楹有闲，寝成孔安⑲。

学习建议

1.《诗经》就是一部形象化的中国上古文化史，应理解和领会这些诗篇的思想内蕴与精神特质，从整体上去把握作品中所包孕的中华民族的文化精神。

2. 反复诵读诗篇，体会其中的音乐美，深究诗中的字、词、句乃至整首诗所蕴涵的文化信息。

3. 背诵《关雎》、《静女》、《伯兮》、《伐檀》、《硕鼠》、《蒹葭》。

4. 延伸阅读篇目：

《汉广》、《摽有梅》、《凯风》、《式微》、《褰裳》、《无衣》、《常棣》、《何草不黄》、《緜》、《天作》。

---

① 溥（pǔ）：广大。将：长。
② 穰穰（ráng）：盛貌。
③ 选自《诗经·商颂》。禘祭祀殷高宗。
④ 挞：达的假借。疾速。武：殷王武丁。荆：州名。楚：国名。
⑤ 罙：深的本字。阻，险阻。裒（póu）：俘虏。一说聚集。
⑥ 汤孙：指武丁。
⑦ 国：指中国。乡：居。
⑧ 氐羌：汤时西北边的民族。
⑨ 王：来朝。常：长。
⑩ 辟：来朝君。
⑪ 勿予祸适：不施过责。
⑫ 严：俨，敬。
⑬ 僭（jiàn）：差失。滥（làn）：过差。
⑭ 封：大。
⑮ 翼翼：整修貌。极：中心。
⑯ 声：一说政声；一说乐声。灵：一说尊敬如神灵；一说威灵。
⑰ 丸丸：直也。
⑱ 方：是，于是。斫：砍。虔：杀。
⑲ 梴（chān）：桷貌。一说木长貌。旅：陈。一说磨光。楹（yíng）：厅堂前部的柱子。闲：大貌。

尚　书

导读

《尚书》是我国上古时期誓、诰、命、谟等记言的历史文件和部分追述古代事迹的著作的最早文献汇编，原只称《书》，到汉代才改称《尚书》，后（汉武帝时）被儒家尊为六经之一，故又称《书经》。古代“尚”与“上”通，《尚书》即上古之书的意思，据说由孔子编纂。故《汉书·艺文志第十》曰：“书之所起远矣，至孔子纂焉。上断于尧，下讫于秦，凡百篇，而为之序，言其作意。”《尚书》据说原有100篇，但秦火之后，汉初只搜集到29篇，用当时通行的隶书写成，称今文《尚书》。晋人伪造古文《尚书》25篇，连同原有的今文《尚书》共58篇。《尚书》的内容很广泛，不但涉及原始社会尧舜时期、奴隶社会夏商时期、春秋前的周王朝的历史事件（主要是商周特别是西周初期的历史事件），而且也有社会制度、阶级状况的反映，以及古代天文、地理等自然现象的记录，是一部综合性文献。《尚书》按时间（朝代及朝代中的帝王顺序）先后编排内容，分《虞书》、《夏书》、《商书》、《周书》四部分。其中《虞书》、《夏书》并非是在虞、夏时代记录的，而是后世儒家假托之作。

我国史官建制甚早。周制，王朝及诸侯各国均设有史官，有大史、小史、左史、右史等职。故“君举必书……左史记言，右史记事；事为《春秋》，言为《尚书》”（《汉书·艺文志第十》）。因此，《尚书》的史料价值甚是重大。从文学的美学价值来看，如《盘庚》的比喻和特殊的古奥美、《无逸》的记叙文的条理性和层次性、《秦誓》的对比描写手法和文字的流畅等。从思想价值方面来看，有夏、虞之书中后世儒家所寄托的政治理想，《无逸》中周初统治者汲取前朝亡国教训的敬天保民思想，《伊训》、《太甲》中传承下来的关于安身立命的中华传统美好品德，《尧典》中“诗言志，歌永言，声依永，律和声”的深刻认识等都很值得我们去加以研究和学习。其中有些篇章中的某部分大可值得诵背，如《尧典》中说明文学发展初期，诗、乐、舞紧密联系的那一部分。

现在通行的《十三经注疏》本《尚书》（《附释音尚书注疏》，共20卷，附校勘记20卷。有1957年中华书局排印本），就是《今文尚书》和伪《古文尚书》的合编本，由汉孔安国传，唐陆德明音义、孔颖达疏。清孙星衍的《尚书今古文注疏》、今人曾运乾的《尚书正读》、王世舜的《尚书译注》等，可以参阅。

尧　　典[①]（节选）

帝曰："咨[②]！四岳[③]，朕在位七十载，汝能庸命[④]，巽[⑤]朕位？"岳曰："否德忝帝位[⑥]。"曰："明明扬侧陋[⑦]。"师锡帝曰[⑧]："有鳏[⑨]在下，曰虞舜。"帝曰："俞[⑩]，予闻，如何？"岳曰："瞽子。父顽，母嚚，象傲，克谐。以孝烝烝，乂不格奸[⑪]。"帝曰："我其试哉！"女于时[⑫]，观厥刑于二女[⑬]。厘降二女于妫汭，嫔于虞[⑭]。帝曰："钦哉[⑮]！"

舜　　典[⑯]（节选）

帝曰[⑰]："夔[⑱]！命汝典乐[⑲]，教胄子[⑳]。直而温[㉑]，宽而栗[㉒]，刚而无虐[㉓]，简而

---

① 《尧典》为后人追记尧帝事迹的重要典籍。产生的时间说法不一，大约是周初人所作，在流传中又经后人反复润色增益，使其具有不同时代的痕迹从而引起种种争议。文中记述之帝位禅让，百官由众人推举议定，以及君主与民众的亲密关系等，都比较真实地反映了氏族社会的政治制度、思想习惯和民俗风貌，具有较高的史料价值。全篇主要记述尧之事迹，分别叙述了尧之道德事功，定历法，尧询问群臣、举用人才，及因四岳之荐而举用舜，并对舜进行培养磨炼之事。本选段是尧因四岳之荐而准备举用舜，并以二女对舜进行考察。

② 咨：语气词。

③ 四岳：四方诸侯之长。

④ 庸命：用命。遵天命。

⑤ 巽：接替。

⑥ 否（pǐ）：不通达。忝（tiǎn）：辱没，不配之意。

⑦ 明明：前一明作明察，作动词用，后一明作贤明之人，作名词用。扬：推举、举荐。侧陋：是指隐匿在民间的，地位、身份低贱之人（这里是指贤者）。

⑧ 师：众人。锡：同"赐"，赐言于尧。

⑨ 鳏（guān）：无妻曰鳏，无夫曰寡。

⑩ 俞：然，表示肯定语气。

⑪ 瞽（gǔ）：瞎子。舜的父亲是位盲人，舜是他的儿子，故称瞽子。嚚：嚚张，强悍。克：能。烝烝（zhēng）：厚美。乂（yì）：治理。格：至。奸：邪恶。

⑫ 女：以女嫁人。时：通"是"，代指舜。

⑬ 刑：法则，规范。二女：尧的二个女儿，名娥皇、女英，一同嫁给舜。意即通过两个女儿考察舜的德行。

⑭ 厘：命令。妫（guī）：水名。汭（ruì）：河流弯曲的地方。嫔：嫁给别人作妻子。虞：舜的姓氏。

⑮ 钦：恭敬。为尧戒女之语。

⑯ 本篇记舜帝之事，可分二段。首段记舜摄位时之事功，末段记述舜即位执政之事。其中记述舜区划疆域，任命百官，制定刑罚，处罚臣下，窜三苗等等，标志氏族社会正在走向解体，阶级社会即将出现。《舜典》今文、古文皆有。今文合于《尧典》而无篇首二十八字"曰若稽古：帝舜曰重华，协于帝。睿哲文明，温恭允塞。玄德升闻，乃命以位。"本选段之舜帝对夔说的关于诗歌和音乐的作用的看法，后来被儒家当作"诗教"的经典言论，也成了历代官方所推崇的文艺观，成了我们的民族传统。

⑰ 帝：指舜。

⑱ 夔（kuí）：人名，相传是尧舜时掌管音乐的人。

⑲ 典：掌管。乐：乐官。

⑳ 教胄（zhòu）子：教育子弟使其成长。一说，胄子指嫡长子。

㉑ 直而温：正直而温和。

㉒ 栗：恭谨，庄严。

㉓ 虐：苛刻。

无傲。诗言志①，歌永言②，声依永③，律和声④。八音克谐⑤，无相夺伦⑥，神人以和⑦。"

夔曰："於⑧！予击石拊石⑨，百兽率舞⑩。"

皋陶谟⑪

曰若稽古⑫。

皋陶曰："允迪厥德，谟明弼谐⑬。"

禹曰："俞，如何?"

皋陶曰："都⑭！慎厥身。修思永，淳叙九族，庶明励翼⑮。迩可远，在兹⑯。"

禹拜昌言⑰曰："俞！"

皋陶曰："都！在知人，在安民。"

禹曰："吁！咸若时，惟帝其难之⑱。知人则哲，能官人⑲。安民则惠⑳，黎民怀之。能

---

① 诗言志：诗是用来表达人的志意的。

② 歌永言：永，长咏。意思是歌是延长诗的语言，徐徐吟唱，以突出诗的意义。

③ 声依永：声：五声，宫、商、角、徵、羽。谓声音的高低又和永言相配合。

④ 律和声：律：律吕，六律六吕。古代乐音标准名。相传黄帝时伶伦截竹为管，以管之长短分别声音的高低清浊，乐器的音调皆以此为准。乐律有十二，阴阳各六，阳为律，阴为吕。六律即黄钟、大蔟、姑洗、蕤宾、夷则、无射。《书·益稷》："予欲闻六律、五声、八音，在治忽，以出纳五言，汝听。"六吕即阴律六：大吕、夹钟、中吕、林钟、南吕、应钟。共为十二律。

⑤ 八音克谐：我国古代对乐器的统称，通常为金、石、丝、竹、匏、土、革、木八种不同质材所制。《书·舜典》："三载，四海遏密八音。"孔传："八音：金、石、丝、竹、匏、土、革、木。"《周礼·春官·大师》："皆播之以八音：金、石、土、革、丝、木、匏、竹。"郑玄注："金，钟镈（bó）也；石，磬也；土，埙也；革，鼓鼗（táo）也；丝，琴瑟也；木，柷敔也；匏（páo），笙也；竹，管箫也。"八种乐器不同，所发的音也不同，所以称为八音。克谐：达到和谐。

⑥ 无相夺伦：无，通"毋"。不要扰乱次序。

⑦ 神人以和：古人迷信，以为神和人能够通过音乐交流思想感情而达到和谐。

⑧ 於（wū）：叹词，是啊，好吧。

⑨ 拊：轻轻敲击。石：石磬，古代的一种乐器。

⑩ 百兽率舞：谓音乐和谐之声感动群兽相率起舞。

⑪ 皋陶是舜帝的大臣，掌管刑法狱讼。谟的意思是商讨，谋划。本篇的内容是舜帝、大禹和皋陶在一起商讨大事的讨论记录，虽然经过了后人的加工润色，但仍保存有较高的史料价值。本节中皋陶对参与治理国家的人提出了修身、知人、安民三项要求。这些要求的前提是实行德政，而不是苛政、暴政。这一点至今对我们仍然有重要的启示。

⑫ 曰若：用作追述往事开头的发语词，没有实际意义。稽：考察。古：这里指古时传说。

⑬ 允：信。迪：蹈，遵循。谟：谋划。弼：辅佐。

⑭ 都：叹词。表示赞美。

⑮ 思永：思虑深远。惇：厚。叙：次第秩序。言于九族之亲厚须依次第。庶：众。明：贤明之人。励翼：相互勉励，以辅助治事。

⑯ 迩可远：由近推及于远。兹：此。

⑰ 昌言：美言。

⑱ 咸：都。时：是，如此。帝：指舜。难之：难以做到这样。

⑲ 官：任用（跟前文"知人"相对应）。

⑳ 惠：仁爱，宽厚。

哲而惠，何忧乎驩兜①？何迁②乎有苗？何畏乎巧言、令色、孔壬③？”

皋陶曰：“都！亦行，有九德④。亦言，其人有德，乃言曰，载采采⑤。”

禹曰：“何？”

皋陶曰：“宽而栗，柔而立，愿而恭，乱而敬，扰而毅，直而温，简而廉，刚而塞，强而义，彰厥有常吉哉⑥！日宣三德，夙夜浚明有家；日严祗敬六德，亮采有邦⑦。翕受敷施，九德咸事⑧，俊乂⑨在官。百僚师师，百工惟时，抚于五辰，庶绩其凝⑩。无教逸欲，有邦兢兢业业，一日二日万几⑪。无旷庶官，天工，人其代之：天叙有典，敕我五典五惇哉⑫！天秩有礼，自我五礼有庸哉⑬！同寅⑭协恭和衷哉！天命有德，五服五章哉⑮！天讨有罪，五刑⑯五用哉！政事懋哉⑰！懋哉！天聪明，自我民聪明。天明畏⑱，自我民明威。达于上下，敬哉有土⑲！”

皋陶曰：“朕言惠可厎行⑳？”禹曰：“俞！乃言厎可绩㉑。”皋陶曰：“予未有知，思曰赞赞襄哉㉒！”

---

① 驩（huān）兜：相传为尧、舜时的部落首领，四凶之一。《书·舜典》：“放驩兜于崇山。”

② 迁：强迫迁徙。指“窜三苗于三危”之事。

③ 令色：令为善，色为表情仪态。令色即伪善、谄媚的脸色。孔：甚。壬：谄媚佞幸之人。孔壬，大奸佞。

④ 亦：迹，检验之意。九德：九种德行，谓贤人所具备的九种优良品格。九德内容，说法不一。此处指下文的“宽而栗、柔而立，愿而恭、乱而敬、扰而毅、直而温、简而廉、刚而塞、强而义”。

⑤ 载：陈列。采：事。说某人有德，就应将其行事一件件列出，以资证明。

⑥ 柔：温和。立：有主见，不为外界之毁誉所动摇。愿：老实谨慎。恭：严肃庄重。乱：治也，为反训，指有治事之才能。敬：严肃认真而又专一。扰：驯服。毅：刚毅坚定。直：耿直公正。温：态度温和和气。简：宽大率略，行事从大处着眼。廉：谨慎认真不苟且。塞：实，求实。义：合乎道义。彰：显明，显示。常吉：祥善。

⑦ 宣：表现出来。三德：上述九德之三种。浚：恭敬专心。明：勉力。家：卿大夫的采邑。严：通俨，严肃庄重的样子。祗：敬。六德：上述九德之六种。亮采：辅助治理政事。邦：诸侯之封地。

⑧ 翕：合。敷：普遍、全面。咸：皆。事：从事，担当官职。

⑨ 俊乂：才德超群出众之人。孔传：“谓天子如此，则俊德治能之士并在官。”孔颖达疏：“乂，训为‘治’，故云‘治能’。马、王、郑皆云，才德过千人为俊，百人为乂。”

⑩ 师师：互相师法，相互学习。百工：百官。时：善，指作好本职之事。抚：顺。五辰：指金、木、水、火、土五星，五星之运转与五行、五方、四季紧密相联系，治理政事也应与之相一致，相顺应。凝：成功。

⑪ 逸：安逸。一日二日：天天。几：同机。

⑫ 旷：空，闲置。天叙：天然的次第、等级。典：社会通行的法规。五典：五种伦理道德。《书·舜典》：“慎徽五典，五典克从。”孔传：“五典，五常之教。父义、母慈、兄友、弟恭，子孝。”蔡沈集传：“五典，五常也。父子有亲，君臣有义，夫妇有别，长幼有序，朋友有信是也。”惇：厚。

⑬ 天秩：天所规定之尊卑贵贱等级秩序。自：遵循。五礼：表示隆重举行的仪式、典礼。古代礼之名有五：吉、凶、军、宾、嘉。礼之事有九：冠、婚、朝、聘、丧、祭、宾主、乡饮酒、军旅。庸：用。

⑭ 寅：恭敬。

⑮ 五服：天子、诸侯、卿、大夫、士之服也。章：文采。

⑯ 五刑：墨、劓、剕、宫、大辟。

⑰ 懋（mào）：盛大，勉励。

⑱ 明畏：表彰善人，惩戒恶人。

⑲ 上下：上天与下民。有土：有国土之君。

⑳ 朕：我也。古代尊卑共之，贵贱不嫌，则可同号之义也。秦始皇二十六年起定为帝王自称之词，沿用至清。厎（dǐ）：定。

㉑ 绩：成功。

㉒ 曰：语中助词。赞赞：模仿重言的语气。襄：协助。

益　稷①

帝曰："来，禹！汝亦昌言②。"禹拜曰："都③，帝！予何言？予思日孜孜④。"皋陶曰："吁！如何？"禹曰："洪水滔天，浩浩怀山襄陵⑤，下民昏垫⑥。予乘四载⑦，随山刊木⑧，暨益奏庶鲜食⑨。予决九川距四海⑩，浚畎浍距川⑪。暨稷播，奏庶艰食鲜食⑫。懋迁有无⑬，化居⑭。烝民乃粒⑮，万邦作乂⑯。"皋陶曰："俞！师汝昌言⑰。"

禹曰："都，帝！慎乃在位⑱。"

帝曰："俞！"

禹曰："安汝之⑲，惟几惟康⑳。其弼直㉑，惟动丕应。徯志以昭受上帝㉒，天其申命用休㉓。"

帝曰："吁！臣哉邻㉔哉！邻哉臣哉！"

禹曰："俞！"

帝曰："臣作朕股肱㉕耳目。予欲左右有民㉖，汝翼㉗。予欲宣㉘力四方，汝为。予欲观

---

① 本篇记录舜和禹、皋陶的讨论，又记录了讨论之后奏乐和舞蹈的盛况，以及舜与皋陶吟诗唱和的欢情。益和稷都是舜的大臣。在篇首，禹提到了益和稷的功劳，因以《益稷》为篇名。本篇与《皋陶谟》文势相接，原是一篇。

② 昌言：美言。

③ 都：叹词，表赞美。

④ 孜孜：勤敏，努力不懈。

⑤ 怀：包围。襄：上。

⑥ 昏垫：沉没陷落。

⑦ 四载：四种运载工具，车船之类。

⑧ 随：顺着。刊：砍斫，用刀斧砍伐树木作为路标。

⑨ 暨（jì）：和、同。奏：进。庶：众。鲜：新杀的鸟兽。

⑩ 决：疏通。九川：九州之川。距：至，到。

⑪ 浚：深深疏通。畎浍：田间的水沟。

⑫ 艰食：根生之食。

⑬ 懋（mào）：通"贸"，伏生《大传》作贸。贸迁，即贸易。懋迁有无，是说调有余补不足。

⑭ 化居：迁移居积的货物。

⑮ 粒：王引之读为"立"，定的意思。

⑯ 作：开始。乂：治理。

⑰ 师：当作斯，代词。

⑱ 在位：在位大臣。

⑲ 安汝之：是说安你的心。

⑳ 惟：思。几：危险。康：安康。

㉑ 弼：辅佐。直：正直。

㉒ 徯：等待。志：德，指有德的人。昭：通诏，指导。

㉓ 其：将。申：重复。休：休美。

㉔ 邻：最亲近的大臣。

㉕ 股肱：比喻左右辅助得力的人。

㉖ 左右：帮助。有：助词。

㉗ 翼：辅佐。

㉘ 宣：用。

古人之象①，日、月、星辰、山、龙、华虫②，作会③；宗彝④、藻⑤、火、粉米⑥、黼⑦、黻⑧，絺绣⑨，以五采彰施于五色⑩，作服⑪，汝明。予欲闻六律五声八音⑫，在治忽⑬，以出纳五言⑭，汝听。予违，汝弼，汝无面从⑮，退有后言⑯。钦四邻⑰！庶顽谗说⑱，若不在时⑲，侯以明之⑳，挞以记之㉑，书用识㉒哉，欲并生㉓哉！工以纳言㉔，时而飏之㉕，格则承之庸之㉖，否则威㉗之。”

禹曰：“俞哉，帝！光㉘天之下，至于海隅苍生㉙，万邦黎献㉚，共惟帝臣。惟帝时㉛举，敷㉜纳以言，明庶㉝以功，车服以庸㉞。谁敢不让，敢不敬应㉟？帝不时敷㊱，同，日奏，罔功。”

---

① 观：示，显示。象：衣服上的图像。

② 华虫：五色之虫。一说为雉。

③ 会：绘，画。

④ 宗彝：宗庙彝器。它的上面刻有虎形，因此用它来指虎。

⑤ 藻：水草。

⑥ 粉米：白米。

⑦ 黼（fǔ）：黑白相间像斧形的花纹。

⑧ 黻（fú）：黑青相间像两个“已”字相背的花纹。

⑨ 絺（chī）：紩，即缝的意思。絺绣，缝以为绣。

⑩ 五采：五种颜料。彰：明显。

⑪ 作服：做成五个等级的礼服。

⑫ 六律：古代有十二乐律，阴六为吕，阳六为律。五声：宫、商、角、徵、羽。八音：八种乐器。指金、石、丝、竹、匏、土、革、木。

⑬ 在：察。治忽：治乱。

⑭ 出纳：进退。五言：东、西、南、北、中五方的言论。

⑮ 无：不要。面从：当面听从。

⑯ 后言：背后议论。

⑰ 四邻：天子身边的大臣，即左辅、右弼、前疑、后丞。

⑱ 庶：众。顽：愚。谗：喜说人之恶。

⑲ 在：察。时：是。代词，指股肱耳目之义。

⑳ 侯以明之：侯，箭靶。这里指用箭射靶。明，勉。古代不贤的人不能参加射侯，所以射侯之礼可以勉励人。

㉑ 挞（tà）：扑打。记：又读为“諅”。

㉒ 识：记。

㉓ 生：上进。

㉔ 工：官。纳：采纳。

㉕ 时：善。飏（yáng）：宣扬。

㉖ 格：正。承：进。庸：用。

㉗ 威：惩罚。

㉘ 光：广。

㉙ 隅：边隅。苍生：百姓。

㉚ 黎：众。献：贤。

㉛ 时：善。

㉜ 敷：遍。

㉝ 庶：章太炎读为“度”，考察。

㉞ 庸：劳，功劳。

㉟ 应：应承。

㊱ 时：善。敷：分别。

帝曰："无若丹朱傲①，惟慢游是好，傲虐②是作。罔昼夜頟頟③，罔水行舟④。朋⑤淫于家，用殄厥世⑥。予创若时⑦！"

禹曰："予娶于涂山⑧，辛壬癸甲⑨。启呱呱而泣⑩，予弗子⑪，惟荒度土功⑫。弼成五服⑬，至于五千。州十有二师⑭，外薄⑮四海，咸建五长⑯，各迪有功⑰，苗顽弗即工⑱，帝其念哉！"

帝曰："迪朕德⑲，时⑳乃功，惟叙㉑。"

皋陶方祗厥叙，方施象刑，惟明㉒。

夔曰：戛击鸣球㉓、搏拊㉔、琴、瑟、以咏㉕祖考来格㉖，虞宾在位㉗，群后德让㉘。下管鼗鼓㉙，合止柷敔㉚，笙镛以间㉛，鸟兽跄跄㉜。《箫韶》九成㉝，凤皇来仪㉞。夔曰："於㉟！予击石拊石㊱，百兽率舞。"

---

① 若：如。丹朱：尧的儿子。
② 虐：通"谑"，戏谑。
③ 罔：无论。頟頟（é）：肆恶无休息。
④ 罔水行舟：洪水已平，犹乘舟遨游。
⑤ 朋：群。
⑥ 用：因此。殄：灭绝。世：父子相继。
⑦ 创：伤。时：是，代词。
⑧ 涂山：国名。
⑨ 辛壬癸甲：从辛日到甲日，共四天。
⑩ 启：禹的儿子。
⑪ 子：爱。
⑫ 荒：通"忙"。度：谋虑。土功：治理水土的事。
⑬ 弼：重的意思。成：定。五服：指甸服、候服、绥服、要服、荒服。
⑭ 师：二千五百人。十二师是三万人。
⑮ 薄：靠近。
⑯ 咸：都。五长：五国之长。
⑰ 迪：领导。功：工作。
⑱ 苗：三苗，我国古代的部族。顽：顽凶。即工：接受工作。
⑲ 迪：开导，教导。
⑳ 时：依时。
㉑ 惟：宜。叙：顺从。
㉒ 象刑：在器物上刻画刑罚的图像，以示警戒。惟：宜。明：意为成。
㉓ 戛：敲击。鸣球：玉磬。
㉔ 搏拊：一种打击乐器。
㉕ 咏：演唱诗歌。
㉖ 祖考：祖考之神。格：至，降临。
㉗ 虞宾：虞舜的宾客，指前代帝王的后裔来作舜的宾客。
㉘ 群后：众诸侯之君。德：升堂。让：揖让。宾主相见时的一种礼仪。
㉙ 下：堂下。管：管乐。鼗（táo）：一种小鼓。
㉚ 合止：合乐和止乐。柷（zhù）：一种打击乐器，乐曲开始时，先击它。敔（yǔ）：一种打击乐器，乐击结束时击它。
㉛ 笙：一种管乐器。镛：大钟。
㉜ 跄跄：跳动。指扮演飞禽走兽的舞队跄跄而舞。
㉝ 箫韶：舜时的乐典名。九成：意思是演奏乐曲，每典一终，要变更九次才结束。
㉞ 凤皇来仪：扮演凤凰的队伍出来跳舞。
㉟ 於：叹词。
㊱ 石：石磬。拊：轻轻地击。

庶尹允谐①，帝庸作歌②。曰："敕天之命③，惟时惟几④。"乃歌曰："股肱喜哉！元首起哉⑤！百工熙哉⑥！"

皋陶拜手稽首，飏言曰⑦："念哉！率⑧作兴事，慎乃宪⑨，钦哉！屡省⑩乃成，钦哉！"乃赓⑪载歌曰："元首明哉！股肱良哉！庶事康⑫哉！"又歌曰："元首丛脞⑬哉，股肱惰哉，万事堕⑭哉！"

帝拜曰："俞，往钦哉！"

甘　誓⑮

大战于甘，乃召六卿⑯。王曰："嗟！六事之人⑰，予誓告汝：有扈氏威侮五行⑱，怠弃三正⑲。天用剿绝其命，今予惟恭行天之罚⑳。左不攻于左㉑，汝不恭命；右不攻于右，汝不恭命；御非其马之正㉒，汝不恭命。用命，赏于祖；弗用命，戮于社㉓。予则孥戮汝㉔。"

---

① 庶：众。尹：正，官长。允：进。谐：通"偕"，偕同。

② 庸：因，因此。指这次盛会。

③ 敕：勤劳。

④ 时：是，代词。指下文股肱三句。几：将近，接近。

⑤ 起：兴起，奋发。

⑥ 工：功，事。熙：兴盛。

⑦ 拜手：古代的一种跪拜礼。双膝下跪，两手拱合齐心，俯首到手。稽首：古代最敬跪拜礼。双膝下跪，叩头到地。飏（yáng）：作"扬"，继续。

⑧ 率：统率。

⑨ 乃：你的。宪：法度。

⑩ 省：省察。

⑪ 赓：继续。

⑫ 康：安。

⑬ 丛脞（cuǒ）：细碎，烦琐。

⑭ 堕：坏。

⑮ 《甘誓》是一篇战争动员令，是后人根据传闻写成的。为夏启讨伐有扈氏，在甘地发布的临战誓词。甘是地名，在有扈氏国都的南郊。有扈氏故城在今陕西户县南。誓是古时告诫将士的言辞。据《史记·夏本纪》载，禹巡视东方，死前把政权交给益，三年后，益又让给禹的儿子启，于是启继承帝位。由于这种作法违背了帝位惮让传统，诸侯有扈氏不服，起来反对。启带兵前往征讨，开战前为告诫将士，发表了这篇简短誓词。经过一场战争，有扈氏被灭掉，启的地位得以稳固，从此以后，禅让制变为传子制，公天下变为家天下。这一历史事件实质上反映中国古代社会由氏族社会向阶级社会的转变，具有重大历史意义。达篇誓词包含二层意思：一是宣布有扈氏"威侮五行，怠弃三正"罪行，对其讨伐是代天行罚。二是申明军纪和赏罚。文中提到的六卿、五行、三正，是否出于夏代，学术界有多种看法，尚无定论。

⑯ 六卿：六军的将领。古时天子拥有六军。

⑰ 六事：六军的将士。

⑱ 威侮五行：王引之《经义述闻》以威为灭之误，灭与蔑通，轻蔑之意，则威侮为轻蔑侮慢。五行指金、木、水、火、土五种基本的民生日用资料。威侮五行就是反对五行说，轻慢利用五种自然物为民造福。

⑲ 怠：懈怠。三正：指建子、建丑、建寅，意思是指历法。

⑳ 用：因此。剿：灭绝。恭行：奉行。

㉑ 左：战车左面的战士。古时一乘战车上面有三名甲士，左面一位负责用箭射杀敌人，右面一位负责用矛刺杀敌人，中间一位负责驾车。攻：攻治达于纯熟。

㉒ 御：驾车的人，即处在战车中间位置上的人。正：使车马进退左右有秩序。

㉓ 赏于祖：古时天子亲征，随军带着祖庙的神主和社神的神主。有功的，就在祖庙神主之前赏赐，惩罚则在社神神主前进行，表示不敢自己专行。

㉔ 孥（nú）：奴，降为奴隶。戮：刑戮，惩罚。

五子之歌[①]（节选）

其一曰："皇祖[②]有训，民可近，不可下，民惟邦本，本固邦宁[③]。予视天下愚夫愚妇一能胜予，一人三失[④]，怨岂在明，不见是图[⑤]。予临兆民，懔乎若朽索之驭六马，为人上者，奈何不敬？"

其二曰："训有之，内作色荒，外作禽荒[⑥]。甘酒嗜音，峻宇雕墙[⑦]。有一于此，未或不亡。"

其三曰："惟彼陶唐，有此冀方[⑧]。今失厥道，乱其纪纲，乃厎灭亡[⑨]。"

其四曰："明明[⑩]我祖，万邦之君。有典有则，贻[⑪]厥子孙。关石和钧[⑫]，王府则有。荒坠厥绪，覆宗绝祀[⑬]！"

其五曰："呜呼曷[⑭]归？予怀之悲。万姓仇予，予将畴依[⑮]？郁陶乎予心，颜厚有忸怩[⑯]。弗慎厥德，虽悔可追？"

伊　训[⑰]（节选）

"惟我商王，布昭圣武，代虐以宽，兆民允怀[⑱]。今王嗣厥德，罔[⑲]不在初，立爱惟亲，立敬惟长，始于家邦，终于四海。呜呼！先王肇修人纪，从谏弗咈，先民时若；居上克明，

---

① 夏王启的儿子太康，常年沉迷于游畋之中，不理国政，被羿夺去了王位。其未失国之前，畋于洛水之边，太康有昆弟五人，跟从太康畋猎时，与太康母亲一起在洛水的北面等待太康。太康为羿所拒，不能回国就帝位。太康的弟弟们，即启之五子，都很怨太康，人各一首，分别作歌谴责太康。史官叙述此事，作《五子之歌》。

② 皇祖：君主的祖父或远祖。

③ 本固邦宁：谓人民安居乐业则国家太平。

④ 三失：谓过失多。

⑤ 明：显著，与细微相对。图：谋。指羿图谋太康王位事。

⑥ 训：即前之"皇祖有训"之训。色：女色。荒：迷乱。禽：禽兽。

⑦ 音：音乐。雕：饰画。

⑧ 陶唐：古帝名。即唐尧。帝喾之子，姓伊祁，名放勋。初封于陶，后徙于唐。冀方：古泛指中原地区。

⑨ 厥：其。厎（dǐ）：获得。

⑩ 明明：明智、明察貌。多用于歌颂帝王或神灵。

⑪ 贻：赠送，给予。

⑫ 关石：关，重量名；石，容量名。关石，借指赋税。一说，关指征税之处，石为量器；关石，借指征收赋税。和钧：谓使计量标准准确划一。

⑬ 绪：业。覆：与"绝"意近。

⑭ 曷：何。

⑮ 万姓：万民。畴依：依靠谁呢？

⑯ 郁陶：忧思积聚貌。颜厚：脸皮厚。谓不知羞耻。忸怩：羞愧。

⑰ 成汤死时，也就是太甲元年。伊尹因为怕太甲继承成汤王位之后，贪图逸豫不能敬修祖业，作此训用来告诫太甲。史叙其事，作《伊训》、《肆命》、《徂后》三篇。但原作早已亡逸，就全篇而言其当为伪作。就内容来看，全篇均为伊尹以先王之事德教导太甲去做一位贤君。

⑱ 惟：语助词。商王：成汤。圣武：圣明英武。旧时称颂帝王之词。兆民：古称天子之民，后泛指众民，百姓。允怀：思念。

⑲ 罔：无。

为下克忠；与人不求备，检身若不及：以至于有万邦①，兹惟艰哉！敷求哲人，俾辅于尔后嗣；制官刑，儆于有位，曰：‘敢有恒舞于宫，酣歌于室，时谓巫风；敢有殉于货色，恒于游畋，时谓淫风；敢有侮圣言，逆忠直，远耆德，比顽童，时谓乱风②。惟兹三风十愆③，卿士有一于身，家必丧；邦君有一于身，国必亡。臣下不匡，其刑墨，具训于蒙士④。’”

太甲下⑤

伊尹申诰于王曰：“呜呼！惟天无亲，克敬惟亲⑥。民罔常怀⑦，怀于有仁。鬼神无常享⑧，享于克诚。天位⑨艰哉！德惟治，否德⑩乱。与治⑪同道，罔不兴；与乱同事，罔不亡。终始慎厥与，惟明明后⑫。先王惟时懋敬厥德，克配上帝⑬。今王嗣有令绪，尚监兹哉⑭。若升高，必自下；若陟遐，必自迩⑮。无轻民事，惟艰；无安厥位，惟危⑯。慎终于始⑰。有言逆于汝心，必求诸道；有言逊于汝志，必求诸非道⑱。呜呼！弗虑胡获⑲？弗为胡成？一人元良，万邦以贞⑳。君罔以辩言乱旧政，臣罔以宠利居成功，邦其永孚于休㉑。”

---

① 肇：开始。人纪：人之纲纪，指立身处世的道德规范。弗咈：不违。时：是。若：顺。克：能。检身：检点自身。万邦：所有诸侯封国。后引申为天下，全国。

② 敷求：广求，遍求。敷，通“溥”。俾：使。官刑：古代惩戒官吏的刑罚之一，即鞭刑。儆：告诫，警告。有位：指居官之人。巫风：指歌舞作乐的风俗。巫觋（xí）以歌舞事神，故称。货色：财货和女色。游畋：亦作“游田”。游逸田猎；游猎。耆（qí）德：年高德劭、素孚众望者之称。比：亲近。顽童：愚钝无知的人。乱风：坏风气。

③ 三风十愆：三种恶劣风气，所滋生的十种罪愆。指巫风二：舞、歌；淫风四：货、色、游、畋；乱风四：侮圣言、逆忠直、远耆德、比顽童，合而为十愆。

④ 匡：辅助。刑墨：即墨刑。古代五刑之一。刺字于被刑者的面额上，染以黑色，作为处罚的标志。蒙士：浅学无知之士。

⑤ 太甲立为商王后，不守礼节被伊尹流放到桐宫闭门思过。三年后，太甲诚心改过，伊尹才让他复归亳都。从太甲初立为君主起，伊尹常进言以告戒太甲，史官叙其事作《太甲》三篇。《太甲上》是记太甲被流放桐宫的事，中、下二篇是记太甲归亳之事。

⑥ 伊尹：商汤大臣，名伊，一名挚，尹是官名。相传生于伊水，故名。是汤妻陪嫁的奴隶，后助汤伐夏桀，被尊为阿衡。汤去世后历佐卜丙（即外丙）、仲壬二王。后太甲即位，因荒淫失度，被伊尹放逐到桐宫，三年后迎之复位。申诰：反复告诫。王：太甲。惟：语助词。亲：亲近。克：能。敬：恭敬，端肃。

⑦ 罔：无。常怀：固定不变的归向。

⑧ 享：神鬼享用祭品。

⑨ 天位：天子之位，帝位。

⑩ 否德：鄙陋之德，微德。否，通“鄙”。

⑪ 治：与“乱”相对。

⑫ 终始：从开头到结局；事物发生演变的全过程。引申为有始有终。厥：其。明明后：非常贤明的君主。

⑬ 懋（mào）敬：勉励戒慎。配：古帝王祭天时以先祖配祭。

⑭ 王嗣：王位继承者。即太甲。令绪：伟大的事业或业绩。监兹：以兹为鉴。

⑮ 陟遐：远行。孔传：“言善政有渐如登高升远，必用下近为始，然后终致高远。”迩：近。

⑯ 民事：犹国政。艰：以……为艰（然后才知谨慎）。危：常有畏惧之心（危机感）。

⑰ 慎终于始：开始、结束时都要慎重。

⑱ 逆：违逆。逊：顺。非道：不合道义、不正当的手段。

⑲ 胡：何。

⑳ 元良：大善，至德。万邦：所有诸侯封国。贞：正。

㉑ 辩言：巧伪之言，美丽动听而奸诈虚伪的言词。旧政：先王之德政。臣罔以宠利居成功：即作臣子的应知功成身退（臣下辅佐君主成功了，如果不知退谢，其志贪欲无限，君王不堪所求，或有怨恨之心，必生诛杀之意）。孚：诚。休：美。

多　士[①]（节选）

我闻曰："上帝引逸[②]。"有夏不适逸，则惟帝降格，向于时[③]。夏弗克庸帝，大淫泆，有辞[④]。惟时天罔念闻，厥惟废元命，降致罚，乃命尔先祖成汤革夏，俊民甸四方。[⑤]

自成汤至于帝乙，罔不明德恤[⑥]祀。亦惟天丕建，保乂有殷，殷王亦罔敢失帝，罔不配天其泽[⑦]。

在今后嗣王，诞罔显于天，矧曰其有听念于先王勤家[⑧]？诞淫厥泆，罔顾于天显民祇[⑨]。惟时上帝不保，降若兹大丧[⑩]。惟天不畀不明厥德，凡四方小大邦丧，罔非有辞于罚[⑪]。

无　逸[⑫]

周公曰："呜呼[⑬]！君子所其无逸[⑭]。先知稼穑之艰难，乃逸，则知小人之依[⑮]。相小

---

① 武王灭商后第二年就死掉了，成王年幼，周公摄政，天下动荡不安，随之发生三监和武庚叛乱。周公平定叛乱后，为进一步控制殷人，巩固东方，开始营建新都洛邑。新都建成后，即将殷遗民由朝歌迁往这里，以便于防止他们的再度反叛。殷遗民留恋故土，怨恨新朝，抵制迁徙。周公代表成王发布诰命，说明迁徙原因，宣布政策，为殷民指明前途，史官记载下来，即成此《多士》。所谓多士即众士，指殷之众臣，周公之诰命主要是对这些人而发。全篇可分三部分：第一部分阐述周之代殷与殷之代夏一样，都是顺应天命。第二部分指出迁殷民于洛邑，不用殷士，也是顺从天命。第三部分宣布对待殷民的比较宽松的政策，指明殷民只有积极配合，服从新朝统治，才有光明前途。

② 引逸：长久安逸。句意即上天愿民长久安乐。

③ 不：同丕，语助词，无意义。适逸：使民得到适宜的安乐。格，至。降格即降临。时：当时。

④ 克：能。庸：用。帝：指后世之暴君夏桀。淫泆：放纵享乐。泆音逸，逸乐、享乐。有辞：有侮慢上帝之辞。

⑤ 惟时：因此。念，眷念。闻：存恤怜悯。厥：语首助词。元命：大命，指国运。致：至。俊民：才德兼全之士。甸：治理。句意即上天不眷念怜悯他，而废止他的国命，降下对他的惩罚；就命令你们的先祖成汤革去夏命，任命才德兼全之人治理天下四方。

⑥ 恤：顾念。

⑦ 丕：语助词，无义。保乂：安定治理。失帝：违背丢弃上天之意旨。配天：配合天意。其：犹"之"也，作"的"解。泽：恩泽。

⑧ 后嗣王：指纣王。诞，大。显：明。矧（shěn）曰：况且，何况。听念：听从顾念。勤家：为国家而劳苦。句意即在帝乙之后继位的纣王，大不明于上天意旨，更何况说顾念听从其先王为国勤劳之教诲呢？

⑨ 天显：天所显示之意，指天意、天道。民祇：民之困苦。句意即他大肆放纵享乐，不顾及上天显示之意与民之困苦。

⑩ 大丧：大的丧亡，指国家灭亡之灾祸。

⑪ 不明厥德：不勉力施行德政之人。句意即上天不把国命给予不勉力施行德政之人，凡四方大小邦国之灭亡，无不都有侮慢上天之辞而受到惩罚。

⑫ 无逸即不要贪图安乐之意。据《史记·鲁周公世家》载，周公还政成王后，担心成王贪图安逸、荒废政事，而提出劝诫之辞。史官加以记录整理，而成此篇。因篇中有"君子所其无逸"一句，"无逸"又能较好概括全篇宗旨，故以"无逸"名篇。全文可分三段，第一段为总纲，提出执政者不可贪图安逸，要知稼穑之艰难和民生之困苦。第二段，通过殷代兴盛和衰亡以及文王治国之道的阐述，从正反两面说明君主无逸之重要。第三部分，告诫成王要勤劳政事，力戒逸乐，虚心听取臣民意见，认真执行法令。全文中心明确，层次清楚，感情深沉，文笔流畅，为古代散文之杰作。文中提倡君主应"无逸"、"知稼穑之艰难"、"知小人之依"等思想，反映先民社会民主意识的遗存，对研究古代民本思想和儒家仁学体系有重要参考价值。

⑬ 呜呼：叹词，这里用在正式谈事之前，以引起重视。

⑭ 君子，执政者。所：处在、处于。这里是居其位的意思。

⑮ 小人：小民，靠劳动谋生之民众。依：隐，苦衷。

人：厥父母勤劳稼穑，厥子乃不知稼穑之艰难，乃逸，乃谚①。既诞，否则侮厥父母，曰：'昔之人无闻知②。'"

周公曰："呜呼！我闻曰：昔在殷王中宗，严恭寅畏，天命自度，治民祗惧，不敢荒宁，肆中宗之享国七十有五年③。其在高宗，时旧劳于外，爰暨小人④。作其即位，乃或亮阴，三年不言⑤。其惟不言，言乃雍⑥。不敢荒宁，嘉靖殷邦⑦。至于小大，无时或怨⑧。肆⑨高宗之享国五十年有九年。其在祖甲，不义惟王，旧为小人⑩。作其即位，爰知小人之依，能保惠于庶民，不敢侮鳏寡⑪。肆祖甲之享国三十有三年。自时厥后，立王生则逸，生则逸，不知稼穑之艰难，不闻小人之劳，惟耽乐之从⑫。自时厥后，亦罔或克寿⑬。或十年，或七八年，或五六年，或四三年⑭。"

周公曰："呜呼！厥亦惟我周太王、王季，克自抑畏⑮。文王卑服，即康功田功⑯。徽柔懿恭，怀保小民，惠鲜鳏寡⑰。自朝至于日中昃，不遑暇食⑱，用咸和万民。文王不敢盘于游田，以庶邦惟正之供⑲。文王受命惟中身，厥享国五十年⑳。"

周公曰："呜呼！继自今嗣王，则其无淫于观、于逸、于游、于田，以万民惟正之供㉑。无皇曰：'今日耽乐。'乃非民攸训，非天攸若，时人丕则有愆㉒。无若殷王受之迷乱，酗于

---

① 相：视、察看。谚：通"喭"，粗暴。

② 诞：欺骗义。否：《汉石经》中作"不"，"不则"相当"于是"。昔之人：上了年纪的人，老辈之人。无闻知：没有知识。

③ 中宗：殷太戊（第十代君王）和祖乙（第十四代君王），皆号称中宗。太戊在位七十五年，此中宗当指太戊。寅：内心恭敬。祗惧，敬畏，小心谨慎。荒宁：荒废政事，贪图安逸。肆：因此。享国：居王位。有：又。

④ 高宗：名武丁，为殷第二十三代中兴君王。时：是，此，这个人，代武丁。《史记》作"久"。武丁为太子时，其父小乙使行设席所劳苦于外。爰：于是。暨：及、和。暨小人：即与小民在一起，备尝民生之艰难。

⑤ 作：及，等到。或：有时，时常。亮阴：又作谅阴。一说君死之后，新君即位居庐守孝三年，不言政事，由冢宰代摄。一说倍守沉默，不轻言之意。

⑥ 雍：和谐众心。

⑦ 嘉靖：安定。

⑧ 小大：小民与百官。无时或怨：没有人对武丁的这种做法抱怨。

⑨ 肆：因此。

⑩ 祖甲：武丁的儿子帝甲。惟：为。不义惟王，祖甲以己为少子，取代长兄继承王位是不义之举，故出逃在民间（故"旧为小人"）。

⑪ 保惠：保护慈爱。鳏寡：老而无妻或无夫的人。引申指老弱孤苦者。

⑫ 立王：所立之君主。生则逸：生下来只知道安逸享乐。耽乐：沉溺于享乐，过度逸乐。从：追求。

⑬ 克寿：能够长寿。

⑭ 由十年递减至三四年，指在位的时间不断缩短。

⑮ 太王：周文王的祖父。王季：周文王的父亲。抑：贬抑委屈。畏：敬畏天命。

⑯ 卑服：从事卑贱的工作。即：就、从事。康功田功：康功即平整道路之事，田功即从事田野劳作。

⑰ 徽：和气。柔：仁慈。懿：美好的品德，此作善良。怀保：爱护。与下文"惠鲜"意同。

⑱ 日中：中午，日处中天之时。昃（zè）：又作仄，指日西斜之时。不遑暇食：无暇吃饭。

⑲ 盘，安乐，游乐。游田：游乐与田猎。以：使。正：正税，正常的贡赋。供：进献。句意即文王不敢以游玩打猎为乐，使众邦国只供献正常的赋税。

⑳ 受命：接受上天之命，即君位。惟：语助词，无实义。中身：中年。文王享年九十七乃终，在位五十一年，则是四十七岁即君位。

㉑ 嗣王：继位的君王，这里是指周成王。淫：过、过度。观：通"欢"。

㉒ 皇：通"遑"，闲暇。无皇：没有闲暇时间。非民攸训，非天攸若：这不是教导人民的方法，不是顺从天意的方法。时人：这种人，这样的人。丕：语助词。愆（qiān）：过失、罪咎。

酒德哉①!”

周公曰:“呜呼!我闻曰:‘古之人犹胥训告,胥保惠,胥教诲,民无或胥诪张为幻②。’此厥不听,人乃训之,乃变乱先王之正刑,至于小大③。民否则厥心违怨,否则厥口诅祝④。”

周公曰:“呜呼!自殷王中宗,及高宗,及祖甲,及我周文王,兹四人迪哲⑤。厥或告之曰:‘小人怨汝詈汝。’则皇自敬德⑥。厥愆,曰:‘朕之愆,允若时⑦。’不啻不敢含怒⑧。此厥不听,人乃或诪张为幻,曰‘小人怨汝詈汝。’则信之。则若时,不永念厥辟,不宽绰厥心⑨,乱罚无罪,杀无辜。怨有同,是丛于厥身⑩。”

周公曰:“呜呼!嗣王其监于兹⑪。”

周　官⑫(节选)

王曰:“呜呼⑬!凡我有官君子,钦乃攸司,慎乃出令,令出惟行,弗惟反⑭。以公灭私,民其允怀⑮。学古入官⑯,议事以制,政乃不迷。其尔典常作之师,无以利口乱厥官⑰。蓄疑败谋,怠忽荒政,不学墙面,莅事惟烦⑱。戒尔卿士!功崇惟志,业广惟勤,惟克果断,乃罔后艰。位不期骄,禄不期侈⑲。恭俭惟德,无载⑳尔伪。作德,心逸日休;作伪,心劳日拙㉑。居宠思危,罔不惟畏,弗畏入畏㉒。推贤让能,庶官乃和;不和

---

① 殷王受:殷纣王,受为其名。酗于酒德:以醉怒为酒德。

② 胥:相互。训告:劝导。保惠:帮助爱护。诪张为幻:欺诳诈惑。孔传:“诪张,诳也。君臣以道相正,故下民无有相欺诳幻惑也。”

③ 正刑:合乎正道之刑法、法令。小大:大大小小的刑法、法令。

④ 否:否定、反对。违怨:违背怨恨。诅祝:诅咒,求神加祸于人。

⑤ 迪:引导、指导。哲:明哲。

⑥ 厥:其,指上述殷周四王。詈(lì):骂。皇:更加。敬德:敬慎修德。

⑦ 厥愆:人民指责你的过失。允:信、确实。若时:如此。

⑧ 不啻(chì):不但。此句当有缺略。

⑨ 则若时:就像这样。辟:法度。绰(chuò):宽、缓。

⑩ 怨有同:怨恨相同。言君主“乱罚无罪,杀无辜”,民众受损虽不同,对君之怨恨又相同。丛:聚集。

⑪ 嗣王:继承之王,主要针对成王。监:同“鉴”,借鉴。

⑫ 《史记·周本纪》:“既绌殷命,袭淮夷,归在丰,作《周官》。”《书序》关于《周官》的解说与司马迁一样。但我们现在读到的只是伪古文《尚书》中的《周官》,原作《周官》已佚。伪《周官》大致分两部分:一为设官分职;一为为官之道、用人之法。本篇即为第二部分之节选。其中颇有一些名言至理足以流传后世。

⑬ 呜呼:叹词,表示赞美或慨叹。

⑭ 钦:敬。攸司:所司,犹职责。惟:助词,也作“唯”、“维”,用于句中以调整音节。

⑮ 其:副词,表示论断,相当于“乃”。允怀:犹归顺。

⑯ 学古:学习研究古代典籍。入官:从政,做官。

⑰ 典常:常道,常法。利口:能言善辩。厥:其。

⑱ 蓄疑:积疑。败谋:(疑而不决)必败其谋。墙面:谓面对墙壁,目无所见;比喻不学无术或一无所知。莅:临。烦:繁多。

⑲ 侈:过分、超过限度。

⑳ 载:施行。

㉑ 心逸日休:谓不费心机,反而越来越好。心劳日拙:谓费尽心机,反而越来越糟。此用作贬义词。

㉒ 入畏:面对畏难。

政庞①。举能其官，惟尔之能；称匪其人，惟尔不任②。”

武　　成③（节选）

既戊午，师逾孟津④。癸亥，陈于商郊，俟天休命⑤。甲子昧爽，受率其旅若林，会于牧野⑥。罔有敌于我师，前徒倒戈，攻于后以北，血流漂杵⑦。一戎衣⑧，天下大定。乃反商政，政由旧⑨。释箕子囚，封比干墓，式商容闾⑩。散鹿台之财，发钜桥之粟，大赉于四海，而万姓悦服⑪。

召　　诰⑫（节选）

“王敬作所，不可不敬德⑬。

我不可不监于有夏，亦不可不监于有殷⑭。我不敢知曰，有夏服天命，惟有历年；我不敢

---

① 庶官：百官，多指一般官员。庞（páng）：乱，杂。

② 称：举用。不任：不能胜任。

③ 武成：谓军事上的胜利。孔疏曰：“此篇叙事多而王言少，惟辞又首尾不结，体裁异于余篇。自‘惟一月’至‘受命于周’，史叙伐殷往反及诸侯大集，为王言发端也。自‘王若曰’至‘大统未集’，述祖父以来开建王业之事也。自‘予小子’至‘名山大川’，言己承父祖之意，告神陈纣之罪也。自‘曰惟有道’至‘无作神羞’，王自陈告神之辞也。‘既戊午’已下，又是史叙往伐杀纣，入殷都布政之事。‘无作神羞’以下，惟告神，其辞不结，文义不成，非述作之体。”不过此文虽为伪作，但此节选部分确是文简意明、条理清晰、言语精彩、首尾分明具足。

④ 既：至。逾：越过，经过。孟津：古黄河津渡名。在今河南省孟津县东北、孟县西南。相传周武王在此盟会诸侯并渡河，故一名盟津。一说本作盟津，后讹作孟津。为历代兵家争战要地。

⑤ 陈：列兵阵。俟：等待。休命：美善的命令。多指天子或神明的旨意。

⑥ 昧爽：拂晓，黎明。受：即商纣王。孔传：“受，纣也。音相乱。”牧野：古代地名。在今河南省淇县南。周武王与反殷诸侯会师，大败纣军于此。曾运乾正读：“牧野，在纣都朝歌南七十里。”

⑦ 北：兵败。倒戈：放下武器。指投降敌方。血流漂杵：血流成河，能漂起木杵；形容杀人极多。孔传：“血流漂舂杵，甚之言也。”

⑧ 一戎衣：谓一穿上戎装。或云，“衣”当作“殷”，谓一用兵而胜殷。一，亦作“壹”。孔传：“衣，服也；一着戎服而灭纣。”郑玄注：“戎，兵也。衣读如殷，声之误也，齐言殷声如衣……壹戎殷者，壹用兵伐殷也。”孔颖达疏：“郑必以衣为殷者，以十一年观兵于孟津，十三年灭纣，是再着戎服，不得称一戎衣，故以衣为殷。”后泛称用兵作战为“一戎衣”。

⑨ 乃反商政，政由旧：句意即反商纣王之恶政而复法商先王之德政。

⑩ 箕子：纣王的庶兄，位为三公。因谏纣王而被放为奴隶。封：积土为坟。比干、商容：二人均为商纣时贤明大臣，后均因进谏而被商纣所害。式：楷模，榜样。

⑪ 鹿台：古台名。别称南单之台。殷纣王贮藏珠玉钱帛的地方。故址在今河南省汤阴县朝歌镇南。钜桥：商纣王时之粮仓名。仓址在今河北省曲周县东北。孔传：“纣所积之府仓，皆散发以赈贫民。”大赉：犹重赏。万姓：万民。

⑫ 本篇为召（shào）公向成王进献之告诫之词，故称《召诰》。据《史记·周本纪》载，周公摄政七年，成王年长，周公还政于成王，而“北面就臣位”。这一年，成王继武王遗志，决定新建洛邑，并委派召公主持此事。在规划施工期间，周公旦前往视察，并祭祀天地，发布兴建文告。以后成王也亲临洛邑，召公率领诸侯朝见成王与周公，献上自己对历史教训、当前形势的看法，以及为政治国应以敬德保民为本的思想。全篇可分四段。第一段综述营建洛邑的情况和过程。第二段分析当前之隐忧，提请成王注意。第三段，对成王营建洛邑、和谐殷民的赞美。第四段，总结夏殷失败的教训，劝成王敬德保民，并表示自己对成王的忠心。这些思想构成儒家仁政思想的核心部分，对后代政治思想和哲学思想有深远影响。

⑬ 敬：谨慎专一。作：作为。敬德：恭敬于德行。

⑭ 监：同鉴，借鉴。有夏：夏代。有：助词。有殷：殷代。句意即我们不可不以夏代为借鉴，也不可不以殷代为借鉴。

知曰，不其延①。惟不敬厥德，乃早坠厥②命。我不敢知曰，有殷受天命，惟有历年；我不敢知曰，不其延。惟不敬厥德，乃早坠厥命。今王嗣受厥命，我亦惟兹二国命，嗣若功③。”

立 政④（节选）

“亦越文王、武王，克知三有宅心，灼见三有俊心，以敬事上帝，立民长伯⑤。立政：任人、准夫、牧，作三事⑥；虎贲、缀衣、趣马、小尹、左右携仆，百司庶府⑦；大都小伯、艺人，表臣百司⑧；太史、尹伯，庶常吉士⑨；司徒、司马、司空、亚旅⑩；夷、微、卢烝⑪；三亳阪尹⑫。

文王惟克厥宅心，乃克立兹常事司牧人，以克俊有德⑬。文王罔攸兼于庶言⑭。庶狱庶慎⑮，惟有司之牧夫是训用违。庶狱庶慎，文王罔敢知于兹⑯。

---

① 不敢知：不敢妄加推知。表示对天意之恭敬。服：受、接受。惟：语词。历：久。其：助词。延：长久。句意即我不敢知道，夏代接受天命，该有多少年；我不敢知道，何以他们国命不会延长。

② 厥：其。

③ 惟：思。二国：夏、商。嗣：继承。若：其。代夏与殷。句意即现在王继续接受上天之命，我也想到夏商二国的命运，应该继续他们的功业方面。

④ 本篇为周公归政成王后所作之诰辞。王引之说：“政与正同，正，长也。立政，谓建立长官也。”（《经义述闻》卷三）《立政》是讲官制与人才问题的，全篇中心内容就是阐述设官用人之道。成王即位之后，天下逐渐趋于安定，但周王朝的官制还很不健全，需要总结历史经验，建立较完备的设官用人制度，以适应新王朝巩固统治之需要。为此，周公作《周官》、《立政》，为建立古代社会的官制体系奠定了基础。全文分三部分。第一部分从正反两面总结了夏商二代在设官用人方面的经验教训。第二部分，阐述文王、武王的用人经验和建立的制度，并指出君主不应干预百官具体事务，如治理狱讼之类。第三部分，在设官用人方面对成王提出一些具体忠告和期望。本篇史料对研究“成康之治”和周初官制问题有重要价值。本文摘自第二部分。

⑤ 克知三有宅心：三宅指考察任用之治民、理事、执法之官，是在位执政之官。文王、武王对他们的心意能够知晓。灼见三有俊心：对于三方面的贤能之士，虽未执政任事，文王、武王也能清楚识别。灼：明。长伯：官长。

⑥ 立政：设立官长。任人：即常任，治事之官。准夫：即准人，平法之官。牧：即常伯，王公之类。三事：治民、理事、执法三方面事务，也就是掌管主要的国家大事。

⑦ 虎贲（bēn）：官名。掌侍卫国君及保卫王宫、王门之官。缀衣：周代官名。掌管衣服，为天子近臣。趣马：负责养马之官。小尹：趣马之助手之类。左右携仆：君王的近侍官。百司庶府：负责财物、券契、府藏的众官员。

⑧ 大都小伯：都为都城，代表邦国。伯为首长，亦即诸侯。大都小伯，大大小小邦国的诸侯。艺人：征收斌税之官。表臣百司：表臣，外臣，与朝内之臣对言。百司：百官。

⑨ 太史：史官之长。尹伯：各官之长，指史官之长的太史，乐官之长的大司乐等。庶常吉士：众多任常职之官，皆为贤能之士。

⑩ 司徒、司马、司空：各诸侯国所设之三卿。司徒，掌管国家的土地和人民、官私籍田，征发徒役等。司马，掌管军政和军赋。司空，掌管工程。亚旅：次于三卿的众大夫。

⑪ 夷：东方诸国。微：南方诸国。卢：西方诸国。皆指华夏以外民族建立的邦国。烝：君也。

⑫ 三亳（bó）：南亳、北亳、西亳。皆为殷商故都。南亳存今河南商丘东南。相传为成汤居住之地。北亳在今商丘北，相传为诸侯拥成汤为盟主之地。西亳在今河南偃师西，相传为成汤攻克夏桀时居住地。阪尹：阪为夏之故都，尹为官名。即在三亳和阪都设置官长。

⑬ 克厥宅心：能度知任用官员的心思。常事：常职。司牧人：负责治理民众之官。克俊有德：能用有才能有美德的人。

⑭ 罔：不。兼：兼管、包管。庶言：众言，指狱讼之类民众有所申诉之言。

⑮ 庶狱：众多狱讼案件。慎：敇也，（《广雅释访》四）敕命、命令。

⑯ 之：与。有司：主管之官。牧夫：执行之官吏。训：训示、指示。用违：可否。知：主持、主宰。兹：此。代表由百官分管之具体事务。

亦越武王，率惟敉功，不敢替厥义德；率惟谋从容德，以并受此丕丕基①。”

康　　诰②（节选）

王曰：“呜呼！封，敬明乃罚③。人有小罪，非眚，乃惟终自作不典，式尔，有厥罪小，乃不可不杀。④ 乃有大罪，非终，乃惟眚灾，适尔，既道极厥辜，时乃不可杀⑤。”

……

王曰：“外事，汝陈时臬司师，兹殷罚有伦⑥。”又曰：“要囚，服念五六日至于旬时，丕蔽要囚⑦。”

王曰：“汝陈时臬事罚，蔽殷彝，用其义刑义杀，勿庸以次汝封⑧。乃汝尽逊曰时叙，惟曰未有逊事⑨。已！汝惟小子，未其有若汝封之心⑩。朕心朕德，惟乃知。

凡民自得罪，寇攘奸宄，杀越人于货，暋不畏死，罔弗憝⑪。”

微　　子⑫

微子若⑬曰：“父师、少师⑭！殷其弗或乱正四方⑮。我祖厎遂陈于上，我用沈酗于

---

① 率：循、遵循。敉（mī）功：安定天下的功劳。替：废弃，废止。厥：其，代文王。义德：美德、善行。谋，思虑。容德：宽容之美德。并受：指文王、武王一并接受。丕丕：大大、博大。

② 康为康叔，周文王之子，武王同母幼弟，名封。武王死后，成王年幼，周公摄政，东方发生叛乱。周公奉命东征，平定叛乱，杀武庚禄父、管叔，放逐蔡叔，把原来武庚治下的殷民殷地分封给康叔，以康叔为卫君。这篇诰就是周公告诫康叔如何治国的训词。全篇可分为四段，第一段言文王明德慎罚，爱民任贤，才得以受天命，灭殷国。第二段，勉励康叔要任贤能、遵古训、顺民心，不要贪图安逸。第三段强调使用刑罚，对治罪量刑的指导原则和刑律条目，作了具体阐述。第四段，归结为以德化民，顺承天命。这篇诰词反映周初政治、法律、思想意识方面的特点，对研究古代政治史和思想史有重要价值。本节选主要为第三段内容。

③ 敬：恭谨。明：严明。乃：你。

④ 眚（shěng）：过失。终：经常。由始至终不肯改。典：法。式：用。尔：如此。有：虽然。句意即故意犯了小罪且主观始终不改的，该重罚（杀）。

⑤ 眚灾：由过失造成的灾祸。适：偶然。道：指法律。极：穷尽。辜：罪。时：是、这。

⑥ 外事：古代指外土诸侯奉行王事。孔传：“言外土诸侯奉王事，汝当布陈是法，司牧其众及此殷家刑罚有伦理者兼用之。”一说谓在外朝听狱之事。亦指境外之事。陈：公布。臬（niè）：法度。司：治理、管理。师：众，指臣民。伦：条理、法。句意即判断刑狱之事，你要宣示此法律与执掌刑罚的典狱之官，这样对殷民之罚就有伦序了。

⑦ 要囚：幽囚，囚禁犯人。服念：思考。丕：乃。蔽：判断。句意即对囚禁之人，要思考五六日至十来日，才对他们作出裁决。

⑧ 事：从事、施行。彝：法。义：宜、应该。勿庸：不用。次：顺从。句意即你宣示法律进行处罚，要依据殷人法律断案，按其罪恶宜判刑则判刑，宜杀则杀，不用以此来顺从你封的意愿。

⑨ 逊：顺从。句意即假如你以完全顺从己意为有绪，就不会办好此事。

⑩ 若：如。

⑪ 自：由此。得罪：犯罪。寇：抢劫。盗：偷盗。越：抢劫。于：取。货：财物。暋（mǐn）：强悍。憝（duì）：怨恨。句意即凡民众由此而获罪，抢劫偷盗内外作乱，杀人抢夺财货，强悍不畏死，对这样罪恶没有不怨恨的。

⑫ 微子名启，是帝乙的长子，纣王的庶兄。据《吕氏春秋》载，微子生时母尚为妾，生纣时始立为妃，故微子为庶兄。因其封地为微，爵位为子，故称微子。微子作纣之卿士，对纣王荒淫无道曾多次谏阻，皆不被听从，因而对国家前途充满深重忧虑。此篇即是他同父师（箕子）、少师（比干）讨论国事的谈话。全文可分为两部分，第一部分是微子之言，讲了纣王沉湎酒色，乱政败德，臣民偷盗抢劫，犯法作乱，殷商将亡。面对此种危难形势，自己是去是留，难于决断，希望父师给予指点。第二部分为父师之语，提出纣王君臣违天虐民，横征暴敛，滥杀无辜，招致天怒人怨，行将灭亡。建议微子出逃，以保持殷之后嗣。全篇反映殷末社会矛盾和阶级矛盾的严重情况。

⑬ 若：如此。

⑭ 父师、少师：父师，官名。即太师。上古三公之一。少师，古代官名。“三孤”之一。周代始置，为君国辅弼之官，地位次于太师。北周以后历代多沿置，与少傅、少保合称“三少”。一般为大官加衔，以示恩宠而无实职。

⑮ 其，恐怕。乱：治。句意即殷恐怕不能治理好天下四方了。

酒①，用乱败厥德于下。殷罔不小大，好草窃奸宄②。卿士师师非度③。凡有辜罪，乃罔恒获，小民方兴，相为敌仇④。今殷其沦丧，若涉大水，其无津涯⑤。殷遂丧，越⑥至于今!”

曰:“父师、少师！我其发出狂⑦? 吾家耄逊于荒⑧? 今尔无指告，予颠跻，若之何其⑨?”

父师若曰：“王子⑩！天毒降灾荒殷邦，方兴沈酗于酒，乃罔畏畏，咈其耇长、旧有位人⑪。今殷民乃攘窃神祇之牺牷牲用以容，将食无灾⑫。降监殷民，用乂仇敛，召敌仇不怠⑬。罪合于一，多瘠罔诏⑭。商今其有灾，我兴受其败⑮；商其沦丧，我罔为臣仆。诏王子出，迪我旧云刻子⑯:‘王子弗出，我乃颠跻⑰。’自靖⑱！人自献于先王，我不顾行遁⑲!”

秦　誓⑳（节选）

公曰：“嗟！我士㉑，听无哗！予誓告汝群言之首㉒。古人有言曰：‘民讫自若，是多

---

① 我祖：我的先祖，指成汤。遂：既定之成法。我：指纣王。用：由于。沈：同“沉”，深陷。酗：饮酒无节制。

② 小大：从下到上，由民众至百官。草：读为“抄”，抢夺。奸宄（guǐ）：违法作乱的事情。

③ 卿士：指卿、大夫。师师：相互效法。非度：不守法度。

④ 辜罪：罪恶。恒：常。获：被捕获。方：并。仇（chóu）：仇敌。

⑤ 沦丧：灭亡。津：渡口。涯：边际。

⑥ 越：语气词。

⑦ 狂:《史记·宋微子世家》作“往”，出往即出逃。其：表推测、选择语气。

⑧ 耄（mào）：老年。句意即恭顺于草野直至年老。

⑨ 指告：指示告诉。跻（jī）：坠落。若之何：如何，怎么办。

⑩ 王子：微子为殷帝乙长子，故称王子。

⑪ 毒:《史记·宋微子世家》作笃，厚重之意。荒：作“亡”。畏畏：畏惧天威。后畏字与威通。咈（fú）：违。耇（gǒu）老年人。句意即老天大降灾难灭亡殷国，使君臣上下一并沉湎于酒色，而不知畏惧天威，违背年高老成在位长久大臣的劝诫。

⑫ 攘：顺手而取。窃：有意往取。神祇：天神称神，地神称祇。牺、牷、牲：孔传：“色纯曰牺，体完曰牷，牛羊豕曰牲。”容：隐藏。将：养。

⑬ 监：视察。乂：同“刈”。仇：本作“稠”，多意。召：招致。不怠：不息不止。

⑭ 一：言一切罪恶都集合于纣王一身。瘠：瘦弱病苦之人。诏：告。句意即所有罪恶都集合封王一身，众多贫弱受害之人无处申诉。

⑮ 其：如果。兴：起。败：灾祸。

⑯ 迪，犹。刻子：指箕子，为纣王叔伯，或说为纣王庶兄。

⑰ 我：殷国。颠跻（jī）：灭亡。句意即箕子王子不出逃，殷国就要覆灭。

⑱ 靖：谋。句意即你们自己谋虑吧。

⑲ 顾：考虑。遁：逃亡。

⑳ 本篇为春秋时秦穆公所作，文章内容与《牧誓》、《费誓》等篇不同，既无对敌人的声罪致讨，也无对军民的诸多号令；全篇皆为秦穆公悔过自责之词。公元前627年，秦穆公拜孟明视、西乞术、白乙丙为帅，率兵远道偷袭郑国，老臣蹇叔苦谏不听。进军途中知郑国有备，灭掉滑回返，途经崤、函山中时，被晋军伏击，导致全军覆没。孟明视等三帅也做了晋军俘虏，后被文嬴营救得以回国。秦穆公对自己利令智昏、不纳谏言造成的重大失误，能深深痛悔自责，认真总结经验教训，再次起用孟明视等，奋发自强，终于报复晋国而称霸。本文情真意切，颇具感染力。全文可分两部分，前部分讲述重大决策不能个人专断，要接受众人老臣的意见。后一部分讲，君主要善于识人用人，要心胸宽广。

㉑ 公：指秦穆公。士：群臣。

㉒ 首：本也。即根本、要旨之意。

盘①。’责人斯无难，惟受责俾如流②，是惟艰哉！我心之忧，日月逾迈，若弗云来③。惟古之谋人，则曰未就予忌；惟今之谋人，姑将以为亲④。虽则云然，尚猷询兹黄发，则罔所愆⑤。”

“番番良士，旅力既愆，我尚有之；仡仡勇夫，射御不违，我尚不欲⑥。惟截截善谝言，俾君子易辞，我皇多有之⑦！”

“昧昧我思之：如有一介臣，断断猗无他技，其心休休焉，其如有容⑧。人之有技，若己有之；人之彦圣，其心好之，不啻若自其口出⑨。是能容之⑩。以保我子孙黎民，亦职有利哉⑪！人之有技，冒疾⑫以恶之；人之彦圣而违之，俾不达。是不能容。以不能保我子孙黎民，亦曰殆哉⑬！”

“邦之杌陧，曰由一人；邦之荣怀，亦尚一人之庆⑭。”

君　陈⑮（节选）

王曰：“君陈，尔惟弘周公丕训，无依势作威，无倚法以削；宽而有制，从容以和⑯。殷民在辟，予曰辟，尔惟勿辟；予曰宥，尔惟勿宥，惟厥中⑰。有弗若于汝政，弗化于汝

---

① 民：人。讫：尽。若：顺、是。自若，自以为是。盘：盘桓不进。

② 俾（bǐ）：使。俾如流，使自己从谏如流。

③ 逾：过。迈：行。逾迈：过去了。若：就。云：语词。

④ 谋人：有谋略之人。古：通“故”，往昔。曰：语词。就：接近。姑：姑且。句意即以往有谋略之臣，以其未接近我而加忌恨；现今有谋略之臣，我把他们当作亲近之人。

⑤ 然：如此，这样。猷：通“犹”，还要。黄发：年长者。愆：过失。

⑥ 番：读为“皤（pó）”，老人白发。皤皤：白发苍苍。旅力：“旅”同“膂”。膂力，指人的体力、筋力。愆（qiān）：通“骞”，亏损。有之：亲近他。仡仡（yì）：壮健勇武的样子。射：射箭。御：驾车。违：失误。

⑦ 截截：浅薄的样子。谝（piǎn）：巧言。易辞：怠慢。皇：大。有之：亲近他们。

⑧ 昧昧：默默。介：通“个”。断断：诚笃专一的祥子。猗：与“兮”同，语气词。技：技能、本领。休休：安闲自得的样子。容：宽容、包容。句意即我默默地思考着：假如有这样的官员，他诚执专一，没有其它本领，他的心安闲自得，能够容人。

⑨ 彦：贤良之士。圣：明哲。不啻：不止、不仅。若自其口出：口头所说的。言心中之喜好更超过口上讲出来的。

⑩ 容之：宽容于民众。

⑪ 亦职有利：也就能为子孙和民众谋福利。

⑫ 冒疾：“疾”通“忌”。冒疾即妒忌（嫉妒）。

⑬ 违：违反。殆：危险。

⑭ 邦：国家。杌陧（wùniè）：不安，困厄。孔传：“杌陧：不安，言危也。”曰：通“聿”，语词。一人：秦穆公自谓。怀：安，安乐。尚：庶几。庆：奖赏。句意即国家之倾危不安，归责于我一人；国家之繁荣安定，也几乎是对我个人的奖赏。

⑮ 君陈：人名。周公旦之子。《尚书正义·君陈第二十三》孔疏曰：周公迁殷顽民于成周，顽民既迁，周公亲自监之。周公既没，成王命其臣名君陈代周公监之，分别居处，正此东郊成周之邑，以策书命之。史录其事，作策书，为《君陈》篇名。此文通篇都为作者仿周公用成王语气教训君陈怎样怀民德政，虽为伪作，但亦不乏良言、名言。

⑯ 弘：廓大、光大。丕训：重大的训导。削：犹苛刻。从容：悠闲舒缓，不慌不忙。

⑰ （在）辟：法、法度。惟：思考、考虑。辟：作动词，以法处罚。宥：宽恕，赦免。惟厥中：即把握好轻重，而不偏不颇。

训，辟以止辟[①]，乃辟。狃于奸宄，败常乱俗，三细不宥[②]。尔无忿疾于顽，无求备于一夫[③]。必有忍，其乃有济；有容，德乃大[④]。简厥修，亦简其或不修；进厥良，以率其或不良[⑤]。惟民生厚，因物有迁[⑥]。违上所命，从厥攸好[⑦]。尔克敬典在德，时乃罔不变[⑧]。允升于大猷，惟予一人膺受多福，其尔之休，终有辞于永世。[⑨]”

毕　命[⑩]（节选）

王曰：“呜呼！父师，今予祗命公以周公之事[⑪]，往哉！旌别淑慝，表厥宅里，彰善瘅恶，树之风声[⑫]。弗率训典，殊厥井疆，俾克畏慕[⑬]。申画郊圻[⑭]，慎固封守，以康四海。政贵有恒，辞尚体要，不惟好异[⑮]。商俗靡靡，利口惟贤，余风未殄[⑯]，公其念哉！我闻曰：‘世禄之家，鲜克由礼[⑰]。’以荡陵德，实悖天道[⑱]。敝化奢丽[⑲]，万世同流。兹殷庶士，席宠惟旧，怙侈灭义，服美于人[⑳]。骄淫矜侉，将由恶终[㉑]。虽收放心，闲之惟艰[㉒]。资富能训，惟以永年[㉓]。惟德惟义，时乃大训[㉔]。不由古训，于何

---

① 若：顺。政：政令。化：教化。辟以止辟：意即处罚的目的是为了能够达到制止违法。

② 狃（niǔ）：习惯。奸宄（guǐ）：违法作乱的事情。三细：故意犯的很多小罪。

③ 顽：愚妄、愚顽的人。求备：求全责备。一夫：一人，指男人。

④ 济：成功，成就。容：宽容，包容。

⑤ 简：检查。修：指贤人。谓修德之士。良：行、义之良者。率：劝导、引导。

⑥ 民生厚：人自然之性敦厚。因物有迁：随外在原因而改变。

⑦ 厥：其，这里是指民自己。攸好：所好。

⑧ 敬典在德：即德、法并重意。时：是，这。罔：无。

⑨ 允：信。大猷（yóu）：谓治国大道。惟予一人膺受多福，其尔之休，终有辞于永世：句意即非但我受“多福”而已，你们的美名也会被永世称颂。膺受：承受。休：喜庆，美善，福禄，美名。

⑩ 孔疏曰：“康王命史官作册书命毕公，使毕公分别民之居里，令善恶有异。于成周之邑，成定东周之郊境。史叙其事，作《毕命》。”《史记·周本纪》：“康王命作策毕公，分居里，成周郊，作《毕命》。”可见康王在位期间有册命毕公之作，其事不假。惜原作已佚，我们今天看到的《毕命》实属伪古文《尚书》。全文为康王训诫、勉励毕公应上承先祖之功德烈迹，怀柔黎庶，永保周氏基业流传万世。其中不乏名言警句。

⑪ 父师：即太师。上古三公之一。祗（zhī）命：犹奉命。

⑫ 别：区分，辨别。淑慝（tè）：犹善恶。表：显扬，表彰。宅里：犹乡里。瘅（dān）恶：憎恨坏人坏事。风声：教化，好的风气。

⑬ 率：遵行，遵循。训典：王者教导民众的法则。井疆：井邑的疆界。俾：使。克：能。畏慕：畏惧和羡慕。

⑭ 申画：重新划分。郊圻（qí）：都邑的疆界，边境。

⑮ 恒：这里指政令不要朝令夕改。辞：辞令，言辞。体要：切实而简要。好异：喜好标新立异。

⑯ 商：殷商。靡靡：随顺貌。利口：能言善辩。殄（tiǎn）：灭绝，绝尽。

⑰ 世禄：达官贵族。鲜（xiǎn）：少。由礼：遵循礼教。

⑱ 荡：放荡。陵德：谓轻侮有德行的人。天道：犹天理，天意。

⑲ 敝化：败坏风化。奢丽：奢侈华丽。

⑳ 庶士：众士。席宠：凭借恩宠。惟旧：指旧属，老下级。怙侈：放纵奢欲。服美于人：以服饰之美夸耀于人。

㉑ 矜侉（kuā）：夸耀。恶终：不得善终，谓遭横祸而死。

㉒ 虽：即使。放心：放纵之心。闲：防止，限制。

㉓ 资：资财。训：教导。永年：长寿。

㉔ 时：是，代前面的“德”、“义”。大训：先王圣哲的教言。

其训①。”

吕　　刑②（节选）

王曰：“吁③！来，有邦有土，告尔祥刑④。在今尔安百姓，何择，非人⑤？何敬，非刑⑥？何度，非及⑦？

两造具备，师听五辞⑧。五辞简孚，正于五刑⑨。五刑不简，正于五罚⑩。五罚不服，正于五过⑪。五过之疵：惟官、惟反、惟内、惟货、惟来⑫。其罪惟均⑬，其审克之！

五刑之疑有赦，五罚之疑有赦，其审克之⑭！简孚有众，惟貌有稽⑮。无简不听，具严天威⑯。”

学习建议

1. 了解中华民族上古社会的历史概况。
2. 汲取历史中的反面教训，发扬先民们励精图治、艰难创业的精神。

---

① 古训：即前之“大训”。于何：什么。于，助词。

② 《吕刑》产生于西周穆王时代，为我国现存历史最古老的刑书。吕为吕侯，又称甫侯，为吕国国君兼周穆王之司寇，主管狱讼刑罚之事。他接受穆王之命，在夏代赎刑的基础上，提出自己的法律思想和刑法条文，故称《吕刑》，又称《甫刑》。全篇共分三部分。第一部分总结勤政慎刑的历史经验。先讲蚩尤滥用刑罚，招致灭亡。而尧用中刑，享有天下。接着告诫诸侯效法伯夷，以苗民为诫，合理施用刑罚。又告诫同姓宗族，以前人为鉴，勤劳政事，慎用刑罚。第二部分阐述刑律条文和审理案件的方法、原则。提出依罪行轻重给予三种处罚方式，即五刑、五罚、五过，并把五刑细目增至三千条。还制定缓刑，以及司法原则、法官责任等。第三部分指明刑罚的重要性，强调慎罚思想。《吕刑》为我国现存最古老的系统刑法专著，其法治思想和刑法条文，对后代法学的形成与发展有重要影响。本文选自第二部分。

③ 吁：叹辞。

④ 有邦：有邦国，指诸侯。有土：有土地，指王畿内有采邑的卿大夫。祥刑：善刑。

⑤ 何择：选择什么。非人：难道不是贤人吗？

⑥ 何敬：要谨慎对待什么。非刑：难道不是刑罚吗？

⑦ 度：度量、谋虑。及：宜、适宜。句意即要思考度量什么？难道不是断案适宜公正吗？

⑧ 两造：即参与诉讼活动的两方——原告与被告。师：士师，法官。听：治理。五辞：谓诉讼时原告被告双方的述词。

⑨ 简：指诉讼之情实。孚：诚信。五辞简孚，五刑条文与犯罪事实相符可信。正：治罪。五刑：五种轻重不等的刑法。秦以前为：墨、劓（yì）、剕（刖）（fèi）、宫、大辟（杀）。《书·舜典》：“五刑有服。”孔传：“五刑：墨、劓、剕、宫、大辟。”

⑩ 不简：不能核实。五罚：对罪不当五刑者处以相应的五种赎金，称为五罚。凡不足墨刑者罚百锾；依次劓，二百锾（huán）；剕，五百锾；宫，六百锾；大辟，千锾。

⑪ 服：从。不服：不可从。即用五罚处治亦不可从。五过：古代刑法规定可以宽恕的五种罪过。

⑫ 五过之疵：法官判定人为五过时，容易犯重罪轻判的弊病。官：畏惧权势。报恩怨。内：内为女，因女人而结成之裙带关系。货：接受贿赂。来：接受请托。

⑬ 其罪惟均：法官以五过出入人罪，其罪与犯法者均等。其：代表法官。均：等。

⑭ 五刑之疑：用五刑治罪尚有可疑之处，未完全核实。赦：减罪。句意即按五刑定罪有可疑之处，则有减罪。按五罚惩处有可疑处，亦有减罪。

⑮ 简孚有众：审核诉讼之事实是否可信要通过众多部门。《周官·小司寇》：“以三刺断庶民狱讼之中，一曰讯群臣，二曰讯群吏，三曰讯万民。”即此意也。貌：外表相象而实质不同。稽：察。

⑯ 简：审核之事实。不听：不听从。句意即没有经过审核的事实根据，就不要听从。都来严格奉行上天的威罚。

3. 搜集并背诵书中警句，如：“若升高，必自下，若陟遐，必自迩”等，背诵名篇《无逸》。

4. 延伸阅读篇目：

《牧誓》、《盘庚》、《汤誓》、《西伯戡黎》。

礼　记

导读

“礼”包括敬鬼事神、区别长幼尊卑的各种规定和仪节形式，主要是贵族等级制度的反映，其中也有一些氏族时代社会礼俗的遗存。《礼记》便是有关“礼”的儒家经典之一，与《周礼》、《仪礼》并称三礼，为孔子及孔门七十子后学者和汉代学者传述礼制、论说礼义的著作。唐代将《礼记》列为五经之一。

《礼记》的内容比较庞杂，包括有关礼乐的理论、礼仪制度、法令、器物制度以及日常生活的仪节等，是研究中国上古社会情况、儒家学说和文物制度的重要参考文献。从思想上看，《礼运》中反映的“大同”与“小康”的原始共产主义社会思想，对于当今社会主义社会仍有重要的借鉴意义；“天下为公”、“选贤与能”、“人不独亲其亲，不独子其子，使老有所终，壮有所用，幼有所长，矜寡孤独废疾者皆有所养”甚至是全人类的共同追求。《学记》中“玉不琢，不成器；人不学，不知道”、“学然后知不足，教然后知困”仍是我们今天的教育格言。

现代青年虽不必再拘泥于古礼的具体形式，但“礼”的谦恭仁义精神还是永远值得学习的。

《礼记》在汉代有两种版本，一种是《大戴礼记》（简称《大戴记》）相传为戴德所辑录，原有八十五篇，现存三十九篇；另一种是《小戴礼记》（简称《小戴记》），相传为戴德之侄戴圣所辑录，共四十九篇，就是现在所通行的《礼记》。其大致可分为三类：一类述礼制，一类陈礼说，一类解经义。《礼记》现在的通行版本有《十三经注疏》本（《附释音礼记注疏》六十三卷，附校勘记六十三卷。有 1957 年中华书局排印本），由东汉郑玄注、唐陆德明音义、唐孔颖达疏。另有元陈澔的《礼记集说》、清朱彬的《礼记训纂》和孙希旦的《礼记集解》等，可以参阅。

曲礼上①（节选）

《曲礼》曰：毋不敬，俨②若思，安定辞，安民哉！

敖不可长，欲不可从，志不可满，乐不可极③。

---

① 本节选自《曲礼上》。《曲礼上、下》两篇是《礼记》的第一、第二篇，它们非常具体地说明了吉、凶、宾、军、嘉五礼，详尽地记述了孝亲、尊长、事君、饮食、起居、婚姻、交友的行为规范，内容涉及古代社会理政、治军、教育、制器、备物、宗庙等各个方面。作为《礼记》的第一篇，《曲礼上》首先从总体上论述了礼的精神所在，它的目的、原则、意义和作用。这一部分点明了后面文字的宗旨、总纲和灵魂。尤其是开宗明义的第一句“毋不敬”三个字实际上道出了礼的精神实质在于“虔敬”。曲：细小。曲礼：关于各种细小的礼仪的具体规定。

② 俨：庄重。

③ 敖：同“傲”，傲慢。从：同“纵”，放纵。极：达到顶点。

贤者狎①而敬之，畏而爱之。爱而知其恶，憎而知其善。积而能散，安安而能迁②。临财毋苟得，临难毋苟免③。很④毋求胜，分毋求多。疑事毋质，直而勿有⑤。

若夫，坐于尸，立如齐⑥。礼从宜，使⑦从俗。

夫礼者，所以定亲疏，决嫌疑，别同异，明是非也。礼，不妄说人，不辞费⑧。礼，不逾节，不侵侮，不好狎。修身践言，谓之善行。行修言道，礼之质⑨也。礼，闻取于人，不闻取人⑩。礼，闻来学，不闻往教。

道德仁义，非礼不成；教训正俗，非礼不备；分争辨讼，非礼不决；君臣、上下、父子、兄弟，非礼不定；宦学事师，非礼不亲；班朝治军，莅官行法⑪，非礼威严不行；祷祠祭祀，供给鬼神，非礼不诚不庄。是以君子恭敬撙节⑫退让以明礼。

鹦鹉能言，不离飞鸟；猩猩能言，不离禽兽。今人而无礼，虽能言，不亦禽兽之心乎？夫唯禽兽无礼，故父子聚麀⑬。是故，圣人作，为礼以教人，使人以有礼，知自别于禽兽。

太上⑭贵德，其次务施报。礼尚往来，往而不来，非礼也；来而不往，亦非礼也。人有礼则安，无礼则危，故曰：礼者不可不学也。夫礼者，自卑而尊人。虽负贩⑮者，必有尊也，而况富贵乎？富贵而知好礼，则不骄不淫；贫贱而知好礼，则志不慑。

人生十年曰幼，学；二十曰弱，冠⑯；三十曰壮，有室⑰；四十曰强，而仕；五十曰艾，服官政；六十曰耆，指使；七十曰老，而传；八十九十曰耄，七年曰悼⑱。悼与耄，虽有罪，不加刑焉。百年曰期颐⑲。

大夫七十而致事⑳。若不得谢，则必赐之几杖㉑；行役㉒以妇人；适四方，乘安车㉓。

---

① 狎（xiá）：亲近。

② 安安：满足于平安的境遇。迁：改变。

③ 临：遇上，面对。苟：苟且。

④ 很：争论，争执。

⑤ 质：质问，质疑。直：明白。勿有：直言相告，无保留。

⑥ 尸：古代祭祀时代死者受祭的人。齐：祭祀时整齐恭敬的样子。

⑦ 使：出使。

⑧ 费：繁多而无意义。

⑨ 质：实质。

⑩ 取人：选择人。

⑪ 班朝：谓整肃朝班。莅官：到职，居官。

⑫ 撙节：抑制，约束。

⑬ 聚麀（yōu）：孙希旦集解："聚，共也。麀，牝兽也。父子共麀，言其无别之甚。"后以"聚麀"比喻父子共妻，有如禽兽。

⑭ 太上：犹太古，上古。

⑮ 负贩：担货贩卖。

⑯ 冠（guàn）：行冠礼，表示成人了。

⑰ 有室：指男子娶妻。

⑱ 悼：年幼者。

⑲ 颐：供养。

⑳ 致事：犹致仕，辞官。

㉑ 几杖：坐几和手杖，皆老者所用，古常用为敬老者之物，亦用以借指老人。

㉒ 行役：指因服兵役、劳役或公务而出外跋涉。

㉓ 安车：古代可以坐乘的小车。古车立乘，此为坐乘，故称安车。供年老的高级官员及贵妇人乘用。高官告老还乡或征召有众望的人，往往赐乘安车。安车多用一马，礼尊者则用四马。

自称曰老夫，于其国则称名。越国而问焉①，必告之以其制。

谋于长者，必操几杖以从之。长者问，不辞让而对，非礼也。

凡为人子之礼，冬温而夏凊，昏定而晨省，在丑夷不争②。

夫为人子者，三赐不及车马。故州闾乡党称其孝也③，兄弟亲戚称其慈也，僚友称其弟也，执友称其仁也，交游称其信也④。

见父之执⑤，不谓之进不敢进，不谓之退不敢退；不问不敢对。此孝子之行也。

夫为人子者，出必告，反必面，所游必有常⑥，所习必有业。恒⑦言不称老。年长以倍，则父事之，十年以长，则兄事之，五年以长，则肩随⑧之。群居五人，则长者必异席。

为人子者，居不主奥⑨，坐不中席，行不中道，立不中门。食飨不为概⑩，祭祀不为尸。听于无声，视于无形。不登高，不临深。不苟訾⑪，不苟笑。

孝子不服暗⑫，不登危，惧辱亲也。父母存，不许友以死，不有私财。

为人子者，父母存，冠衣不纯素。孤子⑬当室，冠衣不纯采。

幼子常视⑭毋诳，童子不衣裘裳。立必正方，不倾听。长者与之提携，则两手奉长者之手。负剑辟咡诏之⑮，则掩口而对。

从于先生，不越路而与人言。遭⑯先生于道，趋而进，正立拱手。先生与之言则对，不与之言则趋而退。

从长者而上丘陵，则必乡⑰长者所视。登城不指，城上不呼。

……

---

① 越国：到别的国家。问：访问。

② 凊（qìng）：凉。昏定而晨省（xǐng）：子女侍奉父母的日常礼节。谓晚间安排床衽，服侍就寝；早上省视问安。丑夷：犹侪辈。古称年辈相同、学行相类的人。

③ 州闾：《周礼》二十五家为闾，四闾为族，五族为党，五党为州。乡党：泛称家乡。周制，一万二千五百家为乡，五百家为党。

④ 郑玄注："僚友，官同者。执友，志同者。"

⑤ 执：执交好友。

⑥ 常：一定的地方。

⑦ 恒：平常。

⑧ 肩随：年幼者事年长者之礼。并行时斜出其左右而稍后。

⑨ 奥：室内西南隅。古时祭祀设神主或尊长居坐之处。

⑩ 食飨（xiǎng）：谓以酒食宴请宾客或祭祀宗庙。概：量具，这里为标准意。

⑪ 苟訾（zǐ）：随便非议他人。

⑫ 服暗：谓在暗中行事。

⑬ 孤子：年少丧父者，或幼无父母者。

⑭ 视：示。

⑮ 负剑辟咡（èr）诏之：长者俯身耳语。

⑯ 遭：遇。

⑰ 乡：向。

檀弓下①（节选）

晋献公之丧，秦穆公使人吊公子重耳，且曰："寡人闻之，亡国恒于斯，得国恒于斯，虽吾子俨然在忧服之中，丧亦不可久也，时亦不可失也，孺子其图之②。"以告舅犯③。舅犯曰："孺子其辞焉。丧人无宝，仁亲以为宝。父死之谓何？又因以为利，而天下其孰能说之？孺子其辞焉！"公子重耳对客曰："君惠吊亡臣重耳，身丧父死，不得与于哭泣之哀，以为君忧。父死之谓何？或敢有他志，以辱君义。"稽颡而不拜，哭而起，起而不私④。子显以致命于穆公⑤。穆公曰："仁夫公子重耳！夫稽颡而不拜，则未为后也⑥，故不成拜。哭而起，则爱父也；起而不私，则远利也。"

帷殡，非古也，自敬姜之哭穆伯始也⑦。

丧礼，哀戚之至也。节哀，顺变也。君子念始之者也⑧。

……

孔子谓：为明器者⑨，知丧道矣，备物而不可用也。哀哉！死者而用生者之器也，不殆于用殉乎哉⑩？其曰明器，神明之也⑪。涂车刍灵⑫，自古有之，明器之道也。孔子谓"为刍灵者善"，谓"为俑⑬者不仁"，殆于用人乎哉？

穆公问于子思⑭曰："为旧君反服⑮，古与？"子思曰："古之君子，进人以礼，退人以礼，故有旧君反服之礼也⑯。今之君子，进人若将加诸膝，退人若将队诸渊，毋为戎首⑰，不亦善乎！又何反服之礼之有？"

……

陈子车死于卫，其妻与其家大夫谋以殉葬，定而后陈子亢至，以告曰："夫子疾，莫养

---

① 《檀弓》是《礼记》中非常重要的一篇，其内容主要在于通过记载各个历史人物的言语与行为来说明古代的丧礼及其他礼制之规定。《檀弓》记载了许多关于丧礼的小故事，以及时人对其中人物行为的评论，其中有不少包含了一些很有价值的思想。此外，文章还主张"节哀顺变"，反对过度悲伤、办丧事过于铺张等。特别值得注意的是，文中有一些故事虽然开头从死人说起，但内容却是涉及国家大事，如"苛政猛如虎"等。

② 恒：常。斯：这，这里是指这个时机，即晋献公新丧，国中无主这个时机（时重耳避难在狄，若趁此时回国夺权是绝好时机）。俨然：严肃庄重的样子。孺子：古代称天子、诸侯、世卿的继承人。

③ 舅犯：重耳的舅舅狐偃，字子犯。

④ 稽颡（qǐsāng）：古代一种跪拜礼，屈膝下拜，以额触地，表示极度的虔诚。私：与之私下言谈。

⑤ 致命：复命。

⑥ 未为后：不以君位继承人自居。后：君位继承人。

⑦ 帷殡：设帷帐而哭。敬姜：为鲁国穆伯之妻。

⑧ 始之者：祖先。

⑨ 明器：即冥器，专为随葬而制作的器物，一般用竹、木或陶土制成。从宋代起，纸明器逐渐流行，陶、木等制的渐少。明代还有用铅、锡制作的冥器。

⑩ 殆于：近于。殉：陪葬。

⑪ 神明之：把死者当作神明。

⑫ 涂车：泥车。古代送葬用的明器。刍灵：用茅草扎成的人马，为古人送葬之物。

⑬ 俑：古时用以殉葬的偶人，一般为木制或陶制。

⑭ 子思：孔子之孙。

⑮ 服：服丧。

⑯ 进人、退人：任用、罢免官员。

⑰ 队：同"坠"。戎首：指被免职的官员（带领敌国的军队反过来攻打旧主）。

于下，请以殉葬①。”子亢曰：“以殉葬，非礼也。虽然，则彼疾当养者，孰若妻与宰②？得已③，则吾欲已；不得已，则吾欲以二子者之为之也。”于是弗果用。

子路曰：“伤哉贫也，生无以为养，死无以为礼也。”孔子曰：“啜菽④饮水尽其欢，斯之谓孝。敛手足形，还葬而无椁⑤，称其财，斯之谓礼。”

……

孔子过泰山侧，有妇人哭于墓者而哀，夫子式⑥而听之。使子路问之曰：“子之哭也，壹⑦似重有忧者。”而曰：“然，昔者吾舅⑧死于虎，吾夫又死焉，今吾子又死焉。”夫子曰：“何为不去也？”曰：“无苛政。”夫子曰：“小子识⑨之，苛政猛于虎也。”

鲁人有周丰也者，哀公执挚⑩请见之，而曰不可。公曰：“我其已夫。”使人问焉，曰：“有虞氏未施信于民而民信之，夏后氏未施敬于民而民敬之，何施而得斯于民也⑪？”对曰：“墟墓之间，未施哀于民而民哀；社稷宗庙之中，未施敬于民而民敬。殷人作誓而民始畔，周人作会而民始疑⑫。苟无礼义忠信诚悫⑬之心以莅之，虽固结之，民其不解乎？”

……

齐大饥，黔敖为食于路⑭，以待饥者而食之。有饥者，蒙袂、辑屦，贸贸然来⑮。黔敖左奉食，右执饮，曰：“嗟，来食！”扬其目而视之，曰：“予唯不食嗟来之食，以至于斯也。”从而谢焉，终不食而死。曾子闻之曰：“微与⑯？其嗟也可去，其谢也可食。”

……

王　制⑰（节选）

冢宰制国用，必于岁之杪⑱，五谷皆入，然后制国用。用地大小，视年之丰耗。以三十

---

① 陈子车：齐国的大夫。下文的子亢是其弟弟。养：被伺奉。下：地下。

② 宰：大夫的家臣。

③ 得已：取消决定。

④ 啜菽（chuòshū）：喝豆粥。

⑤ 敛手足形：用衣服盖住遗体。还葬：敛毕就葬。椁（guǒ）：古代套于棺外的大棺。称：相称。

⑥ 式：通“轼”。以手抚轼。为古人表示敬意的一种礼节。

⑦ 壹：确实。

⑧ 舅：称夫之父。

⑨ 识（zhì）：记住。

⑩ 挚：见面礼。

⑪ 有虞氏：古部落名。传说其首领舜受尧禅，都蒲阪。故址在今山西省永济县东南。有，词头。夏后氏：指禹受舜禅而建立的夏王朝。称夏后氏。亦称“夏氏”、“夏后”。

⑫ 畔：同“叛”。会：聚会。

⑬ 诚悫（què）：诚朴，真诚。

⑭ 为食于路：做食品救济路人。

⑮ 蒙袂：以袖遮面，不愿被人认出。辑屦（jù）：疲惫地拖着鞋子。贸贸然：目眩貌。

⑯ 微与：小题大做。与：通“欤”。

⑰ 《王制》，顾名思义，是讲述王朝的制度的，即记先王班爵、授禄、祭祀、养老的法度。其中的一些治国制度，至今仍对我们有很好的借鉴意义。此文作于秦汉之际。一说为汉文帝令博士诸生所作。

⑱ 冢宰：周官名。为六卿之首，亦称太宰。制：管理。杪：尽头。多指年月或季节的末尾。

年之通制国用①，量入以为出。

祭用数之仂②。丧三年不祭③，唯祭天地社稷，为越绋而行事④，丧用三年之仂。丧祭，用不足曰暴，有余曰浩。祭，丰年不奢，凶年不俭。

国无九年之蓄曰不足，无六年之蓄曰急，无三年之蓄曰非其国也。

三年耕，必有一年之食，九年耕，必有三年之食。以三十年之通，虽凶旱水溢，民无菜色，然后天子食，日举以乐。

……

凡居民材，必因天地寒暖燥湿。广谷大川异制，民生其间者异俗：刚柔、轻重、迟速异齐，五味异和，器械异制，衣服异宜。修其教，不易其俗；齐其政，不易其宜。

中国戎夷，五方之民⑤，皆有性也，不可推移。东方曰夷，被发文皮，有不火食⑥者矣。南方曰蛮，雕题、交趾⑦，有不火食者矣。西方曰戎，被发衣皮，有不粒食⑧者矣。北方曰狄，衣羽毛穴居，有不粒食者矣。中国、夷、蛮、戎、狄，皆有安居、和味⑨、宜服、利用、备器。

五方之民，言语不通，嗜欲不同。达其志，通其欲，东方曰寄，南方曰象，西方曰狄鞮，北方曰译⑩。

凡居民，量地以制邑，度地以居民。地、邑、民、居，必参相得也。无旷土，无游民，食节事时，民咸安其居，乐事劝功，尊君亲上，然后兴学⑪。

礼　运⑫（节选）

昔者仲尼与于蜡宾，事毕，出游于观之上，喟然而叹⑬。仲尼之叹，盖叹鲁也。言偃⑭在侧曰："君子何叹？"孔子曰："大道之行也，与三代之英，丘未之逮也⑮，而有志焉。大

① 以三十年之通制国用：通计三十年所入之数，耗用其中二十年的收入，节余其中十年的收入以备它用。通，整个，全部。

② 仂（lè）：余数，零数（三年之节余的十分之一）。郑玄注："筭今年一岁经用之数，用其什一……丧大事用三岁之什一。"

③ 丧三年不祭：丧为凶，祭为吉，吉凶不可同行。

④ 越绋（fú）：谓不受私丧的限制，在丧期参加祭天地社稷的典礼。绋，柩车之绳。

⑤ 五方：东、南、西、北和中央。亦泛指各方。

⑥ 被发：谓发不束而披散。文皮：在皮肤上文饰。火食：谓吃熟食。

⑦ 雕题、交趾：原为古地区名，泛指五岭以南。

⑧ 粒食：以谷物为食。

⑨ 和味：适口之食。

⑩ 寄、象、鞮（dī）、译：均为通远人之翻译官。鞮，知，译。

⑪ 旷土：荒芜的土地。劝功：谓努力建功立业。兴学：兴办学校。

⑫ 《礼运》全篇主要记载了古代社会政治风俗的演变，社会历史的进化，礼的起源、内容以及礼与社会生活的关系等内容，表达了儒家社会历史观和对礼的看法。本节选中的"大同"是远古的黄金时代，其根本特点是大道流行，天下为公。"小康"一词为儒家理想中的所谓政教清明、人民富裕安乐的社会局面，指禹、汤、文、武、成王、周公之治，低于"大同"理想。《礼运》篇论述了天下为公与天下为家的根本区别，提出了大同、小康两个影响深远的概念，这对中国古代政治学、社会学思想的发展作出了重大的贡献。

⑬ 蜡（zhà）：年终举行的祭祀，又称蜡祭。观（guàn）：宗庙门外两旁的楼。喟（kuì）然：感叹的样子。

⑭ 言偃：孔子的学生，姓言名偃，字子游。

⑮ 大道：正道；常理。指最高的治世原则，包括伦理纲常等。尤指太平盛世的社会准则。三代：指夏朝、商朝和周朝。英：英明君主。逮：赶上。

道之行也，天下为公。选贤与能，讲信修睦。故人不独亲其亲，不独子其子，使老有所终，壮有所用，幼有所长，矜寡孤独废疾者，皆有所养①。男有分，女有归②。货③，恶其弃于地也，不必藏于己；力，恶其不出于身也，不必为己。是故，谋闭而不兴，盗窃乱贼而不作，故外户而不闭④，是谓大同。

今大道既隐，天下为家，各亲其亲，各子其子，货力为己。大人世及以为礼⑤，城郭沟池以为固，礼义以为纪，以正君臣，以笃父子，以睦兄弟，以和夫妇，以设制度，以立田里，以贤勇知，以功为己⑥。故谋用是作，而兵由此起⑦。禹、汤、文、武、成王、周公，由此其选也⑧。此六君子者，未有不谨于礼者也。以著其义，以考其信，著有过，刑仁讲让，示民有常⑨。如有不由此者，在埶者去⑩，众以为殃，是谓小康。”

……

礼　器⑪（节选）

礼器，是故大备。大备，盛德也。

礼释回，增美质，措则正⑫，施则行。其在人也，如竹箭之有筠也⑬，如松柏之有心也。二者居天下之大端矣，故贯四时而不改柯易叶⑭。故君子有礼，则外谐而内无怨，故物无不怀仁，鬼神飨德⑮。

先王之立礼也，有本有文⑯。忠信，礼之本也；义理，礼之文也。无本不立，无文不行。礼也者，合于天时，设⑰于地财，顺于鬼神，合于人心，理万物者也。是故天时有生

---

① 亲：以……为亲。子：以……为子。有所终：有终其余年的地方。矜：同“鳏”，老而无妻的人。孤：年幼无父的人。独：年老无子的人。废、疾：肢体残废的人。

② 分（fèn）：职分。归：女子出嫁。

③ 货：财物。

④ 谋：指阴谋诡计。外户：住宅外面的门。

⑤ 隐：消逝。大人：这里指国君。世及：世袭，世代相传。孔颖达疏：“世及，诸侯传位自与家也。父子曰世，兄弟曰及。谓父传与子，无子，则兄传与弟也。”

⑥ 郭：外城。沟池：护城河。笃：淳厚。田里：田地与住处。这里是指有关田里的制度。贤：尊重。知：同“智”。功：成就功业。

⑦ 用是：因此。兵：这里指战争。

⑧ 选：指杰出的人物。

⑨ 著：彰显。考：成全。刑：通“型”，典范。让：礼让。常：常法。

⑩ 埶（shì）：同“势”，指职务。去：斥退。

⑪ 《礼器》篇是论述制定和实行礼的原则，以便于人们在实践中正确地把握具体的礼的运用，既为了防止对它们的滥用，也为了避免食古不化，生搬硬套。首先，《礼器》提出礼有内有外，有本有文，须内外、本文兼备。“内”就是内心、情感，“外”就是外表、行为，“本”就是根本，指礼所指的道德观念，“文”就是形式，指礼节仪式。其次，礼以时为大。所谓“时”，就是指时代，泛指各种特定时间中各种具体条件。《礼器》认为不同的时代有不同的礼，时代条件变了，就应当改革，破旧立新。再次，礼以称为准。“称”即为相称、适应。也就是说礼必须同实行者的生活环境相适应；礼必须同实行者的物质条件相适应；礼应当同人们的社会身份相称等等。

⑫ 释回：消除邪恶。回：邪恶。措：安放，加于。

⑬ 竹箭：一种细小的竹子。筠（yún）：竹子的青皮。

⑭ 二者：指外表和内心。大端：基本方面。柯：草木的枝。

⑮ 物：这里指人。飨（xiǎng）：享有。

⑯ 本：内容。文：外部表现形式。

⑰ 设：合。

也，地理有宜也，人官有能也，物曲有利也①。故天不生，地不养，君子不以为礼，鬼神弗飨也。居山以鱼鳖为礼，居泽以鹿豕②为礼，君子谓之不知礼。故必举其定国之数，以为礼之大经③。礼之大伦，以地广狭；礼之薄厚，与年之上下④。是故年虽大杀，众不匡惧，则上之制礼也节矣⑤。

礼，时为大，顺次之，体次之，宜次之，称次之⑥。尧授舜，舜授禹，汤放桀，武王伐纣，时也。《诗》云："匪革其犹，聿追来孝⑦。"天地之祭，宗庙之事，父子之道，君臣之义，伦也⑧。社稷山川之事，鬼神之祭，体也。丧祭之用，宾客之交，义也。羔豚而祭，百官皆足，大牢而祭，不必有余，此之谓称也⑨。诸侯以龟为宝，以圭为瑞；家不宝龟，不藏圭，不台门，言有称也⑩。

……

孔子曰："礼，不可不省⑪也！礼不同，不丰，不杀⑫。"此之谓也，盖言称也。礼之以多为贵者，以其外心⑬者也。德发扬，诩万物，大理物博，如此，则得不以多为贵乎⑭？故君子乐其发也。礼之以少为贵者，以其内心⑮者也。德产之致⑯也精微。观天下之物无可以称其德者，如此，则得不以少为贵乎？是故君子慎其独也⑰。古之圣人，内之为尊，外之为乐，少之为贵，多之为美。是故先生之制礼也，不可多也，不可寡也，唯其称也。

是故君子大牢而祭，谓之礼，匹士大牢而祭，谓之攘⑱。管仲镂簋、朱纮、山节、藻棁，君子以为滥矣⑲。晏平仲祀其先人，豚肩不掩豆，浣衣濯冠以朝，君子以为隘矣⑳。是故，君子之行礼也，不可不慎也，众之纪㉑也，纪散而众乱。孔子曰："我战则克，祭则受

---

① 人官：人的感官。物曲：物体的性能。

② 豕（shǐ）：猪。

③ 定国：立国。数：赋税收入的数目。大经：大法。

④ 大伦：等级次第。与：根据。年：收成。

⑤ 杀：欠收。匡：同"恇"，害怕。上：君主。

⑥ 体：准则。宜：原则。称：相称，恰当。

⑦ 指《诗经·大雅·文王有声》。匪：非。革（jí）：通"亟"，急迫。犹：计谋。聿（yù）：虚词。来孝：自古以来的美德。

⑧ 伦：次序，类别，等级，人伦关系。

⑨ 羔豚而祭：大夫祭祀用羊羔，士祭祀用小猪。百官皆足：助祭的人都可以分得一份祭品。大牢：太牢，古代祭祀，牛、羊、豕三牲具备谓之太牢。《礼记·王制》："天子社稷皆大牢，诸侯社稷皆少牢。"

⑩ 家：指大夫。台门：古代天子、诸侯宫室的门。因以土台为基，故称。大夫不可建台门。

⑪ 省：考察。

⑫ 不丰：应该少就别多。不杀：应该多就别少。

⑬ 外心：用心于外。

⑭ 诩（xǔ）：普施，普及。大理：治理的范围大。物博：处理的事情繁多。

⑮ 内心：专心于内。

⑯ 德产之致：德行的最高境界。

⑰ 慎其独：在独处中谨慎不苟。

⑱ 匹士：士。攘：侵夺。

⑲ 镂簋（guǐ）：用雕镂花纹的玉装饰簋。朱纮（hóng）：用红色装饰冠冕的带子。山节：在斗拱上雕刻山的图纹。藻棁（zhuō）：在短柱上雕刻水藻纹。

⑳ 晏平仲：春秋齐国政治家。掩：遮盖。豆：古代食器。亦用作装酒肉的祭器。形似高足盘，大多有盖。多为陶质，也有用青铜、木、竹制成的。浣衣濯冠：旧衣旧帽。隘：小气。

㉑ 纪：法度。

福。”盖得其道矣。

君子曰：“祭祀不祈，不麾蚤，不乐葆大，不善嘉事，牲不及肥大，荐不美多品①。”

孔子曰：“臧文仲②安知礼！夏父弗綦逆祀，而弗止也，燔柴于奥。夫奥者，老妇之祭也，盛于盆，尊于瓶③。”

礼也者，犹体也。体不备，君子谓之不成人。设之不当，犹不备也。礼有大有小，有显有微。大者不可损，小者不可益，显者不可掩，微者不可大也。故经礼三百，曲礼三千，其致一也。未有入室而不由户者。

君子之于礼也，有所竭情尽慎，致其敬而诚若④，有美而文而诚若。君子之于礼也，有直而行也，有曲而杀也，有经而等也，有顺而讨也，有白摲而播也，有推而进也，有放而文也，有放而不致也，有顺而摭也⑤。

三代之礼一也，民共由之。或素或青⑥，夏造殷因。周坐尸，诏侑武方，其礼亦然，其道一也⑦。夏立尸而卒祭，殷坐尸。周旅酬六尸⑧。曾子曰：“周礼其犹醵与⑨！”

君子曰：礼之近人情者，非其至者也。郊血，大飨腥，三献爓，一献孰⑩。是故君子之于礼也，非作而致其情也，此有由始也。是故七介以相见也，不然则已悫⑪；三辞三让而至，不然则已蹙⑫。故鲁人将有事于上帝，必先有事于頖宫⑬；晋人将有事于河，必先有事于恶池⑭；齐人将有事于泰山，必先有事于配林⑮。三月系，七日戒，三日宿，慎之至也⑯。故礼有摈诏，乐有相步⑰，温之至也。

礼也者，反本修古，不忘其初者也。故凶事不诏，朝事以乐⑱；醴酒之用，玄酒之尚⑲；割刀之用，鸾刀之贵⑳；莞簟之安，而稿鞂之设㉑。是故，先王之制礼也，必有主也。

---

① 麾（huī）蚤：谓以提早设祭为快。葆大：高大。葆，通“褒”。嘉事：指嘉礼。古代五礼（吉、凶、军、宾、嘉）之一。指饮食、婚冠、宾射、飨燕、脤膰、贺庆等礼。不及：不必等到。荐：祭品。

② 臧文仲：春秋时鲁国的贤大夫。

③ 夏父弗綦：鲁文公时主祭祀的官员。逆祀：弄颠倒了祭祀次序。燔柴：古代祭天仪式。将玉帛、牺牲等置于积柴上而焚之。奥：炉灶。尊于瓶：以瓶为酒樽。

④ 若：顺。

⑤ 曲：曲折地表达感情。杀：减少一些作法。经而等：一般规定父死三年丧，任何人都当如此。顺：自上而下的顺序。讨：减少。摲而播：取之于上传之于下。摲（chàn）：铲除。放：仿。文：文饰。摭（zhí）：拾取。

⑥ 或素或青：各个时代崇尚的颜色不同。

⑦ 尸：古代祭祀时，代死者受祭、象征神灵的人。诏侑：告劝。侑（yòu），劝。武方：无常规。

⑧ 旅：祭祀名。酬：劝酒。

⑨ 醵（jù）：凑钱聚饮。

⑩ 郊血：古天子祭社稷仪式之一。即以牛马之血献于尸座前。大飨：合祀先王的祭礼。腥：生肉。三献：古代祭祀时献酒三次，即初献爵、亚献爵、终献爵，合称“三献”。爓（xún）：半熟祭品。孰：同“熟”，熟肉。

⑪ 介：传宾主之言的人。悫（què）：朴实，谨慎。

⑫ 蹙（cù）：急促。

⑬ 頖（pàn）宫：周代诸侯设立的太学。

⑭ 恶池：水名。即滹沱河。

⑮ 配林：树林名，在泰山的西南方。

⑯ 系：把用于祭祀的牲畜系在圈里。戒、宿：斋戒。

⑰ 摈（bìn）诏：对宾主双方作介绍的人。相（xiàng）步：古代搀扶盲乐工的人。

⑱ 不诏：不等到正式通知就哀哭。朝事：指古代早晨祭祀宗庙之事。

⑲ 醴酒：甜酒。玄酒：古代祭礼中当酒用的清水。

⑳ 割刀：用以切割之刀。鸾刀：刀环有铃的刀。古代祭祀时割牲用。

㉑ 莞簟（guāndiàn）：蒲席与竹席。稿鞂（gǎojiē）：用禾秆编织成的草席。古祭天所用物。鞂，禾秆。

故可述而多学也。

君子曰：无节于内者，观物弗之察矣。欲察物而不由礼，弗之得矣。故作事不以礼，弗之敬矣；出言不以礼，弗之信矣。故曰：礼也者，物之致①也。是故，昔先王之制礼也，因其财物而致其义焉尔。故作大事，必顺天时，为朝夕必放于日月，为高必因丘陵，为下必因川泽。是故天时雨泽，君子达亹亹②焉。是故，昔先王尚有德，尊有道，任有能，举贤而置之，聚众而誓之。是故因天事天，因地事地，因名山升中于天，因吉土以飨帝于郊。升中于天，而凤凰降，龟龙假③。飨帝于郊，而风雨节，寒暑时。是故圣人南面而立，而天下大治。

学　记④

发虑宪，求善良，足以谀闻，不足以动众⑤。就贤体远⑥，足以动众，未足以化民。君子如欲化民成俗，其必由学乎！

玉不琢，不成器；人不学，不知道。是故古之王者建国君⑦民，教学为先。《兑命》曰："念终始典于学。"⑧ 其此之谓乎！

虽有嘉肴，弗食，不知其旨⑨也；虽有至道，弗学，不知其善也。是故学然后知不足，教然后知困。知不足，然后能自反⑩也；知困，然后能自强也。故曰：教学相长也。《兑命》曰："学学半⑪。"其此之谓乎。

古之教者，家有塾，党有庠，术有序，国有学⑫。比年入学，中年考校⑬。一年视离经辨志，三年视敬业乐群，五年视博习亲师，七年视论学取友，谓之小成⑭；九年知类通达，强立而不反，谓之大成⑮。夫然后足以化民易俗，近者说服⑯，而远者怀之，此大学之道

---

① 致：准则。

② 亹亹（wěiwěi）：勤勉不倦。

③ 假：借用。

④ 《学记》在中国教育史上是第一篇完整阐述教学原理的文章，也是世界教育史上第一篇教育学专论。它全面系统地论述了教育中的一系列重要问题，反映了儒家的教育思想和施教方针，对后世有很大影响。首先，在儒家看来，教育同维护国家政治有密切关系，其目的在于使人民顺从，风俗淳朴。这一观点把教育提到了治国安邦的高度之上，体现了先贤们的远见卓识。其次，性善论是《学记》的教育思想基础。再次，它从教师和学生两方面进行了论述，重视教师的作用，要求对学生教育要以人为本。再次，对学制、考察制度和标准等也进行了论述。最后，它还对学生心理特点的考察、学习与业余爱好的关系等方面进行了全面系统的论述。总之，《学记》相当全面而系统地对教育学进行了探讨，丰富和发展了我国古代的教育思想。《学记》对我国古代的教育事业产生了巨大的影响。

⑤ 发虑：进行思虑、思考。宪：法令。谀（xiǎo）闻：小有名声。

⑥ 就：亲近。体：关怀。

⑦ 君：君临天下。

⑧ 《兑命》：《尚书》中文章。典：经常。

⑨ 旨：美味。

⑩ 反：反省。

⑪ 学学半：教与学各得一半。

⑫ 党：周制，五百家为党。庠（xiáng）：学校。术：当作"遂"，郊区。序：学校。学：太学。庠序，泛指学校。

⑬ 比年：每年，连年。中年：犹来年。

⑭ 离经：读断经书的句读。辨志：辨别志向。乐群：友爱同学。

⑮ 知类通达：触类旁通。强立：独立的判断能力。反：违背。

⑯ 说：通"悦"。

也。《记》曰：“蛾子时术之①。”其此之谓乎。

大学始教：皮弁祭菜②，示敬道也；《宵雅》肄三，官其始也；入学鼓箧，孙其业也③；夏楚二物④，收其威也；未卜禘不视学⑤，游其志也；时观而弗语，存其心也⑥；幼者听而弗问，学不躐⑦等也。此七者，教之大伦也⑧。《记》曰：“凡学，官先事，士先志⑨。”其此之谓乎。

大学之教也，时。教必有正业，退息必有居学⑩。不学操缦，不能安弦⑪；不学博依，不能安诗⑫；不学杂服⑬，不能安礼；不兴其艺，不能乐学⑭。故君子之于学也，藏焉⑮、修焉、息焉、游焉。夫然，故安其学而亲其师，乐其友而信其道。是以虽离师辅而不反。《兑命》曰：“敬孙务时敏，厥修乃来⑯。”其此之谓乎。

今之教者，呻其占毕，多其讯言，及于数，进而不顾其安⑰；使人不由其诚，教人不尽其材。其施之也悖，其求之也佛⑱。夫然，故隐其学而疾其师，苦其难而不知其益也，虽终其业，其去之必速⑲。教之不刑⑳，其此之由乎！

大学之法，禁于未发之谓豫㉑，当其可之谓时，不陵节而施之谓孙㉒，相观而善之谓摩㉓。此四者，教之所由兴也。

发然后禁，则扞格而不胜㉔；时过然后学，则勤苦而难成；杂施而不孙，则坏乱而不修；独学而无友，则孤陋而寡闻；燕朋㉕逆其师；燕辟㉖废其学。此六者，教之所由废也。

---

① 蛾：大蚂蚁。术：学习。

② 皮弁（biàn）：古冠名。用白鹿皮制成。祭菜：供祭祀用的芹、藻等菜蔬（祭先师）。

③ 《宵雅》肄三：《宵雅》，即《诗经》中的《小雅》。郑玄注：“宵之言小也；肄，习也。习《小雅》之三，谓《鹿鸣》、《四牡》、《皇皇者华》也。”鼓箧（qiè）：谓击鼓开箧，古时入学的一种仪式。孙：通“逊”，顺。

④ 夏楚：古代学校两种体罚越礼犯规者的用具。后亦泛指体罚学童的工具。

⑤ 卜禘（dì）：占卜择定禘祭的日期。禘为天子五年一度合祭祖先的大祭。视学：天子亲往或派有司到国学对学子进行考试。

⑥ 存其心：使其用心思索。

⑦ 躐（liè）：超过。

⑧ 大伦：原则。

⑨ 官先事：做官先学会办事。士：做士人。志：立下志向。

⑩ 居学：在家休息时的学习。

⑪ 操缦（màn）：学习弹奏的指法动作。安弦：懂得音乐。

⑫ 博依：各种比喻。

⑬ 杂服：区分等级的各种服饰。

⑭ 兴：重视。艺：指各种技艺。

⑮ 藏：积累。

⑯ 孙：同“逊”，谦虚。务时敏：必须随时努力精进。

⑰ 呻：诵读。占毕：这里指课本。占：同“苫”，竹简。毕：竹简。讯：告知。多其讯言：一味灌输知识。及：急于，追求。数：频繁。安；适应。

⑱ 悖：混乱。佛：同“拂”，违背。

⑲ 隐：感到沈苦。疾：怨恨。去：忘记，忘掉。

⑳ 刑：成，成功。

㉑ 豫：同“预”，预防。

㉒ 可：适当。时：及时。陵：超过。节：限度。孙：同“逊”，顺。

㉓ 摩：观摩。

㉔ 扞（hàn）格：抵触。胜：承受。

㉕ 燕朋：轻慢而不庄重的朋友。

㉖ 燕辟：轻慢邪辟的言行。

君子既知教之所由兴，又知教之所由废，然后可以为人师也。故君子之教喻也，道而弗牵，强而弗抑，开而弗达①。道而弗牵则和，强而弗抑则易，开而弗达则思。和易以思，可谓善喻矣。

学者有四失，教者必知之。人之学也，或失则多，或失则寡，或失则易，或失则止。此四者，心之莫同也。知其心，然后能救其失也。教也者，长②善而救其失者也。

善歌者，使人继其声；善教者，使人继其志。其言也约而达，微而臧③，罕譬而喻，可谓继志矣。

君子知至学之难易，而知其美恶，然后能博喻④；能博喻然后能为师；能为师然后能为长⑤；能为长然后能为君。故师也者，所以学为君也。是故择师不可不慎也。《记》曰："三王四代唯其师⑥。"此之谓乎。

凡学之道，严师为难⑦。师严然后道尊，道尊然后民知敬学。是故君之所不臣于其臣者二⑧，当其为尸⑨则弗臣也，当其为师则弗臣也。大学之礼，虽诏⑩于天子，无北面，所以尊师也。

善学者，师逸而功倍，又从而庸之⑪；不善学者，师勤而功半，又从而怨之。善问者，如攻坚木，先其易者，后其节目，及其久也，相说以解；不善问者反此⑫。善待问者，如撞钟，叩之以小者则小鸣，叩之以大者则大鸣，待其从容，然后尽其声；不善答问者反此。此皆进学之道也。

记问之学，不足以为人师。必也其听语乎⑬？力不能问，然后语之；语之而不知，虽舍之可也。

良冶之子，必学为裘⑭；良弓之子，必学为箕⑮；始驾马者反之，车在马前⑯。君子察于此三者，可以有志于学矣。

古之学者，比物丑类⑰。鼓无当于五声⑱，五声弗得不和；水无当于五色⑲，五色弗得

---

① 喻：启发诱导。道：同"导"，引导。牵：强拉。强：勉励。抑：压制。开：启发。达：通达。
② 长（zhǎng）：助长。
③ 臧（zāng）：善。
④ 至学：求学。美恶：这里指天资的高下。博喻：广泛晓喻。
⑤ 长：官长。
⑥ 三王：指夏禹、商汤、周文王和周武王。四代：指虞、夏、商、周四个朝代。唯：顺。
⑦ 严：尊敬。
⑧ 不臣于其臣：不用对待臣下的礼节来对待其臣。
⑨ 尸：祭主。
⑩ 诏：召见。
⑪ 逸：安闲，这里指费力小。功：效果。庸：功劳。
⑫ 攻：治，指加工处理木材。节：树的枝干交接处。目：纹理不顺处。说：同"悦"。
⑬ 记问：凭记忆力掌握知识。听语：听取学生的问题并解答。
⑭ 冶：冶铸金属的工匠。裘：皮衣。
⑮ 弓：这里指造弓的匠人。箕：簸箕。
⑯ 始驾：开始训练小马驾车。车在马前：意思是说小马跟在车后，习惯之后才到前面开始驾车。
⑰ 丑：比。比物丑类：比较同类事物，以做到触类旁通。
⑱ 当：处于。声：指古代音乐中的宫、商、角、徵（zhǐ）、羽五大音阶。
⑲ 五色：青、黄、赤、白、黑五种颜色。

不章；学无当于五官①，五官弗得不治；师无当于五服②，五服弗得不亲。

君子曰："大德不官，大道不器，大信不约，大时不齐。③"察此四者，可以有志于学矣。

三王之祭川也，皆先河而后海，或源也，或委也。此之谓务本④。

乐　记⑤（节选）

凡音之起，由人心生也。人心之动，物使之然也。感于物而动，故形于声。声相应，故生变，变成方⑥，谓之音。比音而乐之，及干戚羽旄，谓之乐⑦。

乐者，音之所由生也，其本在人心之感于物也。是故其哀心感者，其声噍以杀⑧；其乐心感者，其声啴以缓⑨；其喜心感者，其声发以散⑩；其怒心感者，其声粗以厉；其敬心感者，其声直以廉⑪；其爱心感者，其声和以柔。六者，非性也，感于物而后动。是故先王慎所以感之者。故礼以道其志，乐以和其声，政以一其行，刑以防其奸⑫。礼乐刑政，其极一也，所以同民心而出治道也⑬。

凡音者，生人心者也。情动于中，故形于声。声成文，谓之音。是故，治世之音安以乐，其政和；乱世之音怨以怒，其政乖⑭；亡国之音哀以思，其民困。声音之道，与政通矣。

宫为君，商为臣，角为民，徵为事，羽为物，五者不乱，则无怗懘之音矣⑮。宫乱则荒，其君骄；商乱则陂⑯，其官坏；角乱则忧，其民怨；徵乱则哀，其事勤；羽乱则危，其财匮。五者皆乱，迭相陵⑰，谓之慢。如此，则国之灭亡无日矣。

---

① 五官：司徒、司马、司空、司士、司寇。此处泛指政府各部门之官职。

② 五服：斩衰、齐衰、大功、小功、缌麻五种丧服。它们分别用以表示血缘关系的亲疏远近。

③ 大德、大道、大信：均指圣人。大时：天时。句意即道行最高的人不限于担任一种官职；懂得大道理的人不局限于一定的用处；最讲诚信的人不必靠立约来约束；天有四时而不只有一季。

④ 委：众水汇集之处。本：根本。

⑤ 本文节选自《乐记》。作为《礼记》第十九篇的《乐记》，是中国最早的音乐理论专文，为公孙尼子所著。作者生活在战国初期，相传是孔子的再传弟子。这里所说的"乐"包括诗歌、音乐、舞蹈等各种艺术，因此内容十分广泛：有关于音乐的形成、音乐的本质和特征、音乐的政治作用、音乐的生活作用、音乐的审美作用、音乐的陶冶情操作用、音乐的社会功能、音乐家和作品的道德性、音乐的创作过程等等。据传，《乐记》原本有二十三篇，现在流传下来的只有十一篇。

⑥ 成方：成曲调。

⑦ 比：组合。乐：这里指演奏乐曲。干：盾牌。戚：一种斧子。羽：野鸡羽毛。旄（máo）：牛尾。这些东西都是跳舞时用的道具。

⑧ 噍（jiào）以杀（shài）：急迫短促。

⑨ 啴（chǎn）以缓：舒展和缓。

⑩ 发：振奋。散：奔放。

⑪ 廉：端正方直。

⑫ 道：同导，诱导。和其声：意思是说调节人们的情感。奸：邪恶。

⑬ 极：最终目的。出：实现。治道：治国平天下的道理。

⑭ 治世：太平盛世。乖：违背。

⑮ 古代五声音阶的第一音级，相当于简谱的"1"。以下"商"、"角"、"徵"、"羽"相当于简谱的"2"、"3"、"5"、"6"。怗懘（zhānchì）：音调不和谐。孔颖达疏："怗，敝也；懘，败也。敝败，谓不和之貌也。"

⑯ 陂（pō）：倾危。

⑰ 相陵：亦作"相凌"。谓相互侵扰。

郑卫之音，乱世之音也，比于慢矣①。桑间濮上②之音，亡国之音也。其政散，其民流，诬上行私而不可止也。

凡音者，生于人心者也；乐者，通伦理③者也。是故，知声而不知音者，禽兽是也；知音而不知乐者，众庶是也。唯君子为能知乐。是故，审声以知音，审音以知乐，审乐以知政，而治道④备矣。是故，不知声者不可与言音，不知音者不可与言乐。知乐，则几于礼矣。礼乐皆得，谓之有德。德者得也。

是故，乐之隆，非极音也；食飨之礼，非致味也⑤。《清庙》之瑟，朱弦而疏越，一倡而三叹，有遗音者矣⑥。大飨之礼，尚玄酒而俎腥鱼，大羹不和，有遗味者矣⑦。是故先王之制礼乐也，非以极口腹耳目之欲也，将以教民平⑧好恶而反人道之正也。

人生而静，天之性也；感于物而动，性之欲也。物至知知⑨，然后好恶形焉。好恶无节于内，知诱于外，不能反躬⑩，天理灭矣。夫物之感人无穷，而人之好恶无节，则是物至而人化物也。人化物也者，灭天理而穷人欲者也。于是有悖逆诈伪之心，有淫泆作乱之事⑪。是故，强者胁弱，众者暴寡，知者诈愚，勇者苦怯，疾病不养，老幼孤独不得其所，此大乱之道也。

是故先王之制礼乐，人为之节。衰麻哭泣，所以节丧纪也⑫；钟鼓干戚，所以和安乐也；昏姻冠笄，所以别男女也⑬；射乡食飨，所以正交接也⑭。礼节民心，乐和民声，政以行之，刑以防之。礼乐刑政，四达而不悖，则王道备矣。

乐者为同，礼者为异。同则相亲，异则相敬。乐胜则流，礼胜则离⑮。合情饰貌者礼乐之事也。礼义立，则贵贱等矣；乐文同，则上下和矣；好恶著，则贤不肖别矣。刑禁暴，爵举贤，则政均矣。仁以爱之，义以正之，如此，则民治行矣。

乐由中出，礼自外作。乐由中出故静，礼自外作故文。大乐必易，大礼必简。乐至则无怨，礼至则不争。揖让而治天下者，礼乐之谓也。暴民不作，诸侯宾服，兵革不试，五刑不用，百姓无患，天子不怒，如此，则乐达矣。合父子之亲，明长幼之序，以敬四海之内。天子如此，则礼行矣。

大乐与天地同和，大礼与天地同节。和，故百物不失；节，故祀天祭地。明则有礼乐，幽则有鬼神。如此，则四海之内合敬同爱矣。礼者殊，事合敬者也；乐者异文，合爱者也。

---

① 郑卫之音：古称郑、卫之俗轻靡淫逸，因以借指风俗浮华淫靡的地方。比：接近。

② 桑间濮上：指淫靡之音处。

③ 伦理：事物的条理。

④ 治道：治国的方法。

⑤ 食飨（xiǎng）：谓以酒食宴请宾客或祭祀宗庙。致：达到极点。

⑥ 《清庙》：指古帝王祭祀祖先的乐章。朱弦：朱红色熟丝作的弦，发音沉浊。疏越：疏通瑟底之孔，使声音舒缓。疏：疏朗。越：瑟底部的孔。倡：同“唱”。遗音：不绝之余音。形容音乐或诗歌极其美好。

⑦ 大飨：合祀先王的祭礼。尚：崇尚。玄酒：水。上古祭祀时用水。俎（zǔ）：盛祭品的器具。大羹：祭祀时不和五味的肉汁。不和：不调味。

⑧ 平：节制。

⑨ 知知：前一“知”为“智”，后一“知”为觉知。

⑩ 反躬：自我审视。

⑪ 淫泆：放荡。

⑫ 衰麻：丧服，衰衣麻绖。丧纪：丧事。

⑬ 昏：同“婚”。冠：古代男子成人之礼。笄（jī）：古代女子成人之礼。

⑭ 射乡：指乡射礼和乡饮酒礼。古代乡饮酒礼之后举行乡射礼。交接：交往；结交。

⑮ 流：过于同。离：过于异。

礼乐之情同，故明王以相沿也。故事与时并，名与功偕。

故钟鼓管磬，羽籥干戚①，乐之器也；屈伸俯仰，缀兆②舒疾，乐之文也。簠簋俎豆，制度文章，礼之器也③；升降上下，周还裼袭，礼之文也④。故知礼乐之情者能作，识礼乐之文者能述。作者之谓圣，述者之谓明。明圣者，述作之谓也。

乐者，天地之和也；礼者，天地之序也。和，故百物皆化；序，故群物皆别。乐由天作，礼以地制。过制则乱，过作则暴⑤。明于天地，然后能兴礼乐也。

论伦⑥无患，乐之情也；欣喜欢爱，乐之官也。中正无邪，礼之质也；庄敬恭顺，礼之制也。若夫礼乐之施于金石，越于声音，用于宗庙社稷，事乎山川鬼神，则此所与民同也⑦。

……

经　解⑧

孔子曰："入其国，其教可知也。其为人也温柔敦厚，《诗》教也；疏通知远，《书》教也；广博易良⑨，《乐》教也；洁静精微，《易》教也；恭俭庄敬，《礼》教也；属辞比事⑩，《春秋》教也。故《诗》之失，愚；《书》之失，诬⑪；《乐》之失，奢；《易》之失，贼⑫；《礼》之失，烦；《春秋》之失，乱⑬。其为人也，温柔敦厚而不愚，则深于《诗》者也；疏通知远而不诬，则深于《书》者也；广博易良而不奢，则深于《乐》者也；洁静精微而不贼，则深于《易》者也；恭俭庄敬而不烦，则深于《礼》者也；属辞比事而不乱，则深于《春秋》者也。"

天子者，与天地参，故德配天地，兼利万物，与日月并明，明照四海而不遗微小。其在朝廷，则道仁圣礼义之序，燕处⑭，则听雅颂之音，行步，则有环佩之声，升车，则有鸾和⑮之音。居处⑯有礼，进退有度，百官得其宜，万事得其序。《诗》云："淑人君子，其仪

---

① 羽籥（yuè）：古代祭祀或宴飨时舞者所持的舞具和乐器。羽，指雉羽。籥，一种编组多管乐器。

② 缀兆：谓古代乐舞中舞者的行列位置。

③ 簠簋（fǔguǐ）：古代盛祭品的礼器。制度：规制形状。文章：错杂的色彩或花纹。

④ 周还：古代行礼时进退揖让的动作。裼袭（xī）：古代礼服之制：袒外衣而露裼衣，且不尽覆其裘，谓之裼；不裼，谓之袭。盛礼以袭为敬；非盛礼以裼为敬。文：指礼仪制度。

⑤ 暴：越出正道。

⑥ 论伦：论乐所包含的伦理。

⑦ 施：用。越：发。

⑧ 《经解》篇之得名，据孔颖达正义曰："《经解》一篇总是孔子之言，记者录之以为《经解》者，皇氏云：'解者，分析之名，此篇分析六经体教不同，故名曰《经解》也。六经其教虽异，总以礼为本，故记者录入于礼。'"古人以《诗》、《书》、《礼》、《易》、《春秋》、《乐》为"六经"，又为"六艺"，其目的都在于教化人民。所以，本篇重在阐述礼教为国的思想。

⑨ 易良：平易良善。

⑩ 属辞：撰述，以事系日，以日系月，以月系年。比事：指排比史实。

⑪ 诬：事实虚妄。

⑫ 贼：害于正理。

⑬ 乱：是非淆乱。

⑭ 燕处：安居的地方。

⑮ 鸾和：鸾与和。古代车上的两种铃子。

⑯ 居处：指平日的仪容举止。

不忒。其仪不忒，正是四国①。”此之谓也。发号出令而民说②，谓之和；上下相亲，谓之仁；民不求所欲而得之，谓之信；除去天地之害，谓之义。义与信，和与仁，霸王之器也。有治民之意而无其器，则不成。

礼之于正国也，犹衡③之于轻重也，绳墨之于曲直也，规矩之于方圆也。故衡诚县④，不可欺以轻重；绳墨诚陈⑤，不可欺以曲直；规矩诚设，不可欺以方圆；君子审礼，不可诬以奸诈。是故，隆礼由礼，谓之有方之士⑥；不隆礼不由礼，谓之无方之民。敬让之道也。故以奉宗庙则敬，以入朝廷则贵贱有位，以处室家则父子亲兄弟和，以处乡里则长幼有序。孔子曰：“安上治民，莫善于礼。”此之谓也。

故朝觐⑦之礼，所以明君臣之义也；聘问⑧之礼，所以使诸侯相尊敬也；丧祭之礼，所以明臣子之恩也；乡饮酒之礼，所以明长幼之序也；昏姻之礼，所以明男女之别也。夫礼，禁乱之所由生，犹坊⑨止水之所自来也。故以旧坊为无所用而坏之者，必有水败；以旧礼为无所用而去之者，必有乱患。故昏姻之礼废，则夫妇之道苦，而淫辟之罪多矣；乡饮酒之礼废，则长幼之序失，而争斗之狱繁矣；丧祭之礼废，则臣子之恩薄，而倍⑩死忘生者众矣；聘觐之礼废，则君臣之位失，诸侯之行恶，而倍畔矣⑪侵陵之败起。

故礼之教化也微⑫，其止邪也于未形。使人日徙善远罪而不自知也。是以先王隆之也。《易》曰：“君子慎始，差若豪厘，缪以千里。”此之谓也。

中　　庸⑬（节选）

天命之谓性，率性之谓道，修道之谓教⑭。道也者，不可须臾离也，可离非道也。是故

---

① 此是《诗经·曹风·鸤鸠》内容。仪：仪态。正是四国：指为诸侯国君长。

② 说：通“悦”。

③ 衡：秤。

④ 县：通“悬”。

⑤ 绳墨诚陈：用绳墨弹成直线。

⑥ 隆礼：尊崇礼法。有方：有道，得法。

⑦ 朝觐：谓臣子朝见君主。

⑧ 聘问：国与国或各个方面之间遣使访问。

⑨ 坊：或作“防”。

⑩ 倍：同“背”。

⑪ 倍畔：犹“背叛”。

⑫ 微：精深，奥妙。

⑬ 《中庸》原来是《礼记》中的一篇，一般认为它出于孔子的孙子子思（公元前483—公元前402）之手。据《史记·孔子世家》记载，孔子的儿子名叫孔鲤，字伯鱼；伯鱼的儿子名叫孔伋，字子思。孔子去世后，儒家分为八派，子思是其中的一派。荀子把子思和孟子看成是一派。从师承关系来看，子思学于孔子的得意弟子之一曾子，孟子又学于子思；从《中庸》和《孟子》的基本观点来看，也大体上是相同的。所以有“思孟学派”的说法。后代因此而尊称子思为“述圣”。不过，现存的《中庸》，已经经过秦代儒者的修改，大致写定于秦统一全国后不久。所以篇名的命名方式已不同于《大学》，不是取正文开头的两个字为题，而是撮取文章的中心内容为题了。早在西汉时代就有专门解释《中庸》的著作，《汉书·艺文志》载录有《中庸说》二篇，以后各代都有关于这方面的著作相沿不绝，但影响最大的还是朱熹的《中庸章句》。他把《中庸》与《大学》、《论语》、《孟子》合在一起，使它成为“四书”之一，成为后世读书人求取功名的阶梯。朱熹认为《中庸》“忧深言切，虑远说详”，“历选前圣之书，所以提挈纲维，开示蕴奥，未有若是之明且尽者也。”（《中庸章句·序》）并且在《中庸章句》的开头引用程颐的话，强调《中庸》是“孔门传授心法”的著作，“放之则弥六合，卷之则退藏于密”，其味无穷，都是实用的学问。善于阅读的人只要仔细玩味，便可以终身受用不尽。程颐的说法也许有些过头，但《中庸》的确是内容丰富，不仅提出了“中庸”作为儒家的最高道德标准，而且还以此为基础讨论了一系列的问题，涉及到儒家学说的各个方面。所以，《中庸》被推崇为“实学”，被视为可供人们终身受用的经典，这也绝不是偶然的。

⑭ 天命：天赋。朱熹解释说：“天以阴阳五行化生万物，气以成形，而理亦赋焉，犹命令也。”（《中庸章句》）所以，这里的天命（天赋）实际上就是指人的自然禀赋，并无神秘色彩。率性：遵循本性，率，遵循，按照。

君子戒慎乎其所不睹，恐惧乎其所不闻。莫见乎隐，莫显乎微，故君子慎其独也①。喜怒哀乐之未发，谓之中；发而皆中节②，谓之和；中也者，天下之大本也；和也者，天下之达道也③。致中和，天地位焉，万物育焉。

仲尼曰："君子中庸，小人反中庸；君子之中庸也，君子而时中；小人之中庸也，小人而无忌惮也④。"

子曰："中庸其至矣乎！民鲜能久矣！"

子曰："道之不行也，我知之矣：知者过之，愚者不及也。道之不明也，我知之矣：贤者过之，不肖者不及也⑤。人莫不饮食也，鲜能知味也。"

子曰："道其不行矣夫！"

子曰："舜其大知也与！舜好问而好察迩言，隐恶而扬善，执其两端，用其中于民，其斯以为舜乎⑥！"

子曰："人皆曰予知，驱而纳诸罟擭陷阱之中，而莫之知辟也⑦；人皆曰予知，择乎中庸，而不能期月⑧守也。"

子曰："回之为人也，择乎中庸，得一善，则拳拳服膺弗失之矣⑨。"

子曰："天下国家可均也，爵禄可辞也，白刃可蹈也，中庸不可能也⑩。"

子路⑪问强。子曰："南方之强与？北方之强与？抑而强与⑫？宽柔以教，不报⑬无道，南方之强也，君子居之。衽金革，死而不厌，北方之强也，而强者居之⑭。故君子和而不流，强哉矫⑮！中立而不倚，强哉矫！国有道，不变塞焉⑯，强哉矫！国无道，至死不变，强哉矫！"

子曰："素隐行怪，后世有述焉，吾弗为之矣⑰。君子遵道而行，半涂而废，吾弗能已

---

① 莫：没有。见（xiàn）：显现，明显。乎：于，在这里有比较的意味。

② 中（zhòng）：符合。节：节度法度。

③ 达道：天下共同遵循的普遍规律。

④ 仲尼：即孔子，名丘，字仲尼。中庸：即中和。庸，"常"的意思。小人之中庸也：应为"小人之反中庸也"。忌惮：顾忌和畏惧。

⑤ 道：即中庸之道。知者：即智者，与愚者相对，指智慧超群的人。知，同"智"。不肖者：与贤者相对，指不贤的人。

⑥ 迩言，浅近的话。迩，近。其斯以为舜乎：这就是舜之所以为舜的地方吧！其，语气词，表示推测。斯，这。"舜"字的本义是仁义盛明，所以孔子有此感叹。

⑦ 罟（gǔ）：捕兽的网。擭（huò）：装有机关的捕兽的木笼。辟（bì）：同"避"。

⑧ 期月：一整月。

⑨ 回：指孔子的学生颜回。拳拳服膺：牢牢地放在心上。拳拳，牢握但不舍的样子，引申为恳切。服，着，放置。膺，胸口。

⑩ 均：即平，指治理。爵，爵位。禄：官吏的薪俸。辞：放弃。蹈：踏。

⑪ 子路：名仲由，孔子的学生。

⑫ 抑：选择性连词，意为"还是"。而：代词，你。与：疑问语气词。

⑬ 报：报复。

⑭ 衽（rèn）：卧席，此处用为动词。金：指铁制的兵器。革：指皮革制成的甲盾。衽金革：此处指好勇善战。死而不厌：死而后已的意思。

⑮ 和而不流：性情平和又不随波逐流。矫：坚强的样子。

⑯ 不变塞：不改变志向。

⑰ 素：据《汉书》，应为"索"。隐：隐僻。怪：怪异。述：记述。

矣①。君子依乎中庸，遁世不见知而不悔②，唯圣者能之。”

君子之道费而隐③。夫妇之愚，可以与知焉④。及其至也，虽圣人亦有所不知焉。夫妇之不肖，可以能行焉。及其至也，虽圣人亦有所不能焉。天地之大也，人犹有所憾。故君子语大，天下莫能载焉；语小，天下莫能破焉⑤。《诗》云：“鸢飞戾天，鱼跃于渊⑥。”言其上下察⑦也。君子之道，造端乎夫妇⑧，及其至也，察乎天地。

子曰：“道不远人，人之为道而远人，不可以为道。《诗》云：‘伐柯，伐柯，其则不远⑨。’执柯以伐柯，睨而视之⑩，犹以为远。故君子以人治人⑪，改而止。忠恕违道⑫不远，施诸己而不愿，亦勿施于人。君子之道四，丘未能一焉：所求乎子，以事父，未能也；所求乎臣，以事君，未能也；所求乎弟，以事兄，未能也；所求乎朋友，先施之，未能也。庸德之行⑬，庸言之谨，有所不足，不敢不勉，有余不敢尽。言顾行，行顾言，君子胡不慥慥尔⑭！”

“君子素其位而行⑮，不愿乎其外。素富贵，行乎富贵；素贫贱，行乎贫贱；素夷狄⑯，行乎夷狄；素患难，行乎患难。君子无入而不自得焉⑰。在上位不陵下，在下位不援上⑱，正己而不求于人，则无怨。上不怨天，下不尤⑲人。故君子居易以俟命⑳，小人行险以徼幸。子曰：“射有似乎君子，失诸正鹄㉑，反求诸其身。”

君子之道，辟㉒如行远必自迩，辟如登高必自卑。《诗》曰：“妻子好合，如鼓瑟琴。兄弟既翕，和乐且耽。宜尔室家，乐尔妻帑㉓。”子曰：“父母其顺矣乎！”

子曰：“鬼神之为德，其盛矣乎?！视之而弗见，听之而弗闻，体物而不可遗，使天下之人齐明盛服㉔，以承祭祀。洋洋乎如在其上，如在其左右。《诗》曰：‘神之格思，不可

① 已：止，停止。
② 见知：被知。见，被。
③ 费：广大。隐：精微。
④ 夫妇：指普通男女。与：动词，参与。
⑤ 破：分开。
⑥ 引自《诗经·大雅·旱麓》。鸢（yuān）：老鹰。戾：到达。
⑦ 察：昭著，明显。
⑧ 造端：开始。
⑨ 引自《诗经·豳（bīn）风·伐柯》。伐柯，砍削斧柄。柯，斧柄。则，法则，这里指斧柄的式样。
⑩ 睨（nì）：斜视。
⑪ 以人治人：用人身上本来就有的道理来治理人。
⑫ 违道：离道。违，离。
⑬ 庸：平常。
⑭ 胡：何、怎么。慥慥（zào）：忠厚诚实的样子。
⑮ 素其位：安于现在所处的地位。素，平素，现在的意思，这里作动词用。
⑯ 夷：指东方的部族；狄：指西方的部族。泛指当时的少数民族。
⑰ 无入：无论处于什么情况下。入，处于。
⑱ 陵：欺侮。援：攀援，本指抓着东西往上爬，引申为投靠有势力的人往上爬。
⑲ 尤：抱怨。
⑳ 居易：居于平安的地位，也就是安居现状的意思。易，平安。俟（sì）命：等待天命。
㉑ 射：指射箭。正鹄（gǔ）：正、鹄均指箭靶子；画在布上的叫正，画在皮上的叫鹄。
㉒ 辟：同“譬”。
㉓ 引自《诗经·小雅·常棣》。妻子：妻与子。好合：和睦。鼓：弹奏。翕（xī）：和顺，融洽。耽：《诗经》原作“湛”，安乐。帑（nú）：通“孥”，子女。
㉔ 齐：通“斋”，斋戒。明：洁净。盛服：即盛装。

度思！矧可射思①！’夫微之显，诚之不可掩如此夫。”

子曰：“舜其大孝也与！德为圣人，尊为天子，富有四海之内。宗庙飨之，子孙保之。故大德必得其位，必得其禄，必得其名，必得其寿。故天之生物，必因其材而笃焉②。故栽者培之，倾者覆之。《诗》曰：‘嘉乐君子，宪宪令德。宜民宜人，受禄于天，保佑命之，自天申之③。’故大德者必受命。”

……

哀公问政④。子曰：“文武之政，布在方策⑤。其人存，则其政举；其人亡，则其政息。人道敏政⑥，地道敏树。夫政也者，蒲卢也⑦。故为政在人，取人以身，修身以道，修道以仁。仁者人也，亲亲为大；义者宜也，尊贤为大。亲亲之杀⑧，尊贤之等，礼所生也。在下位不获乎上，民不可得而治矣！故君子不可以不修身；思修身，不可以不事亲；思事亲，不可以不知人；思知人，不可以不知天。”

“天下之达道五，所以行之者三。曰：君臣也，父子也，夫妇也，昆弟也⑨，朋友之交也。五者，天下之达道也。知，仁，勇，三者天下之达德也，所以行之者一也。或生而知之，或学而知之，或困而知之，及其知之，一也。或安而行之，或利而行之，或勉强而行之，及其成功，一也。”子曰：“好学近乎知，力行近乎仁，知耻近乎勇。知斯三者，则知所以修身；知所以修身，则知所以治人；知所以治人，则知所以治天下国家矣。”

“凡为天下国家有九经，曰：修身也，尊贤也，亲亲也，敬大臣也，体群臣也，子庶民也，来百工也，柔远人也，怀诸侯也⑩。修身则道立，尊贤则不惑，亲亲则诸父昆弟不怨，敬大臣则不眩，体群臣则士之报礼重，子庶民则百姓劝，来百工则财用足，柔远人则四方归之，怀诸侯则天下畏之。齐明盛服，非礼不动，所以修身也；去谗远色，贱货而贵德，所以劝贤也；尊其位，重其禄，同其好恶，所以劝亲亲也；官盛任使⑪，所以劝大臣也；忠信重禄，所以劝士也；时使⑫薄敛，所以劝百姓也；日省月试，既廪称事⑬，所以劝百工也；送往迎来，嘉善而矜⑭不能，所以柔远人也；继绝世，举废国，治乱持危，朝聘以时⑮，厚往而薄来，所以怀诸侯也。凡为天下国家有九经，所以行之者一也。”

---

① 引自《诗经·大雅·抑》。格：来临。思：语气词。度：揣度。矧（shěn）：况且。射（yì）：厌，指厌怠不敬。

② 材：资质，本性。笃：厚，这里指厚待。

③《诗经·大雅·假乐》。嘉乐：即《诗经》之“假乐”，“假”通“嘉”，意为美善。宪宪：《诗经》作“显显”，显明兴盛的样子。令：美好。申：重申。

④ 哀公：春秋时鲁国国君，姓姬，名蒋，“哀”是谥号。

⑤ 布：陈列。方：书写用的木板。策：书写用的竹简。

⑥ 敏：快速。

⑦ 蒲卢：即芦苇。芦苇性柔而具有可塑性。

⑧ 杀（shài）：减少，降等。即要分亲疏。

⑨ 昆弟：兄和弟，也包括堂兄堂弟。

⑩ 九经：九条准则。经，准则。体：体察，体恤。子庶民：以庶民为子。子，动词。庶民，平民。来：招来。百工：各种工匠。柔远人：安抚边远地方来的人。怀：安抚。

⑪ 盛：多。任使：足够使用。

⑫ 时使：指使用百姓劳役有一定时间，不误农时。

⑬ 省：视察。试：考核。既（xì）：即“饩”，指赠送别人粮食或饲料。廪（lǐn）：给予粮食。称：符合。

⑭ 矜：怜悯，同情。

⑮ 继绝世：延续已经中断的家庭世系。举废国：复兴已经没落的邦国。持：扶持。朝聘：诸侯定期朝见天子，每年一见叫小聘，三年一见叫大聘，五年一见叫朝聘。

“凡事豫则立，不豫则废。言前定则不跲①，事前定则不困，行前定则不疚，道前定则不穷。在下位不获乎上，民不可得而治矣。获乎上有道，不信乎朋友，不获乎上矣；信乎朋友有道，不顺乎亲，不信乎朋友矣；顺乎亲有道，反诸身不诚，不顺乎亲矣；诚身有道，不明乎善，不诚乎身矣。诚者，天之道也；诚之者，人之道也。诚者不勉而中，不思而得，从容中道，圣人也。诚之者，择善而固执之者也。”

“博学之，审问之，慎思之，明辨之，笃行之。有弗学，学之弗能，弗措②也；有弗问，问之弗知，弗措也；有弗思，思之弗得，弗措也；有弗辨，辨之弗明，弗措也；有弗行，行之弗笃，弗措也。人一能之己百之，人十能之己千之。果能此道矣，虽愚必明，虽柔必强。”

“自诚明，谓之性；自明诚，谓之教。诚则明矣，明则诚矣。”

“唯天下至诚，为能尽其性③；能尽其性，则能尽人之性；能尽人之性，则能尽物之性；能尽物之性，则可以赞天地之化育④；可以赞天地之化育，则可以与天地参⑤矣。”

……

“王天下有三重焉⑥，其寡过矣乎！上焉者⑦虽善无征，无征不信，不信民弗从；下焉者⑧虽善不尊，不尊不信，不信民弗从。故君子之道，本诸身，征诸庶民，考诸三王而不缪，建诸天地而不悖，质诸鬼神而无疑，百世以俟圣人而不惑⑨。质诸鬼神而无疑，知天也；百世以俟圣人而不惑，知人也。是故君子动而世为天下道⑩，行而世为天下法，言而世为天下则。远之则有望⑪，近之则不厌。《诗》曰：‘在彼无恶，在此无射。庶几夙夜，以永终誉⑫！’君子未有不如此而蚤有誉于天下者也⑬。”

仲尼祖述尧、舜，宪章文、武⑭；上律天时，下袭水土⑮。辟如天地之无不持载，无不覆帱⑯；辟如四时之错行，如日月之代明⑰。万物并育而不相害，道并行而不相悖，小德川流，大德敦化，此天地之所以为大也。

---

① 跲（jiá）：窒碍。

② 弗措：不罢休。措，停止，罢休。

③ 尽其性：充分发挥本性。

④ 赞：赞助。化育：化生和养育。

⑤ 天地参：与天地并列为三。参，并列。

⑥ 王天下有三重焉：王（wàng），作动词用，王天下即在天下做王的意思，也就是统治天下。三重：指前文所说的三件重要的事：仪礼、制度、考文。

⑦ 上焉者：指在上位的人，即君王。

⑧ 下焉者：指在下位的人，即臣下。

⑨ 三王：指夏、商、周三代君王。建：立。质：质询，询问。俟：待。

⑩ 道：通“导”，先导。

⑪ 望：威望。

⑫ 引自《诗经·周颂·振鹭》。射（yì）：《诗经》本作“斁”，厌弃的意思。庶几（jī）：几乎。夙夜：早晚。夙，早。

⑬ 蚤：即“早”。

⑭ 祖述：效法、遵循前人的行为或学说。宪章：遵从，效法。

⑮ 袭：与上文的“律”近义，都是符合的意思。

⑯ 覆帱（dào）：覆盖。

⑰ 错行：交错运行，流动不息。代明：交替光明，循环变化。

唯天下至圣为能聪明睿知，足以有临①也；宽裕温柔，足以有容也；发强刚毅，足以有执②也；齐庄中正，足以有敬也；文理密察，足以有别也。溥博渊泉③，而时出之。溥博如天，渊泉如渊。见而民莫不敬，言而民莫不信，行而民莫不说。是以声名洋溢乎中国，施及蛮貊④。舟车所至，人力所通，天之所覆，地之所载，日月所照，霜露所队⑤，凡有血气者，莫不尊亲，故曰配天。

唯天下至诚，为能经纶天下之大经，立天下之大本，知天地之化育。夫焉有所倚？肫肫其仁！渊渊其渊！浩浩其天⑥！苟不固聪明圣知达天德者，其孰能知之？

《诗》曰："衣锦尚絅䌹"⑦，恶其文之著也。故君子之道，暗然⑧而日章；小人之道，的然⑨而日亡。君子之道：淡而面不厌，简而文，温而理，知远之近，知风之自，知微之显，可与入德矣。《诗》云："潜虽伏矣，亦孔之昭⑩！"故君子内省不疚，无恶于志。君子所不可及者，其唯人之所不见乎！《诗》云："相在尔室，尚不愧于屋漏⑪。"故君子不动而敬，不言而信。《诗》曰："奏假无言，时靡有争⑫。"是故君子不赏而民劝，不怒而民威于铁钺⑬。《诗》曰："不显惟德！百辟其刑之⑭。"是故君子笃恭而天下平。《诗》云："予怀明德，不大声以色⑮。"子曰："声色之于以化民，末也。"《诗》曰："德辅如毛⑯。"毛犹有伦，"上天之载，无声无臭⑰"，至矣！

表　记⑱（节选）

子言之："归乎⑲！君子隐而显，不矜而庄，不厉而威，不言而信。"

---

① 有临：居君位或官位治理天下。

② 有执：执中守正。

③ 溥（pǔ）博：周遍广远。渊泉：幽深而有本。

④ 蛮貊（mò）：亦作"蛮貉"。亦作"蛮貊"。古代称南方和北方落后部族。亦泛指四方落后部族。

⑤ 队：同"坠"。

⑥ 肫肫（zhūnzhūn）：诚恳，真挚的样子。渊渊：幽深的样子。浩浩：广大的样子。

⑦ 引自《诗经·卫风·硕人》。衣（yì）：此处作动词用，指穿衣。锦：指色彩鲜艳的衣服。尚：加。䌹（jiǒng）：同"褧"，用麻布制的罩衣。

⑧ 暗（àn）然：隐藏不露。

⑨ 的（dì）然：鲜明，显著。

⑩ 引自《诗经·小雅·正月》。孔：很。昭：《诗经》原作"沼"，意为明显。

⑪ 引自《诗经·大雅·抑》。相：注视。屋漏：指古代室内西北角设小帐的地方，相传是神明所在，所以这里是以屋漏代指神明。不愧屋漏：喻指心地光明，不在暗中做坏事，起坏念头。

⑫ 引自《诗经·商颂·烈祖》。奏：进奉。假（gé）：通"格"，即感通，指诚心能与鬼神或外物互相感应。

⑬ 铁（fū）钺（yuè）：古代执行军法时用的铡刀和斧子。

⑭ 引自《诗经·周颂·烈文》。不显："不"通"丕"，不显即大显。辟（bì）：诸侯。刑：通"型"，示范，效法。

⑮ 引自《诗经·大雅·皇矣》。声：号令。色：容貌。以：与。

⑯ 引自《诗经·大雅·杰民》。辅（yóu）：古代一种轻便车，引申为轻。伦：比。

⑰ 引自《诗经·大雅·文王》。臭（xiù）：气味。

⑱ 按照郑玄《三礼目录》的说法，《表记》的得名是因为本篇中有"记君子之德见于仪表"，实际本篇所言并不仅限于仪表。关于本篇的内容，孔颖达《礼记正义》说"此一篇总论君子及小人为行之本，并论虞、夏、殷、周质文之异，又论为臣事君之道。"这一概括比较全面。本篇五十五章共分八个部分。我们在此选录前二十七章，主要讨论敬、报、仁、义之道。

⑲ 归乎：孔子周游列国，行道不成而欲归鲁。

子曰："君子不失足于人，不失色于人，不失口于人①。是故君子貌足畏也，色足惮也，言足信也。《甫刑》曰：'敬忌而罔有择言在躬②。'"

子曰："裼袭之不相因也③，欲民之毋相渎也。"

子曰："祭极敬，不继之以乐；朝极辨，不继之以倦。"

子曰："君子慎以辟祸，笃以不掩④，恭以远耻。"

子曰："君子庄敬日强，安肆日偷。君子不以一日使其躬儳⑤焉，如不终日。"

子曰："齐⑥戒以事鬼神，择日月以见君，恐民之不敬也。"

子曰："狎侮，死焉而不畏也。"

子曰："无辞不相接也，无礼不相见也，欲民之毋相亵也⑦。《易》曰：'初筮告，再三渎，渎则不告。'⑧"

子言之："仁者，天下之表也；义者，天下之制⑨也；报⑩者，天下之利也。"

子曰："以德报德，则民有所劝；以怨报怨，则民有所惩。《诗》曰：'无言不仇，无德不报⑪。'《大甲》曰：'民非后无能胥以宁，后非民无以辟四方⑫。'"

子曰："以德报怨，则宽身之仁也；以怨报德，则刑戮之民也。"

子曰："无欲而好仁者，无畏而恶不仁者，天下一人而矣。是故君子议道自己，而置法以民⑬。"

子曰："仁有三，与⑭仁同功而异情。与仁同功，其仁未可知也；与仁同过，然后其仁可知也。仁者安仁，知者利仁，畏罪者强仁。仁者右也，道者左也。仁者人也，道者义也。厚于仁者薄于义，亲而不尊；厚于义者薄于仁，尊而不亲。道有至，义有考⑮。至道以王，义道以霸，考道以为无失。"

子言之："仁有数⑯，义有长短小大。中心憯怛⑰，爱人之仁也。率法而强之，资仁者也。《诗》云：'丰水有芑，武王岂不仕，诒厥孙谋，以燕翼子，武王烝哉⑱。'数世之仁

---

① 足：举步的容仪。色：面部容仪。口：说话容仪。

② 《甫刑》即《尚书·吕刑》。择言：败言或不合法度的议论。择，通"殬"。

③ 裼（xī）袭：古代礼服之制：袒外衣而露裼衣，且不尽覆其裘，谓之裼；不裼，谓之袭。盛礼以袭为敬；非盛礼以裼为敬。

④ 掩：困窘。

⑤ 儳（chǎn）：不整齐。

⑥ 齐：同"斋"。

⑦ 辞：先行通报。礼：指执挚相见。

⑧ 引自《易经·蒙》卦辞。再三：指两次、三次卜筮。

⑨ 制：使事物各得其宜。

⑩ 报：礼尚往来。

⑪ 引自《诗·大雅·抑》。

⑫ 引自《尚书·太甲》。后：君。胥：相。辟：君临天下。

⑬ 议道：议论大道；探讨治国之道。

⑭ 与：举。

⑮ 考：考究。

⑯ 有数：指功效大小、时效长短。

⑰ 憯（cǎn）怛（dá）：忧伤。

⑱ 引自《诗·大雅·文王有声》。丰水：古水名。在陕西省户县东南，注入渭水。芑（qǐ）：野菜。仕：建功立业。燕：安。烝：君王。

也。《国风》曰：‘我今不阅，皇恤我后①。’终身之仁也。”

子曰：“仁之为器重，其为道远，举者莫能胜也，行者莫能致也，取数多者仁也。夫勉于仁者，不亦难乎？是故君子以义度人，则难为人；以人望人，则贤者可知已矣。”

子曰：“中心安仁者，天下一人而已矣。《大雅》曰：‘德輶如毛，民鲜克举之，我仪图之，惟仲山甫举之，爱莫助之②。’”

“《小雅》曰：‘高山仰止，景行行止③。’”子曰，“《诗》之好仁如此，乡道而行，中道而废，忘身之老也，不知年数之不足，俛焉日有孳孳，毙而后已④。”

子曰：“仁之难成久矣！人人失其所好，故仁者之过易辞⑤也。”子曰：“恭近礼，俭近仁，信近情，敬让以行，此虽有过，其不甚矣。夫恭寡过，情可信，俭易容也，以此失之者，不亦鲜乎？《诗》曰：‘温温恭人，惟德之基。’⑥”

子曰：“仁之难成久矣，惟君子能之。是故君子不以其所能者病人，不以人之所不能者愧人。是故圣人之制行也，不制以己，使民有所劝勉愧耻，以行其言。礼以节之，信以结之，容貌以文之，衣服以移之，朋友以极之，欲民之有壹也⑦。《小雅》曰：‘不愧于人，不畏于天⑧。’是故君子服其服，则文以君子之容；有其容，则文以君子之辞；遂其辞，则实以君子之德。是故君子耻服其服而无其容，耻有其容而无其辞，耻有其辞而无其德，耻有其德而无其行。是故君子衰绖则有哀色，端冕则有敬色，甲胄则有不可辱之色⑨。《诗》云：‘惟鹈在梁，不濡其翼；彼记之子，不称其服⑩！’”

子言之：“君子之所谓义者，贵贱皆有事于天下。天子亲耕，粢盛秬鬯以事上帝⑪，故诸侯勤以辅事于天子。”

子曰：“下之事上也，虽有庇民之大德，不敢有君民之心，仁之厚也。是故君子恭俭以求役仁，信让以求役礼；不自尚其事，不自尊其身；俭于位而寡于欲，让于贤；卑己而尊人，小心而畏义，求以事君；得之自是，不得自是，以听天命。《诗》云：‘莫莫葛藟，施于条枚；凯弟君子，求福不回⑫。’其舜，禹、文王、周公之谓与！有君民之大德，有事君之小心。《诗》云：‘惟此文王，小心翼翼，昭事上帝，聿怀多福，厥德不回，以受方国⑬。’”

---

① 引自《诗·邶风·谷风》。我今：《毛诗》作“我躬”。不阅：不被容纳。皇：通“遑”，闲暇。

② 輶（yóu）：一种轻便的车子，此处引申为轻。仪：通“宜”。仲山甫：曾辅佐周宣王中兴之治。

③ 引自《诗·小雅·车辖》。景行：高尚的德行。

④ 乡：向。俛：通“勉”。孳孳：不懈。

⑤ 辞：解说。

⑥ 引自《诗·大雅·抑》。温温：温和。恭人：宽厚谦恭的人。

⑦ 壹：专一为善。

⑧ 引自《诗·小雅·何人斯》。

⑨ 衰绖（cuīdié）：丧服。古人丧服胸前当心处缀有长六寸、广四寸的麻布，名衰，因名此衣为衰；围在头上的散麻绳为首绖，缠在腰间的为腰绖。衰、绖两者是丧服的主要部分。端冕：玄衣和大冠。古代帝王、贵族的礼服。甲胄：铠甲和头盔。

⑩ 引自《诗·曹风·候人》。鹈（tí）在梁：鹈鹕本在水中觅鱼，但却在梁上窃人之鱼。比喻小人篡位。

⑪ 粢盛：古代盛在祭器内以供祭祀的谷物。秬鬯（jùchàng）：古代以黑黍和郁金香草酿造的酒，用于祭祀降神及赏赐有功的诸侯。

⑫ 引自《诗·大雅·旱麓》。莫莫：茂盛的样子。葛藟（lěi）：植物名。又称“千岁藟”。落叶木质藤本。叶广卵形，夏季开花，圆锥花序，果实黑色，可入药。凯弟：亦作“凯悌”，和乐貌。回：邪僻。

⑬ 引自《诗·大雅·大明》。聿：语气词。方国：四方诸侯之国，四邻之国。

子曰："先王谥以尊名，节以一惠①，耻名之浮于行也。是故君子不自大其事，不自尚其功，以求处情；过行弗率，以求处厚②；彰人之善而美人之功，以求下贤。是故君子虽自卑，而民敬尊之。"

子曰："后稷，天下之为烈也，岂一手一足哉③！唯欲行之浮于名也，故自谓便人。④"

儒 行⑤

鲁哀公问于孔子曰："夫子之服，其儒服与?"孔子对曰："丘少居鲁，衣逢掖之衣⑥；长居宋，冠章甫⑦之冠。丘闻之也，君子之学也博，其服也乡⑧，丘不知儒服。"

哀公曰："敢问儒行。"孔子对曰："遽数之不能终其物，悉数之乃留，更仆未可终也⑨。"

哀公命席。孔子侍曰："儒有席上之珍以待聘，夙夜强学以待问，怀忠信以待举，力行以待取，其自立有如此者。"

"儒有衣冠中，动作慎，其大让如慢，小让如伪，大则如威，小则如愧⑩。其难进而易退也，粥粥⑪若无能也，其容貌有如此者。"

"儒有居处齐难⑫。其坐起恭敬，言必先信，行必中正；道涂不争险易之利，冬夏不争阴阳之和；爱其死以有待也，养其身以有为也。其备豫⑬有如此者。"

"儒有不宝金玉，而忠信以为宝；不祈土地，立义以为土地；不祈多积⑭，多文以为富。难得而易禄也，易禄而难畜也。非时不见，不亦难得乎？非义不合，不亦难畜乎？先劳而后禄，不亦易禄乎？其近人有如此者。"

"儒有委之以货财，淹之以乐好，见利不亏其义⑮；劫之以众，沮之以兵，见死不更其

---

① 节以一惠：节取诸种善行中最为突出的加以彰明。

② 率：带大家照着做。厚：笃厚。

③ 后稷：周之先祖。相传姜嫄践天帝足迹，怀孕生子，因曾弃而不养，故名之为"弃"。虞舜命为农官，教民耕稼，称为"后稷"。烈：业。

④ 便人：熟习其事的人。

⑤ 郑玄《三礼目录》云："名曰《儒行》者，以其记有道德者所行也。儒之言优也，柔也。能安人、能服人。又儒者，濡也，以先王之道能濡其身。"本文在形式上为孔子与哀公之对话为记录，不过，学者多以为此为后世儒者假托孔子之言而作。文章提出儒者具有十六个方面的优秀品质：自立、容貌、备豫、近人、特立、刚毅等等。虽然这些品质许多看上去是相互矛盾的，但儒者能在自己的言语和行动中将它们完美地结合起来，这就是儒家所推崇的"中道"、"中庸"。这种将诸多完美品质集合于一身的追求，也应该是现代读书人所要细心体会与学习的地方。

⑥ 逢掖之衣：袖子宽大的衣服，为有道艺的人所穿。逢：宽大。掖：袖。

⑦ 章甫：商代的玄冠。

⑧ 乡：和所居地方的习俗相同。

⑨ 遽（jù）：马上。留：久。更：更迭。仆：侍御。

⑩ 正：中正。大让：让天下。慢：轻忽，指诚心相让而似不屑一顾。小让：让饮食等小谦让。大：做大事。威：畏惧。

⑪ 粥粥：柔弱愚笨的样子。

⑫ 齐（zhāi）难：庄敬。

⑬ 备豫：亦作"备预"，防备，准备。

⑭ 积：财富。

⑮ 委：赠送。淹：浸渍。

守①；鸷虫攫搏不程勇者，引重鼎不程其力②；往者不悔，来者不豫；过言不再，流言不极③；不断其威，不习其谋。其特立有如此者。”

“儒有可亲而不可劫④也，可近而不可迫也，可杀而不可辱也。其居处不淫，其饮食不溽⑤，其过失可微辨而不可面数⑥也。其刚毅有如此者。”

“儒有忠信以为甲胄，礼义以为干橹⑦；戴仁而行，抱义而处；虽有暴政，不更其所。其自立有如此者。”

“儒有一亩之宫，环堵之室，筚门圭窬，蓬户瓮牖⑧；易衣而出，并日而食⑨；上答之不敢以疑，上不答不敢以谄。其仕有如此者。”

“儒有今人与居，古人与稽；今世行之，后世以为楷；适弗逢世，上弗援，下弗推，谗谄之民，有比党⑩而危之者，身可危也，而志不可夺也；虽危，起居竟信其志，犹将不忘百姓之病也。其忧思有如此者。”

“儒有博学而不穷，笃行而不倦，幽居而不淫，上通⑪而不困；礼之以和为贵，忠信之美，优游之法；慕贤而容众，毁方而瓦合⑫。其宽裕有如此者。”

“儒有内称不辟亲，外举不辟怨。程功积事，推贤而进达之，不望其报。君得其志，苟利国家，不求富贵。其举贤援能有如此者。”

“儒有闻善以相告也，见善以相示也；爵位相先也，患难相死也；久相待也，远相致也。其任举有如此者。”

“儒有澡身而浴德，陈言而伏，静而正之，上弗知也；粗而翘⑬之，又不急为也；不临深而为高，不加少而为多；世治不轻，世乱不沮；同弗与，异弗非也。其特立独行有如此者。”

“儒有上不臣天子，下不事诸侯；慎静而尚宽，强毅以与人，博学以知服⑭；近文章，砥厉廉隅⑮；虽分国，如锱铢⑯；不臣不仕。其规为有如此者。”

“儒有合志同方⑰，营道同术；并立则乐，相下⑱不厌；久不相见，闻流言不信；其行

---

① 劫：胁迫。沮：恐吓。

② 鸷虫：凶猛的鸟兽。程：度量。

③ 不再：不重犯。不极：不追究其由来。

④ 劫：胁迫。

⑤ 溽（rù）：丰厚。

⑥ 数：指责。

⑦ 干、橹：大、小盾牌。

⑧ 亩：周制，六尺为步（或曰六尺四寸、八尺），百步为亩。宫：古代对房屋、居室的通称。环堵：四周环着每面一方丈的土墙。形容狭小、简陋的居室。筚门：荆条竹木编的门。又称柴门。常用以喻指贫户居室。圭窬：犹圭窦，墙上的小门。借指穷人家的门户。瓮牖：以破瓮为窗，指贫寒之家。

⑨ 易衣：出门才有正装换。并日：谓两日并一日。

⑩ 比党：拉帮结派。

⑪ 上通：与“幽居”相对，指出仕。

⑫ 瓦合：谓不自卓然立异，而与众人相合。郑玄注：“去己之大圭角，下与众人小合也，必瓦合者亦君子为道不远人。”孔颖达疏：“瓦合谓瓦器破而相合也，言儒者身虽方正，毁屈己之方正，下同凡众，如破去圭角，与瓦器相合也。”

⑬ 翘：举告。

⑭ 知服：知其所当行。

⑮ 廉隅：比喻端方不苟的行为、品性。

⑯ 锱铢：锱和铢。比喻微小的数量。

⑰ 同方：志向相同。亦指志向相同者。

⑱ 相下：互相谦让。

本方立义，同而进，不同而退。其交友有如此者。”

“温良者，仁之本也；敬慎者，仁之地也；宽裕者，仁之作也；孙接者①，仁之能也；礼节者，仁之貌也；言谈者，仁之文也；歌乐者，仁之和也；分散者，仁之施也。儒者兼而有之，犹且不敢言仁也。其尊让有如此者。”

“儒有不陨获于贫贱，不充诎于富贵；不慁②君王，不累长上，不闵③有司，故曰儒。今众人之命儒也妄，常以儒相诟病。”

孔子至舍，哀公馆之④，闻此言也，言加信，行加义：“终没吾世，不敢以儒为戏。”

大　学⑤（节选）

大学之道，在明明德，在亲民，在止于至善⑥。

知止而后有定，定而后能静，静而后能安，安而后能虑，虑而后能得⑦。

物有本末，事有终始。知所先后，则近道矣。

古之欲明明德于天下者，先治其国。欲治其国者，先齐其家。欲齐其家⑧者，先修其身。欲修其身者，先正其心。欲正其心者，先诚其意。欲诚其意者，先致其知。致知在格物⑨。物格而后知至，知至而后意诚，意诚而后心正，心正而后身修，身修而后家齐，家齐而后国治，国治而后天下平。

自天子以至于庶人，壹是皆以修身为本⑩。其本乱而末治者，否矣⑪。其所厚者薄，而其所薄者厚，未之有也⑫。此谓知本，此谓知之至也。

---

① 孙接：谓以谦逊的言辞态度待人接物。孙，通“逊”。

② 慁（hùn）：污辱。

③ 闵：困迫于。

④ 馆之：指提供给养，加以招待。

⑤《大学》原本是《礼记》中的第四十二篇。宋代人把它从《礼记》中抽出来，与《论语》、《孟子》、《中庸》相配合，到朱熹撰《四书章句集注》时，便成了“四书”之一。按朱熹和程颐的看法，《大学》是孔子及其门徒留下来的遗书，是儒学的入门读物。所以，朱熹把它列为“四书”之首。朱熹又认为收在礼记中的《大学》本子有错乱，便把它重新编排了一番，分为“经”和“传”两个部分。其中“经”一章，是孔子的原话，由孔子的学生曾子记录；“传”十章，是曾子对“经”的理解和阐述，由曾子的学生记录。这便是我们今天所见到的《大学》版本。本节选为《大学》本经部分。

⑥ 大（dà）学之道：大学的宗旨。“大学”一词在古代有两种含义：一是“博学”的意思；二是相对于小学而言的“大人之学”。古人八岁入小学，学习“洒扫应对进退、礼乐射御书数”等文化基础知识和礼节；十五岁入大学，学习伦理、政治、哲学等“穷理正心，修己治人”的学问。所以，后一种含义和前一种含义有相通的地方，同样有“博学”的意思。“道”的本义是道路，引申为规律、原则等，在中国古代哲学、政治学里，也指宇宙万物的本原、个体或一定的政治观或思想体系等，在不同的上下文环境里有不同的意思。明明德：前一个“明”作动词，有使动的意味，即“使彰明”，也就是发扬、弘扬的意思。后一个“明”作形容词，明德也就是光明正大的品德。亲民：根据后面的“传”文，“亲”应为“新”，即革新、弃旧图新。亲民，也就是新民，使人弃旧图新、去恶从善。

⑦ 知止：知道目标所在。得：收获。

⑧ 齐其家：管理好自己的家庭或家族，使家庭或家族和和美美，蒸蒸日上，兴旺发达。

⑨ 格物：认识、研究万事万物。

⑩ 壹是：都是。本：根本。

⑪ 末：相对于本而言，指枝末、枝节。

⑫ 厚者薄：该重视的不重视。薄者厚：不该重视的却加以重视。未之有也：即未有之也。没有这样的道理（事情、做法等）。

学习建议

1. 结合现代社会中的“人情物理”，融入古“礼”的谦恭仁义的内涵，锻铸现代大学生的精神风范。

2. 搜集并背诵书中警句，如：“施诸己而不愿，亦勿施于人”等，背诵名篇《礼运》、《学记》。

3. 延伸阅读篇目：

《祭法》、《祭义》、《祭统》、《射义》、《聘义》。

周　易

导读

《周易》大体上来说是一部卜筮之书，原只称《易》，自汉代起被奉为儒家经典，为六经之一。今传《周易》包括本经和易传，本经即六十四卦卦象及卦、爻辞，易传指《彖》(分上、下)、《象》(分上、下)、《系辞》(分上、下)、《文言》、《说卦》、《序卦》、《杂卦》，即所谓的“七种十翼”。《汉书·艺文志第十》认为伏羲“始作八卦”，周文王“重《易》六爻，作上下篇，孔氏为之《彖》、《象》、《系辞》、《文言》、《序卦》之属十篇”。但经近现代学者如李镜池的《周易探源》等考证肯定，《易》本经、《易》传皆非孔子所作。其中，卦辞、爻辞是古代（主要是上古时期）原始卜筮之辞，为巫卜之流所记录（非一时一地之作），由后人编纂成书流传下来。故“秦燔（fán）书而《易》为筮卜之事，传者不绝”。到汉时儒学大盛，《周易》被奉为群经之首，独保真传，而所谓的“七种十翼”则是后人（主要是儒家）引申发挥之作，而鲜有《易》之本义。

虽然现存《易经》中的爻辞性质与宗教迷信中的神签类似，但它们吸收了上古等时代的一些丰富的生活经验，牵涉到人们社会、政治生活的各个方面。由历史学角度来看，从中我们可以一窥当时的某些历史踪迹与社会背景，如爻辞中记录的行旅、战争、享祀、饮食、渔猎、婚媾等。从哲学思想角度来看，《易经》最早从复杂的社会现象中抽象出“阴阳”这一对范畴，以其对立着的两种神秘的势力，作为促成万物生长的基本动因；而且还讲究“参伍以变，错综其数”的“变易”，考虑到“物极必反”的朴素的辩证法。从文学角度来说，有些卦、爻辞，尤其是爻辞，在叙述吉凶的事象时，语言古朴、形象生动，又多用韵，如《屯》“六二”、“上六”等的爻辞。但即便如此，我们还应当注意其原始目的是记录封建迷信，因此，在学习时要注意去其糟粕。

当今，《周易》在韩国、日本、美国等国家被研究得很火热（被誉为中国的《圣经》、古老的“智慧之书”）其中许多古朴、原生态的哲学思维，如“天地交感”、“天人合一”等正被结合到现代理念（如生态环境的保护）当中而发出新的生命活力。作为炎黄子孙的当代大学生更应该对它倍加关注。有些篇章中的警语，如《周易·上经·乾卦·象》曰：“天行健，君子以自强不息”，应可作为我们的座右铭。

目前，通行的《周易》本子《十三经注疏》(《周易兼义》，共九卷，附音义一卷、注疏校勘记九卷、释文校勘记一卷。有1957年中华书局排印本)，由魏王弼、晋韩康伯注，唐陆德明音义，唐孔颖达等正义。唐李鼎祚的《周易集解》集三十五家之说，是弥补孔氏缺陷之作；清孙星衍的《孙氏周易集解》是续李氏之作，可以参阅。

乾①

䷀②（乾下乾上）③

乾：元亨，利贞④。

初九⑤：潜龙勿用⑥。

九二：见龙在田⑦，利见大人⑧。

九三：君子终日乾乾⑨，夕惕若，厉，无咎⑩。

九四：或跃在渊，无咎。

九五：飞龙在天⑪，利见大人。

上九：亢龙有悔⑫。

用九⑬：见群龙无首⑭，吉⑮。

《彖》⑯ 曰：大哉乾元⑰，万物资⑱始，乃统天⑲。云行雨施⑳，品物流形㉑。大明终始，

---

① 乾是本卦标题。乾卦是通行本《周易》的第一卦。它的卦象是六爻全是阳爻，用来代表天。与《周易》第二卦——坤卦（全是阴爻，代表大地）一起表现了宇宙的根本法则：一阴一阳之道。乾、坤两卦放在全书的最前面，表明它们是六十四卦中最重要的两卦。无论是从卦名、卦象及其象征物，还是从爻辞来看，这两卦都可以说构成了全书的总纲。乾卦的内容主要与天（星象）有关。把天上的星象同人间世事的吉凶联系起来，对此作出带有某种神秘色彩的解释，这是中国古人的思维习惯。在此卦中，《周易》作者通过对大自然的直感的观察，认为天体现着元始、亨通、和谐有利、贞正坚固这四种德行；之所以如此，在于天的本质是刚健的阳气，这种阳气沿春、夏、秋、冬四季循环往复，制约、主宰着整个大自然。而龙的隐喻则是本卦所描绘的刚健的精神和神妙莫测的智慧。

② 这里的符号被称为“卦象”，由六根阳爻（yáo）构成，与下一卦——坤卦全由六根阴爻组成的卦象相对立。《周易》中每卦均附有各自相应的卦象。

③ 括号里的文字为《周易》的注释者所加。“下”指下面的三根爻组成的独立的卦象，“上”指由上面的三根爻组成的独立的卦象，都是乾卦。

④ 元亨，利贞：元亨、利贞是两个表示吉祥的占兆辞，表明是两个吉占。元亨的意思约等于大吉。利贞的意思是吉利的贞卜。

⑤ 初九：是本卦第一爻名称，以下“九二”、“九三”等也是。“九”代表阳性“⚊”，“六”代表阴性“⚋”。一个卦象由六爻组成，从下向上排列，依次用初、二、三、四、五、上表示，如“六三”、“上六”、“九二”、“上九”等。它们都是表示爻的阴阳性和排列顺序的名称。

⑥ 潜龙：潜龙指秋分时的龙星。勿用：不利。

⑦ 见（xiàn）：出现。以下皆同。田：天田。

⑧ 大人：指王公贵族。

⑨ 君子：指有才德的贵族。乾乾：勤勉努力。

⑩ 夕：夜晚。惕：敬惧。厉：危险。咎：过失，灾难。

⑪ 飞龙：五在天位，故曰飞龙。

⑫ 亢：龙升腾到极高处，比喻处于高危的位置。有悔：不吉利的占筮。

⑬ 用九：乾卦特有的爻名。《易经》的乾卦和坤卦都多一爻辞（坤卦为“用六”），专门表示这两卦是全阳、全阴。“用九”表示乾卦的全阳爻将物极必反而变为全阴爻。

⑭ 群龙无首：六爻都是阳爻，都同为龙，所以没有首领。

⑮ 由全阳转为阴，也即能阴阳相济，刚柔并用，故“吉”。

⑯ 《彖》：《彖》是《彖传》，它是对卦名、卦体、卦义予以解说的文字，其后亦指《彖辞传》。“彖”字音近“断”，本是指裁断一卦吉凶的卦爻辞，这里的彖辞是指爻辞。

⑰ 大：大美，太美妙了。元：至美。

⑱ 资：依赖。

⑲ 统天：主宰大自然的运作。

⑳ 施：降落。

㉑ 品物流形：品物，众物。流形，生长成形。

六位时成①。时乘六龙以御天②。乾道变化，各正性命③。保合大和，乃利贞④。首出庶物，万国咸宁⑤。

《象》⑥ 曰：天行健⑦，君子以自强不息。“潜龙勿用”，阳在下⑧也。“见龙在田”，德施普也。“终日乾乾”，反复道⑨也。“或跃在渊”，进无咎也。“飞龙在天”，大人造⑩也。“亢龙有悔”，盈不可久也。“用九”，天德不可为首也⑪。

坤⑫

䷁（坤下坤上）

坤：元亨。利牝马之贞⑬。君子有攸往⑭，先迷⑮，后得主⑯，利。西南得朋⑰，东北丧朋⑱。安贞吉⑲。

《彖》曰：至哉坤元⑳，万物资生，乃顺承天㉑。坤厚载物，德合无疆㉒：含弘光大，品物咸亨。牝马地类㉓，行地无疆，柔顺利贞。君子攸行，先迷失道，后顺得常。西南得朋，乃与类行㉔。东北丧朋，乃终有庆㉕。安贞之吉，应地无疆。

---

① 六位时成：六位，也可以说“六合”、“六虚”，指四方或天地四时。时，于是。

② 乘六龙以御天：指圣人凭借卦六爻的规律而驾驭自然。

③ 乾道变化，各正性命：乾道，天道。正，各得其所。性命，本性和命运。

④ 保合大和，乃利贞：保合，保持。大和，太和，即极和谐的状态。贞，正，指能够使万物正常运作。

⑤ 首出庶物，万国咸宁：首，始。庶物，万物。万国，包括自然王国和人类王国。

⑥ 《象》：《象》是指《象传》，它是对卦爻辞予以诠释的文字。因为是据卦象和爻象以立说，所以称为《象传》。据卦象立说的部分称为《大象》，据爻象立说的部分称为《小象》。六十四卦的《大象》一般分两部分，前一部分解释卦象并点出卦名；后一部分则是由卦象引发的对“君子”或“先王”在修身或治国上的评价及告诫。

⑦ 天行健：天道刚健。

⑧ 阳在下：阳气微弱，喻君子（潜龙）所处的客观环境不利、时机不成熟。

⑨ 反复道：进退、动静都合于道。

⑩ 大人造：大人，有爵位之君子。造，有所作为。

⑪ 天德：天的特点。首：端际。

⑫ 坤是本卦标题。坤卦与乾卦对立，坤的卦象是六根阴爻，用来表示大地以及阴柔的事物。即以地为象，以柔顺（阴）为义。《坤》卦几乎涉及到了人们在大地上所从事的衣、食、住、行等全部重要活动。本卦的内容即是与人在地上的生活有关。在《周易》中阴的理念表示对立面中次要的、被动的、承受的、被支配的、顺从的、温和的、柔弱的方面，因此坤卦的卦辞用牝马——柔顺的雌马为隐喻，讲述处下之道。但《周易》并不认为阴阳的地位是固定不变的，而认为世界处在阴阳消长的过程之中。由于主客体、内外两方面各种条件的变化会造成强弱转化和阴阳易位，“先迷而后得主”即是这一过程的反映。

⑬ 牝（pìn）马：雌马。干宝曰：“天行者莫若龙，行地者莫若马。”故乾卦以龙为占，坤卦以马为占。

⑭ 攸（yōu）：所。

⑮ 迷：迷失方向。

⑯ 主：主人，这里指接待旅客的房东。

⑰ 朋：朋贝，周代的货币。十枚贝壳串在一起就是朋。

⑱ 周人西南多友邦，故在西南赚钱；在东北有敌人“鬼方”，故在东北被抢劫而失财。

⑲ 安贞吉：占问定居而得到吉利的预兆。

⑳ 元：善之始。

㉑ 顺承天：顺应大自然的运行规律。

㉒ 合：和合。

㉓ 地类：阴类。因地为阴。

㉔ 与类行：南行得阳以为友，因此可以与众人一起行。

㉕ 终有庆：（东北虽然丧朋，但返回西南）始终有吉庆。（物极必反的道理）

《象》曰：地势坤①。君子以厚德载物②。

初六：履霜，坚冰至。

《象》曰："履霜坚冰"，阴始凝也，驯③致其道，至坚冰也。

六二：直、方、大④，不习⑤，无不利。

《象》曰：六二之动，"直"以"方"也。"不习，无不利"，地道光⑥也。

六三：含章⑦，可贞，或从王事，无成有终。

《象》曰"含章，可贞"，以时发也。"或从王事"，知光大也。

六四：括囊⑧，无咎无誉⑨。

《象》曰："括囊无咎"，慎不害也。

六五：黄裳⑩，元吉。

《象》曰："黄裳，元吉"，文⑪在中也。

上六：龙战于野，其血玄黄⑫。

《象》曰："龙战于野"，其道穷也。

用六⑬：利永贞。

《象》曰：用六"永贞"，以大终也。

泰⑭

䷊（乾下坤上）

泰：小往大来，吉，亨⑮。

---

① 地势坤：地势顺。

② 厚德载物：能包容万物就能使君子德行宽厚。

③ 驯：循。

④ 直，方，大：指地貌平直、方正、辽阔。

⑤ 不习：不熟悉（环境）。

⑥ 光：广。

⑦ 含章：具有卓越的品质和才能。章，色彩，花纹。

⑧ 括囊：收紧装物的袋子。括，收束，扎紧。囊，布口袋。

⑨ 无咎无誉：（扎住袋子，东西漏不掉）没有过错；（扎住袋子，装不进东西）没有称誉。

⑩ 黄裳：黄色的裙或裤。这是尊贵吉祥的，喻富贵。

⑪ 文：美德。

⑫ 玄黄：青黄混合的颜色。玄：青色。

⑬ 用六：坤卦特有的爻名。《易经》的乾卦和坤卦都多一爻辞（乾卦为"用九"），专门表示这两卦是全阳、全阴。"用六"表示坤卦的全阴爻将物极必反而变为全阳爻。

⑭ 泰是本卦标题。泰的意思是交通和畅，卦象为表示地的"坤"和表示天的"乾"相叠加，以示阴阳交通和畅。全卦内容主要讲对立面的相互转化。泰卦是《周易》的第十一卦，在六十四卦中有特别的意义。首先，从卦象来看，可以把它看成是由两个三爻卦构成的，即由下乾和上坤构成。乾代表天，代表支配方面，如：君、父、夫；而坤代表地，代表被支配的方面，如：臣、子、妻。在传统的观念中，君尊臣卑，父尊子卑，夫尊妻卑。如果以此次序排列，则应当是君上臣下，父上子下，夫上妻下。但有趣的是，在泰卦中这种位置完全颠倒过来了。阳上阴下变成了阳下阴上，人们可以把这种卦象理解为表示臣上君下，子上父下，妻上夫下。并且更令人惊讶的是，《周易》竟然给这一卦象肯定性的、吉祥的断语。我们完全可以把泰卦看成是对传统观念的挑战。其次，从卦、爻所表达的意义来看，泰卦可以说是在中国最早以文字的形式表述了对立统一和物极必反的法则。虽然，在《周易》和中国其他古籍中包含了极其丰富的辩证法思想，但第一次以最明确的语言概括这一世界最普遍的法则是泰卦的"九三"爻辞："无平不陂，无往不复。"

⑮ 小往大来：失去的小，得到的大。亨：通。

《彖》曰："泰：小往大来。吉，亨。"则是天地交而万物通也，上下交而其志同也①。内阳而外阴，内健而外顺，内君子而外小人，君子道长，小人道消也②。

《象》曰：天地交，泰。后以财成天地之道，辅相天地之宜，以左右民③。

初九：拔茅茹，以其汇。征吉④。

《象》曰："拔茅"、"征吉"，志在外也。

九二：包荒，用冯河，不遐遗⑤。朋亡，得尚于中行⑥。

《象》曰："包荒"，"得尚于中行"，以光大也⑦。

九三：无平不陂，无往不复⑧。艰贞无咎⑨。勿恤其孚，于食有福⑩。

《象》曰："无往不复"，天地际也⑪。

六四：翩翩，不富，以其邻，不戒以孚⑫。

《象》曰："翩翩，不富"，皆失实⑬也。"不戒以孚"，中心愿也。

六五：帝乙归妹，以祉元吉⑭。

《象》曰："以祉元吉"，中以行愿也。

上六：城复于隍，勿用师，自邑告命⑮。贞吝⑯。

《象》曰："城复于隍"，其命乱也。

否⑰

䷋（坤下乾上）

---

① 彖（tuàn）：《周易》中断卦之辞称"彖"。上下交：指朝廷与百姓相接。

② 内：指内卦，即乾卦。外：指外卦，即坤卦。君子：贵族。小人：百姓。

③ 财成："财"通"裁"。制定。辅相：辅佐。左右：支配。

④ 初九："九"为阳，"六"为阴。指倒数第一爻（阳爻），相对于下文的"六四"（为倒数第四，阴爻）。茅茹：一种可作红色染料的草。汇：种类。征：出行。

⑤ 包：用作"瓠"，指瓠瓜。荒：空。包荒：将瓠瓜挖空（用来绑在身上渡河）。冯（píng）用作"淜"，徒步过河叫淜。不遐：不至于。遗：下落，下沉。

⑥ 朋：十贝为朋，即钱。得尚：得到帮助。中行：中途，半路上。

⑦ 光大：光明正大的事。

⑧ 陂：斜坡，与"平"辩证地相对。

⑨ 艰贞：占问艰难。

⑩ 恤：忧。孚：诚信。于食有福：相信粮食不成问题。

⑪ 天地际：即乾坤相互转变之时。

⑫ 翩翩：用作"谝谝"，意思是巧言善辩，说大话。富：用作"福"。不富：遭殃。以：由于。戒：警惕。

⑬ 失实：不做实事。

⑭ 帝乙：殷代最后第二个帝王，纣王的父亲。归：嫁。妹：少女。祉（zhǐ）：福。以祉：有福，得福。

⑮ 复：覆。隍：没有水的护城濠（有水的护城濠叫池）。师：军队。自邑告命：从邑传来命令（不进兵）。

⑯ 吝：悔恨；遗憾。

⑰ 本卦的标题是否（pǐ）。原经文卦象后无"否"字，从高亨《周易古经今注》及《周易大传今注》加。否卦是《周易》中的第十二卦，同第十一卦泰卦构成了最典型的对立卦。从卦名上看，否的意思是闭塞，不好，与"泰"的意思相反。从卦象上看，泰卦卦象是表示天的"乾"和表示地的"坤"相叠加，以示阴阳阻塞，不相通畅；亦反泰卦。另外，从卦序、卦义上看，同样一反泰卦。不过全卦内容仍然是讲对立面相互转化的道理。有意思的是，否卦的卦象是坤下乾上，象征的意义是地下天上，从传统的观念来看这反映的是正常的秩序，应当是表吉利的，应当加以肯定。然而否卦以相反相成的眼光看世界，认为这违背了对立统一的法则，阴阳相隔，天地不相交，其结果是万物不通，君臣离心，是不吉利的。从占者理念上来说，一如泰卦。

否：否之匪人①，不利君子贞。大往小来②。

《彖》曰："否之匪人，不利君子贞。大往小来。"则是天地不交而万物不通也，上下不交而天下无邦也；内阴而外阳，内柔而外刚，内小人而外君子③，小人道长，君子道消也。

《象》曰：天地不交，[否]。君子以俭德辟难④，不可荣以禄⑤。

初六：拔茅茹，以其汇⑥。贞吉，亨。

《象》曰："拔茅，贞吉"，志在君⑦也。

六二：包承⑧，小人吉，大人否。亨。

《象》曰："大人否。亨"，不乱群⑨也。

六三：包羞⑩。

《象》曰："包羞"，位不当⑪也。

九四：有命⑫，无咎，畴离祉⑬。

《象》曰："有命，无咎"，志行也。

九五：休否⑭，大人吉。其亡其亡⑮，系于苞桑⑯。

《象》曰："大人"之"吉"，位正当也。

上九：倾否⑰，先否后喜⑱。

《象》曰："否"终则"倾"，何可长也。

---

① 否：不好，恶，闭塞。之：犹是。匪人：坏人，败类，小人。

② 小：指的是坤阴，否卦的下卦和内卦为纯阴爻。大：指的是乾阳，否卦的上卦和外卦为纯阳爻。大往小来：就是说乾阳往外而坤阴入内，比喻君子受到排斥，小人受到重用。

③ 内小人而外君子：有小人在朝，君子在野的意思。

④ 辟：同"避"，避开。

⑤ 荣、禄：都是名词作动词，意思是追求荣华、谋取禄位。

⑥ 如泰卦注释"初九"条。

⑦ 志在君：为君除害。

⑧ 包承：包裹在俎内的牲体，盛在俎内的牲体不大，小民这样是好的，贵族这样就显得寒酸了。承：用作"脀"，意思是烝肉——俎内的牲体。

⑨ 不乱群：意即牲体的大小是应该跟社会地位相匹配的。

⑩ 包羞：包裹美味（这里是熟肉）。羞：即"馐"的本字，意思是美味。一说包容羞耻意。

⑪ 位不当：才德与职位不相称。

⑫ 有命：有天命，听天命。

⑬ 畴：谁。离：受到，得到。

⑭ 休否：停止干坏事（则会"大人吉"）。一说惧怕否塞（则会"大人吉"）。

⑮ 其：表感叹。一说将要意。亡：危险，败亡。其亡其亡：危险到了极点（心中时时以"亡"警惕自己意，故有"大人吉"、"位正当"）。

⑯ 苞桑：苞草和桑树枝。

⑰ 倾：覆灭，倒下。倾否：干坏事要倒霉。

⑱ 先否后喜：坏尽喜来，物极必反。

乾·文言①

《文言》曰:“元”者,善之长也;“亨”者,嘉之会也;“利”者,义之和也;“贞”者,事之干也②。君子体仁③,足以长人④;嘉会,足以合礼;利物,足以和义;贞固⑤,足以干事。君子行此四德者,故曰“乾:元、亨、利、贞。”

初九曰“潜龙勿用”,何谓也?子曰⑥:“龙,德而隐者也。不易乎世⑦,不成乎名⑧,遁⑨世无闷,不见是⑩而无闷。乐则行之,忧则违⑪之,确乎其不可拔⑫,潜龙⑬也。”

九二曰“见龙在田,利见大人”,何谓也?子曰:“龙,德而正中⑭者也。庸言⑮之信,庸行之谨,闲邪存其诚,善世而不伐,德博而化⑯。《易》曰:‘见龙在田,利见大人’,君德⑰也。”

九三曰“君子终日乾乾,夕惕若,厉,无咎”,何谓也?子曰:“君子进德修业⑱:忠信所以进德也;修辞立其诚,所以居业也⑲。知至至之,可与言几也⑳。知终终之,可与存义也㉑。是故居上位而不骄,在下位而不忧,故乾乾㉒因其时而惕,虽危无咎矣。”

---

① 《文言》为“十翼”之一,相传为孔子所作。“文”为文饰,“言”为解释说明。即对《周易》的乾坤二卦的微言大义作了精湛的阐发。《文言》解释的是《周易》中诸卦爻辞的理论意义,与《周易》中诸卦爻辞原来的占卜含义不同。其中心思想在论述儒家处世哲学。教人树立“进德修业”的人生理想,坚持“刚健中正”的独立人格;主之以阳刚,辅之以阴柔,谱写“刚柔相济”的人生信念。《文言》是《彖》、《象》、《系》、《说》、《序》、《杂》相联系的结合点,是《周易》发展的过渡点,占有重要的地位。《文言》之作,有示范作用,它启发人们理解其他六十二卦,皆仿《文言》读法。《乾·文言》可分五部分:从“‘元’者善之长也”至“故曰:‘乾,元、亨、利、贞”为第一部分;从“初九曰‘潜龙勿用’,何谓也”至“是以动而有悔也”为第二部分;从“‘潜龙勿用’,下也”至“《乾》元‘用九’,天下治也”为第三部分;从“‘潜龙勿用’,阳气潜藏”至“《乾》元‘用九’,乃见天则”为第四部分;从“《乾》‘元’者,始而亨者也”至“知进退存亡而不失其正者,其唯圣人乎”为第五部分。《坤·文言》共分七段,首段推衍《坤》卦卦辞及《象》辞,以下六段分别推述六爻爻辞。

② 长:成长。嘉:美。会:会合。和:相应。贞:正。干:主体。

③ 体仁:实行仁惠。体:高亨读为“履”,即履行。

④ 长人:为众人之君长。

⑤ 贞固:正而坚固。

⑥ 子:孔子。实际上为《周易》经师假托孔子之言者。

⑦ 不易乎世:不为世俗而改变操守。

⑧ 不成乎名:不汲汲于世俗之功名。

⑨ 遁(dùn):隐避,隐居。

⑩ 不见是:不被世人称许。

⑪ 违:离去。

⑫ 拔:动摇。

⑬ 潜龙:隐居的君子。

⑭ 正中:行中正之道。

⑮ 庸言:恒常之言。

⑯ 闲:防范。伐:夸耀自己的功劳。德博:德行广博。化:教化。

⑰ 君德:具备君主的德行。

⑱ 进德修业:增进美德,研习学问和事业。

⑲ 修辞:修饰言辞。居业:保守功业。

⑳ 知至至之:能预知事情的进展,并采取相应的行动达到它。几:微玄的征兆或事理。

㉑ 知终终之:能预知事情的终极走向,并能够在适宜的情况下达到目标。义:适宜。

㉒ 乾乾:敬惧的样子。

九四曰“或跃在渊，无咎”，何谓也？子曰：“上下①无常，非为邪也。进退②无恒，非离群③也。君子进德修业，欲及时④也，故无咎。”

九五曰“飞龙在天，利见大人”，何谓也？子曰：“同声相应，同气相求。水流湿，火就燥，云从龙，风从虎，圣人作而万物睹⑤。本乎天者亲上⑥，本乎地者亲下，则各从其类也。”

上九曰“亢龙有悔”，何谓也？子曰：“贵而无位⑦，高而无民，贤人在下，位而无辅，是以动而有悔也。”

“潜龙勿用”，下也。“见龙在田”，时舍⑧也。“终日乾乾”，行事⑨也。“或跃在渊”，自试⑩也。“飞龙在天”，上治⑪也。“亢龙有悔”，穷之灾⑫也。乾元“用九”，天下治也⑬。

“潜龙勿用”，阳气潜藏。“见龙在田”，天下文明⑭。“终日乾乾”，与时偕行⑮。“或跃在渊”，乾道乃革⑯。“飞龙在天”，乃位乎天德⑰。“亢龙有悔”，与时偕极⑱。乾元“用九”，乃见天则⑲。

《乾》“元”者，始而亨者也。“利贞”者，性情⑳也。乾始能以美利利天下㉑，不言所利，大矣哉！大哉乾乎！刚健中正，纯粹精也。六爻发挥，旁通情也㉒。“时乘六龙”，以“御天”也㉓。“云行雨施”，天下平也㉔。君子以成德为行㉕，日可见之行也。“潜”之为言也，隐而未见，行而未成，是以君子“弗用”也。

君子学以聚之，问以辩之，宽以居之，仁以行之㉖。《易》曰：“见龙在田，利见大

---

① 上下：或上或下。

② 进退：或进或退。

③ 离群：依附世俗。离：当用作“丽”，依附。

④ 及时：（虽说进退理应犹豫但应该）及时（进德修业）。

⑤ 万物睹：万人景仰。

⑥ 本：立足、依托。亲：附。

⑦ 贵：居尊贵之位。无位：没有居于尊位的美德。

⑧ 时舍：阳气舒发，时机已到。“舍”通“舒”。

⑨ 行事：谓修治道德、功业之事。

⑩ 自试：检验、估量自己。

⑪ 上治：居于君主之位而治理天下。

⑫ 穷之灾：指阳爻达到顶点，穷极必反而有危险。

⑬ 乾元：乾德、乾之美德。天下治：（乾德至上九，能及时变通）天下无为而自太平。

⑭ 文明：文采鲜明。即世道光明，时机大好。同上文“时舍”义近。

⑮ 与时偕行：言进退与时机同步，即时至则进，时未至则止。

⑯ 乾道：天道。革：变化。

⑰ 位乎天德：九五居于君位，其德可以配天。

⑱ 极：穷极，穷困。

⑲ 天则：自然法则，客观规律。

⑳ 性情：指《乾》“元”使万物得性情之正。

㉑ 利天下：施利于天下，泽及天下。

㉒ 发挥：运动变化。旁通情：曲尽万物之情状。

㉓ 乘六龙：运行六爻。御天：周行天下（喻治理天下）。

㉔ “云行雨施”，天下平：就圣人言之，政教如云之行，德泽如雨之施，这样就阴阳调谐，上下和睦，故天下安泰。

㉕ 成德为行：以成就自己的品德事业为立身行事的目的。

㉖ 学以聚之：通过学习聚积知识。辩：通“辨”。居：存心，居心。

人”，君德也。

九三重刚而不中①，上不在天，下不在田，故乾乾因其时而惕，虽危无咎矣。

九四重刚而不中，上不在天，下不在田，中不在人②，故“或”之。“或”之者，疑之也，故“无咎”。

夫“大人”者，与天地合③其德，与日月合其明，与四时合其序，与鬼神合其吉凶，先天而天弗违④，后天而奉⑤天时。天且弗违，而况于人乎？况于鬼神乎？

“亢”之为言也，知进而不知退，知存而不知亡，知得而不知丧。其唯圣人⑥乎！知进退存亡而不失其正⑦者，其唯圣人乎！

坤·文言

《文言》曰：坤至柔而动也刚，至静而德方，后得主而有常，含万物而化光⑧。坤道其顺乎，承天而时行⑨。

积善之家必有余庆，积不善之家必有余殃。臣弑⑩其君，子弑其父，非一朝一夕之故，其所由来者渐矣，由辩之不早辩也。

《易》曰：“履霜，坚冰至”，盖言顺⑪也。

“直”其正也，“方”其义也⑫。君子敬以直内，义以方外⑬，敬义立而德不孤。“直、方、大，不习，无不利”，则不疑其所行也。

阴虽有美，“含”之以“从王事”，弗敢成也⑭。地道也，妻道也，臣道也，地道“无成”而代“有终”也⑮。

天地变化，草木蕃⑯。天地闭，贤人隐。《易》曰：“括囊，无咎无誉”，盖言谨也。

君子“黄”中通理，正位居体⑰，美在其中而畅于四支⑱，发于事业，美之至也。

---

① 重刚：谓此爻之上下前后均为阳爻。不中：前三爻的中位是九二，后三爻的中位是九五，所以说此处的九三爻为“不中”。

② 中不在人：九四上近于天，下远于地，而人是居住在地上的，故说“中不在人”。

③ 合：顺合，顺应。

④ 先天：是说上天垂示天象给人以征兆之前而采取行动，即在事物没有显现明朗的征兆之前提前行动。天弗违：应该是“弗违天”的倒装，即不违背天道。

⑤ 奉：遵奉。

⑥ 圣人：据上下文，此处应为“愚人”。

⑦ 正：指圣人对“进退存亡”的处理正确。

⑧ 方：耿介方正。主：天道。常：恒。化光：化育广大。

⑨ 时行：顺天道而行。时：是，代天道。

⑩ 弑：臣杀君，子杀父，均为大逆不道，故说“弑”。

⑪ 顺：顺着时令，即有霜接着就会有冰。

⑫ 直：是内心恭敬。方：行事合义。

⑬ 直内，方外：都是使动用法，即使内心正直，使外在行为端方。

⑭ “含”之：含，含蓄。之，指坤道之德。“从王事”：从事王事。弗敢成：不敢自居成功。

⑮ 代：替。有终：有结果，指化育万物。

⑯ 蕃（fán）：繁盛。

⑰ 黄中通理：修美于内而通达于外。理：文理（外现之文理）。居体：得体。

⑱ 支：通“肢”。

阴疑于阳必战[1]，为其嫌于无阳也，故称“龙”焉[2]。犹未离其类也，故称“血”焉[3]。夫玄黄者，天地之杂也，天玄而地黄。

系辞上[4]

天尊地卑[5]，乾坤定矣。卑高以陈，贵贱位矣[6]。动静有常，刚柔断矣[7]。方以类聚[8]，物以群分，吉凶生矣。在天成象，在地成形，变化见[9]矣。是故刚柔相摩，八卦相荡，鼓之以雷霆，润之以风雨[10]；日月运行，一寒一暑。乾道成男，坤道成女[11]。乾知大始，坤作成物[12]。乾以易知，坤以简能[13]；易则易知，简则易从；易知则有亲[14]，易从则有功；有亲则可久，有功则可大；可久则贤人之德，可大则贤人之业[15]。易简而天下之理得矣。天下之理得，而成位乎其中矣[16]。

圣人设卦观象，系辞[17]焉而明吉凶，刚柔相推而生变化。是故吉凶者，失得之象也；悔吝者，忧虞之象也；变化者，进退之象也；刚柔者，昼夜之象也。六爻之动，三极[18]之道也。是故君子所居而安者，《易》之序也；所乐而玩者，爻之辞也[19]。是故君子居则观其象而玩其辞，动则观其变而玩其占，是以自天佑之[20]，吉无不利。

彖者，言乎象者也；爻者，言乎变者也。吉凶者，言乎其失得也；悔吝者，言乎其小疵也；无咎者，善补过者也。是故列贵贱者存乎位，齐小大者存乎卦，辩吉凶者存乎

---

① 阴疑于阳：疑，通“拟”，即势均力敌。阴阳势均力敌，则阴不从阳（必发生战斗）。

② 嫌：当读为“疑”，同“拟”。无：为衍文。

③ “血”：血性属阴。(所以“未离其类”而称“血”)

④ 《系辞》相传为孔子所作，大约写成于汉代初期。分上、下两篇，又各分十二章，为《周易》“十传”之第六、七种。它对《易》的内容作了全面分析和论述，是对《周易》卦象和文辞之义理的解释和发挥，其思想兼有儒、道二家，而以儒家为主。不过《系辞》对《周易》的看法，同《周易》记述的本义相去甚远，二者不可混为一谈。如：《周易》开篇的“乾”、“坤”两卦就是讲天与地的，但是，只要稍加对比就会发现，《系辞》对天、地的看法，首先，即是把所有事物分成对立两极，天与地，贵与贱，男与女，刚与柔，冷与热等等，思路于是被限定在两极之间来回。其次，作者比照乾坤，以强烈的等级观念把等级差别说成是天生的，言下之意是说不可摆脱。因此，《系辞》的作者不过是借天和地这一话题来阐发自己的思想，基本上与《易》的“乾”和“坤”两卦内容没有太大关系；说白了，就是借题发挥。不过，正是《系辞》对《周易》的卦象和文辞系统的创造性诠释，促成了《周易》由占筮之书向哲理之书的转折。

⑤ 尊：高。卑：低。

⑥ 陈：排列。位：确定。

⑦ 常：常则。断：区分，区别。

⑧ 方：事物的性质。类聚：相同性质事物常聚合在一起。

⑨ 见：读作“现”。

⑩ 刚柔：指阴阳爻。摩：交错。荡：激荡、推衍。鼓：震动。

⑪ 男：为阳性物质。女：为阴性物质。

⑫ 乾知大始：乾道的作用是开创万物。成物：养育成熟万物。

⑬ 易知：以平易为主。简能：以简易为能。

⑭ 有亲：容易亲近。有：无义。

⑮ 贤人之德：陶冶人的品德。贤人之业：成就人的功业。

⑯ 成位：指人在天地中的位置，即人在天地中的作用。位：在，在于。其中：天地之间。设卦：创立八卦。

⑰ 系辞：系属文辞（于卦象、爻辞之下）。

⑱ 三极：天、地、人。极，至高、至大。

⑲ 居：平居、闲居。安：读为“案”，考察。玩：玩味、揣摩。

⑳ 自天佑之：从天保佑他。

辞，忧悔吝者存乎介，震无咎者存乎悔①。是故卦有小大，辞有险易②。辞也者，各指其所之。

《易》与天地准，故能弥纶天地之道③。仰以观于天文，俯以察于地理，是故知幽明之故；原始反终④，故知死生之说；精气为物，游魂为变⑤，是故知鬼神之情状。与天地相似，故不违；知周乎万物，而道济天下，故不过⑥；旁行而不流⑦，乐天知命，故不忧；安土敦乎仁，故能爱。范围天地之化而不过，曲成万物而不遗⑧，通乎昼夜之道而知，故神无方而《易》无体⑨。

一阴一阳之谓道，继之者善也，成之者性也⑩。仁者见之谓之仁，知者见之谓之知⑪，百姓日用而不知，故君子之道鲜矣。显诸仁，藏诸用⑫，鼓⑬万物而不与圣人同忧，盛德大业至矣哉！富有之谓大业，日新⑭之谓盛德。生生⑮之谓易，成象之谓乾，效法之谓坤，极数知来⑯之谓占，通变之谓事⑰，阴阳不测之谓神。

……

"鸣鹤在阴，其子和之。我有好爵，吾与尔靡之⑱。"子曰："君子居其室，出其言善，则千里之外应之，况其迩者乎⑲？居其室，出其言不善，则千里之外违之，况其迩者乎？言出乎身，加乎民；行发乎迩，见乎远。言行，君子之枢机⑳。枢机之发，荣辱之主也。言行，君子之所以动天地也，可不慎乎！"

"同人㉑先号咷而后笑。"子曰："君子之道，或出或处㉒，或默或语。二人同心，其利断金㉓。同心之言，其臭如兰㉔。"

……

---

① 位：爻位（《系辞》的作者认为《周易》通过不同的爻位来排列人之贵贱）。齐小大：定阴卑、阳尊。介：纤介、微小。

② 易：平易、平安。

③ 准：符合。弥纶：普遍包含，普遍包括。

④ 原：考察、探究。反：归结。

⑤ 物：这里指人。变：物之转化。

⑥ 知：智。周：周遍。济：救助。过：过失。

⑦ 旁行而不流：又作"方行不遗"，即广行而无遗漏。

⑧ 范围：包罗。曲成：通过各种方式成就万物。

⑨ 无方：变化不定。无体：无固定的形体。

⑩ 继：承。成：具备、具有。

⑪ 知：智。

⑫ 显诸仁，藏诸用：（阴阳之道）表现为仁德，隐藏于生育万物的作用中。

⑬ 鼓：鼓动化育。

⑭ 日新：更新（圣人自身的精神面貌）。

⑮ 生生：创生化育新的生命。

⑯ 极数知来：极，穷极。数，变易之数。知，推测。来，未来。

⑰ 事：人事。

⑱ 阴：荫。子：匹配者。好爵：好酒。靡：共享。

⑲ 迩：近。

⑳ 枢机：启动门户的关键。

㉑ 同人：聚众者。此为《同人》卦之"九五"爻辞。

㉒ 处：居家不仕，隐居。

㉓ 利：锐不可当。断金：无坚不摧。

㉔ 臭：气味。

"劳谦[①]，君子有终，吉[②]。"子曰："劳而不伐[③]，有功而不德[④]，厚之至也。语以其功下人者也。德言盛，礼言恭。谦也者，致恭以存其位者也。"

"亢龙有悔[⑤]。"子曰："贵而无位[⑥]，高而无民，贤人在下，位而无辅，是以动而有悔也。"

"不出户庭，无咎[⑦]。"子曰："乱之所生也，则言语以为阶[⑧]。君不密则失臣，臣不密则失身，几事不密则害成[⑨]。是以君子慎密而不出[⑩]也。"

……

是故《易》有太极，是生两仪[⑪]，两仪生四象，四象[⑫]生八卦，八卦定吉凶，吉凶生大业[⑬]。是故法象[⑭]莫大乎天地；变通莫大乎四时；悬象着明[⑮]莫大乎日月；崇高莫大乎富贵；备物致用、立成器[⑯]以为天下利，莫大乎圣人；探赜索隐，钩深致远，以定天下之吉凶，成天下之亹亹者，莫大乎蓍龟[⑰]。是故天生神物，圣人则之；天地变化，圣人效之；天垂象，见吉凶，圣人象之；河出图[⑱]，洛出书[⑲]，圣人则之。《易》有四象，所以示也；系辞焉，所以告也；定之以吉凶，所以断也。

……

子曰："书不尽言，言不尽意[⑳]。"然则圣人之意，其不可见乎？子曰："圣人立象以尽意，设卦以尽情伪，系辞焉以尽其言[㉑]。变而通之以尽利，鼓之舞之以尽神[㉒]。"乾坤，其《易》之缊邪[㉓]？乾坤成列[㉔]，而《易》立乎其中矣。乾坤毁，则无以见《易》。《易》不可

---

① 劳谦：有功而谦虚。

② 此为《谦》卦"九三"爻辞。

③ 伐：夸耀。

④ 不德：不以功德自居。

⑤ 此为《乾》卦"上九"爻辞。

⑥ 贵而无位：居尊贵之位而无相应的品德。

⑦ 此为《节》卦初九爻辞。意为约束自己于家就没有灾祸。

⑧ 阶：根源。起因。

⑨ 失身：丧失生命。几事：机要之事，政务。害成：造成危害。

⑩ 不出：不随便说话、不妄出言论。

⑪ 太极：天地未开时的混沌合一的状况。是：指太极。两仪：即阴阳。

⑫ 四象：太阳、太阴、少阳、少阴，以表示春、夏、秋、冬。

⑬ 大业：就圣人而言是指富有天下；就一般百姓而言是指创造物质财富。

⑭ 法象：取法的对象。

⑮ 悬象着明：天象显明。

⑯ 成器：根据天象制成各种器物。

⑰ 赜（zé）：幽深奥妙。亹亹（wěi）：勤勉不倦貌。蓍龟：老龟。

⑱ 河出图：儒家关于《周易》卦形来源的传说。伏羲时有龙马出于黄河，马背有旋毛如星点，称作龙图。伏羲取法以画八卦生蓍（shī。草名。多年生草本植物，一本多茎，可入药。我国古代常用它的茎占卜）法。

⑲ 洛出书：夏禹治水时有神龟出于洛水，背上有裂纹，纹如文字，禹取法而作《尚书·洪范》"九畴"。古代认为出现"河图洛书"是帝王圣者受命之祥瑞。

⑳ 书：文字。意：思想。

㉑ 立象：与设卦互文。设立爻象，即少阳、老阳、少阴、老阴四象；设卦：设立卦象，即乾天、坤地、震雷、巽风、坎水、离火、艮山、兑泽八卦之象。情伪：真伪。

㉒ 利：好处。鼓、舞：运动（八卦）以占卜。神：神妙。

㉓ 缊（yùn）：当为"经"字。门径。

㉔ 成列：确立。

见，则乾坤或几乎息矣。是故形而上①者谓之道，形而下②者谓之器，化而裁之谓之变，推而行之谓之通，举而错之天下之民谓之事业③。是故夫象，圣人有以见天下之赜，而拟诸其形容，象其物宜，是故谓之象。圣人有以见天下之动，而观其会通，以行其典礼，系辞焉以断其吉凶，是故谓之爻。极天下之赜者存乎卦；鼓天下之动者存乎辞；化而裁之存乎变；推而行之存乎通；神而明之存乎其人④；默而成之，不言而信⑤，存乎德行。

系辞下

八卦成列，象在其中矣；因而重⑥之，爻在其中矣；刚柔⑦相推，变在其中矣；系辞焉而命⑧之，动在其中矣。吉凶悔吝者，生乎动者也；刚柔者，立本者也；变通者，趣时⑨者也。吉凶者，贞胜⑩者也；天地之道，贞观⑪者也；日月之道，贞明⑫者也；天下之动，贞夫一⑬者也。夫乾，确然示人易矣⑭；夫坤，隤然示人简矣⑮。爻也者，效此者也；象也者，像此者也。爻象动乎内，吉凶见乎外，功业见乎变，圣人之情见乎辞。天地之大德曰生，圣人之大宝曰位⑯。何以守位？曰仁。何以聚人？曰财。理财正辞⑰、禁民为非，曰义。

古者包牺氏⑱之王天下也，仰则观象于天，俯则观法于地，观鸟兽之文与地之宜，近取诸身，远取诸物，于是始作八卦，以通神明之德，以类万物之情。作结绳而为网罟，以佃以渔，盖取诸《离》⑲。包牺氏没，神农氏作，斲木为耜，揉木为耒，耒耨之利，以教天下，盖取诸《益》⑳。日中为市，致天下之民，聚天下之货，交易而退，各得其所，盖取诸《噬嗑》㉑。神农氏没，黄帝、尧、舜氏作，通其变，使民不倦，神而化之，使民宜之。《易》

---

① 形而上：有形之上，无形象可见者，此指《周易》之理。

② 形而下：有形之下，有形象可见者，此指乾坤之间的万象万物。（所谓在天成象，在地成形，其中“形”即为“器”。）

③ 错：同“措”，放置。事业：伟大功业，即指把八卦之理应用到百姓的日常生活当中去。

④ 神而明之：神化彰显《周易》之理。存乎其人：在于人（去运用）。

⑤ 默而成之，不言而信：顺应天命，无为而能治。

⑥ 重：重组。

⑦ 刚柔：阴阳爻。

⑧ 命：告。

⑨ 趣时：顺合时宜。

⑩ 贞胜：以正为胜，正则吉，不正则凶。

⑪ 贞观：以正示人。观，示也。

⑫ 贞明：以正为明。

⑬ 贞夫一：正于一，一指天地之道，以合于天地之道为正，即以合于自然规律为正确。

⑭ 确然：刚健貌。易：平易。

⑮ 隤（tuí）然：柔顺地。

⑯ 生：化生万物。位：天子之位。

⑰ 正辞：端正制度法令的条文。

⑱ 包牺氏：即伏羲，古代传说中的三皇之一。风姓。相传其始画八卦，又教民渔猎，取牺牲以供庖厨，因称庖牺。亦作“伏戏”、“伏牺”。

⑲ 网罟（gǔ）：网。佃：捕捉鸟兽。渔：捕鱼。《离》：《离》卦是离上离下，是重离。离为目，重目为网。

⑳ 神农氏：即神农，传说中的太古帝王名。始教民为耒耜，务农业，故称神农氏。又传他曾尝百草，发现药材，教人治病。也称炎帝，谓以火德王。斲（zhuó）：削。耜（sì）：木锄。揉：通过加工使木弯曲。耒（lěi）耨（nòu）：犁与锄。亦泛指农具。《益》：《益》卦震下巽上。木锄、犁在地上动土象。震：动。巽：木。

㉑ 《噬嗑》（shìhé）：《易》卦名。六十四卦之一。震下离上。谓颐中有物，啮而合之。象征以刑法治国。亦象征市集聚合天下货物以交易。

穷则变，变则通，通则久。是以“自天佑之，吉无不利”。黄帝、尧、舜垂衣裳①而天下治，盖取诸《乾》、《坤》。刳木为舟，剡木为楫，舟楫之利，以济不通，致远以利天下，盖取诸《涣》②。服牛乘马，引重致远，以利天下，盖取诸《随》③。重门击柝，以待暴客，盖取诸《豫》④。断木为杵，掘地为臼，杵臼之利，万民以济，盖取诸《小过》⑤。弦木为弧，剡木为矢，弧矢之利，以威天下，盖取诸《睽》⑥。上古穴居而野处，后世圣人易之以宫室，上栋下宇，以待风雨，盖取诸《大壮》⑦。古之葬者，厚衣之以薪，葬之中野，不封不树，丧期无数。后世圣人易之以棺椁，盖取诸《大过》⑧。上古结绳而治，后世圣人易之以书契，百官以治，万民以察，盖取诸《夬》⑨。

……

《易》曰“憧憧往来，朋从尔思⑩。”子曰：“天下何思何虑？天下同归而殊途，一致而百虑。天下何思何虑？日往则月来，月往则日来，日月相推而明生焉。寒往则暑来，暑往则寒来，寒暑相推而岁成焉。往者屈也，来者信也，屈信相感而利生焉⑪。尺蠖之屈⑫，以求信也；龙蛇之蛰，以存身也。精义入神，以致用也⑬；利用安身，以崇德⑭也。过此以往，未之或知⑮也；穷神知化，德之盛也。”

……

子曰：“小人不耻不仁，不畏不义，不见利不劝⑯，不威不惩。小惩而不诫，此小人之福也。《易》曰：‘履校灭趾，无咎⑰。’此之谓也。”

“善不积不足以成名，恶不积不足以灭身。小人以小善为无益而弗为也，以小恶为无伤而弗去也，故恶积而不可掩，罪大而不可解。《易》曰：‘何校灭耳，凶。’⑱”

子曰：“危者，安其位者也；亡者，保其存者也；乱者，有其治者也。是故君子安而不忘危，存而不忘亡，治而不忘乱，是以身安而国家可保也。《易》曰：‘其亡其亡，系于苞桑。’⑲”

---

① 垂衣裳：谓定衣服之制，示天下以礼。后用以称颂帝王无为而治。

② 刳（kū）：挖空。剡（yǎn）：削尖。《涣》：《涣》卦，坎下巽上，坎为水，巽为木，像木船在水上。

③ 服牛乘马：役使牛马驾车。《随》：《随》卦，震下兑上，震为车，兑为羊，像牲畜拉车。

④ 重门击柝：设置重门，击柝（木梆）巡夜。谓警戒森严。暴客：强盗，盗贼。《豫》：《豫》卦，坤下震上，地下雷上，像击柝巡行地上。

⑤ 《小过》：《小过》卦，艮下震上，艮为小木，像木杵震动臼。

⑥ 《睽》（kuí）：《睽》卦，兑下离上，兑为小木，小木为弓，离为绳，像弓箭。

⑦ 《大壮》：《大壮》卦，乾下震上，乾为天，震为雷雨，像房能避雷雨。

⑧ 不封：不聚土筑坟。不树：不植树。《大过》：《大过》卦，巽下兑上，巽为木，兑为泽，像棺在墓穴中。

⑨ 《夬》（jué）：《夬》卦，乾下兑上，乾为金，兑为小木，像刀刻木简。

⑩ 此引自《咸》卦“九四”爻辞。憧憧：往来热闹状。朋：币。思：助词，无义。

⑪ 屈：退，收缩。信：伸。

⑫ 尺蠖（huò）：尺蠖蛾的幼虫，体柔软细长，屈伸而行。因常用为先屈后伸之喻。

⑬ 入神：深究天道神妙。致用：指导实践。

⑭ 崇德：增广道德。

⑮ 未之或知：未有知之。

⑯ 劝：勉力。

⑰ 《噬嗑（shìké）》卦“初九”爻辞。履校灭趾：受割趾之刑罚。

⑱ 《噬嗑》卦“上九”爻辞。何校灭耳：受斩首刑罚。

⑲ 《否》卦“九五”爻辞。意为将亡，将亡，寄托在苞草和桑枝上。

子曰："德薄而位尊，知小而谋大，力少而任重，鲜不及矣。《易》曰：'鼎折足，覆公𫗧，其形渥，凶。'① 言不胜其任也。"

子曰："知几②其神乎！君子上交不谄，下交不渎③，其知几乎？几者，动之微，吉之先见者也。君子见几而作，不俟终日。《易》曰：'介于石，不终日，贞吉。'④ 介如石焉，宁用终日？断可识矣。君子知微知彰，知柔知刚，万夫之望。"

……

子曰："君子安其身而后动，易其心而后语，定其交而后求。君子修此三者，故全也。危以动，则民不与⑤也；惧以语，则民不应也；无交而求，则民不与也；莫之与，则伤之者至矣。《易》曰：'莫益之，或击之，立心勿恒，凶。'⑥"

……

夫乾，天下之至健也，德行恒易以知险⑦。夫坤，天下之至顺也，德行恒简以知阻⑧。能说诸心，能研诸侯之虑，定天下之吉凶，成天下之亹亹者⑨。是故变化云为⑩，吉事有祥。象事知器⑪，占事知来。天地设位，圣人成能。人谋鬼谋，百姓与能。八卦以象告，爻彖以情言，刚柔杂居，而吉凶可见矣。变动以利言，吉凶以情迁⑫。是故爱恶相攻而吉凶生，远近相取而悔吝生，情伪相感而利害生。凡《易》之情，近而不相得则凶，或害之，悔且吝。将叛者其辞惭，中心疑者其辞枝⑬，吉人⑭之辞寡，躁人之辞多，诬善之人其辞游，失其守者其辞屈⑮。

学习建议

1. 搜集并背诵书中警句，如："内君子而外小人，君子道长，小人道消"、"外君子而内小人，小人道长，君子道消"等。

2. 思考《周易》中古朴、原生态的哲学智慧。

3. 了解、学习国外对《周易》的现代化研究思维。

4. 延伸阅读篇目：

《乾》、《坤》、《恒》"九三"、《屯》"六二"、《屯》"上六"、《离》"九四"、《艮》卦辞、《困》"六三"。

---

① 《鼎》卦"九四"爻辞。覆公𫗧（sù），其形渥（wò）：鼎中的食物。美味佳肴被倾覆，身体被沾污。

② 几：预兆。

③ 渎：轻慢。

④ 《豫》卦"六二"爻辞。介于石，不终日：处于险境，不会长久。介，处。石，喻险境。

⑤ 与：赞许。下"与"字作帮助。

⑥ 《益》卦"上九"爻辞。莫益之，或击之：无人帮助，有人攻击。

⑦ 以知险：却知道艰险，如天也有大旱和大雨。

⑧ 以知阻：却知道险阻，如地也有高山和大川。

⑨ 说：阅。"能研诸侯之虑"当作"能研诸虑"。

⑩ 云为：说和做。

⑪ 象事知器：观卦象来制造工具。

⑫ 以利言：从有利的方面来说。以情迁：根据情况而改变。

⑬ 枝：枝蔓。

⑭ 吉人：善人。

⑮ 游：游移不定。失其守：失掉操守。

左　传

导读

《左传》是古代编年体历史著作。儒家经典之一，西汉初称《左氏春秋》（《史记·十二诸侯年表序》），或称《春秋古文》（《史记·吴世家》）。《左传》就是《春秋左氏传》的简称。与《春秋公羊传》、《春秋谷梁传》，并称"春秋三传"。

关于《左传》的作者，《史记·十二诸侯年表序》说是左丘明。唐代赵匡首先怀疑"左氏"非左丘明，清代姚鼐进一步提出："左氏之书，非出一人所成。"他还提出《左传》作者可能是吴起。还有人主张为刘歆所作的，不过这些怀疑之说都没有充分根据。

《左传》记事基本以《春秋》所载鲁国的十二公为次序，但在鲁隐公元年之前，有鲁惠公生鲁隐公及隐公即位的说明；鲁哀公二十七年之后，又附录了鲁悼公四年至十四年晋国知伯被杀之事。全书内容包括聘问、会盟、征伐、搜狩、城筑、婚丧、篡弑、族灭、出亡等。在广阔的社会背景下，记录了诸侯、卿大夫的活动，并把笔触深入到商贾、卜者、刺客、乐师、妾媵、百工、皂隶等阶层；通过对齐桓公、晋文公、秦穆公、楚庄王、吴王阖闾、越王勾践等霸业盛衰的叙述，反映了当时各诸侯国之间错综复杂的角逐；而对鲁季孙氏，齐田成子，晋国韩、赵、魏诸卿与公室的矛盾，郑子产的改革等描述，又深刻地揭示了社会内部的变革及其趋向。《左传》记事表明了民重于天、民为神之主、民重君轻、民为邦本的观点，这比《国语》的"民神并重，先民后神"和"论及君民，以民为主"思想又有进步。如桓公六年中季梁肯定"夫民，神之主也。是以圣王先成民而后致力于神"。这相对于天命神权思想有不少进步。《左传》记事揭露了统治者的残暴和荒淫无耻。如宣公二年载晋灵公不君，体现了史家"不隐恶"的思想原则。

《左传》长于叙事，叙述复杂的历史事件，具体生动、剪裁恰当、详略有致，各种叙事手法运用自如。在叙事中，注意揭示历史事件发生与发展的前因后果，并在记事中寓托着对事件的评价，以便从中总结历史经验，提供历史的借鉴。尤为出色的是善于描写战争。作者不仅把各大战役写得有条不紊、主次分明、曲折有致，而且善于把战争的起因、战前的策划及战后的影响，把战争的胜负与参战国的政局、民心的向背、将帅的品格等因素有机地联系起来，写出了某种历史的必然性。《左传》十分重视刻画人物形象。《左传》中人物的个性特征，都是在尖锐的矛盾冲突中，通过他们的语言、行动以及一些富有戏剧性的细节来展现的。不少富于鲜明个性的人物，成为文学形象的典范。

唐代刘知几的《史通》说，《左传》"其言简而要，其事详而博"（《史通·六家》）。清代刘熙载认为："百世史家，类不出乎此法。"（《艺概·文概》）可见其语言精要已成为历代楷模。此外，作者运笔灵活多变，或细腻，或夸张，或诙谐风趣，都使文章增色不少。

前人评说“左氏艳而富”（范宁《谷梁传序》），“《春秋》谨严，《左氏》浮夸”（韩愈《进学解》），这正表明《左传》在文学性方面比《春秋》有了很大增强。从《春秋》只作大事记式的记录，到《左传》出现戏剧性的故事情节和栩栩如生的人物形象，从中既可看到历史的进程，又可看到出现于历史舞台上的人物的举动神情。把历史的真实性、倾向的鲜明性、表达的形象性结合起来，通过具体的人物活动去展现历史画面，创立了中国历史撰述的优良传统，为后世史传文学的发展打下了良好的基础。对后世的史学、文学产生了深远影响。汉司马迁发展了《左传》的传统，写出了亦史亦文的巨著《史记》。宋代司马光的《资治通鉴》不仅在内容上与之相接续，体裁、手法亦以之为法。宋人对“《左氏传》、《太史公书》、韩文、杜诗，皆熟读暗诵，虽支枕据鞍间，与对卷无异”（陆游《杨梦锡集句杜诗序》）。

为牺牲祭于次睢之社①

十九年春，遂城而居之。

宋人执滕宣公②。

夏，宋公使邾文公用鄫子于次睢之社③，欲以属东夷④。司马子鱼曰⑤：“古者六畜不相为用，小事不用大牲，而况敢用人乎？祭祀以为人也。民，神之主也。用人，其谁飨之？齐桓公存三亡国以属诸侯⑥，义士犹曰薄德。今一会而虐二国之君⑦，又用诸淫昏之鬼⑧，将以求霸，不亦难乎？得死为幸⑨！”

秋，卫人伐邢，以报菟圃之役。于是卫大旱，卜有事于山川⑩，不吉。宁庄子曰：“昔周饥，克殷而年丰。今邢方无道，诸侯无伯⑪，天其或者欲使卫讨邢乎？”从之。师兴而雨。

宋人围曹，讨不服也。子鱼言于宋公曰：“文王闻崇德乱而伐之⑫，军三旬而不降。退

---

① 本文选自《左传·僖公十九年》。宋襄公用鄫子为牺牲祭于次睢之社。司马子鱼对此进行批评，认为用人为牲去祭祀“淫昏之鬼”（指次睢之社神），是失德的。民才是神之主。宋襄公如此用人祭，是不会得到庇护的，而最后是难得善终的。孔子说：“始作俑者，其无后乎？”人祭、人殉都遭到极大的谴责。把民看成高于国君、高于社稷，民是国之本，这是春秋战国时期走在时代最前列的思想，表现了春秋战国时期对“民”的重视。这种民本思想是可贵的。

② 滕宣公：即滕子婴齐。

③ 用子：即杀死子用来祭祀。次睢之社：次睢的土地神。次睢，地名，当在今江苏省铜山县一带。

④ 属东夷：使东夷归附。属，使动用法。

⑤ 司马子鱼：即目夷。司马，官名。

⑥ 三亡国：指鲁、卫、邢三国。

⑦ 虐：害。

⑧ 淫昏之鬼：指次睢之社。

⑨ 得死：即善终。

⑩ 有事：即祭祀。

⑪ 伯：首领，盟主。

⑫ 崇：指崇侯虎。

修教而复伐之①，因垒而降②。”《诗》曰：“刑于寡妻，至于兄弟，以御于家邦③。今君德无乃犹有所阙④，而以伐人，若之何？盍姑内省德乎⑤！无阙而后动。”

陈穆公请修好于诸侯，以无忘齐桓之德。冬，盟于齐，修桓公之好也。

梁亡，不书其主，自取之也。初，梁伯好土功，亟城而弗处⑥，民罢而弗堪⑦，则曰“某寇将至”。乃沟公宫⑧，曰：“秦将袭我。”民惧而溃⑨，秦遂取梁。

子鱼论战⑩

楚人伐宋以救郑。宋公将战⑪，大司马固谏曰⑫：“天之弃商久矣⑬，君将兴之，弗可赦也已⑭。”弗听。

冬十一月己巳朔，宋公及楚人战于泓⑮。宋人既成列，楚人未既济⑯。司马曰：“彼众我寡，及其未既济也，请击之⑰。”公曰：“不可。”既济而未成列，又以告。公曰：“未可。”既陈而后击之，宋师败绩⑱。公伤股，门官歼焉⑲。

国人皆咎公。公曰：“君子不重伤，不禽二毛⑳。古之为军也，不以阻隘也㉑。寡人虽亡国之余，不鼓不成列㉒。”子鱼曰：“君未知战。勍敌之人，隘而不列，天赞我也㉓；阻而鼓之，不亦可乎？犹有惧焉。且今之勍者，皆吾敌也。虽及胡耇，获则取之，何有

---

① 修教：加强教化。

② 因垒：仅靠以前所筑壁垒。

③ 刑于寡妻三句：语出《诗经·大雅·思齐》。刑，典范。寡妻，嫡妻。寡，大。御，治理。

④ 阙：通缺。

⑤ 姑：姑且，暂且。内省：自我反省。

⑥ 亟城：多次筑城。亟，屡。弗处：不居住。

⑦ 罢：通“疲”。弗堪：忍受不住。

⑧ 沟：挖沟，用作动词。

⑨ 溃：逃散。

⑩ 本文选自《左传·僖公二十二年》。宋襄公妄图以武力称霸诸侯，兴复祖先商王之业，在泓水与楚国决战时，迂腐不堪，遭受重创。司马子鱼对这次战争进行了深刻的评论。

⑪ 鲁僖公二十二年（公元前 638 年）三月，郑文公到楚国聘问，宋襄公怒而伐郑，楚伐宋以救郑。宋公：即宋襄公，名兹父，春秋五霸之一，公元前 650 年—公元前 637 年在位。

⑫ 大司马：掌管邦政的高官。固：人名，宋国宗室公孙固。谏：劝阻，劝谏。

⑬ 弃商：宋是商的后代，弃商指弃宋。

⑭ 弗可赦：违天之罪不可赦免。这是劝告宋襄公不要靠争战兴复先王之业。

⑮ 及：介词，跟。泓：水名，在今河南省柘城县北面。

⑯ 既：已经。列：战阵行列。济：渡河。

⑰ 司马：掌管军事的官员，指子鱼（宋襄公的庶兄）。及：趁着。

⑱ 陈（zhèn）：后来写作“阵”，这儿作动词，摆开阵势。败绩：大败，彻底溃败。

⑲ 股：大腿。门官：把守宫门的军官，战争时充任国君的护卫。歼：被歼灭。焉：句末语气词。

⑳ 重（chóng）伤：对已伤之敌再次杀伤。重，重复，再一次。禽：后来写作“擒”。二毛：黑白头发相间，指头发花白的人。

㉑ 阻隘：阻击敌人于险隘之地。阻，动词，阻扼，阻击；隘，险要的地方。

㉒ 亡国之余：已经灭亡了的殷商的后代子孙。鼓：击鼓进攻。

㉓ 勍（qíng）：强劲。隘而不列：困于险隘之地而不成阵列。赞：帮助。

于二毛①？明耻、教战，求杀敌也②。伤未及死，如何勿重？若爱重伤，则如勿伤；爱其二毛，则如服焉③。三军以利用也，金鼓以声气也④。利而用之，阻隘可也；声盛致志，鼓儳可也⑤。”

晋公子重耳之亡⑥

晋公子重耳之及于难也⑦，晋人伐诸蒲城。蒲城人欲战，重耳不可，曰：“保君父之命而享其生禄⑧，于是乎得人。有人而校⑨，罪莫大焉。吾其奔也。”遂奔狄。从者狐偃、赵衰、颠颉、魏武子、司空季子⑩。

狄人伐廧咎如⑪，获其二女叔隗、季隗，纳诸公子。公子取季隗，生伯儵、叔刘⑫，以叔隗妻赵衰⑬，生盾。将适齐⑭，谓季隗曰：“待我二十五年，不来而后嫁。”对曰：“我二十五年矣，又如是而嫁，则就木焉⑮。请待子。”处狄十二年而行⑯。

过卫，卫文公不礼焉。出于五鹿⑰，乞食于野人⑱，野人与之块。公子怒，欲鞭之。子犯曰：“天赐也。”稽首，受而载之。

---

① 及：遇到，赶上。胡耇（gǒu）：长寿的老人。获：俘获。取：割取战俘的左耳报功，这儿指抓捕。何有：有什么，这儿指“有什么可以怜悯的”之意。

② 明耻：说明战败是耻辱。教战：教导将士们英勇作战。

③ 若爱重伤：如果不忍心再一次杀伤敌人。爱，怜悯，不忍心。则如勿伤：那就不如一开始就不杀伤他。如，何如，不如。则如服焉：那就不如屈服于他，向他投降。服，屈服，服从。焉，兼词，既代上文之“二毛”，又表句末语气。

④ 三军以利用也：指挥军队作战就是要掌握有利条件恰当地使用他们。三军，春秋时期，大的诸侯国家有上军、中军、下军（或左军、中军、右军），每军设“将”和“佐”，以中军将为三军统帅。后以三军泛指军队。以，连词，用来；利，掌握有利条件；用，这儿指恰当地使用。金鼓以声气也：鸣金击鼓是用来壮声势、鼓士气的。金，锣，用作动词，意为敲锣，这是战场上收兵的信号；鼓，击鼓，这是战场上进攻的信号；以，连词，用以；声，声势，用作动词；气，士气，用作动词。

⑤ 致志：使斗志高昂。致，招致，使至。儳（chán）：不整齐的样子，这儿指进退上下无阵列的军队。

⑥ 本文选自《左传·僖公二十三年》。公子重耳就是日后夺取了晋国政权的晋文公，春秋五霸之一。本文可以看作是晋文公传记的一个组成部分，重点记述晋文公在争霸前的流亡生涯和成长经历。时间长达 19 年（公元前 655 年—公元前 636 年），历经狄、卫、齐、曹、宋、郑、楚、秦诸国，足迹遍及中原华夏和北狄南蛮。所以，看起来文章是在顺叙晋公子重耳的流亡经历，实际上也勾画出了春秋列国间错综复杂的矛盾和斗争，以及晋国在春秋列国中的地位和影响。

⑦ 及于难：遇到危难。

⑧ 保：依仗，依靠。

⑨ 校（jiào）：同“较”，较量。

⑩ 狐偃：重耳的舅父，又称子犯，舅犯。赵衰：晋国大夫，字子余，重耳的主要谋士。颠颉：晋国大夫。魏武子：魏犨（zhōu），晋国大夫。司空季子：名胥臣，晋国大夫。

⑪ 廧咎（qiáng gāo）如：部族名；狄族的别种，隗姓。

⑫ 儵：音 tiáo。

⑬ 妻：嫁给。

⑭ 适：去，往。

⑮ 就木：进棺材。

⑯ 处狄：住在狄国。

⑰ 五鹿：卫国地名。

⑱ 野人：指农夫。

及齐，齐桓公妻之，有马二十乘[①]。公子安之。从者以为不可。将行，谋于桑下。蚕妾在其上[②]，以告姜氏[③]。姜氏杀之，而谓公子曰："子有四方之志，其闻之者，吾杀之矣。"公子曰："无之。"姜曰："行也！怀与安，实败名。"公子不可。姜与子犯谋，醉而遣之[④]。醒，以戈逐子犯。

及曹[⑤]，曹共公闻其骈胁[⑥]，欲观其裸。浴，薄而观之[⑦]。僖负羁之妻曰[⑧]："吾观晋公子之从者，皆足以相国。若以相，夫子必反其国。反其国，必得志于诸侯。得志于诸侯而诛无礼，曹其首也。子盍蚤自贰焉[⑨]！"乃馈盘飧，寘壁焉[⑩]。公子受飧反璧。

及宋[⑪]，宋襄公赠之以马二十乘。

及郑，郑文公亦不礼焉。叔詹谏曰[⑫]："臣闻天之所启，人弗及也。晋公子有三焉，天其或者将建诸，君其礼焉！男女同姓，其生不蕃。晋公子，姬出也[⑬]，而至于今，一也。离外之患[⑭]，而天不靖晋国[⑮]，殆将启之，二也。有三士足以上人[⑯]，而从之，三也。晋、郑同侪[⑰]，其过子弟，固将礼焉，况天之所启乎？"弗听。

及楚，楚子飨之[⑱]，曰："公子若反晋国，则何以报不谷？"对曰："子、女、玉、帛，则君有之；羽、毛、齿、革，则君地生焉。其波及晋国者[⑲]，君之余也。其何以报君？"曰："虽然，何以报我？"对曰："若以君之灵，得反晋国。晋、楚治兵[⑳]，遇于中原，其辟君三舍[㉑]。若不获命，其左执鞭弭[㉒]，右属櫜鞬[㉓]，以与君周旋。"子玉请杀之[㉔]。楚子曰："晋公子广而俭，文而有礼。其从者肃而宽，忠而能力。晋侯无亲[㉕]，外内恶之。吾闻姬姓，唐叔之后，其后衰者也[㉖]，其将由晋公子乎！天将兴之，谁能废之？违天，必有大咎。"乃送

---

① 乘：时用四匹马驾一乘车，二十乘即八十匹马。
② 蚕妾：采桑养蚕的女奴隶。
③ 姜氏：重耳在齐国娶的妻子。齐是姜姓国，所以称姜氏。
④ 遣：送。
⑤ 曹：诸侯国名，姬姓，在今山东定陶县西南。
⑥ 骈（pián）：并排。胁：胸部的两侧。
⑦ 薄：逼近。此言重耳浴身时，曹共公到他身边看他的肋骨，这是非常无礼的行为。
⑧ 僖负羁，曹国大夫。
⑨ 盍：何不；蚤：同"早"；贰：不一致，不一样。这句是说，你何不早些表示你和曹国的人有所不同呢？
⑩ 盘飧：一盘饭。寘璧焉：将宝玉藏在饭中。
⑪ 宋：诸侯国名，子姓。
⑫ 叔詹：郑国大夫。
⑬ 姬出：姬姓父母所生，因重耳父母都姓姬。
⑭ 离：同"罹"（lí），遭受。
⑮ 靖：安定。
⑯ 三士：指狐偃、赵衰、贾佗。
⑰ 侪（chái）：辈，类。
⑱ 楚子：指楚成王；飨（xiǎng）：用酒食招待。
⑲ 波及：流及。
⑳ 治兵：晋、楚两军交战。
㉑ 辟：同"避"；舍：古时行军走三十里就休息，所以一舍为三十里。
㉒ 弭：弓梢。
㉓ 属（zhǔ）：佩带。櫜（gāo）：箭袋。鞬（jiàn）：弓套。
㉔ 子玉：楚国令尹。
㉕ 晋侯：指晋惠公夷吾。
㉖ 后衰：衰落得最迟。

诸秦①。

秦伯纳女五人②，怀嬴与焉③。奉匜沃盥④，既而挥之。怒，曰："秦晋，匹也，何以卑我？"公子惧，降服而囚⑤。

他日，公享之⑥。子犯曰："吾不如衰之文也⑦，请使衰从。"公子赋《河水》，公赋《六月》⑧。赵衰曰："重耳拜赐！"公子降，拜，稽首，公降一级而辞焉。衰曰："君称所以佐天子者命重耳，重耳敢不拜？"

介之推不言禄⑨

晋侯赏从亡者⑩，介之推不言禄，禄亦弗及⑪。推曰："献公之子九人，唯君在矣。惠、怀无亲⑫，外内弃之。天未绝晋，必将有主⑬。主晋祀者，非君而谁⑭？天实置之，而二三子以为己力，不亦诬乎⑮？窃人之财，犹谓之盗，况贪天之功以为己力乎？下义其罪，上赏其奸，上下相蒙，难与处矣⑯！"

其母曰："盍亦求之⑰？以死，谁怼⑱？"对曰："尤而效之，罪又甚焉⑲。且出怨言，

---

① 诸：之乎。这句说，或者上天有意树立他吧。

② 秦伯：指秦穆公。纳女五人：送给重耳五个女子为姬妾。

③ 怀嬴：秦穆公的女儿。秦：嬴姓，故称怀嬴。

④ 奉：同"捧"；匜（yí）：洗手注水的用具。沃：淋水。盥，洗手。

⑤ 降服而囚：重耳解去上服，自己拘囚向怀嬴谢罪。

⑥ 享：用酒食宴请。

⑦ 文：言辞的文采，擅长外交辞令。

⑧ 公子赋：春秋中期外交宴会中，指定篇名，使乐工奏乐，称为赋诗。《河水》，古代注家以为是《诗经》中的《沔（miǎn）水》；《六月》，《诗·小雅》中的一篇。《沔水》头两句是"沔彼流水，朝宗于海"，说满满的流水，归向大海，有晋国人士归向秦国的意义。《六月》是歌颂尹吉甫辅佐周宣王北伐获胜的诗；头两句是"六月栖栖，戎车既饬"，意思是六月急急遑遑，兵车已经准备好了。

⑨ 本文选自《左传·僖公二十四年》。介之推曾跟随晋文公流亡国外多年，文公回国即位后，对随其出亡之臣论功行赏。群臣争功求禄，惟介之推不居功邀赏，并偕同其母隐居而死。文章颂扬了介之推的高尚品行。本文记载的介子推母子间的对话，不可能有第三者在旁听见或记录，当是作者根据传闻和揣想虚拟而成。这种写法，可以看作后代小说家为人物虚拟对话的萌芽。

⑩ 晋侯：即晋文公（公元前636年—公元前628年在位），春秋五霸之一。名重耳，晋献公之子。献公宠骊姬，杀太子申生，重耳出奔翟国，在外流亡十九年，公元前636年以秦穆公之力返晋为君。从亡者：随从流亡国外的人。

⑪ 介之推：也作介推、介子绥，晋国贵族，跟随晋文公出亡十九年。禄：禄位。及：到，这儿指"给予"、"赏给"。

⑫ 惠：晋惠公，名夷吾，重耳之弟，公元前651年献公死后，以秦之力回国即位。怀：晋怀公，名圉，惠公之子。公元前637年9月惠公死后，怀公即位，次年春为重耳所杀。无亲：没有亲近的人，指众叛亲离。

⑬ 主：指国君。

⑭ 主晋祀者：主持晋国宗庙祭祀活动的人，即继位享国之人。君：国君，指晋文公。

⑮ 置：立。二三子：诸位，几个人，指从亡诸臣。诬（wū）：欺骗。

⑯ 贪天之功：贪取上天的功劳。下义其罪：在下位的人把他们贪天之功的罪过当做正义的行为。义，名词的意动用法。奸：奸邪，指邪恶的行为。蒙：蒙骗。处（chǔ）：相处，这儿指同朝为官。

⑰ 盍（hé）：何不，为什么不。之：指禄位。

⑱ 以死：因为不求封赏而死。以，介词，宾语省略。怼（duì）：怨恨。

⑲ 尤：罪过，过错，这儿用作动词，意为批评过错、指责罪过。效：仿效。焉：兼词，表"于是"（比这……）之意。

不食其食①。”

其母曰：“亦使知之，若何？”对曰：“言，身之文也。身将隐，焉用文之②？是求显也③。”其母曰：“能如是乎？与女偕隐。”遂隐而死。

晋侯求之不获。以绵上为之田④，曰：“以志吾过，且旌善人⑤。”

烛之武退秦师⑥

九月甲午⑦，晋侯、秦伯围郑⑧，以其无礼于晋⑨，且贰于楚也⑩。晋军函陵⑪，秦军氾南⑫。

佚之狐言于郑伯曰⑬：“国危矣，若使烛之武见秦君，师必退。”公从之。辞曰：“臣之壮也，犹不如人；今老矣，无能为也已。”公曰：“吾不能早用子，今急而求子，是寡人之过也。然郑亡，子亦有不利焉。”许之。

夜，缒而出。见秦伯曰：“秦、晋围郑，郑既知亡矣。若亡郑而有益于君，敢以烦执事⑭。越国以鄙远⑮，君知其难也，焉用亡郑以陪邻⑯？邻之厚，君之薄也。若舍郑以为东道主⑰，行李之往来⑱，共其乏困⑲，君亦无所害。且君尝为晋君赐矣，许君焦、瑕⑳，朝济而夕设版焉，君之所知也。夫晋，何厌之有㉑？既东封郑㉒，又欲肆其西封；不阙秦㉓，

---

① 怨言：怨愤的话，指上文批评“上下相蒙”的言论。不食其食：不能再吃他的俸禄。

② 焉用文之：哪里还用得着文饰它。焉，哪里，表反问语气的疑问副词。

③ 是求显也：这是追求显达啊。是，这。显，显达。

④ 获：这儿指找到。绵上：晋地名，在今山西省介休县东南。为之田：作为他的封地，双宾语句。田，供祭祀用的私田。

⑤ 志：记，记录。旌（jīng）：表彰。

⑥ 本文选自《左传·僖公三十年》。本篇所记述的是秦晋联合攻打郑国之前开展的一场外交斗争。郑国被晋、秦两个大国的军队所包围，烛之武奉命前去说退秦军。烛之武巧妙地利用秦晋之间的矛盾，采取分化瓦解的办法，说服了秦伯。秦伯撤走了围郑的秦军，最后晋军也被迫撤退，从而解除了郑国的危机。充分表现了烛之武机智善辩的外交才能。

⑦ 甲午：古代用干支记日，具体日期已无考。

⑧ 晋侯、秦伯：晋文公和秦穆公。

⑨ 无礼于晋：晋文公未即位前，曾流亡到郑国，郑文公不以礼相待。

⑩ 贰于楚：对晋有二心而亲近楚。

⑪ 函陵：在今河南新郑县。

⑫ 氾（fàn）南：氾水南面，在今河南中牟县南。

⑬ 佚之狐：郑大夫。郑伯：郑文公。

⑭ 执事：办事人，借办事人代指秦君，是对岷君的敬称。

⑮ 越国：秦在晋西，秦到郑国，要越过晋国。鄙远：以距离远的郑国作为秦国的边境。鄙，边境，这里作动词用。

⑯ 陪，增加。句意为，灭了郑国，郑国的土地只能归晋。

⑰ 东道主：东方路上的主人。

⑱ 行李：外交使者。也作“行理”。

⑲ 共：同供。乏困：乏，指缺乏资粮；困，指困顿需要休息。

⑳ 焦、瑕：晋国城邑，在今河南陕县。

㉑ 厌：同餍，满足。

㉒ 封：疆界，作动词用。

㉓ 阙：侵略。

将焉取之？阙秦以利晋，唯君图之！”秦伯说①，与郑人盟，使杞子、逢孙、杨孙戍之②，乃还。子犯请击之③。公曰：“不可。微夫人之力不及此④。因人之力而敝之⑤，不仁；失其所与⑥，不知；以乱易整，不武⑦。吾其还也。”亦去之。

郑子家告赵宣子⑧

晋侯蒐于黄父，遂复合诸侯于扈，平宋也⑨。公不于会，齐难故也。书曰“诸侯”，无功也。

于是，晋侯不见郑伯，以为贰于楚也。郑子家使执讯而与之书，以告赵宣子⑩，曰：

“寡君即位三年，召蔡侯而与之事君⑪。九月，蔡侯入于敝邑以行。敝邑以侯宣多之难⑫，寡君是以不得与蔡侯偕。十一月，克减侯宣多，而随蔡侯以朝于执事。十二年六月，归生佐寡君之嫡夷⑬，以请陈侯于楚，而朝诸君。十四年七月，寡君又朝以蒇陈事⑭。十五年五月，陈侯自敝邑往朝于君。往年正月⑮，烛之武往，朝夷也⑯。八月，寡君又往朝。以陈、蔡之密迩于楚，而不敢贰焉，则敝邑之故也。虽敝邑之事君，何以不免⑰？在位之中，一朝于襄，而再见于君。夷与孤之二三臣相及于绛⑱。虽我小国，则蔑以过之矣⑲。今大国曰：‘尔未逞吾志。’敝邑有亡，无以加焉。古人有言曰：‘畏首畏尾，身其余几！’又曰：‘鹿死不择音⑳。’小国之事大国也，德，则其人也；不德，则其鹿也，铤而走险㉑，急何能择？命之罔极㉒，亦知亡矣，将悉敝赋以待于鯈㉓，唯执事命之。

---

① 说：同悦。

② 杞子、逢孙、杨孙：都是秦大夫。

③ 子犯：晋国大夫。

④ 微：非。

⑤ 因：依靠。敝：伤害。

⑥ 所与：犹同盟国。

⑦ 武：武定祸乱。见《书·大禹谟》“乃武乃文”传。

⑧ 本文选自《左传·文公十七年》。郑子家利用两个大国的矛盾，逐年逐月罗列郑国给予晋国的好处与礼遇，并说小国服侍大国也是有限度的，不能永无止境、永不满足。一旦小国对大国失去信心，就会拼死与大国作战。郑子家的一番真情至理，委婉中含有巨大威力，使晋人不得不屈服，收回对郑国的无礼要求。

⑨ 扈：在今河南原武县。平宋：平定宋国之乱。

⑩ 执讯：通讯问的官员。赵宣子：晋国执政。

⑪ 君：此处指晋襄公，以后指晋灵公。

⑫ 侯宣多：郑大夫，恃宠专权，发动叛乱。

⑬ 归生：子家名。夷：郑太子名。

⑭ 蒇：（chǎn），完成。陈事：指说服陈侯朝晋。

⑮ 往年：去年。

⑯ 往朝夷：朝，动词使动用法，即“使夷往朝”。

⑰ 不免：指不免于罪。

⑱ 绛：晋都，在今山西曲沃县。

⑲ 蔑：没有。

⑳ 音：同“荫”，庇护。

㉑ 铤：疾走。此句指无路可走而被迫冒险。

㉒ 罔极：无穷，指晋国诛求无厌。

㉓ 赋：兵。鯈（tiáo）：位于晋郑边境。

文公二年六月壬申，朝于齐。四年二月壬戌，为齐侵蔡，亦获成于楚。居大国之间而从于强令，岂其罪也？大国若弗图，无所逃命。”

晋巩朔行成于郑，赵穿、公壻池为质焉。

晋灵公不君[①]

晋灵公不君[②]：厚敛以雕墙[③]；从台上弹人，而观其辟丸也；宰夫胹熊蹯不熟[④]，杀之，寘诸畚[⑤]，使妇人载以过朝[⑥]。赵盾、士季见其手[⑦]，问其故，而患之。将谏，士季曰：“谏而不入[⑧]，则莫之继也。会请先，不入，则子继之。”三进，及溜[⑨]，而后视之，曰：“吾知所过矣，将改之。”稽首而对曰：“人谁无过？过而能改，善莫大焉。《诗》曰：‘靡不有初，鲜克有终[⑩]。’夫如是，则能补过者鲜矣。君能有终，则社稷之固也，岂惟群臣赖之[⑪]”。又曰：‘衮职有阙，惟仲山甫补之[⑫]’，能补过也。君能补过，衮不废矣[⑬]。”犹不改。宣子骤谏[⑭]，公患之，使鉏麑贼之[⑮]。晨往，寝门辟矣[⑯]，盛服将朝[⑰]，尚早，坐而假寐[⑱]。麑退，叹而言曰：“不忘恭敬，民之主也[⑲]。贼民之主，不忠；弃君之命，不信。有一于此，不如死也。”触槐而死。

秋九月，晋侯饮赵盾酒[⑳]，伏甲[㉑]，将攻之。其右提弥明知之[㉒]，趋登[㉓]，曰：“臣侍君

---

① 本文选自《左传·宣公二年》。晋灵公不君，晋大夫赵宣子赵盾上谏不听，反而三番两次地要谋害他。赵盾的堂弟赵穿攻杀灵公。史官董狐以赵盾在事变发生时，未能逃出国境就又返回，回来又未诛伐赵穿，故书其事曰“赵盾弑其君”。对此，赵盾虽也感慨一番，但终于蒙受弑君的罪名。本文从多个角度，以鲜活生动的材料集中突现了晋灵公的残暴和应得的下场，通过正反两方面的三个典型事例，把儒家“君君，臣臣，父父，子子”的道理做了形象化的说明。文章情节曲折，叙事“详而博”。

② 晋灵公：晋国国君，名夷皋，文公之孙，襄公之子。不君：不行君道。

③ 厚敛：加重征收赋税。雕墙：装饰墙壁。这里指修筑豪华宫室，过着奢侈的生活。

④ 宰夫：国君的厨师。胹（ér）：煮，炖。熊蹯（fán）：熊掌。

⑤ 畚（běn）：筐篓一类盛物的器具。

⑥ 载：同“戴”，用头顶着。

⑦ 赵盾：赵衰之子，晋国正卿。士季：士为之孙，晋国大夫，名会。

⑧ 不入：不采纳，不接受。

⑨ 三进：向前走了三次。及：到。溜：屋檐下滴水的地方。

⑩ 这两句诗出自《诗·大雅·荡》。靡：没有什么。初：开端。鲜：少。克：能够。终：结束。

⑪ 赖：依靠。

⑫ 这两句诗出自《诗·大雅·烝民》。衮（gǔn）：天子的礼服，借指天子，这里指周宣王。阙：过失。仲山甫：周宣王的贤臣。

⑬ 衮：指君位。

⑭ 骤：多次。

⑮ 鉏麑（chú ní）：晋国力士。贼：刺杀。

⑯ 辟：开着。

⑰ 盛服：穿戴好上朝的礼服。

⑱ 假寐：闭目养神，打盹儿。

⑲ 主：主人，靠山。

⑳ 饮（yìn）：给人喝。

㉑ 伏：埋伏。甲：披甲的士兵。

㉒ 右：车右。提弥明：晋国勇士，赵盾的车右。

㉓ 趋登：快步上殿堂。

宴，过三爵①，非礼也。”遂扶以下。公嗾夫獒焉②，明搏而杀之。盾曰：“弃人用犬，虽猛何为！”斗且出。提弥明死之③。

初，宣子田于首山④，舍于翳桑⑤，见灵辄饿⑥，问其病。曰：“不食三日矣。”食之⑦，舍其半。问之。曰：“宦三年矣⑧，未知母之存否。今近焉，请以遗之⑨。”使尽之，而为之箪食与肉⑩，寘诸橐以与之⑪。既而与为公介⑫，倒戟以御公徒而免之。问何故，对曰：“翳桑之饿人也。”问其名居，不告而退，遂自亡也。

乙丑，赵穿攻灵公于桃园⑬。宣子未出山而复。大史书曰⑭：“赵盾弑其君”，以示于朝。宣子曰：“不然。”对曰：“子为正卿，亡不越竟，反不讨贼⑮，非子而谁？”宣子曰：“乌呼⑯！《诗》曰：‘我之怀矣，自诒伊戚⑰。’其我之谓矣。”

孔子曰：“董狐，古之良史也，书法不隐⑱。赵宣子，古之良大夫也，为法受恶⑲。惜也，越竟乃免。”

宣子使赵穿逆公子黑臀于周而立之⑳。壬申，朝于武宫㉑。

申包胥如秦乞师㉒

初，伍员与申包胥友㉓。其亡也，谓申包胥曰：“我必复楚国㉔。”申包胥曰：“勉之！子能复之，我必能兴之。”及昭王在随㉕，申包胥如秦乞师㉖，曰：“吴为封豕、长蛇㉗，以

---

① 三爵：三巡。爵：古时的酒器。
② 嗾（sǒu）：唤狗的声音。獒（áo）：猛犬。
③ 死之：为之死。之：指赵盾。
④ 田：打猎。首山：首阳山，在今山西永济东南。
⑤ 舍，住宿。翳（yì）桑：首山附近的地名。
⑥ 灵辄：人名，晋国人。
⑦ 食（sì）之：给他东西吃。
⑧ 宦（huàn）：给人当奴仆。
⑨ 遗（wèi）：送给。
⑩ 箪（dān）：盛饭的圆筐。食：饭。
⑪ 橐（tuó）：两头有口的口袋，用时以绳扎紧。
⑫ 与：参加，介：甲指甲士。
⑬ 赵穿：晋国大夫，赵盾的堂兄弟。
⑭ 大史：太史，掌记国家大事的史官。这里指晋国史官董狐。书：写。
⑮ 竟：同“境”。贼：弑君的人，指赵穿。
⑯ 乌呼：感叹词，同“呜呼”，啊。
⑰ 怀：眷恋。诒：同“贻”，留下。伊：语气词。
⑱ 良史：好史官。书法：记事的原则。隐：隐讳，不直写。
⑲ 恶：指弑君的恶名。
⑳ 逆：迎，公子黑臀：即晋成公，文公之子，襄公之弟，名黑臀。
㉑ 武宫：晋武公的宗庙，在曲沃。
㉒ 本文选自《左传·定公四年》。吴师入郢，昭王奔随。申包胥如秦乞师，七日夜哭不绝声，勺饮不入口。秦竟出兵，败吴而复楚（定四年）。作者通过对这一动人的历史事件的记载，大力表扬了申包胥高度的爱国主义精神。
㉓ 申包胥：楚国大夫，包胥是字，申是他的食邑。
㉔ 复：同“覆”，颠覆。
㉕ 昭王：楚平王的儿子，名壬。随：诸侯国名。
㉖ 如：去到，往。
㉗ 封：大。豕：野猪。

荐食上国①，虐始于楚②。寡君失守社稷，越在草莽③，使下臣告急，曰：‘夷德无厌④，若邻于君⑤，疆埸之患也⑥。逮吴之未定⑦，君其取分焉。若楚之遂亡，君之土也。若以君灵抚之，世以事君。’”秦伯使辞焉，曰：“寡人闻命矣。子姑就馆，将图而告。”对曰：“寡君越在草莽，未获所伏⑧，下臣何敢即安⑨？”立，依于庭墙而哭，日夜不绝声，勺饮不入口七日。秦哀公为之赋《无衣》⑩。九顿首而坐，秦师乃出。

伍员谏许越平⑪

吴王夫差败越于夫椒⑫，报槜李也⑬。遂入越。越子以甲楯五千保于会稽⑭，使大夫种因吴大宰嚭以行成⑮。吴子将许之。伍员曰：“不可。臣闻之：‘树德莫如滋，去疾莫如尽⑯。’昔有过浇杀斟灌以伐斟鄩⑰，灭夏后相⑱。后缗方娠⑲，逃出自窦⑳，归于有仍㉑，生少康焉。为仍牧正㉒，惎浇能戒之㉓。浇使椒求之㉔，逃奔有虞㉕，为之庖正㉖，以除其害㉗。虞思于是妻之以二姚㉘，而邑诸纶㉙。有田一成㉚，有众一旅㉛，能布其德，而兆其

---

① 荐：多次。食：侵食。
② 虐：侵害，残害。
③ 越，流亡。
④ 夷：指吴国。德：这里指贪心。厌：满足。
⑤ 邻；接邻。
⑥ 疆埸：边界。
⑦ 逮：及，趁。
⑧ 所伏：藏身之地，安身之地。
⑨ 即安：到适当的地方去，指“就馆”。
⑩ 《无衣》：《诗·秦风》中的篇名。
⑪ 本文选自《左传·哀公元年》。伍子胥是个清醒的政治家、军事家，具有理性的精神和现实主义态度。他识破了越国在兵临城下之时通过媾和来保存实力的意图，援引历史教训来告诉吴王夫差，却未被采纳。
⑫ 夫差：吴王阖庐的儿子。越：诸侯国名，姓姒，国都在会稽，即今浙江绍兴。夫椒：越国地名，在今江绍兴北。
⑬ 槜（zuì）李：越国地名，在今浙江绍兴北。吴王阖庐在这里被越国打败，受伤而死。
⑭ 越子：越国国君勾践。楯：同“盾”。甲楯：指全副武装的士兵。会稽：山名，在今浙江绍兴东南十二里。
⑮ 种：文种，越国的大夫，楚国人。嚭（pǐ）：伯嚭，伯州犁的孙子，吴国的太宰，楚国人。
⑯ 这两句话后被收入《古文尚书·泰誓》。滋：长，多。尽：彻底。
⑰ 有过：古代的国名，在今山东掖县北。浇：有过国的国君。斟灌、斟鄩：夏的同姓诸侯。
⑱ 夏后相：夏朝的国君，夏朝第五代君主。
⑲ 后缗：相的妻子。娠：怀孕。
⑳ 窦：洞，孔。
㉑ 有仍：古代诸侯国名，后缗的娘家，在今山东的济宁。
㉒ 牧正：管理畜牧的官。
㉓ 惎：忌恨。戒：提防。
㉔ 椒：浇的臣子。
㉕ 有虞：古代诸侯国名，姓姚，在今山西永济。
㉖ 庖正：管理膳食的官。
㉗ 除：避免。
㉘ 二姚：指有虞国君虞思的两个女儿，虞是姚姓国，所以称二姚。
㉙ 邑诸纶：把纶邑封给他。纶，在今河南虞城东南。
㉚ 成：十平方里为一成。
㉛ 旅：五百人为一旅。

谋①，以收夏众，抚其官职。使女艾谍浇②，使季杼诱豷③。遂灭过、戈，复禹之绩，祀夏配天，不失旧物④。今吴不如过，而越大于少康，或将丰之⑤，不亦难乎？勾践能亲而务施，施不失人，亲不弃劳。与我同壤，而世为仇雠⑥。于是乎克而弗取，将又存之，违天而长寇仇，后虽悔之，不可食已⑦。姬之衰也⑧，日可俟也。介在夷蛮，而长寇仇⑨，以是求伯⑩，必不行矣。”弗听。退而告人曰：“越十年生聚⑪，而十年教训⑫，二十年之外，吴其为沼乎⑬！”三月，越及吴平。

学习建议

1.《左传》的民本思想比《国语》“民神并重，先民后神”和“论及君民，以民为主”的思想有所进步。试对这两者进比较分析。

2. 搜集背诵《左传》中的名言警句，如：“祭祀以为人也。民，神之主也。用人，其谁飨之？……得死为幸”（《僖公十九年》）；“国之兴也，视民如伤，是其福也。其亡也，以民为土芥，是其祸也”（《哀公元年》）等。

3. 延伸阅读篇目：

《桓公六年》、《僖公三十三年》、《宣公九年》、《宣公十二年》、《成公二年》、《襄公十四年》、《襄公二十五年》、《哀公元年》。

---

① 兆：开始。
② 女艾：少康的儿子。
③ 豷（yì）：浇的弟弟，戈国国君。
④ 旧物：指夏代原来的典章制度。
⑤ 丰：壮大。
⑥ 同壤：同处一方，国土相连。
⑦ 食：消除。
⑧ 姬：指吴国。吴国为姬姓国家。
⑨ 介：处在……中间。夷蛮：指楚国和越国。
⑩ 伯：同“霸”。
⑪ 生聚：养育人民和积聚财富。
⑫ 教训：教育和训练。
⑬ 外：后。为沼：变为湖沼，意思是国家灭亡。

国　语

导读

《国语》是古代国别体史料汇编。旧传为春秋时左丘明撰，现一般认为是先秦史家编纂各国史料而成。全书共21卷，分《周语》、《鲁语》、《齐语》、《晋语》、《郑语》、《楚语》、《吴语》、《越语》八个部分，其中《晋语》的篇幅最长，史料最多。全书起自周穆王，终于鲁悼公，以记述西周末年至春秋时期各国贵族言论为主，因其内容可与《左传》相参证，所以有《春秋外传》之称。

《国语》的思想比较驳杂。它重在纪实，所以表现出来的思想也随所记之人、所记之言不同而各异。如《鲁语》记孔子语则含有儒家思想；《齐语》记管仲语则谈霸术；《越语》写范蠡尚阴柔、持盈定倾、功成身退，带有道家色彩。《国语》与《左传》、《史记》不同，作者不加“君子曰”或“太史公曰”一类评语。所以作者的主张并不明显，比较客观。

就文学价值而言，《国语》虽不及《左传》，但比《尚书》、《春秋》等历史散文还是有所发展和提高的。作者比较善于选择历史人物的一些精彩言论，来反映和说明某些社会问题。如《周语》“召公谏厉王弭谤”一节，通过召公之口，阐明了“防民之口，甚于防川”的著名论题。《国语》在叙事方面，亦时有缜密、生动之笔。如《晋语》记优施唆使骊姬谗害申生；《吴语》和《越语》记载吴越两国斗争始末，多为《左传》所不载，文章波澜起伏，为历代传诵之名篇。又《晋语》记董叔将娶于范氏，似绝妙的讽刺小品。《国语》所载朝聘、飨宴、辩诘、应对之辞，有些部分写得较精练、真切。由于原始史料的来源不同，《国语》本身的文风不很统一，诚如崔述所说：“周鲁多平衍，晋楚多尖颖，吴越多恣放。”（《洙泗考信录·余录》）

现存最早的注本，是三国时吴国韦昭的《国语解》（其原序中提及东汉以来各家注本均已散佚），有天圣明道本（宋明道二年取天圣七年印本重刊）和公序本（宋代宋庠的《国语补音》本，庠字公序，故称）。其后有清代洪亮吉的《国语韦昭注疏》、汪远孙的《国语校注本三种》、董增龄的《国语正义》及近人徐元诰的《国语集解》。

祭公谏穆王征犬戎①

穆王将征犬戎②，祭公谋父谏曰③："不可。先王耀德不观兵。夫兵戢而时动④，动则威，观则玩，玩则无震⑤。是故周文公之《颂》曰：'载戢干戈，载櫜弓矢。我求懿德，肆于时夏，允王保之⑥。'先王之于民也，茂正其德⑦而厚其性，阜其财求⑧而利其器用，明利害之乡⑨，以文修之，使务利而避害，怀德而畏威，故能保世以滋大。

"昔我先王世后稷，以服事虞、夏。及夏之衰也，弃稷不务，我先王不窋用失其官，而自窜于戎狄之间⑩，不敢怠业，时序其德，纂修其绪⑪，修其训典，朝夕恪勤，守以敦笃⑫，奉以忠信，奕世载德⑬，不忝前人⑭。至于武王，昭前之光明而加之以慈和，事神保民，莫弗欣喜。商王帝辛，大恶于民，庶民不忍，欣戴武王，以致戎于商牧⑮。是先王非务武也，勤恤民隐⑯而除其害也。

"夫先王之制，邦内甸服，邦外侯服，侯、卫宾服⑰，蛮、夷要服，戎、狄荒服。甸服者祭，侯服者祀，宾服者享，要服者贡⑱，荒服者王。日祭、月祀、时享、岁贡、终

---

① 本文选自《国语·周语上》。周穆王为炫耀兵威，想用不供时享的名义去征讨犬戎，祭公谋父为了制止他这种错误行为，进行劝谏。祭公从"先王耀德不观兵"的传统经验出发，征引史事，说明要以德服人，不可滥用武力；再从先王规定的"五服"法制，戎狄属于"荒服"，犬戎氏的君长又并没违背"终王"之制，说明伐非其罪，朝廷是师出无名。穆王不听，出兵征讨犬戎，结果是"得四白狼，四白鹿以归。自是荒服者不至。"这真是对穷兵黩武者的绝妙讽刺。

② 穆王：西周国君，名满，昭王之子。犬戎：亦称畎戎，昆夷等，当时活动于陕西泾渭流域的一支少数民族，是殷、周西部边地的劲敌。

③ 祭（zhài）公谋父：字谋父，周公的后代，当时在朝廷中担任卿士。因封于祭（今河南荥阳东北），故称祭公。

④ 戢（jí）：聚集。时动：按一定的季节行动。

⑤ 震：惧，惧怕。

⑥ 周文公之颂：周文公指周公。此处所引诗出于《诗·周颂·时迈》，此诗相传是周公为颂扬武王伐纣而作，故称周文公之颂。载：语助词。櫜（gāo）：收藏弓箭的袋子。懿德：美德。夏：中国。时：是，这。允：相信。

⑦ 茂：同"懋"，勉励。

⑧ 阜：大，多。

⑨ 乡（xiàng）：趋向。

⑩ 后稷：上古时掌农事的官名，相传周王室的始祖曾长期担任此职。虞夏：古史传说中商以前的两个朝代名。不窋（kū）：周王室先祖，弃之子，曾在夏朝末年任农官。戎翟：即戎、狄。

⑪ 纂（zuǎn）：同"缵"，继承。绪：先人留下的事业。

⑫ 恪（kè）：恭谨。敦：忠厚，勤勉。

⑬ 奕（yì）世：累世。

⑭ 忝（tiǎn）：辱，有愧于。

⑮ 武王：即周武王，名发，文王之子。他曾率诸侯灭商，是西周王朝的开国君主。商王帝辛：即殷商的末代国君纣王。商牧：指商都近郊的牧野（今河南淇县），商王朝军队曾与周武王率领的诸侯联军在此决战。

⑯ 隐：痛苦。

⑰ 邦内、邦外、侯、卫：国都四面五百里以内的区域称邦内。五百里至一千里称邦外，一千里至一千五百里称侯卫。甸服：据《书·禹贡》记载，古代王畿外围的地方，以五百里为率依次分为五等，由王直辖的方圆千里区域为甸服；甸服以外五百里为侯服，由王分封给诸侯；侯服以外的五百里为绥服（此处称宾服），是介于诸侯和边疆之间的区域；宾服之外为要服，荒服，是王朝影响能及的边地。

⑱ 享：献。要：音 yāo。

王，先王之训也①。有不祭则修意，有不祀则修言，有不享则修文，有不贡则修名，有不王则修德，序成而有不至则修刑。于是乎有刑不祭，伐不祀，征不享，让不贡，告不王。于是乎有刑罚之辟②，有攻伐之兵，有征讨之备，有威让之令，有文告之辞。布令陈辞而又不至，则增修于德无勤民于远③，是以近无不听，远无不服④。

“今自大毕、伯士之终也⑤，犬戎氏以其职来王。天子曰：‘予必以不享征之，且观之兵。’其无乃废先王之训而王几顿乎⑥！吾闻夫犬戎树惇，帅旧德⑦而守终纯固，其有以御我矣！”

王不听，遂征之，得四白狼、四白鹿以归。自是荒服者不至。

邵公谏厉王弭谤[⑧]

厉王虐⑨，国人谤王⑩。邵公告王曰⑪：“民不堪命矣！”王怒，得卫巫⑫，使监谤者。以告，则杀之。国人莫敢言，道路以目⑬。

王喜，告邵公曰：“吾能弭谤矣⑭，乃不敢言。”

邵公曰：“是障之也。防民之口，甚于防川。川壅而溃⑮，伤人必多，民亦如之。是故为川者决之使导，为民者宣之使言⑯。故天子听政⑰，使公卿至于列士献诗⑱，瞽献曲⑲，史献书，师箴⑳，瞍赋，矇诵，百工谏㉑，庶人传语㉒，近臣尽规，亲戚补察，瞽、史教诲，

---

① 祭、祀、享：都是祭礼，但层次不同，规格不同。贡：进贡物品。王：朝觐，只新王即位时来朝。

② 辟：法令，条例。

③ 勤民：劳苦于人民。

④ 近：指诸侯国。远：指偏远蕃国。

⑤ 大毕、伯仕：据韦昭注说，他们是犬戎族的首领。

⑥ 顿：败坏。

⑦ 帅：同“率”，遵循。

⑧ 本文选自《国语·周语上》。本文记载了周厉王暴虐，还严禁国人议论。邵公劝谏暴君周厉王的说辞，深刻地阐明了“防民之口甚于防川”的道理。厉王坚决不改，最后被起义的百姓驱逐到彘地。本文生动地记录了邵公进谏的说辞，并对这一历史事件的始末作了扼要的记述。文章结构谨严，说辞气势充沛，语言生动，譬喻恰切，很具说服力。

⑨ 厉王：西周国君，名胡，周恭王的曾孙。

⑩ 国人：当时对居于国都的人的通称。这些人一般是自由民，有参与议论国事的权利。

⑪ 邵公：亦作“召公”。西周初召公奭的后代，名虎，当时在朝廷中担任卿士。因封于召（今陕西岐山西南），故称召公。

⑫ 卫巫：卫地（今河南淇县一带）的巫师。

⑬ 以目：以目示意。

⑭ 弭（mǐ）：音未，止，消除。

⑮ 壅（yōng）：堵塞。

⑯ 宣：疏通，开导。

⑰ 听政：处理政事。

⑱ 公卿：三公九卿，朝廷的高级官员。列士：上士、中士、下士，朝廷的低级官员。

⑲ 瞽（gǔ）：盲人。这里指乐官。瞍（sǒu）、矇，均指盲人。韦昭注谓“无眸子曰瞍”，“有眸子而无见曰蒙”。

⑳ 师：少师，一种乐官。《周礼》以之为教国子之官。箴（zhēn）：一种具有劝诫意义的韵文。

㉑ 百工：指百官，主管营建制造等事务的官职。

㉒ 庶人：平民。

耆、艾修之①，而后王斟酌焉，是以事行而不悖。民之有口，犹土之有山川也，财用于是乎出；犹其原隰之有衍沃也②，衣食于是乎生。口之宣言也，善败于是乎兴。行善而备败，其所以阜财用、衣食者也。夫民虑之于心而宣之于口，成而行之，胡可壅也③？若壅其口，其与能几何？”

王不听，于是国人莫敢出言，三年，乃流王于彘④。

虢文公谏宣王不籍千亩⑤

宣王即位，不籍千亩⑥。虢文公谏曰⑦：“不可。夫民之大事在农，上帝之粢盛于是乎出⑧，民之蕃庶于是乎生，事之供给于是乎在，和协辑睦于是乎兴，财用蕃殖于是乎始，敦庬纯固于是乎成，是故稷为大官⑨。古者，太史顺时覛土⑩，阳瘅愤盈，土气震发，农祥晨正⑪，日月底于天庙⑫，土乃脉发。”

“先时九日，太史告稷曰：‘自今至于初吉⑬，阳气俱蒸，土膏其动。弗震弗渝，脉其满眚，谷乃不殖⑭。’稷以告王曰：‘史帅阳官以命我司事曰⑮：距今九日，土其俱动，王其祗祓⑯，监农不易。’王乃使司徒咸戒公卿、百吏、庶民⑰，司空除坛于籍⑱，命农大夫咸戒农用⑲。”

“先时五日，瞽告有协风至，王即斋宫⑳，百官御事，各即其斋三日。王乃淳濯飨醴㉑，

---

① 耆（qí）艾：年六十为耆，五十为艾。

② 原：宽阔平坦的土地。隰（xí）：低下潮湿的土地。衍：低下平坦的土地。沃：有河流可资灌溉的土地。

③ 胡：何，怎么，疑问词。

④ 彘（zhì）：地名，在今山西霍县。

⑤ 本文选自《国语·周语上》。本文记叙周宣王废籍田制，不籍千亩。卿士虢文公加以规谏，阐明农业的重要性，周人的重农历史，籍田的仪式，以及废除籍田的危害性。宣王不听忠告，被姜戎击败。

⑥ 籍：指籍田，即古代统治者在每年春季进行象征性耕田的仪式。千亩，天子耕籍田为千亩。又地名千亩，在今山西介休南，当因周天子耕籍田得名。

⑦ 虢（guó）文公：周文王弟弟虢叔的后代，因其被封于虢（今河南荥阳，一说今陕西宝鸡），死后之谥为“文”，故名。

⑧ 粢盛（zī chéng）：供祭祀的谷物。

⑨ 大官，汪远孙《国语发正》谓当为“天官”。

⑩ 太史：掌管国家典籍，星历和祭祀的官员。覛（mì）：视，察。

⑪ 瘅（dàn）：厚。愤盈：充积盈满。农祥：指二十八宿中的房宿。晨正：指房星在正月中晨出现于南天。古人以此作为立春到来的标志。

⑫ 底：至。天庙：指二十八宿中的室宿和壁宿，当时每到正月，日、月都出现在这一带。

⑬ 初吉：农历每月的朔日（初一），一说指初一至初七、八。

⑭ 渝：变。眚（shěng）：灾病。殖：繁殖，生长。

⑮ 阳官：指负责祭祀的官员。

⑯ 祗（zhī）：恭敬。祓（fú）：除灾祈福的仪式。

⑰ 司徒：掌管国家的土地和人民的官员。

⑱ 司空：掌管工程营造的官员。

⑲ 农用：农耕用具。

⑳ 斋宫：举行祭祀仪式前斋戒的场所。

㉑ 飨醴（xiǎng lǐ）：饮甜酒。

及期，郁人荐鬯①，牺人荐醴②，王祼鬯③，飨醴乃行，百吏、庶民毕从。及籍，后稷监之，膳夫、农正陈籍礼④，太史赞王，王敬从之。王耕一坺⑤，班三之，庶民终于千亩。其后稷省功，太史监之；司徒省民，太师监之⑥。毕，宰夫陈飨⑦，膳宰监之⑧。膳夫赞王，王歆大牢⑨，班尝之，庶人终食。”

“是日也，瞽帅音官以风土⑩。廪于籍东南⑪，钟而藏之，而时布之于农。稷则遍诫百姓，纪农协功，曰：‘阴阳分布⑫，震雷出滞⑬，土不备垦，辟在司寇⑭。’乃命其旅曰：‘徇。’农师一之，农正再之，后稷三之，司空四之，司徒五之，太保六之⑮，太师七之，太史八之，宗伯九之⑯，王则大徇。耨获亦如之⑰。民用莫不震动，恪恭于农，修其疆畔，日服其镈⑱，不解于时，财用不乏，民用和同。

“是时也，王事唯农是务，无有求利于其官，以干农功，三时务农而一时讲武⑲，故征则有威，守则有财。若是，乃能媚于神而和于民矣，则享祀时至而布施优裕也。

今天子欲修先王之绪而弃其大功，匮神乏祀而困民之财，将何以求福用民？”

王不听。三十九年，战于千亩，王师败绩于姜氏之戎⑳。

内史过论神㉑

十五年㉒，有神降于莘㉓。王问于内史过㉔，曰：“是何故？固有之乎？”对曰：“有

---

① 郁人：掌管酒器的官员。鬯（chàng）：祭祀用的香酒。
② 牺人：负责供应酒醴的官员。
③ 祼（guàn）：酌酒灌地的祭礼。三时：指春，夏，秋三季。下文的“一时”，指冬季。
④ 膳夫：负责供应王饮食的官员。
⑤ 王耕一坺（fá）：天子用一耒耜单独翻了一下土地。
⑥ 太师：负责军事的高级武官，一说是辅弼国君的高级官员。
⑦ 宰夫：负责调制食品的官员。
⑧ 膳宰：掌管膳食的长官。
⑨ 歆（xīn）：享用。太牢：牛，羊，猪三牲具备的祭品，宴品。
⑩ 风土：韦昭注谓“风土，以音律省土风，风气和则土气养也”。
⑪ 廪（lǐn）：粮仓。东南：古人以东南方为生长的方位，所以把粮仓建于此。
⑫ 阴阳分布：指日夜等长，即后来二十四节气中的春分。
⑬ 出滞：冬眠的动物开始活动。后来二十四节气中的惊蛰即据此命名。
⑭ 司寇：负责刑法的官员。
⑮ 太保：辅弼国君的高级官员。
⑯ 宗伯：掌管礼仪的官员。
⑰ 耨（nòu）获：锄草和收获。
⑱ 镈（bó）：翻土的农具。
⑲ 三时：指春，夏，秋三季。下文的“一时”，指冬季。
⑳ 姜氏之戎：当时活动于周西部边地的少数民族之一。
㉑ 本文选自《国语·周语上》。本文记叙公元前 662 年，有神现形于莘地一事，内史过与周惠王关于神的一番对话。内史过认为鬼神现身降临，可以预示国家的兴亡衰替，但到底降的是福是祸是吉是凶，却要看君主的德行而定。现在因虢君失德，神降临在虢国的莘地，预言虢将要亡国，可见仍是以人事为先。
㉒ 十五年：周惠王十五年（公元前 662 年）。
㉓ 莘（shēn）：在今河南陈留东北。当时在虢的境内。
㉔ 内史过：韦昭注云“内史，周大夫，过，其名也，掌爵禄废置及策命诸侯，孤，卿，大夫也”。

之。国之将兴，其君齐明、衷正、精洁、惠和，其德足以昭其馨香，其惠足以同其民人。神飨而民听，民神无怨，故明神降之，观其政德而均布福焉。国之将亡，其君贪冒、辟邪、淫佚、荒怠、粗秽、暴虐；其政腥臊，馨香不登；其刑矫诬，百姓携贰。明神不蠲而民有远志，民神怨痛，无所依怀，故神亦往焉，观其苛慝而降之祸①。是以或见神以兴，亦或以亡。昔夏之兴也，融降于崇山②；其亡也，回禄信于聆隧③。商之兴也，梼杌次于丕山④；其亡也，夷羊在牧⑤。周之兴也，鸑鷟鸣于岐山⑥；其衰也，杜伯射王于鄗⑦。是皆明神之志者也。”

王曰：“今是何神也？”对曰：“昔昭王娶于房⑧，曰房后，实有爽德，协于丹朱⑨，丹朱凭身以仪之，生穆王焉。是实临照周之子孙而祸福之。夫神壹不远徙迁，若由是观之，其丹朱之神乎？”王曰：“其谁受之？”对曰：“在虢土。”王曰：“然则何为？”对曰：“臣闻之：道而得神，是谓逢福；淫而得神，是谓贪祸。今虢少荒，其亡乎？”王曰：“吾其若之何？”对曰：“使太宰以祝、史帅狸姓⑩，奉牺牲、粢盛、玉帛往献焉，无有祈也。”

王曰：“虢其几何？”对曰：“昔尧临民以五⑪，今其胄见，神之见也，不过其物。若由是观之，不过五年。”王使太宰忌父帅傅氏及祝、史奉牺牲、玉鬯往献焉⑫。内史过从至虢，虢公亦使祝、史请土焉。内史过归，以告王曰：“虢必亡矣，不禋于神而求福焉，神必祸之；不亲于民而求用焉，人必违之。精意以享，禋也⑬；慈保庶民，亲也。今虢公动匮百姓以逞其违，离民怒神而求利焉，不亦难乎！”

十九年⑭，晋取虢。

---

① 蠲（juān）：清洁。苛慝（tè）：苛暴邪恶。

② 融：祝融，相传是黄帝的后裔，与夏人同族。古人将之尊为南方的神祇。崇山：即嵩山。

③ 回禄：火神。信：古时作战或田猎，临时住两宿为信，两宿以上为次，此处都是停留的意思。聆（qín）隧：地名。据《墨子·攻下》，汤伐夏时有天火降于“夏之城间西北隅”。聆隧当在夏都附近。

④ 梼杌（táo wù）：据韦昭注，此处的梼杌是指禹的父亲梼。但据《左传·文公十八年》，梼杌是上古颛顼氏的“不才子”，丕山：地名，韦昭注云“丕山在河东也”。

⑤ 夷羊：韦昭注云“夷羊，神兽”。

⑥ 鸑鷟（yuè zhuó）：凤的别名。

⑦ 杜伯：周大夫，其封地在杜（今陕西西安东南），故名。韦昭注云“陶唐氏之后也”。鄗（hào）：即西周国都镐京（今陕西西安以西）。韦昭注云：周宣王曾错杀杜伯，据说，杜伯的鬼魂以“朱弓，朱矢”射宣王，宣王因而去世。

⑧ 昭王：西周国君，名瑕，周康王之子。房：国名，都邑在今河南遂平。

⑨ 丹朱：相传是上古时尧的不肖子。

⑩ 太宰：韦昭注云“太宰，王卿也，掌祭祀之式，玉币之事”。祝：韦昭注云“太祝也，掌祈福祥”。狸姓：丹朱的后代，亦即后文的“傅氏”。

⑪ 尧：传说中原始末期的部落联盟首领，亦称陶唐氏，唐尧。

⑫ 忌父：周公的后代。玉鬯（chàng）：祭祀时盛酒的玉器。

⑬ 禋：虔诚地祭祀。

⑭ 十九年：周惠王十九年（公元前658年）。

内史过论晋惠公必无后①

襄王使邵公过及内史过赐晋惠公命②，吕甥、郤芮相晋侯不敬③，晋侯执玉卑④，拜不稽首⑤。

内史过归，以告王曰："晋不亡，其君必无后。且吕、郤将不免。"王曰："何故？"对曰："《夏书》有之曰⑥：'众非元后⑦，何戴？后非众，无与守邦。'在《汤誓》曰⑧：'余一人有罪，无以万夫；万夫有罪，在余一人。'在《盘庚》曰⑨：'国之臧，则惟女众。国之不臧，则惟余一人，是有逸罚。'如是则长众使民，不可不慎也⑩。民之所急在大事，先王知大事之必以众济也，是故祓除其心，以和惠民，考中度衷以莅之，昭明物则以训之，制义庶孚以行之⑪。祓除其心，精也；考中度衷，忠也；昭明物则，礼也；制义庶孚，信也。然则长众使民之道，非精不和，非忠不立，非礼不顺，非信不行。今晋侯即位而背外内之赂⑫，虐其处者，弃其信也；不敬王命，弃其礼也；施其所恶，弃其忠也；以恶实心，弃其精也。四者皆弃，则远不至而近不和矣，将何以守国？"

"古者，先王既有天下，又崇立上帝，明神而敬事之，于是乎有朝日、夕月以教民事君⑬。诸侯春秋受职于王以临其民，大夫、士日恪位著以儆其官⑭，庶人、工、商各守其业

---

① 本文选自《国语·周语上》。晋惠公靠出卖国家利益返国为君，登上统治地位后，立身行事不修君德。在道义上，背弃内外诺言，疏远邻国，亏待大臣，不讲信用和忠恕；在礼仪上，废弃贽礼，不敬天子，淫纵邪恶，失掉民心。内史过根据他的所作所为，认为他即使不亡国也会绝后，后来果然如此。内史过对身处显位者不以精、忠、礼、信立身行事，不是"亹亹怵惕，保任戒惧"、小心谨慎地事君保民，反而"淫纵其身"，不知约束自己的批评，在今天还有一定的鉴戒意义。

② 襄王：东周国君，名郑，公元前 651 年—公元前 619 年在位。邵公过：周大臣，即西周厉王时大臣邵公的后裔，名过。晋惠公：晋国君，名夷吾，公元前 650 年—公元前 637 年在位。命：韦昭注云"命，瑞命也。诸侯即位，天子赐之命圭以为瑞节也。"

③ 吕甥：亦作"吕省"，晋大夫。后文的"子金"亦指他，郤（xì）芮：亦作"冀芮"，晋大夫。后文的"子公"亦指他。其祖辈的封地在郤（今山西沁水下游一带），而本人的封地在冀（今山西稷山），故名。相：此指随从晋君参加受命礼仪。

④ 执玉卑：玉指诸侯行礼时所执的玉圭。卑是低下的意思，据当时礼节，执礼器应平正适中。

⑤ 稽首：跪拜时头触地，这是古人最尊敬的礼节。

⑥ 《夏书》：它与后文引述的《汤誓》，《盘庚》等都是古代的政府文书，其中一部分被后人编为《尚书》，后来列为儒家经典。此处所引的《夏书》不见于今本《尚书》。

⑦ 后：指君王。

⑧ 《汤誓》：商王成汤讨伐夏桀时的誓师辞。

⑨ 《盘庚》：商王盘庚迁都时对官员，百姓的训辞。

⑩ 长（zhǎng）众：领导民众。

⑪ 祓（fú）除：古代一种除灾祈福的仪式。度（duó）衷：忖度他人的内心。莅（lì）：临。

⑫ 晋侯即位而背外内之赂：晋献公（公元前 676 年—公元前 651 年）宠爱幼子奚齐，将太子申生杀死，另外两个儿子夷吾（即晋惠公），重耳（即晋文公）逃奔他国。献公去世后，夷吾贿赂晋大夫里克，丕郑以为内应，在秦国帮助下回国复位，继位后却背弃了原先答应给予秦国土地的诺言，并杀死了里克，丕郑（下文的"虐其处者"亦指此事）。参见本书《晋语》有关篇章。

⑬ 朝日，夕月：早晨祭祀日，晚上祭祀月。

⑭ 位著：韦昭注云"中廷之左右曰位，门屏之间曰著也"。

以共其上。犹恐有坠失也，故为车服、旗章以旌之①，为贽币、瑞节以镇之②，为班爵、贵贱以列之，为令闻嘉誉以声之。犹有散、迁、解、慢而著在刑辟，流在裔土，于是乎有蛮、夷之国③，有斧钺、刀墨之民④，而况可以淫纵其身乎？”

“夫晋侯非嗣也⑤，而得其位，亹亹怵惕，保任戒惧，犹曰未也⑥。若将广其心而远其邻，陵其民而卑其上，将何以固守？

夫执玉卑，替其贽也；拜不稽首，诬其王也。替贽无镇，诬王无民。夫天事恒象，任重享大者必速及，故晋侯诬王，人亦将诬之；欲替其镇，人亦将替之。大臣享其禄，弗谏而阿之，亦必及焉⑦。”

襄王三年而立晋侯，八年而陨于韩⑧，十六年而晋人杀怀公⑨。怀公无胄，秦人杀子金、子公。

展禽论祭爰居非政之宜⑩

海鸟曰“爰居”，止于鲁东门之外三日，臧文仲使国人祭之。展禽曰：“越哉⑪，臧孙之为政也！夫祀，国之大节也；而节，政之所成也。故慎制祀以为国典。今无故而加典，非政之宜也。

“夫圣王之制祀也，法施于民则祀之，以死勤事则祀之，以劳定国则祀之，能御大灾则祀之，能扞大患则祀之。非是族也，不在祀典。昔烈山氏之有天下也⑫，其子曰柱，能殖百谷百蔬；夏之兴也，周弃继之⑬，故祀以为稷。共工氏之伯九有也⑭，其子曰后土，能平九土⑮，故祀以为社。黄帝能成命百物⑯，以明民共财，颛顼能修之⑰，帝喾能序三辰以固民⑱，尧

---

① 为车服，旗章以旌之：在车辆，服饰和旗帜上区分上下贵贱的等级。

② 贽币、瑞节：贽币是古人见面时所送礼物，瑞节是有官爵者所执的礼器，这两种东西对于不同身份等级的人各有区别。

③ 蛮夷之国：泛指边远地区的少数民族和周边的邻国。古人以中央之国自居，认为边远地区的民族和国家都是“化外之地”，文明程度低于中原。

④ 斧钺（yuè），刀墨：泛指古代用以罚罪的刑罚，如大辟（斩首），墨刑（用刀刻划皮肤涂黑）等。

⑤ 非嗣：重耳比晋惠公年长，根据古人“无嫡立长”的原则，在献公去世，太子申生被杀后，应该由重耳继任国君。

⑥ 亹亹（wěi）：勤勉地。怵（chù）惕：警惕戒惧。保任：保位守职。

⑦ 阿（ē）：阿谀附从。

⑧ 八年而陨于韩：指晋惠公在公元前645年秦晋韩原之战中战败被秦军俘虏。

⑨ 十六年而晋人杀怀公：晋惠公去世后，由其子子圉继位（即怀公），晋人杀死怀公迎纳重耳归国继位。

⑩ 本文选自《国语·鲁语上》。记叙执政卿臧文仲让人们去祭祀海鸟爰居，遭到展禽的批评，他认为祭祀是国家大事，要重视，但不可淫祀（滥设祭祀），应该是“法施于民则祀之，以死勤事则祀之，以劳定国则祀之，能御大灾则祀之，能扞大患则祀之”，也就是只有为人民建立了功劳，对历史文化有卓越贡献的人，比如，黄帝、尧、舜、鲧、禹、契、冥、商汤、后稷、周文王、周武王等才配成为祭祀的对象。这实质上是以“人事”为着眼点，以“神事”为附庸物，以戒后人。展禽：即柳下惠（季），鲁大夫。

⑪ 越：指越礼。

⑫ 烈山氏：即神农氏。

⑬ 弃：传说为周之始祖，尧舜时农官。

⑭ 共工氏：传说不一，一说为水官。九有：即九州。

⑮ 九土：九州的土地。社：土地神。

⑯ 命：名。成命：定百物之名。

⑰ 颛顼（zhuān xū）：即高阳氏，黄帝之孙。

⑱ 帝喾（kù）：即高辛氏，黄帝之曾孙。三辰：日、月、星。固：安定。

能单均刑法以仪民①，舜勤民事而野死，鲧鄣洪水而殛死，禹能以德修鲧之功，契为司徒而民辑②，冥勤其官而水死③，汤以宽治民而除其邪，稷勤百谷而山死④，文王以文昭，武王去民之秽。故有虞氏禘黄帝而祖颛顼，郊尧而宗舜；夏后氏禘黄帝而祖颛顼，郊鲧而宗禹；商人禘舜而祖契，郊冥而宗汤；周人禘喾而郊稷，祖文王而宗武王；幕，能帅颛顼者也，有虞氏报焉⑤；杼，能帅禹者也，夏后氏报焉；上甲微，能帅契者也，商人报焉；高圉、大王，能帅稷者也，周人报焉。凡禘、郊、祖、宗、报，此五者国之典祀也。

"加之以社稷山川之神，皆有功烈于民者也；及前哲令德之人，所以为明质也⑥；及天之三辰，民之所以瞻仰也；及地之五行⑦，所以生殖也；及九州名山川泽，所以出财用也。非是不在祀典。

"今海鸟至，己不知而祀之，以为国典，难以为仁且智矣。夫仁者讲功，而智者处物。无功而祀之，非仁也；不知而不能问，非智也。今兹海其有灾乎？夫广川之鸟兽，恒知而避其灾也。"

是岁也，海多大风，冬暖。文仲闻柳下季之言，曰："信吾过也。季子之言不可不法也。"使书以为三筴⑧。

夏父弗忌改昭穆之常⑨

夏父弗忌为宗⑩，蒸将跻僖公⑪。宗有司曰："非昭穆也⑫。"曰："我为宗伯，明者为昭，其次为穆，何常之有！"有司曰："夫宗庙之有昭穆也，以次世之长幼，而等胄之亲疏也。夫祀，昭孝也。各致齐敬于其皇祖，昭孝之至也⑬。故工史书世⑭，宗祝书昭穆⑮，犹恐其逾也。今将先明而后祖，自玄王以及主癸莫若汤⑯，自稷以及王季莫若文、武⑰，商、周之蒸也，未尝跻汤与文、武，为不逾也。鲁未若商、周而改其常，无乃不可乎？"弗听，

---

① 单：通"殚"，尽。仪：善。
② 契（xiè）：传说为商之始祖。辑：和。
③ 冥：契六世孙，夏时水官。
④ 稷：即弃。
⑤ 禘（dì）、祖、郊、宗、报：均为祭礼名。帅：遵循。
⑥ 质：信。
⑦ 五行：金、木、水、火、土。
⑧ 筴（cè）：同策，古代写字用的竹简或木板。
⑨ 本文选自《国语·鲁语上》。记叙夏父弗忌在宗庙祭祀时，不听宗有司劝阻，不按昭穆顺序，随心所欲地把鲁僖公的神主列在先为国君的鲁闵公之上，违背宗法礼制的史实。刻画了一个主观武断、刚愎自用者的形象。
⑩ 夏父弗忌：鲁国大夫，夏父展的后代。夏父，复姓；弗忌，名。宗：即宗伯，官名。主掌国家祭祀之礼。
⑪ 跻（jī）：升。
⑫ 昭穆：古代宗庙次序，以始祖庙居中，左为昭，右为穆。父为昭，子为穆。祭祀时，子孙也按此种规定排列行礼。
⑬ 齐（zhāi）敬：虔诚肃敬。
⑭ 工史：工，乐师；史，史官。
⑮ 祝：即太祝，古官名，掌祭祀祈祷。
⑯ 玄王：商族的始祖，名契。主癸：商朝开创者汤的父亲。
⑰ 稷：后稷，周族的始祖，名弃。王季：周文王的父亲。

遂跻之。

展禽曰："夏父弗忌必有殃。夫宗有司之言顺矣，僖又未有明焉。犯顺不祥，以逆训民亦不祥，易神之班亦不祥，不明而跻之亦不祥。犯鬼道二，犯人道二。能无殃乎?"侍者曰："若有殃焉在? 抑刑戮也，其夭札也①?"曰："未可知也。若血气强固，将寿宠得没，虽寿而没，不为无殃②。"既其葬也，焚，烟彻于上。

里革断宣公罟而弃之③

宣公夏滥于泗渊④。里革断其罟而弃之，曰："古者大寒降，土蛰发⑤，水虞于是乎讲罛罶⑥，取名鱼⑦，登川禽⑧，而尝之寝庙，行诸国人，助宣气也⑨。鸟兽孕，水虫成，兽虞于是乎禁罝罗⑩，矠鱼鳖以为夏犒，助生阜也⑪。鸟兽成，水虫孕，水虞于是乎禁罜䍡，设阱鄂⑫，以实庙庖，畜功用也。且夫山不槎蘖⑬，泽不伐夭⑭，鱼禁鲲鲕⑮，兽长麑麇⑯，鸟翼鷇卵⑰，虫舍蚳蝝⑱，蕃庶物也⑲，古之训也。今鱼方别孕，不教鱼长，又行网罟，贪无艺也。"

公闻之曰："吾过而里革匡我，不亦善乎！是良罟也，为我得法。使有司藏之，使吾无忘谂⑳。"师存侍，曰："藏罟不如置里革于侧之不忘也。"

---

① 札（zhá）：瘟疫。

② 寿宠：老寿而保宠。没：通"殁"，死亡。

③ 本文选自《国语·鲁语上》。记叙鲁宣公贪得无厌，在鱼分群产卵时下网捕鱼，破坏生态平衡，里草强行谏阻的史实。一方面表现里革坦荡无私，勇于任事，敢于谏诤；一方面表现了鲁宣公勇于接受批评，知错能改。又从另一方面说明我国古代就注意生态平衡和保护自然资源。里革：鲁国大夫，断：这里是割破的意思。罟（gǔ）；网。匡：纠正。

④ 滥：渍，浸。泗：水名，在鲁城北面。渊：深水。

⑤ 降：降下。土蛰（zhé）：动物冬眠时潜伏在土中或洞穴中不食不动的状态。这里指在地下冬眠的动物。发：奋起。这里是说醒过来，钻出土来。

⑥ 水虞：古代官名，掌管川泽禁令的官。讲：研究，练习。罛罶（gū liǔ）：渔具。罛，大鱼网。罶，捕鱼的竹笼。大口窄颈，腹大而长，无底。

⑦ 名鱼：大鱼。名，大。

⑧ 登：通"得"，求取。川禽：水中动物，如鳖蜃之类。

⑨ 尝：尝新，古代秋祭名。寝庙：古代宗庙。古代宗庙分庙和寝两部分。供祀祖宗的前殿称庙，藏祖宗衣冠的后殿称寝，合称寝庙。诸："之于"的合音，其中"之"是前面动词"行"的宾语，代上文提到的"取名鱼，登川禽"。宣：发泄，散发。气：指阳气。

⑩ 孕：怀胎。兽虞：古代官名，掌管鸟兽的禁令等。罝（jū）：捕兽的网。罗：捕鸟的网。

⑪ 矠（cuò）：刺取。犒：干枯。这里指干的鱼。阜：生长。

⑫ 罜䍡（zhǔ lù）：小鱼网。阱：为猎取野兽而设的陷坑。鄂：埋有尖木桩的陷坑，一种捕兽器。

⑬ 槎（chá）：砍。蘖（niè）：树木的嫩条。也指树木被砍伐后所生的新芽。

⑭ 泽：聚水的洼地。伐：砍伐。夭（ǎo）：指还没长成的草木。

⑮ 鲲鲕（kūn ér）：还没长成的小鱼。

⑯ 长：使成长，抚养。麑（ní）：小鹿。麇：（yǎo）：幼麋。

⑰ 翼：用翼遮护，保护。鷇（kòu）：待哺食的雏鸟。

⑱ 蚳（chí）：蚁卵。蝝（yuán）：幼蝗，是古人做酱的原料。

⑲ 蕃（fán）：繁殖，滋生。庶物：万物。

⑳ 有司：官吏。古代设官分职，各有专司，因称官吏为"有司"。谂（shěn）：规谏，劝告。

曹刿谏庄公如齐观社①

庄公如齐观社②。曹刿谏曰："不可。夫礼，所以正民也。是故先王制诸侯，使五年四王、一相朝③。终则讲于会，以正班爵之义④，帅长幼之序，训上下之则⑤，制财用之节⑥，其间无由荒怠⑦。夫齐弃太公之法而观民于社⑧，君为是举而往观之⑨，非故业也⑩，何以训民？土发而社，助时也⑪。收攟而蒸，纳要也⑫。今齐社而往观旅，非先王之训也⑬。天子祀上帝⑭，诸侯会之受命焉。诸侯祀先王、先公⑮，卿大夫佐之受事焉⑯。臣不闻诸侯相会祀也，祀又不法⑰。君举必书⑱，书而不法，后嗣何观？"公不听，遂如齐。

叔向贺贫⑲

叔向见韩宣子，宣子忧贫，叔向贺之⑳。宣子曰："吾有卿之名，而无其实，无以从二三子，吾是以忧。子贺我，何故㉑？"对曰："昔栾武子无一卒之田㉒，其宫不备其宗

---

① 本文选自《国语·鲁语上》。记叙曹刿劝谏鲁庄公不要到齐国去观看社祭的议论。他以"礼"为纲，从礼的"正民"作用出发，认为齐国祭社时使民游观，违背太公遗训；鲁庄公前往观看，违背先王诸侯不会祀礼制。违训违礼，若载之史籍，何以训民。文章观点鲜明，层次清楚，言简意赅，发人深省。但庄公不听劝谏，还是去了齐国。

② 如：到。社：祭祀土地神的节日。公元前671年，齐国借社祭为名举行阅兵，以炫耀国威，公往观之。

③ 贾侍中云："王，谓王事天子也。岁聘以志业，闲朝以讲礼，五年之间四聘于王，而一相朝。相朝者，将朝天子先相朝也。"唐尚书云："先王，谓尧也。五载一巡守，诸侯四朝。"昭谓：以尧典相参，义亦似之；然此欲以礼正君，宜用周制。周礼："中国凡五服，远者五岁而朝。"礼记曰："诸侯之于天子也，比年一小聘，三年一大聘。"五年一朝谓此也。晋文霸时亦取于此也。

④ 终：完毕，结束。讲：讲习。班爵：排列爵位尊卑。

⑤ 帅：遵循。

⑥ 财用：指职贡、贡赋。

⑦ 其间：朝会间也。

⑧ 太公：齐国的始祖太公望，以吕为氏，姜姓。

⑨ 举：动，行为。

⑩ 故业：从前先王的规定。

⑪ 土发：春分。周语曰："土乃脉发。"社者，助时祈福为农始也。

⑫ 攟（jùn）：拾。冬祭曰蒸，因祭社以纳五谷之要，休农夫。月令曰"孟冬祀于天宗，大祀于公社及门闾"。

⑬ 旅：军旅。这里指阅兵。

⑭ 上帝：上天。

⑮ 先王：谓若宋祖帝乙、郑祖厉王之属也。先公：先君。

⑯ 佐：帮助。指助祭。事：职事。

⑰ 不法：谓观民。

⑱ 书：记载。古代君王言行必书，动则左史书之，言则右史书之。

⑲ 本文选自《国语·晋语八》。韩宣子是晋国的大臣，地位很高，但财产很少，他为此发愁。叔向却因他贫困而向他祝贺，并引栾氏和郤氏两大家族的兴亡史，说明了应"忧德之不建"，而不应"患货之不足"，教育韩宣子忧德不忧贫。文章说理深刻，很有启发意义。

⑳ 叔向：晋大夫羊舌肸。韩宣子：晋国的正卿韩起。忧贫：为贫困而忧愁。

㉑ 卿（qīng）：周代天子、诸侯身边的高级官员。名：名分。实：这儿指拥有的财产。从：跟随，这儿指在一起交往。二三子：是"二三君子"的简称，一般是年高或位高之人对卑幼者的称呼，这儿是"你们诸位卿大夫"之意。是以：以是，因此。

㉒ 栾武子：晋国上卿栾书。一卒之田：春秋时期，军队一百人称"一卒"。周制，一个农夫耕田百亩。一卒之田，指一百个农夫耕种的田，即一万亩（一百顷）。这是上大夫的待遇。栾书是上卿，本应有一旅（五百人）之田，即五百顷。

器①；宣其德行，顺其宪则，使越于诸侯②，诸侯亲之，戎、狄怀之，以正晋国③，行刑不疚，以免于难④。及桓子骄泰奢侈，贪欲无艺，略则行志，假贷居贿⑤，宜及于难，而赖武之德，以没其身⑥。及怀子改桓之行，而修武之德⑦，可以免于难，而离桓之罪，以亡于楚⑧。夫郤昭子，其富半公室，其家半三军⑨，恃其富宠，以泰于国，其身尸于朝，其宗灭于绛⑩。不然，夫八郤，五大夫三卿，其宠大矣⑪，一朝而灭，莫之哀也，唯无德也⑫。今吾子有栾武子之贫，吾以为能其德矣，是以贺⑬。若不忧德之不建，而患货之不足，将吊不暇，何贺之有⑭？”宣子拜稽首焉，曰：“起也将亡，赖子存之⑮，非起也敢专承之，其自桓叔以下嘉吾子之赐⑯。”

申胥谏许越成⑰

吴王夫差乃告诸大夫曰：“孤将有大志于齐⑱，吾将许越成，而无拂吾虑⑲。若越既改，吾又何求？若其不改，反行，吾振旅焉⑳。”

---

① 宫：房子。备：置备。宗器：祭祀所用的礼器，即祭器。

② 宣：传播。宪则：国家的法度。使：动词，宾语省略（根据上下文分析，省略的宾语应是“其德”，他的德行）。越：超越，这儿指传扬。于：介词，到。

③ 亲：亲近。戎、狄：边远地区的少数民族，西方的叫戎，北方的叫狄。怀：归顺。以：连词，用法同“而”。

④ 行刑：施行法律，执行国法。刑：法度，意同上文“宪则”。疚（jiù）：病，这儿用作动词，意为出毛病。以：连词，表结果。免于难：免遭弑君之难。栾书曾杀晋厉公而立晋悼公（事见《左传·成公十八年》，即公元前573年），因执法公正，没有受到弑君的责难和惩罚。

⑤ 桓子：栾武子的儿子栾黡（yǎn）。骄泰：骄横放肆。贪欲：贪婪的欲望。无艺：无极，无餍（yàn），没有止境。略则：冒犯法律，违犯国法。行志：任意妄为，恣行贪欲之心。志，个人的欲望。假贷：借贷钱财。居贿：囤积财物，聚敛钱财。

⑥ 宜：应当。及于难：遭到灾难。而：却。赖：依靠。武：指栾武子。以：用法同“而”。没其身：过完他的一辈子。

⑦ 怀子：栾桓子的儿子栾盈。改：改变。修：修行。

⑧ 离：通“罹”（lí），遭受。以：以至于，表结果的连词。亡于楚：逃到楚国。栾桓子曾驱逐晋大夫范鞅，与范氏结下仇恨。桓子死后，范氏专权，栾盈被迫逃亡到楚国（事见《左传·襄公二十一年》，即公元前552年）。

⑨ 郤（xì）昭子：晋国的正卿郤至。富：财富。半公室：相当于国家的一半。家：指家里的臣仆。半三军：相当于全国军队的一半。三军：晋国军队分为上军、中军、下军，指全国的军队。

⑩ 恃：依仗，凭借。宠：地位尊贵。以：用法同“而”。泰：骄恣肆行。尸于朝：尸体被陈放在朝堂上。宗：宗族。绛：晋国的故都。

⑪ 八郤：八个姓郤的。五大夫三卿：郤氏家族中有五个大夫三个卿。三卿即郤锜、犨（chōu）、郤至。

⑫ 莫之哀：莫哀之，没有人同情怜悯他们。唯：只是，只因为。

⑬ 能：能够奉行。是以：以是，因此。

⑭ 若：倘若，如果。德之不建、货之不足，两个“之”都是用于主谓之间起“取消独立性”作用的助词。吊：吊唁，祭奠死者或对遭到丧事的人家表示慰问。不暇：没工夫，来不及。何贺之有：有何贺，有什么祝贺。

⑮ 拜：这儿指拜谢。稽（qǐ）首：叩头至地，古代一种非常恭敬的跪拜礼。焉：语气词。起：韩宣子之名，自称。存之：使之存，使我活下来。之：代第一人称。

⑯ 非：不是。专承：独自承受。之：代下文的“赐”，即恩惠。其：语气词，加强肯定语气。桓叔：韩氏的祖先。嘉：赞美，这儿指感谢。

⑰ 本文选自《国语·吴语》。记叙吴王夫差欲允许句践求和，楚大夫伍子胥识穿句践求和背后的险恶用心，力劝夫差一举灭越。夫差被诸稽郢的话迷惑，不听劝阻，允许与越国口头结盟，自掘坟墓。

⑱ 有大志于齐：指吴王想攻打齐国。

⑲ 而：你们。拂：违背。

⑳ 反：同“返”。振旅：兴兵，整顿军队。

申胥谏曰："不可许也。夫越非实忠心好吴也，又非慑畏吾兵甲之强也。大夫种勇而善谋，将还玩吴国于股掌之上①，以得其志。夫固知君王之盖威以好胜也②，故婉约其辞，以从逸王志③，使淫乐于诸夏之国④，以自伤也。使吾甲兵钝獘，民人离落，而日以憔悴，然后安受吾烬。夫越王好信以爱民，四方归之，年谷时熟，日长炎炎⑤。及吾犹可以战也，为虺弗摧⑥，为蛇将若何？"

吴王曰："大夫奚隆于越⑦，越曾足以为大虞乎？若无越，则吾何以春秋曜吾军士⑧？"乃许之成。

将盟，越王又使诸稽郢辞曰："以盟为有益乎？前盟口血未干，足以结信矣。以盟为无益乎？君王舍甲兵之威以临使之，而胡重于鬼神而自轻也？"吴王乃许之，荒成不盟⑨。

学习建议

1.《国语》多记教诲之语，主要体现在"重民"、"尚礼"、"崇德"。试对其现实意义进行分析。

2. 背诵《召公谏厉王弭谤》。

3. 延伸阅读篇目：

《周语中》、《鲁语下》、《晋语四》、《楚语上》、《郑语》。

① 还：同"旋"。还玩：旋转玩弄。
② 盖：崇尚。
③ 从：同"纵"。
④ 诸夏之国：指黄河流域各国。
⑤ 长：读 zhǎng。炎炎：兴盛的样子。
⑥ 虺（huǐ）：毒蛇。
⑦ 隆：尊重。
⑧ 曜（yào），通"耀"，炫耀。
⑨ 荒：空。荒成不盟：指仅仅讲和而未订立盟约。

战国策

导读

《战国策》是古代国别体史料汇编。最初有《国策》、《国事》、《短长》、《事语》、《长书》、《修书》等名称。西汉成帝时，刘向进行整理，按东周、西周、秦、齐、楚、赵、魏、韩、燕、宋、卫、中山十二国次序，编订为三十三篇，并取名《战国策》。《史记·田儋列传》有记载说："蒯通者，善为长短说，论战国之权变为八十一首。"《汉书·蒯通传》亦有类似说法。近人罗根泽据此认为《战国策》始作于蒯通，刘向加以增补编次而成。而多数学者认为，此书不是出于一人之手，大约是战国末或秦汉间人杂采各国和私人所遗留的史料编纂而成，内容庞杂零乱。刘向加以整理，才成为完整的著作。

《战国策》主要记述战国时代谋臣策士游说各国或互相辩论时所提出的政治主张和斗争策略，反映当时各诸侯国、各阶级、各阶层之间尖锐复杂的矛盾和斗争，是研究先秦史的重要资料。《战国策》突出表现了纵横家思想，反映了纵横家的人生观。在政治上他们崇尚谋略，强调审时度势，肯定举贤任能；在人生观上则是追求功名显达、富贵利禄。不过，《战国策》的思想内容比较复杂，所记人物也反映出不同的价值取向。既有讲权术谋诈、图个人功名利禄的朝秦暮楚之徒，也有"为人排患、释难、解纷乱而无所取"之士（《赵策三》）。《战国策》的思想价值，在于它反映了战国时代"士"阶层的崛起。"士贵耳，王者不贵"（《齐策四》）的声音，反映出士人精神的张扬。书中大量描写策士奔走于诸侯之间，纵横捭阖，令"所在国重，所去国轻"（刘向《战国策叙录》）。《战国策》可以说是一部士阶层，尤其是策士行迹的生动写照。

《战国策》文思开阔，寓意深刻，语言风格辩丽恣肆，铺张扬厉，后人称赞它"文辞镕镕乎上薄六经，下绝来世"（宋代李文叔《书战国策后》）。《战国策》叙事生动形象，有不少完整而富于戏剧性的故事。《战国策》文笔多采，刻画人物栩栩如生，有鲜明的个性。作者用笔行文，当详则尽情挥洒，不吝笔墨；当简则一字不苟，惜墨如金。在许多篇章里，成功地描述了君王、后妃、谋臣、义士等不同类型的人物，把他们的性格特征、身份、处境，都刻画得入木三分。《战国策》说理论辩，言辞犀利、精辟。书中主要记谋臣策士们的说辞，他们为使听者接受自己的政治主张，尽量把话讲得严密雄辩，无懈可击，并努力抓住对方最关心之点，一语破的。这些精美的说辞体现了《战国策》语言表达上高度的艺术成就。《战国策》善用比喻、夸张、寓言等多样化修辞手段，增强散文的表达效果。此外，《战国策》还多用工整的对偶和排比句法，使文章具有抑扬顿挫、气势贯通的特色。

《战国策》对后代文学有深远的影响，汉初的散文家贾谊、晁错和司马迁，都受到它的影响，《史记》的某些史料就直接取于《战国策》。宋代苏洵、苏轼、苏辙的散文，也都明显得力于《战国策》。另外汉赋"铺张扬厉"的风格，直接承自《战国策》；而赋中常见的主客对答、抑客申主的写法，《战国策》也已启其端了。

齐将封田婴于薛[①]

齐将封田婴于薛。楚王闻之，大怒，将伐齐。齐王有辍志[②]。公孙闬[③]曰："封之成与不[④]，非在齐也，又将在楚。闬说楚王，令其欲封公也又甚于齐。"婴子曰："愿委之于子。"

公孙闬为谓楚王曰："鲁、宋事楚而齐不事者，齐大而鲁、宋小。王独利鲁、宋之小，不恶齐大，何也？夫齐削地而封田婴，是其所以弱也[⑤]，愿勿止。"楚王曰："善。"因不止。

靖郭君将城薛[⑥]

靖郭君将城薛[⑦]，客多以谏。靖郭君谓谒者无为客通[⑧]。齐人有请者曰："臣请三言而已矣[⑨]，益一言，臣请烹[⑩]！"靖郭君因见之。客趋而进曰[⑪]："海大鱼。"因反走[⑫]。君曰："客有于此[⑬]。"客曰："鄙臣不敢以死为戏。"君曰："亡，更言之[⑭]。"对曰："君不闻大鱼乎？网不能止，钩不能牵，荡而失水，则蝼蚁得意焉[⑮]。今夫齐，亦君之水也。君长有齐阴[⑯]，奚以薛为[⑰]？失齐，虽隆薛之城到于天[⑱]，犹之无益也。"君曰："善。"乃辍城薛。

---

① 本篇选自《战国策·齐策一》。楚王一直视薛为楚之寄地，故齐未经楚的许可将其封与田婴就激起了楚的强烈反应。公孙闬说楚王之辞，实际上保证薛在齐楚之间的独立和中立地位，如同鲁宋一般，这才得到了楚王的谅解，放弃了阻止齐国封赏田婴的打算。

② 辍（chuò）：停止、终止。

③ 公孙闬（hàn）：齐国大臣。

④ 不：通"否"。

⑤ 削：分。

⑥ 本篇选自《战国策·齐策一》。靖郭君，即田婴，是齐威王之子，封于薛地。他喜欢养士，门下有众多门客，在战国政治舞台上也算一个人物。他与齐王是兄弟关系，所以许多事情处理起来很是微妙。这个故事告诉我们，说话办事要讲究方法，否则好事会办成坏事。

⑦ 城：作动词，筑城。薛：靖郭君封地，在今山东省滕县东南。

⑧ 谒者：主管传达通报的官吏。无为客通：不要给纳谏的人通报。

⑨ 三言：三个字。

⑩ 益：增加。烹：古代一种酷刑，将犯人煮死。

⑪ 趋：小步快走，古时臣下面见君主的一种礼节。

⑫ 反走：反同"返"，即还走。犹言撒腿往回跑。

⑬ 有于此：留于此，犹言留在这里继续说。有：留。

⑭ 亡，通"无"，不。更：再。

⑮ 止：禁止，阻止，这里是捕获的意思。牵：牵引，犹言钓住。荡：放。蝼：蝼蛄。蚁：蚂蚁。得意：得逞其意。

⑯ 长：永远，长久。阴：庇护，荫庇。

⑰ 奚以薛为：还要筑薛城干什么？

⑱ 隆：高，用如动词，使之高。

邯郸之难[1]

邯郸之难，赵求救于齐。田侯召大臣而谋[2]曰："救赵，孰与勿救？"邹子曰："不如勿救。"段干纶[3]曰："弗救，则我不利。"田侯曰："何哉？"对曰："夫魏氏兼邯郸，其于齐何利哉！"田侯曰："善。"乃起兵，曰："军于邯郸之郊[4]。"段干纶曰："臣之求利且不利者，非此也。夫救邯郸，军于其郊，是赵不拔而魏全也。故不如南攻襄陵以弊魏，邯郸拔而承魏之弊，是赵破而魏弱也。"田侯曰："善。"乃起兵南攻襄陵。七月，邯郸拔，齐因承魏之弊，大破之桂陵。

邹忌修八尺有馀[5]

邹忌修八尺有馀[6]，形貌昳丽[7]。朝服衣冠，窥镜[8]，谓其妻曰："我孰与城北徐公美？"其妻曰："君美甚，徐公何能及公也。"城北徐公，齐国之美丽者也。忌不自信，而复问其妾曰："吾孰与徐公美？"妾曰："徐公何能及君也。"旦日[9]，客从外来，与坐谈，问之客曰："吾与徐公孰美？"客曰："徐公不若君之美也。"明日，徐公来，孰视之[10]，自以为不如，窥镜而自视，又弗如远甚。暮，寝而思之，曰："吾妻之美我者，私我也[11]；妾之美我者，畏我也；客之美我者，欲有求于我也。"

于是入朝见威王[12]，曰："臣诚知不如徐公美，臣之妻私臣，臣之妾畏臣，臣之客欲有求于臣，皆以美于徐公[13]。今齐地方千里，百二十城，宫妇左右莫不私王，朝廷之臣莫不畏王，四境之内，莫不有求于王[14]。由此观之，王之蔽甚矣[15]。"王曰："善。"乃下令：

---

① 本篇选自《战国策·齐策一》。在这篇论辩中，段干纶比较成功地运用了反向求证的方法。针对齐宣王"军于邯郸之郊"，说"夫救邯郸，军于其郊，是赵不拔而魏全也"，说出了他说救赵的真实用意，显示出他在这个问题上的技高一筹、棋高一着，从而把齐宣王摆到了论辩的弱势地位，紧接着进一步阐述了他的"故不如南攻襄陵以弊魏，邯郸拔而承魏之弊，是赵破而魏弱也"这一主张。齐宣王完全被说服了，不得不佩服他。

② 田侯：此指齐威王。谋：商战，谋划。

③ 段干纶：齐国大臣。

④ 军：驻扎。

⑤ 本篇选自《战国策·齐策一》。记载邹忌以切身感受与亲自观察，悟出妻、妾、客对自己有私、有畏、有求，以小见大，推想齐王受到蒙蔽的严重情况，进而讽劝齐威王纳谏除弊，形象地说明为君者、在上位者只有广泛吸纳意见，修明政治，才能兴利除弊。邹忌：齐国人，因善鼓琴而得齐威王信宠，被拜为相，后封成侯。

⑥ 修：长，这里指身高。

⑦ 昳丽：光艳美丽。昳（yì）：气度不凡。

⑧ 朝：早晨。服：穿戴。窥镜：对镜仔细看自己的容貌。

⑨ 旦日：明日。

⑩ 孰：同"熟"。孰视：仔细地看。

⑪ 美我：以我为美。美，同作动词，意动用法。私：偏私，偏爱。

⑫ 威王：指齐威王。

⑬ 皆以美于徐公：都认为我比徐公美。

⑭ 方：方圆。四境之内：指整个齐国的范围之内。四境，四方疆界。

⑮ 王之蔽：王所受的蒙蔽。

“群臣吏民，能面刺寡人之过者①，受上赏；上书谏寡人者，受中赏；能谤议于市朝②，闻寡人之耳者，受下赏。”

令初下，群臣进谏，门庭若市。数月之后，时时而间进③。期年之后④，虽欲言，无可进者。

燕、赵、韩、魏闻之，皆朝于齐。此所谓战胜于朝廷⑤。

齐人有冯谖者⑥

齐人有冯谖者，贫乏不能自存⑦，使人属孟尝君⑧，愿寄食门下⑨。孟尝君曰：“客何好？”曰：“客无好也。”曰：“客何能？”曰：“客无能也。”孟尝君笑而受之曰：“诺⑩。”左右以君贱之也⑪，食以草具⑫。

居有顷，倚柱弹其剑，歌曰：“长铗归来乎⑬！食无鱼⑭。”左右以告。孟尝君曰：“食之，比门下之客⑮。”居有顷，复弹其铗，歌曰：“长铗归来乎！出无车。”左右皆笑之，以告⑯。孟尝君曰：“为之驾，比门下之车客⑰。”于是乘其车，揭其剑⑱，过其友⑲，曰：“孟尝君客我⑳！”后有顷，复弹其剑铗，歌曰：“长铗归来乎！无以为家㉑。”左右皆恶之㉒，以为贪而不知足。孟尝君问：“冯公有亲乎？”对曰：“有老母。”孟尝君使人给其食用，无使乏。于是冯谖不复歌。

---

① 面刺：当面指责，亦能当面举出我的过失。

② 谤议于市朝：在公共场所议论我的过失。谤：谓言其过失。

③ 时时而间进：隔一段时间偶尔有人进谏。

④ 期年：一周年。

⑤ 战胜于朝廷：在朝廷之上，不用武力，就战胜了别国。意谓政治修明，不必用军事行动就能使敌国臣服。

⑥ 本篇选自《战国策·齐策四》。通过冯谖帮助孟尝君营造“三窟”、稳固地位的具体事件，刻画了出身贫寒但具有深谋远虑的策士冯谖的形象，颂扬了士在当时的政治生活中的重要作用。冯谖（xuān）：孟尝君的门客。

⑦ 存：存在，生活。

⑧ 属：同“嘱”，请托。孟尝君：姓田名文，孟尝君是他的封号，他与魏之信陵君、赵之平原君、楚之春申君并称战国四公子。

⑨ 寄食：依附别人而生活。

⑩ 诺：应答声。

⑪ 以：认为。贱：鄙视。左右办事的人认为孟尝君鄙贱冯谖。

⑫ 食（sì）以草具：给他吃粗糙的食物。草具：装盛粗劣饮食的食具。

⑬ 长铗归来乎：大意是说，长剑啊，我们还是回去吧！铗（jiá）：剑把。长铗：长剑。

⑭ 食无鱼：吃饭没有鱼。

⑮ 食之，比门下之客：按照门下有吃鱼资格的客人对待。比，比照。孟尝君有食客三千，食客分三等：上客吃肉，中客吃鱼，下客吃菜。

⑯ 以告：省略两个宾语的用法。意思是把冯谖唱的歌告诉了孟尝君。

⑰ 车客：乘车之客。

⑱ 揭：高举。揭其剑，意即高举着他的剑。

⑲ 过：拜访。

⑳ 客我：以我为客。

㉑ 无以为家：没有用来赡养家的东西。

㉒ 恶（wù）：厌恶。

后孟尝君出记①，问门下诸客②："谁习计会③，能为文收责于薛者乎④？"冯谖署曰⑤"能。"孟尝君怪之，曰："此谁也？"左右曰："乃歌夫'长铗归来'者也⑥。"孟尝君笑曰："客果有能也，吾负之⑦，未尝见也。"请而见之，谢曰⑧："文倦于事⑨，愦于忧⑩，而性懦愚⑪，沉于国家之事，开罪于先生⑫。先生不羞⑬，乃有意欲为收责于薛乎⑭？"冯谖曰："愿之。"

于是约车治装⑮，载券契而行⑯，辞曰："责毕收，以何市而反⑰？"孟尝君曰："视吾家所寡有者。"

驱而之薛，使吏召诸民当偿者，悉来合券⑱。券徧合，起，矫命⑲以责赐诸民，因烧其券，民称万岁。

长驱到齐⑳，晨而求见。孟尝君怪其疾也，衣冠而见之㉑，曰："责毕收乎？来何疾也！"曰："收毕矣。""以何市而反？"冯谖曰："君云'视吾家所寡有者。'臣窃计㉒，君宫中积珍宝㉓，狗马实外厩㉔，美人充下陈㉕。君家所寡有者，以义耳㉖！窃以为君市义㉗。"孟尝君曰："市义奈何？"曰："今君有区区之薛，不拊爱子其民㉘因而贾利之㉙。臣窃矫君命，以责赐诸民，因烧其券，民称万岁。乃臣所以为君市义也㉚。"孟尝君不

---

① 记：文告，孟尝君出文告。
② 诸客：征询他的众位门客。
③ 计会：即今所谓会计。
④ 责：同"债"。薛：孟尝君的领地，今山东省枣庄市附近。
⑤ 署：署己名于文告，并签其上曰"能"。
⑥ 乃歌夫：就是唱"长铗归来"歌的那个人。
⑦ 负之：亏待了他。意谓平日忽视冯谖才能。
⑧ 谢：道歉。
⑨ 倦于事：为国事劳碌。意谓事务繁忙。
⑩ 愦于忧：困于思虑，以致心中昏乱。意谓所思虑的事很多。愦：昏乱。忧：虑，指有关国事的忧虑。
⑪ 懦（nuò）：怯弱。
⑫ 开罪：得罪。
⑬ 羞：耻。不羞：不以己之简慢为辱。
⑭ 乃：竟，却。
⑮ 约车治装：约期预备车子，并置办行装。
⑯ 券契：指债券，关于债券的契约。
⑰ 反：同返。债完全收齐后，买些什么返回来？
⑱ 合券：指验对债券，古代债券于今合同相似，甲乙两方各执其半，作为凭证。日后验对债券时，必须两相符合。
⑲ 徧：全。矫命：假托孟尝君的命令。矫：假托。
⑳ 长驱：驱车直前，不在中途逗留。
㉑ 衣冠：动词。穿戴得整整齐齐地接见了他。
㉒ 窃计：我私下考虑。
㉓ 积：积聚。
㉔ 实：充满。
㉕ 下陈：后列、堂下。
㉖ 以义耳：以：只是。只是义罢了。
㉗ 窃以为君义：私下债券替您买来了义。
㉘ 拊爱：即抚爱。子其民：视民如子。
㉙ 贾利之：以商贾手段，向人民谋取利益。
㉚ 乃臣所以为君市义也：这就是我替你买义的方式。所以，用来。

说①，曰：“诺，先生休矣②！”

后期年③，齐王谓孟尝君曰：“寡人不敢以先王之臣为臣。”孟尝君就国于薛④，未至百里⑤，民扶老携幼迎君道中。孟尝君顾谓冯谖：“先生所为文市义者，乃今日见之。”冯谖曰：“狡兔有三窟，仅得免其死耳。今君有一窟，未得高枕而卧也⑥。请为君复凿二窟。”孟尝君予车五十乘，金五百斤⑦，西游于梁⑧，谓惠王曰：“齐放其大臣孟尝君于诸侯⑨，诸侯先迎之者，富而兵强。”于是梁王虚上位⑩，以故相为上将军⑪，遣使者，黄金千斤、车百乘，往聘孟尝君。冯谖先驱⑫，诫孟尝君曰⑬：“千金，重币也；百乘，显使也。齐其闻之矣⑭。”梁使三反⑮，孟尝君固辞不往也⑯。

齐王闻之，君臣恐惧，遣太傅赍黄金千斤⑰，文车二驷⑱，服剑一⑲，封书谢孟尝君，曰：“寡人不祥⑳，被于宗庙之祟㉑，沉于谄谀之臣㉒，开罪于君，寡人不足为也㉓，愿君顾先王之宗庙，姑反国统万人乎㉔？”冯谖诫孟尝君曰：“愿请先王之祭器，立宗庙于薛㉕。”庙成，还报孟尝君曰：“三窟已就，君姑高枕为乐矣！”

孟尝君为相数十年，无纤介之祸者㉖，冯谖之计也。

---

① 说：同“悦”。
② 休：息。休矣：犹言“算了吧”、“得了吧”。
③ 期年：一周年。
④ 就国：回到自己的领地去。
⑤ 未至百里：距离薛地还有一百里。
⑥ 高枕：垫高枕头。
⑦ 斤：计金的单位。
⑧ 梁：魏国都。魏惠王迁都于大梁（今河南省开封市），所以魏又称为梁。
⑨ 放：弃。这句的意思是说，齐免孟尝君相位，正给诸侯重用他的机会。
⑩ 虚上位：空出最高的职位。
⑪ 故相：原来的国相。
⑫ 先驱：在前面导行。
⑬ 诫：告。
⑭ 其：表示测度的语气，大概，可能。齐国大概听说了这件事。
⑮ 三反：指往返三次。
⑯ 固辞：坚决推辞。
⑰ 赍（jī）：携带。
⑱ 文车：绘有文彩的车。驷：一车四马称为驷。文车二驷，套四匹马的、绘有文彩的车子两辆。
⑲ 服剑：王所自佩的剑。
⑳ 不祥：不善。
㉑ 被：遭受。宗庙之祟：祖宗神灵的祸祟。
㉒ 沉，沉溺。沉于谄谀之臣：被谄媚阿谀的臣子所迷惑。
㉓ 寡人不足也：我是不值得顾念的。
㉔ 姑反统万人乎：姑且回朝廷管理百姓吧！
㉕ 立宗庙于薛：孟尝君与齐王同族，在薛建立齐国先王的宗庙，目的在使齐王重视薛。
㉖ 介，同“芥”，纤介：细微。

齐宣王见颜斶[①]

齐宣王见颜斶[②]，曰："斶前！"斶亦曰："王前！"宣王不说。左右曰："王，人君也；斶，人臣也。王曰'斶前'，斶亦曰'王前'，可乎？"斶对曰："夫斶前为慕势，王前为趋士，与使斶为慕势，不如使王为趋士。"王忿然作色，曰："王者贵乎？士贵乎？"对曰："士贵耳，王者不贵！"王曰："有说乎？"斶曰："有。昔者，秦攻齐，令曰：'敢有去柳下季垄五十步而樵采者[③]，死不赦！'令曰：'有能得齐王头者，封万户侯，赐金千镒[④]。'由是观之，生王之头，曾不若死士之垄也。"宣王嘿然不悦。

左右皆曰："斶来[⑤]！斶来！大王据万乘之地，而建千石钟[⑥]，万石虡[⑦]。天下之士，仁义皆来役处[⑧]；辩知并进[⑨]，莫不来语[⑩]；东西南北，莫不来服；求万物无不备具，而百姓无不亲附。今夫士之高者，乃称匹夫，徒步而处农亩；下则鄙野、监门、闾里[⑪]。士之贱也亦甚矣！"

斶对曰："不然。斶闻古大禹之时，诸侯万国。何则？德厚之道，得贵士之力也。故舜起农亩，出于野鄙，而为天子。及汤之时，诸侯三千。当今之世，南面称寡者，乃二十四。由此观之，非得失之策与？稍稍诛灭，灭亡无族之时，欲为监门、闾里，安可得而有乎哉？是故《易传》不云乎：'居上位，未得其实以喜其为名者[⑫]，必以骄奢为行。据慢骄奢，则凶从之。'是故无其实而喜其名者削，无德而望其福者约[⑬]，无功而受其禄者辱，祸必握[⑭]。故曰：'矜功不立，虚愿不至[⑮]。'此皆幸乐其名[⑯]华而无其实德者也。是以尧有九佐，舜有

---

① 本篇选自《战国策·齐策四》。春秋战国时期的士阶层，一般都是有学问的知识分子，其中不少人不畏强权，不慕富贵，清高自傲，隐居民间。本文通过著名隐士颜斶和齐王之间富有戏剧性的对话，表现了颜斶直言不讳、蔑视权势、鄙夷物利的独立人格和贞操气节，对士的个人尊严和个人作用给予了强有力的肯定。颜斶在齐王面前雄辩滔滔，出言不逊，以高超的逻辑技巧和非凡的口才，有力地论证了"士贵而王者不贵"的道理，这一方面反映了当时士的地位的提高和民主思想的抬头，另一方面也是《战国策》夸张渲染、文笔恣肆的特色的体现。

② 齐宣王：战国时齐国国君，齐威王之子，田氏，名辟疆。公元前 319 年—公元前 301 年在位。颜斶（chù）：齐国的隐士。

③ 柳下季：又称柳下惠，即展禽，鲁国贤士。垄：坟墓。

④ 镒：古代重量单位，二十两为一镒。

⑤ 来：句末语气词。

⑥ 千石钟：一千石重的巨钟。钟，青铜铸造的打击乐器，若按音律编排悬挂，即为编钟。石（dàn），古代重量单位，60 千克为一石。

⑦ 虡（jù）：悬挂编钟的支架。钟为礼乐之器，建造巨大的钟和虡，意指齐王十分重视礼乐。

⑧ 皆来役处：都来服务和任职。役，服役，听从差遣。处，居住；位置。

⑨ 辩知：有辩才的谋士、有智慧的贤者。知，通"智"。

⑩ 语（yù）：动词，议事论理，意指献计献策。

⑪ 监门：巷口看门人。闾里：古代下层人民聚居之处，是居民的组织单位，二十五家为一闾（里）。"闾"单独使用可特指里巷的大门。

⑫ 未得其实以喜其为名者：未能办成一些实事却只喜欢标榜虚名的人。以，连词，此处表转折。者，代词，此处可译为"……的人"。

⑬ 约：捆缚，引申为穷困窘迫。

⑭ 握：执有，持有。一说通"渥"，意为厚、多。

⑮ 矜功不立，虚愿不至：光是好大喜功是不能建功立业的，仅有虚幻的愿望是不能实现理想的。矜：夸耀。

⑯ 幸乐其名华：喜爱虚名。幸：宠爱，此处作喜爱、喜欢解。乐：欢乐，以……为乐。亦可将"幸乐"合解为"喜欢"。

七友，禹有五丞，汤有三辅。自古及今，而能虚成名于天下者，无有。是以君王无羞亟问，不愧下学。是故成其道德而扬功名于后世者，尧、舜、禹、汤、周文王是也。故曰：‘无形者，形之君也。无端者，事之本也①。’夫上见其原，下通其流，至圣明学，何不吉之有哉②？《老子》曰：‘虽贵，必以贱为本；虽高，必以下为基。’是以侯王称孤、寡、不谷③，是其贱之本与？夫孤寡者，人之困贱下位也；而侯王以自谓，岂非下人而尊贵士与？夫尧传舜，舜传禹，周成王任周公旦，而世世称曰明主，是以明乎士之贵也。”

宣王曰：“嗟乎！君子焉可侮哉？寡人自取病耳。及今闻君子之言，乃今闻细人之行。愿请受为弟子。且颜先生与寡人游，食必太牢④，出必乘车，妻子衣服丽都。”

颜斶辞去，曰：“夫玉生于山，制则破焉，非弗宝贵矣，然大璞不完；士生乎鄙野，推选则禄焉，非不得尊遂也⑤，然而形神不全。斶愿得归，晚食以当肉，安步以当车，无罪以当贵，清静贞正以自虞。制言者，王也；尽忠直言者，斶也。言要道已备矣⑥，愿得赐归，安行而反臣之邑屋。”则再拜而辞去也。

斶知足矣，归真反朴，则终身不辱也。

齐王使使者问赵威后⑦

齐王使使者问赵威后⑧。书未发⑨，威后问使者曰：“岁亦无恙耶⑩？民亦无恙耶？王亦无恙耶？”使者不说⑪，曰：“臣奉使使威后，今不问王而先问岁与民，岂先贱而后尊贵者乎⑫？”威后曰：“不然⑬。苟无岁⑭，何以有民⑮？苟无民，何以有君？故有问舍本而问末者耶⑯？”

---

① 无形者，形之君也：无形之物是有形之物的主宰。君：统辖，主宰。无端者，事之本也：没有发端的事物是一切事物的根本。

② 何不吉之有：这句的语法特点是疑问句宾语前置。不吉：灾祸，即上文所说的“削”、“约”、“辱”之类。之：结构助词，帮助将宾语前置。

③ 孤、寡、不谷：均为古代君王自谦之称。孤：小国之君；寡：寡德之君；不谷：不善之君。

④ 太牢：古代贵族祭祀时，供品中牛、羊、猪三牲全备为太牢。

⑤ 尊：尊贵。遂：显达。

⑥ 言要道已备矣：话中的主要道理已经全表达了。

⑦ 本文选自《战国策·齐策四》，主要通过赵威后与齐使的问答，批驳齐使“君贵民贱”的错误思想，赞扬了赵威后“以民为本”的治国思想。本文以问答方式展开议论，许多排比句来援事说理，反诘显得言之凿凿。赵威后：赵惠文王的夫人，赵孝成王的母亲。

⑧ 齐王：齐襄王的儿子，名建。使使者：前者为动词，派遣使臣。使者：奉使命的人。问：聘问。当时诸侯之间的一种礼节。

⑨ 书：齐王给赵威后的书信。发：启封。

⑩ 岁：收成。恙：忧患、灾祸。耶：疑问语气词。

⑪ 说：通“悦”。

⑫ 岂先贱而后尊贵者：难道把贱的放到前头，把尊贵的放到后头吗？

⑬ 不然：不是这样。

⑭ 苟：假设。

⑮ 何以：凭什么。

⑯ 有问舍本而问末者耶：有问话不问根本而问末节的吗？

乃进而问之曰："齐有处士曰钟离子①，无恙耶？是其为人也②，有粮者亦食③，无粮者亦食；有衣者亦衣④，无衣者亦衣。是助王养其民也⑤，何以至今不业也⑥？叶阳子无恙乎⑦？是其为人，哀鳏寡⑧，恤孤独⑨，振困穷⑩，补不足⑪。是助王息其民者也⑫，何以至今不业也？北宫之女婴儿子无恙耶⑬？彻其环瑱⑭，至老不嫁，以养父母。是皆率民而出于孝情者也⑮，胡为至今不朝也⑯？此二士弗业，一女不朝，何以王齐国、子万民乎⑰？於陵子仲尚存乎⑱？是其为人也，上不臣于王⑲，下不治其家，中不索交诸侯⑳。此率民而出于无用者㉑，何为至今不杀乎？"

苏秦从燕之赵㉒

苏秦从燕之赵，始合从，说赵王曰："天下之卿相人臣，乃至布衣之士，莫不高贤大王之行义㉓，皆愿奉教陈忠于前之日久矣㉔。虽然，奉阳君妒，大王不得任事㉕，是以外宾客㉖游谈之士，无敢自进于前者。今奉阳君捐馆舍㉗，大王乃今然后得与士民相亲，臣故敢

① 处士：有才能而不出来做官的人。钟离：复姓。

② 是：指示代词，指钟离子。

③ 食（sì）：给食物吃。

④ 衣：前者衣为名词，后者为动词。给衣服穿。

⑤ 是：指上述的行为。

⑥ 何以：因为什么。不业：不使他成就功业。

⑦ 叶（shè）阳子：叶阳：复姓。齐国处士。

⑧ 鳏（guān）：年老无妻。寡：寡妇。

⑨ 恤：顾念。孤：少年无父。独：年老无子。

⑩ 振：救济。

⑪ 不足：缺少衣食。

⑫ 息：蕃殖。鳏寡孤独困穷的人得到救济，不到于死亡，就是使民蕃殖。

⑬ 北宫：复姓。婴儿子：姓北宫的女子的名字。这人是齐国有名的孝女。

⑭ 彻其环瑱（zhèn）：拿掉耳环与玉饰。

⑮ 率：率领。孝情：孝心。

⑯ 胡为：为什么？胡：疑问代词。不朝：不上朝。古代女子有封号才能上朝。

⑰ 王齐国：这齐国之王。子万民：把百姓看做是自己的子女。

⑱ 於（wū）陵：齐邑名。在今山东长山县。子仲：齐国的隐士。

⑲ 不臣于王：不向王称臣，意思是不做官。

⑳ 索：索求。

㉑ 无用：没有作用。

㉒ 本文选自《战国策·赵策二》。苏秦一路宣扬他的合纵之道，对自己的政治主张充满了热情，有了这种巨大的热情和投入，他的说辞就有气势、有力量，铺陈华丽、汪洋恣肆。他的游说很注意演说的层次性和递进性。他首先向赵肃侯指出国家的根本在于安民和邦交，由此引出合纵他国的主题。接着勾画出合纵之后的美好前景和假如连横事秦的悲惨结局，又分析了赵国的实力及其在地缘政治方面的重要性，接着指出赵王完全可以建立尧、舜的功业而不必要向秦王臣服。最后，苏秦通过对比六国与秦的实力、通过揭露连横派的只顾自己私利的真面目，和盘推出了赵国合纵的具体方案。

㉓ 高贤：推崇，称许。

㉔ 陈：献出。

㉕ 得：能。任：当，使。

㉖ 外：疏远。

㉗ 捐馆舍：对死亡的避讳之辞。

献其愚，效愚忠。为大王计，莫若安民无事，请无庸有为也①。安民之本，在于择交。择交而得，则民安；择交不得，则民终身不得安。请言外患：齐、秦为两敌，而民不得安；倚秦攻齐而民不得安；倚齐攻秦而民不得安。故夫谋人之主，伐人之国，常苦出辞断绝人之交，愿大王慎勿出于口也。”

“请屏左右②，白言所以异，阴阳而已矣③。大王诚能听臣，燕必致毡裘狗马之地，齐必致海隅鱼盐之地，楚必致橘柚云楚之地，韩、魏皆可使致封地汤沐之邑；贵戚父兄皆可以受封侯。夫割地效实④，五伯之所以覆军禽将而求也；封侯贵戚，汤、武之所以放杀而争也。今大王垂拱而两有之，是臣之所以为大王愿也。大王与秦⑤，则秦必弱韩、魏；与齐，则齐必弱楚、魏。魏弱则割河外，韩弱则效宜阳。宜阳效则上郡绝，河外割则道不通，楚弱则无援。此三策者，不可不熟计也。夫秦下轵道则南阳动，劫韩包周则赵自销铄⑥，据卫取淇则齐必入朝。秦欲已得行于山东⑦，则必举甲而向赵。秦甲涉河逾漳据番吾，则兵必战于邯郸之下矣。此臣之所以为大王患也。”

“当今之时，山东之建国，莫如赵强。赵地方二千里，带甲数十万，车千乘，骑万匹，粟支十年，西有常山，南有河、漳，东有清河，北有燕国。燕固弱国，不足畏也。且秦之所畏害于天下者⑧，莫如赵。然而秦不敢举兵甲而伐赵者，何也？畏韩、魏之议其后也⑨。然则韩、魏，赵之南蔽也。秦之攻韩、魏也，则不然，无有名山大川之限，稍稍蚕食之⑩，傅之国都而止矣⑪。韩、魏不能支秦，必入臣。韩、魏臣于秦，秦无韩、魏之隔，祸必中于赵矣⑫。此臣之所以为大王患也。”

“臣闻尧无三夫之分⑬，舜无咫尺之地，以有天下。禹无百人之聚⑭，以王诸侯。汤、武之卒不过三千人，车不过三百乘，立为天子。诚得其道也。是故明主外料其敌国之强弱，内度其士卒之众寡⑮、贤与不肖，不待两军相当，而胜败存亡之机节，固已见于胸中矣。岂掩于众人之言⑯，而以冥冥决事哉⑰！”

“臣窃以天下地图案之⑱，诸侯之地，五倍于秦，料诸侯之卒，十倍于秦。六国并力为

---

① 庸：用。
② 屏：除去。
③ 白言：说明。
④ 效：致。实：财物。
⑤ 与：联合，亲附。
⑥ 销铄（shuò）：熔化金属。此言削弱。
⑦ 行：指“行权”，即称霸。
⑧ 害：患。
⑨ 议：谋。
⑩ 稍稍：逐渐，一点点地。
⑪ 傅：靠近。
⑫ 中：及。
⑬ 夫：鲍彪注：“一夫有田百亩。”
⑭ 聚：村落。
⑮ 度：揣度，估量。
⑯ 掩：蔽。
⑰ 冥冥决事：糊里糊涂决定事情。冥冥：昏暗，糊涂。
⑱ 案：通“按”，考查。

一，西面而攻秦，秦破必矣。今见破于秦①，西面而事之，见臣于秦。夫破人之与破于人也，臣人之与臣于人也，岂可同日而言之哉！”

“夫横人者，皆欲割诸侯之地以与秦成②。与秦成，则高台榭，美宫室，听竽瑟之音，察五味之和③，前有轩辕④，后有长姣，美人巧笑，卒有秦患而不与其忧。是故横人日夜务以秦权恐愒诸侯⑤，以求割地。愿大王之熟计之也！”

“臣闻明王绝疑去谗，屏流言之迹⑥，塞朋党之门，故尊主广地强兵之计⑦，臣得陈忠于前矣。故窃为大王计，莫如一韩、魏、齐、楚、燕、赵，六国从亲以傧畔秦⑧，今天下之将相相与会于洹水之上，通质、刑白马以盟之⑨。约曰：‘秦攻楚，齐、魏各出锐师以佐之，韩绝食道，赵涉河、漳，燕守常山之北。秦攻韩、魏，则楚绝其后，齐出锐师以佐之⑩，赵涉河、漳，燕守云中。秦攻齐，则楚绝其后，韩守成皋，魏塞午道，赵涉河、漳、博关，燕出锐师以佐之。秦攻燕，则赵守常山，楚军武关，齐涉渤海，韩、魏出锐师以佐之。秦攻赵，则韩军宜阳，楚军武关，魏军河外，齐涉渤海，燕出锐师以佐之。诸侯有先背约者，五国共伐之。”六国从亲以摈秦，秦必不敢出兵于函谷关以害山东矣！如是则伯业成矣。”

赵王曰：“寡人年少，莅国之日浅，未尝得闻社稷之长计。今上客有意存天下，安诸侯，寡人敬以国从。”乃封苏秦为武安君，饰车百乘，黄金千镒，白璧百双，锦绣千纯⑪，以约诸侯。

赵太后新用事⑫

赵太后新用事⑬，秦急攻之。赵氏求救于齐，齐曰：“必以长安君为质⑭，兵乃出⑮。”

---

① 见：被。

② 成：讲和。

③ 和：调和，适度，此言味美。

④ 轩辕：车。

⑤ 务：专。恐愒：恐吓。

⑥ 屏：同“摒”，摒除。

⑦ 故：则。

⑧ 傧：通“摈”。畔：通“叛”。

⑨ 通：交换。

⑩ 佐：助。

⑪ 纯：布帛的计量单位，一匹为一纯。

⑫ 本文选自《战国策·赵策四》。公元前270年，秦国曾围攻赵的阏与（今山西和顺县西北），被赵国打败。公元前266年，秦国宰相范雎的仇人魏齐跑到赵国。由于这些原因，公元前265年，秦国趁赵太后刚开始执政、立足未稳时进攻赵国。赵国形势十分危急，向齐国求救。齐国提出要把赵太后的幼子长安君作为人质才能出兵。赵太后不肯答应，并且顽固地拒绝了君臣的进谏。主要叙述左师触詟针对赵太后的心理，以爱子女“则为之计深远”为话题，巧妙地说服了赵太后，解救了赵国。本文生动地描写了触詟的娴于辞令和老谋深算。语言简洁，情节曲折，具有浓厚的文学色彩，是一篇优秀的历史散文。触詟（chùzhé）：赵国的左师。《史记·赵世家》作触龙。赵太后就是赵威后，赵孝成王的母亲。

⑬ 新：刚开始。用事：执政。当时赵孝成王年纪小，所以赵太后执政。

⑭ 长安君：赵太后最小儿子的封号，质：抵押，当时诸侯间结盟，常常把自己的子孙交给对方做抵押，以取得信用。

⑮ 乃：副词，才。

太后不肯，大臣强谏①。太后明谓左右曰②："有复言令长安君为质者③，老妇必唾其面④！"

左师触詟愿见太后⑤，太后盛气而揖之⑥。入而徐趋⑦，至而自谢，曰："老臣病足⑧，曾不能疾走⑨，不得见久矣。窃自恕⑩，而恐太后玉体之有所郄也⑪，故愿望见太后。"太后曰："老妇恃辇而行。"曰："日饮食得无衰乎⑫？"曰："恃粥耳。"曰："老臣今者殊不欲食⑬，乃自强步⑭，日三四里，少益耆食⑮，和于身也⑯。"太后曰："老妇不能。"太后之色少解⑰。

左师公曰："老臣贱息舒祺，最少⑱，不肖⑲。而臣衰⑳，窃爱怜之㉑，愿令得补黑衣之数㉒，以卫王宫。没死以闻㉓。"太后曰："敬诺㉔。年几何矣㉕？"对曰："十五岁矣。虽少，愿及未填沟壑而托之㉖。"太后曰："丈夫亦爱怜少子乎㉗？"对曰："甚于妇人㉘。"太后笑曰："妇人异甚㉙。"对曰："老臣窃以为媪之爱燕后㉚，贤于长安君㉛。"曰："君过矣㉜，不若长安君之甚。"左师公曰："父母之爱子，则为之计深远㉝。媪之送燕后也，持其踵而为之

---

① 强（qiǎng）谏：竭力谏诤。
② 明谓：明明白白地说给左右的人。
③ 者：代词，相当于"的人"。
④ 老妇：赵太后自称。
⑤ 愿见：愿意求见。
⑥ 盛气：怒气冲冲地。揖：《史记·赵世家》做"胥"。胥同"须"：等待。
⑦ 徐：慢慢地。趋：快步走。当时的礼节，臣子见君，要快步行走，因左师公足有毛病，因而只能"徐趋"。
⑧ 病足：脚有毛病。
⑨ 曾：放在否定副词前，加强否定的语气。疾走：快跑。古代汉语中的"走"，相当现代汉语的跑。
⑩ 自恕：自己原谅自己。
⑪ 玉体：等于说贵体。古人把玉看成是最珍贵的宝物，这里用玉表示贵重。郄（xì）：不舒适。
⑫ 日：每天，时间名词做状语。得无：该不会。衰：减少。
⑬ 今者：近来。殊：很。
⑭ 乃：却。步：慢慢地走。自己却勉强地散散步。
⑮ 少：副词，稍微地。益：更加，耆：通嗜，喜爱。
⑯ 和：指对身体有益，适宜。
⑰ 懈：消。赵太后的怒气稍稍地消了一些。
⑱ 贱息：对别人谦称自己的儿子。息：子。舒祺：其子的名字。
⑲ 不肖：不贤，不才。
⑳ 衰：衰老。
㉑ 怜：爱。怜与爱连用，表示亲爱。
㉒ 得：表示情况允许。黑衣：卫士的代称，当时王宫的卫士都穿着黑衣服。希望让他做一名卫士。
㉓ 没死：冒昧地。闻：使闻，禀告的意思。
㉔ 敬诺：遵命。
㉕ 几何：多大年纪了。
㉖ 及：趁。填沟壑：死后没人埋葬，尸体被扔在山沟里。这里是谦虚的说法。
㉗ 丈夫：男子的通称。
㉘ 于：介词，比。比妇人厉害。
㉙ 异甚：特别厉害。
㉚ 媪：对老年妇女的尊称。燕后：赵太后的女儿，嫁到燕国为后。
㉛ 贤：胜过，超过。
㉜ 过：动词，错了。
㉝ 计深远：作长远的打算。计：动词，打算，考虑。

泣①，念悲其远也②，亦哀之矣。已行③，非弗思也，祭祀必祝之，祝曰：‘必勿使反④！’岂非计久长，有子孙相继为王也哉⑤？”太后曰：“然⑥。”

左师公曰：“今三世以前⑦，至于赵之为赵⑧，赵王之子孙侯者，其继有在者乎⑨？”曰：“无有。”曰：“微独赵⑩，诸侯有在者乎⑪？”曰：“老妇不闻也⑫。”“此其近者祸及身，远者及其子孙。岂人主之子孙则必不善哉？位尊而无功，奉厚而无劳⑬，而挟重器多也⑭。今媪尊长安君之位⑮，而封之以膏腴之地⑯，多予之重器⑰，而不及今令有功于国；一旦山陵崩⑱，长安君何以自托于赵⑲？老臣以媪为长安君计短也⑳，故以为其爱不若燕后㉑。”太后曰：“诺！恣君之所使之㉒！”

于是为长安君约车百乘质于齐，齐兵乃出。

子义闻之曰㉓：“人主之子也，骨肉之亲也，犹不能恃无功之尊㉔，无劳之奉，而守金玉之重也，而况人臣乎？”

---

① 持：握着。踵（zhǒng）：脚后跟。女儿登车后，赵太后人在车下，只能握着女儿的脚后跟哭泣流泪。

② 念悲其远也：惦念着她而且伤心她嫁到远方。

③ 已行：已经走了之后。

④ 反：同返，一定不要让她回来。古代诸侯的女儿远嫁他国，只能被废或亡国才能返回本国，所以赵太后祭祀时祝女儿别回来。

⑤ 也哉：语气词。也：判断。哉：反问，语气的重点落在“哉”字上。难道不是做长远打算，希望燕后有子孙世世代代相继为王吗？

⑥ 然：是这样。

⑦ 三世：就是三代，父子相继为一世。这里的三世以前，是指赵肃侯时。

⑧ 至于赵之为赵：上推到赵始建国的时候，指赵烈侯由晋国的一个大夫而成为万乘之尊。

⑨ 继：用做名词，继承人，后嗣者。

⑩ 微独：不但，不仅。

⑪ 诸侯有在者乎：诸侯的子孙的继承者。

⑫ 不闻：没有听说还存在的。

⑬ 奉：同“俸”。指俸禄。

⑭ 挟：持。重器：贵重的宝物，指金玉珍宝钟鼎等。

⑮ 尊长安君之位：使长安君的地位很高。

⑯ 膏腴：肥沃。

⑰ 予：给予。

⑱ 山陵：比喻君主死，是一种委婉的说法，这里是喻赵太后死去。

⑲ 自托于赵：长安君凭什么在赵国寄身？

⑳ 以：认为。

㉑ 其爱：对长安君的爱。

㉒ 恣：任凭。任凭您来安排。

㉓ 子义：赵国的贤士。

㉔ 犹：还。尊：用做名词。指尊高的地位。

苏秦始将连横[①]

苏秦始将连横，说秦惠王曰[②]："大王之国[③]，西有巴蜀、汉中之利[④]，北有胡貉、代马之用[⑤]，南有巫山、黔中之限[⑥]，东有殽、函之固[⑦]。田肥美，民殷富，战车万乘[⑧]，奋击百万[⑨]，沃野千里，蓄积饶多，地势形便[⑩]，此所谓天府[⑪]，天下之雄国也。以大王之贤，士民之众，车骑之用，兵法之教[⑫]，可以并诸侯，吞天下，称帝而治[⑬]。愿大王少留意，臣请奏其效[⑭]。"

秦王曰："寡人闻之：毛羽不丰满者，不可以高飞；文章不成者，不可以诛罚[⑮]；道德不厚者，不可以使民；政教不顺者，不可以烦大臣。今先生俨然不远千里而庭教之[⑯]，愿以异日[⑰]。"

苏秦曰："臣固疑大王之不能用也。昔者神农伐补遂[⑱]，黄帝伐涿鹿而禽蚩尤[⑲]，尧伐驩兜[⑳]，舜伐三苗[㉑]，禹伐共工[㉒]，汤伐有夏[㉓]，文王伐崇[㉔]，武王伐纣，齐桓任战而伯

---

① 本文选自《战国策·秦策一》。苏秦（？—公元前284年）字季子，战国时洛阳人，起初主张连横，不被秦王接受，后转而主张合纵，造成六国联合、共同抗秦的局面。苏秦是燕昭王的亲信，一生的主要活动为燕昭王作反间，破坏齐、赵交好。公元前284年，反间事泄露，被齐闵王车裂。本篇以苏秦说秦失败而成功于六国，展现战国策士在政治上的作用，也刻画出其追求名利的心态和当时炎凉的世态。连横：东西为横，秦与齐、楚等国个别联合以打击其他国家，称为连横。合齐、楚、燕、赵、韩、魏六国以抗秦，称为约从。

② 苏秦：以约从得名，但是最初是主张连横的。说（shuì）：劝说。秦惠王：名驷，公元前336年—公元前311年在位。

③ 大王：指秦惠王。

④ 巴：今四川东部。蜀：今四川西部。汉中：今陕西省秦岭以南地。当时三地虽未属秦，但交往频繁，故言西有其利。

⑤ 胡貉（hé）、代马：胡，这里指匈奴所居住地区，其地产貉。貉形似狐，毛皮可制裘。代：在今河北、山西省北部，其地产马。

⑥ 巫山：山名，在今四川巫山县东。黔中：地名，在今湖南省沅陵县西。限：这里是屏障的意思。

⑦ 殽（xiáo）：山名，在今河南省洛宁县西北六十里。函：函谷关，在今河南省灵宝县西南一里许。

⑧ 战车：兵车。

⑨ 奋击：奋力作战的武士。

⑩ 形便：得形势，擅便利。

⑪ 天府：天然的宝库，喻指物产丰饶的地区。

⑫ 教：教育，学习。

⑬ 称帝而治：帝的本义是神，又称天帝，但是战国时代，各国的最高统治者都称王，因此较强的国家开始有自称帝号的，企冀统一。

⑭ 奏其效：秦国地利兵强的功效。

⑮ 文章：法令。

⑯ 俨然：矜持庄重的样子。廷教：在朝厅指教。

⑰ 愿以异日：请以后再说。

⑱ 神农：传说中的远古帝皇、农业和医药的发明者。补遂：古国名。

⑲ 涿鹿：地名，在今河北省涿鹿县南。蚩尤：南方九黎族首领。传说蚩尤不听黄帝之命，于是黄帝前往讨伐，与蚩尤大战于涿鹿之野，最后擒杀蚩尤。禽：通擒。

⑳ 驩（huān）兜：尧时臣名，后叛乱，被尧流放到崇山。

㉑ 三苗：古族名，亦称苗、有苗，在今湖北武昌、湖南岳阳、江西九江一带。

㉒ 共工：古代部落名。

㉓ 汤伐有夏：指汤伐夏桀。有：语助词，无义。

㉔ 崇：古国名，今陕西省户县东五里。

天下①。由此观之，恶有不战者乎？古者使车毂击驰②，言语相结，天下为一；约从连横③，兵革不藏；文士并饬④，诸侯乱惑，万端俱起，不可胜理；科条既备，民多伪态⑤；书策稠浊⑥，百姓不足；上下相愁，民无所聊⑦；明言章理⑧，兵甲愈起；辩言伟服⑨，战攻不息；繁称文辞，天下不治；舌弊耳聋，不见成功；行义约信，天下不亲。于是，乃废文任武，厚养死士，缀甲厉兵⑩，效胜于战场。夫徒处而致利⑪，安坐而广地，虽古五帝、三王、五伯，明主贤君，常欲坐而致之，其势不能，故以战续之。宽则两军相攻，迫则杖戟相橦⑫，然后可建大功。是故兵胜于外，义强于内；威立于上，民服于下。今欲并天下，凌万乘⑬，诎敌国⑭，制海内，子元元⑮，臣诸侯⑯，非兵不可。今之嗣主，忽于至道，皆惛于教⑰，乱于治⑱，迷于言，惑于语，沉于辩，溺于辞⑲。以此论之，王固不能行也。"

说秦王书十上而说不行。黑貂之裘弊，黄金百斤尽。资用乏绝，去秦而归。羸縢履蹻⑳，负书担橐㉑，形容枯槁，面目黧黑㉒，状有归色㉓。归至家，妻不下纴㉔，嫂不为炊，父母不与言。苏秦喟然叹曰："妻不以我为夫，嫂不以我为叔，父母不以我为子，是皆秦之罪也！"乃夜发书，陈箧数十，得《太公阴符》之谋㉕，伏而诵之，简练以为揣摩㉖。读书欲睡，引锥自刺其股，血流至踵㉗。曰："安有说人主不能出其金玉锦绣，取卿相之尊者乎？"期年揣摩成㉘，曰："此真可以说当世之君矣！"

---

① 任：用。伯：同"霸"。

② 毂（gǔ）：车轮中的圆洞，所以容车轴者。此句极言车多而行急。

③ 约从连横：南北为从，因此六国相结为约从；东西为横，秦和六国个别结合为连横。此句言两种不同的主张都提出来。

④ 文士，辩士。饬，同"饰"，指修饰文辞，进行游说。

⑤ 科条既备，民多伪态：规章制度既以完备，人民作伪的却愈多。科条：规章制度。

⑥ 书策稠浊：条文记录繁重而混乱。

⑦ 聊：依赖。

⑧ 明言章理：说话明白，道理清楚。章，同"彰"，明显。

⑨ 辩言伟服：巧辩的辞令，盛伟的奇服。

⑩ 缀甲厉兵：缀，连属，古代武士之甲，都是用金属片连缀的。厉兵，磨砺兵器。

⑪ 徒处：无所事事地坐着。

⑫ 杖戟：拿着戟。戟，一种将戈、矛合成一体的武器。能直刺，又能横击。橦（chōng）刺。

⑬ 凌万乘：超越拥有兵车万乘的敌国。

⑭ 诎：同"屈"，使……屈服。

⑮ 子元元：以广大人民为子，指统一天下。元元，人民。

⑯ 臣诸侯：以诸侯为臣。

⑰ 惛（hūn）：不明。

⑱ 乱于治：对于治理国家的工作，头脑混乱。

⑲ 沈于辩，溺于辞：沉溺于烦琐的辩论和言辞之中。沈，同"沉"。

⑳ 羸：（léi）缠绕。縢（téng）：绑腿布。蹻：（juē）草鞋。这句说，他裹着绑腿布，踏着草鞋。

㉑ 橐（tuó）：囊。一本作"囊"，一种口袋。

㉒ 黧：黑色。

㉓ 状：行为举止。

㉔ 纴：今称为机头。此言妻不下机，纺织如故。

㉕ 太公：吕尚。《阴符之谋》，兵书。

㉖ 简：选择。练：熟习。揣摩：揣量磨研以探求其真义。

㉗ 踵：足跟。

㉘ 期（jī）年：周年，满一年。

于是乃摩燕乌集阙①，见说赵王于华屋之下②，抵掌而谈③。赵王大悦，封为武安君④。受相印⑤，革车百乘⑥，锦绣千纯⑦，白璧百双⑧，黄金万镒，以随其后⑨；约从散横，以抑强秦⑩。故苏秦相于赵而关不通⑪。

当此之时，天下之大，万民之众，王侯之威，谋臣之权，皆欲决苏秦之策⑫。不费斗粮，未烦一兵，未战一士，未绝一弦，未折一矢，诸侯相亲，贤于兄弟⑬。夫贤人在而天下服，一人用而天下从。故曰："式于政，不式于勇⑭；式于廊庙之内⑮，不式于四境之外。"当秦之隆⑯，黄金万镒为用，转毂连骑，炫熿于道⑰，山东之国，从风而服，使赵大重⑱。且夫苏秦特穷巷掘门、桑户棬枢之士耳⑲，伏轼撙衔⑳，横历天下㉑，廷说诸侯之王㉒，杜左右之口㉓，天下莫之能伉㉔。

将说楚王，路过洛阳，父母闻之，清宫除道㉕，张乐设饮㉖，郊迎三十里㉗。妻侧目而视㉘，倾耳而听；嫂蛇行匍伏㉙，四拜自跪而谢。苏秦曰："嫂何前倨而后卑也㉚？"嫂曰："以季子之位尊而多金㉛。"苏秦曰："嗟乎！贫穷则父母不子㉜，富贵则亲戚畏惧㉝。人生

---

① 摩燕乌集阙：摩：切近。君主所居之处，下有二台，上有门楼者曰阙。燕乌集，阙名。
② 华屋：华丽的屋子。
③ 抵（zhǐ）掌：击掌。
④ 武安，赵国城邑，在今河南武安县西南。
⑤ 受相印：谓赵王封苏秦为相。
⑥ 革车：兵车。
⑦ 纯：匹。
⑧ 璧：原误作"壁"，从雅雨堂本改正。
⑨ 镒：古代重量单位，一镒合二十四两。
⑩ 约从连横：结合六国以抗秦，破坏个别国家和秦的关系，抑制强秦。
⑪ 关不通：关：指函谷关，六国通秦的要道。因六国联合抗秦，所以函谷关的交通断绝。
⑫ 策：策略。此句意思是为苏秦的策略所决定。
⑬ 贤于兄弟：胜于兄弟，关系比兄弟还亲。
⑭ 式：用。这句说，运用政治，不运用勇力。
⑮ 廊庙之内：古代国家大事都在廊庙之内商讨，亦指朝廷。
⑯ 当秦之隆：在苏秦尊显得意之时。
⑰ 转毂（gǔ）连骑，炫熿于道：谓随从车骑络绎于途，引人注目。炫熿，同"炫煌"，光耀之意。
⑱ 山东之国：华山以东的国家。从风而服：像风吹草动一样，都伏倒下来，使赵国地位大大重要起来。
⑲ 掘门：同"窟门"，窑门。桑户：以桑板为门扉。棬（quán）枢：把树条弯起来作为门枢。
⑳ 伏轼撙衔：伏在车前横木之上，拉着马的勒头。
㉑ 横历：横行。
㉒ 廷说：在朝廷上劝说。
㉓ 杜：塞。
㉔ 伉：同"抗"，匹敌。
㉕ 清宫除道：收拾房屋，打扫街道。
㉖ 张乐设饮：设置音乐，备办酒席。
㉗ 郊迎三十里：邑外为郊，出郊三十里迎接。
㉘ 侧目而视：不敢正目而视。
㉙ 蛇行匍伏：像蛇一样地匍伏爬行。
㉚ 倨：傲慢。
㉛ 季子：嫂称小叔为季子，也是其字。
㉜ 父母不子：父母不以其为子。
㉝ 亲戚：亲人，指家庭中的亲属。

世上，势位富贵，盖可忽乎哉①!”

人有恶苏秦于燕王者②

人有恶苏秦于燕王者，曰：“武安君，天下不信人③也。王以万乘下之，尊之于廷，示天下与小人群也。”

武安君从齐来，而燕王不馆也。谓燕王曰：“臣，东周之鄙人也，见足下，身无咫尺之功，而足下迎臣于郊，显臣于廷。今臣为足下使，利得十城，功存危燕，足下不听臣者，人必有言臣不信，伤臣于王者。臣之不信，是足下之福也。使臣信如尾生④，廉如伯夷⑤，孝如曾参，三者天下之高行，而以事足下，可乎?”燕王曰：“可。”曰：“有此，臣亦不事足下矣。”

“且夫孝如曾参，义不离亲一夕宿于外，足下安得使之之齐?廉如伯夷，不取素餐，污武王之义而不臣焉，辞孤竹之君，饿而死于首阳之山。廉如此者，何肯步行数千里而事弱燕之危主乎?信如尾生，期而不来，抱梁柱而死。信至如此，何肯扬燕⑥、秦之威于齐而取大功哉?且夫信行者，所以自为也，非所以为人也。皆自覆之术⑦，非进取之道也。”

“且夫三王代兴，五霸迭盛，皆不自覆也。君以自覆为可乎?则齐不益于营丘⑧，足下不逾楚境，不窥于边城之外。且臣有老母于周，离老母而事足下，去自覆之术，而谋进取之道，臣之趣固不与足下合者。足下皆自覆之君也；仆者进取之臣也，所谓以忠信得罪于君者也。”

燕昭王收破燕后即位⑨

燕昭王收破燕后即位⑩，卑身厚币，以招贤者，欲将以报仇⑪。故往见郭隗先生⑫曰：

---

① 盖可忽乎哉：盖，通“盍”，怎么能小看呢?

② 本文选自《战国策·燕策一》。苏秦为燕国奔忙游说、劳苦功高，但却在国内受到谗言的陷害。苏秦通过列举尾生、伯夷、曾参的事迹和一个小故事，驳斥了那些道学家们对他的指责，也说明了自己好心没有好报的处境。苏秦不受传统思想的束缚，有自己的一套道德标准，公然以不信、不廉、不孝之臣自命，且一反当世之公议，宣称这才是“为人”而非“自为”，是“进取之道”而非“自覆之术”。

③ 不信人：不诚实的人。

④ 尾生：传说尾生很讲信义，曾与一女子约会桥下，洪水来了也不离去，终于被淹死。

⑤ 伯夷：姓墨胎，名允，字公信，孤竹君的长子。周武王灭殷，伯夷义不食周粟，与其弟叔齐饿死于首阳山。

⑥ 扬：原作“杨”，据黄丕烈《札记》改。

⑦ 自覆：自取灭亡。

⑧ 营丘：在今山东临淄境内。

⑨ 本文选自《战国策·燕策一》。燕昭王（公元前311年—公元前279年在位）：燕王哙之子，名平。本文记述了郭隗帮助燕昭王定计招揽人才、振兴燕国的故事。燕昭王即位以前，国内大乱，被齐国打败，几乎亡国。燕昭王在国家危急存亡关头继承了王位。为了中兴强国、伐齐复仇，他听从了郭隗关于招揽人才的建议，最后终于实现了国家中兴的愿望。

⑩ 收：收拾。破燕：残破的燕国。公元前316年，燕王哙让位于燕相子之，燕国演成大乱。公元前314年，齐宣王乘机伐燕，燕王哙和子之死亡。公元前311年，燕太子平立为王。

⑪ 卑：形容词用如使动。卑身：降低自己的身份。币：礼物。欲将：打算。

⑫ 郭隗（wěi）：燕国贤士。

“齐因孤国之乱，而袭破燕①。孤极知燕小力少，不足以报②。然得贤士与共国，以雪先王之耻③，孤之愿也。敢问以国报仇者奈何④？”

郭隗先生对曰：“帝者与师处，王者与友处⑤，霸者与臣处，亡国与役处⑥。诎指而事之，北面而受学，则百己者至⑦，先趋而后息，先问而后嘿⑧，则什己者至；人趋己趋，则若己者至⑨；冯几据杖，眄视指使，则厮役之人至⑩。若恣睢奋击，呴籍叱咄，则徒隶之人至矣⑪。此古服道致士之法也⑫。王诚博选国中之贤者而朝其门下⑬，天下闻王朝其贤臣，天下之士，必趋于燕矣⑭。”

昭王曰：“寡人将谁朝而可⑮？”郭隗先生曰：“臣闻古之人君有以千金求千里马者⑯，三年不能得⑰。涓人言于君曰⑱：‘请求之。’君遣之，三月，得千里马，马已死，买其首五百金，反以报君⑲。君大怒曰：‘所求者生马，安事死马而捐五百金⑳？’涓人对曰：‘死马且买之五百金，况生马乎？天下必以王为能市马，马今至矣㉑。’于是不能期年，千里之马至者三㉒。今王诚欲致士㉓，先从隗始。隗且见事㉔，况贤于隗者乎？岂远千里哉㉕！”

---

① 因：趁着。孤：君王谦称。袭：偷袭。

② 极知：很清楚；非常知道。报：报仇。

③ 与：介词，后面省略宾语。共国：共同治理国家。

④ 奈何：怎么办。

⑤ 帝者与师处：成就帝业的人与老师相处。帝：名词用如动词，成就帝业。

⑥ 亡国：亡国之君。与役处：与仆役相处。本句意谓：亡国之君妒贤嫉能，其所信任者只不过是些唯命是听的仆役小人。

⑦ 诎：通“屈”。使动用法。指：通“旨”。诎指：抑制甚至放弃自己的意愿、想法。北面而受学：坐北面南是尊位，是老师的座位，学生应该座南面北来学习。百己者：才能是自己百倍的人。

⑧ 先趋而后息，先问而后嘿：有事奔走在别人前面，休息在别人后面；向人求教发问在别人前面，停止在别人后面。嘿：“默”的异体字，沉默。本句意谓：事师勤劳，求教积极。

⑨ 人趋己趋：见面时，对方有礼貌快步迎上来，自己也跟着有礼貌快步迎上去。趋：见了尊长快步向前，表示尊敬，这是一种礼节。若己者：跟自己水平相同的人。

⑩ 冯（píng）几：靠着几案。冯：后来写作“凭”。据仗：拄着手杖。眄（miǎn）视：斜视。指使：以手指示意。厮役之人：服杂役的人。

⑪ 恣睢（zìsuī）：任意胡为。奋击：用力打人。呴（xǔ）：张口呼气。籍：通藉，践踏。叱咄（chìduō）：呼喝；大声斥责。徒隶：罪犯奴隶。这里指奴才。

⑫ 服道致士：服侍有道者，招致贤士。

⑬ 诚：假设连词。假使；如果。博：广泛。朝其门下：登门拜见。

⑭ 趋于燕：疾速到燕国来。

⑮ 谁朝：拜见谁。前置宾语。可：合适；恰当。

⑯ 人君：国君。

⑰ 得：获得；得到。

⑱ 涓（juān）人：宫中洒扫的人。

⑲ 以：介词，后面省略宾语。

⑳ 捐：舍弃；损失。这里作“花去”解。本句意谓：怎么买一匹死马就花去五百金？

㉑ 今：副词。立即；立刻；很快。

㉒ 不能：不到。三：表示多数，非实指。

㉓ 今、诚：假设连词。

㉔ 见事：被任用。

㉕ 远：形容词用如意动。本句意谓：贤人难道会嫌路程遥远而不来吗？

于是昭王为隗筑宫，而师之①。乐毅自魏往，邹衍自齐往，剧辛自赵往，士争凑燕②。燕王吊死问生③，与百姓同其甘苦。二十八年，燕国殷富，士卒乐佚轻战④。于是遂以乐毅为上将军，与秦、楚、三晋合谋以伐齐⑤。齐兵败，闵王出走于外⑥。燕兵独追北，入至临淄⑦，尽取齐宝，烧其宫室宗庙。齐城之不下者，唯独莒、即墨⑧。

赵且伐燕⑨

赵且伐燕。苏代⑩为燕谓惠王⑪曰："今者臣来，过易水，蚌⑫方出曝，而鹬⑬啄其肉，蚌合拑其喙⑭。鹬曰：'今日不雨⑮，明日不雨，即有死蚌。'蚌亦谓鹬曰：'今日不出，明日不出，即有死鹬。两者不肯相舍，渔者得而并禽之。今赵且伐燕，燕、赵久相支⑯，以弊大众⑰，臣恐强秦之为渔父也。故愿王之熟计之也。"惠王曰"善。"乃止。

魏王遗楚王美人⑱

魏王遗楚王美人，楚王说之⑲。夫人郑袖知王之说新人也，甚爱新人。衣服玩好，择其所喜而为之；宫室卧具，择其所善而为之。爱之甚于王。王曰："妇人所以事夫者⑳，色也；

---

① 宫：房屋；住宅。师之：把他作为老师。师：名词用如意动。

② 乐毅：魏国名将乐羊的后代，为魏使燕，燕昭王以客礼相待，任为亚卿。后任上将军，率军破齐，封昌国君。燕昭王死，其子惠王立，信齐反间计，罢免乐毅。乐毅奔赵，封望诸君。邹衍：齐人，战国时著名阴阳家。剧辛：赵人，破齐的计谋主要由他策划。后来伐赵失败，为赵所杀。凑：聚集。

③ 吊死：悼念死者。问生：慰问活着的人。

④ 乐佚（lèyì）：悠闲安乐。轻：轻视；不害怕。

⑤ 三晋：指韩、赵、魏三国。

⑥ 闵王（公元前300年—公元前284年在位）：又写作"湣王"。出走于外：乐毅攻入临淄、齐闵王出逃至卫、邹、鲁、莒等地。

⑦ 北：败北之敌。临淄：齐国首都，在今山东淄博市东北部。

⑧ 莒（jǔ）：今山东莒县。即墨：今山东即墨市。

⑨ 选自《战国策·燕策二》。"鹬蚌相争、渔翁得利"的成语就出自这里，比喻双方相持不下，而使第三者从中得利。苏代只用这样一个小寓言故事，就免除了燕国的一场兵祸。战国说客们大量运用寓言故事来喻事明理，生动形象、直白明了。寓言不仅增强了辩词的说服力，而且使行文别出心裁、独具摇曳生姿意蕴无穷的美感。

⑩ 且：将要。苏代：苏秦的弟弟，洛阳人，战国时代的辩士。

⑪ 惠王：赵惠文王，名何。

⑫ 蚌（bàng）：蛤蜊。

⑬ 鹬（yù）：水鸟名，头圆大，嘴长，长腿，常存水边或田野捕吃小鱼、小虫和虾类。

⑭ 拑（qián）：同"钳"，夹住。喙（huì）：鸟嘴。

⑮ 雨：下雨。亦有版本作"涌"，指吐。

⑯ 支：支撑。

⑰ 弊：疲弊，搞垮。

⑱ 本文选自《战国策·楚策四》。魏王给楚王送来一位美女，楚王非常宠爱她。楚怀王妃郑袖先是假意逢迎以去除楚王和新人的戒心，完全没有妒忌的表现，然后假意劝言使新人落入陷阱，最后轻松置对手于死地。典型地刻画出其阴险歹毒，笑里藏刀，阴谋诡计，借刀杀人。这个故事告诫我们，千万不要为对手的赞扬沾沾自喜，而失去应有的警惕。魏王：魏惠王。遗（wèi）：赠送。

⑲ 楚王：怀王。

⑳ 事：侍奉，服侍。

而妒者，其情也。今郑袖知寡人之说新人也，其爱之甚于寡人，此孝子之所以事亲，忠臣之所以事君也！”

郑袖知王以己为不妒也，因谓新人曰：“王爱子美矣。虽然，恶子之鼻。子为见王，则必掩子鼻[①]。”新人见王，因掩其鼻。王谓郑袖曰：“夫新人见寡人，则掩其鼻，何也?”郑袖曰：“妾知也。”王曰：“虽恶，必言之[②]。”郑袖曰：“其似恶闻王之臭也。”王曰：“悍哉！”令劓之[③]，无使逆命。

庄辛谓楚襄王[④]

庄辛谓楚襄王曰：“君王左州侯，右夏侯，辇从鄢陵君与寿陵君，专淫逸侈靡，不顾国政，郢都必危矣！”襄王曰：“先生老悖乎？将以为楚国袄详乎?”庄辛曰：“臣诚见其必然者也，非敢以为国袄祥也[⑤]；君王卒幸四子者不衰，楚国必亡矣！臣请辟于赵，淹留以观之。”庄辛去之赵，留五月，秦果举鄢郢、巫、上蔡、陈之地。襄王流掩于城阳，于是使人发驺，征庄辛于赵。庄辛曰：“诺。”庄辛至，襄王曰：“寡人不能用先生之言，今事至于此，为之奈何?”庄辛对曰：“臣闻鄙语曰：‘见兔而顾犬，未为晚也；亡羊而补牢，未为迟也。’臣闻昔汤、武以百里昌，桀、纣以天下亡。今楚国虽小，绝长续短，犹以数千里，岂特百里哉?”

“王独不见夫蜻蛉乎？六足四翼，飞翔乎天地之间，俯啄蚊虻而食之，仰承甘露而饮之，自以为无患，与人无争也。不知夫五尺童子，方将调饴胶丝[⑥]，加己乎四仞之上[⑦]，而下为蝼蚁食也。

“蜻蛉其小者也，黄雀因是以。俯噣白粒[⑧]，仰栖茂树，鼓翅奋翼，自以为无患，与人无争也。不知夫公子王孙，左挟弹，右摄丸，将加己乎十仞之上，以其类为招。昼游乎茂树，夕调乎酸咸。倏忽之间，坠于公子之手。

“夫黄雀其小者也，黄鹄因是以！游于江海，淹乎大沼，俯噣鳝鲤，仰啮菱衡，奋其六翮，而凌清风，飘摇乎高翔，自以为无患，与人无争也。不知夫射者方将修其碆卢[⑨]，治其缯缴[⑩]，将加己乎百仞之上，被磻磻[⑪]，引微缴，折清风而抎矣[⑫]。故昼游乎江湖，夕调乎

---

① 掩：用手遮掩。

② 虽恶：即使很丑恶。下文的“恶”读wù，讨厌。

③ 劓（yì）：割鼻，古代五刑之一。

④ 本文选自《战国策·楚策四》。庄辛针对楚襄王淫逸侈靡、不顾国政而进谏，说明国君如此行径必遭杀身之祸。他运用四种譬喻，即蜻蜓为五尺之童所黏捕，黄雀被王孙公子射杀，黄鹄被射者用网罗捕获，蔡灵侯因放荡逸乐被楚大夫发用绳索捆缚。四种譬喻，由小到大，逐渐过渡到楚顷襄王本身，指出其所作所为，正把自己置于危险境地。形象生动，引喻谐调，气势充沛，说理充分。

⑤ 袄：同“妖”。

⑥ 饴：糖浆。

⑦ 仞：八尺为一仞。

⑧ 噣：同“啄”。

⑨ 碆：石制的箭头。

⑩ 缯缴（zēngzhuó）：系着丝绳的箭。

⑪ 磻磻（jiānbō）：磨玉的石头。

⑫ 抎：同“陨”。

鼎鼐。

“夫黄鹄其小者也，蔡圣侯之事因是以。南游乎高陂，北陵乎巫山，饮茹溪之流，食湘波之鱼，左抱幼妾，右拥嬖女，与之驰骋乎高蔡之中，而不以国家为事。不知夫子发方受命乎宣王，系己以朱丝而见之也。

“蔡圣侯之事，其小者也，君王之事因是以。左州侯，右夏侯，辇从鄢陵君与寿陵君，饭封禄之粟，而载方府之金，与之驰骋乎云梦之中，而不以天下国家为事。不知夫穰侯方受命乎秦王，填黾塞之内，而投己乎黾塞之外。”

襄王闻之，颜色变作，身体战栗。于是乃以执珪而授之为阳陵君，与淮北之地也。

有献不死之药于荆王者①

有献不死之药于荆王者②，谒者操以入。中射之士问曰③：“可食乎？”曰：“可。”因夺而食之。王怒，使人杀中射之士。中射之士使人说王曰：“臣问谒者，谒者曰可食，臣故食之。是臣无罪而罪在谒者也。且客献不死之药，臣食之而王杀臣，是死药也。王杀无罪之臣，而明人之欺王。”王乃不杀。

天下合从④

天下合从。赵使魏加见楚春申君⑤，曰：“君有将乎？”春申君曰：“有矣，仆欲将临武君⑥。”魏加曰：“臣少之时好射，臣愿以射譬之，可乎？”春申君曰：“可。”加曰：“异日者，更羸与魏王处京台之下⑦，仰见飞鸟。更羸谓魏王曰：‘臣为王引弓虚发而下鸟⑧。’魏王曰：‘然则射可至此乎？’更羸曰：‘可。’有间⑨，雁从东方来，更羸以虚发而下之。魏王曰：‘然则射可至此乎？”更羸曰：‘此孽也⑩。’王曰：‘先生何以知之？’对曰：‘其飞徐而鸣悲⑪。飞徐者，故疮痛也；鸣悲者，久失群也。故疮未息而惊心未去也⑫。闻弦音引而高飞，故疮陨也⑬。’今临武君尝为秦孽，不可为拒秦之将也！”

---

① 本文选自《战国策·楚策四》。中射士用聪明机智向楚王揭露骗局，证实世上没有真正的不死药。

② 荆王：楚王，疑为顷襄王。

③ 中射之士：即中射士。射士，王宫的卫士。

④ 本文选自《战国策·楚策四》。细致的观察、严密的分析、准确的判断是更羸虚拉弓弦就能射落大雁的原因。这种观察、分析、判断的能力，只有通过长期刻苦的学习和实践才能培养出来。现在常用“惊弓之鸟”这一成语来形容受过惊吓，遇到类似情况就惶恐不安的人。

⑤ 魏加：赵臣。春申君：黄歇的封号。他是楚考烈王的相，被封在吴（今江苏苏州）。

⑥ 临武君：赵将庞煖。

⑦ 更羸（léi）：战国时的名射手。京台：高台。

⑧ 虚发：虚拉弓弦，不放箭。下鸟：使鸟落下。

⑨ 有间（jiàn）：过一段时间。

⑩ 孽（niè）：此处指隐伤。

⑪ 徐：缓慢。

⑫ 故疮：旧伤。

⑬ 引：伸，展。这里指伸展翅膀。陨（yǔn）：从高处掉下来。

学习建议

1. 正确认识战国时代谋臣策士的政治观和人生观。

2. 从选择、设计人生道路的角度，谈谈“狡兔三窟”的双重性意义（积极的和消极的）。

3. 搜集并背诵书中的寓言故事、佚闻掌故。如“画蛇添足”、“狐假虎威”、“南辕北辙”等。

4. 延伸阅读篇目：

《齐策二》、《齐策三》、《楚策一》、《楚策二》、《赵策四》、《魏策四》、《燕策三》。

论　语

导读

《论语》是记录孔子及其弟子言行的一部书，约成于春秋战国之际，由孔子的弟子及其再传弟子记录整理而成。《论语》没有严格的编纂体例，每一条就是一章，集章成篇，每篇标题取自首章首句中的两个字，各篇之间没有时间上的先后顺序，每篇内各章之间也没有共同的主题。全书内容涉及哲学、政治、伦理、经济、教育、文艺等方面，十分丰富。由于它是儒学最主要的经典，宋代朱熹又将其编为“四书”之一，历来为士人诵习，因而其在文学史上的影响也同其在思想史上的影响一样，极为深远。

《论语》虽非专门的文学著作，但其言近旨远、词约义丰的说理，形象隽永的语言，使它有理由成为先秦语录体散文的典范之作。《论语》中的许多言论都富有哲理性，意蕴悠长，且颇具诗意，如“朝闻道，夕死可也”（《论语·里仁》）、“岁寒，然后知松柏之后凋也”（《论语·子罕》）、“三人行，必有我师焉”（《论语·述而》）等，均已成为耳熟能详的名言、警句。

《论语》是研究孔子生活、思想最重要的资料。孔子（公元前551—公元前479）名丘，字仲尼，是儒家学派的创始人。他为了恢复周“礼”，实现自己的政治理想，提出了以“仁”为核心的一整套学说。在孔子看来，周“礼”是最完善的政治制度和伦理规范，而“仁”则是最完美的道德观念和思想品质，礼是道德的标准，仁是道德的属性。个体只有具备了“仁”的品质，才能实现温柔敦厚的理想人格。通过唤醒个体自我内心的道德观念，建立和巩固“亲亲尊尊”的宗法情感和等级制度，孔子致力于开创一个“彬彬有礼”的和谐社会局面。毋庸讳言，孔子的“仁”表面上讲的是个体修养与人伦关系，实质上阐述的是齐家治国的“为政”之道。《论语》各篇均不同程度地阐明了孔子对德行、政治、处世、为学等方面的看法，展示了孔子一以贯之的以德治国、以德服人的思想观念，而以此为理论基础的儒学最终也成为了中国传统文化的主流。可以说，以孔子为代表的儒家思想不仅铸就了华夏文明的精神风貌，而且还陶冶了中华民族的性情品格。

学　而①

『1』子②曰：“学而时习③之，不亦说④乎？有朋⑤自远方来，不亦乐乎？人不知而不

---

① “学而”篇共十六章，包括孔子语录九章，有子三章，曾子二章，子夏、子贡各一章。内容涉及为学、为人和道德修养等方面，也有一些论政的语录。

② 子：古代男子尊称，义同“先生”。《论语》中的“子曰”的子均指孔子。

③ 时习：时，适当的时候，一定的时候。习，温习、演习。

④ 说：通“悦”，欣喜、高兴。

⑤ 朋：古时“同门为朋，同志为友”。朋，即指同学，泛指朋友。

愠①，不亦君子乎？”

『2』有子②曰：“其为人也孝弟③，而好犯上者，鲜矣；不好犯上，而好作乱者，未之有也。君子务本④，本立而道生。孝弟也者，其为仁之本与⑤！”

『3』子曰：“巧言令色⑥，鲜矣仁⑦！”

『4』曾子⑧曰：“吾日三省吾身⑨：为人谋而不忠乎？与朋友交而不信乎⑩？传⑪不习乎？”

『5』子曰：“道千乘之国⑫：敬事而信⑬，节用而爱人⑭，使民以时⑮。”

『6』子曰：“弟子，入则孝，出则弟，谨而信⑯，泛爱众⑰，而亲仁⑱。行有余力⑲，则以学文⑳。”

『7』子夏曰㉑：“贤贤易色㉒；事父母，能竭其力；事君，能致其身㉓；于朋友交，言而有信。虽曰未学，吾必谓之学矣。”

『8』子曰：“君子不重㉔则不威；学则不固。主忠信㉕。无友不如己者㉖。过则勿惮改㉗。”

『9』曾子曰：“慎终追远㉘，民德归厚矣。”

『10』子禽问于子贡曰㉙：“夫子至于是邦也，必闻其政，求之与？抑与之与？子贡曰：“夫子温、良、恭、俭、让以得之。夫子之求之也，其诸异乎人之求之与㉚？”

---

① 不知：不了解，此指自己有学问有道德，别人不知道或不了解。
② 有子：姓有名若，孔子的弟子。
③ 孝弟（tì）：孝敬父母，友爱兄弟。弟，通“悌”。
④ 务本：追求最根本的道德规范。本，根本的、基础性的东西，此处指孝悌。
⑤ 仁：仁爱，仁德。孔子学说中最高的道德准则。与，通“欤”，语气词。
⑥ 巧言令色：花言巧语，面目伪善。巧，好。令，善。
⑦ 鲜矣仁：“仁鲜矣”的倒装。
⑧ 曾子：名参，字子舆，孔子弟子。
⑨ 三省：三，虚指，表示多次。省，自我检查。
⑩ 信：诚信。
⑪ 传：传授（的东西）。
⑫ 道：通“导”，引导、领导，引申为治理、管理。
⑬ 敬事：慎重办事。
⑭ 节用：节约资财。
⑮ 以时：根据一定的时节。时，时令、时节，此处指农闲时节。
⑯ 谨：寡言少语。
⑰ 泛：广泛、普通。
⑱ 仁：仁人，有仁德的人。
⑲ 行：躬行，实行。
⑳ 文：文献，文学。
㉑ 子夏：姓卜名商，孔子弟子。
㉒ 贤贤易色：尊重贤人，轻视女色。下贤字指贤人，上贤字作动词用，指尊重。
㉓ 致：送出，奉献。
㉔ 重：庄重。
㉕ 主：以……为主，此处有亲近之意。
㉖ 友：结交，以……为友。
㉗ 惮：害怕，畏惧。
㉘ 慎终追远：慎重地对待丧礼，追念死去的祖先。终，老死，指父母的死亡。远，祖先。
㉙ 子禽：姓陈名亢，孔子弟子；子贡：姓端木名赐，孔子弟子。
㉚ 其诸：语气词，表示大概，恐怕等不肯定语气。

『11』子曰："父在，观其志。父没①，观其行；三年无改于父之道②，可谓孝矣。"

『12』有子曰："礼之用，和为贵③。先王之道斯为美，小大由之。有所不行，知和而和，不以礼节之④，亦不可行也。"

『13』有子曰："信近于义⑤，言可复也⑥；恭近于礼，远耻辱也⑦；因不失其亲⑧，亦可宗也⑨。"

『14』子曰："君子食无求饱，居无求安，敏于事而慎于言，就有道而正⑩焉，可谓好学也已。"

『15』子贡曰："贫而无谄，富而无骄，何如？"子曰："可也。未若贫而乐，富而好礼者也。"子贡曰："诗云：'如切如磋，如琢如磨'⑪，其斯之谓与？"子曰："赐也，始可与言《诗》已矣！告诸往而知来者⑫。"

『16』子曰："不患人之不己知，患不知人也。"

为　政⑬

『1』子曰："为政以德，譬如北辰⑭，居其所而众星共之⑮。"

『2』子曰："《诗》三百，一言以蔽之，曰：'思无邪'。"

『3』子曰："道之以政⑯，齐之以刑⑰，民免而无耻⑱。道之以德，齐之以礼，有耻且格⑲。"

『4』子曰："吾十有五而志于学，三十而立，四十而不惑⑳，五十而知天命㉑，六十而耳顺㉒，七十而从心所欲，不逾矩㉓。"

---

① 没（mò）：死亡。

② 道：准则，指父亲生前的良好品行。

③ 和：恰到好处，适中。

④ 节：节制，限制。

⑤ 近：接近，靠近，引申为符合。

⑥ 复：反复，即兑现诺言。

⑦ 远：使……远离，有避免意。

⑧ 因：依靠，凭借。

⑨ 宗：主，引申为可靠。

⑩ 就有道而正：接近有道之人而改正自己。就：接近，靠近。正：匡正，改正。

⑪ 如切如磋，如琢如磨：见《诗经·卫风·淇奥》。意为加工象牙、骨角，切断后还要锉平，使其更加平滑；加工玉石，雕刻之后还得磨光，使其更加细腻。此处比喻君子自我修养的高标准、严要求。

⑫ 告诸往而知来者：告诉你已知的事，你就能够推知未知之事。往：过去的，已知之事。来：未来的，未知之事。

⑬ 本篇共分 24 章，全部都是孔子的语录，论及为政、教化、学习、修养、孝道等方面的内容。

⑭ 北辰：北极星。

⑮ 共（gǒng）：同"拱"，围绕，环抱。

⑯ 政：政令，制度。

⑰ 齐：使……整齐，规范。

⑱ 民免而无耻：百姓避免犯罪，但不知犯罪是可耻的。免：避免。

⑲ 格：人心归服。

⑳ 不惑：不迷惑。

㉑ 天命：指人应尽的道义与职责。

㉒ 耳顺：耳朵通顺不逆。意即听人言语能明辨是非。

㉓ 从心所欲，不逾矩：遵从心中所想去做而不会越出规矩。从：遵从，顺从。一说从为"纵"，放纵义。逾：越。矩：规矩，法度。

『5』孟懿子问孝①。子曰："无违。"樊迟②御③，子告之曰："孟孙问孝于我，我对曰'无违'。"樊迟曰："何谓也？"子曰："生，事之以礼；死，葬之以礼，祭之以礼。"

『6』孟武伯问孝④。子曰："父母唯其疾之忧。"

『7』子游问孝⑤。子曰："今之孝者，是谓能养。至于犬马⑥，皆能有养；不敬，何以别乎？"

『8』子夏问孝。子曰："色难⑦。有事，弟子⑧服其劳；有酒食，先生⑨馔：曾⑩是以为孝乎？"

『9』子曰："吾与回言终日⑪，不违如愚。退而省其私⑫，亦足以发⑬。回也不愚。"

『10』子曰："视其所以⑭，观其所由⑮，察其所安⑯。人焉廋哉⑰？人焉廋哉？"

『11』子曰："温故而知新，可以为师矣。"

『12』子曰："君子不器⑱。"

『13』子贡问君子。子曰："先行其言⑲，而后从之⑳。"

『14』子曰："君子周㉑而不比㉒，小人比而不周。"

『15』子曰："学而不思则罔㉓，思而不学则殆㉔。"

『16』子曰："攻乎异端㉕，斯害也已！"

『17』子曰："由㉖，诲女知之乎！知之为知之，不知为不知，是知也。"

---

① 孟懿子：姓仲孙，名何忌，"懿"是谥号，鲁国大夫。
② 樊迟：姓樊名须，字子迟，孔子弟子。
③ 御：驾车。
④ 孟武伯：孟懿子之子仲孙彘，"武"为谥号。
⑤ 子游：姓言名偃，孔子弟子。
⑥ 至于：就连，就是。
⑦ 色难：子女侍奉父母经常和颜悦色，是件难事。
⑧ 弟子：年幼者，此指子女。
⑨ 先生：年长者，此指父母。
⑩ 曾：竟，竟然，副词。
⑪ 回：颜回，字子渊，孔子弟子。
⑫ 私：独处，指颜回独自钻研和实践。
⑬ 发：发挥。
⑭ 所以：……的原因。
⑮ 所由：……的途径。
⑯ 所安：……的心态。
⑰ 廋（sōu）：隐藏，藏匿。
⑱ 器：器具，器皿。
⑲ 先行其言：先实行自己想说的言论。
⑳ 从：跟从，指行而后言。
㉑ 周：团结。
㉒ 比：勾结。
㉓ 罔：蒙蔽，欺骗。
㉔ 殆：疑惑。
㉕ 攻：批判。
㉖ 由：姓仲名由，字子路，孔子弟子。

『18』子张[1]学干禄[2]。子曰："多闻阙疑[3]，慎言其余，则寡尤[4]。多见阙殆，慎行其余，则寡悔。言寡尤，行寡悔，禄在其中矣。"

『19』哀公问曰："何为则民服？"孔子对曰："举直错诸枉[5]，则民服。举枉错诸直，则民不服。"

『20』季康子问[6]："使民敬、忠以劝[7]，如之何？"子曰："临[8]之以庄[9]则敬，孝慈[10]则忠，举善[11]而教不能[12]则劝。"

『21』或谓孔子曰："子奚不为政？"子曰："《书》云：'孝乎！惟孝，友于兄弟，施于有政。'是亦为政，奚其为为政？"

『22』子曰："人而无信，不知其可也。大车无輗[13]，小车无軏[14]，其何以行之哉？"

『23』子张问："十世可知也？"子曰："殷因[15]于夏礼，所损益[16]，可知也；周因于殷礼，所损益，可知也；其或继周者，虽百世可知也。"

『24』子曰："非其鬼[17]而祭之，谄也。见义不为，无勇也。"

八　佾[18]

『1』孔子谓季氏，"八佾[19]舞于庭，是可忍也，孰不可忍也？"

『2』三家[20]者以《雍》[21] 彻[22]。子曰："'相维辟公，天子穆穆'[23]，奚取于三家之堂？"

『3』子曰："人而不仁，如礼何？人而不仁，如乐何？"

---

① 子张：姓颛孙名师，孔子弟子。

② 干禄：谋求做官得俸禄。

③ 阙：通"缺"，空，留下。

④ 尤：过失。

⑤ 举直错诸枉：提拔举用正直贤能之人，将其安置到奸邪小人上面。举：选拔，任用。直：正直。错：通"措"，安置。枉：弯曲，不正。

⑥ 季康子：姓季孙名肥，"康"为谥号，鲁国大夫。

⑦ 劝：劝勉。

⑧ 临：对待。

⑨ 庄：恭敬庄严。

⑩ 孝慈：孝敬父母，慈爱百姓。

⑪ 善：品德高尚的人。

⑫ 不能：能力低下的人。

⑬ 輗（ní）：牛车前横木两端的木销子。

⑭ 軏（yuè）：马车前横木两端的木销子。

⑮ 因：沿袭，继承。

⑯ 损益：减少，增加。

⑰ 非其鬼：不是自己应该祭祀的祖先。鬼：人死叫鬼，此指自己的祖先。

⑱ 本篇共分二十六章，其中各章内容多与礼、乐有关，比较集中地反映了孔子的礼乐思想。

⑲ 八佾（yì）：古代奏乐舞蹈，每行八人称为一佾。天子可用八佾，六十四人共舞，诸侯六佾，大夫四佾。季孙氏是大夫，按礼只能用四佾，用八佾是对天子之礼的僭越。

⑳ 三家：指鲁国当政的仲孙、叔孙、季孙三家。

㉑ 雍：《诗经·周颂》中的一篇。

㉒ 彻：通"撤"，撤除。

㉓ 相维辟公，天子穆穆：助祭的是诸侯，天子严肃静穆地在主祭。相：助祭者。维：语气助词。辟公：诸侯。穆穆：庄严肃穆。

『4』林放①问礼之本。子曰："大哉问！礼，与其奢也，宁俭。丧，与其易②也，宁戚③。"

『5』子曰："夷狄之有君，不如诸夏之亡也。"

『6』季氏旅④于泰山。子谓冉有⑤曰："女弗能救⑥与？"对曰："不能。"子曰："呜呼！曾⑦谓泰山不如林放乎？"

『7』子曰："君子无所争。必也射⑧乎！揖让⑨而升⑩，下而饮，其争也君子。"

『8』子夏问曰："巧笑倩兮，美目盼兮，素以为绚兮。何谓也？"子曰："绘⑪事后素⑫。"曰："礼后乎？"子曰："起⑬予者商也！始可与言《诗》已矣。"

『9』子曰："夏礼吾能言之，杞不足征⑭也。殷礼吾能言之，宋不足征也。文献⑮不足故也，足，则吾能征之矣。"

『10』子曰："禘⑯，自既灌⑰而往者，吾不欲观之矣。"

『11』或问禘之说。子曰："不知也。知其说者之于天下也，其如示⑱诸斯乎！"指其掌。

『12』祭如在，祭神如神在。子曰："吾不与⑲祭，如不祭。"

『13』王孙贾⑳问曰："'与其媚于奥㉑，宁媚于灶㉒'，何谓也？"子曰："不然。获罪于天，无所祷也。"

『14』子曰："周监㉓于二代，郁郁㉔乎文㉕哉！吾从周。"

『15』子入太庙，每事问。或曰："孰谓鄹人之子㉖知礼乎？入太庙，每事问。"子闻

---

① 林放：鲁国人，相传为孔子弟子。
② 易：妥帖，周全。
③ 戚：哀戚，伤悲。
④ 旅：祭山。
⑤ 冉有：即冉求，字子有，孔子弟子，当时担任季氏家臣。
⑥ 救：劝阻，阻止。
⑦ 曾：乃，竟，副词。
⑧ 射：射箭比赛。
⑨ 揖让：作揖，谦让，宾主相见时的礼仪。
⑩ 升：登堂。
⑪ 绘：绘画。
⑫ 素：白色。
⑬ 起：通"启"，启发。
⑭ 征：征信，证明。
⑮ 文献：历史文件与贤人。文：典籍；献：即"贤"。
⑯ 禘（dì），古代一种极为隆重的祭礼，只有天子才能举行。
⑰ 灌：禘祭开始时向受祭者献酒的仪式。
⑱ 示：通"置"，摆放，安置。
⑲ 与：同"预"，参与。
⑳ 王孙贾：卫灵公时卫国的权臣。
㉑ 奥：古代居室的西南角称奥，古人认为那里有神，叫奥神。此处暗喻卫君或其宠姬南子。
㉒ 灶：灶神，此处王孙贾以灶神自喻。
㉓ 监：通"鉴"，借鉴。
㉔ 郁郁：丰富，繁盛。
㉕ 文：指礼仪制度。
㉖ 鄹（zōu）人之子：指孔子。鄹人：指孔子父亲叔梁纥，因其曾做过鄹大夫，故名。

之，曰："是礼也。"

『16』子曰："射不主皮①，为②力不同科③，古之道也。"

『17』子贡欲去④告朔⑤之饩羊⑥。子曰："赐也，尔爱⑦其羊，我爱其礼。"

『18』子曰："事君尽礼，人以为谄也。"

『19』定公问："君使臣，臣事君，如之何？"孔子对曰："君使臣以礼，臣事君以忠。"

『20』子曰："《关雎》，乐而不淫⑧，哀而不伤⑨。"

『21』哀公问社⑩于宰我⑪。宰我对曰："夏后氏以松，殷人以柏，周人以栗，曰使民战栗。"子闻之，曰："成事不说，遂⑫事不谏，既往不咎⑬。"

『22』子曰："管仲之器⑭小哉！"或曰："管仲俭乎？"曰："管氏有三归⑮，官事不摄⑯，焉得俭？""然则管仲知礼乎？"曰："邦君树塞门⑰，管氏亦树塞门。邦君为两君之好，有反坫⑱，管氏亦有反坫。管氏而知礼，孰不知礼？"

『23』子语鲁大师⑲乐。曰："乐其可知也：始作，翕如⑳也；从㉑之，纯㉒如也，皦㉓如也，绎㉔如也，以成。"

『24』仪封人㉕请见。曰："君子之至于斯也，吾未尝不得见也。"从者见之。出，曰："二三子㉖何患于丧㉗乎？天下之无道也久矣，天将以夫子为木铎㉘。"

---

① 皮：用兽皮做的箭靶。
② 为：因为。
③ 科：等级，类别。
④ 去：废除，革除。
⑤ 告（gù）朔（shuò）：古代的一种祭庙仪式。朔：农历每月的第一天。
⑥ 饩（xì）羊：祭祀用的活羊。
⑦ 爱：可惜，珍惜。
⑧ 淫：过分而不恰当。
⑨ 伤：痛苦。
⑩ 社：土地神，此指社主，即木制的牌位。
⑪ 宰我：宰予，字子我，孔子弟子。
⑫ 遂：完成。
⑬ 咎：责怪。
⑭ 器：器量，气度。
⑮ 三归：收取的市租。
⑯ 摄：兼职。
⑰ 塞门：筑在大门外的矮墙。
⑱ 反坫（diàn）：用土堆成的土墩，类似茶几。
⑲ 大（tài）师：乐官的名称。
⑳ 翕（xī）如：合，和顺。如：形容词词尾。
㉑ 从（zòng）：继续，展开。
㉒ 纯：和谐。
㉓ 皦（jiǎo）：清晰。
㉔ 绎：连绵不绝。
㉕ 封人：官名，守边的长官。
㉖ 二三子：诸位，指孔子弟子们。
㉗ 丧：丧失，指失去官职。
㉘ 木铎（duó）：铜质木舌的铃子。此处指导师。

『25』子谓《韶》①："尽美矣，又尽善也。"谓《武》②："尽美矣，未尽善也。"

『26』子曰："居上不宽③，为礼不敬，临丧不哀，吾何以观之哉？"

里　仁④

『1』子曰："里⑤仁为美。择不处仁，焉得知⑥？"

『2』子曰："不仁者不可以久处约⑦，不可以长处乐。仁者安⑧仁，知者利⑨仁。"

『3』子曰："唯仁者能好人，能恶人。"

『4』子曰："苟志于仁矣，无恶也。"

『5』子曰："富与贵，是人之所欲也。不以其道得之，不处⑩也。贫与贱，是人之所恶也。不以其道得之，不去⑪也。君子去仁，恶乎成名？君子无终食之间⑫违仁，造次⑬必于是，颠沛必于是。"

『6』子曰："我未见好仁者，恶不仁者。好仁者，无以尚⑭之；恶不仁者，其为仁矣，不使不仁者加乎其身。有能一日用其力于仁矣乎？我未见力不足者。盖有之矣，我未之见也。"

『7』子曰："人之过⑮也，各于其党⑯。观过，斯知仁矣。"

『8』子曰："朝闻道，夕死可矣。"

『9』子曰："士志于道，而耻⑰恶衣恶食者，未足与议也。"

『10』子曰："君子之于天下也，无适⑱也，无莫⑲也，义⑳之与比㉑。"

『11』子曰："君子怀德，小人怀土㉒。君子怀刑㉓，小人怀惠㉔。"

---

① 《韶》：舜代的乐曲名，歌颂舜的功业。
② 《武》：武王时的乐曲名，歌颂周武王的功绩。
③ 宽：宽大，宽宏。
④ 本篇共二十六章，大多论及道德修养的问题，包括仁、义、利、礼、孝、言、行、事君、交友等诸多内容。
⑤ 里：居住。
⑥ 知：同"智"，智慧，明智。
⑦ 约：穷困。
⑧ 安：安居，安心。
⑨ 利：利用。
⑩ 处：接受。
⑪ 去：抛掉。
⑫ 终食之间：一顿饭工夫。
⑬ 造次：匆忙，仓促。
⑭ 尚：超过。
⑮ 过：过失，错误。
⑯ 党：集团，类别。
⑰ 耻：以……为耻辱。
⑱ 无适：没有规定一定这样。
⑲ 无莫：没有规定不能这样。
⑳ 义：同"宜"，适宜。
㉑ 比：挨着，靠近。
㉒ 土：乡土，田土。引申为田土产业。
㉓ 刑：法令制度。
㉔ 惠：恩惠，实惠。

『12』子曰："放①于利而行，多怨。"

『13』子曰："能以礼让为国乎？何有②？不能以礼让为国，如礼何？"

『14』子曰："不患无位，患所以立③；不患莫己知，求为可知也。"

『15』子曰："参乎！吾道一以贯之。"曾子曰："唯。"子出。门人问曰："何谓也？"曾子曰："夫子之道，忠恕而已矣。"

『16』子曰："君子喻④于义，小人喻于利。"

『17』子曰："见贤思齐焉。见不贤而内自省也。"

『18』子曰："事父母几⑤谏。见志⑥不从，又敬不违，劳⑦而不怨。"

『19』子曰："父母在，不远游，游必有方⑧。"

『20』子曰："三年无改于父之道，可谓孝矣。"

『21』子曰："父母之年，不可不知也。一则以喜，一则以惧。"

『22』子曰："古者言之不出，耻躬⑨之不逮⑩也。"

『23』子曰："以约失之者鲜矣。"

『24』子曰："君子欲讷⑪于言而敏于行。"

『25』子曰："德不孤⑫，必有邻。"

『26』子游曰："事君数⑬，斯辱矣；朋友数，斯疏⑭矣。"

公冶长⑮（节选）

『1』子谓公冶长⑯，"可妻也。虽在缧绁⑰之中，非其罪也。"以其子妻之。

『2』子谓南容⑱，"邦有道，不废⑲；邦无道，免于刑戮。"以其兄之子妻之。

---

① 放：通"仿"，依照，根据。

② 何有：古时常用语。即"有何（困难）"之意。

③ 立：通"位"，职位。

④ 喻：明白，懂得。

⑤ 几：轻微，婉转。

⑥ 志：意见，观点。

⑦ 劳：担忧。

⑧ 方：去的方向，含安顿父母之意。

⑨ 躬：躬行，行动。

⑩ 逮：及，赶上。

⑪ 讷：迟钝，指言语谨慎。

⑫ 孤：孤独，孤单。

⑬ 数（shuò）：多次。

⑭ 疏：疏远。

⑮ 本篇共二十八章，内容以评论人物为主，包括孔门弟子，如公冶长、南宫适、宓子贱、子贡、冉雍、漆雕开、子路、冉求、公西赤、颜回、宰予、申枨等十二人；同时代的政治人物，如孔文子、子产、晏婴、臧文仲、令尹子文、季文子、宁武子等七人；其他历史人物，如伯夷、叔齐、微生高、左丘明等四人。论及人物的修养水平、处世风格、政治才能、学习能力、性格特征等方面。

⑯ 公冶长：人名，孔子弟子。

⑰ 缧（léi）绁（xiè）：拴罪犯的绳索，代指监狱。

⑱ 南容：姓南宫，名适（kuò），字子容，孔子弟子。

⑲ 废：废弃（官职）。

『3』子谓子贱①："君子哉若人！鲁无君子者，斯焉取斯②？"

『4』子贡问曰："赐也何如？"子曰："女，器也。"曰："何器也？"曰："瑚琏③也。"

『5』或曰："雍④也仁而不佞⑤。"子曰："焉用佞？御⑥人以口给⑦，屡憎于人。不知其仁，焉用佞？"

『6』子使漆雕开⑧仕。对曰："吾斯之未能信。"子说。

『7』子曰："道不行，乘桴⑨浮于海。从我者，其由与？"子路闻之喜。子曰："由也好勇过我，无所取材⑩。"

『10』宰予昼寝。子曰："朽木不可雕也，粪土之墙不可杇⑪也。于予与何诛⑫？"子曰："始吾于人也，听其言而信其行；今吾于人也，听其言而观其行。于予与改是。"

『11』子曰："吾未见刚⑬者。"或对曰："申枨⑭。"子曰："枨也欲，焉得刚？"

『12』子贡曰："我不欲人之加诸我也，吾亦欲无加诸人。"子曰："赐也，非尔所及也。"

『13』子贡曰："夫子之文章，可得而闻也；夫子之言性与天道，不可得而闻也。"

『14』子路有闻，未之能行，唯恐有⑮闻。

『15』子贡问曰："孔文子⑯何以谓之文也？"子曰："敏而好学，不耻下问，是以谓之文也。"

『16』子谓子产⑰有君子之道四焉："其行己也恭，其事上也敬，其养民也惠，其使民也义。"

『17』子曰："晏平仲⑱善与人交，久而敬之。"

『18』子曰："藏文仲⑲居蔡⑳，山节藻棁㉑，何如其知也？"

『20』季文子㉒三思而后行。子闻之，曰："再㉓，斯可矣。"

---

① 子贱：姓宓（mì），名不齐，孔子弟子。
② 斯焉取斯：他从哪里取得这些好品德呢？前一"斯"指子贱，后一"斯"指品德。
③ 瑚琏（liǎn）：古代祭祀时盛粮食的器皿，很尊贵。
④ 雍：姓冉，名雍，字仲弓，孔子弟子。
⑤ 佞（nìng）：能言善辩，有口才。
⑥ 御：防御，抵挡，此指应答。
⑦ 口给：能言善辩。
⑧ 漆雕开：姓漆雕名开，孔子弟子。
⑨ 桴（fú）：木排或竹排。
⑩ 材：通"哉"，语气助词。
⑪ 杇（wū）：泥工抹墙的工具，此处指粉刷。
⑫ 诛：责备。
⑬ 刚：刚强，刚毅。
⑭ 申枨（chéng）：姓申名枨，字周，孔子弟子。
⑮ 有：同"又"。
⑯ 孔文子：姓孔名圉（yǔ），字仲叔，谥号"文"，卫国大夫。
⑰ 子产：姓公孙，名侨，郑国大夫。
⑱ 晏平仲：姓晏名婴，字仲，"平"是谥号，齐国大夫。
⑲ 臧文仲：姓臧孙，名辰，鲁国大夫。
⑳ 居蔡：收藏大乌龟壳。居：使……居住，收藏义；蔡：大乌龟，此指乌龟壳。
㉑ 山节藻棁（zhuō）：刻着山岳的斗拱，画着水藻的短柱。棁：大梁上的短柱。
㉒ 季文子：姓季孙，名行父，谥号"文"，鲁国大夫。
㉓ 再：第二次。

『21』子曰："宁武子①邦有道则知，邦无道则愚。其知可及也，其愚不可及也。"

『22』子在陈，曰："归与！归与！吾党②之小子狂简③，斐然④成章，不知所以裁⑤之。"

『23』子曰："伯夷、叔齐⑥不念旧恶，怨是用希⑦。"

『24』子曰："孰谓微生高⑧直？或乞醯⑨焉，乞诸其邻而与之。"

『25』子曰："巧言、令色、足恭⑩，左丘明耻之，丘亦耻之。匿怨⑪而友其人，左丘明耻之，丘亦耻之。"

『27』子曰："已⑫矣乎！吾未见能见其过而内自讼⑬者也。"

『28』子曰："十室之邑⑭，必有忠信如丘者焉，不如丘之好学也。"

雍 也⑮

『1』子曰："雍也可使南面。"

『2』仲弓问子桑伯子⑯，子曰："可也简⑰。"仲弓曰："居敬而行简，以临其民，不亦可乎？居简而行简，无乃大简乎？"子曰："雍之言然。"

『3』哀公问："弟子孰为好学？"孔子对曰："有颜回者好学，不迁怒，不贰过。不幸短命死矣！今也则亡，未闻好学者也。"

『4』子华⑱使于齐，冉子为其母请粟。子曰："与之釜⑲。"请益。曰："与之庾⑳。"冉子与之粟五秉㉑。子曰："赤之适齐也，乘肥马，衣轻裘。吾闻之也，君子周㉒急不继㉓富。"

---

① 宁武子：姓宁名俞，谥号"武"，卫国大夫。

② 吾党：古代五族（五百家）为党，吾党即我的故乡。

③ 狂简：志向远大，行为粗犷，但不切实际。

④ 斐然：文采繁复。

⑤ 裁：剪裁，引申为培育，教导。

⑥ 伯夷、叔齐：孤竹君的两个儿子。孤竹君死后，他们互相让君位而出逃，周灭商后，他们耻于吃周食，饿死于首阳山。

⑦ 是用：因此。希：通"稀"，少。

⑧ 微生高：姓微生，名高，鲁国人，以直爽著名。

⑨ 醯（xī）：醋。

⑩ 足恭：过分的恭敬。

⑪ 匿怨：内心藏着怨恨。

⑫ 已：停止，结束。

⑬ 讼：责备。

⑭ 十室之邑：十户人家的小地方。古代四井为邑，三家一井，一邑为十二家，十家举其成数。

⑮ 本篇共三十章，内容较为庞杂，涉及政治、伦理、哲学、人性、人才等方面。

⑯ 子桑伯子：人名，事迹无可考。

⑰ 简：（办事）简练。

⑱ 子华：姓公西，名赤，孔子弟子。

⑲ 釜：古代计量单位，六斗四升为一釜。

⑳ 庾（yǔ）：古代计量单位，二斗四升为一庾。

㉑ 秉：古代计量单位，十六斛（hú）为一秉，一斛为十斗。

㉒ 周：救济。

㉓ 继：接济。

『5』原思①为之宰②，与之粟九百，辞。子曰："毋！以与尔邻里乡党乎！"

『6』子谓仲弓曰："犁牛之子骍且角③，虽欲勿用，山川其舍诸？"

『7』子曰："回也，其心三月不违仁。其余则日月④至焉而已矣。"

『8』季康子问："仲由可使从政也与？"子曰："由也果⑤，于从政乎何有？"曰："赐也可使从政也与？"曰："赐也达⑥，于从政乎何有？"曰："求也可使从政也与？"曰："求也艺⑦，于从政乎何有！"

『9』季氏使闵子骞⑧为费宰。闵子骞曰："善为我辞焉。如有复我者，则吾必在汶上⑨矣。"

『10』伯牛⑩有疾，子问之，自牖⑪执其手，曰："亡之，命矣夫！斯人也而有斯疾也！斯人也而有斯疾也！"

『11』子曰："贤哉，回也！一箪⑫食，一瓢饮，在陋巷。人不堪其忧，回也不改其乐。贤哉，回也！"

『12』冉求曰："非不说子之道，力不足也。"子曰："力不足者，中道而废。今女画⑬。"

『13』子谓子夏曰："女为君子儒，无为小人儒。"

『14』子游为武城宰。子曰："女得人焉耳乎？"曰："有澹台灭明⑭者，行不由径⑮。非公事，未尝至于偃之室也。"

『15』子曰："孟之反⑯不伐⑰。奔⑱而殿⑲，将入门，策⑳其马，曰：'非敢后也，马不进也。'"

『16』子曰："不有祝鮀㉑之佞，而有宋朝㉒之美，难乎免于今之世矣！"

『17』子曰："谁能出不由户㉓？何莫由斯道也？"

---

① 原思：姓原名宪，字子思，孔子弟子。
② 宰：大夫的家宰，相当于管家。
③ 骍（xīng）且角：毛皮红色且两角长得周正。
④ 日月：指短时间，偶尔。
⑤ 果：果断。
⑥ 达：通事理。
⑦ 艺：多才多艺。
⑧ 闵（mǐn）子骞：姓闵名损，孔子弟子。
⑨ 汶（wèn）上：汶水的北面，暗指齐国。汶水：水名，今山东的大汶河。
⑩ 伯牛：姓冉名耕，字伯牛，孔子弟子。
⑪ 牖（yǒu）：窗户。
⑫ 箪（dān）：古代盛饭的竹器，圆形。
⑬ 画：通"划"，划地自限，停止前进。
⑭ 澹（dàn）台灭明：姓澹台，名灭明，字子羽，后为孔子弟子。
⑮ 径：小路。
⑯ 孟之反：人名，鲁国大夫。
⑰ 伐：夸耀。
⑱ 奔：逃奔，败走。
⑲ 殿：军队撤退时走在最后叫"殿"。此指留在最后作掩护。
⑳ 策：马鞭。作动词，鞭打。
㉑ 祝鮀：卫国大夫，有口才。
㉒ 宋朝：宋国的公子朝，容貌美。
㉓ 户：门。

『18』子曰："质胜文则野[1]，文胜质则史[2]。文质彬彬[3]，然后君子。"

『19』子曰："人之生也直，罔[4]之生也幸而免。"

『20』子曰："知之者不如好之者，好之者不如乐之者。"

『21』子曰："中人以上，可以语上也；中人以下，不可以语上也。"

『22』樊迟问知。子曰："务民之义，敬鬼神而远之，可谓知矣。"问仁。曰："仁者先难[5]而后获[6]，可谓仁矣。"

『23』子曰："知者乐水，仁者乐山。知者动，仁者静。知者乐，仁者寿。"

『24』子曰："齐一变，至于鲁；鲁一变，至于道。"

『25』子曰："觚不觚，觚哉！觚哉！"

『26』宰我问曰："仁者，虽告之曰，'井有仁焉'，其从之也？"子曰："何为其然也？君子可逝[7]也，不可陷也；可欺也，不可罔[8]也。"

『27』子曰："君子博学于文，约之以礼，亦可以弗畔[9]矣夫！"

『28』子见南子，子路不说。夫子矢[10]之曰："予所否[11]者，天厌之！天厌之！"

『29』子曰："中庸之为德也，其至矣乎！民鲜久矣。"

『30』子贡曰："如有博施于民而能济众，何如？可谓仁乎？"子曰："何事于仁！必也圣乎！尧舜其犹病[12]诸！夫仁者，己欲立而立人，己欲达而达人。能近取譬[13]，可谓仁之方也已。"

述　而[14]

『1』子曰："'述而不作，信而好古。'窃比于我老彭[15]。"

『2』子曰："默而识之，学而不厌，诲人不倦，何有于我哉？"

『3』子曰："德之不修，学之不讲，闻义不能徙[16]，不善不能改，是吾忧也。"

『4』子之燕居[17]，申申[18]如也，夭夭[19]如也。"

---

① 质胜文则野：朴实多于文采，就未免粗野。质：朴实，指内容。文：文采，指形式。野：粗野。

② 史：史官，此指浮华虚夸。

③ 文质彬彬：既文雅又朴实的样子。

④ 罔：欺骗，不正直，此指不正直之人。

⑤ 先难：吃苦在前。

⑥ 后获：享乐在后。

⑦ 逝：离开，指跑到井边去救人。

⑧ 罔：愚弄。

⑨ 畔：通"叛"，违背。

⑩ 矢：通"誓"，发誓。

⑪ 否：不对，不当。

⑫ 病：不足。

⑬ 近取譬：以自己打比方，即推己及人之意。

⑭ 本篇共三十八章，内容较为分散，主要论及孔子的教育思想、文学观念、人生态度和处世哲学等。

⑮ 老彭：人名，商朝的贤大夫。

⑯ 徙：迁移，引申为亲身实践。

⑰ 燕居：在家闲居。

⑱ 申申：舒展齐整。

⑲ 夭夭：舒畅安乐。

『5』子曰："甚矣吾衰也！久矣吾不复梦见周公！"

『6』子曰："志于道，据于德，依于仁，游于艺。"

『7』子曰："自行束脩①以上，吾未尝无诲焉。"

『8』子曰："不愤②不启，不悱③不发。举一隅不以三隅反④，则不复也。"

『9』子食于有丧者之侧，未尝饱也。

『10』子于是日哭，则不歌。

『11』子谓颜渊曰："用之则行，舍之则藏，惟我与尔有是夫！"子路曰："子行三军，则谁与？"子曰："暴虎⑤冯河⑥，死而不悔者，吾不与也。必也临事而惧，好谋而成者也。"

『12』子曰："富而可求也，虽执鞭之士，吾亦为之。如不可求，从吾所好。"

『13』子之所慎：齐⑦，战，疾。

『14』子在齐闻《韶》，三月不知肉味。曰："不图为乐之至于斯也！"

『15』冉有曰："夫子为⑧卫君乎？"子贡曰："诺。吾将问之。"入，曰："伯夷、叔齐何人也？"曰："古之贤人也。"曰："怨乎？"曰："求仁而得仁，又何怨？"出，曰："夫子不为也。"

『16』子曰："饭疏食，饮水，曲肱⑨而枕之，乐亦在其中矣。不义而富且贵，于我如浮云。"

『17』子曰："加我数年，五十以学《易》，可以无大过矣。"

『18』子所雅言⑩：《诗》，《书》。执礼，皆雅言也。

『19』叶公⑪问孔子于子路，子路不对。子曰："女奚不曰：其为人也，发愤忘食，乐以忘忧，不知老之将至云尔。"

『20』子曰："我非生而知之者，好古，敏以求之者也。"

『21』子不语怪、力、乱、神。

『22』子曰："三人行，必有我师焉。择其善者而从之，其不善者而改之。"

『23』子曰："天生德于予，桓魋⑫其如予何！"

『24』子曰："二三子以我为隐乎？吾无隐乎尔。吾无行而不与二三子者，是丘也。"

『25』子以四教：文，行，忠，信。

『26』子曰："圣人，吾不得而见之矣；得见君子者，斯可矣。"子曰："善人，吾不得

---

① 束脩：十条干肉。脩：干肉，十条为一束。
② 愤：思考问题而有疑难想不通的样子。
③ 悱（fěi）：想说而表达不出来。
④ 反：推及，类推。
⑤ 暴虎：徒手与老虎搏斗。
⑥ 冯（píng）河：不用船只徒步过河。
⑦ 齐：同"斋"，斋戒。
⑧ 为：帮助。
⑨ 曲肱（gōng）：弯曲胳膊。
⑩ 雅言：正言，相当于今天的普通话。
⑪ 叶（shè）公：姓沈，名诸梁，字子高，楚国大夫，封地在叶城，故称叶公。
⑫ 桓魋（tuí）：宋国的司马向魋，因其想加害于孔子，故孔子有此言。

而见之矣；得见有恒者，斯可矣。亡而为有①，虚而为盈，约而为泰②，难乎有恒矣。”

『27』子钓而不纲③，弋④不射宿⑤。

『28』子曰：“盖有不知而作之者，我无是也。多闻，择其善者而从之，多见而识之，知之次⑥也。”

『29』互乡⑦难与言。童子见，门人惑。子曰：“与⑧其进也，不与其退也，唯何甚⑨！人洁己⑩以进，与其洁也，不保⑪其往也。”

『30』子曰：“仁远乎哉？我欲仁，斯仁至矣。”

『31』陈司败⑫问：“昭公知礼乎？”孔子曰：“知礼。”孔子退。揖巫马期⑬而进之，曰：“吾闻君子不党⑭，君子亦党乎？君取⑮于吴，为同姓，谓之吴孟子。君而知礼，孰不知礼？”巫马期以告。子曰：“丘也幸，苟有过，人必知之。”

『32』子与人歌而善，必使反⑯之，而后和⑰之。

『33』子曰：“文，莫⑱吾犹人也。躬行⑲君子，则吾未之有得。”

『34』子曰：“若圣与仁，则吾岂敢？抑为之不厌，诲人不倦，则可谓云尔已矣。”公西华曰：“正唯弟子不能学也。”

『35』子疾病⑳，子路请祷。子曰：“有诸？”子路对曰：“有之。《诔》曰：‘祷尔于上下神祇。’”子曰：“丘之祷久矣。”

『36』子曰：“奢则不孙㉑，俭则固㉒。与其不孙也，宁固。”

『37』子曰：“君子坦荡荡，小人长戚戚㉓。”

『38』子温而厉㉔，威而不猛，恭而安㉕。

---

① 亡而为有：没有却装作有。
② 泰：富有，富足。
③ 纲：网上的大绳，指撒网捕鱼。
④ 弋：用带绳子的箭射。
⑤ 宿：回巢歇宿的鸟。
⑥ 次：次一等，第二等。
⑦ 互乡：地名，不详所在。
⑧ 与：赞成。
⑨ 唯何甚：这有什么过分的地方呢。
⑩ 洁己：把自身污点洗刷干净。
⑪ 保：保持，抓住。
⑫ 陈司败：陈国主管司法的长官，即司寇。
⑬ 巫马期：姓巫马，名施，字子期，孔子弟子。
⑭ 党：袒护，偏袒。
⑮ 取：通“娶”。
⑯ 反：反复，重复。
⑰ 和：跟着唱。
⑱ 莫：表揣测，大概，大约。
⑲ 躬行：亲身实践。
⑳ 疾病：生重病。疾：生病；病：重病。
㉑ 孙：通“逊”，谦逊。
㉒ 固：寒碜，固陋。
㉓ 戚戚：忧愁不安的样子。
㉔ 温而厉：温和而严厉。
㉕ 恭而安：庄重而安详。

泰　　伯[①]

『1』子曰："泰伯[②]，其可谓至德也已矣！三以天下让，民无得而称[③]焉。"

『2』子曰："恭而无礼则劳[④]，慎而无礼则葸[⑤]，勇而无礼则乱，直而无礼则绞[⑥]。君子笃[⑦]于亲，则民兴于仁；故旧[⑧]不遗，则民不偷[⑨]。"

『3』曾子有疾，召门弟子[⑩]曰："启[⑪]予足！启予手！《诗》云：'战战兢兢，如临深渊，如履薄冰。'而今而后，吾知免[⑫]夫！小子！"

『4』曾子有疾，孟敬子[⑬]问之。曾子言曰："鸟之将死，其鸣也哀；人之将死，其言也善。君子所贵乎道者三：动容貌[⑭]，斯远暴慢[⑮]矣；正颜色，斯近信[⑯]矣；出辞气[⑰]，斯远鄙倍[⑱]矣。笾豆之事[⑲]，则有司[⑳]存。"

『5』曾子曰："以能问于不能，以多问于寡；有若无，实若虚，犯而不校[㉑]，昔者吾友尝从事于斯矣。"

『6』曾子曰："可以托六尺之孤[㉒]，可以寄百里[㉓]之命，临大节而不可夺[㉔]也，君子人与？君子人也。"

『7』曾子曰："士不可以不弘毅[㉕]，任重而道远。仁以为己任，不亦重乎？死而后已，不亦远乎？"

---

① 本篇共二十一章，各章内容并无关联，散见其中的是关于孔子的政治理想、礼教观念、教学思想、处世观和对音乐的评价等。

② 泰伯：周朝祖先古公亶父的长子。

③ 无得而称：不知道如何来称赞。

④ 劳：劳苦，劳累。

⑤ 葸（xǐ）：胆小，害怕。

⑥ 绞：说话尖刻，刺人。

⑦ 笃：忠实，感情深厚。

⑧ 故旧：故人，老朋友。

⑨ 偷：（感情）淡薄。

⑩ 门弟子：古代学生称弟子，再传弟子以下则称门人。门人和弟子连用，泛指学生。

⑪ 启：看。

⑫ 免：避免（灾祸）。

⑬ 孟敬子：姓仲孙，名捷，鲁国大夫。

⑭ 动容貌：注意自己的容貌。

⑮ 远暴慢：避免粗暴和怠慢。远：远离，避免。慢：怠慢。

⑯ 信：信任，相信。

⑰ 出辞气：说话时注意言辞和声调。

⑱ 鄙倍：粗鄙，错误。鄙：粗鄙。倍：同"背"，错误，不合理。

⑲ 笾（biān）豆之事：指祭祀礼仪。笾豆：祭祀时装祭品的器皿。

⑳ 有司：主管部门的官员。

㉑ 犯而不校：冒犯了自己而不去计较。校：计较。

㉒ 六尺之孤：年幼的国君。六尺：相当于现在的四尺一寸四分。孤：年幼即位的君主。

㉓ 百里：方圆百里的地方，此指诸侯国。

㉔ 夺：夺其志，变节。

㉕ 弘毅：即"强毅"，刚强而有毅力。

『8』子曰：“兴①于《诗》。立于礼。成②于乐。”

『9』子曰：“民可使由之③，不可使知之。”

『10』子曰：“好勇疾贫，乱④也。人而不仁，疾之已甚，乱也。”

『11』子曰：“如有周公之才之美，使⑤骄且吝，其馀不足观也已。”

『12』子曰：“三年学，不至于谷⑥，不易得也。”

『13』子曰：“笃⑦信好学，守死善道⑧。危邦不入，乱邦不居。天下有道则见，无道则隐。邦有道，贫且贱焉，耻也。邦无道，富且贵焉，耻也。”

『14』子曰：“不在其位，不谋其政。”

『15』子曰：“师挚⑨之始，《关雎》之乱⑩，洋洋⑪乎盈耳哉！”

『16』子曰：“狂而不直⑫，侗而不愿⑬，悾悾⑭而不信，吾不知之矣。”

『17』子曰：“学如不及，犹恐失之。”

『18』子曰：“巍巍乎！舜、禹之有天下也，而不与⑮焉。”

『19』子曰：“大哉尧之为君也！巍巍乎！唯天为大，唯尧则⑯之。荡荡乎！民无能名焉。巍巍乎其有成功⑰也！焕⑱乎其有文章⑲！”

『20』舜有臣五人而天下治。武王曰：“予有乱臣⑳十人。”孔子曰：“才难㉑，不其然乎？唐、虞之际，于斯为盛。有妇人焉，九人而已。三分天下有其二，以服事殷。周之德，其可谓至德也已矣。”

『21』子曰：“禹，吾无间然㉒矣。菲㉓饮食，而致孝乎鬼神；恶衣服，而致美乎黻冕㉔；卑宫室，而尽力乎沟洫㉕。禹，吾无间然矣！”

---

① 兴：振奋，激发。
② 成：成事，成功。
③ 由之：使其按照指示的道理做。
④ 乱：祸乱。
⑤ 使：假使。
⑥ 不至于谷：没有做官的想法。至：同“志”，想到。谷：俸禄，指做官。
⑦ 笃：坚定。
⑧ 守死善道：誓死固守完美的大道。
⑨ 师挚：鲁国的乐师，名挚。
⑩ 乱：乐曲的尾声，通常指法事前的一段合唱或合奏。
⑪ 洋洋：盛大的样子。
⑫ 狂而不直：狂妄而不直率。
⑬ 侗（tóng）而不愿：幼稚而不老实。侗：幼稚，无知。愿：谨慎老实。
⑭ 悾悾（kōng）：无能。
⑮ 与（yù）：参与，占有。
⑯ 则：效法，效仿。
⑰ 成功：成就，功绩。
⑱ 焕：光明，光辉。
⑲ 文章：指礼仪典章制度。
⑳ 乱臣：治乱之臣。乱：治理。
㉑ 才难：人才难得。
㉒ 间然：挑剔，批评。间：间隙，空隙。
㉓ 菲：菲薄。
㉔ 黼（fú）冕：祭祀时穿的礼服和戴的帽子。
㉕ 沟洫（xù）：田间小道，即沟渠。

子　罕①

『1』子罕②言利与命与仁。

『2』达巷党③人曰："大哉孔子！博学而无所成名。"子闻之，谓门弟子曰："吾何执④？执御乎？执射乎？吾执御矣。"

『3』子曰："麻冕⑤，礼也；今也纯⑥，俭。吾从众。拜下⑦，礼也；今拜乎上⑧，泰⑨也。虽违众，吾从下。"

『4』子绝四：毋意⑩，毋必⑪，毋固⑫，毋我⑬。

『5』子畏⑭于匡⑮。曰："文王既没，文不在兹乎？天之将丧斯文也，后死者⑯不得与于斯文也；天之未丧斯文也，匡人其如予何？"

『6』太宰问于子贡曰："夫子圣者与？何其多能也？"子贡曰："固⑰天纵⑱之将圣，又多能也。"子闻之，曰："太宰知我乎！吾少也贱，故多能鄙事⑲。君子多乎哉？不多也。"

『7』牢⑳曰："子云：'吾不试㉑，故艺。'"

『8』子曰："吾有知乎哉？无知也。有鄙夫问于我，空空如也，我叩其两端而竭㉒焉。"

『9』子曰："凤鸟㉓不至，河不出图㉔，吾已矣夫！"

---

① 本章共三十一章，内容以论学为主，兼及人的道德修养、价值观等方面。
② 罕：少。
③ 达巷党：达地的一条里巷。达：地名。
④ 执：专心，从事。
⑤ 麻冕：用麻料织的礼帽。
⑥ 纯：黑色的丝，指用丝料织成的礼帽。
⑦ 拜下：古时臣对君行礼，先在堂下磕头，升堂后再磕头，共拜两次。
⑧ 今拜乎上：现在只在堂上拜一次。
⑨ 泰：傲慢不恭。
⑩ 意：通"臆"，臆断，凭空猜测。
⑪ 必：绝对肯定。
⑫ 固：固执己见。
⑬ 我：自以为是。
⑭ 畏：拘押，囚禁。匡人遭阳货掠夺，孔子的相貌很像阳货。
⑮ 匡：地名，在今河南省长垣县西南。
⑯ 后死者：孔子自称。
⑰ 固：本来。
⑱ 纵：使，让。
⑲ 鄙事：小技艺。
⑳ 牢：孔子弟子，具体姓名不可考。
㉑ 不试：不被国家重用。
㉒ 叩其两端而竭：叩问问题的本末而尽力解决。叩：叩问。两端：指始终，本末。
㉓ 凤鸟：凤凰，它的出现预示着天下太平。
㉔ 河不出图：黄河没有龙背八卦图出现，此指圣主没有出现。

『10』子见齐衰①者、冕衣裳者与瞽者，见之，虽少②必作③；过之，必趋④。

『11』颜渊喟然叹曰："仰之弥高，钻之弥坚⑤；瞻之在前，忽焉在后。夫子循循然⑥善诱人，博我以文，约我以礼，欲罢不能。既竭吾才，如有所立卓尔⑦。虽欲从之，末由⑧也已。"

『12』子疾病，子路使门人为臣。病间⑨，曰："久矣哉，由之行诈也！无臣而为有臣，吾谁欺？欺天乎？且予与其死于臣之手也，无宁死于二三子之手乎？且予纵⑩不得大葬，予死于道路乎？"

『13』子贡曰："有美玉于斯，韫椟⑪而藏诸？求善贾而沽诸？"子曰："沽之哉！沽之哉！我待贾者也。"

『14』子欲居九夷。或曰："陋，如之何？"子曰："君子居之，何陋之有？"

『15』子曰："吾自卫反鲁，然后乐正⑫，《雅》、《颂》各得其所。"

『16』子曰："出则事公卿，入则事父兄，丧事不敢不勉⑬，不为酒困，何有于我哉？"

『17』子在川上，曰："逝者如斯夫！不舍昼夜。"

『18』子曰："吾未见好德如好色者也。"

『19』子曰："譬如为山，未成一篑⑭，止，吾止也。譬如平地，虽覆⑮一篑，进⑯，吾往也。"

『20』子曰："语之而不惰⑰者，其回也与！"

『21』子谓颜渊，曰："惜乎！吾见其进也，未见其止也。"

『22』子曰："苗⑱而不秀⑲者有矣夫！秀而不实⑳者有矣夫！"

『23』子曰："后生可畏，焉知来者之不如今也？四十、五十而无闻焉，斯亦不足畏也已。"

---

① 齐（zī）衰（cuī）：丧服。
② 少：年轻。
③ 作：起身。
④ 趋：快步走，以示尊敬。
⑤ 钻之弥坚：钻研它更显艰深。
⑥ 循循然：有次序的样子。
⑦ 卓尔：高超，突出。
⑧ 由：途径。
⑨ 病间：病势减退。
⑩ 纵：纵使，即使。
⑪ 韫（yùn）椟（dú）：藏在柜子里。
⑫ 乐正：使乐曲归正。正：订正，改正，动词。
⑬ 勉：尽礼。
⑭ 未成一篑（kuì）：只差一筐土就（堆）成功了。篑：装土的筐子。
⑮ 覆：倒下。
⑯ 进：继续（前进）。
⑰ 惰：懈怠。
⑱ 苗：长苗，动词。
⑲ 秀：开花，吐穗。
⑳ 实：结果实。

『24』子曰："法语之言[1]，能无从乎？改之为贵。巽与之言[2]，能无说乎？绎[3]之为贵。说而不绎，从而不改，吾未如之何也已矣。"

『25』子曰："主忠信，毋友不如己者，过则勿惮改。"

『26』子曰："三军可夺帅也，匹夫不可夺志也。"

『27』子曰："衣敝缊袍[4]，与衣狐貉[5]者立，而不耻者，其由也与？'不忮不求，何用不臧[6]？'"子路终身诵之。子曰："是道也，何足以臧[7]？"

『28』子曰："岁寒，然后知松柏之后雕也。"

『29』子曰："知者不惑，仁者不忧[8]，勇者不惧。"

『30』子曰："可与共学，未可与适道[9]；可与适道，未可与立[10]；可与立，未可与权[11]。"

『31』"唐棣之华，偏其反而。岂不尔思？室是远而[12]。"子曰："未之思也，夫何远之有？"

乡党（节选）[13]

『1』孔子于乡党[14]，恂恂[15]如也，似不能言者。其在宗庙朝廷，便便[16]言，唯谨尔。

『2』朝，与下大夫言，侃侃[17]如也；与上大夫言，訚訚[18]如也。君在，踧踖[19]如也，与与[20]如也。

---

① 法语之言：严肃而符合原则的告诫的话。法：准则，原则。语：告诫。

② 巽（xùn）与之言：顺从恭维自己的话。巽：恭敬，谦逊。与：赞许。

③ 绎：分析，鉴别。

④ 衣敝缊（yùn）袍：穿着破烂的丝绵袍子。衣：穿。敝：破烂。缊：丝绵。

⑤ 狐貉（hé）：狐皮貉皮制的袍子。

⑥ 不忮（zhì）不求，何用不臧：语出《诗经·卫风·雄雉》，意为：不嫉妒不贪求，有什么不好呢？忮：嫉妒。求：贪求。臧：善，好。

⑦ 何足以臧：（仅如此），又怎么能够算得上好呢？

⑧ 仁者不忧：有仁德的人没有忧愁。

⑨ 适道：得道，得到真理。

⑩ 立：建功立业。

⑪ 权：权变，随机应变。

⑫ 唐棣之华，偏其反而。岂不尔思？室是远而：语出《诗经·小雅·棠棣》。意为：棠棣开花，随风摇摆，难道不思念你吗？只因家离得太远。

⑬ 本篇实为一章，后世注本多将其断为二十七章。内容为孔子践履礼仪的情况，从中可略见古礼概貌。

⑭ 乡党：家乡。

⑮ 恂（xún）恂：恭顺的样子。

⑯ 便（pián）便：明白而流畅。

⑰ 侃侃：温和而快乐。

⑱ 訚（yín）訚：正直而恭敬。

⑲ 踧（cù）踖（jí）：恭敬而拘谨。

⑳ 与与：行步从容而安详。

『3』君召使摈①，色勃②如也，足躩③如也。揖所与立④，左右手⑤。衣前后⑥，襜⑦如也。趋进，翼⑧如也。宾退，必复命曰："宾不顾⑨矣。"

『7』齐⑩，必有明衣⑪，布。齐必变食⑫，居必迁坐⑬。

『10』食不语，寝不言。

『11』虽疏食菜羹，必祭，必齐如⑭也。

『12』席不正，不坐。

『13』乡人饮酒，杖者⑮出，斯出矣。

『14』乡人傩⑯，朝服而立于阼阶⑰。

『15』问人于他邦，再拜而送之。

『16』康子馈⑱药，拜而受之。曰："丘未达⑲，不敢尝。"

『17』厩焚，子退朝，曰："伤人乎？"不问马。

『18』君赐食，必正席先尝之。君赐腥⑳，必熟而荐㉑之。君赐生，必畜之。侍食于君，君祭，先饭㉒。

『19』疾，君视之，东首㉓，加朝服，拖绅㉔。

『20』君命召，不俟㉕驾行矣。

『21』入太庙，每事问。

『22』朋友死，无所归，曰："于我殡。"

『23』朋友之馈，虽车马，非祭肉，不拜。

---

① 摈（bìn）：同"傧"，接待外宾的傧相。
② 勃：庄重。
③ 躩（jué）：快步走。
④ 所与立：跟自己站在一起的傧相。
⑤ 左右手：向左、右两边拱手。
⑥ 衣前后：作揖时衣服随身体前后摆动。
⑦ 襜（chān）：整齐。
⑧ 翼：翅膀。
⑨ 顾：回头看，此指离开。
⑩ 齐：同"斋"，斋戒。
⑪ 明衣：浴衣。
⑫ 变食：改变饮食。
⑬ 迁坐：指从内室迁到外室，不与妻妾在一起。
⑭ 齐如：即斋如，像斋戒一样恭敬。
⑮ 杖者：老人。
⑯ 傩（nuó）：一种迎神驱鬼的风俗。
⑰ 阼（zuò）阶：东面的台阶，主人迎接客人所站的地方。
⑱ 馈：赠送。
⑲ 达：通达，了解。
⑳ 腥：生肉。
㉑ 荐：进奉（给祖先）。
㉒ 先饭：（君祭时）先尝一尝。
㉓ 东首：面朝东（迎接君主）。
㉔ 绅：士大夫腰间束的大带子。
㉕ 俟：等待。

『24』寝不尸①，居不客②。

『25』见齐衰者，虽狎③，必变④。见冕者与瞽者，虽亵⑤，必以貌⑥。凶服者，式⑦之。式负版者⑧。有盛馔，必变色而作⑨。迅雷⑩风烈⑪，必变。

『26』升车，必正立执绥⑫。车中，不内顾，不疾言，不亲指⑬。

『27』色斯举矣⑭，翔而后集⑮。曰："山梁雌雉，时⑯哉！时哉！"子路共⑰之。三嗅⑱而作。

先　进⑲（节选）

『1』子曰："先进于礼乐⑳，野人㉑也；后进于礼乐，君子㉒也。如用之，则吾从先进。"

『2』子曰："从我于陈、蔡者，皆不及门㉓也。"

『3』德行：颜渊，闵子骞，冉伯牛，仲弓。言语：宰我，子贡。政事：冉有，季路。文学：子游，子夏。

『4』子曰："回也非助我者也，于吾言无所不说。"

『5』子曰："孝哉闵子骞！人不间㉔于其父母昆弟之言。"

『6』南容三复"白圭"㉕，孔子以其兄之子妻之。

『7』季康子问："弟子孰为好学？"孔子对曰："有颜回者好学，不幸短命死矣！今也则亡。"

---

① 尸：躺卧得像死人一样。

② 居不客：平日坐着也不像接见客人或自己做客人一样（跪着两膝在席上）。

③ 狎：亲近。

④ 必变：脸色一定变得严肃。

⑤ 亵（xiè）：熟悉，常见。

⑥ 以貌：以礼貌待之。

⑦ 式：通"轼"，车前扶手用的横木，此指俯身于横木上。

⑧ 负版者：背负着国家图章书籍的人。

⑨ 作：站起。

⑩ 迅雷：突然打雷。

⑪ 风烈：大风。

⑫ 绥（suí）：上车时用的扶手带。

⑬ 亲指：用手指指点点。

⑭ 色斯举矣：脸色一动，指脸色变得不善。

⑮ 集：鸟儿栖息在树上。

⑯ 时：识时务，知时势。

⑰ 共：通"拱"，拱手。

⑱ 三嗅：长叫几声。嗅，通作"嘎"，鸟叫声。

⑲ 本篇共二十四章，以孔子评论自己学生的内容为主。读此篇可以了解孔子弟子的性格、言行、志向、道德水平等，也可以窥见孔子因材施教的教育思想。

⑳ 先进于礼乐：先学习礼乐，然后做官。

㉑ 野人：在野之人，指普通士人。

㉒ 君子：卿、士大夫等当权者。

㉓ 门：师门，指身边。

㉔ 间（jiàn）：间隙，引申为挑剔，非议。

㉕ 白圭：指《诗经·大雅·抑之》中关于白圭的诗句。

『8』颜渊死，颜路请子之车以为之椁①。子曰："才不才②，亦各言其子也。鲤也死，有棺而无椁。吾不徒行以为之椁。以吾从大夫之后，不可徒行也。"

『9』颜渊死。子曰："噫！天丧予！天丧予！"

『10』颜渊死，子哭之恸③。从者曰："子恸矣。"曰："有恸乎？非夫人之为恸而谁为！"

『11』颜渊死，门人欲厚葬之。子曰："不可。"门人厚葬之。子曰："回也视予犹父也，予不得视犹子也。非我也，夫二三子也。"

『12』季路问事鬼神。子曰："未能事人，焉能事鬼？""敢问死。"曰："未知生，焉知死？"

『13』闵子侍侧，訚訚如也；子路，行行④如也；冉有、子贡，侃侃如也。子乐。"若由也，不得其死然。"

『14』鲁人⑤为长府⑥。闵子骞曰："仍旧贯⑦，如之何？何必改作？"子曰："夫人不言，言必有中⑧。"

『15』子曰："由之瑟⑨奚为于丘之门？"门人不敬子路。子曰："由也升堂⑩矣，未入于室⑪也。"

『16』子贡问："师与商也孰贤？"子曰："师也过，商也不及。"曰："然则师愈与？"子曰："过犹不及⑫。"

『17』"季氏富于周公，而求也为之聚敛而附益⑬之。"子曰："非吾徒也。小子鸣鼓而攻之可也！"

『18』柴⑭也愚，参也鲁⑮，师也辟⑯，由也喭⑰。

---

① 颜路请子之车以为之椁（guǒ）：颜路请求孔子变卖坐车替颜渊做外椁。颜路：颜回之父，名无繇（yóu）；字路，也是孔子弟子。椁：外棺。

② 才不才：有才能的和没有才能的。此分别指颜渊和孔鲤。

③ 恸（tòng）：极度悲哀。

④ 行（hàng）行：刚强而勇武。

⑤ 鲁人：鲁国的执政大臣。

⑥ 长府：金库。

⑦ 仍旧贯：依旧原来的，老样子。仍：固，依照。

⑧ 中：中肯。

⑨ 瑟：一种乐器，与琴相似。

⑩ 升堂：进入正厅，喻学问不错。

⑪ 入于室：进入内室，喻学问精深。

⑫ 过犹不及：过头了与达不到同样不好。

⑬ 附益：增加。

⑭ 柴：人名，姓高名柴，字子羔，孔子弟子。

⑮ 鲁：迟钝。

⑯ 辟：偏，偏激。

⑰ 喭（yàn）：鲁莽，莽撞。

『19』子曰："回也其庶乎①！屡空②。赐不受命③，而货殖④焉，亿⑤则屡中。"

『20』子张问善人之道。子曰："不践迹⑥，亦不入于室。"

『21』子曰："论笃⑦是与⑧，君子者乎？色庄⑨者乎？"

『23』子畏于匡，颜渊后⑩。子曰："吾以女为死矣。"曰："子在，回何敢死？"

『25』子路使子羔为费宰。子曰："贼⑪夫人之子。"子路曰："有民人⑫焉，有社稷焉。何必读书，然后为学？"子曰："是故恶夫佞者⑬。"

颜　渊⑭

『1』颜渊问仁。子曰："克己复礼为仁。一日克己复礼，天下归仁焉。为仁由己，而由人乎哉？"颜渊曰："请问其目⑮。"子曰："非礼勿视，非礼勿听，非礼勿言，非礼勿动。"颜渊曰："回虽不敏，请事斯语矣。"

『2』仲弓问仁。子曰："出门如见大宾⑯，使民如承⑰大祭。己所不欲，勿施于人。在邦无怨，在家无怨。"仲弓曰："雍虽不敏，请事斯语矣。"

『3』司马牛⑱问仁。子曰："仁者，其言也讱⑲。"曰："其言也讱，斯谓之仁已乎？"子曰："为之难⑳，言之得无讱乎？"

『4』司马牛问君子。子曰："君子不忧不惧。"曰："不忧不惧，斯谓之君子已乎？"子曰："内省不疚㉑，夫何忧何惧？"

『5』司马牛忧曰："人皆有兄弟，我独亡。"子夏曰："商闻之矣：死生有命，富贵在天。君子敬而无失，与人恭而有礼，四海之内，皆兄弟也。君子何患乎无兄弟也？"

---

① 庶：庶几，差不多。

② 屡空：常常匮乏，穷困。

③ 不受命：不接受天命的安排，有"不安本分"之意。

④ 货殖：经商。

⑤ 亿：通"臆"，猜度，判断。

⑥ 践迹：踩着前人的足迹。

⑦ 论笃：言论笃实，诚实。

⑧ 与：赞许。

⑨ 色庄：表面上庄重，诚实。

⑩ 后：最后到达。

⑪ 贼：坑害。

⑫ 民人：老百姓。

⑬ 佞（nìng）者：强词夺理的人。

⑭ 本篇共二十四章，比较集中地阐述了孔子的仁、礼、信等伦理道德观念，此外还论及了孔子的社会政治理想和交友法则等。

⑮ 目：具体条目，细节。

⑯ 大宾：贵宾。

⑰ 承：承担，承当。

⑱ 司马牛：人名，姓司马，名耕，字子牛，孔子弟子，牛多言而躁。

⑲ 讱：说话慢而谨慎。

⑳ 为之难：做起来困难。

㉑ 疚：惭愧。

『6』子张问明①。子曰："浸润之谮②，肤受之愬③，不行④焉，可谓明也已矣。浸润之谮，肤受之愬，不行焉，可谓远⑤也已矣。"

『7』子贡问政。子曰："足⑥食，足兵，民信⑦之矣。"子贡曰："必不得已而去，于斯三者何先？"曰："去兵。"子贡曰："必不得已而去，于斯二者何先？"曰："去食。自古皆有死，民无信不立。"

『8』棘子成⑧曰："君子质⑨而已矣，何以文⑩为？"子贡曰："惜乎！夫子之说，君子也。驷不及舌⑪。文犹质也，质犹文也。虎豹之鞟⑫犹犬羊之鞟。"

『9』哀公问于有若曰："年饥，用不足，如之何？"有若对曰："盍彻⑬乎？"曰："二，吾犹不足，如之何其彻也？"对曰："百姓足，君孰与不足？百姓不足，君孰与足？"

『10』子张问崇德、辨惑。子曰："主忠信，徙义⑭，崇德也。爱之欲其生，恶之欲其死；既欲其生，又欲其死，是惑也。'诚不以富，亦只以异⑮。'"

『11』齐景公问政于孔子。孔子对曰："君君，臣臣，父父，子子。"公曰："善哉！信如⑯君不君，臣不臣，父不父，子不子，虽有粟，吾得而食诸？"

『12』子曰："片言⑰可以折狱⑱者，其由也与？"子路无宿诺⑲。

『13』子曰："听讼⑳，吾犹人也。必也使无讼乎！"

『14』子张问政。子曰："居㉑之无倦，行㉒之以忠。"

『15』子曰："博学于文，约之以礼，亦可以弗畔矣夫！"

『16』子曰："君子成人之美，不成人之恶。小人反是。"

『17』季康子问政于孔子。孔子对曰："政者，正㉓也。子帅㉔以正，孰敢不正？"

---

① 明：明白事理。
② 浸润之谮（zèn）：逐渐渗透而起作用的谗言。谮：诬陷，中伤人的谗言。
③ 肤受之愬（sù）：直接身受的诬告。愬：诽谤。
④ 不行：不起作用。
⑤ 远：看得远。
⑥ 足：使……充足。
⑦ 民信：人民对国家的信任。
⑧ 棘子成：人名，卫国大夫。
⑨ 质：质地，指道德品质。
⑩ 文：文采，指礼仪形式。
⑪ 驷不及舌：四匹马也不能把你的失言追回来。
⑫ 鞟（kuò）：去毛的兽皮。
⑬ 彻：周朝的什一税法。
⑭ 徙义：追求正义。
⑮ 诚不以富，亦只以异：语出《诗经·小雅·我行其野》，意为这样对自己实在没有好处，只是使人觉得怪异。
⑯ 信如：诚如。
⑰ 片言：单方面的言辞。
⑱ 折狱：断案。
⑲ 宿诺：拖延很久没有履行的诺言。
⑳ 听讼：处理案件。
㉑ 居：在位时。
㉒ 行：执行（命令）。
㉓ 正：正道，正直。
㉔ 帅：带头，率领。

『18』季康子患盗，问于孔子。孔子对曰："苟子之不欲①，虽赏之不窃。"

『19』季康子问政于孔子，曰："如杀无道，以就有道，何如?"孔子对曰："子为政，焉用杀？子欲善，而民善矣。君子之德风，小人之德草。草上之风，必偃②。"

『20』子张问："士何如斯可谓之达③矣？"子曰："何哉，尔所谓达者？"子张对曰："在邦必闻④，在家必闻。"子曰："是闻也，非达也。夫达也者，质直而好义，察言而观色，虑以下人⑤。在邦必达，在家必达。夫闻也者，色取仁⑥而行违，居⑦之不疑。在邦必闻，在家必闻。"

『21』樊迟从游于舞雩⑧之下，曰："敢问崇德、修慝⑨、辨惑。"子曰："善哉问！先事后得⑩，非崇德与？攻⑪其恶，无攻人之恶，非修慝与？一朝之忿⑫，忘其身以及其亲，非惑与?"

『22』樊迟问仁。子曰："爱人。"问知。子曰："知人。"樊迟未达。子曰："举直错诸枉，能使枉者直。"樊迟退，见子夏，曰："乡⑬也吾见于夫子而问知，子曰：'举直错诸枉，能使枉者直，'何谓也?"子夏曰："富⑭哉言乎！舜有天下，选于众，举皋陶，不仁者远矣。汤有天下，选于众，举伊尹，不仁者远矣。"

『23』子贡问友。子曰："忠告⑮而善道⑯之，不可则止，毋自辱焉。"

『24』曾子曰："君子以文会友，以友辅仁。"

子　　路⑰

『1』子路问政。子曰："先之⑱，劳之⑲。"请益。曰："无倦。"

『2』仲弓为季氏宰，问政。子曰："先有司⑳，赦小过，举贤才。"曰："焉知贤才而举之?"曰："举尔所知。尔所不知，人其舍㉑诸?"

---

① 欲：贪欲。
② 偃（yǎn）：仆倒。
③ 达：通达。
④ 闻：名声，名望。
⑤ 虑以下人：考虑对别人谦恭有礼，甘居下人。
⑥ 色取仁：表面实行仁德。
⑦ 居：自居。
⑧ 舞雩（yú）：祭天求仙的地方。
⑨ 修慝（tè）：改正内心的错误思想，弃恶从善。修：改正。慝：藏在内心的邪恶。
⑩ 先事后得：先做事，后享受。
⑪ 攻：批判。
⑫ 忿：忿怒，气愤。
⑬ 乡（xiàng）：通"向"，刚才，从前。
⑭ 富：丰富，深刻。
⑮ 忠告：忠心地劝告。
⑯ 道：通"导"，开导，引导。
⑰ 本篇共三十章，内容以论政为主，兼及孔子的道德观和战争观。
⑱ 先之：走在前面，起表率作用。
⑲ 劳之：让他们辛勤劳动。
⑳ 先有司：先给各部门的官员作榜样。
㉑ 舍：舍弃，埋没。

『3』子路曰："卫君待子而为政，子将奚先？"子曰："必也正名乎！"子路曰："有是哉？子之迂也！奚其正？"子曰："野哉由也！君子于其所不知，盖阙如①也。名不正，则言不顺；言不顺，则事不成；事不成，则礼乐不兴；礼乐不兴，则刑罚不中②；刑罚不中，则民无所错③手足。故君子名之必可言也，言之必可行也。君子于其言，无所苟④而已矣。"

『4』樊迟请学稼，子曰："吾不如老农。"请学为圃⑤，曰："吾不如老圃。"樊迟出，子曰："小人哉，樊须也！上⑥好礼，则民莫敢不敬；上好义，则民莫敢不服；上好信，则民莫敢不用情⑦。夫如是，则四方之民襁⑧负其子而至矣，焉用稼？"

『5』子曰："诵《诗》三百，授之以政，不达；使于四方，不能专对⑨；虽多，亦奚以为？"

『6』子曰："其身正，不令而行；其身不正，虽令不从。"

『7』子曰："鲁卫之政，兄弟⑩也。"

『8』子谓卫公子荆⑪"善居室⑫。始有⑬，曰：'苟合⑭矣。'少有，曰：'苟完⑮矣。'富有，曰：'苟美⑯矣。'"

『9』子适卫，冉有仆⑰。子曰："庶矣哉⑱！"冉有曰："既庶矣，又何加⑲焉？"曰："富之。"曰："既富矣，又何加焉？"曰："教之。"

『10』子曰："苟有用我者，期月⑳而已可也，三年有成。"

『11』子曰："善人为邦百年，亦可以胜残去杀㉑矣。诚哉是言也！"

『12』子曰："如有王者，必世㉒而后仁。"

『13』子曰："苟正其身矣，于从政乎何有？不能正其身，如正人何？"

---

① 阙如：存疑。阙同"缺"。
② 中：适当。
③ 错：同"措"，放置。
④ 苟：苟且，马虎。
⑤ 为圃：种蔬菜。
⑥ 上：在上位的人，当权者。
⑦ 用情：讲真话，衷心拥戴。
⑧ 襁（qiǎng）：被单，背负小孩用的布单或布带。
⑨ 专对：随机应变，独立应对。
⑩ 兄弟：指相差不远。
⑪ 卫公子荆：卫国的大夫公子荆。
⑫ 居室：治家。
⑬ 始有：刚有一点财产。
⑭ 苟合：差不多够用。
⑮ 完：完备。
⑯ 美：完美。
⑰ 仆：驾马车。
⑱ 庶矣哉：人真多啊！
⑲ 加：增加，有下一步之意。
⑳ 期月：一周年。
㉑ 胜残去杀：战胜残暴，免除杀伐。
㉒ 世：三十年，古代以三十年为一世。

『14』冉子退朝。子曰："何晏①也？"对曰："有政。"子曰："其事②也。如有政，虽不吾以③，吾其与闻之。"

『15』定公问："一言而可以兴邦，有诸？"孔子对曰："言不可以若是其几④也。人之言曰：'为君难，为臣不易。'如知为君之难也，不几乎一言而兴邦乎？"曰："一言而丧邦，有诸？"孔子对曰："言不可以若是其几也。人之言曰：'予无乐⑤乎为君，唯其言而莫予违也。'如其善而莫之违也，不亦善乎？如不善而莫之违也，不几乎一言而丧邦乎？"

『16』叶公问政。子曰："近者悦，远者来⑥。"

『17』子夏为莒父⑦宰，问政。子曰："无欲速，无见小利。欲速，则不达；见小利，则大事不成。"

『18』叶公语孔子曰："吾党有直躬⑧者，其父攘⑨羊，而子证⑩之。"孔子曰："吾党之直者异于是：父为子隐，子为父隐。直在其中矣。"

『19』樊迟问仁。子曰："居处恭，执事敬，与人忠。虽之夷狄，不可弃也。"

『20』子贡问曰："何如斯可谓之士矣？"子曰："行己有耻⑪；使于四方，不辱君命：可谓士矣。"曰："敢问其次。"曰："宗族称孝焉，乡党称弟焉。"曰："敢问其次。"曰："言必信，行必果，硁硁然⑫小人哉！抑亦可以为次矣。"曰："今之从政者何如？"子曰："噫！斗筲之人⑬，何足算也！"

『21』子曰："不得中行⑭而与⑮之，必也狂狷⑯乎！狂者进取，狷者有所不为也。"

『22』子曰："南人有言曰：'人而无恒⑰，不可以作巫医。'善夫！""不恒其德，或承之羞⑱。"子曰："不占⑲而已矣。"

『23』子曰："君子和⑳而不同㉑，小人同而不和。"

『24』子贡问曰："乡人皆好之，何如？"子曰："未可也。""乡人皆恶之，何如？"子曰："未可也。不如乡人之善者好之，其不善者恶之。"

---

① 晏：晚，迟。
② 其事：他的（私）事。
③ 以：用。
④ 几：差不多，接近。
⑤ 乐：快乐。
⑥ 来：使……来，归顺。
⑦ 莒（jǔ）父：鲁国的城邑名。在今山东省高密县东南。
⑧ 直躬：坦白直率。
⑨ 攘（rǎng）：偷，盗。
⑩ 证：指证，告发。
⑪ 行己有耻：对自己的行为抱有羞耻之心。
⑫ 硁（kēng）硁然：浅陋固执的样子。
⑬ 斗筲（shāo）之人：胸怀狭隘，见识短浅的人。
⑭ 中行：行为合乎中庸之道。
⑮ 与：相处。
⑯ 狂狷（juàn）：激进和狷介。狂：激进。狷：耿直。
⑰ 恒：恒心。
⑱ 不恒其德，或承之羞：语出《易·恒卦》，意为不能长久保持德操，终会招致羞辱。
⑲ 占：占卜。
⑳ 和：和谐。
㉑ 同：苟同。

『25』子曰："君子易事①而难说也。说之不以道，不说也；及其使人②也，器③之。小人难事而易说也。说之虽不以道，说也；及其使人也，求备④焉。"

『26』子曰："君子泰⑤而不骄，小人骄而不泰。"

『27』子曰："刚、毅、木⑥、讷，近仁。"

『28』子路问曰："何如斯可谓之士矣？"子曰："切切偲偲⑦，怡怡⑧如也，可谓士矣。朋友切切偲偲，兄弟怡怡。"

『29』子曰："善人教民七年，亦可以即戎⑨矣。"

『30』子曰："以不教民⑩战，是谓弃之。"

宪　问⑪（节选）

『1』宪⑫问耻。子曰："邦有道，谷⑬；邦无道，谷，耻也。""克⑭、伐⑮、怨、欲不行焉，可以为仁矣？"子曰："可以为难⑯矣，仁则吾不知也。"

『2』子曰："士而怀居⑰，不足以为士矣。"

『3』子曰："邦有道，危⑱言危行；邦无道，危行言孙⑲。"

『4』子曰："有德者必有言，有言者不必有德；仁者必有勇，勇者不必有仁。"

『5』南宫适问于孔子，曰："羿善射，奡荡舟⑳，俱不得其死然。禹稷躬稼，而有天下。"夫子不答。南宫适出，子曰："君子哉若人！尚德哉若人！"

『6』子曰："君子而不仁者有矣夫，未有小人而仁者也。"

『7』子曰："爱之，能勿劳乎？忠焉，能勿诲乎？"

『10』子曰："贫而无怨难，富而无骄易。"

---

① 易事：容易共事。

② 使人：用人。

③ 器：器皿，指量才而用。

④ 求备：求全责备。

⑤ 泰：安详，舒坦。

⑥ 木：质朴。

⑦ 切切偲偲（sī）：友善地互相责备。

⑧ 怡怡：和顺。

⑨ 即戎：当兵，上战场。

⑩ 不教民：没有经过军事训练的民众。

⑪ 本篇共四十四章，以品评人物为主，对象包括孔门弟子、政治人物、诸侯国君等，论及诸人的道德水平、政治才能、性格特点、举止行为、成就贡献等方面。

⑫ 宪：姓原名宪，字子思，孔子弟子。

⑬ 谷：俸禄，指做官。

⑭ 克：好胜。

⑮ 伐：自夸。

⑯ 难：难得。

⑰ 怀居：贪恋故乡。

⑱ 危：正，正直。

⑲ 孙：通"逊"，谦逊，谨慎。

⑳ 奡（ào）荡舟：奡擅长水战。传说中夏代寒浞（zhuó）的儿子，力气很大。

『11』子曰：“孟公绰①为赵、魏老②则优，不可以为滕、薛大夫。”

『12』子路问成人③。子曰：“若臧武仲④之知，公绰之不欲，卞庄子⑤之勇，冉求之艺，文⑥之以礼乐，亦可以为成人矣。”曰：“今之成人者何必然？见利思义，见危授命⑦，久要⑧不忘平生之言，亦可以为成人矣。”

『14』子曰：“臧武仲以防⑨求为后⑩于鲁，虽曰不要⑪君，吾不信也。”

『15』子曰：“晋文公谲⑫而不正，齐桓公正而不谲。”

『16』子路曰：“桓公杀公子纠，召忽⑬死⑭之，管仲不死。”曰：“未仁乎？”子曰：“桓公九合诸侯，不以兵车⑮，管仲之力也。如其仁！如其仁！”

『17』子贡曰：“管仲非仁者与？桓公杀公子纠，不能死，又相之。”子曰：“管仲相桓公，霸诸侯，一匡天下，民到于今受其赐。微⑯管仲，吾其被发左衽⑰矣。岂若匹夫匹妇之为谅⑱也，自经⑲于沟渎⑳而莫之知也。”

『18』公叔文子之臣大夫僎㉑，与文子同升㉒诸公。子闻之曰；“可以为文矣。”

『19』子言卫灵公之无道也，康子曰：“夫如是，奚而不丧？”孔子曰：“仲叔圉㉓治宾客，祝鮀治宗庙，王孙贾治军旅。夫如是，奚其丧？”

『20』子曰：“其言之不怍㉔，则为之也难。”

『22』子路问事君。子曰：“勿欺也，而犯㉕之。”

『23』子曰：“君子上㉖达。小人下㉗达。”

---

① 孟公绰：鲁国大夫。
② 老：大夫的家臣，也叫室老。
③ 成人：完人，才人。
④ 臧武仲：鲁国大夫臧孙纥（hé）。
⑤ 卞庄子：鲁国大夫，封地在卞邑，以勇武著称。
⑥ 文：文饰，熏陶。
⑦ 授命：献出生命。
⑧ 久要：长久穷困。要通“约”，穷困。
⑨ 防：臧武仲的封地。在今山东费县东北。
⑩ 后：后代，子嗣。
⑪ 要：要挟。
⑫ 谲（jué）：狡诈。
⑬ 召忽：公子纠的谋士。
⑭ 死之：为之死，指自杀殉节。
⑮ 兵车：武力。
⑯ 微：如果没有。
⑰ 被发左衽（rén）：披散头发，衣襟向左开。此为少数民族装扮，借指沦为少数民族的附庸。被：通“披”。
⑱ 谅：诚信，遵守信用。
⑲ 自经：上吊自杀。
⑳ 沟渎（dú）：沟渠。
㉑ 僎（xún）：人名，公叔文子的家臣，由于受到公叔文子的推荐，升为卫国大夫。
㉒ 升：提升，提拔。
㉓ 仲叔圉（yǔ）：即孔文子，卫国大夫。
㉔ 怍（zuò）：惭愧。
㉕ 犯：冒犯，指直言敢谏。
㉖ 上：指仁义。
㉗ 下：指财利。

『24』子曰："古之学者为己①，今之学者为人②。"

『25』蘧伯玉③使人于孔子。孔子与之坐而问焉，曰："夫子何为？"对曰："夫子欲寡其过而未能也。"使者出。子曰："使乎！使乎！"

『26』子曰："不在其位，不谋其政。"曾子曰："君子思不出其位。"

『27』子曰："君子耻其言而过④其行。"

『28』子曰："君子道者三，我无能焉：仁者不忧，知者不惑，勇者不惧。"子贡曰："夫子自道也。"

『29』子贡方人⑤。子曰："赐也贤乎哉？夫我则不暇⑥。"

『30』子曰："不患人之不己知，患其不能⑦也。"

『31』子曰："不逆诈⑧，不亿不信。抑亦先觉⑨者，是贤乎！"

『32』微生亩⑩谓孔子曰："丘何为是栖栖⑪者与？无乃为佞乎？"孔子曰："非敢为佞也，疾固⑫也。"

『33』子曰："骥不称其力，称其德也。"

『34』或曰："以德报怨，何如？"子曰："何以报德？以直⑬报怨，以德报德。"

『35』子曰："莫我知也夫！"子贡曰："何为其莫知子也？"子曰："不怨天，不尤⑭人。下学⑮而上达⑯。知我者其天乎！"

『37』子曰："贤者辟世⑰，其次⑱辟地⑲，其次辟色⑳，其次辟言㉑。"子曰："作者㉒七人矣。"

『38』子路宿于石门。晨门㉓曰："奚自？"子路曰："自孔氏。"曰："是知其不可而为之者与？"

---

① 为己：提升自己的学识与道德。
② 为人：装饰自己给别人看。
③ 蘧（qú）伯玉：名瑗（yuán），卫国大夫。
④ 过：超过。
⑤ 方人：诽谤别人。方：同"谤"。
⑥ 不暇：没有空暇（议论别人）。
⑦ 不能：没有能力。
⑧ 逆诈：事先怀疑别人欺诈。
⑨ 先觉：事先察觉。
⑩ 微生亩：人名，姓微生，名亩，年老隐士。
⑪ 栖（xī）栖：忙忙碌碌的样子。
⑫ 疾固：痛恨固执的人。疾：痛恨。固：固执，此指固执的人。
⑬ 直：正直，直率。
⑭ 尤：责备，怨恨。
⑮ 下学：学习普通知识。
⑯ 上达：了解深奥的道理。
⑰ 辟世：逃避乱世而隐居。辟：通"避"。
⑱ 其次：次一等。
⑲ 辟地：逃避一个地方。
⑳ 辟色：避开难看的脸色。
㉑ 辟言：避开难听的语言。
㉒ 作者：这样做的人。
㉓ 晨门：早晨开启城门的人。

『41』子曰：“上好礼，则民易使①也。”

『42』子路问君子。子曰：“修己以敬②。”曰：“如斯而已乎？”曰：“修己以安人。”曰：“如斯而已乎？”曰：“修己以安百姓。修己以安百姓，尧、舜其犹病诸！”

『43』原壤③夷俟④。子曰：“幼而不孙弟⑤，长而无述⑥焉，老而不死，是为贼⑦！”以杖叩其胫。

卫灵公⑧

『1』卫灵公问陈⑨于孔子。孔子对曰：“俎豆⑩之事，则尝闻之矣；军旅之事，未之学也。”明日遂行。

『2』在陈绝粮，从者病⑪，莫能兴⑫。子路愠见，曰：“君子亦有穷乎？”子曰：“君子固穷⑬，小人穷斯滥⑭矣。”

『3』子曰：“赐也，女以予为多学而识之者与？”对曰：“然。非与？”曰：“非也。予一以贯之⑮。”

『4』子曰：“由！知德者鲜矣。”

『5』子曰：“无为而治者其舜也与？夫何为哉？恭己⑯正南面⑰而已矣。”

『6』子张问行⑱。子曰：“言忠信，行笃敬，虽蛮貊⑲之邦行矣；言不忠信，行不笃敬，虽州里⑳行乎哉？立，则见其参㉑于前也；在舆，则见其倚于衡㉒也。夫然后行。”子张书诸绅㉓。

---

① 使：使唤。
② 修己以敬：修养自己，认真工作。
③ 原壤：人名，鲁国人，孔子的老朋友。
④ 夷俟：叉开两腿而坐。夷：箕踞。俟：等待。
⑤ 孙弟：遵守谦逊、孝悌的礼节。孙：同“逊”。弟：同“悌”。
⑥ 无述：没有什么成就值得称述。
⑦ 贼：害人之人。
⑧ 本篇共四十二章，内容以论人的道德修养为主，其中又以论君子之道居多。此外还有少数章节论及为政与为学之道。
⑨ 陈：通“阵”，布阵。
⑩ 俎（zǔ）豆：古代祭祀时盛肉食的器皿。借指礼仪之事。
⑪ 病：因饥饿而生病。
⑫ 兴：站立。
⑬ 固穷：安守贫穷。
⑭ 滥：乱，为所欲为。
⑮ 一以贯之：用一个道理来贯穿他们。
⑯ 恭己：端正自己。
⑰ 南面：面朝南而坐。古代帝王均为面南背北而坐。
⑱ 行：行得通。
⑲ 蛮貊（mò）：南蛮和北狄，泛指少数民族。
⑳ 州里：本乡本土。
㉑ 参：参拜，拜见。此有“如在目前”之意。
㉒ 衡：通“横”，车前横木。
㉓ 绅：衣带。

『7』子曰："直哉史鱼①！邦有道，如矢②；邦无道，如矢。君子哉蘧伯玉！邦有道，则仕；邦无道，则可卷而怀之③。"

『8』子曰："可与言而不与之言，失人；不可与言而与之言，失言。知者不失人，亦不失言。"

『9』子曰："志士仁人，无求生以害仁，有杀身以成仁。"

『10』子贡问为仁。子曰："工欲善其事，必先利④其器。居是邦也，事其大夫之贤者，友其士之仁者。"

『11』颜渊问为邦。子曰："行夏之时⑤，乘殷之辂⑥，服周之冕⑦，乐则《韶》《舞》⑧。放⑨郑声，远佞人。郑声淫⑩，佞人殆⑪。"

『12』子曰："人无远虑，必有近忧。"

『13』子曰："已矣乎！吾未见好德如好色者也。"

『14』子曰："臧文仲其窃位者与？知柳下惠⑫之贤而不与立⑬也。"

『15』子曰："躬自厚⑭而薄责⑮于人，则远怨矣。"

『16』子曰："不曰'如之何，如之何'者，吾末如之何也已矣。"

『17』子曰："群居终日，言不及义，好行小慧⑯，难矣哉！"

『18』子曰："君子义以为质⑰，礼以行之，孙⑱以出⑲之，信以成之。君子哉！"

『19』子曰："君子病⑳无能焉，不病人之不己知也。"

『20』子曰："君子疾㉑没世㉒而名不称㉓焉。"

『21』子曰："君子求㉔诸己，小人求诸人。"

---

① 史鱼：即史鳍，字子鱼，卫国大夫。
② 如矢：像射出的箭一样（直）。
③ 卷而怀之：（把自己的本领）卷起来，收藏它，借指隐居不仕。
④ 利：使……锋利。
⑤ 行夏之时：推行夏朝的历法。
⑥ 乘殷之辂：乘坐商朝的车子。
⑦ 服周之冕：穿戴上周朝的礼帽。
⑧ 乐则《韶》《舞》：音乐就用《韶》和《武》。舞，通"武"。
⑨ 放：抛弃，舍弃。
⑩ 淫：淫靡，淫乱。
⑪ 殆：危险。
⑫ 柳下惠：鲁国贤人。本名展获，字禽。柳下是其居住的地方。"惠"是私谥。
⑬ 立：立朝为官。
⑭ 躬自厚：多责备自己。
⑮ 薄：少。
⑯ 小慧：小聪明。
⑰ 质：本质，根本。
⑱ 孙：通"逊"，谦逊。
⑲ 出：表达。
⑳ 病：忧虑，担心。
㉑ 疾：痛恨。
㉒ 没世：离世，死亡。
㉓ 称：称述，称道。
㉔ 求：要求，苛求。

『22』子曰：“君子矜①而不争，群②而不党③。”

『23』子曰：“君子不以言举人，不以人废言。”

『24』子贡问曰：“有一言而可以终身行之者乎？”子曰：“其‘恕’乎！己所不欲，勿施于人。”

『25』子曰：“吾之于人也，谁毁谁誉？如有所誉者，其有所试④矣。斯民也，三代⑤之所以直道而行也。”

『26』子曰：“吾犹及史之阙文⑥也。有马者借人乘之，今亡矣夫！”

『27』子曰：“巧言乱德，小不忍则乱大谋。”

『28』子曰：“众恶之，必察⑦焉；众好之，必察焉。”

『29』子曰：“人能弘道，非道弘人。”

『30』子曰：“过而不改，是谓过矣。”

『31』子曰：“吾尝终日不食，终夜不寝，以思，无益，不如学也。”

『32』子曰：“君子谋道不谋食。耕也，馁⑧在其中矣；学也，禄在其中矣。君子忧道不忧贫。”

『33』子曰：“知及之⑨，仁不能守之⑩，虽得之，必失之。知及之，仁能守之，不庄以涖之⑪，则民不敬。知及之，仁能守之，庄以涖之，动⑫之不以礼，未善也。”

『34』子曰：“君子不可小知⑬而可大受⑭也。小人不可大受而可小知也。”

『35』子曰：“民之于仁也，甚于水火。水火，吾见蹈⑮而死者矣，未见蹈仁⑯而死者也。”

『36』子曰：“当仁⑰，不让于师。”

『37』子曰：“君子贞⑱而不谅⑲。”

『38』子曰：“事君，敬其事而后其食。”

---

① 矜：矜持，庄重。
② 群：合群。
③ 党：勾结，结党营私。
④ 试：试验，考验。
⑤ 三代：指夏、商、周三代。
⑥ 史之阙文：史书上存疑而空缺的文字。
⑦ 察：调查，考察。
⑧ 馁（něi）：饥饿。
⑨ 知及之：靠聪明才智取得禄位。
⑩ 仁不能守之：不能以仁德去守住它。
⑪ 涖（lì）之：治理百姓。涖：即“莅”，到，临。
⑫ 动：动员，教化。
⑬ 小知：从小事情上知察。
⑭ 大受：担受重大的任务。
⑮ 蹈：踩，踏。
⑯ 蹈仁：践行仁德。
⑰ 当仁：对待仁德。
⑱ 贞：正，正道。
⑲ 谅：信，信誉。

『39』子曰："有教无类[①]。"

『40』子曰："道不同，不相为谋。"

『41』子曰："辞达而已矣。"

『42』师冕[②]见，及[③]阶，子曰："阶也。"及席，子曰："席也。"皆坐，子告之曰："某在斯，某在斯。"师冕出。子张问曰："与师言之道[④]与？"子曰："然。固[⑤]相[⑥]师之道也。"

季　氏[⑦]

『1』季氏将伐颛臾[⑧]。冉有、季路见于孔子曰："季氏将有事于颛臾。"孔子曰："求！无乃尔是过与？夫颛臾，昔者先王以为东蒙主[⑨]，且在邦域之中矣，是社稷之臣也。何以伐为？"冉有曰："夫子[⑩]欲之。吾二臣者皆不欲也。"孔子曰："求！周任[⑪]有言曰：'陈力就列[⑫]，不能者止[⑬]。'危而不持[⑭]，颠[⑮]而不扶，则将焉用彼相[⑯]矣？且尔言过矣。虎兕[⑰]出于柙，龟玉毁于椟中，是谁之过与？"冉有曰："今夫颛臾，固而近于费。今不取，后世必为子孙忧。"孔子曰："求！君子疾夫舍曰[⑱]'欲之'，而必为之辞[⑲]。丘也闻有国有家者，不患寡而患不均，不患贫而患不安。盖均无贫，和无寡，安无倾[⑳]。夫如是，故远人不服，则修文德以来[㉑]之。既来之，则安之。今由与求也相夫子，远人不服而不能来也，邦分崩离析而不能守也，而谋动干戈于邦内。吾恐季孙之忧，不在颛臾，而在萧墙[㉒]之内也。"

『2』孔子曰："天下有道，则礼乐征伐自天子出；天下无道，则礼乐征伐自诸侯出。自

---

① 无类：不分类别。

② 师冕：名叫冕的盲人乐师。师：乐师。

③ 及：到达。

④ 道：方式，方法。

⑤ 固：本来。

⑥ 相：帮助。

⑦ 本篇共十四章，多为孔子再传弟子所记录。内容涉及孔子的政治思想、教育思想、天命观和道德观等方面。

⑧ 颛（zhuān）臾（yú）：鲁国的附庸国，在今山东省费县西北。

⑨ 东蒙主：主持祭祀东蒙山的人。

⑩ 夫子：指季孙氏。

⑪ 周任：古代有名的史官。

⑫ 陈力就列：尽自己的能力去担任官职。陈：摆出来，施展。力：才能，能力。就：居，充任。列：行列，职位。

⑬ 止：停止，辞职。

⑭ 持：扶持。

⑮ 颠：跌倒。

⑯ 相：帮助，扶助。

⑰ 兕（sì）：雌的犀牛。

⑱ 舍曰：不说。

⑲ 辞：托辞，借口。

⑳ 倾：倾覆。

㉑ 来：使……来，招致。

㉒ 萧墙：国君宫门内当门的照壁。此暗指鲁君。

诸侯出，盖十世①希②不失矣；自大夫出，五世希不失矣；陪臣③执国命，三世希不失矣。天下有道，则政不在大夫。天下有道，则庶人不议。”

『3』孔子曰：“禄④之去公室⑤，五世矣。政逮⑥于大夫，四世矣。故夫三桓⑦之子孙，微矣。”

『4』孔子曰：“益者三友，损者三友。友直，友谅，友多闻，益矣。友便辟⑧，友善柔⑨，友便佞⑩，损矣。”

『5』孔子曰：“益者三乐，损者三乐。乐节⑪礼乐，乐道人之善，乐多贤友，益矣。乐骄乐，乐佚游⑫，乐宴乐，损矣。”

『6』孔子曰：“侍于君子有三愆⑬：言未及之⑭而言，谓之躁；言及之而不言，谓之隐；未见颜色⑮而言，谓之瞽。”

『7』孔子曰：“君子有三戒：少之时，血气未定，戒之在色；及其壮也，血气方刚，戒之在斗；及其老也，血气既衰，戒之在得⑯。”

『8』孔子曰：“君子有三畏：畏天命，畏大人⑰，畏圣人之言。小人不知天命而不畏也，狎⑱大人，侮⑲圣人之言。”

『9』孔子曰：“生而知之者，上也；学而知之者，次也；困⑳而学之，又其次也；困而不学，民斯为下矣。”

『10』孔子曰：“君子有九思：视思明，听思聪，色㉑思温㉒，貌思恭，言思忠，事思敬㉓，疑思问，忿思难㉔，见得㉕思义。”

---

① 十世：三百年，古代三十年为一世。
② 希：少。
③ 陪臣：大夫的家臣。
④ 禄：俸禄，代指国家政权。
⑤ 公室：王室。
⑥ 逮：及，到。
⑦ 三桓：鲁国孟孙、叔孙、季孙氏三卿，他们都是鲁桓公之后，故称三桓。
⑧ 便辟：阿谀奉承。
⑨ 善柔：当面恭维，背后诽谤。
⑩ 便佞：善于花言巧语。
⑪ 节：节制。
⑫ 佚游：游荡，游乐。
⑬ 愆（qiān）：过失，过错。
⑭ 及之：轮到他。
⑮ 颜色：脸色。
⑯ 得：贪，指贪求名利。
⑰ 大人：有地位的人。
⑱ 狎：轻视。
⑲ 侮：侮辱。
⑳ 困：困难，困惑。
㉑ 色：脸色。
㉒ 温：温和。
㉓ 敬：认真。
㉔ 难：急难，后患。
㉕ 得：名，利。

『11』孔子曰："见善如不及①，见不善而探汤②。吾见其人矣，吾闻其语矣。隐居以求其志，行义以达其道。吾闻其语矣，未见其人也。"

『12』齐景公有马千驷，死之日，民无德而称焉。伯夷、叔齐饿于首阳之下，民到于今称之。其斯之谓与？

『13』陈亢问于伯鱼③曰："子亦有异闻④乎？"对曰："未也。尝独立，鲤趋⑤而过庭。曰：'学《诗》乎？'对曰：'未也。''不学《诗》，无以言。'鲤退而学《诗》。他日又独立，鲤趋而过庭。曰：'学《礼》乎？'对曰：'未也。''不学《礼》，无以立。'鲤退而学《礼》。闻斯二者。"陈亢退而喜曰："问一得三：闻《诗》，闻《礼》，又闻君子之远⑥其子也。"

『14』邦君⑦之妻，君称之曰"夫人"，夫人自称曰"小童"；邦人称之曰"君夫人"，称诸异邦曰"寡小君"；异邦人称之，亦曰"君夫人"。

阳 货⑧

『1』阳货⑨欲见孔子，孔子不见，归⑩孔子豚。孔子时⑪其亡⑫也，而往拜之，遇诸途。谓孔子曰："来！予与尔言。"曰；"怀其宝⑬而迷⑭其邦，可谓仁乎？"曰："不可。""好从事而亟⑮失时⑯，可谓知乎？"曰："不可。""日月逝矣，岁不我与⑰。"孔子曰："诺。吾将仕矣。"

『2』子曰："性相近也，习⑱相远⑲也。"

『3』子曰："唯上知与下愚不移⑳。"

『4』子之武城，闻弦歌之声。夫子莞尔而笑，曰："割鸡焉用牛刀？"子游对曰："昔者

---

① 不及：赶不上。

② 探汤：把手伸进沸水中。

③ 伯鱼：孔子的儿子，名鲤，字伯鱼。

④ 异闻：特别的教导。

⑤ 趋：快步走。

⑥ 远：疏远，指不偏爱。

⑦ 邦君：国君。

⑧ 本篇共二十六章，内容可大致分为两类：以下犯上的家臣与国君之间的政治斗争；礼乐教化观念对人和社会政治的作用。

⑨ 阳货：又名阳虎，季氏家臣，当时把持季氏政权，貌似孔子。

⑩ 归：通"馈"，馈赠。

⑪ 时：通"伺"，等候。

⑫ 亡：不在家。

⑬ 怀其宝：身藏宝物，指有才能，有本领。

⑭ 迷：迷惑，迷乱。

⑮ 亟（qì）：屡次。

⑯ 失时：失去时机。

⑰ 岁不我与：岁月不待人。

⑱ 习：传习，教育。

⑲ 远：拉大距离。

⑳ 移：改变。

偃也闻诸夫子曰：‘君子学道则爱人，小人学道则易使①也。’”子曰：“二三子！偃之言是也。前言戏之耳。”

『5』公山弗扰②以费畔③，召，子欲往。子路不说，曰：“末之④也已⑤，何必公山氏之之⑥也。”子曰：“夫召我者，而岂徒⑦哉？如有用我者，吾其为东周⑧乎？”

『6』子张问仁于孔子。孔子曰：“能行五者于天下，为仁矣。”请问之。曰：“恭，宽，信，敏，惠。恭则不侮，宽则得众，信则人任焉，敏则有功，惠则足以使人。”

『7』佛肸⑨召，子欲往。子路曰：“昔者由也闻诸夫子曰：‘亲⑩于其身为不善者，君子不入也’。佛肸以中牟畔。子之往也，如之何？”子曰：“然。有是言也。不曰坚⑪乎，磨而不磷⑫；不曰白乎，涅而不缁⑬。吾岂匏瓜⑭也哉？焉能系⑮而不食？”

『8』子曰：“由也，女闻六言六蔽⑯矣乎？”对曰：“未也。”“居⑰！吾语女。好仁不好学，其蔽也愚；好知不好学，其蔽也荡⑱；好信不好学，其蔽也贼⑲；好直不好学，其蔽也绞⑳；好勇不好学，其蔽也乱㉑；好刚不好学，其蔽也狂㉒。”

『9』子曰：“小子！何莫学夫《诗》？《诗》，可以兴㉓，可以观㉔，可以群㉕，可以怨㉖。迩之事父，远之事君。多识于鸟兽草木之名。”

『10』子谓伯鱼曰：“女为《周南》、《召南》矣乎？人而不为《周南》、《召南》，其犹正墙面而立也与？”

『11』子曰：“礼云礼云，玉帛云乎哉？乐云乐云，钟鼓云乎哉？”

---

① 使：使唤。
② 公山弗扰：即公山不狃（niǔ），季氏家臣。
③ 畔：通“叛”，叛乱。
④ 末之：没有地方去。末：没有。之：去。
⑤ 已：算了。
⑥ 之之：前一“之”为结构助词，后一“之”为动词，到，去。
⑦ 徒：徒然，白白地。
⑧ 东周：指复兴周王朝。
⑨ 佛（bì）肸（xī）：人名，晋国大夫范中行的家臣。
⑩ 亲：亲身，亲自。
⑪ 坚：坚物，硬物。
⑫ 磷：薄。
⑬ 涅而不缁（zī）：染色而染不黑。涅：一种可作黑色染料的矾石，此指染黑。缁：黑色。
⑭ 匏（páo）瓜：植物名，有苦、甜两种，味苦的不能吃。
⑮ 系：悬挂。
⑯ 六言六蔽：六种美德，六种弊病。
⑰ 居：坐下来。
⑱ 荡：放荡。
⑲ 贼：害，受害。
⑳ 绞：尖刻刺人。
㉑ 乱：捣乱，闯祸。
㉒ 狂：狂妄自大。
㉓ 兴：起兴，激发意志。
㉔ 观：观察，省察。
㉕ 群：合群。
㉖ 怨：讽谏。

『12』子曰：“色厉而内荏①，譬诸小人，其犹穿窬②之盗也与？”

『13』子曰：“乡愿③，德之贼也。”

『14』子曰：“道听而涂说④，德之弃也。”

『15』子曰：“鄙夫可与事君也与哉？其未得之也，患得之；既得之，患失之。苟患失之，无所不至矣。”

『16』子曰：“古者民有三疾，今也或是之亡也。古之狂也肆⑤，今之狂也荡；古之矜也廉⑥，今之矜也忿戾⑦；古之愚也直，今之愚也诈而已矣。”

『17』子曰：“巧言令色，鲜矣仁。”

『18』子曰：“恶紫之夺朱也，恶郑声之乱雅乐也，恶利口之覆邦家者。”

『19』子曰：“予欲无言。”子贡曰：“子如不言，则小子何述焉？”子曰：“天何言哉？四时行焉，百物生焉，天何言哉？”

『20』孺悲⑧欲见孔子，孔子辞以疾。将命者出户，取瑟而歌，使之闻之。

『21』宰我问：“三年之丧，期已久矣。君子三年不为礼，礼必坏；三年不为乐，乐必崩。旧谷既没，新谷既升，钻燧改火，期可已矣。”子曰：“食夫稻，衣夫锦，于女安乎？”曰：“安。”“女安，则为之！夫君子之居丧，食旨不甘，闻乐不乐，居处不安，故不为也。今女安，则为之！”宰我出。子曰：“予之不仁也！子生三年，然后免于父母之怀。夫三年之丧，天下之通丧也。予也有三年之爱于其父母乎？”

『22』子曰：“饱食终日，无所用心，难矣哉！不有博弈⑨者乎？为之，犹贤⑩乎已。”

『23』子路曰：“君子尚勇乎？”子曰：“君子义以为上。君子有勇而无义为乱，小人有勇而无义为盗。”

『24』子贡曰：“君子亦有恶乎？”子曰：“有恶：恶称⑪人之恶者，恶居下流⑫而讪上者，恶勇而无礼者，恶果敢而窒⑬者。”曰：“赐也亦有恶乎？”“恶徼⑭以为知者，恶不孙以为勇者，恶讦⑮以为直者。”

『25』子曰：“唯女子与小人为难养也，近之则不孙，远之则怨。”

『26』子曰：“年四十而见⑯恶焉，其终也已。”

---

① 色厉而内荏（rěn）：外表刚强而内心怯懦。
② 穿窬（yú）：穿墙逾壁。窬：同“逾”，跳墙。
③ 乡愿：不分是非，人云亦云的好好先生。愿：忠厚，老实。
④ 涂说：四处传播。涂：通“途”。
⑤ 肆：放肆。
⑥ 矜也廉：自尊自大而品行端正有威仪。
⑦ 忿戾：愤怒乖戾。
⑧ 孺（rú）悲：人名，鲁国人，曾向孔子学礼。
⑨ 博弈：下棋。
⑩ 贤：好。
⑪ 称：宣扬，宣称。
⑫ 流：流字当为衍文，晚唐以前的本子均无此字。
⑬ 窒（zhì）：顽固不化，固执己见。
⑭ 徼（jiǎo）：抄袭，窃取。
⑮ 讦（jié）：攻讦，揭短处。
⑯ 见：被。

微　　子[1]

『1』微子[2]去之，箕子[3]为之奴，比干[4]谏而死。孔子曰："殷有三仁焉。"

『2』柳下惠为士师[5]，三黜。人曰："子未可以去乎？"曰："直道而事人，焉往而不三黜？枉道而事人，何必去父母之邦？"

『3』齐景公待孔子，曰："若季氏，则吾不能，以季、孟之间待之。"曰："吾老矣，不能用也。"孔子行。

『4』齐人归女乐。季桓子受之，三日不朝。孔子行。

『5』楚狂接舆[6]歌而过孔子，曰："凤兮！凤兮！何德之衰？往者不可谏，来者犹可追[7]。已而！已而！今之从政者殆而！"孔子下，欲与之言。趋而辟之，不得与之言。

『6』长沮、桀溺[8]耦[9]而耕，孔子过之，使子路问津焉。长沮曰："夫执舆者为谁？"子路曰："为孔丘。"曰："是鲁孔丘与？"曰："是也。"曰："是知津矣。"问于桀溺，桀溺曰："子为谁？"曰："为仲由。"曰："是鲁孔丘之徒与？"对曰："然。"曰："滔滔[10]者天下皆是也，而谁以易[11]之？且而与其从辟人之士也，岂若从辟世之士哉？"耰[12]而不辍。子路行以告。夫子怃然[13]曰："鸟兽不可与同群，吾非斯人之徒与而谁与？天下有道，丘不与易也。"

『7』子路从而后，遇丈人，以杖荷蓧[14]。子路问曰："子见夫子乎？"丈人曰："四体不勤，五谷不分。孰为夫子？"植其杖而芸[15]。子路拱而立。止子路宿，杀鸡为黍而食之，见其二子焉。明日，子路行，以告。子曰："隐者也。"使子路反见之。至则行矣。子路曰："不仕无义。长幼之节，不可废也；君臣之义，如之何其废之？欲洁其身，而乱大伦？君子之仕也，行其义也。道之不行，已知之矣。"

『8』逸民：伯夷，叔齐，虞仲[16]，夷逸[17]，朱张[18]，柳下惠，少连[19]。子曰："不降其

---

① 本篇共十一章，内容以反映孔子的处世态度为主，而且大多是通过与隐士思想行为的对比来表现的。

② 微子：商纣王的同母兄长，名启。

③ 箕子：商纣王的叔父，名胥馀。

④ 比干：人名，商纣王的叔父，力谏纣王，被剖心而死。

⑤ 士师：主管刑罚的官。

⑥ 接舆：人名，楚国的狂人，隐者，佯疯以避世。

⑦ 追：改正。

⑧ 长沮、桀溺：人名，春秋时的两位隐士，其事已不可考。

⑨ 耦（ǒu）：两人一起耕地。

⑩ 滔滔：水势浩大的样子，此指坏东西多。

⑪ 易：改变，变革。

⑫ 耰（yōu）：播种后，用土覆盖。

⑬ 怃（wǔ）然：怅然若失的样子。

⑭ 蓧（diào）：耘田用的竹器。

⑮ 芸：通"耘"，耘田。

⑯ 虞仲：人名，即仲雍，周朝古公亶父之次子。

⑰ 夷逸：人名，据说为夷诡诸后裔，有人劝他做官，他宁愿耕作终身。

⑱ 朱张：人名，《汉书·古今人表》存其名，事迹不可考。

⑲ 少连：人名，据说为东夷之子，孔子赞其善于守孝。

志，不辱其身，伯夷、叔齐与!”谓：“柳下惠、少连，降志辱身矣。言中伦①，行中虑②，其斯而已矣。”谓：“虞仲、夷逸，隐居放言③，身中清④，废中权⑤。我则异于是，无可无不可。”

『9』大师挚适齐，亚饭⑥干适楚，三饭缭适蔡，四饭缺适秦。鼓方叔⑦入于河，播鼗⑧武入于汉，少师阳、击磬襄入于海。

『10』周公谓鲁公⑨曰：“君子不施⑩其亲，不使大臣怨乎不以⑪。故旧⑫无大故⑬，则不弃也。无求备⑭于一人。”

『11』周有八士：伯达，伯适，仲突，仲忽，叔夜，叔夏，季随，季騧⑮。

子　张⑯

『1』子张曰：“士见危致命⑰，见得思义，祭思敬，丧思哀，其可已矣。”

『2』子张曰：“执⑱德不弘⑲，信道不笃，焉能为有？焉能为亡?”

『3』子夏之门人问交于子张。子张曰：“子夏云何?”对曰：“子夏曰：‘可者与之，其不可者拒之。’”子张曰：“异乎吾所闻：‘君子尊贤而容众⑳，嘉善而矜㉑不能。’我之大贤与，于人何所不容？我之不贤与，人将拒我，如之何其拒人也?”

『4』子夏曰：“虽小道，必有可观者焉；致远恐泥㉒，是以君子不为也。”

『5』子夏曰：“日知其所亡㉓，月无忘其所能㉔，可谓好学也已矣。”

---

① 言中伦：言语合乎伦理。

② 行中虑：行为合乎理智。

③ 放言：不谈世事。

④ 身中清：自身保持清白。

⑤ 废中权：废弃权势经过权衡。

⑥ 亚饭：第二次吃饭时奏乐的乐师。古代天子、诸侯吃饭时要奏乐，所以乐官有亚饭、三饭、四饭之称。

⑦ 鼓：击鼓的乐师。

⑧ 鼗（táo）：两旁系有小锤的鼓。

⑨ 鲁公：周公旦之子伯禽。

⑩ 施：同“驰”，松弛，此指疏远、怠慢。

⑪ 不以：不被重用。

⑫ 故旧：故人，旧亲。

⑬ 大故：重大过错。

⑭ 求备：求全责备。

⑮ 伯达、伯适（kuò）、仲突、仲忽、叔夜、叔夏、季随、季騧（guā）：八位贤士，据说是四对孪生兄弟，事迹已不可考。

⑯ 本篇共二十五章，所记均为孔子弟子的语录，论及君子之行、道德信义、交友原则、知识技能、学仕关系、居丧适度、孝道观念和学无常师等内容，多数主张与孔子本人相近。

⑰ 见危致命：遇到危难时能够挺身而出，献出生命。

⑱ 执：保持。

⑲ 弘：弘扬。

⑳ 众：普通人。

㉑ 矜（jīn）：同情，怜悯。

㉒ 泥：行不通。

㉓ 亡：不知道，不懂得。

㉔ 能：学会的知识。

『6』子夏曰：“博学而笃志，切问①而近思②，仁在其中矣。”

『7』子夏曰：“百工居肆以成其事，君子学以致其道。”

『8』子夏曰：“小人之过也必文③。”

『9』子夏曰：“君子有三变：望之俨然，即④之也温，听其言也厉。”

『10』子夏曰：“君子信而后劳其民，未信则以为厉己⑤也；信而后谏，未信则以为谤己也。”

『11』子夏曰：“大德不逾⑥闲，小德出入可也。”

『12』子游曰：“子夏之门人小子，当洒扫、应对、进退，则可矣。抑末⑦也，本⑧之则无，如之何？”子夏闻之，曰：“噫！言游过矣！君子之道，孰先传焉？孰后倦⑨焉？譬诸草木，区以别矣。君子之道，焉可诬⑩也？有始有卒者，其惟圣人乎！”

『13』子夏曰：“仕而优则学，学而优则仕。”

『14』子游曰：“丧致乎哀而止。”

『15』子游曰：“吾友张也，为难能⑪也。然而未仁。”

『16』曾子曰：“堂堂⑫乎张也，难与并为仁矣。”

『17』曾子曰：“吾闻诸夫子：人未有自致⑬者也，必也亲丧乎！”

『18』曾子曰：“吾闻诸夫子：孟庄子⑭之孝也，其他可能也；其不改父之臣与父之政，是难能也。”

『19』孟氏使阳肤⑮为士师，问于曾子。曾子曰：“上失其道，民散⑯久矣。如得其情，则哀矜⑰而勿喜。”

『20』子贡曰：“纣之不善，不如是之甚也。是以君子恶居下流⑱，天下之恶皆归焉。”

『21』子贡曰：“君子之过也，如日月之食⑲焉：过也，人皆见之；更⑳也，人皆仰之。”

---

① 切问：恳切地提出疑问。
② 近思：思虑当前情况。
③ 文：文饰，掩饰。
④ 即：靠近，接近。
⑤ 厉己：虐待自己。
⑥ 逾闲：逾越界限。闲：即“阑”，指范围。
⑦ 末：细枝末节，小事。
⑧ 本：根本，本质。
⑨ 倦：教诲，讲解。
⑩ 诬：歪曲。
⑪ 难能：难能可贵。
⑫ 堂堂：仪表堂堂，此指自高自大。
⑬ 自致：自己的情感尽情表露。
⑭ 孟庄子：名速，鲁国大夫，庄为谥号。
⑮ 阳肤：曾子的弟子。
⑯ 散：（民心）离散。
⑰ 哀矜：哀怜，同情。
⑱ 下流：下游，地势低下之处，此指众恶所归的位置。
⑲ 食：通“蚀”。
⑳ 更：改。

『22』卫公孙朝[1]问于子贡曰："仲尼焉学？"子贡曰："文、武之道，未坠于地[2]，在人[3]。贤者识其大者，不贤者识其小者，莫不有文、武之道焉。夫子焉不学？而亦何常师之有？"

『23』叔孙武叔[4]语大夫于朝，曰："子贡贤于仲尼。"子服景伯以告子贡。子贡曰："譬之宫墙：赐之墙也及肩，窥见室家之好。夫子之墙数仞，不得其门而入，不见宗庙之美，百官[5]之富。得其门者或寡矣。夫子之云，不亦宜[6]乎！"

『24』叔孙武叔毁仲尼。子贡曰："无以为[7]也，仲尼不可毁也。他人之贤者，丘陵也，犹可踰也。仲尼，日月也，无得而逾焉。人虽欲自绝[8]，其何伤于日月乎？多见其不知量[9]也！"

『25』陈子禽谓子贡曰："子为恭也，仲尼岂贤于子乎？"子贡曰："君子一言以为知，一言以为不知，言不可不慎也。夫子之不可及也，犹天之不可阶而升[10]也。夫子之得邦家[11]者，所谓立[12]之斯立，道[13]之斯行，绥[14]之斯来，动[15]之斯和[16]。其生也荣，其死也哀。如之何其可及也！"

尧　曰[17]

『1』尧曰："咨[18]！尔舜[19]！天之历数[20]在尔躬[21]，允执其中[22]。四海困穷，天禄永终。"舜亦以命禹。曰："予小子履[23]，敢用玄牡[24]，敢昭告于皇皇后帝[25]：有罪不敢赦。帝臣不蔽[26]，

---

① 卫公孙朝：卫国大夫公孙朝。
② 未坠于地：没有失传。
③ 在人：在人世间。
④ 叔孙武叔：名州仇，鲁国大夫。
⑤ 百官：各式各样的房屋。官：房舍。
⑥ 宜：适宜，自然。
⑦ 无以为：不要这样做。
⑧ 自绝：自己与人家断绝关系。
⑨ 不知量：不自量力。
⑩ 阶而升：顺着阶梯爬上去。
⑪ 邦家：邦国与采邑。意指成为诸侯或大夫。
⑫ 立：立足，安家立业。
⑬ 道：同"导"，引导。
⑭ 绥（suí）：安抚。
⑮ 动：动员，发动。
⑯ 和（hè）：回应，响应。
⑰ 本篇共三章，此篇文字不甚连贯，当有脱落，且所记内容与前多有重复，据此推断此篇应是补缀而成，大约是为了说明孔子"祖述尧舜，宪章文武"之意。
⑱ 咨：啧啧，好哇。
⑲ 尔：你。
⑳ 天之历数：帝王相继的次序。
㉑ 躬：亲自。
㉒ 允执其中：忠诚地执守正确的原则。允：忠实，忠诚。执：执守，坚持。中：无过无不及，正确的原则。
㉓ 予小子履：我小子履，商的自称。履：商汤的名。
㉔ 玄牡：黑公牛。
㉕ 皇皇后帝：光明而伟大的天帝。皇皇：光明而伟大。
㉖ 蔽：隐瞒（错误）。

简[1]在帝心。朕躬有罪，无以万方[2]；万方有罪，罪在朕躬。”周有大赉[3]，善人是富[4]。“虽有周亲[5]，不如仁人。百姓有过，在予一人。”谨权量[6]，审法度[7]，修废官[8]，四方之政行焉。兴灭国，继绝世[9]，举逸民[10]，天下之民归心焉。所重：民、食、丧、祭。宽则得众，信则民任焉，敏则有功，公则说[11]。

『2』子张问于孔子曰：“何如斯可以从政矣？”子曰：“尊五美，屏[12]四恶，斯可以从政矣。”子张曰：“何谓五美？”子曰：“君子惠[13]而不费[14]，劳而不怨，欲而不贪，泰[15]而不骄，威而不猛。”子张曰：“何谓惠而不费？”子曰：“因[16]民之所利而利之，斯不亦惠而不费乎？择可劳而劳之，又谁怨？欲仁而得仁，又焉贪？君子无众寡，无小大，无敢慢，斯不亦泰而不骄乎？君子正其衣冠，尊其瞻视，俨然人望而畏之，斯不亦威而不猛乎？”子张曰：“何谓四恶？”子曰：“不教[17]而杀谓之虐；不戒[18]视成[19]谓之暴；慢令致期[20]谓之贼；犹之与人也，出纳[21]之吝，谓之有司[22]。”

『3』子曰：“不知命，无以为君子也。不知礼，无以立也。不知言[23]，无以知人也。”

学习建议

1. 着重理解孔子“仁”与“礼”的思想观念，并以此解释传统中国伦理政治型文化品格的成因。

2. 将孔子的基本哲学思想应用于文本解读过程之中，重视对一些富含哲理的名言、警句的理解。

3. 背诵《学而》、《为政》、《子罕》、《颜渊》。

---

① 简：省察，明白。
② 万方：天下的百姓。
③ 赉（lài）：赏赐，指大封诸侯。
④ 富：多。
⑤ 周亲：周王族的至亲。
⑥ 谨权量：谨慎地审定秤具，量具。指统一度量衡。权：秤。量：量具。
⑦ 审法度：审议和制订各项法律制度。
⑧ 修废官：修复废弃了的官职。
⑨ 继绝世：使已经绝嗣的后代延续下去。
⑩ 逸民：被遗忘的人才。
⑪ 公则说：公正就会使百姓高兴。
⑫ 屏（bǐng）：摒弃，排除。屏：通“摒”。
⑬ 惠：恩惠。
⑭ 费：耗费，浪费。
⑮ 泰：泰然自若，舒泰。
⑯ 因：顺从，按照。
⑰ 不教：不加以教导。
⑱ 不戒：不申戒，警示。
⑲ 视成：看到成绩，指有所获。
⑳ 慢令致期：开始松懈，突然限制期限完成。
㉑ 出纳：出与人，此单指出。
㉒ 有司：原指机关管事的小吏，此指器量狭小。
㉓ 不知言：不知道辨别别人的言论。

老　子

导读

《老子》又名《道德经》，分《道经》和《德经》两篇，《道经》主要是讲述本体论和宇宙观；《德经》则多阐发人生论与政治论，贯穿“道”、“德”二经的为认识论与辩证法。全书共八十一章，五千余字，相传为老子去官后过函谷关时应关尹之邀而作，约成书于战国初期。

《老子》一书主要阐发了老子的哲学思想。老子，姓李名耳，字聃，习称“老聃”，生活于东周时代，生卒年代不详。据文献记载，他与孔子同时而略早。老子是中国历史上最早的哲学家，道家学派的创始人。纵观《老子》全书，老子的哲学思想主要集中于本体论、辩证法、南面术和养生论四个方面。首先，在本体论方面，老子认为“道”是世界的本原，世界的生成模式是：“道生一，一生二，二生三，三生万物”。道是永恒的，它是无象、无色、无声，超然于客观物质世界而存在的。同时，“天下万物生于有，有生于无”，因而，道就是无。其次，《老子》一书包含有丰富的辩证法思想。书中随处可见的关于有无、美丑、善恶、长短、高下相对而存在，高贵与卑贱、柔弱与刚强相反相成的观点，无不闪烁着辩证法的光辉。再次，《老子》一书阐发了老子的政治思想和治国方略。“无为而治”是老子最重要的政治主张，“小国寡民”体现了老子保守落后的政治观，而“绝圣弃智”、“绝仁弃义”则表明了老子的愚民立场：“古之善为道者，非以明民，将以愚之”。最后，养生之道也是《老子》一书中的重要内容。“少私寡欲”、“返朴归真”、“不敢为天下先”等均已成为养生家奉为圭臬的教条。概而论之，《老子》所代表的道家思想是中华民族传统文化的一个重要组成部分，它深刻地影响了中华民族的心理状态、思维方式和精神风貌。

《老子》是一部非常玄奥的哲学诗篇。虽然该书的哲学思辨特征明显强于其文学性，但其文简约而有韵，常以形象的比喻表现玄妙的哲理，文气跌宕流畅，句式连环相对，历来有散文诗、哲理诗的美誉。《老子》中经常采用大量的韵语、排比、对偶句式，如“有无相生，难易相成，长短相形，高下相倾，音声相和，前后相随”；“孔德之容，惟道是从。道之为物，惟恍惟惚”等。不仅音韵铿锵，朗朗上口，而且言简意赅，极富理趣。

第一章①

道可道②，非常③道。名可名④，非常名。无名，天地之始；有名，万物之母。故常

① 本章为《道经》总纲，阐述道的本体。
② 道可道：前一“道”指客观规律，后一“道”意为言说。
③ 常：永恒的，普遍的。
④ 名可名：前一“名”指概念、形态，后一“名”意为命名。

无，欲以观其妙①；常有，欲以观其徼②。此两者，同出而异名，同谓之玄，玄之又玄，众妙之门。

第二章③

天下皆知美之为美，斯恶已④。皆知善之为善，斯不善已。有无相生，难易相成，长短相形⑤，高下相倾⑥，音声⑦相和，前后相随。是以圣人处无为之事，行不言之教，万物作⑧而弗始⑨，生而弗有，为而弗恃，功成而弗居。夫唯弗居，是以不去⑩。

第三章⑪

不尚贤⑫，使民不争；不贵⑬难得之货，使民不为盗；不见可欲⑭，使民心不乱。是以圣人之治，虚⑮其心，实⑯其腹，弱⑰其志，强⑱其骨，常使民无知、无欲，使夫智者不敢为也。为无为，则无不治。

第九章⑲

持而盈之⑳，不如其已㉑；揣而锐之㉒，不可长保。金玉满堂，莫之能守；富贵而骄，自遗㉓其咎。功遂身退，天之道。

---

① 妙：指客观世界玄奥微妙的本质。
② 徼（jiào）：边际、边界，即端倪、究竟之意。
③ 本章论事物的相对性，集中鲜明地体现了老子朴素的辩证法思想。
④ 斯恶已：那么丑陋的观念也就产生了。斯：则，那么。已：通“矣”。
⑤ 形：比较。
⑥ 倾：倚靠，依存。
⑦ 音声：汉郑玄为《礼记·乐记》作注时说，合奏出的乐音叫做“音”，单一发出的音响叫做“声”。
⑧ 作：兴起，发生。
⑨ 始：首倡。
⑩ 去：离开，失去。
⑪ 本章讲无为而治，集中阐述了老子的愚民思想。
⑫ 尚贤：崇尚贤人，指选拔重用贤才。
⑬ 贵：以……为贵，意动用法。
⑭ 可欲：可以诱发欲望的事物。
⑮ 虚：使……虚空，纯洁。使动用法。
⑯ 实：使……充实，饱满。使动用法。
⑰ 弱：使……柔弱。使动用法。
⑱ 强：使……强健。使动用法。
⑲ 本章讲对待权势与财富的态度，实为老子消极人生观之体现。
⑳ 持而盈之：积累而达到满盈的程度。持：通“殖”，积累义。盈：充盈。
㉑ 不如其已：不如趁早罢手。已：停止，放下。
㉒ 揣而锐之：锻造捶打一块铁使它变尖锐。揣：通“捶”，捶打。锐：使……尖锐。
㉓ 遗（wèi）：送给，留给。

第十三章[①]

宠辱若惊[②]，贵大患若身[③]。何谓宠辱若惊？宠为上，辱为下[④]，得之若惊，失之若惊，是谓宠辱若惊。何谓贵大患若身？吾所以有大患者，为吾有身，及吾无身，吾有何患？故贵以身为天下[⑤]，若可寄天下[⑥]；爱[⑦]以身为天下，若可托[⑧]天下。

第十六章[⑨]

致虚极[⑩]，守静笃[⑪]，万物并作，吾以观复[⑫]。夫物芸芸[⑬]，各复归其根。归根曰静，静曰复命[⑭]，复命曰常[⑮]，知常曰明[⑯]。不知常，妄作[⑰]凶。知常容[⑱]，容乃公[⑲]，公乃全[⑳]，全乃天[㉑]，天乃道[㉒]，道乃久[㉓]，没身不殆[㉔]。

第十八章[㉕]

大道废，有仁义；智慧出，有大伪[㉖]；六亲不和，有孝慈；国家昏乱，有忠臣。

---

① 本章讲身外之物与自身之关系，反映了老子主张忍辱负重、无我利人的思想。

② 宠辱若惊：受到宠爱和蒙受耻辱都令人心惊。

③ 贵大患若身：看重大祸患就像看重自己的身体一样。贵：以……为贵。

④ 下：卑下，居于下位。

⑤ 贵以身为天下：把自身看得和天下一样贵重。

⑥ 若可寄天下：就可以把天下的重任寄托给他。

⑦ 爱：爱惜，珍爱。

⑧ 托：托付。

⑨ 本章论事物发生、发展、演变的一般规律，其中所言“虚极”、“静笃”、“命”与“常”均与作为本体的道相关。

⑩ 致虚极：达到最大限度的虚无。指不存任何功利目的，不抱任何偏见。

⑪ 守静笃：保持冷静客观。指不急于下结论，不被表面现象迷惑。

⑫ 复：循环往复。

⑬ 芸芸：繁盛的样子。

⑭ 命：命定，本性。

⑮ 常：常理，永恒法则。

⑯ 明：明白，明理。

⑰ 妄作：轻举妄动。

⑱ 知常容：掌握万物变换的永恒法则，就能包容。

⑲ 容乃公：有包容之心，就能做到公正。

⑳ 公乃全（wàng）：能够公正就能普遍。

㉑ 全乃天：能够普遍就能符合天地自然。

㉒ 天乃道：合乎天理也就是合乎“道”。

㉓ 道乃久：合乎道就能长久。

㉔ 没（mò）身不殆：终生不会遭受危险。没，通“殁”，死亡。

㉕ 本章与第十九章均为阐述老子“绝圣弃智”、“绝仁弃义”的思想，是对儒家所宣扬的“仁义忠孝”等观念的直接批判。

㉖ 大伪：欺诈，诈骗。

第二十章[1]

唯之与阿[2]，相去几何？美之与恶，相去若何？人之所畏，不可不畏。荒兮，其未央哉[3]！众人熙熙[4]，如享太牢[5]，如春登台[6]。我独泊兮，其未兆[7]。沌沌[8]兮，如婴儿之未孩[9]；累累[10]兮，若无所归。众人皆有馀，而我独若遗[11]。我愚人之心也哉[12]！俗人昭昭[13]，我独昏昏[14]；俗人察察[15]，我独闷闷[16]。众人皆有以[17]，而我独顽且鄙[18]。我独异于人，而贵食母[19]。

第二十一章[20]

孔德之容[21]，惟道是从。道之为物，惟恍惟惚[22]。惚兮恍兮，其中有象；恍兮惚兮，其中有物。窈兮冥兮[23]，其中有精；其精甚真，其中有信[24]。自及古今，其名不去，以阅众甫[25]。吾何以知众甫之状哉？以此。

---

① 本章讲老子的处世原则，提倡“重道”、“守道”的自然法则。
② 唯之与阿：遵命照办与曲意逢迎。
③ 荒兮，其未央哉：宇宙如此宽阔好像没有止境。荒：茫茫一片；央：尽头。
④ 熙熙：追求享乐。
⑤ 太牢：牛羊猪三牲齐备的祭礼。指盛宴。
⑥ 春登台：春天登上高台（游玩）。
⑦ 我独泊兮，其未兆：只有我对此不感兴趣，一点欲念都没有产生。
⑧ 沌（dùn）沌：蒙昧，糊涂。
⑨ 未孩：还不会笑。孩：小儿笑。
⑩ 累累：疲倦的样子。
⑪ 遗：遗弃，遗忘。
⑫ 我愚人之心也哉：我有一颗愚人之心。
⑬ 昭昭：明白清醒。
⑭ 昏昏：昏昏沉沉，糊里糊涂。
⑮ 察察：分辨得很清楚。
⑯ 闷闷：沉睡，浑浑噩噩。
⑰ 有以：有所作为。
⑱ 顽且鄙：顽愚而鄙陋。
⑲ 贵食母：重视取法于道。
⑳ 本章讲道之为物的特点，既突出了道的物质性的一面，又强调了作为本体的道之虚无、不可感知的一面。
㉑ 孔德之容：大德的形象。孔：大。
㉒ 惟恍惟惚：只有模糊不清的影像。
㉓ 窈兮冥兮：隐晦幽暗。
㉔ 信：实有，真实的存在。
㉕ 以阅众甫：以此观察万物的初始。甫：始。

第二十二章①

曲则全②，枉③则直；洼则盈，敝④则新；少则得⑤，多则惑⑥。是以圣人抱一为天下式⑦。不自见，故明⑧；不自是，故彰⑨；不自伐⑩，故有功；不自矜，故长⑪。夫唯不争，故天下莫能与之争。古之所谓“曲则全”者，岂虚言哉？诚全而归之⑫。

第二十五章⑬

有物混成⑭，先天地生。寂兮寥兮⑮，独立而不改，周行而不殆，可以为天地母。吾不知其名，强字之曰道，强为之名曰大。大曰逝⑯，逝曰远⑰，远曰反⑱。故道大，天大，地大，人亦大。域中有四大，而人居其一焉。人法⑲地，地法天，天法道，道法自然。

第三十章⑳

以道佐人主者，不以兵强㉑天下。其事好还㉒师之所处，荆棘生焉，大军之后，必有凶年㉓。善者果而已㉔，不敢以取强㉕。果而勿矜，果而勿伐，果而勿骄，果而不得已㉖，果

---

① 本章讲对立统一法则，强调矛盾对立的双方之间的互相转化，充满了辩证法思想。
② 曲则全：委曲才能保全自己。
③ 枉：弯曲，冤枉。
④ 敝：旧的。
⑤ 少则得：目标少反而能有所得。
⑥ 多则惑：对象太多反而会迷惑。
⑦ 抱一为天下式：抱定一个宗旨作为天下的普遍法则。式：准则，法则。
⑧ 不自见，故明：不自我表现，因此聪明。
⑨ 彰：彰显，闻名。
⑩ 自伐：自我夸耀。
⑪ 不自矜，故长：不自傲，因此长久。
⑫ 诚全而归之：实在是因为它能保全自己，大家才一致信服它。
⑬ 本章论道之生成，并将天地万物的产生归结于自然之“道”的运动。
⑭ 混成：浑然天成。混：通“浑”。
⑮ 寂兮寥（liáo）兮：无声无形。
⑯ 大曰逝：发展到极致，就要逝去。
⑰ 逝曰远：逝去了就会变得遥远。
⑱ 远曰反：走远了又会回到起点。
⑲ 法：效法，取法。
⑳ 本章和第三十一章表明了老子对待战争的态度，一定程度上反映了老子的军事思想，有人据此认定《老子》是一部兵书。
㉑ 强：强迫，威逼。
㉒ 其事好还：这种事情往往招致报复。还：回归，报复。
㉓ 凶年：灾难。
㉔ 善者果而已矣：善用兵的人，成功之后立即休战。果：成功，胜利。
㉕ 不敢以取强：不敢以胜利博取强大的名声。
㉖ 果而不得已：在不得已而为之时才动用武力来取胜。

而勿强。物壮则老①，是谓不道。不道早已②。

第三十三章③

知人者智④，自知者明⑤。胜人者有力，自胜者强⑥。知足者富，强行者有志⑦，不失其所者久⑧，死而不亡者寿⑨。

第三十九章⑩

昔之得一⑪者：天得一以清；地得一以宁；神得一以灵；谷得一以盈；万物得一以生；侯王得一以为天下正⑫。其致之也⑬，天无以清，将恐裂⑭；地无以宁，将恐发⑮；神无以灵，将恐歇⑯；谷无以盈，将恐竭；万物无以生，将恐灭；侯王无以正，将恐蹶⑰。故贵以贱为本，高以下为基。是以侯王自称孤、寡、不谷⑱。此非以贱为本耶？非乎？故至誉无誉⑲。是故不誉如玉⑳，珞珞㉑如石。

第四十四章㉒

名与身孰亲㉓？身与货孰多㉔？得与亡孰病㉕？甚爱必大费㉖；多藏必厚亡㉗。故知足不

---

① 物壮则老：事物发展到鼎盛之时就会走向衰老。壮：壮盛，强盛。老：衰老，衰落。
② 早已：早早地结束生命。已：停止，死亡。
③ 本章讲人格修养方面的问题。
④ 知人者智：了解别人的人，是智者。
⑤ 自知者明：了解自己的人，是明白人。
⑥ 自胜者强：战胜自己的人，才是强者。
⑦ 强行者有志：坚定地去实现自己的目标的人，有志气。
⑧ 不失其所者久：不迷失自己本性的人，才能长久。
⑨ 死而不亡者寿：身死而不被人遗忘的人，才叫长寿。
⑩ 本章阐述“德”与“道”之关系，老子认为只有得了“道”，才会有其“德”。
⑪ 一：即“道”。
⑫ 正：安定。
⑬ 其致之也：这样推论下去，直到极致。
⑭ 天无以清，将恐裂：苍天如果不能保持清明，恐怕将会崩裂。
⑮ 发：通“废”，废弃。
⑯ 歇：休歇，失灵。
⑰ 侯王无以正，将恐蹶：侯王如果不能保持安定，恐怕将会垮台。蹶：垮台，倒台。
⑱ 不谷：不善，君王自称。
⑲ 至誉无誉：最高的荣誉就是没有荣誉。
⑳ 不誉如玉：原本作“不欲琭（lù）琭如玉”，不要像玉那样华美。
㉑ 珞（luò）珞：坚硬。
㉒ 本章讲名利等身外之物与生命之关系，阐述了老子“明哲保身”的养生之道。
㉓ 名与身孰亲：名誉与身体哪个更亲近、可爱。亲：亲近，可爱。
㉔ 多：重要，珍贵。
㉕ 病：苦，有害。
㉖ 甚爱必大费：过分吝啬必定会大大破费。
㉗ 厚亡：重大损失。厚：严重，重大。

辱，知止不殆①，可以长久。

第四十五章②

大成若缺③，其用不弊④。大盈若冲⑤，其用不穷。大直若屈，大巧若拙，大辩若讷⑥，大赢若绌。静胜躁⑦，寒胜热⑧。清静，为天下正⑨。

第四十七章⑩

不出户，知天下；不窥牖⑪，见天道。其出弥⑫远，其知弥少。是以圣人不行而知，不见而明，不为而成。

第四十九章⑬

圣人常无心⑭，以百姓心为心。善者吾善之，不善者吾亦善之，德善⑮。信者吾信之，不信者吾亦信之，德信⑯。圣人在天下歙歙焉⑰，为天下浑其心⑱，百姓皆注⑲其耳目，圣人皆孩之⑳。

---

① 知止不殆：知道适可而止就不会有危险。
② 本章重述相反相成、对立统一的道理，充满辩证法思想。
③ 大成若缺：最完美的事物也好像残缺不全。
④ 弊：同“敝”，衰敝，残破。
⑤ 冲：空虚。
⑥ 讷：木讷，不善言词。
⑦ 静胜躁：沉静战胜浮躁。
⑧ 寒胜热：寒冷战胜炎热。
⑨ 正：正道，准则。
⑩ 本章论述感觉与认知的关系，表明只要体悟了作为道之本体的虚无，对事物的认知则不再困难。
⑪ 牖（yǒu）：窗户。
⑫ 弥：越。
⑬ 本章讲悟道之圣人的“为政之道”，实质上是对无为而治思想具体而微的阐释。
⑭ 常无心：永远没有私心。
⑮ 德善：人的自然本性是善良的。德：与生俱来的本性。
⑯ 信：诚实。
⑰ 圣人在天下歙（xī）歙焉：圣人治理天下的时候总是小心谨慎的。歙歙：小心，谨慎。
⑱ 浑其心：使其心浑浊，即使民心归于浑厚纯朴。浑：使……浑浊，使动用法。
⑲ 注：关注，倾注。
⑳ 孩之：使之像婴儿一样纯真。名词作动词，使动用法。

第五十一章[1]

道生之[2]，德畜之[3]，物形之[4]，势成之[5]。是以万物莫不尊道而贵德。道之尊，德之贵，夫莫之命而常自然[6]。故道生之，德畜之，长之育之，亭之毒之[7]，养之覆之[8]。生而不有，为而不恃，长而不宰[9]，是谓玄德。

第五十六章[10]

知者不言，言者不知。挫其锐[11]，解其纷[12]，和其光[13]，同其尘[14]，是谓玄同[15]。故不可得而亲，不可得而疏。不可得而利，不可得而害。不可得而贵，不可得而贱。故为天下贵。

第五十八章[16]

其政闷闷[17]，其民淳淳；其政察察[18]，其民缺缺[19]。祸兮，福之所倚[20]，福兮，祸之所伏[21]。孰知其极？其无正也[22]。正复为奇[23]，善复为妖[24]。人之迷[25]，其日固久！是以圣人方

---

① 本章讲“道”生万物的过程及万物尊道贵德之缘由。
② 道生之：道赋予万物生机。
③ 德畜之：德养育万物。
④ 物形之：外界环境塑造万物形体。
⑤ 势成之：形势的变化使万物成熟。
⑥ 莫之命而常自然：没有谁这样安排，而总是自然而然发生。
⑦ 亭之毒之：使万物成熟。亭：结成果实，通“成”。毒：果实成熟，通“熟”。
⑧ 覆之：庇护它们。
⑨ 长而不宰：滋长万物却不为其主宰。
⑩ 本章描述老子的理想境界，类似某种无差别的平等社会，老子称之为“玄同”。
⑪ 挫其锐：消磨掉人们的锐气。挫：消磨。
⑫ 解其纷：消解掉人们的纷乱。
⑬ 和其光：调和其中的光亮色彩。指个体在人群中不可过于光彩照人。
⑭ 同其尘：混同于众人的尘垢之中。
⑮ 玄同：大同，同一。
⑯ 本章再论老子朴素的辩证法思想，强调对立双方的相互转化，因而老子主张行事要保持适当的限度。
⑰ 闷闷：质朴的样子。
⑱ 察察：明白清楚。
⑲ 缺缺：残缺不全，分崩离析。
⑳ 倚：相伴而生。
㉑ 伏：隐伏。
㉒ 正：准则。
㉓ 正复为奇：正会还原为邪。
㉔ 善复为妖：善还会变为恶。
㉕ 迷：迷惑。

而不割①，廉而不刿②，直而不肆③，光而不耀④。

第六十五章⑤

古之善为道者，非以明民，将以愚之。民之难治，以其智多。故以智治国，国之贼⑥；不以智治国，国之福。知此两者亦稽式⑦。常知稽式，是谓玄德。玄德深矣远矣，与物反矣，然后乃至大顺⑧。

第六十六章⑨

江海所以能为百谷王者，以其善下⑩之，故能为百谷王。是以圣人欲上民，必以言下之⑪；欲先民，必以身后之。是以圣人处上而民不重⑫，处前而民不害⑬。是以天下乐推而不厌⑭。以其不争，故天下莫能与之争。

第七十一章⑮

知不知，尚矣⑯；不知知，病也⑰。圣人不病，以其病病⑱。夫唯病病，是以不病。

第七十四章⑲

民不畏死，奈何以死惧之？若使民常畏死，而为奇⑳者，吾得执而杀之，孰敢？常有司

---

① 方而不割：正直而不伤害人。方：方正，端庄。割：伤害。

② 廉而不刿（guì）：有棱角而不顶撞别人。

③ 直而不肆：直率而不放肆。

④ 光而不耀：光鲜而不炫耀。

⑤ 本章倡愚民政策，被后世独裁者所利用。从另一角度而言，此章同样反映了老子所倡导的返璞归真，顺应自然的思想。

⑥ 贼：祸害。

⑦ 稽式：稽通“楷”，即楷式，法式。

⑧ 大顺：完全顺应自然。

⑨ 本章以江海容百谷来喻君主与臣民之关系，同时也表明了老子的辩证法思想。

⑩ 下：在……之下。

⑪ 欲上民，必以言下之：想要位居民众之上，必须说明自己甘居下位。

⑫ 不重：不以……为重负。

⑬ 处前而民不害：站在民众面前，而民众不认为受到伤害。

⑭ 乐推而不厌：愿意推举，而不厌烦他。

⑮ 本章讲现象与本质之关系。老子认为认识事物不能只看它的表面，而应洞察它的真相。不能一知半解或以不知为知。

⑯ 知不知，尚矣：已经知道，却不夸耀自己知道，这样最好。

⑰ 不知知，病也：不知道，却要假装知道，这是毛病。

⑱ 病病：把这种以不知为知的毛病当做毛病。前一“病”字为动词，以……为病，意动用法。

⑲ 本章讲治民之道，主旨在于批评和谴责统治者对百姓滥用杀戮政策。

⑳ 为奇：从事奇巧之事，指违法犯罪。

杀者[1]杀。夫代司杀者杀，是谓代大匠斫[2]。夫代大匠斫者，希有不伤其手者矣。

第七十六章[3]

人之生也柔弱，其死也坚强。草木之生也柔脆，其死也枯槁。故坚强者死之徒[4]，柔弱者生之徒。是以兵强则灭，木强则折[5]。强大处下[6]，柔弱处上。

第七十七章[7]

天之道，其犹张弓欤？高者抑[8]之，下者举之，有余者损之，不足者补之。天之道，损有余而补不足。人之道则不然，损不足以奉有余。孰能有余以奉天下？唯有道者。是以圣人为而不恃，功成而不处[9]，其不欲见贤[10]。

第七十八章[11]

天下莫柔弱于水，而攻坚强者莫之能胜，以其无以易[12]之。弱之胜强，柔之胜刚，天下莫不知，莫能行[13]。是以圣人云：受国之垢[14]，是谓社稷主；受国不祥[15]，是为天下王。正言若反[16]。

第七十九章[17]

和大怨[18]，必有余怨，报怨以德，安可以为善[19]？是以圣人执左契[20]，而不责[21]于人。

---

① 司杀者：主管行刑之人。
② 代大匠斫（zhuó）：代替高明的木匠砍削木头。
③ 本章讲柔弱与坚强的辩证法，表明了老子贵柔贱刚的思想。
④ 徒：类型，特点。
⑤ 木强则折：树木太刚强就容易折断。
⑥ 强大处下：凡是强大的事物总是处于下降的地位。
⑦ 本章论“天之道”与“人之道”的异同，指出“人之道”（社会现象）的不公。
⑧ 抑：压低。
⑨ 处：居功自傲。
⑩ 其不欲见（xiàn）贤：大概是不愿意显现自己的贤能吧。见：表现。
⑪ 本章再论柔弱与刚强之辩证关系，老子在此盛赞水的柔弱、居下的德性。
⑫ 易：代替。
⑬ 莫能行：没有人这样去做。
⑭ 受国之垢：承担国家的耻辱。垢：耻辱。
⑮ 不祥：灾难。
⑯ 正言若反：正面的话听起来就像是反面的。
⑰ 本章论为政之道，主要讲化解阶级矛盾的方法，指出为政者不要与民结怨，要与人为善。
⑱ 和大怨：调和重大的仇怨。
⑲ 安可以为善：怎么可以算是善策？
⑳ 左契：古代借贷债券，从中间剖开，左边一半由债权人持有。
㉑ 责：讨债。

有德司契，无德司彻①。天道无亲②，常与③善人。

第八十一章④

信言不美，美言不信⑤。善者不辩⑥，辩者不善。知者不博⑦，博者不知。圣人无积⑧，既以为人，己愈有⑨，既以与人，己愈多。天之道，利而不害⑩；圣人之道，为而不争⑪。

学习建议

1. 以中、西哲学史为理论背景，着重理解《老子》的本体论和辩证法思想，进而追踪《老子》思想的演变及其对中国政治、文化和个体人格塑造产生的影响。

2. “以神遇而不以目视”（《庄子·养生主》）的方式进入《老子》，正确解读《老子》原文，突出“悟”在理解《老子》思想中的重要性。

3. 背诵第一章、第二章、第二十一章、第二十五章、第六十七章、第七十八章。

4. 延伸阅读篇目：

第六章、第八章、第十章、第十一章、第十四章、第十九章、第二十八章、第三十二章、第三十六章、第三十八章、第四十章、第四十一章、第四十二章、第四十八章、第五十七章、第六十七章、第七十章、第八十章。

---

① 彻：周代的田税法，指十一之税。此处引申为剥削义。

② 亲：亲爱，此指偏爱。

③ 与：赞许，帮助。

④ 本章论事物表象与本质之关系，旨在表明事物的表象往往与其内在实质不符，其中包含了朴素的辩证法思想。

⑤ 信：真实，实在。

⑥ 辩：争辩，说三道四。

⑦ 知者不博：聪明的人从不认为自己知识广博。

⑧ 无积：没有积累（钱财和知识）。

⑨ 既以为人，己愈有：尽全力去帮助别人，自己反而更加富有。

⑩ 利而不害：便利万物而不加以伤害。

⑪ 为而不争：帮助别人而不与人争夺。

墨　子

导读

墨子，名翟，生卒年不详，相传原为宋国人，后长期居住在鲁国。司马迁在其所著《史记》中只附寥寥二十四字于《孟荀列传》末："盖墨翟，宋之大夫，善守御，为节用。或曰并孔子时，或曰在其后。"战国时期著名思想家，墨家学派创始人。

《墨子》是墨子与他的门人后学所著，《汉书·艺文志》载："《墨子》七十一篇。"今存五十三篇。按内容，《墨子》一书可分五组。其中第一组《亲士》、《修身》、《所染》、《法仪》、《七患》、《辞过》、《三辨》七篇为墨子早期著作，前三篇掺杂有儒家的理论，应当是墨子早年"习儒者之业，受孔子之术"的痕迹。第二组包括从《尚贤上》到《非儒下》二十四篇，这一部分作为墨家的中心思想，以"十论"著称，是墨家作为平民学派的系统理论。第三组由《经上》、《经下》，《经说上》、《经说下》及《大取》、《小取》六篇组成，称作《墨辩》或《墨经》，着重阐述墨家的认识论和逻辑思想，还包含许多自然科学的内容，反映了后期墨家的思想。第四组从《耕柱》至《公输》共有五篇，其内容除了进一步宣传墨子思想之外，还记载了墨子与弟子的许多重要言行，由于古代史料中关于墨家师传弟子的资料极为罕见，这一部分的史料价值也就特别珍贵。第五组从《备城门》到《杂守》共有十一篇，为墨家军事学著作。与大多数古代军事家研究进攻为主不同，墨家从"救守"的非攻理论出发，主要研究如何帮助弱小国家抵御强敌进攻，这和墨子的非攻思想和止楚攻宋的实践相一致。《墨子》内容广博，包括了政治、军事、哲学、伦理、逻辑、科技等方面，是研究墨子及其后学的重要史料。

春秋战国之际，战乱频仍，社会动乱，民生困苦。出身于社会下层的墨子，对此感受尤深，救世之心，更为迫切。他怀着"为万民兴利除害，富贫众寡，安危治乱"的理想，奔走于列国之间，宣传"兼相爱，交相利"的道理，反对大国进攻小国，谋求制止战争。并且提出了兼爱、非攻、尚贤、尚同、节用、节葬、天志、非乐、非命等主张作为救世之策，同主张厚葬崇礼、亲亲疏疏、爱有差等的儒家展开了激烈的争论，与儒家学派同为战国时的"显学"。墨子不仅是思想家，而且是社会活动家。他把自己的门徒组织成民间团体，周游列国，宣传与贯彻自己的学说，还艰苦卓绝地身体力行。

《墨子》也是语录体散文，但这些语录已不再是三言两语的独白或对话，而是有内在逻辑的论文。墨子尚俭务实，反对浮华。墨子的文章虽不华丽，不事文饰，但注重说理，精研逻辑，为议论文的发展作出了杰出的贡献。

修　身①

君子战虽有陈②，而勇为本焉；丧虽有礼，而哀为本焉；士虽有学③，而行为本焉。是故置本不安者④，无务丰末⑤；近者不亲，无务来远⑥；亲戚不附，无务外交⑦；事无终始⑧，无务多业；举物而暗，无务博闻。

是故先王之治天下也，必察迩来远⑨。君子察迩而迩修者也。见不修行见毁，而反之身者也⑩，此以怨省而行修矣⑪。谮慝之言⑫，无入之耳；批扞之声⑬，无出之口；杀伤人之孩⑭，无存之心；虽有诋讦之民，无所依矣⑮。

故君子力事日强⑯，愿欲日逾，设壮日盛⑰。君子之道也：贫则见廉⑱，富则见义⑲，生则见爱，死则见哀。四行者不可虚假⑳，反之身者也。藏于心者，无以竭爱；动于身者，无以竭恭；出于口者，无以竭驯。畅之四支，接之肌肤，华发隳颠而犹弗舍者㉑，其唯圣人乎！

志不强者智不达，言不信者行不果。据财不能以分人者，不足与友；守道不笃，遍物不博㉒，辩是非不察者㉓，不足与游。本不固者末必几，雄而不修者，其后必惰。原浊者流不清，行不信者名必秏㉔。名不徒生，而誉不自长。功成名遂，名誉不可虚假，反之身者也。务言而缓行㉕，虽辩必不听㉖。多力而伐功，虽劳必不图。慧者心辩而不繁说，多力而不伐

---

① 本篇主要讨论品行修养与君子人格问题，强调品行是为人治国的根本，君子必须以品德修养为重。墨子提出的修养准则，即“君子之道”，是“贫则见廉，富则见义，生则见爱，死则见哀”。他还提出明察是非、讲究信用、注重实际等内容。

② 陈：同“阵”，作战时的阵法。

③ 士：假借作“仕”，指作官。

④ 置：通“植”，立的意思。

⑤ 无务：谈不上。末：树梢。

⑥ 来远：招徕远处的人。

⑦ 外交：与外人交往。

⑧ 事无终始：做事无恒心，有始无终。

⑨ 察迩：明察自己身边的一切。迩：近。

⑩ 见毁：被毁谤。

⑪ 怨省：怨毁减少。

⑫ 谮慝（zèn tè）：恶意诬陷、诽谤。

⑬ 批扞（hàn）：诋毁、谩骂。

⑭ 孩：孩同核，意也。核犹言种子，喻一念之初起，即念头。

⑮ 诋讦（jié）：攻击、诋毁别人。依：仿效。

⑯ 力事日强：努力从事工作，日夜不息。

⑰ 愿欲：志向。逾：远大。设壮：疑当作“饰庄”。

⑱ 见（xiàn）廉：表现出廉洁。

⑲ 义：疏财仗义。

⑳ 四行者：指以上“廉、义、爱、哀”四种品行。

㉑ 华发隳颠：白发秃顶。

㉒ 遍物不博：指阅历不广博。

㉓ 辩：同“辨”。

㉔ 秏（hào）：损坏。

㉕ 务言而缓行：说得多做得少。

㉖ 辩：话说得好听。

功，此以名誉扬天下。言无务为多而务为智，无务为文而务为察。故彼智无察，在身而情，反其路者也[①]。

善无主于心者不留，行莫辩于身者不立；名不可简而成也[②]，誉不可巧而立也，君子以身戴行者也[③]。思利寻焉，忘名忽焉[④]，可以为士于天下者，未尝有也。

尚贤上[⑤]

子墨子言曰[⑥]："今者王公大人为政于国家者，皆欲国家之富，人民之众，刑政之治[⑦]。然而不得富而得贫，不得众而得寡，不得治而得乱，则是本失其所欲[⑧]，得其所恶。是其故何也？"子墨子言曰："是在王公大人为政于国家者，不能以尚贤事能为政也。是故国有贤良之士众，则国家之治厚[⑨]；贤良之士寡，则国家之治薄[⑩]。故大人之务，将在于众贤而已[⑪]。"

曰："然则众贤之术将奈何哉？"子墨子言曰："譬若欲众其国之善射御之士者，必将富之、贵之、敬之、誉之，然后国之善射御之士，将可得而众也。况又有贤良之士，厚乎德行，辩乎言谈，博乎道术者乎！此固国家之珍，而社稷之佐也，亦必且富之、贵之、敬之、誉之，然后国之良士，亦将可得而众也。"是故古者圣王之为政也，言曰："不义不富，不义不贵，不义不亲，不义不近。"是以国之富贵人闻之，皆退而谋曰："始我所恃者，富贵也。今上举义不辟贫贱[⑫]，然则我不可不为义。"亲者闻之，亦退而谋曰："始我所恃者，亲也。今上举义不辟疏，然则我不可不为义。"近者闻之，亦退而谋曰："始我所恃者，近也。今上举义不辟远，然则我不可不为义。"远者闻之，亦退而谋曰："我始以远为无恃，今上举义不辟远，然则我不可不为义。"逮至远鄙郊外之臣、门庭庶子[⑬]、国中之众、四鄙之萌人闻之[⑭]，皆竞为义。是其故何也？曰："上之所以使下者，一物也；下之所以事上者，一术也[⑮]。譬之富者，有高墙深宫，墙立既谨[⑯]，上为凿一门。有盗人入，阖其自入而求之，盗其无自出。是其故何也？则上得要也。"

---

① 彼：通"非"，无。情：当为"惰"。反其路：谓背道而驰。

② 简：简便、轻易。

③ 戴：同"载"。

④ 忘名忽焉：忽视立名。

⑤ 本篇主要探讨尚贤与政治的关系，墨子提出尚贤"为政之本"，主张统治者打破血统界限，从各阶层中选拔真才实学之人，给他们地位和权力，同时将那些尸位素餐的无德无能之辈统统撤免。墨子的这一主张，反映了当时人民的愿望，也反映了墨家参与政治管理的要求。

⑥ 子墨子：指墨翟。前一个"子"指先生或老师的意思，是弟子们对墨翟的尊称。

⑦ 刑政：刑事、政务。

⑧ 本：完全、根本。

⑨ 厚：兴盛、雄厚。

⑩ 薄：与厚相对，衰微、薄弱。

⑪ 将：乃，就。众：作动词用，聚也。

⑫ 辟：通"避"。不辟：不避开，不排斥。

⑬ 门庭庶子：指王宫中宿卫之官。

⑭ 萌：通"氓"。萌人：人民。

⑮ 物：事。术：途。

⑯ 既谨：意为用泥涂墙。

故古者圣王之为政，列德而尚贤。虽在农与工肆之人，有能则举之，高予之爵，重予之禄，任之以事，断予之令。曰：“爵位不高，则民弗敬；蓄禄不厚，则民不信；政令不断，则民不畏。”举三者授之贤者，非为贤赐也，欲其事之成。故当是时，以德就列，以官服事，以劳殿赏①，量功而分禄。故官无常贵，而民无终贱。有能则举之，无能则下之。举公义，辟私怨，此若言之谓也②。

故古者尧举舜于服泽之阳③，授之政，天下平；禹举益于阴方之中④，授之政，九州成；汤举伊尹于庖厨之中，授之政，其谋得；文王举闳夭、泰颠于罝罔之中⑤，授之政，西土服。故当是时，虽在于厚禄尊位之臣，莫不敬惧而施；虽在农与工肆之人，莫不竞劝而尚意。故士者，所以为辅相承嗣也⑥。故得士则谋不困，体不劳，名立而功成，美章而恶不生⑦，则由得士也。是故子墨子言曰：“得意⑧，贤士不可不举；不得意，贤士不可不举。尚欲祖述尧舜禹汤之道⑨，将不可以不尚贤。夫尚贤者，政之本也。”

兼爱中⑩

子墨子言曰：“仁人之所以为事者⑪，必兴天下之利，除去天下之害，以此为事者也。”然则天下之利何也？天下之害何也？子墨子言曰：“今若国之与国之相攻，家之与家之相篡⑫，人之与人之相贼，君臣不惠忠⑬，父子不慈孝，兄弟不和调⑭，此则天下之害也。”然则崇此害亦何用生哉⑮？以不相爱生邪⑯？子墨子言：“以不相爱生。”今诸侯独知爱其国，不爱人之国，是以不惮举其国⑰，以攻人之国。今家主独知爱其家⑱，而不爱人之家，是以不惮举其家，以篡人之家。今人独知爱其身，不爱人之身，是以不惮举其身，以贼人之身。是故诸侯不相爱，则必野战；家主不相爱，则必相篡；人与人不相爱，则必相贼；君臣不相爱，则不惠忠；父子不相爱，则不慈孝；兄弟不相爱，则不和调。天下之人皆不相爱，强必

---

① 殿：定。

② 此若：这里的“若”也是“此”的意思，二字连言，是古人的复语。

③ 服泽：地名，未详其地。阳：指山的南面，水的北面。

④ 益：伯益。

⑤ 闳夭、泰颠：都是周初文王的辅臣。罝（jū）：捕兽的网。罝罔：这里代指猎人、渔人。

⑥ 辅相：辅佐大臣。

⑦ 章：通“彰”。

⑧ 得意：得志，即治理天下顺当。

⑨ 尚：通“上”。

⑩ “兼爱”是墨家学派最有代表性的理论之一。所谓兼爱，其本质是要求人们爱人爱己，彼此之间不要存在血缘与等级差别的观念。墨子认为，不相爱是当时社会混乱最大的原因，只有通过“兼相爱，交相利”才能达到社会安定的状态。墨子的这个理论带有强烈的理想色彩，他还不可能进一步看到，人们之所以“不相爱”，“强必执弱，富必侮贫，贵必敖贱，诈必欺愚”，是由于社会的各个阶级存在着利害斗争关系。

⑪ 为事：处理正事。

⑫ 篡：侵夺。

⑬ 惠：施恩惠。忠：忠诚。

⑭ 和调：和谐、和睦。

⑮ 崇：俞樾云：“‘崇’乃‘察’字之误。”何用生：何以生、何由生，即从何产生。

⑯ 以：因。不相爱生邪：俞樾云：“‘以不相爱生邪’，当作‘以相爱生邪’，乃反言以问之，起子墨子之正对也。”

⑰ 不惮：不怕，毫无顾忌。举：动用。

⑱ 家主：指封邑的卿大夫。

执弱[①]，富必侮贫，贵必敖贱[②]，诈必欺愚[③]。凡天下祸篡怨恨，其所以起者，以不相爱生也，是以行者非之[④]。

既以非之[⑤]，何以易之[⑥]？子墨子言曰："以兼相爱、交相利之法易之。"然则兼相爱、交相利之法将奈何哉[⑦]？子墨子言："视人之国，若视其国；视人之家，若视其家；视人之身，若视其身。是故诸侯相爱，则不野战；家主相爱，则不相篡；人与人相爱，则不相贼；君臣相爱，则惠忠；父子相爱，则慈孝；兄弟相爱，则和调。天下之人皆相爱，强不执弱，众不劫寡，富不侮贫，贵不敖贱，诈不欺愚。凡天下祸篡怨恨，可使毋起者，以相爱生也，是以仁者誉之[⑧]。"

然而今天下之士君子曰："然，乃若兼则善矣。虽然，天下之难物于故也[⑨]。"子墨子言曰："天下之士君子，特不识其利、辩其故也。今若夫攻城野战，杀身为名，此天下百姓之所皆难也。苟君说之[⑩]，则士众能为之。况于兼相爱、交相利，则与此异！夫爱人者，人必从而爱之；利人者，人必从而利之；恶人者，人必从而恶之；害人者，人必从而害之。此何难之有？特上弗以为政，士不以为行故也。"昔者晋文公好士之恶衣[⑪]，故文公之臣，皆牂羊之裘[⑫]，韦以带剑[⑬]，练帛之冠[⑭]，入以见于君，出以践于朝[⑮]。是其故何也？君说之，故臣为之也。昔者楚灵王好士细要[⑯]，故灵王之臣，皆以一饭为节，胁息然后带[⑰]，扶墙然后起。比期年[⑱]，朝有黧黑之色[⑲]。是其故何也？君说之，故臣能之也。昔越王勾践好士之勇，教驯其臣[⑳]，和合之[㉑]，焚舟失火[㉒]，试其士曰："越国之宝尽在此！"越王亲自鼓其士而进之，士闻鼓音，破碎乱行[㉓]，蹈火而死者，左右百人有余，越王击金而退之。是故子墨子言曰："乃若夫少食[㉔]、恶衣、杀身而为名，此天下百姓之所皆难也。若苟君说之，则众

---

① 执：控制。
② 敖：通"傲"。
③ 诈：奸诈的人。
④ 行：为"仁"字之误。
⑤ 以：通"已"。
⑥ 何以易之：用什么改变它。
⑦ 将：该、当。奈何：怎样。
⑧ 誉：赞誉、称赞。
⑨ 难物：难事。于故：俞樾云："'于故'二字，当为衍文。"
⑩ 说：通"悦"。
⑪ 好（hào）：喜好。恶衣：粗劣的衣服。
⑫ 牂（zāng）羊：母羊。裘：皮衣。
⑬ 韦：熟牛皮。带：佩挂。
⑭ 练帛：熟绢。
⑮ 践：行走。朝：朝廷。
⑯ 细要：细腰。
⑰ 胁息：吸气收缩。带：紧束腰带。
⑱ 比：等到。期（jī）年：一年。
⑲ 朝：朝廷的臣子。黧（lí）：黑色，指朝廷的臣子们因清瘦而黑。
⑳ 驯：通"训"。
㉑ 和合之：孙诒让云："此三字无义，疑当作'私令人'。"此句应为"私令人焚舟失火"。
㉒ 焚舟失火：孙诒让云："疑'舟'当为'内'，内谓寝室。"
㉓ 破碎乱行：谓人们争先恐后，打乱了队伍行列。孙诒让云："碎"疑"萃"之借字，亦行列之谓。行：行列。
㉔ 乃若夫：按上文应为"今若夫"。若夫，发语词。

能为之。况兼相爱、交相利，与此异矣！夫爱人者，人亦从而爱之；利人者，人亦从而利之；恶人者，人亦从而恶之；害人者，人亦从而害之。此何难之有焉？特上不以为政，而士不以为行故也。”

然而今天下之士君子曰：“然，乃若兼则善矣。虽然，不可行之物也。譬若挈太山越河、济也①。”子墨子言：“是非其譬也。夫挈太山而越河、济，可谓毕劫有力矣。自古及今，未有能行之者也。况乎兼相爱、交相利，则与此异。古者圣王行之。”何以知其然？古者禹治天下，西为西河渔窦②，以泄渠、孙、皇之水③。北为防、原、泒④，注后之邸、嘑池之窦⑤，洒为底柱⑥，凿为龙门⑦，以利燕、代、胡、貉与西河之民⑧。东方漏之陆⑨，防孟诸之泽⑩，洒为九浍⑪，以楗东土之水⑫，以利冀州之民⑬。南为江、汉、淮、汝，东流之，注五湖之处⑭，以利荆楚、干越与南夷之民⑮。此言禹之事，吾今行兼矣⑯。昔者文王之治西土，若日若月，乍光于四方⑰、于西土。不为大国侮小国，不为众庶侮鳏寡，不为暴势夺穑人黍稷狗彘。天屑临文王慈⑱，是以老而无子者，有所得终其寿；连独无兄弟者⑲，有所杂于生人之间；少失其父母者，有所放依而长⑳。此文王之事，则吾今行兼矣。昔者武王将事泰山，隧传曰：“泰山，有道曾孙周王有事㉑。大事既获㉒，仁人尚作㉓，以祗商夏、蛮夷丑貉㉔。虽有周亲㉕，不若仁人。万方有罪㉖，维予一人。”此言武王之事，吾今行兼矣。

是故子墨子言曰：“今天下之君子，忠实欲天下之富㉗，而恶其贫；欲天下之治，而恶

---

① 太山：即泰山。河：黄河。济：济水。
② 西河：古称黄河上游南北流向的一段为西河。渔窦：古水名，未详其处。
③ 渠、孙、皇：皆水名。未详其处。
④ 防、原、泒（gū）：皆水名。未详其处。
⑤ 嘑（hū）池之窦：嘑池即滹沱河。窦，即渎，河流。
⑥ 洒为底柱：分流于底柱。底柱：山名，即砥柱山。原在河南三门峡市黄河急流之中，现已平毁。
⑦ 龙门：山名。在今山西河津县和陕西韩城县间。
⑧ 燕、代、胡、貉：燕、代，古代北方国名。胡、貉，古代北方部族名。
⑨ 东方漏之陆：“方”当作“为”。“漏之陆”，疑当作“漏大陆”。漏，疏导。大陆，地名。
⑩ 防：拦入。孟诸之泽：即孟诸泽，古湖泽名，在今河南商丘东北、虞城西北。
⑪ 九浍（kuài）：即九条河水。
⑫ 楗（jiàn）：限制。即用竹木草木土石等塞水之意。
⑬ 冀州：古“九州”之一，其地域在黄河中下游的中原地区。
⑭ 五湖之处：五湖，泛指太湖等湖泊。处，指水聚之所。
⑮ 荆楚、干越：荆楚，即楚国。干越，即吴越。
⑯ 吾今行兼矣：现在我们应实行这种兼爱了。
⑰ 乍：通“作”。作光，即照耀。
⑱ 屑临：眷顾。
⑲ 连：同“矜”。
⑳ 放依：依靠。
㉑ 事：祀。隧：疑为“遂”字之误，遂，于是。有道：有神灵。曾孙：天子诸侯祭祀时用的谦称。有事：有祀，即作此祭祀。
㉒ 大事：指讨伐商纣之事。既获：已达目的。
㉓ 仁人：指贤明的人。作：起。
㉔ 祗（zhī）：拯救的意思。商夏：指中原。丑：众多。
㉕ 周亲：至亲本家。
㉖ 万方有罪：指四方百姓有罪。
㉗ 忠：通“中”。

其乱，当兼相爱、交相利。此圣王之法，天下之治道也，不可不务为也①。”

非攻中②

子墨子言曰：“古者王公大人为政于国家者③，情欲誉之审，赏罚之当，刑政之不过失。”是故子墨子曰：“古者有语：‘谋而不得，则以往知来，以见知隐④’。谋若此可得而知矣。”

今师徒唯毋兴起⑤，冬行恐寒，夏行恐暑，此不以冬夏为者也。春则废民耕稼树艺，秋则废民获敛⑥。今唯毋废一时⑦，则百姓饥寒冻馁而死者，不可胜数。今尝计军上⑧，竹箭、羽旄⑨、幄幕⑩、甲盾、拨劫⑪，往而靡弊腑冷不反者⑫，不可胜数。又与矛、戟、戈、剑、乘车⑬，其列住碎折靡弊而不反者，不可胜数。与其牛马肥而往⑭，瘠而反⑮，往死亡而不反者，不可胜数。与其涂道之修远，粮食辍绝而不继⑯，百姓死者，不可胜数也。与其居处之不安，食饭之不时，饥饱之不节，百姓之道疾病而死者，不可胜数。丧师多不可胜数⑰，丧师尽不可胜计⑱，则是鬼神之丧其主后⑲，亦不可胜数。

国家发政⑳，夺民之用，废民之利，若此甚众。然而何为为之㉑？曰：“我贪伐胜之名，及得之利㉒，故为之。”子墨子言曰：“计其所自胜，无所可用也；计其所得，反不如所丧者之多。”今攻三里之城、七里之郭，攻此不用锐，且无杀而徒得，此然也㉓。杀人多必数于

---

① 务为：力行。

② “非攻”，即是谴责侵略战争，是墨家针对当时诸侯间的兼并战争而提出的反战理论。墨子指出，战争是天下的“巨害”，无论对战胜国还是战败国都将造成巨大的损害，因而既不合于“圣王之道”，也不合于“国家百姓之利”。

③ 古：为“今”字之误。

④ 见：通“现”。

⑤ 师徒：军队。唯毋：语助词。兴起：出征。

⑥ 获敛：收获贮藏。

⑦ 一时：一季。

⑧ 上：疑此安当作“出”。

⑨ 羽旄：（máo）古代在旗杆头上用羽毛、牦牛尾做装饰的旗子。

⑩ 幄幕：孙诒让云：“‘幄’，《节葬下》作‘屋’，此俗作。《周礼·幕人》，郑注云：‘在旁曰帷，在上曰幕，四合像宫室曰幄’。”

⑪ 拨：大盾牌。劫：同“鉣（jié）”，《说文》云：“组带铁也。”段注：“组上疑当有‘马’字。”即马组带铁。

⑫ 靡弊：损坏。腑：为“腐”之假借字。“冷”：当作“泠”。反：通“返”。

⑬ 又与：又如。乘车：兵车。

⑭ 与其：如其。

⑮ 瘠：瘦。

⑯ 辍绝：中止、断绝。

⑰ 丧师：死亡的士兵。

⑱ 丧师尽：指全军覆没。

⑲ 主后：主祭和后裔。

⑳ 发政：发布政令。

㉑ 何为为之：为什么干这样的事。

㉒ 伐胜之名：攻伐胜利的美名。得之利：得到的利益。

㉓ “攻此”句：攻打这样的城郭并不是不要用锐利兵器，也不用拼杀就能白白取得的。“攻此”下疑脱“非”字。

万①，寡必数于千，然后三里之城、七里之郭，且可得也。今万乘之国，虚数于千②，不胜而入③；广衍数于万，不胜而辟④。然则土地者，所有馀也；王民者⑤，所不足也。今尽王民之死，严下上之患⑥，以争虚城，则是弃所不足，而重所有馀也。为政若此，非国之务者也⑦！

饰攻战者言曰⑧："南则荆、吴之王⑨，北则齐、晋之君，始封于天下之时，其土城之方⑩，未至有数百里也；人徒之众，未至有数十万人也。以攻战之故，土地之博，至有数千里也；人徒之众，至有数百万人。故当攻战而不可为也⑪。"子墨子言曰："虽四五国则得利焉，犹谓之非行道也。譬若医之药人之有病者然，今有医于此，和合其祝药之于天下之有病者而药之。万人食此，若医四五人得利焉，犹谓之非行药也⑫。故孝子不以食其亲⑬，忠臣不以食其君。古者封国于天下，尚者以耳之所闻⑭，近者以目之所见，以攻战亡者，不可胜数。"何以知其然也？东方有莒之国者，其为国甚小，间于大国之间⑮，不敬事于大，大国亦弗之从而爱利，是以东者越人夹削其壤地，西者齐人兼而有之。计莒之所以亡于齐、越之间者，以是攻战也。虽南者陈、蔡⑯，其所以亡于吴、越之间者，亦以攻战。虽北者且不一著何，其所以亡于燕、代、胡、貊之间者⑰，亦以攻战也。是故子墨子言曰："古者王公大人，情欲得而恶失，欲安而恶危，故当攻战而不可不非。"

饰攻战者之言曰："彼不能收用彼众⑱，是故亡；我能收用我众，以此攻战于天下，谁敢不宾服哉！"子墨子言曰："子虽能收用子之众，子岂若古者吴阖闾哉？"古者吴阖闾教七年，奉甲执兵⑲，奔三百里而舍焉⑳；次注林㉑，出于冥隘之径，战于柏举，中楚国而朝宋与及鲁㉒。至夫差之身，北而攻齐，舍于汶上，战于艾陵，大败齐人，而葆之大山㉓；东而

---

① 数于万：为数在万。
② 虚：小国。古者九夫为井，四井为邑，四邑为丘，丘谓之虚。
③ 不胜而入：不能完全纳入自己的统治。
④ 不胜而辟：不能完全辟为己有。
⑤ 王民：疑为"士民"之误。"士民"与"土地"对文。士民，即兵士与老百姓。
⑥ 严：加剧。
⑦ 务：努力、尽力。
⑧ 饰攻战者：为攻战辩护的人。
⑨ 吴：当作"越"。
⑩ 方：通"旁"，广也。
⑪ 不可为也：孙诒让云："下文云'故当攻战而不可不非'，则此文当作'故当攻战而不可非也'。"
⑫ 行药：通行的好药。
⑬ 食（sì）其亲：给他父母吃。
⑭ 尚者：上者，指远的。
⑮ 间于：夹在。
⑯ 陈、蔡：都是周分封的诸侯国，分别在公元前479、447年为楚所灭。因为陈、蔡的国土与吴越接壤，所以下文说"亡于吴越之间"。
⑰ 貊（mò）：古代北方民族名，貉之俗写。
⑱ 收用：收买利用。
⑲ 奉甲执兵：披着甲，拿着武器。
⑳ 舍：休息。
㉑ 次：驻扎。注林：古代地名，无考。
㉒ 中楚国：称霸于楚地。及鲁：苏时学认为二字误倒，且"及"字属下句。因此，上下两句应为"中楚国而朝宋与鲁。及至夫差之身……"朝宋与鲁：使宋、鲁来朝贡。
㉓ 葆：通"保"。大山：即泰山。

攻越，济三江五湖①，而葆之会稽。九夷之国②，莫不宾服。于是退不能赏孤③，施舍群萌④，自恃其力，伐其功⑤，誉其志⑥，怠于教⑦。遂筑姑苏之台，七年不成。及若此，则吴有离罢之心⑧。越王勾践视吴上下不相得⑨，收其众以复其仇，入北郭，徙大内⑩，围王宫，而吴国以亡。昔者晋有六将军⑪，而智伯莫为强焉。计其土地之博，人徒之众，欲以抗诸侯，以为英名攻战之速⑫。故差论其爪牙之士⑬，皆列其舟车之众⑭，以攻中行氏而有之，以其谋为既已足矣⑮。又攻兹范氏而大败之⑯，并三家以为一家而不止，又围赵襄子于晋阳。及若此，则韩、魏亦相从而谋曰："古者有语：'唇亡则齿寒。'赵氏朝亡，我夕从之；赵氏夕亡，我朝从之。《诗》曰：'鱼水不务，陆将何及乎？'"⑰ 是以三主之君，一心戮力，辟门除道，奉甲兴士，韩、魏自外，赵氏自内，击智伯，大败之。

是故子墨子言曰："古者有语曰：'君子不镜于水，而镜于人⑱。镜于水，见面之容；镜于人，则知吉与凶。'今以攻战为利，则盖尝鉴之于智伯之事乎⑲？此其为不吉而凶，既可得而知矣。"

节用中⑳

子墨子言曰："古者明王圣人所以王天下、正诸侯者㉑，彼其爱民谨忠㉒，利民谨厚，

---

① 济：渡过。
② 九夷：泛指东方各小国。
③ 赏孤：奖赏战死者的妻儿子女。
④ 群萌：众多的百姓。"萌"通"氓"。
⑤ 伐：夸耀。
⑥ 誉其智：标榜、吹嘘自己的才智。
⑦ 怠于教：懒于教练士卒。
⑧ 罢（pī）："披"的假借字，散的意思。
⑨ 不相得：不相合。
⑩ 徙大内：徙，迁。大内，义不可通，"内"为"舟"字之误，当为"大舟"。
⑪ 六将军：指韩康子、赵襄子、魏桓子、范吉射、中行文、智伯。
⑫ 以为英名攻战之速：疑当作"以攻战之速为英名"。
⑬ 差论：选择。
⑭ 皆列：排列。"皆"当为"比"。
⑮ 谋：谋略。足：高超极了。
⑯ 兹：孙诒让云："'兹'字疑衍。"
⑰ 务：通"骛"，疾的意思。《淮南子·主术训》云："鱼得水而骛"。陆将何及：一旦到了陆地，怎么还来得及呢？
⑱ 镜：照。
⑲ 盖：通"盍"。
⑳ "节用"是墨家学说的一个重要内容。墨子认为，由于贵族统治者的骄奢淫逸，致使人民陷于饥寒，国家陷于贫穷危亡。所以墨子向统治提出了"节用"的主张，使他们知道"俭节则昌，淫佚则亡"的道理。墨子在本篇中从器用、饮食、衣服、丧葬、舟车等方面论述了节用的原则，强调"诸加费不加于民利者，圣王弗为"。希望贵族统治者效法古之明王圣人"爱民谨忠，利民谨厚"。这些尽管当时的统治者不可能做到，但墨子的节用主张是对广大人民有利的，是应当给予肯定的。
㉑ 正：长。
㉒ 谨：诚。

忠信相连，又示之以利，是以终身不餍①，殁世而不卷②。古者明王圣人其所以王天下、正诸侯者，此也。"

是故古者圣王制为节用之法③，曰："凡天下群百工，轮车、鞼匏、陶冶、梓匠④，使各从事其所能。"曰："凡足以奉给民用，则止。"诸加费不加于民利者，圣王弗为。

古者圣王制为饮食之法，曰："足以充虚继气，强股肱，耳目聪明，则止。不极五味之调、芬香之和，不致远国珍怪异物。"何以知其然？古者尧治天下，南抚交阯⑤，北降幽都⑥，东西至日所出入，莫不宾服。逮至其厚爱，黍稷不二，羹胾不重⑦，饭于土熘⑧，啜于土形⑨，斗以酌⑩，俯仰周旋⑪，威仪之礼，圣王弗为。

古者圣王制为衣服之法，曰："冬服绀緅之衣⑫，轻且暖；夏服絺绤之衣⑬，轻且凊⑭，则止。"诸加费不加于民利者，圣王弗为。

古者圣人为猛禽狡兽暴人害民，于是教民以兵行⑮。日带剑，为刺则入，击则断，旁击而不折，此剑之利也。甲为衣⑯，则轻且利，动则兵且从⑰，此甲之利也。车为服重致远，乘之则安，引之则利，安以不伤人，利以速至，此车之利也。古者圣王为大川广谷之不可济，于是利为舟楫，足以将之⑱，则止。虽上者三公、诸侯至，舟楫不易，津人不饰⑲，此舟之利也。

古者圣王制为节葬之法，曰："衣三领⑳，足以朽肉；棺三寸㉑，足以朽骸；堀穴㉒，深不通于泉，流不发泄㉓，则止。"死者既葬，生者毋久丧用哀。

古者人之始生，未有宫室之时㉔，因陵丘堀穴而处焉。圣王虑之，以为堀穴，曰冬可以辟风寒㉕，逮夏，下润湿，上熏烝，恐伤民之气，于是作为宫室而利。然则为宫室之法将奈

---

① 餍：通"厌"。
② 卷：为"倦"。
③ 节用：当为"器用"之误。
④ 轮、车、梓、匠：都是木工。轮：造车轮；车：造车；梓：造器具；匠：造房屋。鞼匏：皮革工。"鞼"为"革"之假借字。"匏"为"鲍"之假借字。陶：制陶器工。冶：铸金属工。
⑤ 交阯：即"交趾"，古地名，指五岭以南的地区。
⑥ 降：当为"际"之形讹。际，连接。幽都：即"幽州"，古十二州之一，今河北、辽宁一带。
⑦ 羹：五味调和的肉汤。胾（zì）：大块的肉。
⑧ 土熘（liù）：古代盛饭的瓦器。
⑨ 啜：喝。土形：即"土铏"，古代盛羹的瓦器。
⑩ 斗：古代酒器。"斗"上脱一字，"酌"下有脱文，不可考。
⑪ 俯仰：俯和仰的仪容。周旋：古代行礼时进退揖让的动作。
⑫ 绀（gàn）：深青带红颜色的帛。緅（zōu）：黑中带红颜色的帛。绀緅之衣：指这两种深色的帛衣。
⑬ 絺（chī）：细葛布。绤（xì）：粗葛布。
⑭ 凊（qìng）：凉。
⑮ 以：拿。
⑯ 甲：皮革制的护身服。
⑰ 兵：为"弁"字之误，通"便"，便利。
⑱ 将：行。
⑲ 舟楫不易，津人不饰：船桨不加更换，掌渡人不加装饰。
⑳ 领：衣领。引申为衣服的件数。
㉑ 三寸：指棺木板的厚度。
㉒ 堀：同"窟"。窟穴，此指墓穴。
㉓ 流：疑当为"气"，指尸体的腐气。
㉔ 宫室：古时房屋的通称。
㉕ 辟：通"避"。

何哉？子墨子言曰："其旁可以圉风寒①，上可以圉雪霜雨露，其中蠲洁可以祭祀②，宫墙足以为男女之别，则止。"诸加费不加民利者，圣王弗为。

公　输③

公输盘为楚造云梯之械④，成，将以攻宋。子墨子闻之，起于齐⑤，行十日十夜而至于郢⑥，见公输盘。

公输盘曰："夫子何命焉为⑦？"子墨子曰："北方有侮臣者⑧，愿藉子杀之⑨。"公输盘不说⑩。子墨子曰："请献十金⑪。"公输盘曰："吾义固不杀人⑫。"子墨子起，再拜曰⑬："请说之。吾从北方闻子为梯，将以攻宋。宋何罪之有⑭？荆国有余于地⑮，而不足于民，杀所不足，而争所有余，不可谓智。宋无罪而攻之，不可谓仁。知而不争⑯，不可谓忠。争而不得，不可谓强。义不杀少而杀众，不可谓知类⑰。"公输盘服。

子墨子曰："然，乎不已乎⑱？"公输盘曰："不可，吾既已言之王矣。"子墨子曰："胡不见我于王⑲？"公输盘曰："诺。"

子墨子见王，曰："今有人于此，舍其文轩⑳，邻有敝舆㉑，而欲窃之；舍其锦绣，邻有短褐㉒，而欲窃之；舍其粱肉㉓，邻有糠糟，而欲窃之。此为何若人㉔？"王曰："必为窃疾矣。"子墨子曰："荆之地，方五千里，宋之地，方五百里，此犹文轩之与敝舆也㉕；荆有

---

① 圉：通"御"，抵挡。

② 蠲：通"涓"，清洁。

③ 本篇记述公输盘制造云梯，准备帮助楚国进攻宋国，墨子从齐国起身，到楚国制止公输盘、楚王准备进攻宋国的故事。全文生动地表现了墨子"兼爱"、"非攻"的主张，从故事中，我们也可以看到墨子不辞辛苦维护正义的品格和机智、果敢的才能。

④ 公输盘：春秋时鲁国著名的巧匠，姓公输，名盘（bān），又写作公输般或公输班，有人说他就是传说中的鲁班。云梯：攻城用的器械，因其高而称为云梯。

⑤ 起于齐：自齐国出发。起：起身，出发。

⑥ 郢：楚国都城，在今湖北省江陵县东南。

⑦ 夫子：古代对男子的尊称，这里是对墨子的尊称。焉为：两个字都是表达疑问语气的句末助词。

⑧ 侮：欺侮。臣：墨子的自我谦称。

⑨ 藉：凭借，依靠。

⑩ 说：同"悦"，高兴，愉快。

⑪ 金：量词，前秦以二十两为一金。

⑫ 义：崇尚仁义。固：本来，从来。

⑬ 再拜：表示郑重的礼节，一拜再拜。

⑭ 何罪之有：有什么罪呢？

⑮ 荆国：楚国的别名。

⑯ 争：同"诤"，直言相劝。

⑰ 类：对事物作类比进而明白它的事理。

⑱ 然：但是。第一个"乎"为"胡"之误。

⑲ 胡：为什么？见：引见。

⑳ 文轩：装饰华美的车。

㉑ 敝舆：破车。

㉒ 褐：粗布衣服。

㉓ 粱肉：指好饭好菜。

㉔ 何若：什么样的。

㉕ 犹……之与……也：好像……同……相比。

云梦，犀兕、麋鹿满之①，江汉之鱼鳖、鼋鼍为天下富②，宋所为无雉兔、狐狸者也，此犹粱肉之与糠糟也；荆有长松、文梓、楩楠、豫章③，宋无长木，此犹锦绣之与短褐也。臣以三事之攻宋也，为与此同类。臣见大王之必伤义而不得。”王曰：“善哉！虽然④，公输盘为我为云梯，必取宋。”

于是见公输盘。子墨子解带为城，以牒为械⑤，公输盘九设攻城之机变，子墨子九距之⑥。公输盘之攻械尽，子墨子之守圉有余⑦。公输盘诎⑧，而曰：“吾知所以距子矣，吾不言。”子墨子亦曰：“吾知子之所以距我，吾不言。”楚王问其故，子墨子曰：“公输子之意，不过欲杀臣，杀臣，宋莫能守，可攻也。然臣之弟子禽滑厘等三百人⑨，已持臣守圉之器，在宋城上而待楚寇矣。虽杀臣，不能绝也⑩。”楚王曰：“善哉！吾请无攻宋矣。”

子墨子归，过宋。天雨，庇其闾中，守闾者不内也⑪。故曰：“治于神者，众人不知其功；争于明者，众人知之。”

学习建议

1. 学习掌握墨子兼爱、非攻、尚贤、尚同、节用、非命等思想主张的实质，并分析在当时的积极意义以及对后世的影响。

2. 在春秋战国时期，以孔子为代表的儒家，和以墨子为代表的墨家，都对当时礼坏乐崩的社会现状表示不满，围绕着如何“救世”的问题，两家展开了“儒墨之争”。了解儒墨两家思想的异同。

3. 延伸阅读篇目：

《所染》、《七患》、《尚同》、《节葬》、《非乐》、《非命》、《非儒》、《贵义》、《经》、《经说》。

---

① 犀兕（sì）：犀，雄性的犀牛，兕，雌性的犀牛。

② 鼋（yuán）：鳖类，俗称“癞头鼋”。鼍（tuó）：鳄鱼。

③ 文梓：梓树。楩：南方木名。豫章：樟树。

④ 虽然：虽然如此。

⑤ 牒：木片。

⑥ 距：通“拒”。

⑦ 守圉：守卫。圉通“御”，抵挡。

⑧ 诎：通“屈”，意思是理屈。

⑨ 禽滑厘：人名，魏国人。

⑩ 虽杀臣，不能绝也：即使杀了我，也不能杀尽（宋国的抵抗者）。

⑪ 内：通“纳”。

孟　子

导读

孟子（约公元前372年—公元前289年）名轲，字子舆，战国时期鲁国邹（今山东邹县）人，是继孔子后的著名儒学大师，被后世尊为“亚圣”。

《孟子》是儒家经典之一。全书共分七章，由孟子及其学生万章共同完成，阐述了孟子的思想主张。性善论是孟子思想的基础和出发点。孟子认为，人与禽兽的根本区别，在于人天生具有多种道德品质的萌芽，具体而言，就是“仁、义、礼、智”四德，“恻隐之心，仁之端也；羞恶之心，义之端也；辞让之心，礼之端也；是非之心，智之端也。”这些善端与生俱来，人人都一样。现实中，人有善有不善，并不是人性本质有差异，而是不善的人不去培养、扩充这“善端”而走向不善。

性善论就是籍此建立以“仁义”为核心的社会伦理。仁是性善的表现，是孟子对孔子“仁”的发挥，实行“仁”，就是义的行为。仁是内在的道德修养，义是对待他人的外在态度。仁义与礼乐相结合，共同缔造出良好的社会秩序，因而由性善而来的仁义礼智，就是要人们服从君臣父子等伦理秩序。孝亲、忠君、尊长同性善一样，都是发自人的内心而非外力强加的。

孟子性善论在政治上的表现，就是实行“仁政”，“尊贤任能”，减免赋税，君主还要善于自我反省，虚怀纳言。推行仁政主要体现在孟子的“民贵君轻”的主张上，“民为贵，社稷次之，君为轻。”

此外，孟子还重视人格的完善，肯定自强不息、勇于进取的精神，要求人要有崇高的气节和品格，推崇战胜苦难、终有作为的人生。

孟子的文章向以雄辩著称。孟子善于运用各种驱诱论敌就范的手法，使辩难对方往往堕入他所设的陷阱之中。加上文辞铺张扬厉，时露尖刻，喜用一连串的排偶句式，所以笔锋咄咄逼人。

孟子以“言近而指远”为“善言”（《尽心下》）。他的文章浅近如话，明白晓畅，而又寓意深远，真正实践了自己的主张。寓言也是孟子常用的手法之一，它们既不似完全虚构，也非历史传说，大概是采自民间故事，具有通俗、诙谐的特点。

《孟子》一书对后代散文的发展影响深远，如贾谊、韩愈、苏洵等著名散文家，他们说理的痛切，感情的激烈，气势的奔放，词锋的锐利，都可看出吸取了《孟子》的长处。

梁惠王上①

『1』孟子见梁惠王②。

王曰："叟！不远千里而来，亦将有以利③吾国乎？"

孟子对曰："王何必曰利？亦有仁义④而已矣。王曰'何以利吾国'，大夫⑤曰'何以利吾家'，士庶人⑥曰'何以利吾身'，上下交征⑦利，而国危矣！万乘之国，弑⑧其君者，必千乘之家；千乘之国，弑其君者，必百乘之家⑨。万取千焉，千取百焉，不为不多矣。苟为后义而先利，不夺不餍⑩。未有仁而遗⑪其亲者也，未有义而后其君者也。王亦曰仁义而已矣，何必曰利？"

『2』孟子见梁惠王，王立于沼上，顾鸿雁麋鹿，曰："贤⑫者亦乐此乎？"

孟子对曰："贤者而后乐此，不贤者虽有此，不乐也。《诗》云⑬：'经始灵台⑭，经之

---

① 《梁惠王》是《孟子》第一篇的篇名。《孟子》篇名的体例和《论语》一样，原无篇名，后人一般取每篇第一章中的前几个字为篇名。《孟子》共七篇，东汉末赵岐为《孟子》作注时，将每篇皆分为上、下，后人从之。《梁惠王》上凡七章，下凡十六章。在《梁惠王》篇里，孟子首章就揭示了全书的主旨：以仁义而不是功利为指导做人、处世、立国、治天下。本篇其后各章的观点如保民而王、定天下于一、不违民时、与民偕乐、独夫民贼可诛等，可以说都是孟子从学术、思想、政治等不同角度对仁义观淋漓尽致的发挥。但需要说明的是，"仁"本是孔子思想的核心。只不过，在孔子思想中，"仁"主要针对君子修养而言；而孟子除了继承和发挥"仁"的这一方面的内涵，更主要、更突出地把"仁"应用于政治方面，从而形成了系统的"仁政"思想。并且"仁政"是孟子最喜欢的话题。

② 梁惠王，战国时魏国国君，僭称王，谥号"惠"，公元前369年至公元前319年在位。即位后八年（公元前362年），从安邑（今山西夏县北）迁都大梁（今河南开封西北），所以叫梁惠王。

③ 利：《说文》："以刀从禾，像用刀割禾之形，本义是镰。"镰刃极薄，异常锋利，以之割禾，十分便利，凡事做起来便利必多益，故又引申为利益、有利于什么等意思。春秋时期，游说之士以"利"诱哓于诸侯之间，如苏秦、张仪之士以"利"见用。

④ 仁义：仁，《说文》："仁，亲也。从仁。"（按：人偶犹言尔我亲密之词，独则无偶，偶则相亲。故其字从人二）。"《庄子·天地》："爱人利物谓之仁。"《国语·周语》："蓄义丰功谓之仁。"《韩非子·诡使》："宽惠行德谓之仁。"义，《说文》："己之威仪也，从我从羊。"通"仪"。《大戴记·四代》："利之本也。"

⑤ 大夫：我国奴隶制时代诸侯国中的官职称呼之一，国君之下，有卿、大夫和士三级，后来成为一般担任官职者的统称。

⑥ 士庶人：士，我国商、西周、春秋时期最低级的贵族阶层。庶人，西周时对奴隶的称呼，后来用以泛指平民百姓。

⑦ 交征：互相争夺、夺取。

⑧ 弑（shì 试）：下杀上，卑杀尊，臣杀君叫弑。

⑨ 万乘、千乘、百乘（shèng 胜）：乘，古代用四匹马拉的一辆兵车叫一乘。诸侯国的大小根据兵车的多少来定，据刘向《战国策·序》说，战国末期的万乘之国有韩、赵、魏（梁）、燕、齐、楚和秦七国，千乘之国有宋、卫、中山以及东周、西周。至于千乘、百乘之家的"家"，是指拥有封邑（也叫采地）的公卿大夫，公卿封邑大，有兵车千乘；大夫封邑小，有兵车百乘。

⑩ 餍（yàn）：《中华大字典》："止"。

⑪ 遗：《说文》："亡也。"引用为离弃。

⑫ 贤：《说文》："多才也，从贝。"引申为德善而有才的人。

⑬ 《诗》云：《诗经》中说。下文所引诗句见《诗经·大雅·文王·之什·灵台》，全诗共四章，文中所引的是前两章。

⑭ 灵台：周代文王台名也，即古人观天象之台。郑玄谓："文王受命而作邑于丰，立灵台。"灵台亦指"灵府"，指心。

营之，庶民攻之，不日成之。经始勿，亟，庶民子来①。王在灵囿，麀鹿攸伏②，麀鹿濯濯③，白鸟鹤鹤④。王在灵沼，於牣⑤鱼跃。文王以民力为台为沼，而民欢乐之，谓其台曰灵台，谓其沼曰灵沼，乐其，有麋鹿鱼鳖。古之人与民偕乐，故能乐也。《汤誓》⑥ 曰：'时日害丧⑦，予及女⑧偕亡。民欲与之偕亡，虽有台池鸟兽，岂能独乐哉？"

『3』梁惠王曰："寡人之于国也，尽心焉耳矣。河内凶，则移其民于河东⑨，移其粟于河内。河东凶亦然。察邻国之政，无如寡人之用心者。邻国之民不加少⑩，寡人之民不加多，何也？"

孟子对曰："王好战，请以战喻。填然鼓之，兵⑪刃既接，弃甲曳兵而走⑫。或百步而后止，或五十步而后止。以五十步笑百步，则何如？"

曰："不可！直⑬不百步耳，是亦走也。"

曰："王如知此，则无望民之多于邻国也。"

"不违农时，谷不可胜⑭食也；数罟不入洿池⑮，鱼鳖不可胜食也；斧斤以时入山林⑯，材木不可胜用也。谷与鱼鳖不可胜食，材木不可胜用，是使民养生丧死无憾⑰也。养生丧死无憾，王道⑱之始也。"

"五亩之宅，树之以桑，五十者可以衣⑲帛矣。鸡豚狗彘之畜⑳，无失其时，七十者可

---

① 庶民子来：子：《说文》："十一月易气动，万物滋。"万物莫灵于人，故而假借为人。文王享有天命，庶民乐其有灵德，在道德的感召下，万众归心，万物滋长，可见道德是人心所向，为天下指归。

② 麀（yōu）鹿伏攸：麀，母鹿。攸，同"所"。伏，安其所处，含有驯服的意思。

③ 濯濯（zhuó）：娱游也，肥胖而光滑的样子。

④ 鹤鹤：《说文》："鸟羽肥泽儿。"羽毛洁白的样子。

⑤ 于牣（wū rèn）：用在句首，赞叹词。牣，《说文》："满也。"

⑥《汤誓》：《尚书》中的一篇，记载商汤伐夏桀的誓师词。这是古代奴隶抱怨夏桀暴虐统治的歌谣，因为夏桀曾狂妄地把自己比做太阳说：'吾有天下，如天之有日。日亡，吾乃亡耳。因此，人们希望太阳快快毁灭，宁愿跟太阳同归于尽，以表达对夏桀的诅咒和怨恨。

⑦ 时日害丧：时，这。日，太阳。害，何；何时。丧，毁灭。意思是："这太阳什么时候毁灭"。

⑧ 予与女：我和你。女，同"汝"，你。

⑨ 河内、河东：这里所指的河内，是黄河北岸，今河南省济源县一带；魏国的河东，是今山西省安邑县一带。

⑩ 加少：加，《说文》："语相譄也。"段注："譄，各本作增，今正。"减少。后文"加多"是增多。

⑪ 兵：指兵器。

⑫ 走：《说文》："徐行曰步，疾行曰趋，疾趋曰走。"这里是指逃跑。

⑬ 直：不过，只是。

⑭ 胜（shèng）：尽；完。不可胜食，就是吃不完。

⑮ 数（shuò）罟（gǔ）不入洿（wū）池：数，细密。罟，鱼网。古代规定鱼网网眼细密度不得小于四寸（约相当于今天的 92 千米）。洿，《说文》："浊水不流也。一曰，窳下也。"通"注"。指低凹之地、地塘等，这里用以修饰"池"，引申为大而深的意思。古人惜生爱生，取之有道，不滥捕鱼类。

⑯ 斧斤以时入山林：斤，《说文》："斫木斧也。"斧中的一种。进山林用斧斤砍伐木材要按一定的时间，古代对伐木时间有规定，如夏禹禁止春三月伐木（《周书·大聚解》）："旦闻禹之禁，春三月山林不登斤，以成草木之长"。《秦律》："春二月，毋敢伐材木山林及壅堤水。"《周礼·山虞》记载："仲冬斩阳木，仲夏斩阴木。"《礼记·王制》说："草木零落，然后入山林。"古人这种珍爱自然、取之有时的做法值得今人效法。

⑰ 憾：恨也。

⑱ 王道：以仁义治天下称为"王道"，与以武力征服天下的"霸道"相反。《书·洪范》："无偏无党，王道荡荡。"

⑲ 衣（yì）：动词，穿。

⑳ 鸡豚（tún）狗彘（zhì）之畜——豚，小猪。彘，猪。全句泛指家禽、家畜。

以食肉矣。百亩之田，勿夺其时，数口之家可以无饥矣。谨庠序之教①，申之以孝悌之义，颁白②者不负戴于道路矣。七十者衣帛食肉，黎民③不饥不寒，然而不王④者，未之有也。”

“狗彘食人食而不知检⑤，涂有饿莩而不知发⑥；人死，则曰：‘非我也，岁也。’是何异于刺人而杀之，曰：‘非我也，兵也。’王无罪岁⑦，斯⑧天下之民至焉。”

『4』梁惠王曰：“寡人愿安承教。”

孟子对曰：“杀人以梃与刃，有以异乎？”

曰：“无以异也。”

“以刃与政，有以异乎？”

曰：“无以异也。”

曰：“庖有肥肉，厩⑨有肥马，民有饥色，野有饿莩，此率兽而食人也。兽相食，且人恶之；为民，父母行政，不免于率兽而食人，恶⑩在其为民父母也？仲尼曰：‘始作俑者⑪，其无后乎！为其象人而用之也。如之何其使斯民饥而死也。”

『5』梁惠王曰：“晋国⑫，天下莫强焉⑬，叟之所知也。及寡人之身，东败于齐，长子死焉⑭；西丧地于秦七百里⑮；南辱于楚⑯。寡人耻之，愿比死者壹洒⑰之，如之何则可？”

---

① 庠序：古代对学校的称呼。《汉书·儒林传序》：“乡里有教，夏曰校，殷曰庠，周曰序。”说明在夏、商、周三个朝代对学校有不同称谓。

② 颁白者：颁，《说文》：“大头也。一曰鬓也。”同“班”。须发半白的老人。

③ 黎民：老百姓。黎，众。黎民即“众民”（见《诗经·大雅·云汉》），一说是因黑发而得名。

④ 王（wàng）：以仁爱之善德成就王业。

⑤ 狗彘食人食而不知检：这是指当权者用百姓种的粮食饲料禽兽。句中之“检”字，《说文》原意为“书署”。有检查、约制之意；又，亦通“敛”，收集、聚拢之意。

⑥ 涂有饿莩（piáo）而不知发：路人有饿死的人而不知打开仓廪救济。涂，《说文》：“水名。”通“途”。莩，饿死者。发，打开。

⑦ 无罪岁：不要归罪于年岁（丰歉）。无，通“毋”。

⑧ 斯：这，像这样。

⑨ 厩（jiù）：马栏。

⑩ 恶（wū）：疑问词，何；怎。

⑪ 始作俑（yǒng）者：开始发起制造土木偶用以殉葬的人。俑，古代用以陪葬的木制或陶制的偶人，机发有似于生人。在以俑陪葬之前，最初是用活人殉葬，后来才逐渐以俑取代活人。孔子谓为“刍灵者善”，谓为“俑者不仁”。赵注：“古之葬者，束草为人，以为从卫，谓之刍灵，略似人形而已。中古易之以俑，则有面目机发，而太似人矣。故孔子恶其不仁，而言其必无后也。”《道德经》云：“天地不仁，以万物为刍狗；圣人不仁，以百姓为刍狗。”说的是天地和圣人慈爱万物和百姓，把万物和百姓视做祭祀或陪葬的刍狗一样，爱其生而不忍其死。其意与本句通。

⑫ 晋国：这里指的是魏国。这是梁惠王自称本国。

⑬ 莫强：没有比它更强；没有强过它的。

⑭ 东败于齐，长子死焉：指公元前341年（周显王二十八年）的马陵（在今河北大名东南，一说在今山东莘县西南）之战。魏攻伐韩，韩向齐求救，齐以田忌为大将，孙膑为军师，起兵伐魏救韩。齐用孙膑计，以逐日减灶的策略，制造齐军大量逃亡的假象迷惑敌人，诱敌追击。待魏军追到马陵险要地区，齐军包围魏军，万弩齐发，歼灭魏军十万，擒魏将庞涓（一说庞涓是在桂陵之役被俘），并俘虏魏太子申。从此魏国国势渐衰。

⑮ 西丧地于秦七百里：在马陵之战以后，秦屡败魏国，迫使魏国献出河西之地与上郡十五个县，约七百里之地。

⑯ 南辱于楚：指公元前324年（魏惠王后元十一年）被楚将昭阳击败于襄陵（今河南睢阳县西），魏国又失去八邑。

⑰ 愿比（bì）死者壹洒之：希望替全体死难者报仇雪恨。比，《说文》：“密也。二人为从，百从为比。”引用为“代”。壹洒，一雪此恨。洒，《说文》：“涤也。”

孟子对曰："地方百里①而可以王。王如施仁政于民，省刑罚，薄税敛，深耕易耨②；壮者以暇日修其孝悌③忠信④，入以事其父兄，出以事其长上，可使制梃以挞秦楚之坚甲利兵矣。"

"彼夺其民时，使不得耕耨以养其父母。父母冻饿，兄弟妻子离散。彼陷溺其民，王往而征之，夫谁与王敌？故曰：'仁者无敌⑤。王请勿疑！"

『6』孟子见梁襄王⑥，出，语⑦人曰："望之不似人君，就之而不见所畏焉。卒然⑧问曰：'天下恶乎定？'

"吾对曰：'定于一⑨。'

"'孰能一之？'

"'对曰：'不嗜杀人者能一之。'

"'孰能与之？'

"对曰：'天下莫不与也。王知夫苗乎！七八月⑩之间旱，则苗槁矣。天油然作云，沛然下雨，则苗浡然兴之⑪矣。其如是，孰能御之？今夫天下之人牧⑫，未有不嗜杀人者也。如有不嗜杀人者，则天下之民皆引领而望之矣。诚如是也，民归之，由水之就下⑬，沛然谁能御之。'"

『7』齐宣王⑭问曰："齐桓、晋文⑮之事可得闻乎？"

孟子对曰："仲尼之徒无道桓、文之事者，是以后世无传焉，臣未之闻也。无以⑯则王⑰乎？"

---

① 地方百里：方圆百里的国土。

② 易耨：耘苗也。耘苗令简易也。

③ 孝悌：善事父母为孝，善事兄长为悌。

④ 忠信：《说文》："忠，敬也。"无私不二、竭诚敬上谓之忠。《说文》："信，诚也。"明知不欺、保礼固德谓之信。

⑤ 仁者无敌：真正有仁德的人，爱物无类，慈悲而没有分别。仁德者化怨为亲，化敌为友，善待怨亲债主，化解一切矛盾、纠纷和仇恨，故没有对立面，没有敌对者。

⑥ 梁襄王：名嗣，梁惠王的儿子。公元前318年至公元前296年在位。

⑦ 语（yù）：动词，告诉。

⑧ 卒（cù）然：卒，同"猝"。突然。

⑨ 一：《易·击辞下》："天下之动，贞夫一者也"。《说文·一部》："一，惟初太始，道立于一，造分天地，化成万物。"《淮南子·诠言》："一也者，万物之本也。"《道德经》云："道生一，一生二，二生三，三生万物。"一指万物之本，天地之源。

⑩ 七八月：指的是周代历法，约相当于夏历五六月。

⑪ 浡（bó）然兴之：浡，《尔雅·释诂》："作也"。《广雅·释诂》："盛也。"兴起而茂也。

⑫ 人牧：牧，《说文》："养牛人也。"《周礼·周祝》："为天下者用牧。"《易·谦》："卑以自牧也。"《道德经》云："执一为天下牧。"能够定于一、执于一，把握天地造物的自然法则，则可以长养天下万物。牧有治理、生养之意，人牧引用为百姓的治理者，指国君。

⑬ 由：同"犹"，好像；仿佛。水：《道德经》云："上善治水，水善利万物而有静，居众之所恶，故几于道矣。"言水处下不争、润物利生的善德。下：《易·屯》："以贵下贱，大得民也。"谦恭卑下的意思。

⑭ 齐宣王：姓田，名辟疆。齐威王之子，约公元前319年至公元前301年在位。

⑮ 齐桓、晋文：齐桓公，春秋时齐国国君，姓姜，名小白。公元前685至前643年在位，是春秋时第一个霸主。晋文公，春秋时晋国国君，姓姬，名重耳，公元前636至前628年在位。是春秋五霸之一。

⑯ 无以：以，同"已"，止。

⑰ 王（wàng）：《说文》："王，天下所归往也。"汉董仲舒说："古之造字者，三画而连其中谓之王。三者，天、地、人也。而通参之者，王也。"孔子说："一贯三为王。"

曰："德①何如则可以王矣？"

曰："保②民而王，莫之能御也。"

曰："若寡人者，可以保民乎哉？"

曰："可。"

曰："何由知吾可也？"

曰："臣闻之胡龁③曰，王坐于堂上，有牵牛而过堂下者，王见之，曰：'牛何之？'对曰：'将以衅钟④。'王曰：'舍之！吾不忍其觳觫⑤，若无罪而就死地。'对曰：'然则废衅钟与？'曰：'何可废也？以羊易之！'不识有诸？"

曰："有之。"

曰："是心足以王矣。百姓皆以王为爱⑥，臣固知王之不忍也。"

王曰："然。诚有百姓者。齐国虽褊⑦小，吾何爱一牛？即不忍其觳觫，若无罪而就死地，故以羊易之也。"

曰："王无异⑧于百姓之以王为爱⑨也。以小易大，彼恶知之。王若隐⑩其无罪而就死地，则牛羊何择焉？"

王笑曰："是诚何心哉！我非爱其财而易之以羊也。宜乎百姓之谓我爱也。"

曰："无伤也，是乃仁术也，见牛未见羊也。君子之于禽兽也，见其生，不忍见其死；闻其声，不忍食其肉。是以君子远庖厨⑪也。"

王说⑫，曰："《诗》云：'他人有心⑬，予忖度⑭之。'夫子之谓也。夫我乃行之，反而求之，不得吾心。夫子言之，于我心有戚戚⑮焉。此心之所以合于王者，何也？"

曰："有复于王者曰：'吾力足以举百钧⑯而不足以举一羽；明足以察秋毫之末⑰而不见舆薪。则王许⑱之乎？"

---

① 德：《书·蔡仲之命》："皇天无亲，惟德是辅。"指有道者的善行和品节。《广雅·释诂》："德，得也。"《庄子·天地》："通于天地者德也。"《管子·心术》："化育万物谓之德。"《说文》："阴阳交通谓之德。"

② 保：《说文》："保，养也。"《殷虚文字记》："负子于背谓之保。"引申为养之意。

③ 胡龁（hé）：人名，齐王左右的近臣。

④ 衅（xìn）钟：新钟铸成，杀牲取血涂抹钟的孔隙，用以祭祀，叫"衅钟"。按古代礼仪，当国家某件新器物以及宗庙开始使用时，都要宰牲取血祭它。

⑤ 觳觫（hú sù）：因恐惧而战栗的样子。

⑥ 爱：此指吝啬之意。

⑦ 褊（biǎn）：狭小。

⑧ 无异：莫怪；不要责怪。

⑨ 爱：吝啬。

⑩ 隐：疼爱；可怜。

⑪ 庖厨：《说文》："裹肉曰庖，庖房曰厨。"

⑫ 说（yuè）：同"悦"，高兴；喜悦。

⑬ 心：《黄帝内经·灵枢》曰："心者，五脏六腑之大主也，精神之所舍也，其脏坚固，邪弗能容也。""神气舍心，魂魄毕具，乃成为人。""心藏神，肺藏魄，肝藏魂，脾藏意，肾藏精志也。"

⑭ 忖度（cǔn duó）：《尔雅·释诂上》："度，谋也。"忖度，揣测。

⑮ 戚戚：内心激动的样子。

⑯ 钧：古代重量词。一钧为三十斤，百钧约三千斤。

⑰ 秋毫之末：指细微难见之物。原意是象秋天的细毛（有鸟尾毛、兽毛以至禾穗上的白毛等解释）一样细微的东西。

⑱ 许：《说文》："听言也。"引用为信。

曰："否。"

"今恩足以及禽兽，而功不至于百姓者，独何与？然则一羽之不举，为不用力焉；舆薪之不见，为不用明焉；百姓之不见保，为不用恩焉。故王之不王，不为也，非不能也。"

曰："不为者与不能者之形①何以异？"

曰："挟太山以超北海②，语人曰'我不能'，是诚不能也。为长者折枝③，语人曰'我不能'，是不为也，非不能也。故王之不王，非挟太山以超北海之类也；王之不王，是折枝之类也。"

"老吾老，以及人之老；幼吾幼，以及人之幼④。天下可运于掌⑤。《诗》云：'刑于寡妻，至于兄弟，以御于家邦⑥。言举斯心加诸彼而已。故推恩足以保四海，不推恩无以保妻子。古之人所以大过人者，无他焉，善推其所为而已矣。今恩足以及禽兽，而功不至于百姓者，独何与？"

"权，然后知轻重；度，然后知长短。物皆然，心为甚。王请度之！抑王兴甲兵，危士臣，构怨⑦于诸侯，然后快于心与？"

王曰："否！吾何快于是？将以求吾所大欲也。"

曰："王之所大欲，可得闻与？"

王笑而不言。

曰："为肥甘不足于口与？轻暖不足于体与？抑为采色不足视于目与？声音不足听于耳与？便嬖⑧不足使令于前与？王之诸臣，皆足以供之，而王岂为是哉？"

曰："否！吾不为是也。"

曰："然则王之所大欲可知已。欲辟⑨土地，朝秦楚⑩，莅⑪中国而抚四夷也。以若所为，求若所欲⑫，犹缘木而求鱼也。"

王曰："若是其甚与？"

曰："殆⑬有甚焉。缘木求鱼，虽不得鱼，无后灾；以若所为，求若所欲，尽心力而为之，后必有灾。"

曰："可得闻与？"

---

① 形：状况。

② 挟太山以超北海：挟，《说文》："俾持也。"段注："谓俾夹而持之也"，"谓藏匿之持，如今人言怀挟也"。超，《说文》："跳也。"挟着太山而跳越北海。太山，即泰山，在山东省。北海，即渤海。

③ 为长者折枝：存在多种解释，如：奉年长者之命而攀折草木之花枝；对长者致敬意而弯腰折肢；替年长者按摩筋骨四肢等等。《说文通训定声·解字》："枝，假借为肢。"《荀子·儒效》："行礼要节而安之，若生四枝。"

④ 老吾老，以及人之老，幼吾幼，以及人之幼：两句中的第一个"老"字和第一个"幼"字，都是动词。老，敬爱。幼，抚爱。

⑤ 运于掌：在手心里运转，比喻治理天下很容易。

⑥ 刑于寡妻，至于兄弟，以御于家邦：刑，《说文》："刭也。"同"型"，树立道德榜样，以身作则。寡妻，国君的正妻。御，治理。家邦，国家。这是《诗经·大雅·文王之什·思齐篇》中第二章（全篇共五章）里的诗句。

⑦ 构怨：结成仇恨。

⑧ 便嬖（piān bì）：《说文》："便嬖，爱也。"指国君左右被亲近宠幸的人。

⑨ 辟：《说文》："法也。从口，用法者也。"引用为开也。

⑩ 朝秦楚：使秦、楚等国来朝贡。

⑪ 莅（lì）：按经典作莅临。莅中国，指齐王想君临诸侯国之上。

⑫ 以若所为，求若所欲：凭你的所作所为，去追求的你的欲望。若，人称代词，你。

⑬ 殆（dài）：《说文》："危也。"引用为庶几也。恐怕；可能；或许。

曰："邹人与楚人①战，则王以为孰胜？"

曰："楚人胜。"

曰："然则小固不可以敌大，寡固不可以敌众，弱固不可以敌强。海内之地，方千里者九，齐集有其一，以一服八，何以异于邹敌楚哉？盖②亦反其本矣。今王发政施仁，使天下仕者皆欲立于王之朝，耕者皆欲耕于王之野，商贾皆欲藏于王之市，行旅皆欲出于王之涂，天下之欲疾其君者，皆欲赴愬③于王。其若是，孰能御之？"

王曰："吾惛④，不能进于是矣。愿夫子辅吾志，明以教我。我虽不敏，请尝试之。"

曰："无恒产而有恒心⑤者，惟士为能。若民，则无恒产，因无恒心。苟无恒心，放辟邪侈⑥，无不为已。及陷于罪，然后从而刑之，是罔民⑦也。焉有仁人在位，罔民而可为也？是故明君制民之产，必使仰足以事父母，俯足以畜妻子，乐岁终身饱，凶年免于死亡。然后驱而之善，故民之从之也轻⑧。"

"今也制民之产，仰不足以事父母，俯不足以畜妻子；乐岁终身苦，凶年不免于死亡。此惟救死而恐不赡⑨，奚⑩暇治礼义哉！"

"王欲行之，则盍⑪反其本矣。五亩之宅，树之以桑，五十者可以衣帛矣。鸡豚狗彘之畜，无失其时，七十者可以食肉矣。百亩之田，勿夺其时，八口之家可以无饥矣。谨庠序之教，申之以孝悌之义，颁白者不负戴于道路矣。老者衣帛食肉，黎民不饥不寒，然而不王者，未之有也。"

梁惠王下

『8』庄暴⑫见孟子，曰："暴见于王⑬，王语暴以好乐，暴未有以对也。"曰："好乐⑭何如？"

孟子曰："王之好乐甚，则齐国其庶几⑮乎！"

---

① 邹人与楚人：邹，指当时的邾国，国土很小，首都在今山东邹县东南的邾城。楚，春秋和战国时期的大国。

② 盖：同"盍"。何不；为什么不。

③ 愬（sù）：通"诉"，控告。

④ 惛（hūn）：《说文》："不也。"不谓心不明。

⑤ 无恒产而有恒心：恒，长；久。恒产，可赖以安身立命的产业，如土地、田园、牲畜、林木之类。恒心，安贫乐道的善心。

⑥ 放辟邪侈：放，放荡。辟，同"僻"，与"邪"同义，指歪门邪道。侈，放纵挥霍。不守法度、越出常轨的行为叫"放辟邪侈"。

⑦ 罔民：坑害百姓。罔，同"网"，作动词用，含用张开网罗捕捉之意。

⑧ 轻：容、轻易。

⑨ 赡（shàn）：《说文新附》："给也。"引申为足够；充足。不赡，不足；不及。

⑩ 奚（xī）：疑问词，何；哪有；怎么。

⑪ 盍：何不。

⑫ 暴：齐国大臣。

⑬ 见（xiàn）于王：被齐王召见或朝见齐王。

⑭ 乐（luò）：《说文》："五声八音总名。"《易》曰："雷出地奋豫，先王以作乐崇德。"《礼记·乐记》："先王之所以饰喜也""天地之和""德之华也"。可见，古代的乐是为了身心合德而作。音乐是道德感情的心声，也是回归天地万物和谐境界的途径。

⑮ 庶几：差不多。朱熹《集注》云："近辞也，言近于。"

他日，见于王曰：“王尝语庄子以好乐，有诸？”

王变乎色①，曰：“寡人非能好先王之乐也，直②好世俗之乐耳。”

曰：“王之好乐甚，则齐其庶几乎！今之乐犹古之乐也。”

曰：“可得闻与？”

曰：“独乐乐③，与人乐乐，孰乐？”

曰：“不若与人。”

曰：“与少乐乐，与众乐乐，孰乐？”

曰：“不若与众。”

“臣请为王言乐。今王鼓乐千此，百姓闻王钟鼓之声、管龠④之音，举⑤疾首蹙颏而相告曰：‘吾王之好鼓乐，夫何使我至于此极⑥也？父子不相见，兄弟妻子离散。’今王田猎于此，百姓闻王车马之音，见羽旄之美，举⑦疾首蹙颏而相告曰：‘吾王之好田猎，夫何使我至于此极也？父子不相见，兄弟妻子离散。’此无他，不与民同乐也。

“今王鼓乐于此，百姓闻王钟鼓之声、管龠之音，举欣欣然有喜色而相告曰：‘吾王庶几无疾病与，何以能鼓乐也？’今王田猎⑧于此，百姓闻王车马之音，见羽旄⑨之美，举欣欣然有喜色而相告曰：‘吾王庶几无疾病与，何以能田猎也？此无他，与民同乐也。今王与百姓同乐，则王矣！”

『9』齐宣王问曰：“文王⑩之囿方七十里，有诸？”

孟子对曰：“于传⑪有之。”

曰：“若是其大乎？”

曰：“民犹以为小也！”

曰：“寡人之囿方四十里，民犹以为大，何也？”

曰：“文王之囿方七十里，刍荛者⑫往焉，雉兔者⑬往焉，与民同之。

---

① 变乎色：改变了脸色。朱熹《集注》云：“变色者，惭其好之不正也。”赵注则说是宣王恼怒庄暴把他“好乐”的事告诉孟子。

② 直：不过、仅仅。

③ 独乐乐：独自一人娱乐的快乐。前一个“乐（yào 药）”作动词用，以下几句类似的句子同。

④ 管龠（yuè）：赵岐注云：“管，笙；龠，箫。”笙是一种簧管乐器，在商代的甲骨文中已有记载；这里的箫是指排箫，与现在所称类似笛的箫不同。

⑤ 举：皆、都。

⑥ 疾首蹙颏（cù è）：疾，《说文》：“病也。”蹙，《说文新附》：“迫也。”引申为聚也。赵岐注云：“疾首，头痛也；蹙，愁貌。”王夫之《四书稗疏》云：“疾首者蓬头不理，低垂丧气，若病之容耳。”颏，《说文》：“鼻茎也。”

⑦ 极：《说文》：“栋也。”《通训定声》按：在屋之正中至高处。引申为极致，极端。

⑧ 田猎：在野外打猎。在春秋战国时代，这是一项带有军事训练性质的活动。由于它要发动百姓驱赶野兽，各级地方官员都要准备物资和亲自参与，所以古人主张应该在农闲时候有节制地举行，以免扰乱正常的主产秩序。

⑨ 旄：旄，《说文》：“幢也。”通“毛”。古代用牦尾装饰的旗子，这种旗子为前军所持，故曰“前旄”。

⑩ 文王：指周文王。

⑪ 传（zhuàn）：解释经文的书，泛指古代史籍，此指文献记载。

⑫ 刍荛（ráo）者：刍，草也；荛，薪也。泛指取柴火者。

⑬ 雉兔者：雉，《说文》谓“有十四种”，野鸡也。雉兔泛指捕猎禽兽的人。

民以为小，不亦宜乎？臣始至于境，问国之大禁①然后敢入。臣闻郊关之内②，有囿方四十里，杀其麋鹿者，如杀人之罪，则是方四十里为阱③于国中。民以为大，不亦宜乎？”

『10』齐宣王问曰：“交邻国有道乎？”

孟子对曰：“有。惟仁者为能以大事小，是故汤事葛④，文王事昆夷⑤；惟智者为能以小事大，故大王事獯鬻⑥，勾践事吴⑦。以大事小者，乐天者也；以小事大者，畏天者也。乐天⑧者保天下，畏天⑨者保其国。《诗》云⑩：‘畏天之威，于时⑪保之。”

王曰：“大哉言矣！寡人有疾，寡人好勇。”

对曰：“王请无好小勇⑫。夫抚剑疾视⑬曰，‘彼恶敢当我哉！此匹夫之勇，敌一人者也。王请大，之！《诗》云⑭：‘王赫⑮斯怒，爰⑯整其旅⑰，以遏⑱徂莒⑲，以笃⑳周祜㉑，以对㉒于天下。此文王之勇也。文王一怒而安天下之民。”

---

① 大禁：禁，《说文》：“吉凶之忌也。”入国问禁本是一般的礼节，但孟子此处的意思是齐国的禁忌特别多和严，必须问明才敢进入。

② 郊关之内：郊是国都之外的近郊，关是边境上的关卡，此处是指国境之内。

③ 阱：《说文》：“陷也。”

④ 以大事小，是故汤事葛：汤是殷商的开国君主，葛是夏末的诸侯国，其故地在今河南宁陵县（一说在今葵丘县东北）。“汤事葛”的事，详见《滕文公下》。《道德经》云：“大邦者下流”“大邦以下小邦，则取小邦”“故大邦者，不过欲兼畜人”。其意说，为大国者理应谦逊处下而宽容为小国者，如江海之处下而纳百川。与此句理同。

⑤ 文王事昆夷：昆夷亦作“混夷”，是当时在周族西北边境活动的少数民族。焦循《正义》引《帝王世纪》称，文王时昆夷曾侵犯周国，“一日三至周之东门，文王闭门修德而不与战”“周为之困如此，文王虽不绝愠怒，然且使聘问而不废交邻之礼”。

⑥ 惟智者为能以小事大，故大王事獯鬻（xūn yù 熏玉）：大王亦作“太王”，指周的先祖古公亶父；獯鬻亦作“薰育”，是当时北方的少数民族。据《史记·周本纪》记载，周族原居住在豳，屡遭獯鬻的侵扰，古公亶父遂带领族人迁移到歧下。《道德经》云：“小邦以下大邦，则取大邦”“小邦者，不过欲入事人”。其意说，作为小国当谨慎地侍奉大国，敬畏大国而保全自己。

⑦ 勾践事吴：勾践即春秋末年越国的国君勾践，吴国是在今江苏、安徽、浙江一带的诸侯国，春秋末年，吴越两国经常相战，前494年越国被吴打败，越王勾践以屈服求和来争取机会，刻苦图强，最后终于在公元前473年攻灭吴国（详见《史记·越王勾践世家》）。

⑧ 乐天：自然合乎天道，顺乎天命。唯天道是从，施行道德，则天地泰和，人民康乐，万物自安。

⑨ 畏天：畏字古文鬼头而虎爪，恶也。畏天，意为明礼而自我约束，修德而敬畏天道。

⑩ 《诗》云：此处的诗句引自《诗·周颂·我将》，这是一首祭祀周文王的颂歌。

⑪ 于时：于，《说文》：“于也。于者，古文鸟也。于，象气之舒，其气平也。”

⑫ 小勇：勇，《说文》：“气也。”段注：“力者筋也，勇者气也。气之所至，力亦至焉。故古文勇从心。”朱熹《集注》云：“小勇，血气所为；大勇，义理所发。”

⑬ 疾视：朱熹《集注》云：“怒目而视也。”

⑭ 《诗》云：此处的诗句引自《诗·大雅·皇矣》，这是一首歌颂周先祖功业的诗歌。

⑮ 赫：《说文》：“火赤儿。”怒意。

⑯ 爰：发语词，无义。

⑰ 整其旅：整顿军队。

⑱ 遏：《说文》：“微止也。”遏止、制止。

⑲ 徂莒：徂《说文》：“往也。”莒，通“旅”。此处指犯疆的敌军。

⑳ 笃：《说文》：“马行顿迟也。”段注：“古假借笃为竺字。竺，厚也。”

㉑ 祜（hù）：《尔雅·释诂》：“福也”。

㉒ 以对于天下：朱熹《集注》云：“对，答也，以答天下仰望之心也。”

《书》曰①：‘天降下民，作之君，作之师。惟曰其助上帝，宠之四方②。有罪无罪惟我在，天下曷敢有越厥③志？’一人衡行④于天下，武王⑤耻之。此武王之勇也。而武王亦一怒而安天下之民。今王亦一怒而安天下之民，民惟恐王之不好勇也。”

『11』齐宣王见孟子于雪宫⑥，王曰：“贤者亦有此乐乎？”

孟子对曰：“有⑦。人不得，则非⑧其上矣，不得而非其上者非也，为民上而不与民同乐者，亦非也。乐民之乐者，民亦乐其乐；忧民之忧者，民亦忧其忧。乐以天下，忧以天下，然而不王者，未之有也。”

“昔者齐景公⑨，问于晏，子⑩曰：‘吾欲观⑪于转附、朝儛⑫，遵⑬海而南放于琅邪⑭。吾何修⑮而可以比于先王观也？晏子对曰：‘善哉问也！天子适诸侯曰巡狩，巡狩者巡所守也；诸侯朝于天子曰述职，述职者述所⑯职也。无非事者⑰，春省耕⑱而补不足，秋省敛而助不给。夏谚⑲曰：“吾王不游，吾何以休⑳，吾王不豫㉑，吾何以助一游一豫，为诸侯度㉒。”今也不然，师行而粮食㉓，饥者弗食，劳者弗息。睊睊胥谗㉔，民乃作慝。方命㉕虐民，饮食若流，流连荒亡，为诸侯忧。从流下而忘反㉖谓之流，从流上㉗而忘反谓之连，从兽无厌㉘谓之荒，乐酒无厌谓之亡。先王无流连之乐，荒亡之行，惟君所行也。’景公悦，

---

① 《书》曰：赵注云：“《书》，《尚书》逸篇也。”后来的伪古文《尚书》将其采入《泰誓》。

② 惟曰其助上帝，宠之四方：惟曰，发语词，无义。宠之四方，《尚书·泰誓》作“宠绥四方”，孔注云：“当能助天宠安天下。”

③ 越厥：越，《说文》：“度也。”过度，违背。厥，同“其”，代词。

④ 衡行：同“横行”，朱熹《集注》云：“谓作乱也。”

⑤ 武王：西周的开国君主，在他的统治时期，周攻灭了殷商而成为天下诸侯的共主。

⑥ 雪宫：赵注云：“离宫之名也，宫中有苑囿台池之饰、禽兽之饶。”

⑦ 有：赵注将此字连下读，作“有人不得”，云：“人有不得志者也。”

⑧ 非：《说文》：“韦也。”段注：“韦，各本作违，今正。违者，离也；韦者，相背也。”

⑨ 齐景公：春秋时齐国国君，齐庄公的异母弟，公元前547至公元前490年在位。

⑩ 晏子：齐国大臣，名婴，字平仲。现在所传的《晏子春秋》虽系后人托名而撰，但亦保留了他的许多言行。

⑪ 观：《说文》：“谛视也。”引申为巡游。

⑫ 转附、朝儛：赵注：“皆山名也。”转附，旧说即山东的琅邪山。朝儛，旧说即山东荣成东北的成山角。

⑬ 遵：《说文》：“循也。”

⑭ 放于琅邪：放，《说文》：“逐也。”引申为至也。琅邪，邑名。赵注云：“齐东南境上邑也。”

⑮ 何修：《说文》：“修，饰也。”何修，怎么样的德性修为。

⑯ 述所职：朱熹《集注》云：“陈其所受之职也。”

⑰ 无非事者：赵注云：“无非事而空行者。”

⑱ 省：《说文》：“视也。”

⑲ 夏谚：夏禹之时民之谚语也。

⑳ 休：《说文》：“息止也。从人依木。”像人息木阴，意为休养生息。

㉑ 豫：《说文》：“象之大者。贾侍中说，不害于物。”引申为游。

㉒ 度：《说文》：“法制也。”

㉓ 粮食：此处后面的“食”作动词用，赵注云：“运转粮食而食之。”

㉔ 睊睊（juān）胥谗：侧目相视。胥，齐、皆。谗，抱怨。

㉕ 方命：朱熹《集注》云：“方，逆也；命，王命也。”赵注以“方”同“放”，云：“放弃不用先王之命。”

㉖ 反：同“返”。

㉗ 从流上：朱熹《集注》云：“谓挽舟逆水而上。”

㉘ 从兽无厌：赵注云：“若羿之好田猎无有厌极，以亡其身，故谓之荒乱也。”在此，厌作厌倦、满足或有节制解。《道德经》云：“驰骋田猎，令人心发狂。”与此意同。

大戒①于国，出舍②于郊，于是始兴发，补不足，召大师③曰：‘为我作君臣相说之乐。’盖《徵招》、《角招》④ 是也。其诗曰：‘畜⑤君何尤⑥？’畜君者，好君也。”

『12』齐宣王问曰：“人皆谓我毁明堂⑦，毁诸，已乎⑧？”

孟子对曰：“夫明堂者，王者之堂也。王欲行王政，则勿毁之矣。”

王曰：“王政可得闻与？”

对曰：“昔者文王之治岐也，耕者九一，仕者世禄⑨，关市讥⑩而不征，泽梁⑪无禁，罪人不孥⑫。老而无妻曰鳏，老而无夫曰寡，老而无子曰独，幼而无父曰孤。此四者，天下之穷民而无告者。文王发政施仁，必先斯四者。《诗》云⑬：‘哿⑭矣富人，哀此茕⑮独。’”

王曰：“善哉言乎！”

曰：“王如善之，则何为不行？”

王曰：“寡人有疾，寡人好货。”

对曰：“昔者公刘⑯好货。《诗》云⑰：‘乃积乃仓，乃裹糇粮⑱，于橐于囊⑲，思戢用光⑳。弓矢斯张㉑，干戈戚扬㉒，爰方启行㉓。’故居者有积仓，行者有裹粮也，然后可以爰方启行。王如好货，与百姓同之，于王何有？”

王曰：“寡人有疾，寡人好色。”

---

① 戒：《说文》：“警。”焦循《正义》云：“谓预备补助之事。”

② 出舍于郊：朱熹《集注》云：“自责以省民也。”

③ 大师：即太师，管理乐工的官员。焦循《正义》谓“大师，乐工之长，非乐官之长”。

④ 《徵招》、《角招》：赵注云：“所作乐章名也。”焦循《正义》云：“古人以声名调，若孟子言《征招》、《角招》，师旷言《清商》、《清征》、《清角》，皆是调名。”

⑤ 畜：《说文》：“畜，养起于微也。”指爱养顺孝的意思。

⑥ 尤：《说文》：“异也。”引申为过错。

⑦ 明堂：赵注云：“谓泰山下明堂，本周天子东巡狩朝诸侯之处也。”至汉代还有遗址。

⑧ 已：止。

⑨ 仕者世禄：仕，《说文》：“学也。”段注：“训仕为入官。此今义也。古义宦训仕，仕训学。”任职者的子孙世代承袭其俸禄。

⑩ 讥：朱熹《集注》云：“察也。关市之吏，察异服异言之人而不征商贾之税也。”

⑪ 梁：截流捕鱼。《礼记·王制》：“渔人入泽梁”，郑玄注：“梁，绝水取鱼者。”

⑫ 孥：妻子儿女，此作动词用，指连及家属。

⑬ 《诗》云：此处待句引自《诗·小雅·正月》。

⑭ 哿：同“可”。

⑮ 茕（qióng）：孤单。

⑯ 公刘：周族的先祖，传说是后稷的曾孙。“公”是称号，“刘”是名。他在夏代未年率领周族迁徒到豳，开荒安居，使周族得以繁衍。

⑰ 《诗》云：此处诗句引自《诗·大雅·公刘》，这是歌颂公刘功绩的诗篇。

⑱ 糇（hóu）：干粮。

⑲ 橐、囊：概指装东西的器具，朱熹《集注》云：“无底曰橐，有底曰囊，皆所以盛糇粮也。”

⑳ 思戢用光：戢，《说文》：“藏兵也。”段注：“聚而藏之也”。朱熹《集注》云：“戢，安集也。言思安集其民人，以光大其国家也。”

㉑ 弓矢斯张：《毛传》云：“张其弓矢。”

㉒ 干戈戚扬：干是盾牌，戚是大斧，扬是钺（形似大斧）。

㉓ 爰方启行：朱熹《集注》云：“爰，于也。启行，谓往迁于豳也。”

对曰：“昔者太王好色，爱厥妃。《诗》云①：‘古公亶父，来朝②走马③，率④西水浒⑤，至于岐下。爰及姜女⑥，聿⑦来胥宇。’当是时也，内无怨女⑧，外无旷夫。王如好色，与百姓同之，于王何有？”

『13』孟子谓齐宣王曰：“王之臣有托⑨其妻子于其友，而之楚游者，比⑩其反也，则冻馁其妻子，则如之何？”

王曰：“弃之。”

曰：“士师⑪不能治士，则如之何？”

王曰：“已之。”

曰：“四境之内不治，则如之何？”

王顾左右而言他⑫。

『14』孟子见齐宣王，曰：“所谓故国者，非谓有乔⑬木之谓也，有世臣⑭之谓也。王无亲臣矣，昔者所进，今日不知其亡⑮也。”

王曰：“吾何以识其不才而舍之？”

曰：“国君进贤，如不得已，将使卑逾尊、疏逾戚，可不慎与⑯？左右皆曰贤，未可也；诸大夫皆曰贤，未可也；国人⑰皆曰贤，然后察之，见贤焉，然后用之。左右皆曰不可，勿听；诸大夫皆曰不可，勿听；国人皆曰不可，然后察之，见不可焉然后去之。左右皆曰可杀，勿听；诸大夫皆曰可杀，勿听；国人皆曰可杀，然后察之，见可杀焉，然后杀之，故曰国人杀之也。如此，然后可以为民父母。”

---

① 《诗》云：此处诗句引自《诗·大雅·绵》，这是一首颂扬周族兴起业绩的诗歌。

② 来朝：次日清晨。

③ 走马：马跑得很快。此句描写古公亶父躲避獯鬻的行动迅速。

④ 率：循、沿着。

⑤ 浒：水边。

⑥ 姜女：古公亶父的妻子太姜。

⑦ 聿：发语词，无义。一说是亲自的意思；赵注则释为“率”，意为与妻子太姜一同来。

⑧ 怨女：已到婚龄而没有合适配偶的女子，下句的“旷夫”则指与此情况类似的男子。

⑨ 托：《说文》：“寄也。”

⑩ 比：及至、等到。

⑪ 士师：朱熹《集注》云：“狱官也。其属有乡士、遂士之官，士师皆当治之。”按朱熹是据《周礼》而释，但周礼并非是实际官制的记录，因为“士”是当时低级官员的统称，故此处的“士师”还是看作一般意义上的长官。

⑫ 王顾左右而言他：顾，《说文》：“远视也。”段注：“回首曰顾。”修养德性，难在从我做起，从心修起，难在涤除自己的私心私欲，难在严以律己，知行合一。齐宣王知而不行，今人也都好论人非，而不肯自警而修德。

⑬ 乔：赵注云：“高也。”

⑭ 世臣：朱熹《集注》云：“累世勋旧之臣，与国同休戚者也。”

⑮ 不知其亡：不知，犹言不恤。亡，指离君出走。

⑯ 可不慎与：《说文》：“谨也。”段注：“未有不诚而能谨者，故其字从真。”朱熹《集注》云：“盖尊尊亲亲，礼之常也，然或尊者、亲者未必贤，则必进疏远之贤而用之。是使卑者逾尊、疏者逾戚，非礼之常也，故不可不谨也。”

⑰ 国人：当时对居住于国都之人的通称，这里指天下的百姓。《道德经》云：“圣人无恒心，以百姓心为心。”大意与文中孟子以为仁德之治凡事都要尊重国人的意见相似。

『15』齐宣王问曰："汤放桀①，武王伐纣②，有诸?"

孟子对曰："于传有之。"

曰："臣弑其君③，可乎?"

曰："贼④仁者谓之贼，贼义者谓之残，残贼之人谓之一夫⑤。闻诛⑥一夫纣矣，未闻弑君也。"

『17』齐人伐燕⑦，胜之。宣王问曰："或谓寡人勿取，或谓寡人取之。以万乘之国伐万乘之国，五旬而举之，人力不至于此。不取，必有天殃⑧。取之，何如?"

孟子对曰："取之而燕民悦，则取之。古之人有行之者，武王是也⑨。取之而燕民不悦，则勿取。古之人有行之者，文王是也⑩。以万乘之国伐万乘之国，箪食壶浆⑪，以迎王师，岂有他哉避水火也。如水益深，如火益热，亦运⑫而已矣。"

『18』齐人伐燕，取之。诸侯将谋救燕。宣王曰："诸侯多谋伐寡人者，何以待之?"

孟子对曰："臣闻七十里⑬为政于天下者，汤是也。未闻以千里畏人者。《书》曰⑭：'汤一征⑮，自葛始。'天下信之⑯。东面而征，西夷怨；南面而征，北狄怨。曰：'奚为⑰后我? 民望之，若大旱之望云霓⑱也。归市者⑲不止，耕者不变。诛其君而吊⑳其民，若时雨㉑降，民大悦。《书》曰：'徯我后㉒，后来其苏㉓!'"

---

① 汤放桀：放，流放。桀，夏的末代君主。《史记·夏本纪》记载，夏代未年，"汤修德，诸侯皆归汤，汤遂率兵以伐夏桀。桀走鸣条，遂放而死"。《书·仲虺之诰》云："成汤放桀于南巢。"

② 纣：殷商的末代君主。

③ 臣弑其君：因汤、武王相对于桀、纣来说是诸侯，所以宣王称他们的行为是"臣弑其君"。

④ 贼：伤害、毁弃。

⑤ 一夫：朱熹《集注》云："言众叛亲离，不复以为君也，《书》曰'独夫纣。'"

⑥ 诛：《说文》："讨也。"《广雅·释诂》："责也，弑。"有道讨伐无道。

⑦ 齐人伐燕：燕国是齐国的近邻，齐宣王五年（公元前315年）燕国内乱，次年，宣王乘乱进攻燕国，燕国士卒厌战，城门不闭，齐军在短短五十天内就攻下了燕国的国都。

⑧ 不取，必有天殃：《国语·越语》云："天与不取，反为之灾。"

⑨ 武王是也：指武王灭纣。

⑩ 文王是也：周文王在位时，周国已争取到许多诸侯国的拥护，但文王认为时机还不成熟，所以迟迟没有发动灭殷的战争。赵注云："文王以三仁（按指殷商大臣微子、箕子、比干）尚在，乐师未奔，取之惧殷民不悦，故未取之也。"

⑪ 箪（dān）：盛饭的圆形竹器。浆：此处概指饮料。

⑫ 运：《说文》："迁徙也。"《素问·天元纪大论》："各周三百六十五日而为记者也。"谓五行应天之五运，言五运相袭而皆治之。

⑬ 七十里：汤以七十里兴起的说法亦见于《荀子》、《史记》等书记载。

⑭ 《书》曰：此处的两段引文均见于《尚书》中的《仲虺之诰》，赵注称它们"皆《尚书》逸篇之文也"。

⑮ 一征：《说文》："征，正行也。"引申为上伐下也。朱熹《集注》云："初征也。"

⑯ 天下信之：信，《说文》："诚也。"朱熹《集注》云："信其志在救民，不为暴也。"

⑰ 奚为：为何。

⑱ 霓：《说文》："屈虹青赤或白色。"段注："霓为阴气将雨之兆，故从雨。"

⑲ 归市者：赶集的人。

⑳ 吊：《说文》："问终也。"引申为抚慰。

㉑ 时雨：及时雨，符合时令需要的雨。

㉒ 徯（xī）：《说文》："待也。"后：君王，《说文》："继体君也。"

㉓ 苏：《说文》："桂荏也。"引用死而复生之名。指得到解救，朱熹《集注》："复生也。"

“今燕虐其民，王往而征之，民以为将拯己于水火之中也，箪食壶浆，以迎王师。若杀其父兄，系累①其子弟，毁其宗庙②，迁其重器③，如之何其可也。天下固畏齐之疆④也，今又倍地而不行仁政，是动天下之兵也。王速出令，反其旄倪⑤，止其重器，谋于燕众，置君而后去之，则犹可及止也。”

『19』邹与鲁哄⑥。穆公⑦问曰：“吾有司死者三十三人，而民莫之死也。诛之，则不可胜诛；不诛，则疾⑧视其长上之死而不救。如之何则可也?”

孟子对曰：“凶年饥岁，君之民老弱转⑨乎沟壑，壮者散而之对方者，几⑩千人矣；而君之仓廪实、府库充，有司⑪莫以告，是上慢而残下也。曾子⑫曰：‘戒之戒之！出乎尔者，反乎尔者也。’夫民今而后得反之也。君无尤⑬焉！君行仁政，斯民亲⑭其上，死其长矣。”

『20』滕文公⑮问曰：“滕，小国也，间于齐、楚⑯，事齐乎？事楚乎？”

孟子对曰：“是谋非吾所能及也。无已，则有一焉：凿斯池⑰也，筑斯城也，与民守之，效死而民弗去⑱，则是可为也。”

『22』滕文公问曰：“滕，小国也。竭力以事大国，则不得免焉。如之何则可?”

孟子对曰：“昔者大王居邠，狄人侵之。事之以皮币⑲，不得免焉；事之以犬马，不得免焉；事之以珠玉，不得免焉。乃属其耆老⑳而告之曰：‘狄人之所欲者，吾土地也。吾闻

---

① 系累：指捆绑、拘禁。

② 宗庙：在古代，皇宗家庙所作宗庙，士庶之家的宗庙称作家庙或宗祠。宗庙是宗族祭祀祖先之所，在宗庙中立有祖先牌位。国有大事要祭告宗庙。

③ 重器：祭祀礼仪所用的礼器及镇国之宝。

④ 疆：同“强”。

⑤ 旄倪：旄同“耄”，倪同“婗”，弱小之貌，朱熹《集注》云：“旄，老人也；倪，小儿也，谓所虏掠之老小也。”

⑥ 鲁：周初所分封的诸侯国，在今山东西南部，其始封君主是武王的弟弟周公旦。战国时沦为一般的小国，公元前256年为楚所灭。哄（hòng）：冲突、争斗。

⑦ 穆公：即邹穆公，其姓名及在位年代均不详，穆是他死后的谥号。

⑧ 有司：指有关部门的官员。

⑨ 疾：痛恨。赵注云：“忿其民不赴难。”又，朱熹云：“民怨其上，故疾视其死而不救也。”

⑩ 转：朱熹《集注》云：“饥饿辗转而死也。”

⑪ 几：将近。

⑫ 曾子；名参，字子舆，鲁国人，孔子的弟子。

⑬ 尤：怪罪。

⑭ 亲：《说文》：“至也。情意恳到曰至。父母者，情之最至也，故谓之亲。”

⑮ 滕文公：滕是西周初年所分封的诸侯国，地在今山东滕县西南，其始封君主是周文王之子错叔绣（一说是周懿王之子）。公元前414年为越所灭，不久复国，后为宋所灭。据《滕文公上》篇，文公是滕定公的儿子，他们两人的姓名及在位年代均不详。

⑯ 间于齐、楚：间，《说文》：“隙也。”段注：“门开而月入。”赵注云：“居齐、楚之间。”

⑰ 池：护城河。

⑱ 效死而民弗去：朱熹《集注》云：“效，犹致也。国君死社稷，故致死以守国，至于民亦为之死守而不去，则非有以深得其心者不能也。”

⑲ 皮币：币，《说文》：“帛也。”皮币，以皮为之。朱熹《集注》云：“皮，谓虎豹麋鹿之皮也；币，帛也。”

⑳ 属（zhǔ）：《说文》：“连也。”段注：“属，相连续，若尾在体，故从尾。”引申为会也。老：《说文》：“考也，从人毛匕。七十曰老。言须发变白也。”

之也：君子不以其所以养人者害人。二三子何患乎无君，我将去之。’去邠，逾梁山①，邑②于岐山之下居焉。邠人曰：‘仁人也，不可失也。’从之者如归市③。或曰：‘世守④也，非身之所能为也。效死勿去。’君请择于斯二者。”

公孙丑上⑤

『1』公孙丑⑥问曰：“夫子当路于齐⑦，管仲晏子之功⑧，可复许乎⑨？”孟子曰：“子诚齐人也！知管仲晏子而已矣。或问乎曾西曰⑩：‘吾子与子路孰贤？’曾西蹴然曰⑪：‘吾先子之所畏也⑫。’曰‘然则吾子与管仲熟贤？’曾西艴然不悦曰⑬：‘尔何曾比予于管仲⑭！管仲得君，如彼其专也⑮！行乎国政⑯，如彼其久也！功烈⑰，如彼其卑也！尔何曾比予于是！’”曰⑱：“管仲，曾西之所不为也⑲，而子为我愿之乎⑳？”

曰：“管仲以其君霸㉑，晏子以其君显㉒，管仲晏子犹不足为与？”曰：“以齐王，由反手也㉓！”曰：“若是，则弟子之惑滋甚㉔。且以文王之德㉕，百年而后崩㉖，犹未洽于天

---

① 梁山：在今陕西乾县西北。

② 邑：此作动词用，指营建居住地。

③ 归市：形容人们像赶集一般踊跃，朱熹《集注》云：“人众而争先也。”

④ 世守：世代相守。

⑤ 《公孙丑》上凡九章，《公孙丑》下凡十四章。此篇中，孟子认为“仁政”最关键是要统治者有仁爱之心，因此他提出了“仁政”学说的理论基础——“不忍人之心”也即“性善”论；并把“性善”具体阐述为恻隐、羞恶、辞让、是非这“四心”，认为对应这“四心”的仁、义、礼、智不是外加的，而是“我固有之”的，要“反求诸已”才能得到。另外，“浩然之气”、“尊贤使能”、“得道多助，失道寡助”、“将大有为之君，必有所不招之臣”“以德服人”等所在章节，虽然题材、体裁都不相同，但是都是强调“仁政”的推行必须要推崇人的价值。孟子的这些主张和理论是对中国传统文化的重要贡献。其中，“浩然之气”的“大丈夫”，自古以来激励了无数的志士，诚如冯友兰先生所说：“懂得了这个词汇，才可以懂得中国文化和中华民族的精神。”

⑥ 公孙丑：孟子弟子，姓公孙名丑。丑有政事之才，问管、晏之功。

⑦ 路：指仕途。

⑧ 晏子：姓晏名婴，春秋时人，曾相齐灵公、庄公、景公，是有名的政治家。功：功业。

⑨ 许：兴起。

⑩ 曾西，孔子弟子曾参（世称曾子）的孙子。

⑪ 蹴（cù）然：恭敬不安的样子。“然”是词尾。

⑫ 先子：指曾参。古人称自己已死的前辈时，常称“先子”。畏：敬畏。曾子自认为学问不如子路，所以敬畏他。

⑬ 艴（fú）然：生气的样子。

⑭ 何曾：等于说“何乃”，略等于现代汉语的“为什么竟”。

⑮ 得君：指与君相得，指受到齐桓公的赏识。如彼其专，即“其专如彼”的倒装。专：专一，这里指管仲一人得君。

⑯ 行乎国政：就是行国政。

⑰ 功烈：功业。卑：卑劣，不足道。

⑱ 这个“曰”字表示换一个话题。

⑲ 为：做。所不为，不做的那种人。

⑳ 为：通谓，以为。

㉑ 以：介词，凭着。霸：指行霸道。

㉒ 显：显名。

㉓ 王：音 wàng。由：通犹，如同。反手：翻手，这是极言王天下之易。

㉔ 滋：益，就是“更”。

㉕ 且：连词，等于说“再说”。

㉖ 百年：文王活了九十七岁，百年是举整数。崩：古人称天子死叫崩。

下①。武王、周公继之②，然后大行③。今言王若易然④，则文王不足法与⑤？”

曰：“文王何可当也⑥？由汤至于武丁，贤圣之君六七作⑦，天下归殷久矣⑧，久则难变也。武丁朝诸侯⑨，有天下，犹运之掌也。纣之去武丁未久也⑩，其故家遗俗，流风善政，犹有存者⑪，又有微子、微仲、王子比干、箕子、胶鬲⑫，皆贤人也，相与辅相之⑬，故久而后失之也。尺地莫非其有也，一民莫非其臣也⑭，然而文王犹方百里起⑮，是以难也。齐人有言曰：‘虽有智慧，不如乘势⑯；虽有镃基，不知待时⑰。’今时则易然也。夏后殷周之盛⑱，地未有过千里者也，而齐有其地矣⑲。鸡鸣狗吠相闻，而达乎四境，而齐有其民矣⑳。地不改辟矣㉑，民不改聚矣㉒，行仁政而王，莫之能御也㉓。且王者之不作，未有疏于此时者也㉔；民之憔悴于虐政㉕，未有甚于此时者也。饥者易为食，渴者易为饮㉖。孔子曰：‘德之流行，速于置邮而传命㉗。’当今之时，万乘之国行仁政，民之悦之，犹解倒悬也㉘。故事半古之人，功必倍之㉙。惟此时为然。”

『2』公孙丑问曰：“夫子加齐之卿相，得行道焉，虽由此霸王，不异矣。如此，则动心否乎？”

孟子曰：“否，我四十不动心。”

---

① 犹未洽于天下：（其德泽）还没有浸润到全天下。洽：瞰，润。

② 武王：文王之子。周公：武王之弟，曾辅佐武王。文武周公，都是儒家所推崇的统治者。

③ 大行：指德化大行于天下。

④ 王：音 wàng。若：像。易然：很容易的样子。

⑤ 法：效法。

⑥ 当：相配，等于说配得上。

⑦ 汤、武丁：都是殷代的君王。贤圣之君：指汤、太甲、太戊、祖乙、盘庚、武丁等。作：兴起。六七作：兴起了六七次。

⑧ 归：归附，这里是指天下人愿意作殷的居民。

⑨ 朝诸侯：使诸侯来朝。

⑩ 纣：商代末世君，历史上有名的暴君。去：离。

⑪ 故家：有功勋的旧臣之家。遗俗：先代留下的良好习俗。流风，流传下来的好风尚。

⑫ 这五个人都是纣王时的贤臣。其中微子、比干、箕子被孔子称为三仁。

⑬ 相与：等于说共同。辅相（xiàng）：辅佐协助。

⑭ 尺地莫非其有也，一民莫非其臣也：没有一尺地不是他所有的，没有一个民不是他的臣子。

⑮ 犹：通“由”。

⑯ 势：时机，形势。

⑰ 镃（zī）基：锄。时：指农时。

⑱ 夏后：即夏代。盛：指最强盛的时候。

⑲ 其地：这样（大）的地方。

⑳ 鸡鸣狗吠相闻，而达乎四境：鸡犬之声延绵不断，一直达到四面的边界。这是极言人多。

㉑ 改辟：再开辟。

㉒ 改聚：再聚集。

㉓ 莫之能御也：没有任何人能阻挡他。之：“御”的宾语。

㉔ 疏：指时间隔得久远。

㉕ 憔悴（qiáo cuì）：困苦。

㉖ 饥者易为食，渴者易为饮：在人民困苦时行仁政，最容易为人民接受。

㉗ 置、邮：古代传递政令的方法。置驿，即马递；邮驿，即车递。

㉘ 犹解倒悬也：好比解下倒悬着人的绳子。

㉙ 故事半古之人，功必倍之：事情比古人少做了一半，而收效高一倍。

曰："若是，则夫子过孟贲远矣①。"

曰："是不难，告子先我不动心②。"

曰："不动心有道乎？"

曰："有。北宫黝之养勇也③：不肤桡，不目逃；思以一豪挫于人，若挞之于市朝；不受于褐宽博，亦不受于万乘之君；视刺万乘之君，若刺褐夫；无严诸侯，恶声至，必反之。孟施舍之所养勇也④，曰：'视不胜犹胜也；量敌而后进，虑胜而后会，是畏三军者也。舍岂能为必胜哉？能无惧而已矣。'孟施舍似曾子，北宫黝似子夏⑤。夫二子之勇，未知其孰贤，然而孟施舍守约也。昔者曾子谓子襄曰⑥：'子好勇乎？吾尝闻大勇于夫子矣：自反而不缩，虽褐宽博，吾不惴焉；自反而缩，虽千万人，吾往矣。'孟施舍之守气，又不如曾子之守约也。"

曰："敢问夫子之不动心与告子之不动心，可得闻与？"

"告子曰：'不得于言，勿求于心；不得于心，勿求于气。'不得于心，勿求于气，可；不得于言，勿求于心，不可。夫志，气之帅也；气，体之充也。夫志至焉，气次焉。故曰：'持其志，无暴其气。'"

"既曰'志至焉，气次焉'，又曰'持其志，无暴其气'，何也？"

曰："志壹则动气，气壹则动志也。今夫蹶者趋者，是气也，而反动其心。"

"敢问夫子恶乎长？"

曰："我知言，我善养吾浩然之气。"

"敢问何谓浩然之气？"

曰："难言也。其为气也，至大至刚，以直养而无害，则塞于天地之间。其为气也，配义与道；无是，馁也。是集义所生者，非义袭而取之也。行有不慊于心，则馁矣。我故曰，告子未尝知义，以其外之也。必有事焉，而勿正；心勿忘，勿助长也。无若宋人然：宋人有闵其苗之不长而揠之者，芒芒然归，谓其人曰：'今日病矣！予助苗长矣！'其子趋而往视之，苗则槁矣。天下之不助苗长者寡矣。以为无益而舍之者，不耘苗者也；助之长者，揠苗者也，非徒无益，而又害之。"

"何谓知言？"

"诐辞知其所蔽，淫辞知其所陷，邪辞知其所离，遁辞知其所穷。生于其心，害于其政；发于其政，害于其事。圣人复起，必从吾言矣。"

『3』孟子曰："以力假仁者霸，霸必有大国；以德行仁者王，王不待大，汤以七十里，文王以百里。以力服人者，非心服也，力不赡也；以德服人者，中心悦而诚服也，如七十子之服孔子也⑦。《诗》云：'自西自东，自南自北，无思不服。'此之谓也。"⑧

---

① 孟贲：古代著名勇士。

② 告子：姓告，名不害，子为古时对男子的一种通称。兼治儒、墨之道。尝学于孟子，而不能纯彻性命之理。

③ 北宫黝：姓北宫，名黝，齐国人，事迹不详。

④ 孟施舍：姓孟，名施舍；一说姓孟施，名舍。事迹不详。

⑤ 子夏：姓卜，名商，字子夏，孔子弟子。

⑥ 子襄：曾参弟子。

⑦ 七十子：孔子办学多年，传说有弟子三千，其中优秀者七十人，这里是举其整数。

⑧ 以上三句出自《诗经·大雅·文王有声》。

『4』孟子曰：“仁则荣，不仁则辱。今恶辱而居不仁，是犹恶湿而居下也。如恶之，莫如贵德而尊士，贤者在位，能者在职。国家闲暇，及是时，明其政刑，虽大国必畏之矣。《诗》云：‘迨天之未阴雨，彻彼桑土，绸缪牖户。今此下民，或敢侮予？’① 孔子曰：‘为此诗者，其知道乎！能治其国家，谁敢侮之？’今国家闲暇，及是时，般乐怠敖②，是自求祸也。祸福无不自己求之者。《诗》云：‘永言配命，自求多福。’③《太甲》曰④：‘天作孽，犹可违；自作孽，不可活。’此之谓也。”

『5』孟子曰：“尊贤使能，俊杰在位，则天下之士皆悦，而愿立于其朝矣；市，廛而不征⑤，法而不廛，则天下之商皆悦，而愿藏于其市矣；关，讥而不征，则天下之旅皆悦，而愿出于其路矣；耕者，助而不税⑥，则天下之农皆悦，而愿耕于其野矣；廛，无夫里之布⑦，则天下之民皆悦，而愿为之氓矣。信能行此五者，则邻国之民仰之若父母矣。率其子弟，攻其父母，自有生民以来未有能济者也。如此，则无敌于天下。无敌于天下者，天吏也。然而不王者，未之有也。”

『6』孟子曰：“人皆有不忍人之心⑧。先王有不忍人之心，斯有不忍人之政矣。以不忍人之心，行不忍人之政，治天下可运之掌上。所以谓人皆有不忍人之心者，今人乍⑨见孺子将入于井，皆有怵惕恻隐之心⑩。非所以内交于孺子之父母也⑪，非所以要誉于乡党朋友也⑫，非恶其声而然也。由是观之，无恻隐之心，非人也；无羞恶之心，非人也；无辞让之心，非人也；无是非之心，非人也。恻隐之心，仁之端⑬也；羞恶之心，义之端也；辞让之心，礼之端也；是非之心，智之端也。人之有是四端也，犹其有四体也。有是四端而自谓不能者，自贼者也；谓其君不能者，贼其君者也。凡有四端于我⑭者，知皆扩而充之矣，若火之始然⑮，泉之始达⑯。苟能充之，足以保⑰四海；苟不充之，不足以事父母。”

---

① 以上五句出自《诗经·豳风·鸱鸮》。
② 般（pán）乐：作乐。
③ 以上两句出自《诗经·大雅·文王》。
④《太甲》：《尚书》中的一篇，已失传；现在《尚书》中的《太甲》，系晋人伪作。
⑤ 廛（chán）：市中储藏、堆放货物的场所。
⑥ 助：指助耕公田。相传殷周时代实行一种叫“井田制”的土地制度。一里见方的土地划作“井”字形，成九块，每块百亩，其中一块作为公田，其余八块分给八家，八家同养公田。
⑦ 夫里之布：即“夫布”、“里布”。“夫布”，一夫的劳役税；“里布”，一户的地税。布，古代的一种货币。
⑧ 不忍人之心：怜悯心，同情心。
⑨ 乍：突然、忽然。
⑩ 怵惕：惊惧。恻隐：哀痛，同情。
⑪ 内：同“纳”，内交：结交。
⑫ 要（yāo）誉：博取名誉。要，同“邀”，求。
⑬ 端：开端，起源，源头。
⑭ 我：同“己”。
⑮ 然：同“燃”。
⑯ 达：发。
⑰ 保：定，安定。

『7』孟子曰："矢人岂不仁于函人哉①？矢人唯恐不伤人，函人唯恐伤人。巫匠亦然②。故术不可不慎也。孔子曰：'里仁为美。择不处仁，焉得智？'夫仁，天之尊爵也，人之安宅也。莫之御而不仁，是不智也。不仁、不智，无礼、无义，人役也。人役而耻为役，由弓人而耻为弓，矢人而耻为矢也。如耻之，莫如为仁。仁者如射：射者正己而后发；发而不中，不怨胜己者，反求诸己而已矣。"

『8』孟子曰："子路，人告之以有过，则喜。禹闻善言③，则拜。大舜有大焉，善与人同，舍己从人，乐取于人以为善。自耕稼、陶、渔以至为帝，无非取于人者。取诸人以为善，是与人为善者也④。故君子莫大乎与人为善。"

『9』孟子曰："伯夷，非其君不事，非其友不友。不立于恶人之朝，不与恶人言。立于恶人之朝，与恶人言，如以朝衣朝冠坐于涂炭。推恶恶之心，思与乡人立，其冠不正，望望然去之，若将浼焉。是故诸侯虽有善其辞命而至者，不受也。不受也者，是亦不屑就已。柳下惠不羞污君⑤，不卑小官；进不隐贤，必以其道；遗佚而不怨，厄穷而不悯。故曰：'尔为尔，我为我，虽袒裼裸裎于我侧⑥，尔焉能浼我哉？'故由由然与之偕而不自失焉，援而止之而止。援而止之而止者，是亦不屑去已。"孟子曰："伯夷隘，柳下惠不恭。隘与不恭，君子不由也。"

公孙丑下

『10』孟子曰："天时不如地利，地利不如人和⑦。三里之城，七里之郭⑧，环⑨而攻之而不胜。夫环而攻之，必有得天时者矣；然而不胜者，是天时不如地利也。城非不高也，池⑩非不深也，兵革⑪非不坚利也，米粟非不多也；委而去之⑫，是地利不如人和也。

故曰：域⑬民不以封疆之界，固国不以山溪之险，威天下不以兵革之利。得道者多助，失道者寡助。寡助之至，亲戚畔⑭之；多助之至，天下顺之。以天下之所顺，攻亲戚之所畔；故君子有不战，战必胜矣。"

---

① 函：铠甲。

② 巫：以装神弄鬼替人祈祷为职业的人。有的兼给人治病，称为"巫医"。

③ 禹：传说中古代部落联盟的领袖，曾奉舜命治理洪水，后成为夏朝开国君主。

④ 与（yǔ）：帮助，赞许。

⑤ 柳下惠：春秋时鲁国大夫，姓展，名获，字禽；因封邑在柳下（地名），谥号"惠"，故称为柳下惠。

⑥ 袒裼（xī）裸裎（chéng）：袒裼，肉体袒露；裸裎，露身。

⑦ 天时不如地利，地利不如人和：此句在《荀子》、《尉缭子》和《孙膑兵法》中均有引述。天时，古代行军作战都要以阴阳时日占卜，《汉书·艺文志》"兵书略"中有阴阳家类。天时指天道运行的规律，地利指地形环境的便利，人和指居于中间的人的谋划。

⑧ 七里之郭：郭是指外城，朱熹《集庄》云："三里、七里，城郭之小者。"

⑨ 环：朱熹《集注》云："围也，言四面攻围，旷日持久，必有值天时之善者。"

⑩ 池：护城河。

⑪ 革：《说文》："兽治去其毛曰革。"凡甲胄干盾之属，以皮甲为之，皆曰革。

⑫ 委而去之：委，《说文》："随也。"引申为弃。朱熹《集注》云："委，弃也。言不得民心，民不为守也。"

⑬ 域：《说文》："本作或。"段注："既从口一矣，又从土，是为后起之俗字。"朱熹《集注》云："界限也。"

⑭ 亲戚：指内外亲属，《礼记·曲礼》孔疏云："亲指族内，戚指族外。"畔：通"叛"。

『11』孟子将朝王①，王使人来曰："寡人如②就见者也，有寒疾，不可以风。朝③将视朝，不识可使寡人得见乎。"

对曰："不幸而有疾④，不能造⑤朝。"

明日出吊于东郭氏⑥，公孙丑曰："昔者辞以病，今日吊，或者⑦不可乎？"曰："昔者疾，今日愈，如之何不吊？"

王使人问疾，医来。孟仲子⑧对曰："昔者有王命，有采薪之忧⑨，不能造朝。今病小愈，趋造于朝，我不识能至否乎？"使数人要⑩于路，曰："请必无归，而造于朝！"不得已而之景丑氏⑪宿焉。

景子曰："内则父子，外则君臣，人之大伦也。父子主恩，君臣主敬。丑见王之敬子也，未见所以敬王也。"

曰："恶！是何言也！齐人无以仁义与王言者，岂以仁义为不美也？其心曰'是何足与言仁义也'云尔⑫，则不敬莫大乎是。我非尧舜之道，不敢以陈于王前，故齐人莫如我敬王也。"

景子曰："否，非此之谓也。《礼》曰：'父召，无诺⑬；君命召，不俟驾⑭。'固将朝也，闻王命而遂不果，宜与夫礼若不相似然。"

曰："岂谓是与？曾子⑮曰：'晋楚之富，不可及也。彼以其富，我以吾仁；彼以其爵，我以吾义，吾何慊⑯乎哉？'夫岂不义而曾子言之，是或一道也。天下有达尊⑰三：爵一，齿⑱一，德一。朝廷莫如爵，乡党莫如齿，辅世长民莫如德。恶得有其一，以慢其二⑲哉？故将大有为之君，必有所不召之臣。欲有谋焉，则就之。其尊德乐道，不如是不足与有为⑳

---

① 王：指齐宣王。

② 如：赵注训为"若"，杨树达《词诠》训为"当"。

③ 朝：旦见君谓之朝。焦循《正义》云："齐王以孟子肯来朝，方视朝，不然仍以疾罢，语颇婉切。"

④ 有疾：朱熹《集注》云："孟子本将朝王，王不知而托疾以召孟子，故孟子亦以疾辞也。"

⑤ 造：前往。

⑥ 东郭氏：赵注云："齐大夫家也。"

⑦ 或者：朱熹《集注》云："疑辞。"

⑧ 孟仲子：赵注云："孟子之从昆弟，学于孟子者也。"

⑨ 采薪之忧：患病的委婉说法，朱嘉《集注》云："言病不能采薪，谦辞也。"亦作"负薪之忧"，《礼记·曲礼》云："君使士射，不能，则辞以疾，言曰：'某有负薪之忧。"

⑩ 要（yāo 邀）：阻拦。

⑪ 景丑氏：朱熹《集注》云："齐大夫家也。"

⑫ 云尔：赵注云："绝语之辞也。"

⑬ 父召，无诺：父亲召唤，子女应不等答应就立即趋前。又，《礼记·曲礼》"父召无诺，先生召无诺，唯而起。"诺，《说文》："响也。"《曲礼》疏曰："今天称诺，犹古之称唯。"

⑭ 君命召，不俟驾：俟，等待；驾，车辆。《论语·乡党》云："君命召，不俟驾行矣。"又，《荀子·大略》亦云："诸侯召其臣，臣不俟驾，颠倒衣裳而走，礼也。"

⑮ 曾子：指孔子的弟子曾参。

⑯ 慊：《说文》："疑也。"引申为少也。朱熹《集注》云："恨也，少也。"赵注训慊为"少"。

⑰ 达尊：尊，《说文》："酒器也。"引申为敬重高贵。朱熹《集注》云："达，通也。盖通天下之所尊，有此三者。"

⑱ 齿：指年龄。

⑲ 有其一，以慢其二：赵注云："孟子谓贤者、长者有德有齿，人君无德但有爵耳，故云何得以一慢二哉。"

⑳ 不如是不足与有为：朱熹《集注》引程颐语云："古之人所以必待人君致敬尽礼而后往者，非欲自为尊大也，为是故耳。"

也。故汤之于伊尹，学焉而后臣之，故不劳而王；桓公之于管仲，学焉而后臣之，故不劳而霸。今天下地丑①德齐，莫能相尚②，无他，好臣其所教，而不好臣其所受教。汤之于伊尹，桓公之于管仲，则不敢召。管仲且犹不可召，而况不为管仲者乎？"

『12』陈臻③问曰："前日于齐，王馈兼金④一百而不受；于宋，馈七十镒而受；于薛，馈五十镒而受。前日之不受是，则今日之受非也；今日之受是，则前日之不受非也。夫子必居一于此矣。"

孟子曰："皆是也。当在宋也，予将有远行。行者必以赆，辞曰：'馈赆⑤。'予何为不受？当在薛也，予有戒心⑥。辞曰：'闻戒。故为兵馈之。'予何为不受？若于齐，则未有处也⑦。无处而馈之，是货⑧之也。焉有君子而可以货取⑨乎？"

『14』孟子谓蚳蛙⑩曰："子之辞灵丘⑪而请士师，似也⑫，为其可以言⑬也。今既数月矣，未可以言与？"蚳蛙谏于王而不用，致为臣而去⑭。齐人曰："所以为蚳蛙，则善矣；所以自为，则吾不知⑮也。"公都子⑯以告。

曰："吾闻之也：有官守⑰者，不得其职则去；有言责者，不得其言则去。我无官守，我无言责也，则吾进退，岂不绰绰然有余裕⑱哉？"

『19』孟子致为臣而归⑲。王就见⑳孟子，曰："前日愿见而不可得，得侍同朝㉑，甚喜。今又弃寡人而归，不识可以继此而得见乎？"

---

① 丑：《说文》："纽也，十二月万物动用事。"引申为同，《方言》云："丑，同也，东齐曰丑。"又，赵注云："类也。"

② 尚：朱熹《集注》云："过也。"

③ 陈臻：赵注云："孟子弟子。"

④ 兼金：赵注云："好金也，其价兼倍于常者，故谓之兼金。"按，先秦时代所谓的"金"即现在的铜。

⑤ 赆（jìn）：《辞海》："赠送给人的路费或礼物。"赵注云："送行者赠贿之礼也，时人谓之赆。"

⑥ 戒心：赵注云："戒备不虞之心也。时人欲害孟子，孟子戒备。"

⑦ 未有处：指没有理由。

⑧ 货：如同现在所说的贿赂，收买。

⑨ 焉有君子而可以货取：孔子曰："临财毋苟得。"君子爱财，取之有道。有德的人，不取不合礼仪的财物。

⑩ 蚳（chí）蛙：齐大夫。

⑪ 灵丘：齐边邑，约在今山东高唐和茌平之间。

⑫ 似也：朱熹《集注》云："言所为近似有理。"

⑬ 可以言：朱熹《集注》云："谓上师近王，得以谏刑罚之不中者。"

⑭ 致为臣而去：赵注云："致仕而去。"朱熹训致为"还"，即辞去官职的意思。孟子认为，作为进言者，他的道德理想和责任不能实践和履行，就应当离去。

⑮ 所以自为，则吾不知：朱熹《集注》云："讥孟子道不行而不能去。"

⑯ 公都子：赵注云："孟子弟子。"

⑰ 官守：赵注云："居官守职者。"

⑱ 绰绰然有余裕：《尔雅·训诂》："绰绰，缓也。"《诗·小雅·角弓》："绰绰有裕。"赵注云："绰、裕皆宽也。"有德者通晓阴阳之道，把握进退之机，凡事游刃有余。

⑲ 致为臣而归：朱熹《集注》云："孟子久于齐而道不行，故去也。"

⑳ 就见：亲自去看望。

㉑ 得侍同朝：焦循《正义》引孔广森说谓："'得侍同朝者谦词，言与孟子得为君臣而同朝也。'甚喜，王自言甚喜也。"

对曰："不敢请耳，固所愿也。"

他日，王谓时子①曰："我欲中国②而授孟子室，养弟子以万钟③，使诸大夫国人皆有所矜式④。子盍⑤为我言之？"时子因陈子⑥而以告孟子，陈子以时子之言告孟子。

孟子曰："然。夫时子恶知其不可也？如使予欲富，辞十万⑦而受万，是为欲富乎？季孙曰：'异哉！子叔疑⑧！使己为政，不用，则亦已矣，又使其子弟为卿。人亦孰不欲富贵而独于富贵之中，有私龙断⑨焉。'古之为市也，以其所有易其所无者，有司者治之耳。有贱丈夫⑩焉，必求龙断而登之，以左右望而罔市利。人皆以为贱，故从而征之。征商，自此贱丈夫始矣。"

『20』孟子去齐，宿于昼⑪。有欲为王留行者，坐⑫而言。不应，隐几而卧⑬。客不悦曰："弟子齐宿⑭而后敢言，夫子卧而不听，请勿复敢见矣。"

曰："坐！我明语子。昔者鲁缪公⑮无人乎子思之侧，则不能安子思；泄柳⑯、申详⑰，无人乎缪公之侧，则不能安其身。子为长者⑱虑，而不及子思，子绝长者乎，长者绝子乎？"

『22』孟子去齐。充虞路问⑲曰："夫子若有不豫色⑳然。前日虞闻诸夫子曰：'君子不怨天㉑，不尤人。"

曰："彼一时，此一时也。五百年必有王者兴㉒，其间必有名世㉓者。由周而来，七百

---

① 时子：赵注云："齐臣也。"

② 中国：朱熹《集注》云："当国之中也。"

③ 万钟：钟，《说文》："酒器也。"引申为量器也。按古者律度量衡不同，历世又累更。朱熹《集注》云："钟，量名，受六斛四斗。"

④ 矜式：矜，《说文》："矛柄也。"引申为敬也。式，法也。这里指立道德规范为天下人所效法。

⑤ 盍："何不"的合音。

⑥ 陈子：孟子的弟子陈臻。

⑦ 辞十万：指孟子是否出仕，并不依从私利的多少，而是看重齐王对仁德之治是否采纳。

⑧ 季孙、子叔疑：赵注云："孟子弟子也。"朱熹《集注》云："不知何时人。"

⑨ 龙断：龙，通"垄"，高出地面而类似于田埂的土堆。这是孟子比喻齐王垄断了私利，而自弃于仁义。

⑩ 丈夫：成年人，《谷梁传·文公十二年》云："男子二十而冠，冠而列丈夫。"

⑪ 昼：赵注云："齐西南近邑也。"其地在当时齐都临淄的西南。

⑫ 坐：《说文》："跪也。古谓之坐。"

⑬ 隐几而卧：几，供老年人坐时倚靠的家具，朱熹《集注》云："隐，凭也。客坐而言，孟子不应而卧也。"

⑭ 齐宿：齐通"斋"，斋戒。斋宿谓隔夜就斋戒，表示虔诚。斋戒，古人于祭祀前，沐浴更衣，不饮酒，不吃荤，以示诚敬，《礼记·曲礼》："齐戒以告鬼神。"

⑮ 鲁缪公：即鲁穆公（缪、穆通），名显，公元前407至公元前377年在位。

⑯ 泄柳：据本书《告子下》所述，他是鲁缪公时的贤臣。

⑰ 申详：朱熹《集注》云："子张之子也。"

⑱ 长者：赵注云："孟子年老，故自称长者。"

⑲ 路问：在路上问话。

⑳ 不豫色：豫，悦也。赵注云："颜色不悦也。"

㉑ 君子不怨天：这原是孔子的话，见《论语·宪问》篇。天行大道，生养不息，莫不遵循清静无为的自然规律，有德者是以不怨天。后句的"不尤人"指有德者自省己过，不责人非。

㉒ 五百年必有王者兴：朱熹《集注》云："自尧舜至汤，自汤至文武，皆五百余年而圣人出。"

㉓ 名世：指德性熏陶于天下，功业称著于当世。

有余岁矣①。以其数则过矣，以其时②考之则可矣。夫天未欲平治天下也；如欲平治天下，当今之世，舍我其谁③也？吾何为不豫哉？”

滕文公上④

『1』滕文公为世子⑤，将之楚，过宋而见孟子。孟子道性善，言必称尧舜。

世子自楚反，复见孟子。孟子曰：“世子疑吾言乎？夫道一而已矣。成覸⑥谓齐景公曰：‘彼，丈夫也；我，丈夫也；吾何畏彼哉？’颜渊曰：‘舜，何人也？予，何人也？有为者亦若是。’公明仪⑦曰：‘文王，我师也；周公岂欺我哉？’今滕，绝长补短，将五十里也，犹可以为善国。《书》曰：‘若药不瞑眩⑧，厥疾不瘳⑨。’”

『2』滕定公⑩薨⑪，世子谓然友⑫曰：“昔者孟子尝与我言于宋，于心终不忘，今也不幸至于大故⑬，吾欲使子问于孟子，然后行事⑭。”

然友之邹⑮问于孟子。孟子曰：“不亦善乎⑯！亲丧，固所自尽⑰也。曾子曰：‘生，事之以礼；死，葬之以礼、祭之以礼，可谓孝矣⑱。’诸侯之礼，吾未之学也；虽然，吾尝闻

---

① 由周而来，七百有余岁：刘师培《古书疑义举例补·虚数不可实指》谓：“古人记数有出于悬揣之词者，所举之数不必与实相符，亦不致大于实违。”并引孟子此句，云：“此不足七百之数者也。”

② 以其时，朱熹《集注》云：“时，谓乱极思治可以有为之日。于是而不得一有所为，此孟子所以不能无不豫也。”

③ 舍我其谁：天下兴亡，匹夫有责，道德鼎兴，我当其责。孟子表现了强烈的历史责任感，他肩负道德使命，平治天下的决心和勇气足令后人赞叹和效法。

④ 《滕文公》上凡五章，《滕文公》下凡十章。《孟子》言性善，始见于此章，而在《告子》篇展开具体论述，这两章相呼应。这一章提到了许行，这先秦诸子中农家的重要人物，现在研究农家学派《孟子》此章是极重要的资料，农家的思想是反对社会分工，要求回到原始状态的社会中去。孟子根据社会分工的合理性，论证了劳力和劳心、统治与被统治的区别问题。从社会分工的角度看，孟子的观点有其正确的方面。孟子所说的“劳心者治人，劳力者治于人”，在近两千年的封建社会中有很大的社会影响。以今天的眼光来看，孟子未免存在片面性，但这不能苛求他。

⑤ 世子：即太子。“世”和“太”古音相同，古书常通用。

⑥ 成覸（xián）：齐国的勇士。

⑦ 公明仪：人名，复姓公明，名仪，鲁国贤人，曾子学生。

⑧ 瞑眩（míng xuàn）：眼睛昏花看不清楚。古代用药的副作用大，而其程度往往与药效成正比，故而此说服下去不感到眩晕的药起不到治疗作用。孟子借此为喻告诉滕世子，必须下决心去恶才能为善。

⑨ 瘳（chōu）：病愈。

⑩ 滕定公：滕文公的父亲。

⑪ 薨：死。古代称侯王死叫“薨”，唐代以后用于指二品以上官员死。

⑫ 然友：人名，太子的老师。

⑬ 大故：此处是对父丧委婉的说法。

⑭ 然后行事：孟子当时在邹，离滕不远，所以可以随时询问。行事，此处指办丧事。

⑮ 之：至，到。邹与滕相距只有四十余里，所以可以问后行事。

⑯ 不亦善乎：朱熹《集注》云：“当时诸侯莫能行古丧礼，而文公独能以此为问，故孟子善之。”

⑰ 自尽：尽自己最大的心力。

⑱ 曾子曰：这几句话在《论语·为政》中是孔子对樊迟说的。

之矣。三年之丧①，斋疏之服②，饘粥之食③，自天子达于庶人，三代共之。”

然友反命，定为三年之丧。父兄百官皆不欲也，曰：“吾宗国④鲁先君莫之行，吾先君亦莫之行也，至于子之身而反之，不可。且《志》⑤曰：‘丧祭从先祖。’曰：‘吾有所受之也。’”谓然友曰：“吾他日未尝学问，好驰马试剑。今也父兄百官不我足也，恐其不能尽于大事，子为我问孟子！”

然友复之邹问孟子。孟子曰：“然，不可以他求者也。孔子曰：‘君薨，听于冢宰⑥，歠⑦粥，面深墨，即位而哭，百官有司莫敢不哀，先之也。’上有好者，下必有甚焉者矣。君子之德，风也；小人之德，草也。草尚之风，必偃⑧。是在世子。”

然友反命。世子曰：“然；是诚在我。”五月居庐⑨，未有命戒。百官族人可，谓曰知。及至葬，四方来观之，颜色之戚，哭泣之哀，吊者大悦。

『4』有为神农之言⑩者许行⑪，自楚之滕，踵⑫门而告文公曰：“远方之人闻君行仁政，愿受一廛而为氓⑬。”文公与之处。其徒数十人，皆衣褐，捆屦，织席以为食⑭。

陈良之徒陈相与其弟辛⑮，负耒耜而自宋之滕，曰：“闻君行圣人之政，是亦圣人也，愿为圣人氓。”陈相见许行而大悦，尽弃其学而学焉。

陈相见孟子，道许行之言曰：“滕君则诚贤君也，虽然，未闻道也。贤者与民并耕而食，饔飧⑯而治。今也滕有仓廪府库，则是厉⑰民而以自养也，恶得贤？”

孟子曰：“许子必种粟而后食乎？”曰：“然。”

“许子必织布而后衣乎？”曰：“否，许子衣褐。”

“许子冠乎？”曰：“冠。”

---

① 三年之丧：指子女为父母、臣下为君主守孝三年。

② 斋疏之服：用粗布做的缝边的丧服。斋，指衣服缝边。古代丧服叫做衰（cuī），不缝衣边的叫“斩衰”，缝衣边的叫“斋衰”。古代的丧服有多种等级，按服丧者与死者的关系的亲疏而服用，规定很细、很严格。孟子此处概指应穿的丧服。

③ 饘（zhān）：稠粥。粥：稀粥。这里是偏义复词，指稀粥。按礼制规定，在丧事期间只能食粥，死者下葬后改服粗疏的饭食，直至服丧结束。

④ 宗国：鲁、滕诸国的始封祖都是周文王的儿子，而周公封鲁，于行辈较长，所以其余姬姓诸国都以鲁为宗国。

⑤ 《志》：记国家世系等的一种书。

⑥ 冢宰：官名，相当于后世宰相。《论语·宪问》：“君薨，百官总己听于冢宰三年。”

⑦ 歠（chuò）：饮。

⑧ 君子之德………必偃：这几句出自《论语·颜渊》篇孔子的话。“尚”与“上”同。偃，倒下。

⑨ 五月居庐：按当时的规定，诸侯去世要五个月下葬，太子在这期间要住在守丧的“孝庐”里。

⑩ 神农之言：神农氏的学说。神农是上古传说中的人物，常与伏羲氏、燧人氏一道被称为“三皇”。神农氏主要的功绩是教人从事农业生产，所以叫“神农”。春秋战国时期诸子百家多托古圣贤之名而标榜自己的学说。“农家”就假托为“神农之言”。

⑪ 许行：农家代表人物之一，生平不详。

⑫ 踵：至，到。踵门：犹现在所谓登门拜访。

⑬ 廛：住房。古代一家所居占地两亩半，称一廛。氓：此指统治下的民众。

⑭ 衣褐，捆屦，织席以为食：穿粗麻衣，靠编草鞋，织草席谋生。衣，动词，穿；褐，粗麻短衣；屦，草鞋。

⑮ 陈良：楚国的儒士。陈相、陈辛：都是陈良的学生。

⑯ 饔（yōng）：早餐。飧（sūn）：晚餐。饔飧：指自己煮饭。

⑰ 厉：病、害，此处指刻薄的意思。

曰："奚冠？"曰："冠素①。"

曰："自织之与？"曰："否，以粟易之。"

曰："许子奚为不自织？"曰："害②于耕。"

曰："许子以釜甑爨，以铁耕乎③？"曰："然。"

"自为之与？"曰："否，以粟易之。"

"以粟易械器者，不为厉陶冶④；陶冶亦以其械器易粟者，岂为厉农夫哉？且许子何不为陶冶，舍⑤皆取诸其宫中⑥而用之？何为纷纷然与百工交易？何许子之不惮烦？"曰："百工之事固不可耕且为也。"

"然则治天下独可耕且为与？有大人⑦之事，有小人之事。且一人之身，而百工之所为备，如必自为而后用之，是率天下而路⑧也。故曰或劳心，或劳力；劳心者治人，劳力者治于人；治于人者食人，治人者食于人，天下之通义也。"

"当尧之时，天下犹未平，洪水横流，泛滥于天下，草木畅茂，禽兽繁殖，五谷不登，禽兽逼人，兽蹄鸟迹之道交于中国。尧独忧之，举舜而敷⑨治焉。舜使益掌火，益烈山泽而焚之，禽兽逃匿。禹疏九河，瀹济漯⑩而注诸海，决汝汉，排淮泗而注之江，然后中国可得而食也。当是时也，禹八年于外，三过其门而不入，虽欲耕，得乎？"

"后稷⑪教民稼穑⑫，树艺⑬五谷；五谷熟而民人育。人之有道也，饱食、暖衣、逸居而无教，则近于禽兽。圣人有忧之，使契为司徒⑭，教以人伦：父子有亲，君臣有义，夫妇有别，长幼有叙，朋友有信。放勋⑮曰：'劳之来之⑯，匡之直之，辅之翼之，使自得⑰之，又从而振德之。'圣人之忧民如此，而暇耕乎？"

"尧以不得舜为己忧，舜以不得禹、皋陶⑱为己忧。夫以百亩之不易⑲为己忧者，农夫也。分人以财谓之惠，教人以善谓之忠，为天下得人者谓之仁。是故以天下与人易，为天下得人难。孔子曰：'大哉尧之为君！惟天为大，惟尧则之，荡荡乎民无能名焉！君哉舜也！

---

① 素：白色的生绢。

② 害：妨碍。

③ 釜：金属制的锅。甑：用瓦做的烹饪器。爨（cuàn）：烧火做饭。铁：指用铁做的农具。

④ 陶冶：制陶、冶铁的工匠。

⑤ 舍：相当于方言"啥"，即什么东西、一切东西的意思。

⑥ 宫中：家中。古代住宅无论贵贱都可以叫"宫"，秦汉以后才专指帝王所居为宫。

⑦ 大人：这里指有地位的人，与下文"小人"相对。大人之事，谓人君行教化也；小人之事，谓农工商也。

⑧ 路：指奔走在道路上，无时间休息。

⑨ 敷：朱熹、焦循《正义》均训作"布"，布有施行之意。

⑩ 瀹（yuè）济漯：疏导。济漯（tà）：济水和漯水。

⑪ 后稷：相传为周的始祖，名弃，尧帝时为农师。

⑫ 稼穑：播种和收获，泛指一般农事。

⑬ 树艺：种植。

⑭ 契（xiè）：人名，相传是殷商的祖先，姓子，因佐禹治水有功，被舜任命为司徒，掌管教化。司徒：当时掌管民事的官职。

⑮ 放勋：尧的称号，放是大，勋是功劳，原本是史官的赞誉之辞，后来成为尧的称号。

⑯ 劳之来之：《尔雅释诂》："劳、来，勤也。"据此，此处两"之"是同义词，意为督促、劝勉。下文"匡之直之"、"辅之翼之"与此类似。

⑰ 自得：赵注云："使自得其本善性"。

⑱ 皋（gāo）陶（yáo）：人名，相传为东夷族的首领，舜时的司法官。

⑲ 易：治。

巍巍乎有天下而不与焉！’尧舜之治天下，岂无所用其心哉？亦不用于耕耳。”

“吾闻用夏①变夷者，未闻变于夷者也。陈良，楚产②也，悦周公、仲尼之道，北学于中国。北方之学者，未能或之先也。彼所谓豪杰之士也。子之兄弟事之数十年，师死而遂倍③之！昔者孔子没，三年之外，门人治任④将归，入揖于子贡，相向而哭，皆失声，然后归。子贡反，筑室于场，独居三年，然后归。他日，子夏、子张、子游以有若似圣人，欲以所事孔子事之，强曾子。曾子曰：‘不可，江汉以濯之，秋阳以暴⑤之，皓皓⑥乎不可尚已。’今也南蛮鴃⑦舌之人，非先王之道，子倍子之师而学之，亦异于曾子矣。吾闻出于幽谷迁于乔木⑧者，未闻下乔木而入于幽谷者。《鲁颂》曰：‘戎狄是膺，荆舒是惩⑨。’周公方且膺之，子是之学，亦为不善变矣。”

“从许子之道，则市贾不贰⑩，国中无伪，虽使五尺之童⑪适市，莫之或欺。布帛长短同，则贾相若；麻缕丝絮轻重同，则贾相若；五谷多寡同，则贾相若；屦大小同，则贾相若。”

曰：“夫物之不齐，物之情也；或相倍蓰⑫，或相什百，或相千万。子比而同之，是乱天下也。巨屦小屦⑬同贾，人岂为之哉？从许子之道，相率而为伪者也，恶能治国家？”

滕文公下

『6』陈代⑭曰：“不见诸侯，宜若小然；今一见之，大则以王，小则以霸。且《志》曰：‘枉尺而直寻⑮’，宜若可为也。”

孟子曰：“昔齐景公田⑯，招虞人以旌⑰，不至，将杀之。志士不忘⑱在沟壑，勇士不忘

---

① 夏：古代称中原地区为诸夏。

② 产：此指出生。

③ 倍：同“背”，背叛。

④ 治任：准备行李。治，整治；任，负担。

⑤ 秋阳以暴：秋阳，周历七八月相当于夏历五六月，所以这里所说的秋阳实际相当于今天的夏阳。暴，同“曝”，晒。

⑥ 皓皓：光明洁白的样子。

⑦ 鴃（jué）：伯劳鸟。鴃舌：说话如鸟一般难懂。

⑧ 出于幽谷迁于乔木：典出《诗经·小雅·伐木》。幽谷喻低，乔木喻高。

⑨ 戎狄是膺，荆舒是惩：引自《诗经·鲁颂·閟宫》。膺，击退；惩，抵御；戎狄是北方的异族；荆，楚国的别名；舒，楚国的属国。

⑩ 市贾不贰：贾通“价”；不贰，没有两样。

⑪ 五尺之童：古代尺寸短，五尺约相当于现在三尺多一点。古代成年人自称丈夫，五尺只及成年人的一半，指幼小无知的人。

⑫ 倍蓰（xǐ）：倍，一倍；蓰，五倍。后文的什、百、千、万都是指倍数。

⑬ 巨屦小屦：粗糙的草鞋与精致的草鞋。

⑭ 陈代：孟子的学生。

⑮ 枉：屈。寻：古代长度单位，八尺为一寻。枉尺而直寻：比喻小有所损而大有所获。

⑯ 田：打猎。

⑰ 招虞人以旌：虞人，守猎场的小官。古代君王有所召唤，一定要有相应的标志，旌旗是召唤大夫的，弓是召唤士的，若是召唤虞人，只能用皮冠。因齐景公的做法不合乎礼仪，所以这个虞人不理睬齐景公用旗的召唤。《左传·昭公二十年》曾经载过这一件事，孔子并对这个虞人有所称赞，所以下文孟子说到“孔子奚取焉”。

⑱ 不忘：不忘本来是常常想到的意思，虽然常常想到自己“在沟壑”和“丧其元”的结局，但并不因此而贪生怕死。所以，这里的“不忘”也可以直接理解为“不怕”。

丧其元①。孔子奚取焉？取非其招不往也。如不待其招而往，何哉？且夫‘枉尺而直寻者’，以利言也。如以利，则枉寻直尺而利，亦可为与？昔者赵简子②使王良③与嬖奚④乘，终日而不获一禽。嬖奚反命⑤曰：‘天下之贱工也。’或以告王良。良曰：‘请复之。’强而后可，一朝而获十禽。嬖奚反命曰：‘天下之良工也。’简子曰：‘我使掌与女乘。’谓王良。良不可，曰：‘吾为之范我驰驱⑥，终日不获一；为之诡遇⑦，一朝而获十。《诗》云："不失其驰，舍矢如破⑧。"我不贯⑨与小人乘，请辞。’御者且羞与射者比⑩，比而得禽兽，虽若丘陵，弗为也。如枉道而从彼，何也？且子过矣！枉己者，未有能直人者也。"

『7』景春⑪曰："公孙衍⑫、张仪⑬岂不诚大丈夫哉？一怒而诸侯惧，安居而天下熄⑭。"

孟子曰："是焉得为大丈夫乎？子未学礼乎？丈夫之冠也，父命之⑮；女子之嫁也，母命之，往送之门，戒之曰：‘往之女家，必敬必戒，无违夫子！’以顺为正者，妾妇之道也。居天下之广居，立天下之正位，行天下之大道⑯；得志，与民由之；不得志，独行其道。富贵不能淫，贫贱不能移，威武不能屈，此之谓大丈夫。"

『9』彭更⑰问曰："后车数十乘，从者数百人，以传食⑱于诸侯，不以泰⑲乎？"

孟子曰："非其道，则一箪食不可受于人；如其道，则舜受尧之天下不以为泰。子以为泰乎？

曰："否。士无事而食，不可也。"

曰："子不通功易事⑳，以羡㉑补不足，则农有余粟，女有余布。子如通之，则梓匠轮舆㉒皆得食于子。于此有人焉，人则孝，出则悌，守先王之道，以待㉓后之学者，而不得食

---

① 元：首，脑袋。

② 赵简子：即赵鞅，亦称赵孟，名鞅，春秋末年晋国的卿，曾击败范氏、中行氏，大大扩张自己的封地，为后来分晋建立赵国打下了基础。

③ 王良：春秋末年著名的善于驾车的人。

④ 嬖奚：一个名叫奚的受宠的小臣。

⑤ 反命：复命。反，同"返"。

⑥ 范我驰驱：使我的驱驰规范。"范"在这里作动词，使……规范。

⑦ 诡遇：不按规范驾车。

⑧ 不失其驰，舍矢如破：引自《诗经·小雅·车攻》。意为按规范驾车，箭放出就能射中目标。

⑨ 贯：同"惯"，习惯。

⑩ 比：合作。

⑪ 景春：人名，纵横家的信徒。

⑫ 公孙衍：人名，即魏国人犀首，战国中期中纵横家。

⑬ 张仪：魏国人，与苏秦同为纵横家的主要代表。致力于游说六国去服从秦国，与苏秦"合纵"相对。

⑭ 熄：指战火熄灭，天下太平。

⑮ 丈夫之冠也，父命之：古代男子到二十岁叫做成年，行加冠礼，父亲开导他。

⑯ 广居、正位、大道：朱熹注释为：广居，仁也；正位，礼也；大道，义也。

⑰ 彭更：人名，孟子的学生。

⑱ 传食：指住在诸侯的驿舍（宾馆）里接受饮食。传，驿舍，相当于今天的宾馆。

⑲ 泰：同"太"，过分。

⑳ 通功易事：交流成果，交换物资。

㉑ 羡：余，多余。

㉒ 梓匠轮舆：梓人、匠人指木工；轮人、舆人指制造车轮和车厢的工人。

㉓ 待：同"持"，扶持。

于子。子何尊梓匠轮舆而轻为仁义者哉？”

曰：“梓匠轮舆，其志将以求食也；君子之为道也，其志亦将以求食与？”

曰：“子何以其志为哉？其有功于子，可食而食之矣。且子食志乎？食功乎？”

曰：“食志。”

曰：“有人于此，毁瓦画墁①，其志将以求食也，则子食之乎？”

曰：“否。”

曰：“然则子非食志也，食功也。”

『11』孟子谓戴不胜②曰：“子欲子之王之③善与？我明告子。有楚大夫于此，欲其子之齐语也，则使齐人傅诸？使楚人傅诸？”

曰：“使齐人傅之。”

曰：“一齐人傅之，众楚人咻④之，虽日挞而求其齐也，不可得矣；引而置之庄岳⑤之间数年，虽日挞而求其楚，亦不可得矣。子谓薛居州，善士也，使之居于王所。在于王所者，长幼卑尊皆薛居州也，王谁与为不善？在王所者，长幼卑尊皆非薛居州也，王谁与为善？一薛居州，独如宋王何？”

『12』公孙丑问曰：“不见诸侯，何义？”

孟子曰：“古者不为臣不见。段干木⑥踰垣而辟⑦之，泄柳闭门而不内⑧，是皆已甚；迫，斯可以见矣。阳货欲见孔子⑨而恶无礼。大夫有赐于士，不得受于其家，则往拜其门。阳货瞰⑩孔子之亡也，而馈孔子蒸豚；孔子亦瞰其亡也，而往拜之。当是时，阳货先，岂得不见？曾子曰：‘胁肩谄笑，病于夏畦⑪。’子路曰：‘未同而言，观其色赧赧然，非由之所知也。’由是观之，则君子之所养，可知已矣。”

『13』戴盈之⑫曰：“什一，去关市之征，今兹⑬未能，请轻之，以待来年，然后已，何如？”

孟子曰：“今有人日攘⑭其邻之鸡者，或告之曰：是非君子之道！’曰：‘请损之，月攘

① 墁（màn）：本义为粉刷墙壁的工具，这里指新粉刷过的墙壁，当是污损墙壁的意思。

② 戴不胜：人名，宋国大臣。

③ 之：动词，向，往，到。

④ 咻（xiū）：喧哗干扰。一傅众楚咻：谓一人施教，众人喧扰。比喻事不专一，绝无效果。

⑤ 庄岳：齐国的街里名。庄，街名；岳，里名。

⑥ 段干木：姓段干，名木，晋国人，清高而不屑为官。魏文侯去拜访他，他却翻墙逃走不见。

⑦ 辟：同“避”。

⑧ 泄柳：人名，鲁穆公时人。内，同“纳”。

⑨ 阳货欲见孔子：事见《论语·阳货》。“见”在这里作使动用法，是阳货想让孔子来拜见他的意思。

⑩ 瞰：窥视。

⑪ 胁肩谄笑，病于夏畦：胁肩，耸起肩头，故做恭敬的样子。胁肩谄笑形容逢迎谄媚的丑态。畦：本指菜地间划分的行列，这里作动词用，指在菜地里劳动。

⑫ 戴盈之：人名，宋国大夫。

⑬ 兹：年。

⑭ 攘：偷。

一鸡，以待来年，然后已。’如知其非义，斯速已矣，何待来年？”

『15』匡章①曰：“陈仲子②岂不诚廉士哉？居於陵③，三日不食，耳无闻，目无见也。井上有李，螬食实者过半矣④，匍匐往，将食之⑤，三咽，然后耳有闻，目有见。”

孟子曰：“于齐国之士，吾必以仲子为巨擘⑥焉。虽然，仲子恶能廉？充仲子之操，则蚓而后可者也。夫蚓，上食槁壤，下饮黄泉。仲子所居之室，伯夷之所筑与？抑亦盗跖⑦之所筑与？所食之粟，伯夷之所树与？抑亦盗跖之所树与？是未可知也。”

曰：“是何伤哉？彼身织屦，妻辟纑⑧，以易之也。”

曰：“仲子，齐之世家也，兄戴，盖⑨禄万钟。以兄之禄为不义之禄而不食也，以兄之室为不义之室而不居也，辟兄离母，处于於陵。他日归，则有馈其兄生鹅者，已频顣曰：⑩：‘恶用是鶃鶃⑪者为哉？’他日，其母杀是鹅也，与之食之。其兄自外至，曰：‘是鶃鶃之肉也！’出而哇⑫之。以母则不食，以妻则食之；以兄之室则弗居，以於陵则居之。是尚为能充其类也乎？若仲子者，蚓而后充其操者也。”

离娄上⑬

『1』孟子曰：“离娄⑭之明，公输子之巧⑮，不以规矩，不能成方圆；师旷之聪⑯，不以六律⑰，不能正五音⑱；尧舜之道，不以仁政，不能平治天下。今有仁心仁闻而民不被其泽，不可法于后世者，不行先王之道也。故曰，徒善不足以为政，徒法不能以自行。《诗》云：‘不愆不忘，率由旧章⑲。’遵先王之法而过者，未之有也。圣人既竭目力焉，继之以规

① 匡章：齐国名将，其言行见于《战国策·齐策、燕策》和《吕氏春秋·不屈、爱类》。

② 陈仲子：齐国人，又称田仲、陈仲、於（wū）陵仲子等。

③ 於陵：地名，在今山东长山县南，距临淄约二百里。

④ 螬（cáo）：即蛴螬，俗称“地蚕”、“大蚕”，是金龟子的幼虫。

⑤ 将：拿、取。

⑥ 巨擘（bò）：大拇指，引申为在某一方面杰出的人或事物。

⑦ 盗跖：所说是春秋时有名的大盗，柳下惠的兄弟。

⑧ 辟纑（lú）：绩麻练麻。绩麻为辟，练麻为纑。

⑨ 盖（gě）：地名，是陈戴的封邑。

⑩ 频顣（cù）：即颦蹙，不愉快的样子。

⑪ 鶃鶃（yì）：鹅叫声。

⑫ 哇：吐。

⑬ 《离娄》上凡二十八章，《离娄》下凡三十三章。在篇上，孟子进一步阐发得人心者得天下，仁者无敌的思想，而这一思想得行的重要原则是“爱人不亲，反其仁”。篇下里，孟子提出了著名的被视为“狂悖”的“君之视臣如手足，则臣之视君如腹心；君之视臣如犬马，则臣视君如国人；君之视臣如土芥，则臣视君如寇仇”的君臣观。它与孟子最具经典性的命题：“民为贵，社稷次之，君为轻”（《孟子·尽心下》）的君民观合为双璧。另外，关于道德修养问题也是此篇的重要内容。

⑭ 离娄，相传是黄帝时的一位视力极强的人，能视于百步之外，见秋毫之末。

⑮ 公输子：即公输班（或作公输般、公输盘），春秋末年鲁国人，故又称鲁班，是古代著名的建筑工匠。

⑯ 师旷：春秋时晋平公的乐师，名旷，相传他的辨音能力特别强。

⑰ 六律：指十二律中的六个阳律。十二律是古人用十二根律管所定的十二个标准音，分为阴阳两类，阴律又叫六吕，阳律又叫六律。这里的六律代指十二律。

⑱ 五音：中国古代音乐所定的五个音阶，具体名称是：宫、商、角、徵、羽。

⑲ 这两句出自《诗经·大雅·假乐》。

矩准绳，以为方员平直，不可胜用也；既竭耳力焉，继之以六律正五音，不可胜用也；既竭心思焉，继之以不忍人之政，而仁覆天下矣。故曰，为高必因丘陵，为下必因川泽；为政不因先王之道，可谓智乎？是以惟仁者宜在高位。不仁而在高位，是播其恶于众也。上无道揆也，下无法守也，朝不信道，工不信度，君子犯义，小人犯刑，国之所存者幸也。故曰，城郭不完，兵甲不多，非国之灾也；田野不辟，货财不聚，非国之害也。上无礼，下无学，贼民兴，丧无日矣。《诗》曰：'天之方蹶，无然泄泄①。'泄泄犹沓沓也。事君无义，进退无礼，言则非先王之道者，犹沓沓也。故曰，责难于君谓之恭，陈善闭邪谓之敬，吾君不能谓之贼。"

『4』孟子曰："爱人不亲，反其仁；治人不治，反其智；礼人不答，反其敬。行有不得者皆反求诸己，其身正而天下归之。《诗》云：'永言配命，自求多福②。'"

『7』孟子说："天下有道，小德役大德，小贤役大贤；天下无道，小役大，弱役强。斯二者，天也。顺天者存，逆天者亡。齐景公曰：'即不能令，又不受命，是绝物也。'涕出而女于吴③。今也小国师大国而耻受命焉，是犹弟子而耻受命于先师也。如耻之，莫若师文王。师文王，大国五年，小国七年，必为政于天下矣。《诗》云：'商之孙子，其丽不亿。上帝既命，侯于周服。侯服于周，天命靡常。殷士肤敏，裸将于京④。'孔子曰：'仁不可为众也。夫国君好仁，天下无敌。'今也欲无敌于天下而不以仁，是犹执热而不以濯也。《诗》云：'谁能执热，逝不以濯⑤？'"

『8』孟子曰："不仁者可与言哉？安其危而利其菑，乐其所以亡者。不仁而可与言，则何亡国败家之有？有孺子歌曰：'沧浪之水清兮，可以濯我缨；沧浪之水浊兮，可以濯我足。'孔子曰：小子听之！清斯濯缨，浊斯濯足矣。自取之也。'夫人必自侮，然后人侮之；家必自毁，而后人毁之；国必自伐，而后人伐之。《太甲》曰：'天作孽，犹可违；自作孽，不可活。'此之谓也。"

『9』孟子曰："桀、纣之失天下也，失其民也；失其民者，失其心也。得天下有道：得其民，斯得天下矣；得其民有道：得其心，斯得民矣；得其心有道：所欲与之聚之，所恶勿施尔也。民之归仁也，犹水之就下、兽之走圹也。故为渊驱鱼者，獭也；为丛驱爵者，鹯也；为汤、武驱民者，桀与纣也。今天下之君有好仁者，则诸侯皆为之驱矣。虽欲无王，不可得已。今之欲王者，犹七年之病求三年之艾也。苟为不畜，终身不得。苟不志于仁，终身

---

① 这两句出自《诗经·大雅·板》。

② 这两句出自《诗经·大雅·文王》。

③ 事见《说苑·权谋》记载。齐景公惧怕吴王阖庐伐齐，不得已把女儿嫁给阖庐。送别女儿时，哭着说："余死不汝见矣"，又说："余有齐国之固，不能以令诸侯，又不能听，是生乱也。寡人闻之，不能令，则莫若从。"

④ 这八句出自《诗经·大雅·文王》。裸（guàn），宗庙祭祀的一种仪式，把郁鬯（chàng）酒浇在地上以迎接鬼神。将，助。

⑤ 这两句出自《诗经·大雅·桑柔》。

忧辱，以陷于死亡。《诗》云：‘其何能淑，载胥及溺①。’此之谓也。”

『10』孟子曰：“自暴者，不可与有言也；自弃者，不可与有为也。言非礼义，谓之自暴也；吾身不能居仁由义，谓之自弃也。仁，人之安宅也；义，人之正路也。旷安宅而弗居，舍正路而不由，哀哉！”

『11』孟子曰：“道在迩而求诸远，事在易而求诸难：人人亲其亲、长其长，而天下平。”

『12』孟子曰：“居下位而不获于上，民不可得而治也。获于上有道：不信于友，弗获于上矣。信于友有道：事亲弗悦，弗信于友矣。悦亲有道：反身不诚，不悦于亲矣。诚身有道：不明乎善，不诚其身矣。是故诚者，天之道也；思诚者，人之道也。至诚而不动者，未之有也；不诚，未有能动者也。”

『14』孟子曰：“求也为季氏宰②，无能改于其德，而赋粟倍他日。孔子曰：‘求非我徒也，小子鸣鼓而攻之可也。’由此观之，君不行仁政而富之，皆弃于孔子者也，况于为之强战？争地以战，杀人盈野，争城以战，杀人盈城，此所谓率土地而食人肉，罪不容于死。故善战者服上刑，连诸侯者次之，辟草莱、任土地者次之。”

『15』孟子曰：“存乎人者，莫良于眸子。眸子不能掩其恶。胸中正，则眸子瞭焉；胸中不正，则眸子眊焉。听其言也，观其眸子，人焉廋哉？”

『17』淳于髡曰③：“男女授受不亲，礼与？”

孟子曰：“礼也。”

曰：“嫂溺，则援之以手乎？”

曰：“嫂溺不援，是豺狼也。男女授受不亲，礼也；嫂溺，援之以手者，权也。”

曰：“今天下溺矣，夫子之不援，何也？”

曰：“天下溺，援之以道；嫂溺，援之以手。子欲手援天下乎？”

『19』孟子曰：“事，孰为大？事亲为大；守，孰为大？守身为大。不失其身而能事其亲者，吾闻之矣；失其身而能事其亲者，吾未之闻也。孰不为事？事亲，事之本也；孰不为守？守身，守之本也。曾子养曾皙④，必有酒肉。将彻，必请所与；问有余，必曰‘有’。曾皙死，曾元养曾子，必有酒肉。将彻，不请所与；问有余，曰‘亡矣’，将以复进也。此所谓养口体者也。若曾子，则可谓养志也。事亲若曾子者，可也。”

---

① 这两句出自《诗经·大雅·桑柔》。

② 求：冉求，孔子弟子。季氏：指季康子，鲁国卿。

③ 淳于髡（kūn）：姓淳于，名髡，战国时齐国有名的辩士，曾在齐威王、齐宣王时做官。

④ 曾子：即曾参，春秋时鲁国人，与他的父亲曾皙同为孔子的弟子。

『21』孟子曰："有不虞之誉，有求全之毁。"

『23』孟子曰："人之患在好为人师。"

『26』孟子曰："不孝有三①，无后为大。舜不告而娶②，为无后也，君子以为犹告也。"

『27』孟子曰："仁之实，事亲是也；义之实，从兄是也；智之实，知斯二者弗去是也；礼之实，节文斯二者是也；乐之实，乐斯二者，乐则生矣③；生则恶可已也，恶可已，则不知足之蹈之手之舞之。"

离娄下

『31』孟子告齐宣王曰："君之视臣如手足，则臣视君如腹心，君之视臣如犬马，则臣视君如国人④；君之视臣如土芥⑤，则臣视君如寇雠。"

王曰："礼，为旧君有服⑥，何如斯可为服矣？"

曰："谏行言听，膏泽⑦下于民；有故而去，则君使人导之出疆，又先于其所往；去三年不反，然后收其田里⑧。此之谓三有礼焉。如此，则为之服矣。今也为臣，谏则不行，言则不听，膏泽不下于民；有故而去，则君搏执⑨之，又极⑩之于其所往；去之日，遂收其田里。此之谓寇雠⑪。寇雠，何服之有？"

『35』孟子曰："中也养⑫不中，才也养不才，故人乐有贤父兄也。如中也弃不中，才也弃不才，则贤不肖之相去，其间不能以寸⑬。"

『36』孟子曰："人有不为⑭也，而后可以有为⑮。"

---

① 不孝有三：据赵岐注，不孝的三件事是：一、对父母的过错"阿意曲从"，使父母陷入"不义"；二、家境贫困，父母年老，却不愿当官求俸禄以供养父母；三、不娶妻子，没有儿子，断绝了后代。

② 舜不告而娶：传说舜的父亲凶狠愚蠢，舜如果告诉他娶妻的事，肯定得不到他同意。不禀告不合礼，没有后代又是最大的不孝，两相权衡，只好"不告而娶"。

③ "乐之实"三句：前一"乐"，读yuè，后二"乐"，读lè。

④ 国人：朱熹《集注》引孔氏说云："国人，犹言路人，言无怨无德也。"

⑤ 芥：《说文》："菜也。"《集韵》："小草。"

⑥ 为旧君有服：服指丧服，赵注云："臣为旧君服丧服。"《仪礼·丧服》云："以道去君而未绝者，服齐衰三月。"

⑦ 膏泽：即恩惠。

⑧ 收其田里：田里指禄田和居宅，朱熹《集注》云："三年而后收其田禄里居，前此犹望其归也。"

⑨ 搏执：犹言搜索拘捕，赵注云："搏执其亲族也。"

⑩ 极：赵注云："恶而困之也。"朱熹《集注》云："极，穷也，穷之于其所往之。"

⑪ 寇雠（chóu）：寇，强盗。雠，"仇"的异体字。

⑫ 中：《说文》："内也。"《道德经》："多言数穷，不如守于中。"引申为内修道德品性，守于中道，不偏不倚，能够居于太极中央的人。"养：养育、教化。朱熹《集注》云："谓涵育熏陶，俟其自化也。"

⑬ 其间不能以寸：谓中间容不下一寸，言距离相近。

⑭ 不为：无为。无思无欲，没有后天欲望和杂念状态下的作为。

⑮ 有为：后天私心杂念状态下的作为。

『39』孟子曰："大人者，言不必信①，行不必果，惟义所在。"

『40』孟子曰："大人者，不失其赤子②之心者也。"

『41』孟子曰："养生③者不足以当大事，惟送死④可以当大事。"

『42』孟子曰："君子深造⑤之以道，欲其自得之也。自得之，则居之安，居之安，则资之深。资⑥之深，则取之左右逢其原⑦。故君子欲其自得之也。"

『43』孟子曰："博学而详说⑧之，将以反说约⑨也。"

『44』孟子曰："以善服人⑩者，未有能服人者也；以善养人⑪，然后能服天下。天下不心服而王者，未之有也。"

『46』徐子⑫曰："仲尼亟⑬称于水，日：'水哉，水哉⑭！'何取于水也？"

孟子曰："原泉混混⑮，不舍昼夜，盈科⑯而后进，放⑰乎四海。有本者如是，是之取尔。苟为无本，七八月之间⑱雨集，沟浍⑲皆盈，其涸也，可立而待也。故声闻过情⑳，君子耻之。"

---

① 言不必信：言必信，行必果。常人之所为。大义所在，其信必真，其言必实，不必拘泥于世俗之信。

② 赤子：初生的婴儿。《书·康诰》："若保赤子，惟民其康乂。"乂（yì），安定。孔颖达疏："子生赤色，故言赤子。"《道德经》："含德之厚者，比于赤子。"指无思无欲的、处于先天无为状态的婴儿。

③ 养生：生，《说文》"进也，象草木出土上。"《素问·天元记》："气之所施化故曰生。"长养自己的性和命两大系统，接受天地之造化哺育。这里的养生有两种含义：一是自养，二是赡养父母。

④ 送死：送，《说文》："遣也。"引申为离别死亡，如《心经》云："无老死，亦无老死尽。"

⑤ 深造：进入甚深的修养层次。朱熹《集注》云："深造之者，进而不已之意。"

⑥ 资：《说文》："货也。货者，化也。资也，积也。资者，人之所藉。"引申为取。《道德经》云："善人，不善人之师；不善人，善人之资。"其中的"资"与此意同。

⑦ 原：同"源"。《说文》："水泉本也。"

⑧ 详说：说，《说文》："释也。一曰谈论。"朱熹训作"详说其理"，赵注则训为"悉其微言而说之"。

⑨ 说约：约，《说文》："缠束也。"引申为俭约。朱熹训作"说到至约之地"，赵注谓"以约说其要，意不尽知则不能要言之也。"

⑩ 以善服人：以善德使人强行归服。

⑪ 以善养人：以德性自然地长育于人，天施地生慈心爱物。

⑫ 徐子：即本书《滕文公上》篇中提到的孟子弟子徐辟。

⑬ 亟：数也。

⑭ 水哉，水哉：此句与《道德经》"上善若水"的赞叹颇为相似。

⑮ 原：《说文》："水泉本也。"混混：《说文》："混，丰流也。"盛满之流。

⑯ 科：通窠。坑坎。《太玄经》："从水满科，不自越也。"赵注、朱熹均训为"坎"，即洼地。朱熹《集注》云："言其进以渐也。"

⑰ 放：赵注云："至也。至于四海者，有原本也。"

⑱ 七八月之间：周历的七八月，相当于农历的五六月。

⑲ 浍：《尔雅·释水》："注沟曰浍。"朱熹《集注》云："田间水道也。"

⑳ 声闻：朱熹《集注》云："名誉也。"情：赵注训作"实"，即实际。

『47』孟子曰："人之所以异于禽兽者几希①，庶民去之，君子存之②。舜明于庶物③，察于人伦④。由仁义行，非行仁义⑤也。"

『51』孟子曰："可以取，可以无取⑥，取伤廉⑦；可以与，可以无与，与伤惠⑧；可以死，可以无死，死伤勇⑨。"

『52』逄蒙学射于羿⑩，尽羿之道，思天下惟羿为愈⑪已，于是杀羿。

孟子曰："是亦羿有罪焉。"

公明仪曰："宜若无罪焉。"

曰："薄⑫乎云尔，恶得无罪？郑人使子濯孺子侵卫⑬，卫使庾公之斯⑭追之。子濯孺子曰：'今日我疾作⑮，不可以执弓，吾死矣夫！'问其仆⑯曰：'追我者谁也？'其仆曰：'庾公之斯也。'曰：'吾生矣。'其仆曰：'庾公之斯，卫之善射者也，夫子曰吾生，何谓也？'曰：'庾公之斯学射于尹公之他⑰，尹公之他学射于我。夫尹公之他，端人也，其取友必端⑱矣。'庾公之斯至，曰：'夫子何为不执弓？'曰：'今日我疾作，不可以执弓。'曰：'小人学射于尹公之他，尹公之他学射于夫子，我不忍以夫子之道反害夫子。虽然，今日之事，君事也，我不敢废。'抽矢扣轮，去其金⑲，发乘矢⑳，而后反。"

---

① 几希：赵注云："无几也。"

② 庶民去之，君子存之：庶民，众民。此句与《道德经》"上士闻道，堇能行之；中士闻道，若存若亡；下士闻道，大笑之"颇为相近。"庶民"和"君子"对于仁义道德的取向是不同的。

③ 庶物：万物。《易·乾》："首出庶物，万国咸宁。"张衡《东京赋》："阴阳交和，庶物时育。"

④ 人伦：由道德所维系的人际关系。

⑤ 非行仁义：赵注云："非强力行仁义也。"

⑥ 取：《说文》："捕取也。周礼，获者取左耳。"

⑦ 廉：堂屋的侧边。引申为品行方正。

⑧ 惠：仁慈。

⑨ 取伤廉……与伤惠……死伤勇：《道德经》："我恒有三宝之：一曰慈，二曰检，三曰不敢为天下先。夫慈，故能勇；检，故能广；不敢为天下先，故能为成事长。"大意与之通。句中的"慈"与这里的"惠"相近，"检"与"廉"相近。

⑩ 逄（péng）蒙：传说中羿的弟子，《世本》称"逄蒙作射"，誉其射技高超。羿：神话中射日的英雄，他与篡夺夏政的后羿不是一个人。

⑪ 愈：同"逾"，胜过。

⑫ 薄：朱熹《集注》云："言其罪差薄耳。"

⑬ 子濯孺子：赵注云："郑大夫。"按，《左传·襄公十四年》所载孙林父追卫献公之事与此处所述相近，但谓尹公之他学射于庾公之斯。卫：周初所封诸侯国名。其疆土在今河南境内，公元前254年为魏所灭，后一度复国，公元前209年灭于秦。

⑭ 庾公之斯：赵注云："卫大夫。"庾公之斯、尹公之他等姓名中的"之"是称呼时所加的虚词，并非是固定的成分。

⑮ 疾作：赵注释为"疟疾"，焦循《正义》认为当是暴疾。

⑯ 仆：指驾车的车手。

⑰ 尹公之他：朱熹《集注》云："尹公他亦卫人也。"

⑱ 端人也：其取友必端：端人，《说文》："直也。"正直而不邪曲，犹今言正派人。物以类俱，人以群分。有道德的人总是与有德的人为师友。

⑲ 金：镞也。指箭头。

⑳ 乘矢：古称四马所拉的车为一乘，故乘矢当谓四箭。

『53』孟子曰：“西子①蒙不洁，则人皆掩鼻而过之。虽有恶人②，齐戒沐浴③，则可以祀上帝④。”

『56』孟子曰：“君子所以异于人者，以其存⑤心也。君子以仁存心，以礼存心。仁者爱人，有礼者敬人。爱人者人恒⑥爱之，敬人者人恒敬之。

“有人于此，其待我以横逆⑦，则君子必自反也：我必不仁也，必无礼也，此物奚宜至哉？其自反而仁矣，自反而有礼矣，其横逆由是⑧也，君子必自反也：我必不忠。自反而忠矣，其横逆由是也，君子曰：‘此亦妄人也已矣。如此则与禽兽奚择⑨哉？于禽兽又何难⑩焉？

“是故，君子有终身之忧，无一朝之患也。乃若所忧则有之：舜人也，我亦人也。舜为法于天下，可传于后世，我由未免为乡人也，是则可忧也。忧之如何？如舜而已矣。

“若夫君子所患则亡矣。非仁无为也，非礼无行也。如有一朝之患，则君子不患矣。”

『57』禹、稷当平世⑪，三过其门而不入⑫，孔子贤之。颜子⑬当乱世，居于陋巷。一箪食，一瓢饮。人不堪其忧，颜子不改其乐，孔子贤之。

孟子曰：“禹、稷、颜回同道。禹思天下有溺者，由⑭己溺之也；稷思天下有饥者，由己饥之也，是以如是其急也。禹、稷、颜子易地则皆然。今有同室之人斗者，救之，虽被发缨冠而救之，可也。乡邻有斗者，被发缨冠而往救之，则惑也，虽闭户可也。”

『61』齐人有一妻一妾而处室者⑮，其良人出，则必餍⑯酒肉而后反。其妻问所与饮食

---

① 西子：即春秋未年的西施。

② 恶人：此指面貌丑陋之人。

③ 齐（zhāi）戒：“齐”繁体为“齊”，与斋字的繁体“齋”形近，故得假借为斋，即斋戒。古人于祭祀前，沐浴更衣，不饮酒，不吃荤，以示诚敬。还含有修身反省之意。《易·系辞上》：“圣人以次齐戒，以神明其德夫！”韩康伯注：“洗心曰齐，防范曰戒。”沐浴：《说文》：“沐，濯发也。浴，洒身也。”《道德经》云：“浴神不死。”就是说人们身国内的性体系统通过五德的沐浴而获得长生。濯，洗涤。《论语·宪问》：“孔子沐浴而朝。”洗发澡身，比喻身心接受神圣的恩泽滋润。

④ 祀：商代称年为祀。《左传》：“祀，国之大事也。”指古代沟通神明的仪式。上帝：《说文》：“帝，谛也，王天下之号。”上帝，古代是指虚空中的神明。

⑤ 存：《说文》：“恤问也。”引申为居，察。

⑥ 恒：长久。又为六十四卦之一，巽下震上，《易·恒》：“象曰：雷风，恒。”王弼注：“长阳、长阴，合而相与，可久之道。”

⑦ 横逆：朱熹《集注》云：“谓强暴不顺理也。”

⑧ 由是：犹言依然如此。

⑨ 奚择：朱熹《集注》云：“何异也。”

⑩ 难（nàn）：诘责、驳诘。

⑪ 平世：太平的世道。

⑫ 三过其门而不入：这是禹的事迹，称稷是连累并及。

⑬ 颜子：即孔子的弟子颜渊，以下“居于陋巷”等语亦见载于《论语·雍也》。

⑭ 由己之溺之也：此句和下文“由己之饥之也”含义相近，都体现了圣贤强烈的道德责任感，大众之疾苦冷暖时刻挂于心上，大众之不幸遭遇如同自己造成一样来对待。

⑮ 齐人：朱熹认为，此章“章首当有‘孟子曰’字，阙文也。”妾：小妻，侧室，偏房。处室：同处一家。

⑯ 餍：饱；吃饱。

者，则尽富贵也。其妻告其妾曰："良人①出，则必餍酒肉而后反；问其与饮食者，尽富贵也，而未尝有显者来，吾将瞷②良人之所之也。"

蚤③起，施④从良人之所之，遍国⑤中无与立谈者。卒之东郭墦⑥间，之祭者，乞其馀；不足，又顾而之他，此其为餍足之道也。其妻归，告其妾曰："良人者，所仰望⑦而终身也。今若此。"与其妾讪⑧其良人，而相泣于中庭⑨。而良人未之知也，施施⑩从外来，骄其妻妾。

由君子观之，则人之所以求富贵利达者，其妻妾不羞也，而不相泣者，几希矣！

万章上⑪

『5』万章曰："尧以天下与舜，有诸？"

孟子曰："否，天子不能以天下与人。"

"然则舜有天下也，孰与之？"

曰："天与之。"

"天与之者，谆谆⑫然命之乎？"

曰："否，天不言，以行与事示之而已矣。"

曰："以行与事示之者，如之何？"

曰："天子能荐人于天，不能使天与之天下；诸侯能荐人于天子，不能使天子与之诸侯；大夫能荐人于诸侯，不能使诸侯与之大夫。昔者，尧荐舜于天而天受之，暴⑬之于民而民受之。故曰：天不言，以行与事示之而已矣。"

曰："敢问荐之于天而天受之，暴之于民而民受之，如何？"

曰："使之主祭，而百神享之，是天受之；使之主事而事治，百姓安之，是民受之也。天与之，人与之，故曰天子不能以天下与人。舜相尧二十有八载，非人之所能为也，天也。尧崩，三年之丧毕，舜避尧之子于南河⑭之南，天下诸侯朝觐者，不之尧之子而之舜；讼狱

---

① 良人：古代妻妾称夫之词。《仪礼·士昏礼》郑玄注："妇人称夫曰良。"

② 瞷（jiàn）：窥。

③ 蚤：同"早"。

④ 施（yí）：同"迤"，斜行，意为跟踪。

⑤ 国：此指城。

⑥ 墦（fán）间：坟墓之间。墦，冢也。

⑦ 仰望：仰赖、指望。

⑧ 讪：《说文》："谤也。"朱熹《集注》云："怨詈也。"

⑨ 中庭：犹言庭中，即堂阶前。

⑩ 施施：喜悦得意的样子。朱熹《集注》云："喜悦自得之貌。"

⑪ 《万章》上凡九章，《万章》下凡九章。儒家认为，是否能得到统治天下的资格，取决于天命，而天命在某种程度上又是民众意向的集中体现。儒家思想并不排斥为了维持生计而出仕任职，但认为，在这种情况下不应该通过任职去谋求优厚的薪俸，对于自己所任的职事要尽心负责。反过来说，如果任职主要不是为了糊口，那么"道不行"就是最大的失职。孟子所谓与古人结交，实际上就是学习古人优秀的东西为己所用。此章引起后人注意的是其中提出"知人论世"的主张，也就是把具体的人放到当时的社会环境中去观察、理解，这一点成为后世文学批评很重要的方法。

⑫ 谆谆（zhūn）：反复叮咛。

⑬ 暴（pù）：显露，公开。

⑭ 南河：舜避居处，在今山东濮县东二十五里，河在尧都之南，故称南河。

者，不之尧之子而之舜；讴歌者，不讴歌尧之子而讴歌舜，故曰天也。夫然后之中国①，践天子位焉。而②居尧之宫，逼尧之子，是篡也，非天与也。《太誓》曰：‘天视自我民视，天听自我民听。’此之谓也。”

万章下

『12』万章问曰：“敢问友。”

孟子曰：“不挟③长，不挟贵，不挟兄弟而友。友也者，友其德也，不可以有挟也。孟献子④，百乘之家也，有友五人焉：乐正裘、牧仲，其三人，则予忘之矣。献子之与此五人者友也，无献子之家者也。此五人者，亦有献子之家，则不与之友矣。非惟百乘之家为然也，虽小国之君亦有之。费⑤惠公曰：‘吾于子思则师之矣；吾于颜般则友之矣；王顺、长息则事我者也。’非惟小国之君为然也，虽大国之君亦有之。晋平公之于亥唐⑥也，入云则入，坐云则坐，食云⑦则食。虽蔬食⑧菜羹，未尝不饱，盖不敢不饱也。然终于此而已矣，弗与共天位也，弗与治天职也，弗与食天禄也。士之尊贤者也，非王公之尊贤也。舜尚⑨见帝，帝馆甥⑩于贰⑪室，亦飨舜，迭为宾主，是天子而友匹夫也。用⑫下敬上，谓之贵贵；用上敬下，谓之尊贤。贵贵尊贤，其义一也。”

『14』孟子曰：“仕非为贫也，而有时乎为贫；娶妻非为养也，而有时乎为养。为贫者，辞尊居卑，辞富居贫。辞尊居卑，辞富居贫，恶乎宜乎？抱关击柝⑬。孔子尝为委吏⑭矣，曰：‘会计当而已矣。’尝为乘田⑮矣，曰：‘牛羊茁壮长而已矣。’位卑而言高，罪也；立乎人之本朝⑯而道不行，耻也。”

『17』孟子谓万章曰：“一乡之善士斯友一乡之善士，一国之善士斯友一国之善士，天下之善士斯友天下之善士。以友天下之善士为未足，又尚⑰论古之人。颂⑱其诗，读其书，

① 中国；这里指帝都。
② 而：如。
③ 挟：倚仗。
④ 孟献子：鲁国大夫仲孙蔑，献是他死后的谥号。
⑤ 费：春秋时小国，旧地在今山东鱼台西南费亭。
⑥ 亥唐：晋国人。晋平公时，朝中多贤臣，但亥唐不愿为官，隐居穷巷，平公曾对他“致礼与相见而请事”，非常敬重。
⑦ 入云、坐云、食云：是云入、云坐、云食的倒装。云，说。
⑧ 蔬食：粗糙的饮食。蔬同“疏”。
⑨ 尚：同“上”。
⑩ 甥：古时称妻子的父亲叫外舅，所以，女婿也称“甥”，舜是尧帝的女婿。
⑪ 贰室：副官，即招待的宫邸。
⑫ 用：以。
⑬ 抱关：守门的小卒。击柝（tuò）：打更；柝指打更用的梆子。
⑭ 委吏：管仓库的小史。
⑮ 乘田：管苑囿的小吏，负责牲畜的饲养和放牧。
⑯ 本朝：朝廷。
⑰ 尚：同“上”。
⑱ 颂：同“诵”。

不知其人，可乎？是以论其世也，是尚友也。”

『18』齐宣王问卿。孟子曰：“王何卿之问也？”

王曰：“卿不同乎？”

曰：“不同，有贵戚之卿①，有异姓之卿。”

王曰：“请问贵戚之卿。”

曰：“君有大过则谏，反复之而不听，则易位。”

王勃然变乎色。

曰：“王勿异也。王问臣，臣不敢不以正②对。”

王色定，然后请问异姓之卿。

曰：‘君有过则谏，反复之而不听，则去。”

告子上③

『1』告子④曰：“性犹杞柳也⑤，义犹桮棬也⑥；以人性为仁义，犹以杞柳为桮棬。”

孟子曰：“子能顺杞柳之性而以为桮棬乎？将戕贼杞柳而后以为桮棬也？如将戕贼杞柳而以为桮棬，则亦将戕贼人以为仁义与？率天下之人而祸仁义者，必子之言夫！”

『2』告子曰：“性犹湍水⑦也，决诸东方则东流，决诸西方则西流。人性之无分于善不善也，犹水之无分于东西也。”

孟子曰：“水信⑧无分于东西。无分于上下乎？人性之善也，犹水之就⑨下也。人无有不善，水无有不下。今夫水，搏而跃之，可使过颡⑩；激而行之，可使在山。是岂水之性哉？其势则然也。人之可使为不善，其性亦犹是也。”

『3』告子曰：“生之谓性。”

孟子曰：“生之谓性也，犹白之谓白与？”

曰：“然。”

“白羽之白也，犹白雪之白；白雪之白犹白玉之白与？”

---

① 贵戚之卿：指与君王同宗族的卿大夫。所谓同姓，即王室成员。

② 正：诚。

③ 《告子》下凡二十章，《告子》下凡十六章。在孟子时代，告子提出性无所谓善、无所谓不善的观点影响最大，孟子在此篇中同他展开了四个回合的辩论。在这里，孟子针对他的人性论观点，从恶的起源的角度，深入地展开了他的“性善”论。从艺术手法上看，丰富而形象的譬喻在该篇中得到了集中的应用。

④ 告子：姓告，名不害，子为古时对男子的一种通称。兼治儒、墨之道。尝学于孟子，而不能纯彻性命之理。

⑤ 杞（qǐ）柳：树名，枝条柔韧，可以编制箱筐等器物。

⑥ 桮棬（bēi quān）：器名。先用枝条编成杯盘之形，再以漆加工制成杯盘。

⑦ 湍（tuān）水：急流的水。

⑧ 信：诚，真。

⑨ 就：趋向。

⑩ 颡（sǎng）：额头。

曰："然。"

"然则犬之性犹牛之性，牛之性犹人之性与？"

『4』告子曰："食、色，性也。仁，内也，非外也；义，外也，非内也。"

孟子曰："何以谓仁内义外也？"

曰："彼长而我长之，非有长于我也；犹彼白而我白之，从其白于外也，故谓之外也。"

曰："异于白马之白也，无以异于白人之白也；不识长马之长也，无以异于长人之长与？且谓长者义乎？长之者义乎？"

曰："吾弟则爱之，秦人之弟则不爱也，是以我为悦者也，故谓之内。长楚人之长，亦长吾之长，是以长为悦者也，故谓之外也。

曰："耆秦人之炙①，无以异于耆吾炙，夫物则亦有然者也，然则耆炙亦有外与？"

『5』孟季子问公都子曰②："何以谓义内也？"

曰："行吾敬，故谓之内也。"

"乡人长于伯兄一岁，则谁敬？

曰："敬兄。"

"酌则谁先？"

曰："先酌乡人。"

"所敬在此，所长在彼，果在外，非由内也。"

公都子不能答，以告孟子。

孟子曰："敬叔父乎，敬弟乎？彼将曰，'敬叔父。'曰，'弟为尸③，则谁敬？'彼将曰，'敬弟。'子曰，'恶在其敬叔父也？'彼将曰，"在位故也。'子亦曰，'在位故也。庸敬在兄，斯须之敬在乡人。'"

季子闻之，曰："敬叔父则敬，敬弟则敬，果在外，非由内也。"

公都子曰："冬日则饮汤，夏日则饮水，然则饮食亦在外也？"

『6』公都子④曰："告子曰：'性无善无不善也。'或曰：'性可以为善，可以为不善；是故文武兴，则民好善；幽厉兴，则民好暴。'或曰：'有性善，有性不善。是故以尧为君而有象⑤，以瞽瞍⑥为父而有舜，以纣为兄之子且以为君，而有微子启、王子比干。'今曰'性善'，然则彼皆非与？"

孟子曰："乃若其情⑦，则可以为善矣，乃所谓善也。若夫为不善，非才⑧之罪也。恻

---

① 耆：同"嗜"。

② 孟季子：朱熹云："疑是孟仲子之弟也。"或说为任国国君之弟季任。

③ 尸：古代祭祀时，代死者受祭、象征死者神灵的人，以臣下或死者的晚辈充任。后世改为用神主、画像。

④ 公都子：孟子的学生。

⑤ 象：舜的异母弟，品行不善。

⑥ 瞽（gǔ）瞍（sǒu）：舜的父亲，品行不善。

⑦ 乃若：转折连词，大致相当于"至于"等。情：指天生的性情。

⑧ 才：指天生的资质。

隐之心，人皆有之；羞恶之心，人皆有之；恭敬之心，人皆有之；是非之心，人皆有之。恻隐之心，仁也；羞恶之心，义也；恭敬之心，礼也；是非之心，智也。仁义礼智，非由外铄①我也，我固有之也，弗思耳矣。故曰：‘求则得之，舍则失之。’或相倍蓰②而无算者，不能尽其才者也。《诗》曰：‘天生蒸民，有物有则。民之秉彝，好是懿德③。’孔子曰：‘为此诗者，其知道乎！故有物必有则；民之秉彝也，故好是懿德。’”

『7』孟子曰：“富岁，子弟多赖④；凶岁，子弟多暴，非天之降才尔殊⑤也，其所以陷溺其心者然也。今夫麰麦⑥，播种而耰⑦之，其地同，树⑧之时又同，浡然⑨而生，至于日至⑩之时，皆熟矣。虽有不同，则地有肥硗⑪，雨露之养、人事之不齐也。故凡同类者，举相似也，何独至于人而疑之？圣人，与我同类者。故龙子⑫曰：不知足而为屦，我知其不为蒉⑬也。’屦之相似，天下之足同也。口之于味，有同耆四也。易牙⑭先得我口之所耆者也。如使口之于味也，其性与人殊⑮，若犬马之与我不同类也，则天下何耆皆从易牙之于味也？至于味，天下期于易牙⑯，是天下之口相似也。惟⑰耳亦然。至于声，天下期于师旷，是天下之耳相似也。惟目亦然。至于子都⑱，天下莫不知其姣也。不知子都之姣者，无目者也。故曰：口之于味也，有同耆焉；耳之于声也，有同听焉；目之于色也，有同美焉。至于心，独无所同然乎？心之所同然者何也？谓理也，义也。圣人先得我心之所同然耳。故理义之悦我心，犹刍豢⑲之悦我口。”

『8』孟子曰：“牛山⑳之木尝美矣，以其郊于大国㉑也，斧斤伐之，可以为美乎？是其日夜之所息㉒，雨露之所润，非无萌蘖㉓之生焉，牛羊又从而牧之，是以若彼濯濯㉔也。人

---

① 铄（shuò）：授予。
② 蓰（xǐ）：五倍。
③ 《诗》曰：引自《诗经·大雅·蒸民》。蒸，众；则，法则；秉，执；彝，常；懿，美。
④ 赖：同“懒”。
⑤ 尔：这样，如此。殊：不同。
⑥ 麰（móu）麦：大麦。
⑦ 耰（yōu）：本为农具名，此处作动词，指用土覆盖种子。
⑧ 树：动词，种植。
⑨ 浡（bó）：旺盛。
⑩ 日至：即夏至。
⑪ 硗（qiāo）：土地贫瘠，不肥沃。
⑫ 龙子：古代的贤人。
⑬ 蒉（kuì）：筐、篮。
⑭ 耆（shì）：通“嗜”。
⑮ 易牙：春秋时齐国最擅烹调的人，齐桓公的宠臣。
⑯ 与人殊：即“人与人殊”之意。
⑰ 惟：此处为语首词，无义。
⑱ 子都：春秋时代美男子。
⑲ 刍豢（huàn）：泛指家畜。食草家畜如牛羊称刍；食谷家畜如猪狗称豢。
⑳ 牛山：齐国首都临淄郊外的山。
㉑ 郊：此处作动词用，在……郊。大国：即大都市，指临淄。
㉒ 息：生长。
㉓ 萌蘖（niè）：新枝嫩芽。
㉔ 濯濯（zhuó）：没有草木，光秃秃的样子。

见其濯濯也，以为未尝有材焉，此岂山之性也哉？虽存乎人者，岂无仁义之心哉？其所以放其良心者，亦犹斧斤之于木也，旦旦而伐之，可以为美乎？其日夜之所息，平旦①之气，其好恶与人相近也者几希，则其旦昼②之所为，有梏亡之矣③。梏之反复，则其夜气不足以存；夜气不足以存，则其违禽兽不远矣。人见其禽兽也，而以为未尝有才焉者，是岂人之情也哉？故苟得其养，无物不长；苟失其养，无物不消。

孔子曰：'操则存，舍则亡；出入无时，莫知其乡④。'惟心之谓与?"

『9』孟子曰："无或⑤乎王之不智也。虽有天下易生之物也，一日暴⑥之，十日寒之，未有能生者也。吾见亦罕矣，吾退而寒之者至矣，吾如有萌焉何哉？今夫奕之为数⑦，小数也；不专心致志，则不得也。奕秋，通国之善奕者也。使奕秋诲二人奕，其一人专心致志，惟奕秋之为听。一人虽听之，一心以为有鸿鹄⑧将至，思援弓缴⑨而射之，虽与之俱学，弗若之矣，为是其智弗若与？曰：非然也。"

『10』孟子曰："鱼，我所欲也，熊掌，亦我所欲也；二者不可得兼，舍鱼而取熊掌者也。生，亦我所欲也，义，亦我所欲也；二者不可得兼，舍生而取义者也。生亦我所欲，所欲有甚于生者，故不为苟得也；死亦我所恶，所恶有甚于死者，故患有所不辟⑩也。如使人之所欲莫甚于生，则几可以得生者，何不用也？使人之所恶莫甚于死者，则凡可以辟患者，何不为也？由是则生而有不用也，由是则可以辟患而有不为也。是故所欲有甚于生者，所恶有甚于死者。非独贤者有是心也，人皆有之，贤者能勿丧耳。一箪食，一豆⑪羹，得之则生，弗得则死，呼尔⑫而与之，行道之人弗受；蹴尔⑬而与之，乞人不屑也。万钟则不辨礼义而受之。万钟于我何加焉？为宫室之美、妻妾之奉、所识穷乏者得⑭我与？乡⑮为身死而不受，今为宫室之美为之；乡为身死而不受，今为妻妾之奉为之；乡为身死而不受，今为所识穷乏者得我而为之，是亦不可以已乎？此之谓失其本心。"

『11』孟子曰："仁，人心也；义，人路也。舍其路而弗由，放⑯其心而不知求，哀哉！

---

① 平旦：黎明，天刚亮时。
② 旦昼：旦，天明，早晨。旦昼：白天，明日。
③ 有：同"又"。梏（gù）：拘禁，束缚。梏亡指因受束缚而消亡。
④ 乡：乡里，"居"的意思。
⑤ 或：同"惑"。
⑥ 暴（pù）：同"曝"，晒。
⑦ 奕：围棋。数：技术，技巧。
⑧ 鸿鹄（hú）：天鹅。
⑨ 缴（zhuó）：系在箭上的绳，代指箭。
⑩ 辟：同"避"。
⑪ 豆：古代盛羹汤的器具。
⑫ 呼尔：轻勇地呼喝。
⑬ 蹴（cù）尔：以脚践踏。
⑭ 得：通"德"，这里指以我为德，即感激的意思。
⑮ 乡：同"向"，向来，一向，从前。
⑯ 放：放任，失去。

人有鸡犬放，则知求之；有放心而不知求。学问之道无他，求其放心而已矣。”

『14』孟子曰：“人之于身也，兼所爱。兼所爱，则兼所养也。无尺寸之肤不爱焉，则无尺寸之肤不养也。所以考其善不善者，岂有他哉？于己取之而已矣。体有贵贱，有小大。无以小害大，无以贱害贵。养其小者为小人，养其大者为大人。今有场师，舍其梧檟①，养其樲棘②，则为贱场师焉。养其一指而失其肩背，而不知也，则为狼疾③人也。饮食之人，则人贱之矣，为其养小以失大也。饮食之人无有失也，则口腹岂适④为尺寸之肤哉？”

『15』公都子问曰：“钧⑤是人也，或为大人，或为小人，何也？”

孟子曰：“从其大体为大人，从其小体为小人。”

曰：“钧是人也，或从其大体，或从其小体，何也？”

曰：“耳目之官不思，而蔽于物。物交物，则引之而已矣。心之官则思，思则得之，不思则不得也。此天之所与我⑥者。先拉乎其大者，则其小者弗能夺也。此为大人而已矣。”

『18』孟子曰：“仁之胜不仁也．犹水胜火。今之为仁者，犹以一杯水救一车薪之火也；不熄，则谓之水不胜火。此又与⑦于不仁之甚者也，亦终必亡而已矣。”

告子下

『21』任⑧人有问屋庐子⑨曰：“礼与食孰重？”

曰：“礼重。”

“色与礼孰重？”

曰：“礼重。”

曰：“以礼食，则饥而死；不以礼食，则得食，必以礼乎？亲迎⑩，则不得妻；不亲迎，则得妻，必亲迎乎？”

屋庐子不能对。明日之邹，以告孟子。

孟子曰：“於！答是也，何有？不揣其本，而齐其末，方寸之木可使高于岑楼⑪。金重于羽者，岂谓一钩金⑫与一舆羽之谓哉？取食之重者与礼之轻者而比之，奚翅⑬食重？取色

---

① 梧：梧桐。檟（jiǎ）：即楸树，也是一种木质很好的树。
② 樲（èr）：酸枣。棘：荆棘。
③ 狼疾：同“狼藉”，昏乱，糊涂。
④ 适。通“啻”（chì），仅仅，只。
⑤ 钧：同“均”。
⑥ 我：泛指人类。
⑦ 与：助。
⑧ 任：春秋时国名，故址在今山东济宁。
⑨ 屋庐子：孟子的学生。
⑩ 亲迎：古代婚姻制度，新郎亲迎新娘。这里代指按礼制娶亲。
⑪ 岑楼：尖顶高楼。
⑫ 一钩金：一衣带钩那样一点点金。
⑬ 翅：同“啻”，意为止、但。

之重者与礼之轻者而比之，奚翅色重？往应之曰：‘紾①兄之臂而夺之食，则得食；不紾，则不得食，则将紾之乎？窬东家墙而搂其处子②，则得妻；不搂，则不得妻；则将搂之乎？’”

『22』曹交③问曰：“人皆可以为尧舜，有诸？”

孟子曰：“然。”

“交闻文王十尺，汤九尺，今交九尺四寸以长，食粟而已，如何则可？”

曰：“奚有于是？亦为之而已矣。有人于此，力不能胜一匹雏④，则为无力人矣。今日举百钧，则为有力人矣。然则举乌获⑤之任，是亦为乌获而已矣。夫人岂以不胜为患哉？弗为耳。徐行后长者谓之弟，疾行先长者谓之不弟。夫徐行者，岂人所不能哉？所不为也。尧舜之道，孝弟而已矣。子服尧之服，诵尧之言，行尧之行，是尧而已矣。子服桀之服，诵桀之言，行桀之行，是桀而已矣。”

曰：“交得见于邹君，可以假馆⑥，愿留而受业于门。”

曰：“夫道若大路然，岂难知哉？人病不求耳。子归而求之，有余师。”

『24』宋牼⑦将之楚，孟子遇于石丘⑧，曰：“先生将何之？”

曰：“吾闻秦楚构兵⑨，我将见楚王说⑩而罢之。楚王不悦，我将见秦王说而罢之。二王我将有所遇⑪焉。”

曰：“轲也请无问其详，愿闻其指⑫。说之将何如？”

曰：“我将言其不利也。”

曰：“先生之志则大矣，先生之号⑬则不可。先生以利说秦楚之王，秦楚之王悦于利，以罢三军之师，是三军之士乐罢而悦于利也。为人臣者怀利以事其君，为人子者怀利以事其父，为人弟者怀利以事其兄，是君臣、父子、兄弟终去仁义，怀利以相接，然而不亡者，未之有也。先生以仁义说秦楚之王，秦楚之王悦于仁义，而罢三军之师，是三军之士乐罢而悦于仁义也。为人臣者怀仁义以事其君，为人子者怀仁义以事其父，为人弟者怀仁义以事其兄，是君臣、父子、兄弟去利，怀仁义以相接也，然而不王者，未之有也。何必曰利？”

---

① 紾（zhěn）：扭转。
② 处子：处女。
③ 曹交：赵岐注认为是曹君的弟弟，名交。但孟子的时代曹国已亡，所以也不确切。
④ 一匹雏：一只小鸡。
⑤ 乌获：古代传说中的大力士。
⑥ 假馆：借客舍，意为找一个住处。
⑦ 宋牼（kēng）：战国时宋国著名学者，反对战争，主张和平。
⑧ 石丘：地名，其址不详。
⑨ 构兵：交战。
⑩ 说（shuì）：劝说。
⑪ 遇：说而相合。
⑫ 指：同“旨”，大概，大意。
⑬ 号：提法。

『29』孟子曰："今之事君者皆曰：'我能为君辟土地，充府库。'今之所谓良臣，古之所谓民贼也。君不乡道①，不志于仁，而求富之，是富桀也。'我能为君约与国②，战必克。'今之所谓良臣，古之所谓民贼也。君不乡道，不志于仁，而求为之强战，是辅桀也。由今之道，无变今之俗，虽与之天下，不能一朝居也。

『30』白圭③曰："吾欲二十而取一，何如？"

孟子曰："子之道，貉④道也。万室之国，一人陶，则可乎？"

曰："不可，器不足用也。"

曰："夫貉，五谷不生，惟黍生之；无城郭、宫室、宗庙、祭祀之礼，无诸侯币帛饔飧⑤，无百官有司，故二十取一而足也。今居中国，去人伦，无君子⑥，如之何其可也？陶以寡，且不可以为国，况无君子乎？欲轻之于尧舜之道者，大貉小貉也；欲重之于尧舜之道者，大桀小桀也。"

『31』白圭曰："丹之治水⑦也愈于禹。"

孟子曰："子过矣。禹之治水，水之道也，是故禹以四海为壑⑧。今吾子以邻国为壑。水逆行谓之洚⑨水。降水者，洪水也——仁人之所恶也。吾子过矣。"

『32』孟子曰："君子不亮⑩，恶乎执⑪？"

『33』鲁欲使乐正子⑫为政。孟子曰："吾闻之，喜而不寐。"

公孙丑曰："乐正子强乎？"曰："否。"

"有知虑乎？"曰："否。"

"多闻识乎？"曰："否。"

"然则奚为喜而不寐？"曰："其为人也好善⑬。"

"好善足乎？"

曰："好善优于天下⑭，而况鲁国乎？夫苟好善，则四海之内皆将轻⑮千里而来告之以

---

① 乡道：向往道德。乡，同"向"，向往。
② 与国：盟国。
③ 白圭：名丹，曾做过魏国的宰相，筑堤治水很有名。
④ 貉（mò）：又作"貊"，古代北方的一个小国。貉之税二十取一。
⑤ 饔（yōng）：早餐。飧（sūn）：晚餐。这里以饔飧代指请客吃饭的礼节。
⑥ 去人伦，无君子：去人伦指无君臣、祭祀、交际的礼节；无君子指无百官有司。
⑦ 丹之治水：白圭治水的方法，据《韩非子·喻老篇》记载，主要在于筑堤塞穴，所以孟子要指责他"以邻国为壑"。
⑧ 壑（hè）：本义为沟壑，这里扩大指受水处。
⑨ 洚（jiàng）：大水泛滥。
⑩ 亮：同"谅"，诚信。
⑪ 执：把握。
⑫ 乐正子：复姓乐正，名克。
⑬ 好善：这里特指喜欢听取善言。
⑭ 优：充足、有余。
⑮ 轻：易，容易，不以为难。

善；夫苟不好善，则人将曰：訑訑①，予既②已知之矣。’訑訑之声音、颜色距③人于千里之外。士止于千里之外，则谗谄面谀④之人至矣。与谗谄面谀之人居，国欲治，可得乎？”

『36』孟子曰：“教亦多术矣。予不屑之教诲也者，是亦教诲之而已矣。”

尽心上⑤

『1』孟子曰：“尽其心者，知其性也。知其性，则知天矣。存其心⑥，养其性⑦，所以事天也。殀寿不贰，修身以俟之，所以立命也。”

『2』孟子曰：“莫非命⑧也，顺受其正。是故知命者不立乎岩墙之下。尽道而死者，正命也；桎梏死者，非正命也。”

『3』孟子曰：“求则得之，舍则失之，是求有益于得也，求在我者也。求之有道，得之有命，是求无益于得也，求在外者也。”

『4』孟子曰：“万物皆备于我矣⑨。反身而诚⑩，乐莫大焉。强恕而行⑪，求仁莫近焉。”

『6』孟子曰：“人不可以无耻。无耻之耻⑫，无耻矣⑬。”

『7』孟子曰：“耻之于人大矣！为机变之巧者，无所用耻焉⑭。不耻不若人，何若

---

① 訑訑（yí）：赵注云：“自足其智不嗜善言之貌”。
② 既：尽，都。
③ 距：同“拒”。
④ 谗：说陷害人的坏话。谄：巴结，奉承。谀：讨好逢迎。
⑤ 《尽心》上凡四十六章，《尽心》下凡三十八章。本章集中了孟子关于认识论和自身修养的许多论述，充分肯定了自身修养的重要性。孟子也谈论上天与命运，与孔子稍有不同的是，他并非消极地等待命运的安排，而是强调以个体的道德自律来“立命”，从而极大地突出了个体的人格价值及其所负的道德责任和历史使命。此章也是《孟子》中最具人道主意色彩的章节之一，“民贵君轻”的主张就出自此章。
⑥ 存其心：朱熹《集注》云：“存谓操而不舍。”
⑦ 养其性：朱熹《集注》云：“养谓顺而不害。”
⑧ 莫非命：赵岐注云：“命有三名，行善得善曰受命，行善得恶曰遭命，行恶得恶曰随命。惟顺受命为受其正也。”
⑨ 万物皆备于我：赵岐注云：“谓人为成人以往，皆备知天下万物，常有所行矣。”朱熹《集注》云：“此言理之本然也，大则君臣、父子，小则事物细微，无一不具于性分之内也。”
⑩ 反身而诚：朱熹《集注》云：“言反诸身而所备之理皆如好好色、恶恶臭之实然，则其行之不待勉强而无不利矣，其乐孰大于是。”
⑪ 强恕而行：赵岐注云“当自勉强以忠恕之道。”朱熹《集注》云：“强，勉强也。恕，推己及人也。”
⑫ 无耻之耻：对无耻不感到羞耻，即对毫无耻辱感感到内疚。
⑬ 无耻矣：没有耻辱了。
⑭ 机变：奸诈。玩弄机谋巧诈的人是没有地方用得到羞耻的。

人有①？”

『8』孟子曰：“古之贤王好善而忘势；古之贤士何独不然？乐其道而忘人之势，故王公不致敬尽礼，则不得亟②见之。见且由不得亟，而况得而臣之乎？”

『14』孟子曰：“仁言不如仁声之入人深也③，善政不如善教之得民也。善政，民畏之；善教，民爱之。善政得民财，善教得民心。”

『15』孟子曰：“人之所不学而能者，其良能也；所不虑而知者，其良知也④。孩提之童⑤无不知爱其亲者，及其长也，无不知敬其兄也。亲亲，仁也；敬长，义也；无他，达之天下也。”

『17』孟子曰：“无为其所不为⑥，无欲其所不欲，如此而已矣。”

『18』孟子曰：“人之有德、慧、术、知者，恒存⑦乎疢疾⑧。独孤臣孽子，其操心也危，其虑患也深，故达。”

『19』孟子曰：“有事君人者，事是君则为容悦者也；有安社稷臣者，以安社稷为悦者也；有天民⑨者，达可行于天下而后行之者也；有大人者，正己而物正者也。”

『20』孟子曰：“君子有三乐，而王天下不与存焉。父母俱存，兄弟无故⑩，一乐也；仰不愧于天，俯不怍⑪于人，二乐也；得天下英才而教育之，三乐也。君子有三乐，而王天下不与存焉。”

『21』孟子曰：“广土众民，君子欲之，所乐不存焉；中天下而立，定四海之民，君子乐之，所性不存焉。君子所性，虽大行⑫不加焉，虽穷居不损焉，分定故也。君子所性，仁义礼智根于心，其生色也睟然⑬，见于面，盎⑭于背，施于四体，四体不言而喻。”

---

① 何若人有：意为有什么地方及得上他人呢？
② 亟（qì）：多次。
③ 仁言不如仁声之入人深也：仁爱的话语不如仁爱的声望深入人心。
④ 良：指本能的，天然的。良能、良知已作为专门的哲学术语，以不译为妥。
⑤ 孩提之童：指两三岁之间的小孩子。
⑥ 所不为：此指不该为者。下文“所不欲”与此类似。
⑦ 存：言存心。
⑧ 疢（chèn）疾：朱熹《集注》云：“如灾患也。”
⑨ 天民：赵岐注云：“知道者也。”
⑩ 故：事故，指灾患病丧。
⑪ 怍：惭愧。
⑫ 大行：指理想、抱负行于天下。
⑬ 睟（cuì）然：颜色润泽。
⑭ 盎：显露。

『23』孟子曰："易其田畴①，薄其税敛，民可使富也。食之以时，用之以礼，财不可胜用也。民非水火不生活，昏暮叩人之门户求水火，无弗与者，至足矣②。圣人治天下，使有菽粟如水火。菽粟如水火，而民焉有不仁者乎？"

『24』孟子曰："孔子登东山③而小鲁，登泰山而小天下。故观于海者难为水，游于圣人之门者难为言。观水有术，必观其澜。日月有明，容光④必照焉。流水之为物也，不盈科不行；君子之志于道也，不成章⑤不达。"

『25』孟子曰："鸡鸣而起，孳孳⑥为善者，舜之徒也；鸡鸣而起，孳孳为利者，跖⑦之徒也。欲知舜与跖之分，无他，利与善之⑧间也。"

『26』孟子曰："杨子⑨取为我，拔一毛而利天下，不为也。墨子兼爱⑩，摩顶放踵⑪利天下，为之。子莫⑫执中。执中为近之。执中无权，犹执一也。所恶执一者，为其贼道也，举一而废百也。"

『27』孟子曰："饥者甘食，渴者甘饮。是未得饮食之正也，饥渴害之也。岂惟口腹有饥渴之害？人心亦皆有害。人能无以饥渴之害为心害，则不及人不为忧矣。"

『29』孟子曰："有为者辟⑬若掘井，掘井九轫⑭而不及泉，犹为弃井也。"

『33』王子垫⑮问曰："士何事？"

孟子曰："尚志。"

曰："何谓尚志？"

---

① 易：治，耕种；田畴：田地。

② 矣：这里的用法同"也"。

③ 东山：即蒙山，在今山东蒙阴县南。

④ 容光：指能够容纳光线的小缝隙。

⑤ 成章：《说文》解释："乐竟为一章。"由此引申，指事物达到一定阶段或有一定规模，犹孔子所言"斐然成章。"

⑥ 孳孳（zī）：同"孜孜"，勤勉不懈。

⑦ 跖：本书《滕文公》下篇提到的"盗跖"，春秋时的大盗。

⑧ 间（jiàn）：区别，差异。

⑨ 杨子：战国初期哲学家，名朱，魏国人。他的学说与墨子的学说在战国时代都很流行。他重视个人利益，反对别人对自己的侵夺，但也反对侵夺别人。他没有留下著作，事迹见于《孟子》、《庄子》、《韩非子》、《吕氏春秋》等，《列子》里有《杨朱篇》，但不一定可靠。

⑩ 墨子兼爱：墨子（约公元前468年—公元前376年），春秋战国之际的思想家、政治家，墨家学派的创始人，名翟。相传原为宋国人，后长期住在鲁国。"兼爱"是他的基本思想之一。

⑪ 摩顶放踵：从头顶到脚跟都磨伤，形容不畏劳苦，不顾体伤。放，到。

⑫ 子莫：战国时鲁国人，其事迹已不可考。

⑬ 辟：同"譬"。

⑭ 轫：通"仞"古代度量单位。赵岐注：一轫为八尺。九轫，犹言很深，九是多的意思。

⑮ 王子垫：齐王的儿子，名垫。

曰：“仁义而已矣。杀一无罪，非仁也；非其有而取之，非义也。居恶在？仁是也。路恶在？义是也。居仁由义，大人之事备矣。”

『35』桃应①问曰：“舜为天子，皋陶为士，瞽瞍杀人，则如之何？”

孟子曰：“执之而已矣。”

“然则舜不禁与？”

曰：“夫舜恶得而禁之？夫有所受之也。”

“然则舜如之何？”

曰：“舜视弃天下犹弃敝蹝②也。窃负而逃，遵③海滨而处，终身欣然，乐而忘天下。”

『36』孟子自范④之齐，望见齐王之子，喟然叹曰：“居移气，养移体，大哉居乎！夫非尽人之子与？”

孟子曰：“王子宫室、车马、衣服多与人同，而王子若彼者，其居使之然也。况居天下之广居⑤者乎？鲁君之宋，呼于垤泽之门⑥。守者曰：‘此非吾君也，何其声之似我君也？’此无他，居相似也。”

『37』孟子曰：“食⑦而弗爱，豕交之也；爱而不敬，兽畜之也。恭敬者，币之未将⑧者也。恭敬而无实，君子不可虚拘。”

『40』孟子曰：“君子之所以教者五：有如时雨化之⑨者，有成德者，有达财⑩者，有答问者，有私淑艾⑪者。此五者，君子之所以教也。”

『41』公孙丑曰：“道则高矣，美矣，宜若登天然，似不可及也。何不使彼为可几及而日孳孳也？”

孟子曰：“大匠不为拙工改废绳墨，羿不为拙射变其彀率⑫。君子引而不发，跃如也。中道而立，能者从之。”

---

① 桃应：孟子的学生。

② 敝蹝（xǐ）：破鞋子。

③ 遵：循。

④ 范：地名，故城在今河南范县东南二十里，是魏国与齐国之间的要道。

⑤ 广居：孟子的“广居”指仁。如《滕文公下》所说：“居天下之广居，立天下之正位。”

⑥ 垤（dié）泽之门：宋国城门。

⑦ 食：动词，使之食，引申为奉养。

⑧ 币：指礼物。将：送。

⑨ 如时雨化之：时雨即及时雨。赵岐注云：“教之渐渍而沾洽之。”

⑩ 财：通“才”。朱熹《集注》云：“各因其所长而教之者也。”

⑪ 淑：通“叔”，拾取。艾（yì）：同“刈”，取。也就是说，淑、艾同义，“私淑艾”也就是“私淑”，意为私下拾取，指不是直接作为学生，而是自己仰慕而私下自学的。这也就是所谓“私淑弟子”的意思。

⑫ 彀率：拉开弓的标准。

『42』孟子曰："天下有道，以道殉身①；天下无道，以身殉道。未闻以道殉乎人②者也。"

『43』公都子曰："滕更③之在门也，若在所礼，而不答，何也？"

孟子曰："挟④贵而问，挟贤而问，挟长而问，挟有勋劳而问，挟故⑤而问，皆所不答也。滕更有二焉。"

『44』孟子曰："于不可已⑥而已者，无所不已。于所厚者薄，无所不薄也。其进锐者，其退速。"

『45』孟子曰："君子之于物也，爱之而弗仁；于民也，仁之而弗亲。亲亲而仁民，仁民而爱物。"

『46』孟子曰："知者无不知也，当务之为急；仁者无不爱也，急亲贤之为务。尧、舜之知而不遍物，急先务也；尧、舜之仁不遍爱人，急亲贤也。不能三年之丧，而缌、小功之察⑦；放饭流歠⑧，而问无齿决，是之谓不知务。"

尽心下

『48』孟子曰："春秋无义战。彼善于此，则有之矣。征者，上伐下也，敌⑨国不相征也。"

『49』孟子曰："尽信《书》，则不如无《书》。吾于《武成》⑩，取二三策⑪而已矣。仁人无敌于天下，以至仁伐至不仁，而何其血之流杵⑫也？"

---

① 以道殉身：这里的"殉"是相始终之意。

② 殉乎人：言迁就他人。朱熹《集注》云："以道从人，妾妇之道。"

③ 滕更：滕国国君的弟弟，曾向孟子求学。

④ 挟（xié）：倚仗。

⑤ 故：赵岐注为"故旧之好。"

⑥ 已：弃、止。

⑦ 缌、小功之察：缌、小功都是古代丧服的等级，按礼制规定，前者应服丧三个月、后者应服丧五个月。缌，细麻布，这里代指服丧三个月的孝服，穿这种孝服只服丧三个月，是五种孝服中最轻的一种，如女婿为岳父母服孝就用这种。为父母服丧，必须三年，所穿的丧服远比缌、小功为重。若不能做到这一点，却在服缌和小功上讲究则是不识大体。

⑧ 放饭流歠（chuò）：大吃猛喝。放饭，大吃大嚼的意思；放，副词；饭，动词。流歠，猛喝的意思；流，长，副词；歠，饮，动词。《礼记·曲礼》说："濡肉齿决，干肉不齿决。"在尊长者面前啃干肉也是不礼貌的行为，但只是小不敬。

⑨ 敌国：指地位相等的国家。"敌"在这里不是"敌对"的意思。

⑩ 《武成》：《尚书》的篇名，旧说此篇主要记叙武王伐纣成功后的重要政事。大约在秦汉之际亡佚，现存《武成》篇是伪古文。

⑪ 策：竹简。古代用竹简书写，一策相当于我们今天说一页。

⑫ 杵（chǔ）：舂米或捶衣的木棒。

『51』孟子曰："梓匠轮舆能与人规矩，不能使人巧。"

『60』孟子曰："民为贵，社稷①次之，君为轻。是故得乎丘②民而为天子，得乎天子为诸侯，得乎诸侯为大夫。诸侯危社稷，则变置。牺牲③既成，粢盛既洁④，祭祀以时，然而旱干水溢，则变置社稷。

『66』孟子曰："贤者以其昭昭，使人昭昭，今以其昏昏，使人昭昭。"

『67』孟子谓高子⑤曰："山径之蹊，⑥ 间介然⑦用之而成路；为间⑧不用，则茅塞之矣。今茅塞子之心矣。"

『69』齐饥。陈臻曰："国人皆以夫子将复为发棠⑨，殆不可复。"孟子曰："是为冯妇⑩也。晋人有冯妇者，善搏虎，卒为善士。则之野，有众逐虎。虎负嵎⑪，莫之敢撄⑫。望见冯妇，趋而迎之。冯妇攘臂下车。众皆悦之，其为士者笑之⑬。"

『74』孟子曰："诸侯之宝三：土地、人民、政事。宝珠玉者，殃必及身。"

『75』盆成括⑭仕于齐，孟子曰："死矣盆成括！"

盆成括见杀，门人问曰："夫子何以知其将见杀？"

曰："其为人也小有才，未闻君子之大道也，则足以杀其躯而已矣。"

『78』孟子曰："言近而指远者，善言也；守约而施博者，善道也。君子之言也，不下带⑮而道存焉。君子之守，修其身而天下平。人病舍其田而芸人之田——所求于人者重，而所以自任者轻。"

---

① 社稷：社，土神。稷，谷神。古代帝王或诸侯建国时，都要立坛祭祀"社"、"稷"，所以，"社稷"又作为国家的代称。

② 丘：众。

③ 牺牲：供祭祀用的牛、羊、猪等祭品。

④ 粢（zī）：稷，粟米。粢盛既洁的意思是说，盛在祭器内的祭品已洁净了。

⑤ 高子：齐国人，孟子的学生。

⑥ 径：山路。蹊：人行处。山径之蹊泛指很窄的山间小路。

⑦ 间介然：本指意志专一而不旁骛，这里是经常不断的意思。

⑧ 为间：即"有间"，短时，为时不久。

⑨ 复为发棠：重新劝齐王打开棠地的粮仓赈济灾民。发，打开。棠，地名，在今山东即墨南。过去齐国灾荒时，孟子曾劝过齐王开棠地粮仓赈济灾民，所以有此说。

⑩ 冯妇：人名，姓冯，名妇。"再作冯妇"的典故就出自此章，比喻重操旧业。

⑪ 嵎（yú）：山势弯曲险阻处。

⑫ 撄（yīng）：迫近。

⑬ 笑之：朱熹《集注》云："笑其不知止也。"

⑭ 盆成括：姓盆成，名括。

⑮ 带：束腰的带子。朱熹注："古人视不下于带，则带之上乃目前常见至近之处也。举目前之近事，而至理存焉。"所以，不下带指平常浅近的意思。

『81』孟子曰："养心莫善于寡欲。其为人也寡欲，虽有不存①焉者，寡矣；其为人也多欲，虽有存焉者，寡矣。"

学习建议

1. 重新认识"民贵君轻"这一"民本"思想的现实意义。
2. 解读孟子对知识分子理想人格的见解及其现实意义。
3. 孟子论辩之词缜密纯熟，试在教师的引导下，朗读并背诵书中的名段警句。
4. 延伸阅读篇目：

《梁惠王》『16』『21』『23』

《公孙丑》『13』『15』『16』『17』『18』『21』『23』

《滕文公》『3』『5』『8』『10』『14』

《离娄》『2』『3』『5』『6』『13』『16』『18』『20』『22』『24』『25』『28』『29』『30』『32』『33』『34』『37』『38』『45』『48』『49』『50』『54』『55』『58』『59』『60』

《万章》『1』『2』『3』『4』『6』『7』『8』『9』『10』『11』『13』『15』『16』

《告子》『12』『13』『16』『17』『19』『20』『23』『25』『26』『27』『28』『34』『35』

《尽心》『5』『9』『10』『11』『12』『13』『16』『22』『28』『30』『31』『32』『34』『38』『39』『47』『50』『52』『53』『54』『55』『56』『57』『58』『59』『61』『62』『63』『64』『65』『68』『70』『71』『72』『73』『76』『77』『79』『80』『82』『83』『84』

① 存：此处是存其本心之意。

庄　子

导读

庄周（约公元前369年—公元前286年），宋国蒙（今河南商丘东北）人，与梁惠王、齐宣王同时，曾任漆园吏。楚威王闻其贤，聘以为相，不就，穷困终生。生平行事，略见于《史记·老子韩非列传》。

《庄子》为道家经典之一。庄周及其后学的著作集。据《汉书·艺文志》著录，《庄子》52篇。今存33篇，分内7篇、外15篇、杂11篇，为郭象注本。内篇的思想、结构、文风都比较一致，一般认为是庄周自著。外、杂篇则兼有其后学之作，甚至掺入其他学派的个别篇章，思想观点与内篇多有出入。如在哲学上不仅仅有唯心主义的虚无之道，有时还赋予其某些物质性，带有唯物主义的色彩；在政治上时而主张绝对的无为，时而主张在上者无为而在下者有为；在处世态度上，时而宣扬混世，时而赞成避世；在人生观上，时而提倡寡欲，时而鼓吹纵欲；在对待其他学派的态度上，时而坚持混合齐同，时而针锋相对。这些分歧，反映了战国中叶至秦汉间社会变革形势下道家学派的发展与分化，也反映了各种学派的相互渗透。但从全书总体说，唯心主义的本体论、相对主义的循环论、认识上的不可知论、无为的政治主张、虚无的人生哲学，构成了庄子学派的基本倾向。同时，书中也有不少辩证的因素，尤其对社会黑暗面的揭露、批判，不遗余力，十分深刻。

《庄子》也是一部杰出的文学著作。作者要阐述的虽然是玄虚的天道，但由于其“以天下为沉浊，不可与庄语”，所以“以卮言为曼衍，以重言为真，以寓言为广”（《天下》），特别是大量地运用了寓言，把抽象迷蒙的天道描绘得似乎可感可知。在塑造形象时，作者擅长于体物入微的描写。通过他描写想见其情状。总之，太空、江海、飞禽、走兽、音乐、风云，以及人物的肖像、心理、言行的描画，无一不“指事类情”（《史记·老子韩非列传》），惟妙惟肖，大大地开拓了艺术的境界。

《庄子》还以想象丰富，结构灵活见长。凭空虚设，海阔天空，放纵自由，宏伟壮丽，诙谐怪异。大鹏展翅万里，北海虚怀若谷（《秋水》），盗跖声色俱厉（《盗跖》），庄周化为蝴蝶（《齐物论》），凡此种种，都说明作者并不按现实生活的本来面目去再现生活，而是用丰富的想象，离奇的夸张，以及大量的比喻与拟人手法去写意抒怀。在行文构思上，放得开，收得住，首尾不落套，转接无痕迹。文思跳跃，散而有结，开阖无端，令读者恍惚迷离，正如刘熙载所说：“文之神妙，莫过于能飞。庄子之言鹏曰‘怒而飞’，今观其文，无端而来，无端而去，殆得‘飞’之机者。”（《艺概·文概》）

富于抒情意味，也是《庄子》散文的一大特色。当作者在描述道家的理想人物或发表议论时，必定带着满腔热情。《庄子》行文千变万化，总离不开作者的自我表现。栎树、游鱼、蝴蝶、渔父、野马、海鳖等等，都具有庄周的性格，体现了庄周某种精神状态。所以尽管是论理文章，读来却觉得韵味无穷。此外，词汇丰富，句式灵活，构思精巧，多用韵语，善作连类比喻等，也是同时代作者所不及的。所以鲁迅认为："其文则汪洋辟阖，仪态万方，晚周诸子之作，莫能先也。"

《庄子》在文学上的影响很大。自宋玉、贾谊、司马迁以来，历代大作家几乎无一不受到它的熏陶。在思想上，或取其愤世嫉俗，不与统治者为伍；或随其悲观消极，自解自嘲。对于《庄子》的艺术，或者赞叹，或者仿效，或者从中取材而化为己意。阮籍、陶渊明、李白、苏轼，在思想和艺术上都从《庄子》那里吸取了许多营养。

逍遥游①

北冥有鱼②，其名为鲲③。鲲之大，不知其几千里也；化而为鸟，其名为鹏④。鹏之背，不知其几千里也；怒而飞⑤，其翼若垂天之云⑥。是鸟也⑦，海运则将徙于南冥⑧。南冥者，天池也⑨。

《齐谐》⑩ 者，志怪⑪者也。《谐》之言曰："鹏之徙于南冥也，水击⑫三千里，抟扶摇而上者九万里⑬，去以六月息者也⑭。"野马也⑮，尘埃也，生物之以息⑯相吹也。天之苍苍⑰，其正色邪⑱，其⑲远而无所至极邪？其⑳视下也，亦若是㉑则已矣。

---

① 本文选自《庄子·内篇》。逍遥，是无拘无束、自由自在的意思；游，交游，指主观同客观的关系。本文的主旨在于说明，在自然界或人世间，任何事物，任何人，都要受客观条件的制约，都是"有所待"的，因而也就没有绝对的逍遥。只有在主客观的相互制约中消除主观方面，即做到"无功、无名、无己"，才能绝对逍遥。本文写得意象雄浑、想象丰富、语言生动，对后世产生了深远影响。

② 冥（míng）：通"溟"，指海。北冥，北海。

③ 鲲（kūn）：小鱼。这里用作大鱼名。

④ 鹏：即古"凤"字，大鸟名。

⑤ 怒：奋力。

⑥ 垂：通"陲"，远边。

⑦ 是鸟：此鸟，指大鹏。

⑧ 海运：海动，谓海水翻腾。

⑨ 天池：天然形成的大池。

⑩ 《齐谐》：书名，出于齐国，故名《齐谐》。

⑪ 志怪：记载怪异的事物。

⑫ 水击：击水，拍水。这是写鹏翼拍水而飞。

⑬ 抟（tuán）：兼有拍、旋二义。扶摇：盘旋而上的暴风。

⑭ 去：指飞去南海。息：气息，谓风。

⑮ 野马：指浮游的水汽。

⑯ 息：气息。

⑰ 苍苍：深蓝色。

⑱ 邪：同耶。

⑲ 其：抑或，还是。

⑳ 其：指大鹏。

㉑ 是：指人视天。

且夫水之积也不厚①，则其负②大舟也无力；覆杯水于坳堂③之上，则芥④为之舟；置杯焉则胶⑤，水浅而舟大也。风之积也不厚，则其负大翼⑥也无力。故九万里，则风斯⑦在下矣，而后乃今培风⑧；背负青天而莫之夭阏者⑨，而后乃今将图南⑩。

蜩与学鸠笑之曰⑪：'我决起⑫而飞，抢榆枋而止⑬，时则⑭不至而控⑮于地而已矣，奚以之九万里而南为⑯？'适莽苍者⑰，三飡⑱而反，腹犹果然⑲；适百里者，宿舂粮⑳；适千里者，三月聚粮。之二虫㉑又何知！

小知不及大知㉒，小年不及大年㉓。奚以知其然也？朝菌不知晦朔㉔，蟪蛄㉕不知春秋，此小年也。楚之南有冥灵者㉖，以五百岁为春，五百岁为秋；上古有大椿㉗者，以八千岁为春，八千岁为秋，此大年也。而彭祖乃今以久特闻㉘，众人匹之㉙，不亦悲乎？

汤之问棘㉚也是已："穷发㉛之北有冥海者，天池也。有鱼焉，其广㉜数千里，未有知其修㉝者，其名为鲲。有鸟焉，其名为鹏，背若太山㉞，翼若垂天之云，抟扶摇羊角㉟而上者九万里，

---

① 厚：谓深。
② 负：载。
③ 坳（ào）堂：室内低洼处。
④ 芥：小草。
⑤ 胶：黏着，犹言搁浅。
⑥ 大翼：指大鹏。
⑦ 斯：就。
⑧ 培风：凭借风力。培，通"凭"。
⑨ 莫之夭阏：没有阻碍。夭，折；阏（è），遏，止。
⑩ 图南：图谋南飞。
⑪ 蜩（tiáo）：蝉。学鸠：小斑鸠。
⑫ 决起：不遗余力。
⑬ 抢：撞，碰到。榆：榆树。枋：檀树。
⑭ 则：或。
⑮ 控：投。
⑯ 奚以……为：哪里用得着……呢！之：往，到。南：作动词，向南飞。
⑰ 适：往。莽苍：指郊野。
⑱ 飡（cān 餐）：通"餐"。反：通"返"。
⑲ 果然：饱的样子。
⑳ 宿舂粮：指要携带过一宿的粮食。
㉑ 之二虫：指蜩与学鸠。之，这。
㉒ 知：通"智"。
㉓ 年：寿命。
㉔ 朝菌：一种朝生暮死的虫。晦朔：每月的第一天为朔，最末一天为晦。
㉕ 蟪蛄：寒蝉，春生夏死，夏生秋死。
㉖ 楚：楚国。冥灵：木名。
㉗ 椿：椿树，传说是神树。
㉘ 彭祖：传说中的长寿人物。特闻：独闻于世。
㉙ 匹：比。之：指彭祖。
㉚ 棘：汤时贤大夫。
㉛ 穷发：指北极地带草木不生的地方。
㉜ 广：指鱼背的宽度。
㉝ 修：长。
㉞ 太山：即泰山，在山东境内。
㉟ 羊角：羊角风，即旋风。

绝①云气，负②青天，然后图南，且③适南冥也。斥鴳④笑之曰：'彼且奚适也？我腾跃而上，不过数仞⑤而下，翱翔蓬蒿⑥之间，此亦飞之至⑦也。而彼且奚适也？'"此小大之辩⑧也。

故夫知效⑨一官，行比⑩一乡，德合一君而征⑪一国者，其⑫自视也，亦若此⑬矣。而宋荣子犹然笑之⑭。且举世而誉之而不加劝⑮，举世而非之而不加沮⑯，定乎内外之分，辩乎荣辱之境，斯已矣。彼其于世，未数数然也⑰。虽然，犹有未树也。夫列子御风而行⑱，泠然⑲善也，旬有五日而后反⑳。彼于致㉑福者，未数数然也。此虽免乎行，犹有所待㉒者也。

若夫乘天地之正㉓，而御六气之辩㉔，以游无穷㉕者，彼且恶乎待哉！故曰，至人无己㉖，神人无功㉗，圣人无名㉘。

尧让天下于许由㉙，曰："日月出矣，而爝火不息㉚，其于光也，不亦难乎！时雨降矣，而犹浸灌㉛，其于泽㉜也，不亦劳乎！夫子㉝立，而天下治，而我犹尸㉞之，吾自视缺然㉟，请致㊱天下。"

---

① 绝：超越。
② 负：倚靠。
③ 且：将，将要。
④ 斥鴳（yàn）：生活在小泽中的雀鸟。斥，小泽。
⑤ 仞：古代长度单位，周人以七尺为一仞。
⑥ 蓬、蒿：皆为低矮的草木植物。
⑦ 至：极，指最理想境界。
⑧ 辩：通"辨"，分。
⑨ 效：胜任。
⑩ 比：适合，投合。
⑪ 征：信。
⑫ 其：指上述三种人。
⑬ 此：指蜩、鸠、斥鴳。
⑭ 宋荣子：战国中期的思想家。犹然：喜笑的样子。
⑮ 誉：赞扬。劝：努力，励勉。
⑯ 非之：非难他。沮：沮丧，消极。
⑰ 数数然：急促的样子。
⑱ 列子：即列御寇。御风：乘风。
⑲ 泠然：轻妙的样子。
⑳ 有：通"又"。反：通"返"。
㉑ 致：求。
㉒ 有所待：有所依赖。这里是说列子仍不能逍遥游。
㉓ 乘：顺。正：法则，规律。
㉔ 御：顺从。六气：指阴、阳、风、雨、晦、明。
㉕ 无穷：无始无终之境，即大道。
㉖ 无己：即忘掉自己，与万物化而为一。
㉗ 无功：谓无意求功于世间。
㉘ 无名：指无心汲汲于名位。至人、神人、圣人即是庄子理想中修养最高的人物。
㉙ 尧：儒家理想的圣王。许由：传说中的古代隐士。
㉚ 爝（jué）火：小火。息：通"熄"。
㉛ 浸灌：浇灌。
㉜ 泽：润泽。
㉝ 夫子：指许由。
㉞ 尸：本指庙中神像，后引申为徒居名位而无其实之意，这里是主持，主其事。
㉟ 缺然：自愧的样子。
㊱ 致：与，交给。

许由曰："子治天下，天下既已治也。而我犹代子，吾将为名乎？名者实之宾①也。吾将为宾乎？鹪鹩②巢于深林，不过一枝；偃鼠③饮河，不过满腹。归休乎君！予无所用天下为。庖人虽不治庖④，尸祝不越樽俎而代之矣⑤！"

肩吾问于连叔曰⑥："吾闻言于接舆⑦，大而无当，往而不返。吾惊怖其言，犹河汉⑧而无极也；大有径庭⑨，不近人情焉。"

连叔曰："其⑩言谓何哉？"

曰："'藐姑射⑪之山，有神人居焉，肌肤若冰雪，绰约若处子⑫；不食五谷⑬，吸风饮露；乘云气，御飞龙，而游乎四海之外；其神凝，使物不疵疠⑭而年谷熟。'吾以是狂而不信也⑮。"

连叔曰："然！瞽者无以与乎文章之观⑯，聋者无以与乎钟鼓之声。岂唯形骸有聋盲哉！夫知⑰亦有之。是其言也，犹时女也⑱。之人⑲也，之德也，将旁礴⑳万物以为一，世蕲乎乱㉑，孰弊弊焉以天下为事㉒！之人也，物莫㉓之伤，大浸稽天而不溺㉔，大旱金石流、土山焦而不热。是其尘垢粃穅㉕，将犹陶铸㉖尧舜者也，孰肯分分然以物为事。宋人资章甫而适诸越㉗，越人断发文身㉘，无所用之。尧治天下之民，平海内之政，往见四子藐姑射之山、汾水之阳㉙，窅然丧其天下焉㉚。"

---

① 宾：从属、派生的东西。
② 鹪鹩（jiāo liáo）：小鸟名，善于筑巢。
③ 偃（yǎn）鼠：即鼹鼠，好饮河水。
④ 庖（páo）人：厨师。治庖：管理烹饪的工作。
⑤ 尸祝：祭祀中执祭版对神主祷祝的人。樽（zūn）：盛酒器具。俎（zǔ）：盛肉器具。
⑥ 肩吾、连叔：古时修道之士。历史上是否有其人，已不可考。
⑦ 接舆：楚国的隐士，隐居不仕。
⑧ 河汉：指天上的银河。
⑨ 径庭：差别很大的意思。径，指门前路。庭，指堂外地。
⑩ 其：指接舆。
⑪ 藐姑射（yè）：神山名。
⑫ 绰约：姿态柔美。处子：处女。
⑬ 五谷：指稻、黍、稷、菽、麦五种谷物。
⑭ 疵疠（cī lì）：恶病，引申为灾害。
⑮ 以：认为。是：指接舆的那番话。
⑯ 瞽者：盲人。文章：花纹。
⑰ 知：通"智"，智力。
⑱ 时：通"是"，此。女：通"汝"，指肩吾。
⑲ 之人：神人。
⑳ 旁礴：混同。
㉑ 蕲（qí）：通"期"，期望。乱：治。
㉒ 弊弊：辛苦经营的样子。
㉓ 莫：没有能。此句为宾语前置。
㉔ 大浸：大水。稽：及。
㉕ 粃穅：比喻道之粗者。穅，通"糠"。
㉖ 陶铸：造就。
㉗ 宋：今河南，宋人是殷人后代，所以戴这种礼帽。资：贩卖。章甫：殷代的一种礼帽。诸越：即于越，今浙江。
㉘ 断发：剪短头发。文身：在身上刺画图案或花纹，以避水中蛟龙。
㉙ 四子：指王倪、啮缺、被衣、许由。汾水：在今山西省境内，为黄河支流。
㉚ 窅（yǎo）然：怅然的样子。丧：遗忘。

惠子①谓庄子曰："魏王贻我大瓠之种②，我树之成③，而实五石④；以盛水浆，其坚⑤不能自举也；剖之以为瓢，则瓠落⑥无所容。非不呺然⑦大也，吾为其无用而掊之⑧。"庄子曰："夫子固拙⑨于用大矣。宋人有善为不龟⑩手之药者，世世以洴澼絖⑪为事。客闻之，请买其方百金⑫。聚族而谋曰：'我世世为洴澼絖，不过数金；今一朝而鬻⑬技百金，请与之。'客得之，以说吴王⑭。越有难⑮，吴王使之将⑯；冬与越人水战，大败越人，裂地⑰而封之。能不龟手，一也；或以封，或不免于洴澼絖，则所用之异也。今子有五石之瓠，何不虑以为大樽而浮乎江湖⑱，而忧其瓠落无所容？则夫子犹有蓬之心⑲也夫！"

惠子谓庄子曰："吾有大树，人谓之樗⑳。其大本拥肿而不中绳墨㉑，其小枝卷曲而不中规矩㉒，立之涂㉓，匠者不顾。今子之言，大而无用，众所同去㉔也。"

庄子曰："子独不见狸狌㉕乎？卑身而伏，以候敖者㉖；东西跳梁㉗，不辟㉘高下；中于机辟㉙，死于罔罟㉚。今夫斄牛㉛，其大若垂天之云，此能为大矣，而不能执㉜鼠。今子有大树，患其无用，何不树之于无何有之乡，广莫之野，彷徨㉝乎无为其侧，逍遥乎寝卧其

---

① 惠子：姓惠名施，宋人，曾为梁惠王相，是庄子的好友。
② 魏王：梁惠王。贻（yí）：赠送。瓠（hù）：葫芦。
③ 成：成熟。
④ 实：容量。石：重量单位，十斗为一石。
⑤ 坚：硬度。
⑥ 瓠落：即廓落，空廓的样子。
⑦ 呺（xiāo）然：空虚巨大的样子。
⑧ 为：因为。掊（pǒu）：击碎。
⑨ 拙：笨拙，不善于。
⑩ 龟（jūn）：通"皲"，皮肤冻裂。
⑪ 洴澼絖（píng pì kuàng）：漂洗丝絮。
⑫ 方：指不龟手的药方。金：古代的货币单位。
⑬ 鬻（yù）：出售。
⑭ 说（shuì）：劝说，游说。吴：周代诸侯国，即今江苏、安徽、浙江的部分地区。
⑮ 越：即今浙江钱塘江一带。难：难事，指军事行动。
⑯ 将：带兵。
⑰ 裂地：割出一块地方。
⑱ 虑：系缚。樽：腰舟。
⑲ 有蓬之心：指惠子心为茅塞，不通道理。
⑳ 樗（chū）：臭椿，一种劣质的大木。
㉑ 大本：主干。拥肿：即臃肿，指树干疙瘩盘结。中（zhòng）：合乎。
㉒ 规矩：圆规和角尺。
㉓ 涂：通"途"，道路。
㉔ 去：抛弃。
㉕ 狸（lí）：野猫。狌（shēng）：用鼬，即鼬鼠，俗名黄鼠狼。
㉖ 敖（áo）者：指嬉游的小动物。
㉗ 跳梁：即跳踉，腾跃跳动的意思。
㉘ 辟：通"避"，避开。
㉙ 机辟：泛指捕兽工具。
㉚ 罔：通"网"。罟（gǔ）：网的统称。
㉛ 斄（lí）牛：即牦牛，体大不灵活。
㉜ 执：捉拿。
㉝ 彷徨：指翱翔、悠游之义。

下；不夭斤斧①，物无害者，无所可用，安所困苦哉！

齐物论②

南郭子綦隐机而坐③，仰天而嘘④，荅焉似丧其耦⑤。颜成子游⑥立侍乎前，曰："何居⑦乎？形固⑧可使如槁木，而心固可使如死灰乎？今之隐机者，非昔之隐机者也。"子綦曰："偃，不亦善乎，而⑨问之也！今者吾丧⑩我，汝知之乎？汝闻人籁而未闻地籁⑪，汝闻地籁而未闻天籁⑫夫！"

子游曰："敢问其方⑬。"子綦曰："夫大块噫气⑭，其名为风。是唯无作，作则万窍怒呺⑮。而独不闻之翏翏⑯乎？山林之畏佳⑰，大木百围之窍穴⑱，似鼻，似口，似耳，似枅⑲，似圈⑳，似臼㉑，似洼㉒者，似污㉓者；激者㉔，謞者㉕，叱者，吸者，叫者，譹者㉖，宎者㉗，咬者㉘。前者唱于㉙而随者唱喁㉚。泠风㉛则小和，飘风㉜则大和，厉风济则众窍为

---

① 夭：夭折，早死。

② 本篇是《庄子》的又一代表篇目。"齐物论"包含齐物与齐论两个意思。庄子认为世界万物包括人的品性和感情，看起来是千差万别，归根结底却又是齐一的，这就是"齐物"。庄子还认为人们的各种看法和观点，看起来也是千差万别的，但世间万物既是齐一的，言论归根结底也应是齐一的，没有所谓是非和不同，这就是"齐论"。"齐物"和"齐论"合在一起便是本篇的主旨。

③ 南郭子綦（qí）：楚昭王的庶弟，字子綦，居住城南，故取号南郭。隐：依凭。机：通"几"，几案。

④ 嘘：慢慢地吐出气。

⑤ 荅（tà）焉：遗弃形体的样子。耦：身，形体。

⑥ 颜成子游：子綦的弟子，姓颜成，名偃，字子游。

⑦ 居：语气助词，无实义。

⑧ 固：本来。

⑨ 而：通"尔"，你。

⑩ 丧：遗忘。

⑪ 汝：你。人籁：人吹箫管所发出的声音。地籁：风吹众窍所发出的声音。

⑫ 天籁：指天地间万物的自鸣之声。

⑬ 方：指其中的道理。

⑭ 大块：大地。噫气：饱后出气。引申为风灌众窍，满则逆出作声。

⑮ 呺（háo）：通"号"，呼啸，吼叫。

⑯ 翏翏（liáo）：长风之声。又作"飂飂"。

⑰ 山林：当作"山陵"。畏佳：通"嵔崔"，山势高峻参差的样子。

⑱ 窍穴：指树孔。细曰窍，大曰穴。

⑲ 枅（jī）：柱上横木，此指横木上的方孔。

⑳ 圈：杯圈。

㉑ 臼（jiù）：舂捣器具。

㉒ 洼：深池。

㉓ 污：污池。

㉔ 激者：像激水声。

㉕ 謞（xiào）者：像响箭声。

㉖ 譹者：像嚎哭声。譹，通"嚎"。

㉗ 宎（yǎo）者：像风吹到深谷。

㉘ 咬者：像悲哀声。

㉙ 于：舒缓之声。

㉚ 喁（yú）：相应之声。

㉛ 泠（líng）风：小风。

㉜ 飘风：大风。

虚①。而独不见之调调②、之刁刁乎③？”子游曰：“地籁则众窍是已，人籁则比竹是已④。敢问天籁。”子綦曰：“夫天籁者，吹万不同⑤，而使其自己也⑥，咸其自取，怒者其谁邪？”

大知闲闲⑦，小知间间⑧；大言炎炎⑨，小言詹詹⑩。其寐也魂交⑪，其觉也形开⑫。与接为构⑬，日以心斗。缦⑭者，窖⑮者，密⑯者。小恐惴惴⑰，大恐缦缦⑱。其发若机栝⑲，其司⑳是非之谓也；其留如诅盟㉑，其守胜之谓也；其杀㉒若秋冬，以言其日消也；其溺之所为㉓之，不可使复之㉔也；其厌也如缄㉕，以言其老洫㉖也；近死之心，莫使复阳㉗也。喜怒哀乐，虑叹变㉘慹，姚佚启态㉙。乐出虚，蒸成菌。日夜相代乎前，而莫知其所萌。已乎，已乎！旦暮得此，其所由以生乎！

非彼无我㉚，非我无所取。是亦近矣㉛，而不知其所为使。若有真宰㉜，而特不得其眹㉝。可行已信㉞，而不见其形，有情㉟而无形。

---

① 厉风：烈风。济：止（郭注）。
② 之：此。调调：树枝摇动的样子。
③ 刁刁：树枝微动的样子。
④ 比竹：以众竹管并列而成的乐器，如箫、笙之类。
⑤ 吹：谓天籁作声。万不同：谓音响万变。
⑥ 使其自己：谓万窍能发出的万种不同的声音，这声音是本窍穴的自然状态造成的。
⑦ 知：通“智”。闲闲：广博之貌。
⑧ 间间：琐细分别的样子。
⑨ 炎炎：盛气凌人的样子。
⑩ 詹詹：小辩不休的样子。
⑪ 魂交：精神交错。
⑫ 形开：形体不宁。
⑬ 构：交接，交战。
⑭ 缦：心计柔奸。
⑮ 窖：谓善设陷阱。
⑯ 密：谓潜机不露。
⑰ 惴惴（zhuì）：忧惧不宁的样子。
⑱ 缦缦：惊恐失神的样子。
⑲ 机：弩牙。栝（guā）：箭末扣弦处。
⑳ 司：同“伺”，伺机。
㉑ 诅（zǔ）盟：誓约。
㉒ 杀：衰。
㉓ 所为：指所为辩论而言。
㉔ 复之：恢复自然本性。
㉕ 厌：闭塞。缄：束箧的绳子，引申为束缚。
㉖ 老洫（xù）：谓至晚年时，更加不可救拔。
㉗ 复阳：恢复生气。
㉘ 虑：多思。叹：多悲。变：多反复。慹（zhé）：多忧惧。
㉙ 姚：同“佻”，浮躁。佚：纵逸。启：狂放。态：装模作样。
㉚ 彼：指以上的种种情态。
㉛ 是：此。指这种相互依存的关系。
㉜ 若：似，仿佛。真宰：天真本性，即身心的主宰者。
㉝ 特：独。眹（zhèn）：通“朕”，征兆，迹象。
㉞ 已：当为“已”字之形误。
㉟ 情：实。

百骸①、九窍②、六藏③，赅④而存焉，吾谁与为亲？汝皆说⑤之乎？其有私焉⑥？如是皆有为臣妾乎？其臣妾不足以相治乎？其递相⑦为君臣乎？其有真君⑧存焉？如求得其情与不得，无益损乎其真。

一受其成形，不化⑨以待尽。与物相刃相靡⑩，其行尽⑪如驰，而莫之能止，不亦悲乎！终身役役⑫而不见其成功，苶然疲役而不知其所归⑬，可不哀邪！人谓之不死，奚益？其形化⑭，其心与之然，可不谓大哀乎！人之生也，固若是芒⑮乎？其⑯我独芒，而人亦有不芒者乎？

夫随其成心而师之⑰，谁独且无师乎？奚必知代而心自取者有之⑱？愚者与有焉。未成乎心⑲而有是非，是今日适越而昔至也⑳。是以无有为有。无有为有，虽有神禹㉑，且不能知，吾独且奈何哉！

夫言非吹㉒也，言者有言，其所言者特未定也。果有言邪，其㉓未尝有言邪？其以为异于鷇音㉔，亦有辩㉕乎，其无辩乎？

道恶乎隐㉖而有真伪？言㉗恶乎隐而有是非？道恶乎往而不存？言恶乎存而不可？道隐于小成㉘，言隐于荣华㉙。故有儒墨之是非，以是其所非而非其所是。欲是其所非而非其所是，则莫若以明㉚。

---

① 骸：骨节。
② 九窍：指口、双目、双耳、双鼻孔、前阴、后阴。
③ 六藏：心、肝、脾、肺、肾称为五脏。肾有二，故又合称六脏。藏，通“脏”。
④ 赅：完备。
⑤ 说：通“悦”。之：指百骸、九窍、六藏。
⑥ 其：抑或，还是。私：偏爱。
⑦ 递相：轮流。
⑧ 真君：即上文所说的“真宰”。
⑨ 化：各本作“亡”，依田子方篇改正。
⑩ 靡：摩擦。
⑪ 行尽：走向死亡。
⑫ 役役：驰逐奔忙的样子。
⑬ 苶（nié）然：疲倦的样子。疲役：疲困。归：归宿。
⑭ 化：衰败。
⑮ 芒：昏惑，迷糊。
⑯ 其：抑或，还是。
⑰ 成心：主观偏见。师：作动词，取法。
⑱ 知代：了解事物的更替变化。心自取：谓心有见识。
⑲ 未成乎心：即未有成见存于心中。
⑳ 今日适越而昔至：此为惠施历物之说。昔，昨天。
㉑ 神禹：谓禹是能知未来的神人。
㉒ 吹：指无心而吹的“天籁”。
㉓ 其：抑或，还是。
㉔ 鷇（kòu）音：谓鸟欲出卵中而鸣叫之音，有声无辩，不知是非。鷇，即将破壳而出的幼鸟。
㉕ 辩：通“辨”，区别。
㉖ 隐：遮蔽。
㉗ 言：谓至言。
㉘ 小成：指一孔之见。
㉙ 荣华：指浮夸不实之词。
㉚ 明：谓空明的心灵。

物无非彼，物无非是①。自彼则不见，自是则知之。故曰：彼出于是，是亦因彼，彼是方生之说也②。虽然，方生方死，方死方生；方可方不可，方不可方可；因是因非，因非因是。是以圣人不由而照之于天③，亦因是④也。是亦彼也，彼亦是也。彼亦一是非，此亦一是非。果且有彼是⑤乎哉？果且无彼是乎哉？彼是莫得其偶⑥，谓之道枢⑦。枢始得其环⑧中，以应无穷。是亦一无穷，非亦一无穷也。故曰：莫若以明。

以指喻指之非指，不若以非指喻指之非指也；以马喻马之非马，不若以非马喻马之非马也。天地一指也，万物一马也⑨。

可乎可，不可乎不可。道⑩行之而成，物谓之而然。恶乎然？然于然。恶乎不然？不然于不然⑪。物固⑫有所然，物固有所可。无物不然，无物不可。故为是举莛与楹⑬，厉⑭与西施，恢恑憰怪⑮，道通为一。

其分也，成也；其成也，毁也。凡物无成与毁，复通为一。唯达者⑯知通为一，为是不用⑰，而寓诸庸⑱。庸也者，用也；用也者，通也；通也者，得⑲也；适得而几矣⑳。因是已。已而不知其然，谓之道。劳神明㉑为一，而不知其同也，谓之“朝三”。何谓“朝三”？狙公赋芧㉒，曰：“朝三而暮四。”众狙皆怒，曰：“然则朝四而暮三。”众狙皆悦。名实未亏㉓，而喜怒为用，亦因是也。是以圣人和㉔之以是非，而休乎天钧㉕，是之谓两行。

---

① 是：此。

② 彼是：即“彼此”。方生：指惠施“方生方死”的言论。

③ 不由：不取。天：即自然。

④ 因是：谓因其所是者而是之。

⑤ 彼是：即是非。

⑥ 偶：对立。

⑦ 枢：枢要。

⑧ 环：谓门上下两横槛之洞，圆空如环，能承受枢之旋转。

⑨ “以指喻指”六句：公孙龙有《白马》、《指物》二论，旨在分离万物之同，认为虽是同一匹马，也有是非之分，正如同一手指，也有彼我之分一样。而庄周意在混同彼此，泯灭是非，认为即使是天地与手指、万物与马匹也是没有区别的，何况是手指与手指、马匹与马匹呢！可见，庄周虽取喻于手指、马匹，而用意却与公孙龙相反，旨在破公孙龙之说。

⑩ 道：道路。

⑪ “不然”句：据王先谦等治庄者言，此句下应有“恶乎可？可乎可。恶乎不可？不可乎不可。”又误移“可乎可，不可乎不可”二句于上文。

⑫ 固：本来。

⑬ 莛（tíng）：草茎。楹（yíng）：屋柱。

⑭ 厉：病癞。此指丑陋的女人。

⑮ 恢：宏大。恑（guǐ）：通“诡”，诡秘。憰（jué）：通“谲”，欺诈。怪：奇异。

⑯ 达者：通达大道的人。

⑰ 为是：因此。不用：不执己见。

⑱ 寓：寄。诸：之于。庸：众。

⑲ 得：无往而不自得。

⑳ 适：至。几：谓尽得大道。

㉑ 神明：心智，心神。

㉒ 狙（jū）公：养猕猴的老翁。赋：分给。芧（xù）：即山栗，又名橡子。

㉓ 未亏：未损。

㉔ 和：合，混同。

㉕ 休：息，止。天钧：天然的陶均。

古之人①，其知有所至矣②。恶③乎至？有以为未始有物者，至矣，尽矣，不可以加矣。其次，以为有物矣，而未始有封④也。其次，以为有封焉，而未始有是非也。是非之彰⑤也，道之所以亏也。道之所以亏，爱⑥之所以成。果且有成与亏乎哉，果且无成与亏乎哉？有成与亏，故⑦昭氏之鼓琴也；无成与亏，故昭氏之不鼓琴也。昭文之鼓琴也，师旷⑧之枝策也，惠子之据梧⑨也，三子之知，几乎⑩皆其盛者也，故载之末年⑪。唯其好之也，以异于彼；其好之也，欲以明之。彼非所明而明之，故以坚白⑫之昧终。而其子又以文之纶⑬终，终身无成。若是而可谓成乎？虽我⑭亦成也。若是而不可谓成乎？物与我无成也。是故滑疑之耀⑮，圣人之所图⑯也。为是不用而寓诸庸，此之谓以明。

今且有言⑰于此，不知其与是⑱类乎？其与是不类乎？类与不类，相与为类，则与彼无以异矣。虽然，请尝⑲言之。有始⑳也者，有未始㉑有始也者，有未始有夫未始有始也者。有有也者，有无也者，有未始有无也者，有未始有夫未始有无也者。俄而㉒有无矣，而未知有无之果㉓孰有孰无也。今我则已有谓㉔矣，而未知吾所谓之其果有谓乎，其果无谓乎？

天下莫大于秋豪㉕之末，而大山㉖为小；莫寿于殇子㉗，而彭祖为夭㉘。天地与我并生，而万物与我为一。既已为一矣，且得有言乎？既已谓之一矣，且得无言乎？一与言为二㉙，

---

① 古之人：指古时的悟道者。
② 知：通“智”。至：至极，即最高的境界。
③ 恶：何。
④ 封：域，即彼此界限。
⑤ 彰：彰明，显现。
⑥ 爱：谓偏好。
⑦ 故：即，就是。昭氏：指下文的“昭文”，姓昭，名文，善鼓琴。鼓：弹。
⑧ 师旷：晋平公乐师，妙解音律。枝策：谓持策以击乐器。枝，即持而击。策，谓击乐器之物。
⑨ 据梧：倚靠着梧树。
⑩ 几乎：谓其智于此技极其尽也。
⑪ 载：从事。末年：晚年。
⑫ 坚白：即“坚白同异”之说，是先秦名家另一派的代表人物公孙龙的重要命题。公孙龙主张“离坚白”，即分离万物之同。他说，一块白石头的白色和坚硬性是完全可以互相分离而独立存在的，因为“视不得其所坚而得其所白”，“拊不得其所白而得其所坚”。
⑬ 纶：琴瑟之弦，代指鼓琴。
⑭ 我：泛指。
⑮ 滑：滑乱人心。疑：使人心疑惑。
⑯ 图：图谋。可引申为图谋摒弃。
⑰ 言：谓“有始”以下之言。
⑱ 是：与下文“彼”义同，皆指其他辩者的话。
⑲ 尝：尝试。
⑳ 始：谓天地之始。
㉑ 未始：未尝。
㉒ 俄而：忽然。
㉓ 果：果真。
㉔ 谓：说。
㉕ 秋豪：即“秋毫”，秋天鸟兽新生的毫毛，其末甚微。
㉖ 大山：即泰山。
㉗ 殇子：死于襁褓中的婴儿。
㉘ 彭祖：传说中的长寿人物。夭：寿短。
㉙ 一：即上文“万物与我为一”中的“一”。言：指作者说明“一”的话。

二与一为三。自此以往，巧历①不能得，而况其凡②乎！故自无适有，以至于三，而况自有适有乎！无适焉，因是已。

夫道未始有封③，言未始有常，为是而有畛④也。请言其畛：有左有右⑤，有伦有义⑥，有分有辩⑦，有竞有争⑧，此之谓八德。六合之外，圣人存而不论；六合之内，圣人论而不议。春秋经世先王之志⑨，圣人议而不辩。故分也者，有不分也；辩也者，有不辩也。曰，何也？圣人怀之，众人辩之以相示也。故曰，辩也者，有不见也。

夫大道不称，大辩不言，大仁不仁，大廉不嗛⑩，大勇不忮⑪。道昭⑫而不道，言辩而不及，仁常而不成⑬，廉清而不信⑭，勇忮而不成。五者无弃而几向方矣⑮。故知止其所不知，至矣。孰知不言之辩，不道之道？若有能知，此之谓天府⑯。注⑰焉而不满，酌⑱焉而不竭，而不知其所由来，此之谓葆光⑲。

故昔者尧问于舜曰："我欲伐宗、脍、胥敖⑳，南面而不释然㉑，其故何也？"

舜曰："夫三子者㉒，犹存乎蓬艾㉓之间。若㉔不释然，何哉？昔者十日并出㉕，万物皆照，而况德之进㉖乎日者乎？"

啮缺问乎王倪曰㉗："子知物之所同是㉘乎？"曰："吾恶㉙乎知之！""子知子之所不知邪？"曰："吾恶乎知之！"

---

① 巧历：善于计算。这里指善于计数的人。
② 凡：指凡夫，平庸的人。
③ 封：界域。
④ 畛（zhěn）：田间小道。引申为界限。
⑤ 左：指卑或下言。右：指尊或上言。
⑥ 义：通"仪"，仪则。
⑦ 分：剖析万物。辩：通"辨"，谓分别彼此。
⑧ 竞：并逐为竞。争：对辩为争。
⑨ 经：治理。志：记载。
⑩ 嗛（qiān）：崖岸，比喻锋芒。
⑪ 忮（zhì）：害，伤害。
⑫ 昭：明。
⑬ 常：固定的爱，即偏爱。成：当为"周"字之误。周，周遍。
⑭ 信：真实。
⑮ 无弃：二字原作"园"，通"圆"，圆通。几：近。
⑯ 天府：自然的府藏。这里指涵容大道的心胸。
⑰ 注：灌注，灌入。
⑱ 酌：取。
⑲ 葆光：藏光不露。葆，包藏。
⑳ 宗、脍、胥敖：三个小国之名，为庄子所虚构。
㉑ 南面：君位，此指临朝听政。释然：怡悦的样子。释，通"怿"。
㉒ 三子：指三个小国的国君。
㉓ 蓬艾：比喻其蕃国卑小。
㉔ 若：你。
㉕ 十日并出：神话传说。《淮南子·本经训》云，尧之时，十日并出，焦禾稼，杀草木，而民无所食，尧乃使羿上射十日。此处庄子不用"十日"为灾害之意，而是说十日普照万物，无所偏私。
㉖ 进：胜过，超过。
㉗ 啮（niè）缺、王倪：皆为虚构的人物。
㉘ 是：认可。
㉙ 恶：何。

"然则物无知邪？"曰："吾恶乎知之！虽然，尝试言之。庸讵[①]知吾所谓知之非不知邪？庸讵知吾所谓不知之非知邪？且吾尝试问乎女[②]：民湿寝则腰疾偏死[③]，鳅然乎哉？木处则惴栗恂惧[④]，猨猴然乎哉？三者孰知正处？民食刍豢[⑤]，麋鹿食荐[⑥]，蝍蛆甘带[⑦]，鸱鸦耆鼠[⑧]，四者孰知正味？猨猵狙[⑨]以为雌，麋与鹿交，鳅与鱼游[⑩]。毛嫱丽姬[⑪]，人之所美也；鱼见之深入，鸟见之高飞，麋鹿见之决骤[⑫]。四者孰知天下之正色哉？自我观之，仁义之端[⑬]，是非之涂[⑭]，樊然殽乱[⑮]，吾恶能知其辩[⑯]！"

啮缺曰："子不知利害，则至人固不知利害乎？"王倪曰："至人神矣！大泽[⑰]焚而不能热，河汉沍而不能寒[⑱]，疾雷破山而不能伤，飘风振海而不能惊。若然者，乘云气，骑日月，而游乎四海之外，死生无变于己，而况利害之端乎！"

瞿鹊子问乎长梧子曰[⑲]："吾闻诸夫子[⑳]：'圣人不从事于务[㉑]，不就利，不违[㉒]害，不喜求[㉓]，不缘道，无谓有谓[㉔]，有谓无谓，而游乎尘垢[㉕]之外。'夫子以为孟浪[㉖]之言，而我以为妙道之行也。吾子以为奚若[㉗]？"

长梧子曰："是皇帝之所听荧也[㉘]，而丘也何足以知之！且女亦大早计[㉙]，见卵而求时夜[㉚]，

---

① 庸讵（jù）：怎么。
② 女：你。
③ 偏死：半身枯死，即半身不遂。
④ 木处：指人在树上居住。惴栗恂惧：惊恐战栗的样子。
⑤ 刍豢（chú huàn）：指家畜。食草者谓刍，食谷者谓豢。
⑥ 荐：美草。
⑦ 蝍蛆（jíjū）：蜈蚣。带：蛇。
⑧ 鸱（chī）：猫头鹰一类的鸟。耆：通"嗜"，喜好。
⑨ 猵（biān）狙：猿类，其雄喜与雌猿交配。
⑩ 游：交合。
⑪ 毛嫱（qiáng）：古代美人。
⑫ 决骤：疾驰，引申为急速逃跑。
⑬ 端：条理。
⑭ 涂：通"途"，途径。
⑮ 樊然殽乱：错综杂乱的样子。
⑯ 辩：通"辨"，分别。
⑰ 泽：聚水的洼地。泽中灌木丛生，故能焚烧。
⑱ 河汉：泛指江河。河，黄河。汉，汉水。沍（hù）：冻。
⑲ 瞿鹊子、长梧子：皆为虚构的人物。
⑳ 夫子：指孔子。
㉑ 务：事务，指俗事而言。
㉒ 违：避。
㉓ 求：妄求。
㉔ 谓：说话。
㉕ 尘垢：世俗。
㉖ 孟浪：谓不切实际。
㉗ 吾子：先生。奚若：何如。
㉘ 皇帝：又作"黄帝"。荧（yíng）：疑惑不明的样子。
㉙ 女：通"汝"。大：又作"太"。
㉚ 时夜：司夜之鸡。时，通"司"。

见弹而求鸮炙①。予尝为女妄言②之，女以妄听③之。奚旁日月④，挟宇宙⑤，为其吻合，置其滑涽⑥，以隶相尊？众人役役⑦，圣人愚芚⑧，参万岁而一成纯⑨。万物尽然，而以是相蕴。予恶乎知说⑩生之非惑邪！予恶乎知恶死之非弱丧⑪而不知归者邪！丽之姬⑫，艾封人之子也。晋国之始得之也，涕泣沾襟；及其至于王⑬所，与王同筐床⑭，食刍豢，而后悔其泣也。予恶乎知夫死者不悔其始之蕲⑮生乎！梦饮酒者，旦而哭泣；梦哭泣者，旦而田猎。方⑯其梦也，不知其梦也。梦之中又占其梦焉，觉而后知其梦也。且有大觉而后此其大梦⑰也。而愚者自以为觉，窃窃然⑱知之。君乎，牧乎，固哉！丘也与女，皆梦也；予谓女梦，亦梦也。是其言也，其名为吊诡⑲。万世之后而一遇大圣，知其解者，是旦暮遇之也。”

“既使我与若⑳辩矣，若胜我，我不若胜，若果是也，我果非也邪？我胜若，若不吾胜，我果是也，而㉑果非也邪？其或是也，其或非也邪㉒？其俱是也，其俱非也邪？我与若不能相知也，则人固受黮暗㉓，吾谁使正之！使同乎若者正之？既与若同矣，恶能正之？使同乎我者正之，既同乎我矣，恶能正之？使异乎我与若者正之，既异乎我与若矣，恶能正之？使同乎我与若者正之，既同乎我与若矣，恶能正之？然则我与若与人俱不能相知也，而待彼㉔也邪？

“何谓和之以天倪㉕？”曰：“是不是，然不然。是若果是也，则是之异乎不是也，亦无辩㉖；然若果然也，则然之异乎不然也，亦无辩。化声之相待㉗，若其不相待，和之以天倪，

① 鸮（xiāo）炙：鸮鸟的烤肉。
② 妄言：随便说。
③ 妄听：姑且听听。
④ 奚：何不。旁：依傍。
⑤ 挟：怀抱。
⑥ 滑：乱。涽（hūn）：暗。
⑦ 役役：劳役不息的样子。
⑧ 芚（chūn）：浑然无知的样子。
⑨ 参：糅杂，调和。万岁：指千万年来的一切事物。一成纯：犹言“混沌一团”。
⑩ 说：通“悦”。
⑪ 弱丧：幼弱的孩儿迷失在他乡。
⑫ 丽之姬：即骊姬，晋献公夫人。之，语气助词。
⑬ 王：指晋献公。
⑭ 筐床：安适之床。
⑮ 蕲：通“祈”，求。
⑯ 方：正当。
⑰ 大觉：最清醒的人，指圣人。
⑱ 窃窃然：明察的样子。
⑲ 吊诡：奇怪非常之谈。
⑳ 若：你。
㉑ 而：通“尔”，你。
㉒ 或是：有一人对。或非：有一人不对。
㉓ 人：他人。黮暗（dǎn àn）：暗昧不明的样子。
㉔ 彼：指下文的“天倪”。
㉕ 和：调和。天倪：自然的分际。
㉖ 无辩：用不着争辩。
㉗ 化声：与是非纠缠在一起的话。相待：相对峙。

因之以曼衍①，所以穷年也②。忘年忘义，振于无竟③，故寓诸无竟。”

罔两问景曰④：“曩子行⑤，今子止；曩子坐，今子起；何其无特⑥操与？”

景曰：“吾有待⑦而然者邪？吾所待又有待而然者邪？吾待蛇蚹⑧蜩翼邪？恶识所以然！恶识所以不然！”

昔者⑨庄周梦为蝴蝶，栩栩然⑩蝴蝶也。自喻适志与⑪，不知周也。俄然⑫觉，则蘧蘧然⑬周也。不知周之梦为蝴蝶与，蝴蝶之梦为周与？周与蝴蝶，则必有分矣。此之谓“物化”⑭。

大宗师⑮

知天⑯之所为，知人之所为者，至矣。知天之所为者，天而生也；知人之所为者，以其知之所知⑰，以养其知之所不知，终其天年而不中道夭者，是知之盛⑱也。虽然，有患⑲。夫知有所待⑳而后当，其所待者特㉑未定也。庸讵㉒知吾所谓天之非人乎？所谓人之非天乎？

且有真人㉓而后有真知。何谓真人？古之真人，不逆寡㉔，不雄成㉕，不谟士㉖。若然

---

① 曼衍：游衍自得。

② “化声之相待”五句：此五句当移至“何谓和之以天倪”前。穷年：谓享尽天年。

③ 振：振动鼓舞，这里有“逍遥”之意。竟：又作“境”，境界。

④ 罔两：影外之阴，或谓影外之影。景：通“影”，影子。

⑤ 曩（nǎng）：从前。

⑥ 特：独立。

⑦ 所待：即所待者，指形体。

⑧ 蚹（fù）：蛇鳞。

⑨ 昔者：夜间。昔，通“夕”。

⑩ 栩栩然：形容蝴蝶飞舞的轻快自如。

⑪ 自喻：自乐。适志：快意。

⑫ 俄然：突然。

⑬ 蘧蘧（jù）然：忽然觉醒的样子。

⑭ 物化：指一种泯灭事物差别，彼我浑然同化的和谐境界。

⑮ “宗”指敬仰、尊崇，“大宗师”意思是最值得敬仰、尊崇的老师。谁够得上称作这样的老师呢？那就是“道”。庄子认为自然和人是浑一的，人的生死变化是没有什么区别的，因而他主张清心寂神，离形去智，忘却生死，顺应自然。这就叫做“道”。

⑯ 天：指天道。

⑰ 知：智力。所知：所知道的（养生道理）。

⑱ 盛：至，极。

⑲ 患：患累，问题。

⑳ 有所待：有所依赖。

㉑ 特：独。

㉒ 庸讵：怎么。

㉓ 真人：全真之人。

㉔ 逆：拒绝。寡：少。

㉕ 雄：夸耀。成：成功。

㉖ 谟（mó）：谋。士：同“事”，事情。

者，过①而弗悔，当②而不自得也；若然者，登高不栗③，入水不濡④，入火不热。是知之能登假于道者也若此⑤。

古之真人，其寝不梦，其觉无忧，其食不甘，其息深深⑥。真人之息以踵，众人之息以喉。屈服者，其嗌言若哇⑦。其耆⑧欲深者，其天机浅⑨。

古之真人，不知说⑩生，不知恶死；其出不䜣⑪，其入不距⑫；翛⑬然而往，翛然而来而已矣。不忘其所始⑭，不求其所终⑮；受⑯而喜之，忘而复之。是之谓不以心捐⑰道，不以人助天。是之谓真人。若然者，其心忘⑱，其容寂⑲，其颡頯⑳；凄然㉑似秋，暖然㉒似春，喜怒通四时，与物有宜而莫知其极㉓。故圣人之用兵也，亡国㉔而不失人心言言；利泽施乎万世，不为爱人。故乐㉕通物，非圣人也；有亲㉖，非仁也；天时，非贤也；利害不通，非君子也；行名失己，非士也；亡身不真，非役人㉗也。若狐不偕㉘、务光㉙、伯夷、叔齐㉚、箕子㉛、胥余㉜、纪他㉝、申徒狄㉞，是役人之役，适人之适，而不自适其适者也。

---

① 过：过失。
② 当：得当。
③ 栗：害怕。
④ 濡：沾湿。
⑤ 知：见识。登假：升到。
⑥ 深深：幽深沉静的样子。
⑦ 嗌（ài）言：窒塞在咽喉间的话。哇：吐。
⑧ 耆：通“嗜”，嗜好。
⑨ 天机：天然的灵性。浅：低下，迟钝。
⑩ 说：通“悦”。
⑪ 出：谓生。䜣（xīn）：欣喜。
⑫ 入：谓死。距：通“拒”，抗拒。
⑬ 翛（xiāo）：往来自然而无拘束的样子。
⑭ 始：谓生命之源。
⑮ 终：谓生命之终结。
⑯ 受：指接受大道所赋予的生命。
⑰ 捐：当为“损”字之误。
⑱ 忘：空。
⑲ 寂：凝寂安闲。
⑳ 颡（sǎng）：额。頯（kuí）：广大宽平。
㉑ 凄然：严冷的样子。
㉒ 暖然：和煦的样子。
㉓ 极：痕迹。
㉔ 亡国：亡人之国。
㉕ 乐：乐意于。
㉖ 有亲：有意亲爱。
㉗ 役人：役使世人。
㉘ 狐不偕：姓狐，字不偕，古时贤人。因不肯接受尧的禅让，遂投河而死。
㉙ 务光：夏末隐士，汤让天下而不受，遂负石投庐水而死。
㉚ 伯夷、叔齐：孤竹君二子，武王伐纣，二人叩马而谏，武王不从，遂隐于首阳山，不食周粟而死。
㉛ 箕子：纣王庶叔，因忠谏不从而佯狂，但终不免于杀戮。
㉜ 胥余：不详。或谓箕子，或谓比干，或谓伍子胥。
㉝ 纪他：姓纪名他，殷时逸人，恐汤让位于己，遂携弟子俱隐于窾水旁。
㉞ 申徒狄：殷时人，因慕纪他高名，遂负石自沉于河。

古之真人，其状义而不朋①，若不足而不承②；与乎其觚而不坚也③，张乎其虚而不华也④；邴⑤邴乎其似喜也！崔⑥乎其不得已也！滀⑦乎进我色也，与乎止我德也；厉⑧乎其似世也，謷⑨乎其未可制也；连乎其似好闭也⑩，悗⑪乎忘其言也。以刑为体⑫，以礼为翼⑬，以知为时，以德为循。以刑为体者，绰⑭乎其杀也；以礼为翼者，所以行于世也；以知为时者，不得已于事也；以德为循者，言其与有足者至于丘⑮也，而人真以为勤行者也。故其好之也一，其弗好之也一；其一也一，其不一也一。其一与天为徒，其不一与人为徒。天与人不相胜⑯也，是之谓真人。

死生，命⑰也。其有夜旦之常⑱，天也。人之有所不得与⑲，皆物之情⑳也。彼㉑特以天为父，而身犹爱之㉒，而况其卓㉓乎！人特以有君为愈乎已㉔，而身犹死之，而况其真㉕乎！

泉涸，鱼相与处于陆，相呴以湿㉖，相濡㉗以沫，不如相忘于江湖。与其誉尧而非桀也，不如两忘而化其道㉘。

夫大块㉙载我以形，劳我以生，佚㉚我以老，息㉛我以死。故善吾生者，乃所以善吾死

---

① 义：通“峨”，高大的样子。朋：通“崩”，崩坏。
② 承：承受。
③ 与：容与。觚（gū）：谓特立不群。坚：固执。
④ 张：广大的样子。华：浮华。
⑤ 邴（bǐng）：畅然和适的样子。
⑥ 崔：动的样子。
⑦ 滀（chù）：水蓄聚的样子。
⑧ 厉：当为“广”乎进我色也字之误。世：通“大”。
⑨ 謷：通“傲”，高放傲视。
⑩ 连：绵邈相连，不绝如缕。此指缄默不语而莫测高深。闭：闭口缄默。
⑪ 悗（mèn）：无心的样子。
⑫ 体：本。
⑬ 翼：辅助。
⑭ 绰：宽大。
⑮ 丘：山丘。
⑯ 胜：克，抵触。
⑰ 命：天地自然之理。与下文“天”字义同。
⑱ 其：指死生。有：通“犹”。夜旦：昼夜。常：运行不止。
⑲ 与：通“预”，干预。
⑳ 情：实理。
㉑ 彼：指人。
㉒ 之：指天。
㉓ 卓：指卓然超绝的大道。
㉔ 君：君王。愈：胜过。
㉕ 真：指纯真无伪的大道。
㉖ （xǔ）：吐气。
㉗ 濡：沾湿。
㉘ 化其道：与大道化而为一。
㉙ 大块：指大地，也可指造物或自然之道。
㉚ 佚：安逸。
㉛ 息：安息。

也。夫藏舟于壑①，藏山于泽，谓之固②矣。然而夜半有力者负③之而走，昧者④不知也。藏小大有宜⑤，犹有所遁⑥。若夫藏天下于天下而不得所遁，是恒物之大情⑦也。特犯人之形⑧，而犹喜之。若人之形者，万化而未始有极⑨也，其为乐可胜计邪？故圣人将游于物之所不得遁而皆存。善妖善老⑩，善始善终⑪，人犹效⑫之，又况万物之所系而一化之所待乎⑬！

夫道，有情有信⑭，无为无形⑮；可传而不可受，可得而不可见；自本自根，未有天地，自古以固存⑯；神鬼神帝，生天生地；在太极之先而不为高⑰，在六极⑱之下而不为深，先天地生而不为久，长于上古而不为老。豨韦氏得之⑲，以挈⑳天地；伏戏氏㉑得之，以袭气母㉒；维斗㉓得之，终古不忒㉔；日月得之，终古不息㉕；堪坏㉖得之，以袭昆仑㉗；冯夷㉘得之，以游大川㉙；肩吾㉚得之，以处大山㉛；黄帝得之，以登云天；颛顼㉜得之，以处玄宫㉝；禺强㉞得之，立乎

① 壑：山谷。
② 固：牢固，可靠。
③ 负：背。
④ 昧者：愚昧的人。
⑤ 小：指舟与山而言。大：指壑与泽而言。
⑥ 遁：逃，亡失。
⑦ 大情：至理。
⑧ 特：一旦。犯：通“范”，铸造。
⑨ 极：穷尽。
⑩ 善：认为……是好的。妖：通“夭”，少。
⑪ 始、终：指生死。
⑫ 效：效法。
⑬ 系：归属。待：依赖。
⑭ 情、信：实在。
⑮ 无为：恬淡寂寞。无形：没有形态，视之不见。
⑯ 固存：本来就存在着。
⑰ 太极：指天地未判之前的清虚混沌之气。先：上。
⑱ 六极：指天、地与四方。
⑲ 豨（xī）韦氏：传说中的远古帝王。之：指大道。
⑳ 挈（qiè）：担携，协助。
㉑ 伏戏氏：即伏羲氏。
㉒ 袭：合。气母：元气的生育者。
㉓ 维斗：即北斗星。
㉔ 忒（tè）：差误。
㉕ 不息：运行不停。
㉖ 堪坏：昆仑山之神。
㉗ 袭：入。昆仑：神话中的山名。
㉘ 冯夷：黄河之神，姓冯名夷，又名冰夷、无夷。
㉙ 大川：指黄河。
㉚ 肩吾：泰山之神。
㉛ 大山：即泰山。
㉜ 颛顼（zhuān xū）：黄帝之孙，号高阳氏，得道为北方之帝。
㉝ 玄宫：北方之宫。因玄为北方之色，故称。
㉞ 禺（yù）强：传说为黄帝之孙，水神。

北极[①]；西王母[②]得之，坐乎少广[③]，莫知其始，莫知其终；彭祖[④]得之，上及有虞[⑤]，下及五伯[⑥]；傅说[⑦]得之，以相武丁，奄有[⑧]天下，乘东维[⑨]，骑箕尾[⑩]，而比于列星。

南伯子葵问乎女偊[⑪]曰："子之年长[⑫]矣，而色若孺子，何也?"曰："吾闻道[⑬]矣。"

南伯子葵曰："道可得学邪?"曰："恶！恶可！子非其人也。夫卜梁倚有圣人之才而无圣人之道[⑭]，我有圣人之道而无圣人之才。吾欲以教之，庶几其果为圣人[⑮]乎？不然，以圣人之道告圣人之才，亦易矣。吾犹告而守之，参日而后能外天下[⑯]；已外天下矣，吾又守之，七日而后能外物[⑰]；已外物矣，吾又守之，九日而后能外生[⑱]；已外生矣，而后能朝彻[⑲]；朝彻，而后能见独[⑳]；见独，而后能无古今[㉑]；无古今，而后能入于不死不生[㉒]。杀生者不死，生生者不生。其[㉓]为物，无不将[㉔]也，无不迎也，无不毁也，无不成也，其名为撄宁[㉕]。撄宁也者，撄而后成者也。"

南伯子葵曰："子独恶乎闻之?"曰："闻诸副墨之子[㉖]，副墨之子闻诸洛诵之孙[㉗]，洛诵之孙闻之瞻明[㉘]，瞻明闻之聂许[㉙]，聂许闻之需役[㉚]，需役闻之于讴[㉛]，于讴闻之玄冥[㉜]，

---

① 乎：于。北极：北海。
② 西王母：传说中的神人。
③ 少广：西极山名。
④ 彭祖：传说为颛顼之元孙，善养生，是得道者。
⑤ 有虞：即舜，姓姚，有虞氏，名重华。
⑥ 五伯：即五霸，指夏朝的昆吾，殷朝的大彭、豕韦，周朝的齐桓公、晋文公。
⑦ 傅说：殷商时代的名士。
⑧ 奄有：包有。
⑨ 东维：星名。
⑩ 箕尾：星名。
⑪ 南伯子葵：即南郭子綦。见《齐物论》篇注。女偊（yǔ）：古时怀道者。一说是妇人。
⑫ 年长：年已老。
⑬ 闻道：谓得道。
⑭ 卜梁倚：姓卜梁，名倚。才：指聪明智能之能。道：指虚淡凝寂之性。
⑮ 庶几：或许，差不多。果：果真。
⑯ 参：同"三"。外天下：把天下遗忘。
⑰ 外物：遗忘人事。
⑱ 外生：忘我。
⑲ 朝彻：犹"彻悟"。
⑳ 见独：谓窥见到卓然独立的至道。
㉑ 无古今：谓破除古今的观念。
㉒ 不死不生：谓无死生。
㉓ 其：指道。
㉔ 将：送。
㉕ 撄宁：谓外界的一切纷纭烦乱，都不能扰乱我心境的安宁。撄，扰乱。宁，宁静。
㉖ 诸：之于。副墨之子：指文字。因为文字是用墨书写，它仅为道理的副贰，所以叫做副墨；而且后来的文字都是由古文字所生，故名为副墨之子。
㉗ 洛诵之孙：谓诵读者。对前辈诵读者而言，后世的诵读者即为其孙。洛诵，反复诵读。
㉘ 瞻明：见解洞彻。
㉙ 聂许：谓耳闻小语，心即许之。聂，附耳小语。
㉚ 需役：谓待时行使以成实际。需，通"须"，等待。役，行使。
㉛ 于讴：吟咏嗟叹之意。于，嗟叹。
㉜ 玄冥：幽渺深远的样子。玄，深远。冥，幽寂。

玄冥闻之参寥①，参寥闻之疑始②。”

子祀、子舆、子犁、子来四人相与语曰③：“孰能以无为首，以生为脊，以死为尻④，孰知死生存亡之一体者，吾与之⑤友矣。”四人相视而笑，莫逆⑥于心，遂相与为友。

俄而⑦子舆有病，子祀往问之。曰：“伟哉！夫造物者，将以予为此拘拘⑧也！曲偻发背⑨，上有五管⑩，颐隐于齐⑪，肩高于顶⑫，句赘⑬指天。”阴阳之气有沴⑭，其心闲而无事，跰躃而鉴于井⑮，曰：“嗟乎！夫造物者，又将以予为此拘拘也！”子祀曰：“女恶之乎？”曰：“亡⑯。予何恶！浸假而化予之左臂以为鸡⑰，予因以求时夜⑱；浸假而化予之右臂以为弹⑲，予因以求鸮炙⑳；浸假而化予之尻以为轮㉑，以神㉒为马，予因以乘之，岂更驾㉓哉！且夫得㉔者时也，失㉕者顺也，安时而处顺，哀乐不能入也，此古之所谓县解㉖也；而不能自解者，物有结之。且夫物不胜天久矣㉗，吾又何恶焉！”

俄而子来有病，喘喘然㉘将死，其妻子环而泣之㉙。子犁往问之，曰：“叱㉚！避㉛！无怛化㉜！”倚其户与之㉝语，曰：“伟哉造化！又将奚以汝为？将奚以汝适？以汝为鼠肝乎？

---

① 参寥：参悟寥廓。参，参悟。寥，空虚。
② 疑始：谓大道自本自根，不能推测它的起始。
③ 子祀、子舆、子犁、子来：皆为虚构的人物。
④ 尻：脊骨的末端。
⑤ 与之：与他。
⑥ 逆：违背。
⑦ 俄而：不久。
⑧ 拘拘：曲背的样子。
⑨ 曲偻：伛偻曲腰。发背：背骨发露，即背弯。
⑩ 五管：五脏的穴位。与《人间世》篇“五管在上”意同。
⑪ 颐：面颊。齐：通“脐”，肚脐。
⑫ 顶：头顶。
⑬ 句赘：发髻。
⑭ 沴（lì）：凌乱。
⑮ 跰躃（pián xiān）：行步艰难的样子。鉴：照。
⑯ 亡（wú）：犹“否”。
⑰ 浸：渐渐地。假：使。
⑱ 时夜：通“司夜”，报晓。
⑲ 弹：弹弓。
⑳ 鸮（xiāo）炙：鸱鸮的烤肉。
㉑ 轮：车轮。
㉒ 神：精神。
㉓ 更驾：另找车驾。
㉔ 得：生。
㉕ 失：死。
㉖ 县解：犹言“解人于倒悬”，即超乎死生。县，通“悬”。
㉗ 物：指人力。天：指天命。
㉘ 喘喘然：气息急促的样子。
㉙ 妻子：指妻子和儿女。环：围。
㉚ 叱：呵斥声。
㉛ 避：令哭者退避到一边。
㉜ 无怛（dá）化：不要惊动正在变化的人。怛，惊。
㉝ 之：指子来。

以汝为虫臂乎？”子来曰：“父母于子①，东西南北，唯命是从。阴阳于人，不翅②于父母。彼近吾死而我不听③，我则悍矣④，彼何罪焉？夫大块载我以形，劳我以生，佚我以老，息我以死。故善吾生者，乃所以善吾死也。今大冶⑤铸金，金踊跃⑥曰：‘我且和为镆铘⑦！’大冶必以为不祥之金。今一犯⑧人之形，而曰‘人耳人耳’，夫造化者必以为不祥之人。今一以天地为大炉，以造化为大冶，恶乎往而不可哉！”成然⑨寐，蘧然⑩觉。

子桑户、孟子反、子琴张三人相与友⑪，曰：“孰能相与于无相与，相为于无相为⑫？孰能登天游雾，挠挑无极⑬，相忘以生，无所终穷？”三人相视而笑，莫逆于心，遂相与为友。

莫然有间⑭，而子桑户死，未葬。孔子闻之，使子贡往侍事⑮焉。或编曲⑯，或鼓琴，相和而歌曰：“嗟来桑户乎⑰！嗟来桑户乎！而已反其真⑱，而我犹为人猗⑲！”子贡趋而进曰⑳：“敢问临尸而歌，礼乎？”二人相视而笑曰：“是恶知礼意㉑！”

子贡反，以告孔子，曰：“彼何人者耶？修行无有㉒，而外其形骸，临尸而歌，颜色不变，无以命㉓之。彼何人者邪？”孔子曰：“彼游方㉔之外者也，而丘游方之内者也。外内不相及，而丘使女㉕往吊之，丘则陋㉖矣！彼方且与造物者为人㉗，而游乎天地之一气。彼以生为附赘县疣㉘，以死为决疣溃痈㉙。夫若然者，又恶知死生先后之所在！假于异物，托于

---

① 父母于子：是“子于父母”的倒装句。下文“阴阳于人”句用法与此同。
② 不翅：不啻。
③ 彼：指造化。近：迫。
④ 悍：违逆。
⑤ 大冶：冶金工匠。
⑥ 踊跃：跳跃。
⑦ 镆铘：古代的良剑名。
⑧ 犯：通“范”，铸成。
⑨ 成然：安然。
⑩ 蘧然：忽然。
⑪ 子桑户、孟子反、子琴张：皆为虚构人物。
⑫ 相为：相助。
⑬ 挠挑：宛转。无极：谓太虚。
⑭ 莫然：淡漠无心的样子。有间：不久。
⑮ 侍事：助办丧事。
⑯ 编曲：编次歌曲。
⑰ 来：语气助词。
⑱ 而：通“尔”，你。反：通“返”，返归。
⑲ 猗（yī）：叹词，犹“啊”。
⑳ 趋：小步疾行。
㉑ 礼意：礼的真意。
㉒ 修行无有：即“无有修行”，指不按礼仪修养德行。
㉓ 命：名，称。
㉔ 方：礼法。
㉕ 女：通“汝”。
㉖ 陋：鄙陋。
㉗ 方且：正要。为人：谓为偶，为友。
㉘ 赘：多生的肉块。县：通“悬”。疣（yóu）：瘤结。
㉙ 决：破裂。疣（huàn）：皮肤上的小肿块。溃：溃烂。痈：多生于颈、背部的脓疮。

同体；忘其肝胆，遗其耳目；反复终始，不知端倪①；芒然彷徨乎尘垢之外②，逍遥乎无为之业③。彼又恶能愦愦然④为世俗之礼，以观⑤众人之耳目哉！”子贡曰：“然则夫子何方之依？”孔子曰：“丘，天之戮民⑥也。虽然，吾与汝共之。”子贡曰：“敢问其方⑦。”孔子曰：“鱼相造⑧乎水，人相造乎道。相造乎水者，穿池⑨而养给；相造乎道者，无事而生定⑩。故曰，鱼相忘乎江湖，人相忘乎道术⑪。”子贡曰：“敢问畸⑫人。”曰：“畸人者，畸于人而侔⑬于天。故曰，天之小人，人之君子；人之君子，天之小人也。”

颜回问仲尼曰：“孟孙才⑭，其母死，哭泣无涕⑮，中心不戚⑯，居丧⑰不哀。无是三者，以善处丧盖⑱鲁国，固有⑲无其实而得其名者乎？回壹⑳怪之。”

仲尼曰：“夫孟孙氏尽之㉑矣，进㉒于知矣，唯简之而不得，夫已有所简矣。孟孙氏不知所以生，不知所以死，不知就先，不知就后，若㉓化为物，以待其所不知之化已乎㉔！且方将化，恶知不化哉？方将不化，恶知已化哉？吾特与汝，其㉕梦未始觉者邪？且彼有骇形而无损心㉖，有旦宅而无情死㉗。孟孙氏特㉘觉，人哭亦哭，是自其所以乃㉙。且也相与吾之㉚耳矣，庸讵㉛知吾所谓吾之乎？且汝梦为鸟而厉㉜乎天，梦为鱼而没于渊。不识㉝今之言者，其觉者

① 端倪：头绪。
② 芒然：无所系累的样子。彷徨：与“逍遥”同义，即自得逸乐。
③ 业：事业。
④ 愦愦（kuì）然：烦乱的样子。
⑤ 观：给人看。
⑥ 戮民：因受礼仪束缚，无异于受天之刑，故称。
⑦ 方：方法。
⑧ 造：至，到。
⑨ 穿池：谓掘地成池。
⑩ 无事：无为。生定：心性安静。
⑪ 道术：即大道。
⑫ 畸：异。
⑬ 侔（móu）：合。
⑭ 孟孙才：姓孟孙，名才，鲁国人。
⑮ 涕：泪水。
⑯ 中心：心中。戚：忧伤。
⑰ 居丧：服丧，守丧期间。
⑱ 盖：覆盖，即闻名。
⑲ 固有：岂有。
⑳ 壹：语气助词，表强调。
㉑ 尽之：尽处丧之道。
㉒ 进：超过。
㉓ 若：顺。
㉔ 已乎：如此而已。
㉕ 其：恐怕。
㉖ 彼：指孟孙才。骇：惊。
㉗ 旦宅：通“怛侘”，惊恐。情：精神。
㉘ 特：独自。
㉙ 乃：如此。
㉚ 吾之：这是我。
㉛ 庸讵：怎么。
㉜ 厉：通“戾”，到达。
㉝ 不识：不知道。

乎，其梦者乎？造①适不及笑，献笑不及排②，安排而去化，乃入于寥天③一。”

意而子见许由④，许由曰：“尧何以资⑤汝？”意而子曰：“尧谓我：‘汝必躬服仁义而明言是非⑥。’”

许由曰：“而奚来为轵⑦？夫尧既已黥⑧汝以仁义，而劓⑨汝以是非矣，汝将何以游夫遥荡恣睢转徙之途乎⑩？”意而子曰：“虽然，吾愿游于其藩⑪。”

许由曰：“不然。夫盲者无以与⑫乎眉目颜色之好，瞽者无以与乎青黄黼黻之观⑬。”意而子曰：“夫无庄之失其美⑭，据梁⑮之失其力，黄帝之亡其知，皆在炉捶⑯之间耳，庸讵知夫造物者不息我黥而补我劓，使我乘成以随先生邪⑰？”

许由曰：“噫！未可知也。我为汝言其大略⑱：吾师⑲乎！吾师乎！齑万物而不为义⑳，泽㉑及万世而不为仁，长于上古而不为老，覆载天地、刻雕众形而不为巧。此所游已。”

颜回曰：“回益㉒矣。”仲尼曰：“何谓也？”曰：“回忘仁义矣。”曰：“可矣，犹未也。”

他日复见，曰：“回益矣。”曰：“何谓也？”曰：“回忘礼乐矣。”曰：“可矣，犹未也。”

他日复见，曰：“回益矣。”曰：“何谓也？”曰：“回坐忘㉓矣。”仲尼蹴然㉔曰：“何谓坐忘？”颜回曰：“堕肢体㉕，黜聪明㉖，离形去知，同于大通㉗，此谓坐忘。”仲尼曰：“同

---

① 造：至。
② 献笑：突然发笑。排：安排。
③ 寥天：虚空寂寥的天道。
④ 意而子：虚构的人物。
⑤ 资：教。
⑥ 躬服：亲自实行。明言：辨清。
⑦ 而：通“尔”，你。轵（zhǐ）：通“只”，语助词。
⑧ 黥（qíng）：用刀在犯人面额上刻刺，然后涂上墨的一种刑罚，亦称墨刑。
⑨ 劓（yì）：割去鼻子的刑罚。
⑩ 遥荡：逍遥放荡。恣睢：从容自适。转徙：变化。
⑪ 藩：边缘地带。
⑫ 与：参与欣赏。
⑬ 黼黻（fǔ fú）：古时礼服上所绣的斧形花纹。观：华美。
⑭ 无庄：虚构的美人。失：忘记。
⑮ 据梁：虚构的大力士。
⑯ 捶：通“锤”，锤炼。
⑰ 乘：载。成：完整的身躯。
⑱ 大略：大概。
⑲ 师：指大道。
⑳ 齑（jī）：碎粉，引申为调和。不为：不自以为。
㉑ 泽：恩泽。
㉒ 益：谓以损为益，即进入道境。
㉓ 坐忘：端坐而忘一切。
㉔ 蹴（cù）然：惊而改容的样子。
㉕ 堕（huī）肢体：谓忘其身。堕，通“隳”，毁坏。
㉖ 黜（chù）聪明：谓忘其智。
㉗ 大通：大道。

则无好①也，化则无常②也。而③果其贤乎！丘也请从而后④也。”

子舆与子桑友⑤，而霖雨⑥十日，子舆曰：“子桑殆病⑦矣！”裹饭而往食之。至子桑之门，则若歌若哭，鼓琴曰：“父邪？母邪？天乎？人乎？”有不任其声而趋举其诗焉⑧。

子舆入，曰：“子之歌诗，何故若是?”曰：“吾思夫使我至此极⑨者而弗得也。父母岂欲吾贫哉？天无私覆，地无私载，天地岂私贫我哉？求其为之者而不得也。然而至此极者，命也夫?”

骈拇⑩

骈拇枝指⑪出乎性哉⑫！而侈于德⑬。附赘县疣⑭出乎形哉！而侈于性。多方⑮乎仁义而用之者，列于五藏哉⑯！而非道德之正也⑰。是故骈于足者，连无用之肉也；枝于手者，树无用之指也；多方骈枝于五藏之情者⑱，淫僻于仁义之行⑲，而多方于聪明之用也⑳。

是故骈于明㉑者，乱五色㉒，淫文章㉓，青黄黼黻之煌煌非乎㉔？而离朱是已㉕！多于聪

---

① 无好：没有好恶之情。

② 常：谓滞执不变。

③ 而：通“尔”，你。

④ 从而后：跟在你的后面。

⑤ 子桑：即子桑户。

⑥ 霖雨：连绵细雨。

⑦ 病：谓因饥而病。

⑧ 不任其声：谓其气力不足，而歌声微弱。趋举其诗：谓其歌唱诗句急促，而不成调子。

⑨ 极：绝境。

⑩ 这是一篇道家的人性论。主要说明人性自然。倡导听任自然，顺应人情的思想，认为仁义智辩以及为名、为利、为国、为家都是违反和伤害人性的，是道德上的骈拇枝指、邪门歪道。本篇和《马蹄》可说是姊妹篇，也可把本篇看作《马蹄》的前奏，反映了庄子无为而治，返归自然的社会观和政治观，对儒家的仁义和礼乐作了直接的批判，但对某些社会的进步也作了否定。文辞直陈，观点跃于言表。

⑪ 骈（pián）：并，这里是指合在一起。拇：拇指，手或脚的大指。骈拇是说拇指与第二趾拇连生，成了畸形。枝指：拇指旁生的小指。“骈拇”和“枝指”对于人体来说都是多余的东西，因此在全文述说中多次成为多余的、人为附加的代称。

⑫ 性：自然本性。

⑬ 侈：多余。

⑭ 附：附着。赘：赘瘤。县（xuán）：悬。疣（yóu）：这里用同“瘤”。附赘县疣：这里指后天形体所生的，并非出于自然的本性。故对自然的本性来说是多余的。

⑮ 方：旁。多方：多生枝节。

⑯ 藏（zàng）：后代写作“臓”，而简化为“脏”，包括肝、心、脾、肺、肾。据《内经》：仁配肝，礼配心，信配脾，义配肺，智配肾。虽然配上五脏，但并非人纯正的道理，而是后天外加的，故说“而非道德之正也”。

⑰ 正：纯正，这里指千变万化的事态中无所偏执。

⑱ 多方：宣颖认为这两字是衍文。骈枝：骈拇枝指。这里指在仁义礼治信上又多生枝节。

⑲ 淫僻：淫邪偏僻，作动词用。行，道路。这句的意思是说走上了仁义的邪门歪道。

⑳ 多方：作动词用。意思是在聪明的运用上多生枝节，犹今说多要小聪明。聪：听觉灵敏。明：视觉清晰。

㉑ 骈于明：过分明察。骈，在这里有多生、过分的意思。

㉒ “乱五色”两句：五色：青、黄、赤、白、黑。青与赤相交为文，赤与白相交为章。在五色、文章之外还能辨别出更多的颜色，反而造成五色混乱、文章泛滥。

㉓ 淫：惑乱。文章：文采，错综而又华美的花纹和色彩。

㉔ 黼（fǔ）黻（fú）：古代礼服上绣制的花纹。煌煌：缭乱的样子。

㉕ 离朱：人名，亦作离娄，传说皇帝时视力最好的人，能在百步那么远看见秋毫之末。《孟子》作“离娄”。

者，乱五声①，淫六律②，金石丝竹黄钟大吕之声非乎③？而师旷是已④！枝于仁者，擢德塞性以收名声⑤，使天下簧鼓以奉不及之法非乎⑥？而曾、史是已⑦！骈于辩者，累瓦结绳窜句⑧，游心于坚白同异之间⑨，而敝跬誉无用之言非乎⑩？杨、墨⑪是已！故此皆多骈旁枝之道，非天下至正也⑫。

彼正正者⑬，不失其性命之情⑭。故合者不为骈，而枝者不为跂⑮；长者不为有余，短者不为不足。是故凫胫虽短⑯，续之则忧；鹤胫虽长，断之则悲。故性长非所断，性短非所续，无所去忧也⑰。

意仁义其非人情乎⑱！彼仁人何其多忧⑲也。且夫骈于拇者，决之则泣⑳；枝于手者，龁之则啼㉑。二者，或有余于数㉒，或不足于数，其于忧一也。今世之仁人，蒿目而忧世之患㉓；不仁之人，决性命之情而饕贵富㉔。故意仁义其非人情乎？自三代以下者㉕，天下何其嚣嚣也㉖。

且夫待钩绳规矩而正者㉗，是削其性者也，待绳约胶漆而固者㉘，是侵其德者也㉙；屈

---

① 五声：即五音，五个基本音阶，古代音乐中以宫、商、角、徵、羽称之。

② 六律：古代用长短不同的竹管制作不同声调的定音器，其作用相当于今天的定调。乐律分阴阳两大类，每类各六种，阳类六种叫六律，阴类六种叫六吕。六律的名称是黄钟、太簇、姑洗、蕤宾、夷则、无射。

③ 金、石、丝、竹：各种乐器无不用金、石、丝、竹为原料，这里借原料之名作器乐之声的代称。黄钟、大吕：古代音调的名称。

④ 师旷：晋平公时的著名乐师。

⑤ 擢（zhuó）：拔，提举。塞：闭，当为“搴”（qiān）的形误。

⑥ 簧鼓：管乐和打击乐，这里用来泛指各种乐器发出的喧嚷。奉：崇拜。不及：赶不上，这里指不可能做到。

⑦ 曾、史：曾参和史鳍（qiū），春秋时的贤人。曾参字子舆，为孔子的学生；史鳍字子鱼，卫灵公的大臣。这两个人以仁孝出名。

⑧ 累瓦结绳：古代记事的方法，故引申为记事。比喻堆砌无用的词语。窜句：穿凿文句。

⑨ 游心：驰骋心思。

⑩ 敝：分外用力而疲惫不堪。跬（kuǐ）：半步；举足一次叫跬，左右两脚运行一次叫步。“跬誉”指短暂的声誉。

⑪ 杨、墨：杨朱和墨翟，战国时代的著名哲学家。杨朱，字子居，宋人；主张“为我”。墨，墨翟。《墨经》中有“坚白同黑”的理论。

⑫ 至正：指纯正的德性。

⑬ 正正：当是“至正”之误，上段末句即言“至正”，“至理正道”的意思。

⑭ 性命之情：性，指本性，命，指天命，性命之情，就是物各自得顺其自然的真情。

⑮ “故合”两句：合就是骈，枝就是跂，但道德纯正的人，顺其自然，根本不把两指合生看作骈，也不把枝生小指看作跂。

⑯ 凫（fú）：野鸭。胫（jìng）：脚。

⑰ 去：抛弃。无所去忧：没有什么忧愁，所以无须抛弃。

⑱ 意：想、认为。情：即“性命之情”的“情”，本质。

⑲ 仁人：行仁义的人。多忧：许多不必要的忧虑。

⑳ 决：裂。

㉑ 龁（hé）：咬。

㉒ 数：指正常的数目。

㉓ 蒿目：忧愁的眼光，意犹愁眉苦脸。

㉔ 决：溃乱，作动词用。决性命之情：使得本性败坏。饕（tāo）：贪。贵富：财产多叫“富”，地位高叫“贵”。

㉕ 三代：即夏、商、周三个朝代。

㉖ 嚣嚣：喧嚣的样子。

㉗ 待：依靠。钩（gōu）：木工划弧线的曲尺。

㉘ 绳约：即绳索。下文皆称“纆索”，故有人主张此处应依下文而改；旧注“绳约”释为“绳索约束”，更为失当。

㉙ 侵其德：即伤害了事物的天性和自然。

折礼乐①，呴俞仁义②，以慰天下之心者，此失其常然也③，天下有常然。常然者，曲者不以钩，直者不以绳，圆者不以规，方者不以矩，附离不以胶漆④，约束不以纆⑤。故天下诱然皆生，而不知其所以生⑥，同焉皆得，而不知其所以得。故古今不二，不可亏也⑦，则仁义又奚连连如胶漆纆索而游乎道德之间为哉⑧！使天下惑也！

夫小惑易方⑨，大惑易性。何以知其然邪？自虞氏招仁义以挠天下也⑩，天下莫不奔命于仁义，是非以仁义易其性与⑪？

故尝试论之：自三代以下者，天下莫不以物易其性矣！小人则以身殉利⑫；士则以身殉名；大夫则以身殉家⑬；圣人则以身殉天下。故此数子者⑭，事业不同⑮，名声异号，其于伤性以身为殉，一也。臧与谷，二人相与牧羊而俱亡其羊⑯。问臧奚事⑰，则挟筴读书⑱；问谷奚事，则博塞以游⑲。二人者，事业不同，其于亡羊均也。伯夷死名于首阳之下⑳，盗跖死利于东陵之上㉑，二人者，所死不同，其于残生伤性均也，奚必伯夷之是而盗跖之非乎㉒！天下尽殉也：彼其所殉仁义也，则俗谓之君子；其所殉货财也，则俗谓之小人。其殉一也，则有君子焉，有小人焉；若其残生损性，则盗跖亦伯夷已，又恶取君子小人于其间哉！

---

① 屈折礼乐：就是用礼乐来生硬地改变和矫正人的言行。

② 呴（xū）俞：抚爱。“呴俞仁义”就是用仁义的手段来抚爱和教化别人。

③ 常然：常态，指人和事物的本然和真性。

④ 附离：使离析的事物相互附着。

⑤ 纆（mò）：三条索扭成的绳。纆索：绳索。

⑥ 诱然：油然。

⑦ “故古今”两句：指自然之性古今一样，与物混同，无所谓亏损。

⑧ 连连：不断的、无休止的样子。而：以。游：活动。“奚……为”，相当于“为什么……”。

⑨ 易：变换、颠倒。方：方向。

⑩ 庄子认为唐尧以前，即原始氏族时代，社会民情还是比较朴质纯厚的，虞舜以后，即进入夏、商、周三代，朴质纯厚的风气和民情才受到人为的干扰和蹂躏。虞氏即虞舜。招仁义：以仁义作号召。挠：搅乱。

⑪ 是：此。性：指人的本性。

⑫ 殉：为某一目的而献身。

⑬ 家：这里指家族。

⑭ 数子：指上述四种人。

⑮ 事业：即从事的工作。

⑯ 亡：失掉。

⑰ 奚事：事奚，干什么。

⑱ 筴（cè）：“策”字的异体，这里指书简。

⑲ 博塞：亦作“簙簺”，一种类似掷骰子的游戏。

⑳ 伯夷：殷商末年的贤士，反对武王伐商，不食周粟而饿死于首阳山。死名：为名而死。

㉑ 盗跖（zhí）：名跖，春秋末年著名的平民起义领袖，先秦不少著作中提到过他。“盗”是诬蔑之词。死利：为利而死。东陵：山名，一说即泰山。

㉒ 是、非：这里引申为赞许和指责。

且夫属其性乎仁义者①，虽通如曾、史，非吾所谓臧也②；属其性于五味，虽通如俞儿③，非吾所谓臧也；属其性乎五声，虽通如师旷，非吾所谓聪也④；属其性乎五色，虽通如离朱，非吾所谓明也⑤。吾所谓臧者，非仁义之谓也，臧于其德⑥而已矣；吾所谓臧者，非所谓仁义之谓也，任其性命之情而已矣；吾所谓聪者，非谓其闻彼也，自闻而已矣；吾所谓明者，非谓其见彼也，自见而已矣。夫不自见而见彼，不自得而得彼者，是得人之得而不自得其得者也⑦，适人之适而不自适其适者也⑧。夫适人之适而不自适其适，虽盗跖与伯夷，是同为淫僻也。余愧乎道德⑨，是以上不敢为仁义之操，而下不敢为淫僻之行也⑩。

列御寇⑪

列御寇之齐⑫，中道而反⑬，遇伯昏瞀人⑭。伯昏瞀人曰："奚方而反⑮？"曰："吾惊⑯焉。"曰："恶乎惊？"曰："吾尝食于十浆⑰，而五浆先馈⑱。"伯昏瞀人曰："若是⑲，则汝何为惊已⑳？"曰："夫内诚不解㉑，形谍㉒成光，以外镇㉓人心，使人轻乎贵老㉔，而赍其所

---

① 属：从属，归向。一说"属"读zhǔ，接连、缀系的意思。二说皆可通。此句意思是把自己的本性归属于仁义，意即把仁义看作是自己的本性。

② 臧：善，好。

③ 俞儿：相传为齐人，味觉灵敏，善于辨别味道。

④ 聪：听觉灵敏。

⑤ 明：视觉明晰、敏锐。

⑥ 德：得天性。臧于其德，好就好在得天然的本性。

⑦ 其得：其所应得。

⑧ 适：合。

⑨ 道德：这里指对宇宙万物本体和事物变化运动规律的认识。这句是说我在道德上感到惭愧，这是一种貌似谦虚的说法。

⑩ 是以：因此。上：从好的方面说。下：从坏的方面说。所谓好、坏都是就世俗之见来说的。操：节操，操守。行：品行。

⑪ "列御寇"本是篇首一人名，亦作圄寇、圉寇，人称列子，郑国人，为先秦道家学派的先驱。全篇由许多小故事夹着议论组合而成。内容很杂，其间也无内在联系，不过从主要段落看，主要是阐述忘我的思想，人生在世不应炫耀于外，不应求仕求禄，不应追求智巧，不应贪功图报。

⑫ 之：往，去。齐：齐国。

⑬ 中道：中途。反：通"返"，返回。

⑭ 伯昏瞀人：人名，楚国的贤人，隐者。《德充符》作伯鲁无人，《日子云》作伯昏无人，《列子·黄帝篇》作伯昏瞀人。

⑮ 方：刚，才。作道术、方向、事，借为妨解实误。从上句"中道而反"和下句"吾惊焉"来看，解为为什么刚去就反回来为当。

⑯ 惊：惊异。

⑰ 浆：米汤，指卖米汤的店铺。十浆，十家浆铺。

⑱ 五浆：五家浆铺。馈：馈赠，赠给。

⑲ 若是：如此，这样。

⑳ 已：通矣。

㉑ 内诚：内心真诚。不解：有症结没有融化。

㉒ 形谍：指没有融化的症结从外表上流露出来。谍，同"深"，泄。

㉓ 镇：镇服。

㉔ 馈：指爵位高。老：指年老。

患①。夫浆人特②为食羹之货，无多余之赢③，其为利也薄，其为权也轻，而犹若是，而况于万乘之主④乎！身劳于国而知尽于事⑤，彼将任我以事而效我以功⑥，吾是以惊。”伯昏瞀人曰：“善哉观⑦乎！女处已⑧，人将保⑨女矣！”无几何⑩而往，则户外之屦⑪满矣。伯昏瞀人北面而立，敦杖蹙之乎颐⑫，立有间⑬，不言而出。宾⑭者以告列子，列子提屦，跣⑮而走，暨乎门⑯，曰：“先生既来，曾不发药乎⑰？”曰：“已矣，吾固告汝曰人将保汝，果保汝矣。非汝能使人保汝，而汝不能使人无保汝也，而焉用之感豫出异也⑱！必且⑲有感，摇而本才⑳，又无谓也，与汝游者又莫汝告也㉑，彼所小言㉒，尽人毒㉓也。莫㉔觉莫悟，何相孰㉕也！巧者劳而知者忧，无能者无所求㉖，饱食而敖游㉗，泛若不系之舟㉘，虚㉙而敖游者也。”

郑人缓㉚也，呻吟裘氏之地㉛，祇三年而缓为儒㉜，河润九里㉝，泽及三族㉞，使其弟

---

① 赍（jī）：招致。
② 特，只是。
③ 赢：赢利，赚钱。
④ 万乘之主：古代皇帝。
⑤ 劳：操劳。知：通智。
⑥ 彼：指国君。效，责效。
⑦ 观：观察。
⑧ 己：旧读己实误，当为已，语助词，作止解。
⑨ 保，归附，依附。
⑩ 无几何：没多久，不几天。
⑪ 屦（jù），麻葛鞋。
⑫ 北面：面北。敦：作顿。敦杖：以杖顿地。蹙之乎颐：拄他的面颊。蹙，迫。
⑬ 立有间：站一会儿。
⑭ 宾（bīn）：同傧，傧相，接引客人的人员。
⑮ 跣（xiǎn）：光着脚。
⑯ 暨：及。乎：于。
⑰ 曾：乃。发药：比喻治病救人的言论。
⑱ 而：通尔，你。用：因。豫：通愉，愉快。
⑲ 必且：必将。
⑳ 摇：动，摇动。而：你。才：一作性。
㉑ 告（gù）：上告下。莫汝告：莫告汝。
㉒ 小言：琐碎的言论，作甜言蜜语解亦通。
㉓ 尽人毒：尽是害人的东西。
㉔ 莫：不。
㉕ 孰：古熟字，成。
㉖ 无能：无所能而能，指无为而得道。
㉗ 敖游：遨游，不受外物的束缚，自由自在地游荡于虚无的境界。
㉘ 泛：漂流不定，漫无目的。
㉙ 虚：内心空虚无目的，指无应无不应。
㉚ 缓：郑国一个人的名字。
㉛ 呻吟，微弱的诵读声。裘氏：郑地名。
㉜ 祇（zhī）：适，正好。为儒：学儒而成为儒。
㉝ 河：河水。润：滋润，灌溉，九：多数，概数，非指八、九之九。
㉞ 泽：恩泽。三族：父族、母族、妻族。

墨①。儒墨相与辩，其父助翟②，十年而缓自杀。其父梦之曰③："使而子为墨者予也④。阖胡尝视其良⑤，既为秋柏之实矣⑥？"

夫造物者之报⑦人也，不报其人而报其人之天⑧。彼故使彼⑨。夫人以己为有以异于人⑩，以贱其亲⑪。齐人之井饮者相捽也⑫。故曰：'今之世皆缓也自是⑬。'有德者以不知⑭也，而况有道者乎！古者谓之遁天之刑⑮。圣人安其所安⑯，不安其所不安⑰；众人⑱安其所不安，不安其所安。

庄子曰："知道易⑲，勿言难⑳。知而不言，所以之天也㉑；知而言之，所以之人也；古之人，天而不人㉒。"朱泙漫学屠龙于支离益㉓，单千金之家㉔，三年技成而无所用其巧㉕。圣人以必不必㉖，故无兵㉗；众人以不必必之㉘，故多兵；顺㉙于兵，故行有求㉚。兵，恃之则亡㉛。小夫之知㉜，不离苞苴竿牍㉝。敝精神乎蹇浅㉞，而欲兼济道物㉟，太一形虚㊱。若

① 墨：学墨家的学说。
② 翟（dí）：本为墨子名，此以墨子名做缓之弟弟名字。有双关的意思。
③ 之：代缓。之曰：指缓托梦说。
④ 而：你。予：我，指缓自己。
⑤ 阖胡：何不。尝：试。其：缓目宿。良：（làng）：一作壤，坟墓。
⑥ 秋：借作楸。楸柏，皆为良材。实：指学术的成就。
⑦ 报：报答，对待，给予。
⑧ 天：天性，自然本性。
⑨ 彼：他，指缓弟。彼：指成墨者的事。
⑩ 夫人：指缓。异于人：不同于别人。
⑪ 贱其亲：指责他的父亲，贱侮他的父亲。
⑫ 齐人：齐国的民众。井饮：喝井水。相捽（zuó）：抓着头发互相殴打。
⑬ 自是，自以为是。旧注将"自是"断下句，非是。
⑭ 不知：不知自以为是，即不知有德。
⑮ 遁天之刑：违背自然的刑罚。
⑯ 安其所安：安于自然无为。
⑰ 不安其所不安：不安于人为。
⑱ 众人：一般人，普通人。
⑲ 知：认识。
⑳ 勿言难：默不作声而成之者困难。
㉑ 之：向，往。之天：合于自然。
㉒ 古之人：古时的至人、真人、圣人。天：天道自然。不人：不合人为。
㉓ 朱泙（pēng）漫：人名。支离益：人名，复姓支离，名益。屠龙：喻为道。
㉔ 单：借为殚，尽。家：指家产。
㉕ 技：技术。巧：技巧。
㉖ 必不必：必可用而不用。
㉗ 兵：争。无兵：无事。
㉘ 不必必之：不必可用而必用它。
㉙ 顺：顺从，曲从。
㉚ 行：行为。求：贪求。
㉛ 恃：依靠。亡：亡失，不得，作丧亡、灭亡解实误。
㉜ 小夫：指匹夫，一般世俗之人，知：同智。
㉝ 苞苴：馈赠人鱼肉用茅苇叶包着。竿：通简。竿牍：简牍，古书。
㉞ 敝：消耗。蹇浅：浅陋，短浅。
㉟ 兼：兼而有之。济：成。兼济道物：成道又成物。
㊱ 太一形虚：指取形和虚而一贯。大一：一贯。

是者，迷惑于宇宙，形累不知太初①。彼至人者，归精神乎无始②，而甘冥乎无何有之乡③。水流乎无形④，发泄乎太清⑤。悲哉乎汝⑥为，知在毫毛⑦，而不知大宁⑧!

宋人有曹商⑨者，为宋王⑩使秦。其往也，得车数乘；王说⑪之，益⑫车百乘。反⑬于宋，见庄子曰："夫处穷闾厄巷⑭，困窘织屦⑮，槁项黄馘者⑯，商之所短也⑰；一悟万乘之主而从车百乘者⑱，商之所长⑲也。"庄子曰："秦王有病召医，破痈溃痤者得车一乘⑳，舐痔者得车五乘㉑，所治愈下㉒得车愈多。子岂㉓治其痔邪，何得车之多也？子行矣㉔!"

鲁哀公乎问颜阖曰㉕："吾以仲尼为贞干㉖，国其有瘳乎㉗?"曰："殆哉圾乎仲尼㉘！方且饰羽而画㉙，从事华辞㉚，以支为旨㉛，忍性以视民而不知不信㉜，受乎心㉝，宰乎神㉞，

---

① 太初：指道的本体。

② 归：复，回。无始：万物还没产生的时代。

③ 甘冥：甜睡。冥，通瞑，眠。无何有之乡：指虚无的境界，《逍遥游》有"何不树之于无何有之乡"。

④ 水流：以水比喻道。水流乎无形：指水流是无所不到的。

⑤ 太清：太虚清静无为的自然之道。

⑥ 汝：指列子。旧注将"汝为"断在下句实误。

⑦ 知：通智。毫毛：指小事。

⑧ 大宁：大的宁静的境界。

⑨ 曹商：人名。

⑩ 宋王：宋君偃。

⑪ 说：通悦。

⑫ 益：增加。

⑬ 反：通返。

⑭ 穷闾：贫穷僻里。厄巷：狭巷。

⑮ 困窘：贫苦。织屦：织鞋，做鞋。

⑯ 槁项：干枯的脖子。馘（xù）：脸。

⑰ 短：短处。

⑱ 一：一旦。悟：使，觉悟。

⑲ 长：长处。

⑳ 痈：多个脓头的毒疮。痤（cuó）：痤疮，粉刺。一说疽。

㉑ 舐（shì）：舔，痔：痔疮。

㉒ 下：卑下。

㉓ 岂：难道。

㉔ 子：你。行：走。

㉕ 鲁哀公：春秋末年鲁国国君。见《德充符》、《让王》。颜阖：鲁国的贤人，见《人间世》、《达生》、《让王》诸篇。

㉖ 贞干：古代筑墙的工具。立两端的为桢，坚两侧的为干。此处喻以孔子为辅相的意思。贞，同桢。

㉗ 瘳乎：可治吗。瘳（chōu），病愈。

㉘ 殆：危险。圾：通岌，危。

㉙ 羽：羽毛。饰羽而画：用画装饰有文彩的羽毛。

㉚ 华辞：浮华的言词，花言巧语。

㉛ 支：辞有枝叶。旨：美。以支为旨：形容言辞不当。

㉜ 忍性：矫饰性情。视：通示。视民：指示民众，知：通智。信：信实，诚。

㉝ 受乎心：受心指使。

㉞ 宰乎神：以精神为主宰。

夫何足以上民[①]！彼宜女与？予颐与[②]？误而[③]可矣！今使民离实，学伪[④]，非所以视民也[⑤]，为后世虑，不若休[⑥]之。难治[⑦]也！”施于人[⑧]而不忘，非天布[⑨]也，商贾不齿[⑩]，虽以事[⑪]齿之，神者弗齿[⑫]。为外刑[⑬]者，金与木也[⑭]；为内刑[⑮]者，动与过也[⑯]。宵人之离外刑者[⑰]，金木讯[⑱]之；离内刑者，阴阳食[⑲]之。夫免乎外内之刑者，唯真人能之。

孔子曰：“凡人心险[⑳]于山川，难于知天[㉑]。天犹有春秋冬夏旦暮之期[㉒]，人者厚貌深情[㉓]。故有貌愿而益[㉔]，有长若不肖[㉕]，有慎懁而达[㉖]。有坚而缦[㉗]，有缓而钎[㉘]。故其就义若渴者[㉙]，其去义若热[㉚]。故君子远使之而观其忠[㉛]，近使之而观其敬[㉜]，烦使之而观其能[㉝]，卒然问焉而观其知[㉞]，急与之期而观其信[㉟]，委之以财而观其仁[㊱]，告之以危而观其

---

① 上民：居民之上。
② 彼：指仲尼。宜：适合，女：指鲁哀公。予：颜阖自称。
③ 而：犹则。
④ 实：信，性。伪：华辞。
⑤ 非：不是。视民：教育民众。
⑥ 休：止。
⑦ 难治：不可以治。
⑧ 施于人：施于民。
⑨ 天布：天行布施。
⑩ 商贾（gǔ）：买卖人，商人。不齿：不愿相提并论。
⑪ 事：事务。
⑫ 神：思想。弗：同不。
⑬ 外刑：体外的刑罚。
⑭ 金与木：金属与木制的刑具。
⑮ 内刑：内心的刑罚。
⑯ 动：妄动。过：过分。
⑰ 宵：通小。离：通罹，遭受。
⑱ 讯：刑讯，拷问，问罪。
⑲ 食：通蚀，剥蚀，腐蚀，蚕食。
⑳ 险：阴险，险恶。
㉑ 知：认识，了解。天：自然界及其规律。
㉒ 天：自然界。旦暮：早晚。期：限定的时间。
㉓ 厚貌深情：貌虽忠厚而其情深藏难测。
㉔ 愿：谨愿，指谦虚谨慎，端庄老实。益：通溢，骄溢自满。
㉕ 长（cháng）：善，指有良好的才智，一说指优良的品德。不肖：指没才智。
㉖ 慎：一作顺，温顺，柔顺。懁（xuān）：性急，急躁。达：通达。
㉗ 坚：坚强。缦：濡缓，涣散，软弱。
㉘ 缓：和缓。钎（hàn）：通悍，急。
㉙ 就义：趋义，追求正义。若渴：如饥似渴，甚急。
㉚ 去义：逃避正义，抛弃正义。若热：如逃避热火一样快。
㉛ 远使之：派到远处去做事。观：考察。忠：忠贞，不二。
㉜ 近使之：派在身边做事。敬：恭敬不怠。
㉝ 烦：烦杂，复杂。能：治乱的能力，不乱。
㉞ 卒（cù）：通猝，突然。知：通智，此处指清醒与否。
㉟ 急：急迫，紧迫。期：约。信：信用，指不背信弃义。
㊱ 委：委托。财：钱财。仁：仁德，不贪。

节①，醉之以酒而观其则②，杂之以处而观其色③。九征至④，不肖人得矣⑤。”

正考父一命而伛⑥，再命而偻⑦，三命而俯⑧，循墙而走⑨，孰敢不轨⑩！如而夫⑪者，一命而吕钜⑫，再命而于车上舞⑬，三命而名诸父⑭，孰协唐、许⑮！贼莫大乎德有心⑯而心有睫⑰，及其有睫也，而内视⑱，内视而败⑲矣。凶德有五⑳，中德为首㉑。何谓中德？中德也者，有以自好也，而吡㉒其所不为者也。穷有八极㉓，达有三必㉔，形有六府㉕。美、髯、长、大、壮、丽、勇、敢，八者俱过人也，因以是穷㉖。缘循㉗，偃佒㉘，困畏㉙不若人，三者俱通达㉚。知慧外通㉛，勇动多怨㉜，仁义多责㉝。达生之情者

---

① 危：危急，危险。节：节操。

② 则：一作侧，仪则，规则，规矩，指不失。

③ 杂：混杂。色：面色不慌。

④ 征：征验，检验。至：做到。

⑤ 不肖人：指内外终始不如一的人。得：得到。

⑥ 正考父：孔子的七世祖，宋国的大夫，曾连事戴、武、宣三公。命：任命，委任。一命，指任命为士。伛（yǔ）：曲背。

⑦ 再命：指任命为大夫。偻（lǒu）：弯腰。

⑧ 三命：指任命为卿。俯：俯首，身子近地。

⑨ 循墙而走：顺着墙根走路，不敢走正路。

⑩ 孰：谁。轨：犹法。不轨：不效法。

⑪ 而夫：你们这种人，指当时在位的人，贬词。

⑫ 吕：通膂，脊骨。矩：通巨，强大。吕矩：脊骨强大，指不能曲背弯腰，引申为高傲自大。

⑬ 于车上舞：指骄傲到极点而忘形，得意而忘形。

⑭ 名：呼，叫。诸父：伯父、叔父。名诸父：直接叫伯父、叔父的名字，指无礼傲慢到极点。

⑮ 协：同，比。唐：唐尧。许：许由。

⑯ 贼：害。德：得。解道德之德非是。有心：私心。

⑰ 睫：睫毛。心有睫：心有睫毛遮盖。

⑱ 内视：主观意识。

⑲ 败：失败。

⑳ 凶德：凶指祸害，德指得。凶德有五：指耳、眼、鼻、舌、心。

㉑ 中德：指心。

㉒ 吡（bǐ）：訾，说人坏话，引申为责难。

㉓ 穷：穷困。八极：指下文的“美、髯、长、大、壮、丽、勇、敢”。

㉔ 达：通达顺利。三必：指下文的缘循、偃佒、困畏的必要条件。

㉕ 形：通刑，即内刑、外刑的刑，危害。府：集聚处。形有六府：集聚六种危害的地方。指下文的“知慧、外通、勇动、多怨、仁义、多责”。据《庄子浅注》援《阙误》引刘得一本补有“六者所以相刑也”七字可证刑即刑，解形为形体实误，解六府为六脏亦误。

㉖ 穷：穷困。即是穷有八极的穷。

㉗ 缘循：因循，顺着。

㉘ 偃佒：同偃仰，即俯仰从人，随俗应付。作偃蹇解非是。

㉙ 困畏：懦弱。

㉚ 通达：畅通无阻。

㉛ 知：通智。外通：通外，通于外物。

㉜ 勇动：勇猛妄动，多怨：多结怨恨。

㉝ 仁义：行仁施义。多责：多责求。

傀①，达于知者肖②，达大命者随③，达小命者遭④。

人有见宋王者⑤，锡⑥车十乘，以其十乘骄稚⑦庄子。庄子曰："河上有家贫恃纬萧而食者⑧，其子没于渊⑨，得千金之珠⑩。其父谓其子曰：'取石来锻之⑪！夫千金之珠，必在九重之渊而骊龙颔下⑫。子⑬能得珠者，必遭⑭其睡也。使骊龙而寤⑮，子尚奚微之有哉！'今宋国之深⑯，非直⑰九重之渊也；宋王之猛⑱，非直骊龙也。子能得车者，必遭其睡也；使宋王而寤，子为齑粉夫⑲！"或⑳聘于庄子，庄子应其使曰："子见夫牺牛㉑乎？衣以文绣㉒，食以刍叔㉓。及其牵而入于大庙㉔，虽欲为孤犊㉕，其可得乎！"

庄子将死㉖，弟子欲厚葬之㉗。庄子曰"吾以天地为棺椁㉘，以日月为连璧㉙，星辰为珠玑㉚，万物为赍送㉛。吾葬具岂不备㉜邪？何以加此！"弟子曰："吾恐乌鸢之食夫子

---

① 傀（guī）：傀伟，不平凡。
② 肖：小，眇小。
③ 大命：天命。随：随顺自然。
④ 小命：人命。遭：遭遇。
⑤ 宋王：指宋剔成或宋君偃。因庄子学术活动时期正当宋剔成或宋君偃执政时期。成《疏》指宋襄王非是。
⑥ 锡：赐。
⑦ 稚：骄。
⑧ 纬：编。萧：荻蒿。恃纬萧而食者：靠荻蒿编织畚箕为生的人。
⑨ 没（mò）：沉没，潜入水中。
⑩ 千金：价值千金。珠：珍珠。
⑪ 锻：锤破。之：代珠。
⑫ 重（chóng）：层。骊龙：黑龙。颔（hàn）：下巴。
⑬ 子：你。
⑭ 遭：遇。
⑮ 使：假使。寤：醒。
⑯ 宋国之深：宋国危机的深重。
⑰ 非直：不但，不止。
⑱ 猛：凶猛。
⑲ 齑（jī）：粉身碎骨。
⑳ 或：有人，指楚成王使使厚币聘庄子为相。
㉑ 牺牛：祭祀用的纯色牛。
㉒ 衣以文绣：穿的衣服绣以花纹。
㉓ 食：喂养。刍：草。叔：大豆。
㉔ 大：通太。大庙：帝王的祖庙。
㉕ 孤犊：无人豢养的牛犊。
㉖ 将死：将要死去。有人据此证《庄子》书非庄子著，非是。
㉗ 弟子：弟子们。欲：打算。
㉘ 吾：我。以：用。
㉙ 连璧：两块并连起来的玉璧。
㉚ 珠玑：珍珠。珠，圆的为珠。玑，珠不圆的为玑。
㉛ 赍（jī）：通齎，一作济。送葬品。
㉜ 备：齐备。

也①。”庄子曰：“在上为乌鸢食，在下为蝼蚁②食，夺彼与此③，何其偏④也!”以不平平⑤，其平也不平；以不征征⑥，其征也不征。明者唯为之使⑦，神⑧者征之。夫明之不胜⑨神也久矣，而愚者恃其所见入于人⑩，其功⑪外也，不亦悲乎!

学习建议

1. 庄子自然观的美学思考。

2. 对庄子人生哲学所追求的无待、无累、无患的绝对的精神自由的认识。庄子的理想人生自由是超现实的精神自由。“自由”，以牺牲感性的我为条件。庄子从肯定人的个体存在出发，为了使个体存在摆脱世俗的桎梏获得自由，在否定世俗的同时，连同被桎梏的个体自身也一起否定了。其伦理思想在人生论上，表现出明显的超现实主义和虚无主义倾向，而现实的人生与世俗的对立并没有得到实际的解决。

3. 搜寻书中被后世化为习语的成语，如：望洋兴叹、庖丁解牛、东施效颦、贻笑大方、坐井观天、太仓稊米等。

4. 延伸阅读篇目：

《德充符》、《秋水》、《山木》、《胠箧》、《马蹄》、《则阳》。

---

① 吾：我们。恐：恐怕。乌：乌鸦。鸢（yuān）：老鹰。
② 蝼蚁：蝼蛄和蚂蚁。
③ 彼：指乌鸦和老鹰。此：指蝼蛄和蚂蚁。
④ 偏：偏心，私心。
⑤ 平：公平。
⑥ 征：征验，引申为可信。
⑦ 明：聪明。之：它，指天道。
⑧ 神：神人。
⑨ 不胜：不及。
⑩ 所见：偏见。入于人：溺于人事。
⑪ 功：功劳。

荀　子

导读

荀子（约公元前298年—公元前238年）名况，字卿，又称孙卿，战国末期赵国人。其著作在汉代传抄较多，经汉代文献学家刘向的校雠，定为三十二篇，即今流传的《荀子》一书。《汉书·艺文志》、《隋书·经籍志》称《荀子》为《孙卿子》。唐杨倞为之注，始称《荀子》。此书从《劝学》至《赋》26篇，为荀子自著。《大略》至《尧问》为荀子门人弟子辑录。

《荀子》一书的内容非常丰富，涉及哲学思想、政治问题、治学方法、立身处世之道、学术论辩等方面。荀子是一位儒学大师，他以仲尼、子弓的学术继承者自居。他在对先秦诸子百家学说进行批评的同时，以儒学为本，吸取百家学术的精华，融会贯通，创立儒学中别开生面的一支。

《荀子》文章不仅独立成篇，且已具有谨严的结构。他的文章多长篇大论，每篇必发挥尽致、畅所欲言而后已。如《劝学》、《解蔽》、《正名》、《天论》、《非十二子》诸篇，不仅论点明确，层次清楚，而且剖析事理非常透辟，构思很周密。驳论文章为数不多，却是新的写法，体现出战国后期某些文章的特点。以《正论篇》为例，它先后举出“世俗之为说者”及“子宋子”的论点，加以驳辩，在推倒对方论点的驳辩中伸张自己的“正论”。《荀子》文章善于引物连类，设喻说理。《劝学篇》较为典型。它前半篇几乎全用譬喻重叠构成，辞采缤纷，令人目不暇接。和先秦其他的散文相比，《荀子》文章中的设喻自有特点：一般来说，它“只是简单比况，而不讲寓言故事。这和《战国策》的游士之词不同，和《孟子》、《庄子》的喻道之文也不一样。这是学者之文的特征”（郭预衡《中国散文史》）。

《荀子》具有朴素辩证的自然观和社会观，提出“明于天人之分”的观点。这种自然观在上古朴素唯物论中，具有较高的理性思维水平。同时荀子提出“群”、“分”、“义”、“和”、“一”等社会观的概念，指出人之“能群”是区别于动物界的根本标志，而“群”的必要条件是“分”，为什么“分”的结果成为“群”？这是由于“义”的存在，“义以分则和，和则一”的论断具有辩证法的思想因素。在荀子社会思想的系列概念中，“分”的观念是其焦点。他从哲理上论述分贫富、别贵贱制度的合理性，是对儒学的发展。《荀子》提倡人性恶论。荀子激烈抨击孟子的“人性善”论，提出相反的“性恶”论。他在自然观、社会观上主张“天人之分”，在人性论上也主张“性”与“伪”的分别，认为“目好色、耳好声、口好味、心好利、骨体肌理好愉佚”等，是与生俱来的“性”，这是一种欲望。因为人性为“恶”，所以荀子强调礼义道德的教化，同时也主张实行严格的法制。荀子主张“人性恶”，将人的生理本能定性为恶，是很片面的，在思想逻辑上必将导致以刑法、权术作为最主要统治手段的政治观，这也是荀子学生辈中出现法家学者的原因。《荀子》倡导以“解蔽”为核心的认识论。荀子认识论的核心要求是“解蔽”，心的认识作用高于感官，其目的要掌握普遍指导理论的"道"，然而人心却可能"蔽于一曲而暗于大理"，造成"蔽"的原因是事物无所不在的矛盾性。如何解蔽？荀子认为"兼陈万物而中县（悬）衡"，从而解蔽而精于大道。对"道"的认识依靠心的"虚壹而静"，"虚"是指虚心求进，"壹"指的是心有主见、学有主线，"静"是清醒冷静、排除干扰。这种认识论充满进取精神，因此荀子提出了"学不可以已"、"君子博学而日参省"等劝学名言。

劝　学①

君子②曰：学不可以已③。青，取之于蓝④，而青于蓝；冰，水为之，而寒于水。木直中绳，輮⑤以为轮，其曲中规，虽有槁暴⑥，不复挺者，輮使之然也。故木受绳则直，金就砺则利，君子博学而日参省乎己⑦，则知明而行无过矣。

故不登高山，不知天之高也；不临深谿，不知地之厚也；不闻先王之遗言，不知学问之大也。干、越、夷、貉之子⑧，生而同声，长而异俗，教使之然也。《诗》⑨曰："嗟尔君子，无恒安息。靖共尔位⑩，好是正直。神之听之，介尔景福⑪。"神莫大于化道，福莫长于无祸。

吾尝终日而思矣，不如须臾之所学也；吾尝跂⑫而望矣，不如登高之博见也。登高而招，臂非加长也，而见者远；顺风而呼，声非加疾也，而闻者彰。假舆马者，非利足也，而致千里；假舟楫者，非能水也，而绝江河。君子生⑬非异也，善假于物也⑭。

南方有鸟焉，名曰蒙鸠⑮。以羽为巢，而编之以发，系之苇苕⑯，风至苕折，卵破子死。巢非不完也，所系者然也。西方有木焉，名曰射干⑰，茎长四寸，生于高山之上而临百仞之渊。木茎非能长也，所立者然也。蓬生麻中，不扶而直；白沙在涅，与之俱黑⑱。兰槐⑲之根是为芷，其渐之滫⑳，君子不近，庶人不服。其质非不美也，所渐者然也。故君子

---

① 本文选自《荀子》第一篇。旨在劝勉人们勤奋学习。篇中所论述的学习，不局限于学习书本知识，还包括学习各种其他方面的知识以及修身、养道等。文章涉及学习的效用、意义、目的、态度、方法以及有关教育的一系列问题。

② 君子：指有道德的人。

③ 已：停止，终止。

④ 蓝：即蓼篮，一年生草本植物，其叶经过发酵后可以提制深蓝色的有机染料靛蓝。

⑤ 輮：通"煣"，用微火熏烤木料使它弯曲。

⑥ 有：通"又"。槁：通"熇"，烤。暴：古"曝"字，晒。

⑦ 参：检验。省：考察。

⑧ 干：同"邗"，古国名，在今江苏扬州东北，春秋时被吴国所灭而成为吴邑，此指代吴国。夷：我国古代居住在东部的民族。貉：通"貊"，我国古代居住在东北部的民族。

⑨ 引诗见《诗·小雅·小明》。

⑩ 靖：安。共：通"供"。

⑪ 介：给予。景：大。

⑫ 跂：通"企"，踮起脚后跟。

⑬ 生：通"性"，指人的资质。

⑭ 这句喻指君子凭借学习贤师益友来提高自己的修养。

⑮ 蒙鸠：即鹪鹩，俗称黄脰鸟，又称巧妇鸟，全身灰色，有斑，常取茅苇毛毳为巢。

⑯ 苇苕：芦苇的花穗。

⑰ 射干：又名乌扇，一种草本植物，根入药，茎细长，多生于山崖之间，形似树木，所以荀子称它为"木"，其实是一种草。

⑱ 《集解》无"白沙在涅，与之俱黑"八字，据《尚书·洪范》"时人斯其惟皇之极"《正义》引文补。

⑲ 兰槐：香草名，又叫白芷，开白花，味香。古人称其苗为"兰"，称其根为"芷"。

⑳ 渐：浸。滫：尿（杨倞说）。

居必择乡，游必就士，所以防邪辟而近中正也。

物类之起，必有所始；荣辱之来，必象其德。肉腐出虫，鱼枯生蠹。怠慢忘身，祸灾乃作。强自取柱①，柔自取束。邪秽在身，怨之所构②。施薪若一，火就燥也；平地若一，水就湿也。草木畴③生，禽兽群焉，物各从其类也。是故质的张而弓矢④至焉，林木茂而斧斤⑤至焉，树成荫而众鸟息焉，醯酸而蜹聚焉⑥。故言有招祸也，行有招辱也。君子慎其所立乎！

积土成山，风雨兴焉；积水成渊，蛟龙生焉；积善成德，而神明自得，圣心备焉。故不积跬步⑦，无以至千里；不积小流，无以成江海。骐骥⑧一跃，不能十步⑨；驽马十驾⑩，功在不舍⑪。锲而舍之，朽木不折；锲而不舍，金石可镂。螾无爪牙之利、筋骨之强，上食埃土，下饮黄泉，用心一也；蟹八跪而二螯⑫，非蛇、蟺⑬之穴无可寄托者，用心躁也。是故无冥冥之志者，无昭昭之明；无惛惛之事者⑭，无赫赫之功。行衢道者不至，事两君者不容。目不能两视而明，耳不能两听而聪。螣蛇⑮无足而飞，鼫鼠五技而穷⑯。《诗》⑰曰："尸鸠在桑，其子七兮。淑人君子，其仪一兮⑱。其仪一兮。其仪，心如结⑲兮。"故君子结于一也。

昔者瓠巴鼓瑟而沈鱼出听⑳，伯牙鼓琴而六马仰秣㉑。故声无小而不闻，行无隐而不形。玉在山而草木润，渊生珠而崖㉒不枯。为善不积邪㉓，安有不闻者乎？

学恶乎始？恶乎终？曰：其数㉔则诵经始乎，终乎读《礼》㉕；其义则始乎为士，终乎

---

① 柱：通"祝"（王引之说），折断。《大戴礼记·劝学》作"折"。

② 构：结，造成。

③ 畴：通"俦"，类。

④ 质：箭靶。的：箭靶的中心。

⑤ 斤：斧子。

⑥ 醯：醋。蜹：飞虫名，属蚊类。

⑦ 跬：行走时两脚之间的距离，等于现在所说的一步、古人所说的半步。步：古人说一步，指左右脚都向前迈一次的距离，等于现在的两步。

⑧ 骐骥：骏马。

⑨ 步：长度单位，六尺为步。

⑩ 驾：古代马拉车时，早晨套上车，晚上卸去。套车叫驾，所以这里用"驾"指代马车一天的行程。十驾：套十次车，指十天的行程。此指千里的路程。

⑪ 舍：舍弃。指不放弃行路。

⑫ 八：《集解》作"六"，据《大戴礼记·劝学》改。跪：脚。螯：螃蟹等节肢动物身前的大爪，形如钳。

⑬ 蟺：同"鳝"。

⑭ 冥冥、惛惛：昏暗不明的样子，形容专心致志、埋头苦干。昭昭：明白的样子。

⑮ 螣蛇：古代传说中的一种能飞的神蛇。

⑯ 鼫鼠：原作"梧鼠"，据《大戴礼记·劝学》改。鼫鼠能飞但不能飞上屋面，能爬树但不能爬到树梢，能游泳但不能渡过山谷，能挖洞但不能藏身，能奔跑但不能追过人，所以说它"五技而穷"。穷：窘困。

⑰ 引诗见《诗·曹风·鸤鸠》。

⑱ 仪：通"义"。

⑲ 结：结聚不散开，比喻专心一致，坚定不移。

⑳ 瓠巴：楚国人，善于弹瑟。沈：《集解》作"流"，据《大戴礼记·劝学》改。沈：同"沉"。

㉑ 伯牙：古代善于弹琴的人。六马：古代天子之车驾用六匹马拉；此指拉车之马。仰秣：《淮南子·说山训》高诱注："仰秣，仰头吹吐，谓马笑也。"一说"秣"通"末"，头。

㉒ 崖，岸边。

㉓ 邪：同"耶"，疑问语气词。

㉔ 数：指学习的具体科目。

㉕ 《礼》：汉代称为《礼经》，是春秋战国时代一部分礼制的汇编。梁、陈以后称为《仪礼》。今传十七篇，通行本有《十三经注疏》本。

为圣人。真积力久则入，学至乎没①而后止也。故学数有终，若其义则不可须臾舍也。为之，人也；舍之，禽兽也。故《书》② 者，政事之纪也；《诗》③ 者，中声之所止也④；《礼》者，法之大分、类之纲纪也⑤。故学至乎《礼》而止矣，夫是之谓道德之极。《礼》之敬文⑥也，《乐》⑦ 之中和也；《诗》、《书》之博也，《春秋》之微也⑧，在天地之间者毕矣。

君子之学也，入乎耳，箸⑨乎心，布乎四体⑩，形乎动静；端⑪而言，蠕⑫而动，一可以为法则。小人之学也，入乎耳，出乎口。口、耳之间则⑬四寸耳，曷足以美七尺之躯哉?

古之学者为己，今之学者为人。君子之学也，以美其身；小人之学也，以为禽犊。故不问而告谓之傲⑭，问一而告二谓之囋。傲，非也；囋⑮，非也；君子如响矣⑯。

学莫便乎近其人。《礼》、《乐》法而不说，《诗》、《书》故而不切，《春秋》约而不速。方其人之习君子之说⑰，则尊以⑱遍矣，周于世矣。故曰：学莫便乎近其人。

学之经⑲莫速乎好其人，隆礼次之。上不能好其人，下不能隆礼，安特将学杂识志⑳，顺《诗》、《书》而已耳，则末世穷年，不免为陋儒而已！将原先王，本仁义，则礼正其经纬、蹊径也㉑。若挈裘领，诎五指而顿之㉒，顺者不可胜数也。不道礼、宪，以《诗》、《书》为之，譬之，犹以指测河也，以戈舂黍也，以锥餐壶也，不可以得之矣。故隆礼，虽未明，法士也；不隆礼，虽察辩，散儒也。

问楛㉓者，勿告也；告楛者，勿问也；说楛者，勿听也；有争气者，勿与辩也。故必由其道至，然后接之；非其道，则避之。故礼恭，而后可与言道之方；辞顺，而后可与言道之

---

① 没：通“殁”，死。

② 《书》：《尚书》，汉以后又称《书经》，是上古历史文献的汇编。

③ 《诗》：汉以后又称《诗经》，是我国现存最早的一部诗歌总集。

④ 中声：和谐的音乐。止：存。

⑤ 大分：要领，总纲。类：与“法”（规范）同义，但它与“法”字相对使用时，则指法的类属，即依规范类推出来的具体准则。

⑥ 文：文采，花纹，引申指表现义的礼仪制度，如表示等级制度的车制、旗章、服饰、各种礼节仪式等。《韩非子·解老》：“礼者，义之文也。”

⑦ 《乐》：《乐经》，六经之一，据说它是附于《诗经》的一种乐谱，亡于秦。

⑧ 《春秋》：是春秋时鲁国史官记载当时史事的编年史，相传孔子曾修订过。微：精深隐微，此指微言大义的《春秋》笔法。孔子删订《春秋》时，通过隐微精深的语言来隐喻对人事的褒贬。

⑨ 箸：通“著”，附着。

⑩ 布：分布。四体：四肢。

⑪ 端：通“喘”，微言。

⑫ 蠕：微动。

⑬ 则：才。

⑭ 傲：通“躁”（俞樾说）。这两句批评小人卖弄学问的为人之学。

⑮ 囋：唠叨。

⑯ 响：《集解》作“向”，据宋浙本改。响：回声。

⑰ 方：通“仿”，仿效。第一个“之”训“而”。

⑱ 以：而。

⑲ 经：通“径”。

⑳ 安：语助词。特：只。识：了解。

㉑ 经纬：纵横的道路，南北向的叫经，东西向的叫纬，这里指四通八达。蹊径：小路，此指途径。

㉒ 诎：通“屈”，弯曲。顿：上下抖动使整齐。

㉓ 楛（kǔ）：粗劣，此指粗野恶劣而不合礼法的事情。

理；色从，而后可与言道之致。故未可与言而言谓之傲，可与言而不言谓之隐，不观气色而言谓之瞽。故君子不傲、不隐、不瞽，谨顺其身。《诗》[①] 曰："匪交匪舒[②]，天子所予[③]。"此之谓也。

百发失一，不足谓善射；千里跬步不至，不足谓善御；伦类不通[④]，仁义不一，不足谓善学。学也者，固学一之也。一出焉，一入焉，涂[⑤]巷之人也；其善者少，不善者多，桀、纣、盗跖也[⑥]；全之尽之，然后学者也。

君子知夫不全不粹之不足以为美也，故诵数以贯之，思索以通之，为其人以处之，除其害者以持养之；使目非是无欲见也，使耳非是无欲闻也，使口非是无欲言也，使心非是无欲虑也。及至其致好之也，目好之五色，耳好之五声，口好之五味，心利[⑦]之有天下。是故权利不能倾也，群众不能移也，天下不能荡也。生乎由是，死乎由是，夫是之谓德操。德操然后能定，能定然后能应，能定能应，夫是之谓成人。天见其明，地见其光[⑧]，君子贵其全也。

议　　兵[⑨]

临武君与孙卿子议兵于赵孝成王前[⑩]。王曰："请问兵要。"临武君对曰："上得天时，下得地利，观敌之变动，后之发，先之至，此用兵之要术也。"孙卿子曰："不然。臣所闻古之道，凡用兵攻战之本在乎壹民。弓矢不调，则羿[⑪]不能以中微；六马[⑫]不和，则造父[⑬]不能以致远；士民不亲附，则汤、武不能以必胜也。故善附民者，是乃善用兵者也。故兵要在乎善附民而已。"

临武君曰："不然。兵之所贵者，势利也；所行者，变诈也。善用兵者，感忽悠暗[⑭]，莫知其所从出。孙[⑮]、吴用之，无敌于天下。岂必待附民哉？"孙卿子曰："不然。臣之所

---

① 引诗见《诗·小雅·采菽》。

② 匪：同"非"，不。交：通"绞"，急。

③ 予：通"与"，赞许。

④ 类：法。参见《方言》、《广雅》。法，规范。

⑤ 涂：通"途"。

⑥ 桀：名履癸，夏朝末代君王，传说中的暴君。纣：一作受，也称帝辛，商朝末代君王，传说中的暴君。跖：传说中的春秋战国之际人，传统的典籍中都把他当作是贪婪的典型，称他为"盗跖"。

⑦ 利：贪。

⑧ 见：同"现"。光：通"广"。

⑨ 本文选自《荀子》第十五篇。这是一篇论述军事问题的文章，反映了荀子的军事思想。荀子认为"用兵攻战之本在乎壹民"，"在乎善附民"；要"附民"，就必须"隆礼"、"贵义"、"好士"、"爱民"、"政令信"、"赏重"、"刑威"、"权出一"。只有这样，才能"壹民"，才能使"三军同力"，从而取得战争的胜利。当然，本篇内容极其丰富，它还涉及各种做将军的原则，如"六术"、"五权"、"三至"、"五无圹"等等。至于其军事思想的核心则是"仁义"，他主张"禁暴除害"，"以德兼人"，反对"争夺"，不依仗"权谋"、"势诈"。

⑩ 临武君：楚国将领，姓名不详，当时在赵国。孙卿子：即荀况。赵孝成王：名丹，公元前265年—前245年在位。

⑪ 羿：夏代东夷族有穷氏（居于今山东德州市南）的部落首领，故又称夷羿、后羿，善于射箭。

⑫ 六马：古代帝王的车用六匹马拉，"六马"指同拉一辆车的六匹马。

⑬ 造父：周穆王的车夫，善于驾驭车马。

⑭ 感忽：模糊不清，指难以捉摸。悠暗：悠远昏暗，指神秘莫测。

⑮ 孙：指孙武，春秋时齐国人，著名的军事家。

道，仁人之兵、王者之志也。君之所贵，权谋势利也；所行，攻夺变诈也，诸侯之事也。仁人之兵，不可诈也；彼可诈者，怠慢者也，路亶①者也，君臣上下之间涣然②有离德者也。故以桀诈桀③，犹巧拙有幸焉；以桀诈尧④，譬之，若以卵投石，以指挠沸，若赴水火，入焉焦没耳！故仁人上下，百将一心，三军⑤同力，臣之于君也，下之于上也，若子之事父、弟之事兄，若手臂之扞头目而覆胸腹也；诈而袭之与先惊而后击之，一也⑥。且仁人之用十里之国，则将有百里之听；用百里之国，则将有千里之听；用千里之国，则将有四海之听；必将聪明警戒，和传⑦而一。故仁人之兵，聚则成卒⑧，散则成列；延则若莫邪之长刃⑨，婴⑩之者断；兑⑪则若莫邪之利锋，当之者溃；圜⑫居而方止，则若盘石然，触之者角⑬摧，案角鹿埵、陇种、东笼而退耳⑭。且夫暴国之君，将谁与至哉？彼其所与至者，必其民也。而其民之亲我欢若父母，其好我芬若椒兰；彼反顾其上，则若灼黥⑮，若仇雠。人之情，虽桀、跖，岂又⑯肯为其所恶、贼其所好者哉！是犹使人之子孙自贼其父母也，彼必将来告之，夫又何可诈也？故仁人用，国日明，诸侯先顺者安，后顺者危，虑敌之者削，反之者亡。《诗》⑰ 曰：'武王载发⑱，有虔秉钺；如火烈烈，则莫我敢遏。'此之谓也。"

孝成王、临武君曰："善！请问王者之兵设何道、何行而可？"孙卿子曰："凡在大王，将率⑲末事也。臣请遂道王者诸侯强弱存亡之效、安危之势。君贤者其国治，君不能者其国乱；隆礼、贵义者其国治，简礼、贱义者其国乱。治者强，乱者弱：是强弱之本也。上足卬⑳，则下可用也；上不足卬㉑，则下不可用也。下可用则强，下不可用则弱，是强弱之常也。隆礼、效功㉒，上也；重㉓禄、贵节，次也；上功、贱节，下也，是强弱之凡也。好士

---

① 路亶：通"露瘅"，羸弱疲惫（王念孙说）。

② 涣：《集解》作"滑"，据《新序》卷三改。涣然：离散的样子。

③ 桀：这里用作暴君的代名词。

④ 尧：这里用作贤君的代名词。

⑤ 三军：春夏时诸侯大国多设三军，即上军、中军、下军或左军、中军、右军。此统称军队，指全军。

⑥ 用诈术袭击与公开击鼓讨伐的后果一样，说明诈术毫无作用。

⑦ 传：通"抟"，聚结。

⑧ 卒：周代的军队组织，一百人为卒。

⑨ 延：延伸，伸展。莫邪：传说中的利剑。

⑩ 婴：通"撄"，碰，触犯。

⑪ 兑：通"锐"，尖锐，引申为冲锋。

⑫ 圜：通"圆"。

⑬ 角：额角。

⑭ 案：语助词。角：衍文。鹿埵：通"落拓"、"落托"、"落度"、"落魄"，是叠韵联绵字，形容零落衰败潦倒的样子。陇种：通"龙钟"，叠韵联绵字，形容衰败的样子。东笼：同"笼东"，与"陇种"通，或为衍文。

⑮ 灼黥：即墨刑，用刀在犯人的面额上刺字，再用墨涂在刺纹中。

⑯ 又：通"有"。

⑰ 引诗见《诗·商颂·长发》。

⑱ 武王：此指商汤。载：戴。发：读为"旆"，旌旗。载发：戴旗，指商汤在旗帜下，旗帜在头顶上飘动，这是古代国君出征时的情景。《国语·吴语》："王亲秉钺，载白旗以中阵而立。"其情景同。

⑲ 率：同"帅"。

⑳ 卬：同"仰"，仰赖（杨倞说）。

㉑ 《集解》"不"下无"足"字，据宋浙本补。

㉒ 效：验。效功：考核战功。这是为了使奖赏正确。

㉓ 重：看重，指不轻易给人。下文"赏重"之"重"与此同义（杨倞说）。

者强，不好士者弱；爱民者强，不爱民者弱；政令信者强，政令不信者弱；民齐者强，民不齐者弱；赏重者强，赏轻者弱；刑威者强，刑侮者弱；械用兵革攻完便利者强①，械用兵革窳楛不便利者弱②；重用兵者强，轻用兵者弱；权出一者强，权出二者弱，是强弱之常也。齐人隆技击，其技也，得一首者，则赐赎锱金③，无本赏矣④。是事小、敌毳则偷可用也⑤；事大、敌坚则涣焉离耳，若飞鸟然，倾侧反覆无日。是亡国之兵也，兵莫弱是矣，是其出赁市佣而战之几矣⑥。魏氏之武卒，以度取之。衣三属之甲⑦，操十二石之弩⑧，负服矢五十个⑨，置戈其上，冠軸带剑⑩，赢三日之粮，日中而趋百里。中试则复⑪其户，利其田宅。是数年而衰而未可夺也，改造则不易周也⑫。是故地虽大，其税必寡，是危国之兵也。秦人，其生民也陿阸⑬，其使民也酷烈，劫之以势，隐之以阸⑭，忸⑮之以庆赏，鰌⑯之以刑罚，使天下之民所以要利于上者⑰，非斗无由也；阸而用之，得而后功之，功赏相长也⑱，五甲首而隶五家，是最为众强长久，多地以正⑲。故四世⑳有胜，非幸也，数也。故齐之技击不可以遇魏氏之武卒，魏氏之武卒不可以遇秦之锐士，秦之锐士不可以当桓、文㉑之节制，桓、文之节制不可以敌汤、武之仁义；有遇之者，若以焦熬投石焉。兼是数国者，皆干赏蹈利之兵也，佣徒鬻卖之道也，未有贵上、安制、綦节之理也。诸侯有能微妙之以节，则作而兼殆之耳。故招近㉒募选，隆势诈，尚功利，是渐之也；礼义教化，是齐之也。故以诈

---

① 攻：通“工”。完：坚固。

② 窳（yǔ）：不坚固。楛：通“盬”（gǔ），粗劣。

③ 赎：买，指赎买敌人的首级。锱（zī）：古代重量单位，各书有异说，此文指八两（杨倞说）。

④ 本赏：基本的奖赏，即根据战争的全局性胜利而制定的奖赏。这几句是说，只根据斩首多少来奖赏，而不根据战争的胜败来奖赏。

⑤ 事：指战事。毳：通“脆”。偷：苟且。

⑥ 出：《集解》作“去”，据宋浙本改。使出，指雇取。赁（lìn）：与“佣”同义，指佣工。市：买，指雇取。战之：使之作战。几：接近。

⑦ 三属（zhǔ）之甲：三种依次相连的铠甲。一种穿在上身如上衣，一种穿在胯骨上似围裙，一种穿在小腿上似绑腿。一说：一种披于肩上叫披膊，一种缀于当胸叫胸铠，一种垂于两旁叫腿裙。

⑧ 石：古代用来计算弓弩拉力的单位，一石为 120 斤。但周代一斤大约为 228．86 克，所以“十二石”大约相当于现在的 330 千克。弩：一种有机械装置、力量较强的弓。

⑨ 负：背。服：通“箙”，装箭的器具。

⑩ 冠（guàn）：戴。軸：同“胄”，头盔。

⑪ 复：免除徭役。

⑫ 改造：重新选择。易：改变。周：通“赒”，周济。

⑬ 陿（xiá）：同“狭”，狭窄。此指使人民生路狭窄，即下文所说的“使天下之民所以要利于上者，非斗无由也”。阸（è）：同“阨”，穷困。此指使人民穷困，与下文所说的“隐之以阸”相应。

⑭ 隐：通“慇”，忧伤，痛苦。隐之以阸：用穷困使他们痛苦。这是为了使他们别无出路而只能去打仗邀赏，即下文所说的“阸而用之”。

⑮ 忸（niǔ）：同“狃”，使习以为常（杨倞说）。

⑯ 鰌（qiú）：通“遒”，逼迫。

⑰ 天下之民：指秦国之民（于鬯说）。要（yāo）：通“徼”、“邀”，求取。利：爵禄的奖赏。

⑱ 功赏相长：功劳的奖赏相对于功劳而增长，即一甲首隶一家，五甲首隶五家。一说指有功得赏，得赏后更想立功，功与赏互相促进。

⑲ 正：通“征”，征税。

⑳ 四世：指秦孝公（公元前 361 年—公元前 338 年在位）、秦惠文王（公元前 337 年—公元前 311 年在位）、秦武王（公元前 310 年—公元前 307 年在位）、秦昭王（公元前 306 年—公元前 251 年在位）。

㉑ 桓、文：齐桓公、晋文公。

㉒ 招近：招来。近：使近，即招来的意思。“近”或当作“延”，引进的意思（杨倞说）。

遇诈，犹有巧拙焉；以诈遇齐，辟之①，犹以锥刀堕②太山也，非天下之愚人莫敢试。故王者之兵不试。汤、武之诛桀、纣也，拱揖③指麾，而强暴之国莫不趋使，诛桀、纣若诛独夫④。故《泰誓》⑤曰：‘独夫纣。’此之谓也。故兵大齐，则制天下；小齐，则治⑥邻敌。若夫招近募选、隆势诈、尚功利之兵，则胜不胜无常，代翕代张，代存代亡，相为雌雄耳矣。夫是之谓盗兵，君子不由也。故齐之田单⑦，楚之庄跞⑧，秦之卫鞅⑨，燕之缪虮⑩，是皆世俗之所谓善用兵者也。是其巧拙强弱则未有以相若⑪也，若其道，一也，未及和齐也，掎契司诈⑫，权谋倾覆，未免盗兵也。齐桓、晋文、楚庄、吴阖闾、越句践，是皆和齐之兵也，可谓入其域矣，然而未有本统也，故可以霸而不可以王。是强弱之效也。”

孝成王、临武君曰：“善！请问为将。”孙卿子曰：“知莫大乎弃疑⑬，行莫大乎无过，事莫大乎无悔。事至无悔而止矣，成不可必也。故制号政令，欲严以威；庆赏刑罚，欲必以信；处舍收臧，欲周以固；徙举进退，欲安以重，欲疾以速；窥敌观变，欲潜以深，欲伍以参⑭；遇敌决战，必道⑮吾所明，无道吾所疑，夫是之谓六术。无欲将而恶废，无急胜而忘败，无威内而轻外，无见其利而不顾其害，凡虑事欲孰而用财欲泰⑯，夫是之谓五权。所以不受命于主有三：可杀而不可使处不完，可杀而不可使击不胜，可杀而不可使欺百姓，夫是之谓三至。凡受命于主而行三军，三军既定，百官得序，群物皆正，则主不能喜，敌不能怒，夫是之谓至臣。虑必先事而申之以敬，慎终如始，终始如一，夫是之谓大吉。凡百事之成也必在敬之，其败也必在慢之，故敬胜怠则吉，怠胜敬则灭；计胜欲则从，欲胜计则凶。战如守，行如战，有功如幸。敬谋无圹⑰，敬事无圹，敬吏无圹，敬众无圹，敬敌无圹，夫是之谓五无圹。慎行此六术、五权、三至，而处之以恭敬无圹，夫是之谓天下之将，则通于神明矣。”

临武君曰：“善！请问王者之军制。”孙卿子曰：“将死鼓⑱，御死辔，百吏死职，士大

---

① 辟：通“譬”。

② 堕：同“隳”，毁坏。

③ 揖：《集解》作“挹”，据宋浙本改。

④ 独夫：孤独的一个人，多指众叛亲离的暴君。

⑤ 《泰誓》：《尚书》的篇名。引文见伪古文《尚书·泰誓下》，但“纣”作“受”。

⑥ 治：通“殆”，使危亡，打败。

⑦ 田单：战国时齐人。燕攻齐，下七十余城，仅莒（今山东莒县）、即墨（今山东平度县东南）二城未下。即墨守将战死，城中人推田单为将军。田单用反间计，使燕撤换其名将乐毅；接着又欺骗燕军，用火牛阵大破燕军，收复齐七十余城，因功封为安平君。

⑧ 庄跞：楚庄王的苗裔，楚威王时（公元前340年—公元前329年在位）的大将，在楚怀王二十八年（公元前301年）起兵造反，割据今云南贵州一带。

⑨ 卫鞅：即商鞅，姓公孙，名鞅，战国时卫国国君的后裔，故又称卫鞅。他曾在秦国实行变法，并被任为大良造（相当于相国兼将军）。在攻打魏国的战争中屡建战功，被封在商，号商君。他在作战中，不惜使用了欺骗旧友的手段。

⑩ 缪虮：人名。有人认为即燕国大将乐毅，“缪”与“乐”、“虮”与“毅”，古代叠韵相通。

⑪ 若：《集解》作“君”，据世德堂本改。

⑫ 契：通“挈”。司：通“伺”。

⑬ 知：通“智”。疑：犹豫不定。弃疑：《商君书·更法》：“疑行无成，疑事无功。”用兵贵果断，所以要“弃疑”。

⑭ 伍、参（sān）：即“叁伍”，“三”与“五”指多而错杂，引申指将多方面的情况放在一起，加以比照检验。

⑮ 道：行。

⑯ 孰：同“熟”，精审。泰：宽裕，不吝啬。

⑰ 圹：通“旷”，疏忽，大意。

⑱ 按古代作战的制度，主将自掌旗鼓指挥三军。战鼓是主将的指挥岗位。“将死鼓”也就是殉身于其职守。

夫①死行列。闻鼓声而进，闻金②声而退；顺命为上，有功次之；令不进而进，犹令不退而退也，其罪惟均。不杀老弱，不猎③禾稼，服者不禽，格者不舍，犇命者不获。凡诛，非诛其百姓也，诛其乱百姓者也；百姓有扞其贼，则是亦贼也。以故顺刃者生，苏④刃者死，犇命者贡⑤。微子⑥开封于宋；曹触龙⑦断于军；殷之服民所以养生之者也，无异周人；故近者歌讴而乐之，远者竭蹶⑧而趋之，无幽闲辟⑨陋之国，莫不趋使而安乐之，四海之内若一家，通达之属莫不从服，夫是之谓人师。《诗》⑩ 曰：'自西自东，自南自北，无思不服。'此之谓也。王者有诛而无战，城守不攻，兵格不击，上下相喜则庆之。不屠城，不潜军，不留众，师不越时。故乱者乐其政，不安其上，欲其至也。"

临武君曰："善!"

陈嚣⑪问孙卿子曰："先生议兵，常以仁义为本。仁者爱人，义者循理，然则又何以兵为？凡所为有⑫兵者，为争夺也。"孙卿子曰："非女所知也。彼仁者爱人，爱人，故恶人之害之也；义者循理，循理，故恶人之乱之也。彼兵者，所以禁暴除害也，非争夺也。故仁人之兵，所存者神⑬，所过者化，若时雨之降，莫不说⑭喜。是以尧伐驩兜⑮，舜伐有苗⑯，禹伐共工⑰，汤伐有夏⑱，文王伐崇⑲，武王伐纣，此两帝四王⑳皆以仁义之兵行于天下也。故近者亲其善，远方慕其义㉑；兵不血刃㉒，远迩来服；德盛于此，施㉓及四极。《诗》㉔曰：'淑人君子，其仪不忒㉕。'此之谓也。"

---

① 大夫：为连类而及之词，或为衍文。

② 金：金属之器，指钲（争）、铙（挠）之类，似铃而无舌，用槌敲击作响以作为停止进军的号令。

③ 猎：通"躐"，践，践踏。

④ 苏：通"傃"（素），向。

⑤ 贡：当为"贳"字之误（刘师培说）。贳（世），赦免。

⑥ 微子：名启，商纣的庶兄，归周后周公旦让他统率殷族而封于宋，是宋国的始祖。此文称"开"，可能是刘向避汉景帝（刘启）讳而改。

⑦ 曹触龙：商纣王之将，荀子说他是奸臣。

⑧ 竭蹶：力竭而跌倒，形容竭尽全力拼命奔走的样子。

⑨ 辟：通"僻"。

⑩ 引自《诗·大雅·文王有声》。

⑪ 陈嚣：荀子的学生。

⑫ 有：用。参见《古书虚字集释》。

⑬ 神：指"尽善浃洽"，即尽善尽美通体皆治。

⑭ 说：通"悦"。

⑮ 驩兜：古代部落名，此指尧时该部落的首领，传说他被尧流放于崇山。

⑯ 有苗：也称"三苗"，尧、舜时代的一个部落，居于今湖南、江西交界地带，此当指其首领而言，相传他被流放到三危。

⑰ 共（公）工：古代部落名，据古书记载，从颛顼帝开始直到周代，都有共工的事迹。此当指舜、禹时该部落的首领，相传他被流放于幽州。

⑱ 有夏：即夏后氏，此指夏朝的末代君主桀。

⑲ 崇：商代诸侯国，在今河南嵩县北，到崇侯虎时为周文王所灭。

⑳ 两帝四王：《集解》作"四帝两王"，据《太平御览》卷三改。

㉑ 义：《集解》作"德"，据《文选》卷四十四《为袁绍檄豫州》"不俟血刃"注引文改。

㉒ 兵不血刃：兵器不待血染刀口，指不流血战斗。

㉓ 施：蔓延，延续。

㉔ 引诗见《诗·曹风·尸鸠》。

㉕ 据上文语意，此下也当有"其仪不忒，正是四国"两句。

李斯[①]问孙卿子曰："秦四世有胜，兵强海内，威行诸侯，非以仁义为之也，以便从事而已。"孙卿子曰："非女所知也。女所谓便者，不便之便也。吾所谓仁义者，大便之便也。彼仁义者，所以修政者也；政修，则民亲其上，乐其君，而轻为之死。故曰：'凡在于君[②]，将率，末事也。'秦四世有胜，諰諰然常恐天下之一合而轧己也[③]，此所谓末世之兵，未有本统也。故汤之放桀也[④]，非其逐之鸣条[⑤]之时也；武王之诛纣也，非以甲子[⑥]之朝而后胜之也；皆前行素修也，此所谓仁义之兵也。今女不求之于本而索之于末[⑦]，此世之所以乱也。"

礼者，治辨[⑧]之极也，强固之本也，威行之道也，功名之总也。王公由之，所以得天下也；不由，所以陨社稷也。故坚甲利兵不足以为胜，高城深池不足以为固，严令繁刑不足以为威，由其道则行，不由其道则废。

楚人鲛革、犀兕以为甲[⑨]，坚[⑩]如金石；宛钜铁他[⑪]，惨如蜂虿[⑫]；轻利僄遫[⑬]，卒如飘风[⑭]；然而兵殆于垂沙[⑮]，唐蔑[⑯]死；庄蹻起，楚分而为三四。是岂无坚甲利兵也哉？其所以统之者非其道故也。汝、颍以为险[⑰]，江、汉以为池，限之以邓林[⑱]，缘之以方城[⑲]，然而秦师至而鄢郢举[⑳]，若振槁然[㉑]。是岂无固塞隘阻也哉[㉒]？其所以统之者非其道故也。纣

---

① 李斯：秦代政治家。曾从学于荀子，后辅助秦始皇统一六国，曾先后任秦朝的廷尉和丞相。

② 君：《集解》误作"军"，据嘉善谢氏校本改。

③ 諰諰然：恐惧的样子。轧：倾轧。

④ 传说汤打败桀后，把桀流放到历山。

⑤ 鸣条：古地名，又名高侯原，是成汤打败夏桀的地方。其地所在，异说甚多，现已难以确指，通行的说法认为在今山西运城县安邑镇北（参见《史记·殷本纪》、《正义》）。

⑥ 甲子：甲子日，即周武王在牧野（今河南淇县西南）打败商纣王的日子。关于武王克殷之日，《尚书·牧誓》仅记"甲子"，未载年月，故史家推算，其说甚众。《史记·周本纪》以为在周武王十二年二月，后人多以为周武王十二年二月甲子即公元前1066年阴历二月初五。但据《中国史历日和中西历日对照表》，这甲子日或当在周武王六年（公元前1106年）阴历二月初五。

⑦ 本：指实行仁义的政治措施。末：指机变诡诈的战略战术，即李斯所说的"以便从事"。

⑧ 辨：通"办"，治理。

⑨ 鲛：海鲨。兕：雌性的犀牛。

⑩ 坚：《集解》作"鞈"，据《文选》卷四十六王元长《三月三日曲水诗序》"鱼甲烟聚"注引文改。

⑪ 宛：楚国地名，在今河南南阳。钜：钢（参见《说文》）。他：或作"铊"、"铊"、"鏚"，就是矛。

⑫ 惨：狠毒，厉害。虿：蝎子一类的有毒动物。

⑬ 僄遫（piào sù）：轻捷。遫：同"速"。

⑭ 卒：通"猝"，急速。飘风：旋风。

⑮ 殆：危亡，失败。垂沙：地名，在今河南唐河县境。

⑯ 唐蔑：或作"唐昧"，楚将。楚怀王二十八年（公元前301年），秦、齐、韩、魏共攻楚，杀唐蔑。

⑰ 汝：汝水，源出河南鲁山县大盂山，流经宝丰、襄城、郾城、上蔡、汝南，注入淮河。颍：颍水，源出河南登封县西南，东南流，经禹县临颍西华商水，至周口镇，北合贾鲁河，南合沙河入淮。

⑱ 邓林：楚国北部边境古邓国（在今河南邓县一带）一带的山林。

⑲ 缘：绕。方城：楚国北边的长城，其城由今之河南泌阳县北起，绕过方城山（在今河南叶县南、方城县东北），沿着伏牛山以南延伸到邓县为止。

⑳ 鄢：楚国的大城市，位于今湖北宜城县南，因鄢水（即今汉水支流蛮河，在宜城县南）得名，与春秋时郑邑之鄢（位于今河南鄢陵县）非一地。郢：楚国国都，位于今湖北江陵市北。鄢郢举：秦昭王二十八年（公元前279年），秦大良造白起攻楚，取鄢、邓（今湖北襄樊北）、西陵（今湖北宜昌西）。次年，白起取郢，烧夷陵（今宜昌），东进至竟陵（今湖北潜江西北），以为南郡。

㉑ 振：拔起。槁：枯木。

㉒ 固、塞、隘、阻：四字同义并列，都是指险要的地方。

刳比干，囚箕子①，为炮烙刑②，杀戮无时，臣下懔然莫必其命，然而周师至而令不行乎下，不能用其民。是岂令不严、刑不繁也哉？其所以统之者非其道故也。

古之兵，戈、矛、弓、矢而已矣，然而敌国不待试而诎；城郭不辨③，沟池不掘④，固塞不树，机变不张，然而国晏然不畏外而明内者⑤，无它故焉，明道而分钧之⑥，时使而诚爱之，下之和上也如影向⑦。有不由令者，然后诛之以刑，故刑一人而天下服，罪人不邮⑧其上，知罪之在己也。是故刑罚省而威流，无它故焉，由其道故也。古者帝尧之治天下也，盖杀一人、刑二人而天下治。传曰："威厉⑨而不试，刑错⑩而不用。"此之谓也。

凡人之动也，为赏庆为之，则见害伤焉⑪止矣。故赏庆、刑罚、势诈不足以尽人之力、致人之死⑫。为人主上者也，其所以接下之百姓者，无礼义忠信焉⑬，虑率用赏庆、刑罚、势诈除阸其下⑭，获其功用而已矣。大寇则⑮至，使之持危城，则必畔；遇敌处战，则必北；劳苦烦辱⑯，则必犇；霍焉⑰离耳，下反制其上。故赏庆、刑罚、势诈之为道者，佣徒鬻⑱卖之道也，不足以合大众、美国家⑲，故古之人羞而不道也。故厚德音以先之，明礼义以道之，致忠信以爱之，尚贤使能以次之，爵服庆赏以申之，时其事、轻其任以调齐之，长养之，如保赤子。政令以⑳定，风俗以一，有离俗不顺其上，则百姓莫不敦㉑恶，莫不毒孽㉒，若祓㉓不祥，然后刑于是起矣。是大刑之所加也，辱孰大焉？将以为利邪？则大刑加焉。身苟不狂惑戆陋㉔，谁睹是而不改也哉！然后百姓晓然皆知修㉕上之法、像上之志而安

---

① 刳：剖开挖空。比干：商纣王的叔父，商王文丁（太丁）的儿子，故又称王子比干。他因劝说纣王而被剖腹挖心。箕子：纣王的叔父，为太师，封于箕（在今山西太谷东北）。他曾劝谏纣王而被囚禁，周武王灭商后获释。

② 烙：通"格"。炮烙：相传为纣所制造的酷刑。据说是将铜格放在烧炭之上，使犯人行其上，便堕入火中而被烧死。

③ 辨：宋浙本作"办"，字通，治理的意思。

④ 掘：当作"扣"，掘。

⑤ 明：等于说盛。明内：使国内昌盛。

⑥ 道：指礼义之道。分：这里作状语，表示"用名分"。钧：通"均"，调节，平衡。

⑦ 和：附和，响应。向：通"响"，回声。

⑧ 邮：通"尤"（世德堂本作"尤"），怨恨。

⑨ 厉：高举。

⑩ 错：通"措"（世德堂本作"措"）。

⑪ 焉：于之，对自己。

⑫ 势：与"诈"同义连用，是权谋的意思。致：招致，取得。

⑬ 焉：于是间。

⑭ 虑：大致，大凡。率：与"虑"同义连用。除：当作"险"（王念孙说）。除阸：使穷困而走投无路，引申指控制。

⑮ 则：若。

⑯ 烦辱：两字同义，同"繁缛"。

⑰ 霍焉：涣然，散去的样子。

⑱ 鬻：《集解》作"粥"，字通，今据世德堂本改。

⑲ 美国家：指美化国家的风俗。

⑳ 以：通"已"。

㉑ 敦：通"憝"，怨恨。

㉒ 毒：祸害。这里用作意动词。孽：妖孽，灾害，这里用作意动词。

㉓ 祓：古代一种除灾驱邪的仪式，此泛指驱除。

㉔ 戆陋：纯朴而愚蠢。陋：见闻少，知识浅薄。

㉕ 修：当作"循"，遵从的意思。

乐之。于是有能化善、修身、正行、积礼义、尊道德，百姓莫不贵敬，莫不亲誉，然后赏于是起矣。是高爵丰禄之所加也，荣孰大焉？将以为害邪？则高爵丰禄以持养之。生民之属①，孰不愿也？雕雕焉县贵爵重赏于其前②，县明刑③大辱于其后，虽欲无化，能乎哉！故民归之如流水，所存者神④，所为者化。暴悍勇力之属为之化而愿，旁辟曲私之属为之化而公⑤，矜纠收缭之属为之化而调⑥，夫是之谓大化至一。《诗》曰："王犹允塞，徐方既来。"此之谓也。

凡兼人者有三术：有以德兼人者，有以力兼人者，有以富兼人者。彼贵我名声，美我德行，欲为我民，故辟门除涂以迎吾入。因其民，袭其处，而百姓皆安，立法施令莫不顺比。是故得地而权弥重，兼人而兵俞⑦强，是以德兼人者也。非贵我名声也，非美我德行也，彼畏我威，劫我势，故民虽有离心，不敢有畔虑。若是，则戎甲俞众，奉养必费。是故得地而权弥轻，兼人而兵俞弱，是以力兼人者也。非贵我名声也，非美我德行也，用⑧贫求富，用饥求饱，虚腹张口来归我食⑨。若是，则必发夫掌窌之粟以食之⑩，委之财货以富之，立良有司以接之，已期⑪三年，然后民可信也。是故得地而权弥轻，兼人而国俞贫，是以富兼人者也。故曰：以德兼人者王，以力兼人者弱，以富兼人者贫。古今一也。

兼并易能也，唯坚凝之难焉。齐能并宋⑫，而不能凝也，故魏夺之⑬。燕能并齐⑭，而不能凝也，故田单夺之。韩之上地⑮，方数百里，完全富足而趋赵⑯，赵不能凝也，故秦夺之⑰。故能并之而不能凝，则必夺；不能并之又不能凝其有，则必亡。能凝之，则必能并之矣。得之则凝，兼并无强。古者汤以薄⑱，武王以滈⑲，皆百里之地也，天下为一，诸侯为臣，无它故焉，能凝之也。故凝士以礼，凝民以政。礼修而士服，政平而民安。士服民安，

---

① 属：类。

② 雕雕焉：昭昭然，明白的样子。县：同"悬"，挂。

③ 明刑：刑罚名。除去犯人的冠饰，将犯人的罪状写在板上，并插在他背部来公开示众。

④ 神：指"尽善浃洽"，即尽善尽美通体皆治。

⑤ 旁：偏颇，不公正。辟：通"僻"，邪僻，不正当。曲：弯曲，不正直。私：偏私，不公道。

⑥ 矜：骄傲，不谦和。纠：检举揭发，不客气。收：夺取，不谦让。缭：纠缠，不和睦。

⑦ 俞：通"愈"。

⑧ 用：因为。

⑨ 食：通"饲"，养。

⑩ 掌：当作"禀"，"禀"同"廪"，米仓。窌：地窖。

⑪ 期：通"綦"，极。

⑫ 齐能并宋：公元前286年，齐伐宋，宋王偃（康王）出逃，死于温（今河南温县），齐兼并了宋国。

⑬ 魏夺之：公元前284年，魏与秦、赵、韩、燕一起伐齐而攻破临淄，齐湣王出逃而死于淖齿之手。于是齐国被瓜分，魏国得到了原属宋国的大部分土地。

⑭ 燕能并齐：公元前284年，燕昭王以乐毅为上将军攻齐，秦与三晋协同作战，乐毅破齐临淄，随后又攻占齐城七十余座，齐仅剩莒、即墨二城。

⑮ 上地：指上党地区，在今山西省东南部长治市一带。

⑯ 趋赵：公元前262年，秦将白起攻韩，取野王（今河南沁阳），完全封闭了韩与上党郡的交通。上党郡守冯亭不愿降秦，附赵。

⑰ 秦夺之：上党归附赵国后，赵派廉颇屯长平（今山西高平西北）拒秦，赵、秦相持，不分胜负。公元前260年，秦攻上党，赵王中了秦国范雎的反间计，命赵括替代廉颇为将，结果被白起大败于长平。公元前259年，秦将司马梗北定太原，完全占领了上党郡。

⑱ 薄：通"亳"。

⑲ 滈：通"鄗"。

夫是之谓大凝。以守则固，以征则强，令行禁止，王者之事毕矣。

天　论[①]

天行有常[②]，不为尧存，不为桀亡[③]。应之以治则吉[④]，应之以乱则凶。强本而节用，则天不能贫；养备而动时，则天不能病；循道而不忒[⑤]，则天不能祸。故水旱不能使之饥[⑥]，寒暑不能使之疾，袄怪不能使之凶。本荒而用侈，则天不能使之富；养略而动罕，则天不能使之全；倍道而妄行，则天不能使之吉。故水旱未至而饥，寒暑未薄而疾，袄怪未至而凶。受时与治世同，而殃祸与治世异，不可以怨天，其道[⑦]然也。故明于天人之分[⑧]，则可谓至人矣。

不为而成，不求而得，夫是之谓天职[⑨]。如是者，虽深，其人不加虑焉[⑩]；虽大，不加能[⑪]焉；虽精，不加察焉；夫是之谓不与天争职。天有其时，地有其财[⑫]，人有其治，夫是之谓能参[⑬]。舍其所以参而愿其所参[⑭]，则惑矣！

列星[⑮]随旋，日月递炤，四时代御[⑯]，阴阳大化[⑰]，风雨博施。万物各得其和以生[⑱]，各得其[⑲]养以成。不见其事而见其功，夫是之谓神。皆知其所以[⑳]成，莫知其无形，夫是之谓天[㉑]。

---

① 本文选自《荀子》第十七篇。本篇论述了一系列有关自然的问题，认为“天行有常”，不以人的意志为转移；认为决定社会治乱与人间祸福的是“人”而不是“天”，所以必须“明于天人之分”；认为人类可以“制天命而用之”，这种人定胜天的思想是前所未有的。

② 行：道，规律。常：经久不变。

③ 这两句申述“天行有常”，指天道不因为人事的变化而变化。

④ 之：它，指代“天行”（天道）。治：指“强本而节用”、“养备而动时”、“循道而不忒”等导致安定的措施。

⑤ 循道而不忒：《集解》作“修道而不贰”，据《群书治要》卷三十八引文改。道：兼指自然规律与社会规律。忒：差错。

⑥ 《集解》“饥”下有“渴”，据《群书治要》卷三十八引文删。

⑦ 道：方法，措施，指“本荒而用侈”、“养略而动罕”、“倍道而妄行”。

⑧ 天人之分：天（自然）与人（社会）的区分。即自然与社会各有其独立性，社会上发生的事情往往取决于人而与天无关。

⑨ 这几句实是说：没有人为的努力，自然而然地产生一切，这是大自然的职能。

⑩ 其人：指上文的“至人”。加：施加。焉：于之，对它。

⑪ 能：力。这里用作动词，表示用力干预。

⑫ 财：通“材”。

⑬ 参：并列。“天”、“地”、“人”各有其道，所以说“能参”。

⑭ 所以参：用来并列的东西，指前句的“治”。所参：被并列的东西，指上文的“天”、“地”。这两句实是说：舍弃了人的治理，只指望天、地的恩赐。

⑮ 列星：排列位置固定而定时出现的星，即恒星，如二十八宿。

⑯ 代：与“递”同义，交替，轮流。御：驾驭，控制，指控制每一季中的节气，即《韩非子·解老》所说的“四时得之以御其变气”。

⑰ 阴阳大化：古代思想家认为宇宙之万物都是由阴、阳这对基因通过相反相成的相互作用所产生的“和气”构成的，阴阳二气是不断地运动着的，它们通过相互作用而化成万事万物，这就是所谓的大化。“化”是变化生成的意思。

⑱ 其：指“阴阳”。和：和气，它是我国古代的哲学概念，是阴阳二气达到某种和谐程度后生成的一种具有相对稳定性的基因，它是构成各种具体事物的物质性的东西。

⑲ 其：指“风雨”。

⑳ 以：通“已”。

㉑ 天：天成，天生，自然而然。一说“天”下当有“功”字。

唯圣人为不求知天①。

天职既立，天功既成，形具而神生，好恶、喜怒、哀乐臧焉，夫是之谓天情。耳、目、鼻、口、形，能各有接而不相能也②，夫是之谓天官。心居中虚，以治五官③，夫是之谓天君。财④非其类，以养其类，夫是之谓天养。顺其类者谓之福，逆其类者谓之祸，夫是之谓天政。暗其天君⑤，乱其天官⑥，弃其天养⑦，逆其天政⑧，背其天情⑨，以丧天功，夫是之谓大凶。圣人清其天君，正其天官，备其天养，顺其天政，养其天情，以全其天功。如是，则知其所为、知其所不为矣，则天地官而万物役矣⑩，其行曲治⑪，其养曲适，其生不伤，夫是之谓知天。

故大巧在所不为⑫，大智在所不虑⑬。所志⑭于天者，已其见象之可以期者矣⑮；所志于地者，已其见宜之可以息者矣⑯；所志于四时者，已其见数之可以事者矣⑰；所志于阴阳者，已其见知⑱之可以治者矣。官人⑲守天而自为守道也。

治乱，天邪？曰：日月、星辰、《瑞历》⑳，是禹、桀之所同也；禹以治，桀以乱；治乱非天也。时邪？曰：繁启、蕃长于春夏㉑，畜积、收臧于秋冬，是又禹、桀之所同也；禹以治，桀以乱；治乱非时也。地邪？曰：得地则生，失地则死，是又禹、桀之所同也；禹以治，桀以乱；治乱非地也。《诗》曰："天作高山，大王荒之；彼作矣，文王康之。"此之谓也。

---

① 不求知天：不追求了解天，即不去探究大自然形成万物的原因与过程，即所说的"其于天地万物也，不务说其所以然"。荀子认为天道神妙莫测，所以圣人不在这方面作无谓的探索与臆测，而只注重探究治理社会的原理。

② 接：接受，指感受、感知。能各有接：指耳感知声，目感知色，鼻感知臭，口感知味，形感知寒热痛痒。

③ 五官：五种器官。古代说法不一，此指耳、目、口、鼻、身体五种感官。古人认为心脏是思维的器官，所以说心治五官，并把它比作"君"。

④ 财：通"裁"，控制，安排。

⑤ 暗其天君：指使自己的思想昏乱糊涂。

⑥ 乱其天官：指纵情于声色饮食，淫乐过度。

⑦ 弃其天养：指不能搞好生产。

⑧ 逆其天政：指不能治理好臣民而使他们顺服。

⑨ 背其天情：指喜乐无常，爱憎无度。

⑩ 官：任用。役：役使。

⑪ 曲：曲折周到，各个方面。

⑫ 所不为：不做的事，指违反客观规律的事情。顺应自然，不主观蛮干，就能"不为而成"，所以有所不为是大巧。所说的"不加能"、"不与天争职"等可与此互相阐发。

⑬ 所不虑：不加考虑的事，指探究自然之事。所说的"不加虑"、"不加察"与此同旨。

⑭ 志：知，了解。

⑮ 已：止，不超过。此下几句都在申述"所不为"、"所不虑"，指圣人对于"天"、"地"、"四时"、"阴阳"的了解，仅止于此，其余的都属于"所不为"、"所不虑"的范围，所以都用"已"字。见：同"现"。期：日期，这里用作动词，指确定日期。其见象之可以期者：指可以用来确定时节日期的天文现象。如可以确定夏至日与冬至日的"日长至"与"日短至"，可以确定春分、秋分的"日夜分"等等。

⑯ 宜：适宜，指适合农作物生长的条件。息：繁殖，指种植庄稼。

⑰ 数：规律，指历数，带有规律性的节气。事：从事，指安排农事。

⑱ 知：当作"和"。

⑲ 官人：任用人。但解为"官吏"也通。

⑳ 星辰：星的总称。一说星指金、木、水、火、土五大行星，辰指恒星二十八宿。瑞：吉祥。历：记录年月日及时令节气的历书，历书是吉祥之书，所以称"瑞历"。

㉑ 繁：多。启：发。蕃：茂盛。

天不为人之恶寒也辍①冬，地不为人之恶辽远也辍广，君子不为小人之匈匈也辍行②。天有常道矣，地有常数矣，君子有常体③矣。君子道其常而小人计其功。《诗》④ 曰："礼义之不愆⑤，何恤人之言兮？"此之谓也。

楚王后车千乘，非知⑥也；君子啜⑦菽饮水，非愚也；是节然也⑧。若夫忘意修，德行厚，知虑明，生于今而志乎古，则是其在我者也。故君子敬其在己者，而不慕其在天者⑨；小人错⑩其在己者，而慕其在天者。君子敬其在己者，而不慕其在天者，是以日进也；小人错其在己者，而慕其在天者，是以日退也。故君子之所以日进与小人之所以日退，一⑪也。君子、小人之所以相县⑫者，在此耳！

星队⑬、木鸣，国人皆恐。曰：是何也？曰：无何也。是天地之变、阴阳之化、物之罕至者也。怪之，可也；而畏之，非也。夫日月之有蚀，风雨之不时，怪星之党见⑭，是无世而不常有之⑮。上明而政平，则是虽并世起，无伤也；上暗而政险⑯，则是虽无一至者，无益也。夫星之队、木之鸣，是天地之变、阴阳之化、物之罕至者也。怪之，可也；而畏之，非也。

物之已至者，人祆则可畏也。楛耕伤稼⑰，枯耘伤岁⑱，政险失民，田薉稼恶，籴贵民饥，道路有死人，夫是之谓人祆；政令不明，举错不时，本事不理，夫是之谓人祆；礼义不修，内外无别，男女淫乱，则⑲父子相疑，上下乖离，寇难并至，夫是之谓人祆。祆是生于乱，三者错，无安国。其说甚迩⑳，其菑㉑甚惨。勉力不时，则牛马相生，六畜作祆㉒。可怪也，而不可畏也㉓。传曰："万物之怪，书㉔不说。无用之辩，不急之察，弃而不治。"若夫君臣之义，父子之亲，夫妇之别，则日切瑳而不舍也。

---

① 辍：废止。
② 《集解》"小人"下无"之"字，据宋浙本补。匈匈：通"讻讻"，形容争辩喧闹的声音。
③ 体：体统，规矩。
④ 引诗不见于今本《诗经》，是佚诗。《集解》无"礼义之不愆"，据《文选》卷四十五《答客难》引文补。
⑤ 愆：过失，过错。
⑥ 知：通"智"。下文"知虑"之"知"同。
⑦ 啜：同"啜"。
⑧ 节：节制，指时势、命运的制约。
⑨ 在天者：指富贵。《论语·颜渊》："死生有命，富贵在天。"
⑩ 错：通"措"，搁置。
⑪ 一：指有所注重有所忽略的态度一样。
⑫ 县：同"悬"，悬殊，差距远。
⑬ 队："坠"的古字。
⑭ 怪星：指扫帚星之类。党：通"傥"，或，这里是偶然的意思。见：同"现"。
⑮ 常：通"尝"，曾经。
⑯ 险：险恶，指暴虐。
⑰ 楛：通"盬"，粗劣。
⑱ 枯耘伤岁：《集解》作"耘耨失薉"，据《韩诗外传》卷二第六章改。枯：通"楛"、"盬"。
⑲ 则：而。
⑳ 迩：《集解》作"尔"。迩，近，指浅近。
㉑ 菑：通"灾"。
㉒ 依文义，"勉力不时……六畜作祆"十三字当在上文"本事不理"之下。
㉓ 可怪也，而不可畏也：当作"可畏也，而不可怪也"。
㉔ 书：指经书。

雩而雨，何也？曰：无何也，犹不雩而雨也。日月食而救之①，天旱而雩，卜筮②然后决大事，非以为得求也，以文之也。故君子以为文，而百姓以为神。以为文则吉，以为神则凶也。

在天者莫明于日月，在地者莫明于水火，在物者莫明于珠玉，在人者莫明于礼义。故③日月不高，则光晖不赫；水火不积，则晖润不博；珠玉不睹④乎外，则王公不以为宝；礼义不加于国家，则功名不白。故人之命在天，国之命在礼。君人者，隆礼、尊贤而王，重法、爱民而霸，好利、多诈而危，权谋、倾覆、幽险而尽亡矣。

大天而思之，孰与物畜而制之？从天而颂之，孰与制天命而用之？望时而待之，孰与应时而使之⑤？因物而多之，孰与骋能而化之？思物而物⑥之，孰与理物而勿失之也？愿于物之所以生，孰与有物之所以⑦成？故错⑧人而思天，则失万物之情⑨。

百王之无变，足以为道贯⑩。一废一起，应之以贯。理贯，不乱。不知贯，不知应变。贯之大体未尝亡也。乱生其差，治尽其详。故道之所善，中，则可从；畸，则不可为；匿⑪，则大惑。水行者表深，表不明，则陷；治民者表道，表不明，则乱。礼者，表也。非礼，昏世也；昏世，大乱也。故道无不明，外内异表，隐显有常，民陷乃去。

万物为道⑫一偏，一物为万物一偏。愚者为一物一偏，而自以为知道，无知也。慎子有见于后，无见于先⑬；老子有见于诎，无见于信⑭；墨子有见于齐，无见于畸⑮；宋子有见于少⑯，无见于多。有后而无先，则群众无门；有诎而无信，则贵贱不分；有齐而无畸，则政令不施；有少而无多，则群众不化。《书》⑰曰：“无有作好，遵王之道；无有作恶，遵王之路。”此之谓也。

---

① 古人以为日食、月食是“天狗”把日、月吞食了，所以敲盆击鼓来吓跑“天狗”以抢救日、月。

② 卜筮：古代用龟甲占吉凶叫卜，用蓍草占吉凶叫筮。

③ 故：犹“夫”，发语词。

④ 睹：当作“睹”，是光彩显露的意思。

⑤ “望时”两句：意谓盼望秋收时节而等待它，就不如顺应春生夏长的时令而不失时宜地做好耕种管理工作。

⑥ 物：用作意动词，是“把……当作外物”的意思。

⑦ 以：通“已”。

⑧ 错：通“措”，搁置。

⑨ 失：违背，背离。也可解为错失、不知。万物之情：万物的实情。万物的实情是不会无缘无故地恩赐给人什么东西的，所以放弃人为的努力而指望自然的恩赐，也就违背了“万物之情”。

⑩ 贯：贯穿铜钱的绳索叫贯，引申指贯通古今的常规惯例。此实指礼义而言。

⑪ 匿：通“慝”，差错的意思。

⑫ 道：指天地万物的普遍法则，也就是整个宇宙发展的客观规律。《韩非子·解老》：“道者，万物之所以成也。”古人认为道是产生万物的总根源，所以说“万物为道一偏”。

⑬ 后：指在后服从。先：指在前引导。

⑭ 诎：同“屈”，弯曲，指抑退忍让。信：通“伸”，伸直，指舒展抱负积极进取。老子主张虚静无为，“不敢为天下先”，“直而不肆”，以柔胜刚。所以说他“有见于诎，无见于信”。

⑮ 墨子：即墨翟。畸：不齐，指等级差别。墨子提倡“尚同”、“兼爱”（见《墨子》）而“僈差等”，主张平等而反对等级差别，所以说他“有见于齐，无见于畸”。

⑯ 宋子：即宋钘。少：指欲望少。

⑰ 引文见《尚书·洪范》。

正　名①

后王之成名：刑名从商，爵名从周，文名从《礼》②，散名之加于万物者，则从诸夏之成俗曲期③。远方异俗之乡，则因之④而为通。散名之在人者，生之所以然者谓之性。性之和所生，精合感应，不事而自然谓之性⑤。性之好、恶、喜、怒、哀、乐谓之情。情然而心为之择谓之虑。心虑而能为之动谓之伪。虑积焉、能习焉而后成谓之伪。正利而为谓之事。正义而为谓之行。所以知之在人者谓之知。知有所合谓之智。智⑥所以能之在人者谓之能。能有所合谓之能。性伤谓之病。节遇谓之命⑦。是散名之在人者也，是后王之成名也。

故王者之制名，名定而实辨，道行而志通，则慎率民而一焉。故析辞擅作名以乱正名，使民疑惑，人多辨讼⑧，则谓之大奸，其罪犹为符节、度量之罪也⑨。故其民莫敢托为奇辞以乱正名。故其民悫，悫则易使，易使则公⑩。其民莫敢托为奇辞以乱正名，故壹于道⑪法而谨于循令矣。如是，则其迹长矣⑫。迹长功成，治之极也。是谨于守名约之功也。

今圣王没，名守慢，奇辞起，名实乱，是非之形不明，则虽守法之吏、诵数⑬之儒，亦皆乱也。若有王者起，必将有循于旧名，有作于新名。然则所为有名，与所缘以同异⑭，与制名之枢要，不可不察也。

异形离心交喻⑮，异物名实玄纽⑯，贵贱不明，同异不别。如是则志必有不喻之患，而事必有困废之祸。故知者为之分别，制名以指实，上以明贵贱，下以辨同异。贵贱明，同异

---

① 本文选自《荀子》第二十二篇。文章主要论述了名称与它所反映的实际内容之间的关系以及如何制定名称的问题。它是中国古代逻辑学中的重要篇章之一。荀子认为，事物的名称是"约定俗成"的，但这种"约定俗成"又是以客观事物的实际内容为基础的，所以确定名称时要"稽实"。另一方面，名称虽然受制于实际内容，但它一经确定，又能对实际内容发生影响，即"名定而实辨"；而在社会政治领域内，"正名"能"明贵贱"、"辨同异"、"率民而一"，这也就是荀子强调"正名"的政治内涵。从正名出发，篇中还论述了辩说的问题，并批判了有关欲望方面的异端邪说。

② 文：文采，花纹，引申指表现义的礼仪制度，如表示等级制度的车制、旗章、服饰、各种礼节仪式等。《韩非子·解老》："礼者，义之文也。"《礼》：汉代称为《礼经》，是春秋战国时代一部分礼制的汇编。

③ 散：分散，零碎。散名：指各种零碎的具体事物的名称。曲：即"曲当"、"曲成"之"曲"，委曲周遍的意思。期：会合，约定。曲期：多方约定。

④ 之：指代"后王之成名"，它相当于现代所谓的普通话，所以各个习俗不同、方言不同的地区可"因之而为通"。

⑤ 和：和气，它是我国古代的哲学概念，是阴阳二气达到某种和谐程度后生成的一种具有相对稳定性的基因，它是构成各种具体事物的物质性的东西。合：会合，接触。感应：被感动而产生的反应。不事：无为，不作主观的人为努力。然：成。参见《广雅·释诂》。

⑥ "智"字为衍文。

⑦ 节：制约，限制。遇：遭遇，不期而会。

⑧ 辨：通"辩"。讼：争辩。

⑨ 符节：古代出入门关时的凭证，用竹片做成，上书文字，剖而为二，双方各存一半，验证时两片合起来完全相符，才可通行。度：量长短的标准器具。量：量多少的标准器具。度量：泛指度、量、衡等标准器械。

⑩ 公：通"功"。

⑪ 道：由，遵行。与"循"意义相同。

⑫ 迹：踪迹，行踪。迹长：行踪长，指所走的政治道路很长，即在位时间长久。

⑬ 数：指礼制。

⑭ 缘：依照，根据。以：使。参见《古书虚字集释》。

⑮ 这句与"贵贱不明"相应。形：形体，指人。离：背离。

⑯ 这句与"同异不别"相应。玄：通"眩"，迷乱。纽：结。

别，如是，则志无不喻之患，事无困废之祸，此所为有名也。

然则何缘而以同异？曰：缘天官①。凡同类、同情者，其天官之意物也同，故比方之疑似而通②，是所以共其约名以相期也③。形体、色、理④以目异；声音、清浊、调竽、奇声⑤以耳异，甘、苦、咸、淡、辛、酸、奇味以口异，香、臭、芬、郁、腥、臊、洒、酸、奇臭⑥以鼻异，疾、养、沧、热、滑、铍、轻、重以形体异⑦，说、故、喜、怒、哀、乐、爱、恶、欲⑧以心异。心有征知⑨。征知，则缘耳而知声可也，缘目而知形可也，然而征知必将待天官之当簿其类然后可也⑩。五官簿之而不知⑪，心征之而无说⑫，则人莫不然谓之不知⑬，此所缘而以同异也。

然后随而命之，同则同之，异则异之；单足以喻则单，单不足以喻则兼⑭；单与兼无所相避则共⑮，虽共，不为害矣。知异实者之异名也，故使异实者莫不异名也，不可乱也，犹使异⑯实者莫不同名也。故万物虽众，有时而欲遍举之，故谓之“物”。“物”也者，大共名也。推而共之，共则有共⑰，至于无共然后止。有时而欲遍⑱举之，故谓之“鸟”、“兽”。“鸟”、“兽”也者，大别名也。推而别之，别则有别，至于无别然后止⑲。名无固宜，约之以命，约定俗成谓之宜，异于约则谓之不宜。名无固实，约之以命实，约定俗成谓之实名。

---

① 天官：天生的感官，指耳、目、鼻、口、身。

② 比方：比拟，指对事物进行描摹。疑：通“拟”，模拟。

③ 以上几句说明“何缘而以同”。由于天官对事物的体会相同，所以对同类的事物可以使用相同的名称。约名：概括的名称。期：会合，交际。

④ 此下说明“何缘而以异”。由于天官对事物有各种各样的区别功能，所以对具体的事物就应使用相异的名称。

⑤ 声音：古代乐音分为宫、商、角、徵、羽五音，单发的某一音叫“声”，相配合而发出的几个音叫“音”。竽：古代的一种吹奏乐器，由排列的竹管制成，有些像后代的笙。竽是各种乐器中最主要的用来协调其他乐器的乐器（《韩非子·解老》：“竽也者，五声之长者也，故竽先则钟瑟皆随，竽唱则诸乐皆和。”所以这里只说“竽”。

⑥ 郁：鸟身上一种腐臭的气味。腥：猪身上的臊臭气味。臊：狗身上的腥臭气味。洒：是“漏”字之误，通“蝼”，马身上类似蝼蛄一样的臊臭气味。酸：是“庮”字之误，牛身上类似烂木头一样的臊臭气味。《礼记·内则》：“牛夜鸣则庮，羊泠毛而毳、羶，狗赤股而躁、臊，鸟皫色而沙鸣、郁，豕望视而交睫、腥，马黑脊而般臂、漏。”奇臭：奇异的气味。

⑦ 疾：即“痛心疾首”之“疾”，与“痛”同义。养：通“痒”。沧：寒冷。铍：当为“钑”字之误。“钑”通“涩”，不滑爽。

⑧ 说：通“悦”。故：通“苦”。

⑨ 有：犹“能”，参见《古书虚字集释》。征：验，验证。

⑩ 当：抵，触及。簿：通“薄”、“迫”，迫近。类：同类的事物。其类：指各自能感觉的那一类事物。例如耳朵能感觉的是声音之类，眼睛能感觉的是形状颜色之类。

⑪ 五官：五种器官。古代说法不一，此指耳、目、口、鼻、身体五种感官。古人认为心脏是思维的器官，所以说心治五官，并把它比作“君”。

⑫ “五官簿之而不知，心征之而无说”，是因为没有异名的缘故。

⑬ 然：认为……是对的。“谓之不知”是“然”的宾语。

⑭ 单：单名，指单音词，如“马”。

⑮ 共：指共用。如“马”与“白马”、“千里马”共同使用“马”这一名称。

⑯ 异：当作“同”。

⑰ 共则有共：共用的名称之中又有共用的名称。如最大的共用之名“物”之中又有“无机物”、“有机物”之类，“有机物”之中又有“动物”、“植物”等等。这些都共同使用了“物”这个名称，所以说“共则有共”。

⑱ 遍：当作“偏”。

⑲ 别则有别，至于无别然后止：举例来说，“兽”这个大别名中又有“牛”、“马”等等，“马”这个别名中又有“驹”、“驽”等，到了“驹”、“驽”就到底了。

名有固善，径易而不拂，谓之善名。物有同状而异所者①，有异状而同所者②，可别也。状同而为异所者，虽可合，谓之二实。状变而实无别而为异者，谓之化；有化而无别③，谓之一实。此事之所以稽实定数也，此制名之枢要也。后王之成名，不可不察也。

“见侮不辱”④，“圣人不爱己”⑤，“杀盗非杀人也”⑥，此惑于用名以乱名者也⑦。验之所以为有名而观其孰行，则能禁之矣。“山渊平”⑧，“情欲寡”⑨，“刍豢不加甘，大钟不加乐”⑩，此惑于用实以乱名者也⑪。验之所缘无⑫以同异而观其孰调，则能禁之矣。“非而谒楹”⑬，“有牛马非马也”⑭，此惑于用名以乱实者也。验之名约，以其所受悖⑮其所辞，则能禁之矣。凡邪说辟⑯言之离正道而擅作者，无不类于三惑者矣。故明君知其分而不与辨也⑰。

夫民易一以道而不可与共故⑱，故明君临之以势，道之以道，申之以命，章之以论⑲，禁之以刑。故其民之化道也如神，辨势恶用矣哉⑳？今圣王没，天下乱，奸言起，君子无势

---

① 所：处所，这里用来指形状寄寓的实体。同状而异所：如两匹马形状相同而它们的实体是不同的（两个身体）。

② 异状而同所：如一个人从小到老，形状不同了，但实体是相同的（同一个身体）。

③ 有化而无别：如一个人由幼小变为衰老，仍为此人。

④ 见侮不辱：这是宋钘的说法。

⑤ 圣人不爱己：这可能是指《墨子》中的说法。《墨子·大取》：“天之爱人也，薄于圣人之爱人也。……圣人恶疾病，不恶危难。”此文所说，可能就是指圣人因为爱人而不顾自己的危难。

⑥ 杀盗非杀人也：这是《墨子》中的说法，见《墨子·小取》。

⑦ 荀子认为，“侮”就是“辱”，所以被侮必辱；圣人爱人，而自己也是人，所以自己也应在所爱之列；盗也是人，所以杀盗也就是杀人。以上三种说法看不到“侮”与“辱”、“人”与“己”、“盗”与“人”这些名称的内在联系，实际上也就搞乱了这些名称，所以是“惑于用名以乱名者”。但荀子的说法也有所偏颇，因为“见侮”是一种事实，“不辱”是一种对事实的态度，两者是有分别的。爱人是指爱别人，当然不包含自己。“盗”只是“人”的一部分，所以“杀盗”与“杀人”也是有所不同的。

⑧ 山渊平：这是惠施的说法。

⑨ 情欲寡：这是宋钘的说法。

⑩ 刍豢不加甘，大钟不加乐：这是《墨子》中的说法，但此文不见于今本《墨子》。其思想则可参见《墨子》中的《辞过》、《三辩》等篇。刍豢：吃草料的牛羊之类称为“刍”，吃粮食的猪狗之类叫做“豢”，“刍豢”泛指食用的家畜，这里指肉食。

⑪ 荀子认为，高山与深渊不一样平，人的本性是贪欲的，肉食好吃而音乐使人快乐，这些才是事实，所以“山渊平”之类是“惑于用实”的说法。

⑫ “无”是衍文。

⑬ 非：通“飞”。而谒：当作“矢过”，古字形近而误。非矢过楹：飞箭经过柱子。指飞箭射过柱子后时间长了会停止。这是《墨子》中的说法，《墨子·经说上》：“止，无久之不止，当牛非马，若矢过楹。”飞箭虽然时间长了会停止，但经过柱子的时候并未停止，所以用“过楹”来说明“止”，是用推理来扰乱了事实，所以荀子说它是“惑于用名以乱实者”。

⑭ 有牛马非马也：这是《墨子》中的说法。《墨子·经说下》：“牛不非牛，马不非马，而牛马非牛非马，无难。”单说“牛”就是指牛，单说“马”就是指马。如果说“牛马”，就既不是牛，又不是马。诚然，“牛马”这个词组，虽然不同于单说“牛”或单说“马”，但它包括了牛和马。所以，说“牛马”既不是牛又不是马，就是在辨别概念的时候扰乱了事实，所以是“惑于用名以乱实者”。

⑮ 悖：违反，反驳。

⑯ 辟：通“僻”，邪僻。

⑰ 故：犹“夫”，句首语气词。知其分：指能分辨上述三类邪说。辨：通“辩”。

⑱ 这句即“民可使由之，不可使知之”的意思。故：原因，所以然。

⑲ 章：同“彰”，使……明白清楚。

⑳ 辨：通“辩”。势：势头。辨势：与“共故”相应，指辩说其所以然。一说“辨势”为“辨说”之误。

以临之，无刑以禁之，故辨说也。实不喻然后命，命不喻然后期①，期不喻然后说，说不喻然后辨。故期、命、辨、说也者，用之大文也，而王业之始也。名闻而实喻，名之用也。累而成文，名之丽也。用、丽俱得，谓之知名。名也者，所以期累②实也。辞也者，兼异实之名以论一意也。辨说也者，不异实名以喻动静之道也。期命也者，辨说之用也。辨说也者，心之象道也。心也者，道之工宰也。道也者，治之经理也。心合于道，说合于心，辞合于说；正名而期，质请而喻③；辨异而不过，推类而不悖；听则合文，辨则尽故。以正道而辨奸，犹引绳以持曲直④，是故邪说不能乱，百家无所窜⑤。有兼听之明，而无奋矜之容；有兼覆之厚，而无伐德之色。说行，则天下正；说不行，则白道而冥穷⑥。是圣人之辨说也。《诗》⑦曰："颙颙卬卬⑧，如珪如璋⑨，令闻令望⑩。岂弟⑪君子，四方为纲。"此之谓也。

辞让之节得矣，长少之理顺矣；忌讳不称，祆辞不出；以仁心说，以学心听，以公心辨；不动乎众人之非誉，不治观者之耳目⑫，不赂贵者之权势，不利传辟者之辞⑬；故能处道而不贰，吐而不夺，利而不流，贵公正而贱鄙争。是士君子之辨说也。《诗》⑭曰："长夜漫兮，永思骞⑮兮。大古之不慢兮⑯，礼义之不愆兮，何恤人之言兮？"此之谓也。

君子之言，涉然而精，俛然而类⑰，差差⑱然而齐。彼正其名，当其辞，以务白其志义者也。彼名辞也者，志义之使也，足以相通则舍之矣；苟之，奸也。故名足以指实，辞足以见极⑲，则舍之矣。外是者谓之讱，是君子之所弃而愚者拾以为己宝。故愚者之言，芴然⑳而粗，啧然而不类，誻誻然而沸㉑。彼诱其名，眩其辞，而无深于其志义者也。故穷藉而无极㉒，甚劳而无功，贪而无名。故知者之言也，虑之易知也，行之易安也，持之易立也，成则必得其所好而不遇其所恶焉。而愚者反是。《诗》曰："为鬼为蜮，则不可得；有靦面目，视人罔极？作此好歌，以极反侧。"此之谓也。

---

① 期：会合，约定。

② 累：负担，联系。

③ 质：使……质朴。请：通"情"，实情，指名称表示的实际内容。

④ 持：掌握，此指了解、判别。

⑤ 窜：躲藏。百家无所窜：指他们的奸诈谬误被揭露于光天化日之下。

⑥ 穷：通"躬"。冥躬：使自身默默无闻，指隐居。

⑦ 引诗见《诗·大雅·卷阿》。

⑧ 颙颙：恭敬温和的样子。卬卬：志气高昂的样子。

⑨ 珪：一种玉器，上圆下方。璋：一种玉器，形状像半个珪。珪与璋都是帝王、诸侯在朝会时所拿的玉器，所以用来喻指美德。

⑩ 令：美好。闻：声誉，名声。

⑪ 岂弟：同"恺悌"，温和快乐而平易近人。

⑫ 治：治理，修饰，指修饰辩辞。治观者之耳目：即哗众取宠的意思。

⑬ 辟：通"僻"，邪僻不正。传辟者：传播流言蜚语的人。

⑭ 引诗不见于今本《诗经》，是佚诗。

⑮ 骞：通"愆"。

⑯ 大：同"太"。大古：远古。

⑰ 涉然：深入之貌。俛：同"俯"，俯就，贴近。类：法。

⑱ 差差：参差不齐。

⑲ 见：同"现"，表现。极：根本，中心。

⑳ 芴然：同"忽然"，恍惚，模糊不清的样子，形容不可捉摸。

㉑ 誻誻然：多话的样子。沸：沸腾，比喻言语嘈杂。

㉒ 穷：穷尽。藉：借，指搬弄词句。

凡语治而待去欲①者，无以道欲而困于有欲者也。凡语治而待寡欲②者，无以节欲而困于多欲者也。有欲无欲，异类也，生死也③，非治乱也。欲之多寡，异类也，情之数也，非治乱也。欲不待可得，而求者从所可，欲不待可得，所受乎天也；求者从所可，所受乎心也。所受乎天之一欲，制于所受乎心之多，固难类所受乎天也。人之所欲，生甚矣；人之所恶，死甚矣。然而人有从④生成死者，非不欲生而欲死也，不可以生而可以死也。故欲过之而动不及，心止之也。心之所可中理，则欲虽多，奚伤于治！欲不及而动过之，心使之也。心之所可失理，则欲虽寡，奚止于乱！故治乱在于心之所可，亡于情之所欲。不求之其所在，而求之其所亡，虽曰“我得之”，失之矣。

性者，天之就也；情者，性之质也；欲者，情之应也。以所欲为可得而求之，情之所必不免也；以为可而道之，知⑤所必出也。故虽为守门，欲不可去，性之具也。虽为天子，欲不可尽。欲虽不可尽，可以近尽也；欲虽不可去，求可节也。所欲虽不可尽，求者犹近尽；欲虽不可去，所求不得，虑者欲节求也。道者，进则近尽，退则节求，天下莫之若也。

凡人莫不从其所可，而去其所不可。知道之莫之若也，而不从道者，无之有也。假之有人而欲南，无多；而恶北，无寡。岂为夫南者之不可尽也、离南行而北走也哉⑥？今人所欲，无多⑦；所恶，无寡⑧。岂为夫所欲之不可尽也、离得欲之道而取所恶也哉？故可道而从之，奚以损之而乱！不可道而离之，奚以益之而治！故知者论道而已矣，小家珍说之所愿⑨皆衰矣。

凡人之取也，所欲未尝粹⑩而来也；其去也，所恶未尝粹而往也。故人无动而不可以不与权俱⑪。衡不正⑫，则重县于仰⑬，而人以为轻⑭；轻县于俯，而人以为重；此人所以惑于轻重也。权不正，则祸托于欲，而人以为福；福托于恶，而人以为祸；此亦人所以惑于祸福也。道者，古今之正权也；离道而内自择，则不知祸福之所托。

易者，以一易一，人曰无得亦无丧也；以一易两，人曰无丧而有得也；以两易一，人曰无得而有丧也。计者取所多，谋者从所可。以两易一，人莫之为，明其数也。从道而出，犹以一易两也，奚丧？离道而内自择，是犹以两易一也，奚得？其累百年之欲，易一时之嫌⑮，然且为之，不明其数也。

---

① 去欲：这是道家的观点。如《老子》说：“常使民无知无欲，使知者不敢为，则无不治。”（第三章）“不欲以静，天下将自正。”（第三十七章）

② 寡欲：这是孟子、宋钘的观点。如《孟子·尽心下》：“养心莫善于寡欲。”

③ 荀子认为人生活着就有欲望，死了才无欲望，所以说“有欲无欲……生死也”。

④ 从：通“纵”，放纵，此指放弃。

⑤ 知：通“智”。

⑥ 行：路。走：跑。

⑦ 无多：无所谓多，指再多也不嫌多。

⑧ 无寡：无所谓少，指再少也不要。

⑨ 所愿：愿望，此指“去欲”、“寡欲”之类。

⑩ 粹：纯粹，引申为完全彻底。

⑪ 无：不论。权：秤锤，这里引申指衡量行为的准则，即“道”。俱：在一起。与权俱：与秤锤在一起，指处处用准则来衡量。

⑫ 衡：秤杆，秤。不正：指悬挂秤杆的支点偏于一边。

⑬ 县：同“悬”，挂。仰：抬高。

⑭ 古代的秤叫权衡，其称物的原理类似于现在的天平，所以挂物体的一端向上翘起，就表示轻。

⑮ 嫌：通“慊”，满足。

有尝试深观其隐而难其察者①。志轻理而不重物者，无之有也；外重物而不内忧者，无之有也。行离理而不外危者，无之有也；外危而不内恐者，无之有也。心忧恐，则口衔刍豢而不知其味，耳听钟鼓而不知其声，目视黼黻②而不知其状，轻暖平簟而体不知其安③。故向万物之美而不能嗛也④，假而得问⑤而嗛之，则不能离也。故向万物之美而盛忧，兼万物之利而盛害。如此者，其求物也，养生也？粥⑥寿也？故欲养其欲而纵其情，欲养其性而危其形，欲养其乐而攻其心，欲养其名而乱其行。如此者，虽封侯称君，其与夫盗无以异；乘轩戴絻⑦，其与无足⑧无以异。夫是之谓以己为物役矣！

心平愉，则色不及佣⑨而可以养目，声不及佣而可以养耳，蔬食⑩菜羹而可以养口。粗布之衣、粗紃之履而可以养体，局室、芦帘、葭稿蓐、尚机筵而可以养形⑪。故无万物之美而可以养乐，无势列之位而可以养名。如是而加天下焉，其为天下多，其和⑫乐少矣，夫是之谓重己役物。

无稽⑬之言，不见之行，不闻之谋，君子慎之。

性　恶⑭

人之性恶，其善者伪也。今⑮人之性，生而有好利焉，顺是，故争夺生而辞让亡焉；生而有疾⑯恶焉，顺是，故残贼生而忠信亡焉；生而有耳目之欲，有好声色焉，顺是，故淫乱生而礼义文理⑰亡焉。然则从⑱人之性，顺人之情，必出于争夺，合于犯分乱理而归于暴。故必将有师法之化、礼义之道⑲，然后出于辞让，合于文理，而归于治。用此观之，然则人

---

① 有：通“又”。尝试：试探。“难”下“其”字为衍文。

② 黼黻：古代礼服上的彩色花纹，黑白相间的叫黼，青黑相间的叫黻。

③ 平：通“枰”，独坐的板床。簟：竹席。

④ 向：通“享”。嗛：通“慊”，满足。

⑤ 问：当为“间”之误。间：间隙，指没有忧虑恐惧的短暂时刻。

⑥ 粥：通“鬻”，卖。

⑦ 轩：一种有篷遮蔽的车，为卿大夫及诸侯夫人等达官贵人所乘。絻：同“冕”，大夫以上的贵族所戴的礼帽。

⑧ 无足：没有脚，指受刖刑而被截去了双脚的罪犯。一说“无足”为“夫民”之误。

⑨ 佣：通“庸”，一般，平常。

⑩ 蔬食：同“疏食”，粗食。

⑪ 局室芦帘：《集解》作“屋室庐庾”，据《初学记·器物部·帘四》引文改。局：局促，狭窄。葭：初生的芦苇。稿：谷类植物的茎秆。蓐：草垫子。尚：同“敝”，破旧。机：通“几”，几案，小桌子。筵：竹制的垫席。

⑫ 和：当为“私”字之误。

⑬ 稽：考核。无稽，无可查考。

⑭ 本文选自《荀子》第二十三篇。《性恶》篇旨在批判孟子的性善论，阐明自已关于人性邪恶的社会观。“性恶论”是荀子思想中最著名的观点，也是其政治思想的基石。文章先从人的物质欲望和心理要求出发，论证了“人之性恶”的道理。为了改变人性之恶，他一方面特别强调后天的教育和环境的影响，主张“求贤师”、“择良友”；另一方面则特别强调政治的作用，提出了“立君上之势以临之，明礼义以化之，起法正以治之，重刑罚以禁之”的政治主张。总之，荀子认为“人之性恶”，其宗旨则在于以道德的、政治的手段去改恶为善。

⑮ 今：犹“夫”，发语词。参见《古书虚字集释》。下文多此种用法，不再注。

⑯ 疾：通“嫉”，嫉妒。

⑰ 文理：区别等级的礼仪制度。

⑱ 从：通“纵”。

⑲ 道：同“导”。

之性恶明矣，其善者，伪也。

故枸木必将待檃栝、烝、矫然后直①，钝金必将待砻、厉然后利②。今人之性恶，必将待师法然后正，得礼义然后治。今人无师法则偏险而不正，无礼义则悖乱而不治。古者圣王以人之性恶，以为偏险而不正、悖乱而不治，是以为之起礼义、制法度，以矫饰③人之情性而正之，以扰化人之情性而导之也。使④皆出于治、合于道者也。今之人，化师法、积文学、道礼义者为君子，纵性情、安恣睢⑤而违礼义者为小人。用此观之，然则人之性恶明矣，其善者，伪也。

孟子⑥曰："人之学者，其性善。"曰：是不然。是不及⑦知人之性，而不察乎人之性、伪之分者也。凡性者，天之就也，不可学，不可事⑧；礼义者，圣人之所生也，人之所学而能、所事而成者也。不可学、不可事而在人者，谓之性；可学而能、可事而成之在人者，谓之伪；是性、伪之分也。今人之性，目可以见，耳可以听。夫可以见之明不离目，可以听之聪不离耳。目明而耳聪，不可学明矣。

孟子曰："今人之性善，将⑨皆失丧其性故也。"曰：若是则过矣。今人之性，生而离其朴、离其资⑩，必失而丧之。用此观之，然则人之性恶明矣。所谓性善者，不离其朴而美之，不离其资而利之也。使⑪夫资朴之于美、心意之于善，若夫可以见之明不离目、可以听之聪不离耳。故曰目明而耳聪也⑫。

今人之性，饥而欲饱，寒而欲暖，劳而欲休，此人之情性也。今人饥，见长而不敢先食者，将有所让也；劳⑬而不敢求息者，将有所代也。夫子之让乎父，弟之让乎兄；子之代乎父，弟之代乎兄；此二行者，皆反于性而悖于情也，然而孝子之道、礼义之文理也。故顺情性则不辞让矣，辞让则悖于情性矣。用此观之，然则人之性恶明矣，其善者，伪也。

问者曰："人之性恶，则礼义恶生？"应之曰：凡礼义者，是生于圣人之伪，非故⑭生于人之性也。故陶人埏埴而为器⑮，然则器生于工人⑯之伪，非故生于人之性也。故工人斲木而成器，然则器生于工人之伪，非故生于人之性也。圣人积思虑、习伪故，以生礼义而起法度，然则礼义法度者，是生于圣人之伪，非故生于人之性也。若夫目好色，耳好声，口好

---

① 枸：通"钩"，弯曲。檃栝（yǐn kuò）：竹木的整形工具。烝：同"蒸"，用蒸气加热，这是为了使被矫正的木材柔软以便矫正。

② 金：金属之器，指有锋刃的武器或工具。砻：磨。厉：同"砺"，磨。

③ 饰：通"饬"，整治。

④ 使：《集解》作"始"，据宋浙本改。

⑤ 睢：《集解》作"睢"，据宋浙本改。

⑥ 孟子：即孟轲，这里的引语，不见于今本《孟子》。《孟子·告子上》说："人无有不善。""学问之道无他，求其放心而已矣"。旨意与此相似。

⑦ 及：达到，够。

⑧ 事：从事，做，人为。

⑨ 将：犹"必"。一说"故"下当有"恶"字。一说上句"性善"当作"性恶"。

⑩ 资：资质，指所谓天生的才能、性情。

⑪ 使：犹"夫"，提示之词，参见《古书虚字集释》。

⑫ "所谓性善者……故曰目明而耳聪也"一段据文义当在"若是则过矣"之后。

⑬ "劳"下承上省"见长"两字。

⑭ 故：通"固"，本来，原先。

⑮ 故：犹"夫"。埏：以水和土并揉捏捶击。埴：细密的黄黏土。

⑯ "工人"宜作"陶人"。

味，心好利，骨体肤理好愉佚①，是皆生于人之情性者也，感而自然，不待事而后生之者也②。夫感而不能然，必且待事而后然者，谓之生于伪。是性伪之所生，其不同之征也③。故圣人化性而起伪，伪起而生礼义，礼义生而制法度。然则礼义法度者，是圣人之所生也。故圣人之所以同于众、其不异于众者，性也；所以异而过众者，伪也。夫好利而欲得者，此人之情性也。假之人有弟兄资财而分者，且④顺情性，好利而欲得，若是，则兄弟相拂⑤夺矣；且化礼义之文理，若是则让乎国人矣。故顺情性，则弟兄争矣；化礼义，则让乎国人矣。

凡人之欲为善者，为性恶也。夫薄愿厚，恶愿美，狭愿广，贫愿富，贱愿贵，苟无之中者，必求于外；故富而不愿财，贵而不愿势，苟有之中者，必不及于外。用此观之，人之欲为善者，为性恶也。今人之性，固无礼义，故强学而求有之也；性不知礼义，故思虑而求知之也。然则性⑥而已，则人无礼义，不知礼义。人无礼义则乱，不知礼义则悖。然则性而已，则悖乱在己。用此观之，人之性恶明矣，其善者，伪也。

孟子曰："人之性善。"曰：是不然。凡古今天下之所谓善者，正理平治也；所谓恶者，偏险悖乱也。是善恶之分也已。今诚以人之性固正理平治邪？则有恶用圣王、恶用礼义矣哉⑦！虽有圣王礼义，将曷加于正理平治也哉！今不然，人之性恶。故古者圣人以人之性恶，以为偏险而不正、悖乱而不治，故为之立君上之势以临之，明礼义以化之，起法正以治之，重刑罚以禁之，使天下皆出于治、合于善也。是圣王之治而礼义之化也。今当试⑧去君上之势，无礼义之化，去法正之治，无刑罚之禁，倚而观天下民人之相与也；若是，则夫强者害弱而夺之，众者暴寡而哗⑨之，天下之悖乱而相亡不待顷矣。用此观之，然则人之性恶明矣，其善者，伪也。

故善言古者，必有节⑩于今；善言天者，必有征于人。凡论者，贵其有辨合、有符验⑪。故坐而言之，起而可设，张而可施行。今孟子曰"人之性善"，无辨合符验，坐而言之，起而不可设，张而不可施行，岂不过甚矣哉！故性善，则去圣王、息礼义矣；性恶，则与圣王、贵礼义矣。故檃栝之生，为枸木也；绳墨之起，为不直也；立君上，明礼义，为性恶也。用此观之，然则人之性恶明矣，其善者，伪也。

直木不待檃栝而直者，其性直也。枸木必将待檃栝、烝、矫然后直者，以其性不直也。今人之性恶，必将待圣王之治、礼义之化，然后皆出于治、合于善也。用此观之，然则人之性恶明矣，其善者，伪也。

---

① 肤理：皮肤的纹理。人劳苦则皮肤粗糙干裂，所以"好愉佚"。佚：同"逸"，安闲。

② 然：形成（参见《广雅·释诂》）。待：通"恃"。事：从事。

③ 性伪之所生："性"之所生，即"目好色"等等；"伪"之所生，即礼义、法度、器物等等。其不同之征：生于"性"之征是"感而自然、不待事而后生"，生于"伪"之征是"感而不能然、必且待事而后然"。

④ 且：犹"若"，参见《古书虚字集释》。

⑤ 拂：违戾，不顺。

⑥ 性：《集解》作"生"，据世德堂本改。下文"然则性而已"句同。

⑦ 有：通"又"。恶：哪里。

⑧ 当试：与"尝试"、"当使"相通，等于说"倘使"、"倘若"。

⑨ 哗：当作"跨"，言众者据寡者之上而使之出己之下（刘师培说）。

⑩ 节：验。

⑪ 辨：通"别"，即"别券"，或称"傅别"，是古代的一种凭证，将一券剖分为两半而成，故称"别券"，双方各执一半（一"别"）为据，验证时将两"别"相合，即可定其真伪。它与如今凭骑缝章核对的票据原理相似。

问者曰：“礼义积伪①者，是人之性，故圣人能生之也。”应之曰：是不然。夫陶人埏埴而生瓦，然则瓦埴②岂陶人之性也哉？工人斲木而生器，然则器木③岂工人之性也哉？夫圣人之于礼义也，辟④亦陶埏而生之也，然则礼义积伪者，岂人之本性也哉？凡人之性者，尧、舜之与桀、跖，其性一也；君子之与小人，其性一也。今将以礼义积伪为人之性邪？然则有曷贵尧、禹，曷贵君子矣哉？凡所贵尧、禹、君子者，能化性，能起伪，伪起而生礼义；然则圣人之于礼义积伪也，亦犹陶埏而生之也。用此观之，然则礼义积伪者，岂人之性也哉？所贱于桀、跖、小人者，从其性，顺其情，安恣睢⑤，以出乎贪利争夺。故人之性恶明矣，其善者，伪也。

天非私曾、骞、孝己而外众人也⑥，然而曾、骞、孝己独厚于孝之实而全于孝之名者，何也？以綦⑦于礼义故也。天非私齐、鲁之民而外秦人也，然而于父子之义、夫妇之别，不如齐、鲁之孝具、敬父者⑧，何也？以秦人之从情性、安恣睢⑨、慢于礼义故也，岂其性异矣哉？

“‘涂之人可以为禹⑩’，曷谓也？”曰：凡禹之所以为禹者，以其为仁义法正也。然则仁义法正有可知可能之理，然而涂之人也，皆有可以知仁义法正之质，皆有可以能仁义法正之具，然则其可以为禹明矣。今以仁义法正为固无可知可能之理邪？然则唯⑪禹不知仁义法正、不能仁义法正也。将使涂之人固无可以知仁义法正之质，而固无可以能仁义法正之具邪？然则涂之人也，且内不可以知父子之义，外不可以知君臣之正。今不然。涂之人者，皆内可以知父子之义，外可以知君臣之正，然则其可以知之质，可以能之具，其在涂之人明矣。今使涂之人者，以其可以知之质、可以能之具，本夫仁义之可知之理、可能之具⑫，然则其可以为禹明矣。今使涂之人伏术为学⑬，专心一志，思索孰察，加日县⑭久，积善而不息，则通于神明，参于天地矣。故圣人者，人之所积而致也。

曰：“圣可积而致，然而皆不可积，何也？”曰：可以而不可使也⑮。故小人可以为君子而不肯为君子，君子可以为小人而不肯为小人。小人、君子者，未尝不可以相为也，然而不相为者，可以而不可使也。故涂之人可以为禹，则然；涂之人能为禹，则未必然也。虽不能为禹，无害可以为禹。足可以遍行天下，然而未尝有能遍行天下者也。夫工匠、农、贾，未

---

① 礼义积伪：使积伪为礼义。“礼义”用作使动词。

② 瓦埴：使埴为瓦。“瓦”用作使动词。

③ 器木：使木为器。“器”用作使动词。

④ 辟：通“譬”。亦：《集解》作“则”，据宋浙本改。

⑤ 睢：《集解》作“雎”，据宋浙本改。

⑥ 曾、骞：指曾参、闵子骞，都是孔子的学生，以孝著名。孝己：殷高宗的长子，也以孝著名。“己”字《集解》作“已”，据宋浙本改，下同。

⑦ 綦：极。

⑧ 具：当为“共”字之误。“共”通“恭”。“孝恭”承“父子之义”而言。父：当为“文”字之误。“文”指有礼节。“敬文”承“夫妇之别”而言。

⑨ 睢：《集解》作“雎”，据宋浙本改。

⑩ 涂：通“途”。涂之人：路上的人，指普通老百姓。禹：指圣贤之人。

⑪ 唯：通“雖”。

⑫ 本：掌握。夫：那。可知之理、可能之具：当作“可知、可能之理”。

⑬ 伏：通“服”。

⑭ 加日：累日。县：同“悬”，维系。

⑮ 使：迫使，指由别人迫使他去做到。

尝不可以相为事也，然而未尝能相为事也。用此观之，然则可以为，未必能也；虽不能，无害可以为。然则能不能之与可不可，其不同远矣，其不可以相为明矣。

尧问于舜曰："人情何如？"舜对曰："人情甚不美，又何问焉？妻子具而孝衰于亲，嗜欲得而信衰于友，爵禄盈而忠衰于君。人之情乎！人之情乎！甚不美，又何问焉？唯贤者为不然。"

有圣人之知者，有士君子之知者，有小人之知者，有役夫之知者。

多言则文而类①，终日议其所以，言之千举万变，其统类一也，是圣人之知也。少言则径而省，论②而法，若佚③之以绳，是士君子之知也。其言也谄④，其行也悖⑤，其举事多悔，是小人之知也。齐给便敏⑥而无类，杂能旁魄⑦而无用，析速粹孰而不急⑧，不恤是非，不论曲直，以期胜人为意，是役夫之知也。

有上勇者，有中勇者，有下勇者。天下有中⑨，敢直其身；先王有道，敢行其意；上不循于乱世之君，下不俗⑩于乱世之民；仁之所在无贫穷，仁之所亡无富贵⑪；天下知之，则欲与天下同苦乐之；天下不知之，则傀然独立天地之间而不畏：是上勇也⑫。礼恭而意俭，大齐信焉而轻货财；贤者敢推而尚⑬之，不肖者敢援而废之：是中勇也。轻身而重货，恬祸而广解，苟免，不恤是非、然不然之情，以期胜人为意：是下勇也。

繁弱、钜黍⑭，古之良弓也；然而不得排檠⑮，则不能自正。桓公之葱⑯，太公之阙⑰，文王之录⑱，庄君之曶⑲，阖闾之干将、莫邪、钜阙、辟闾⑳，此皆古之良剑也，然而不加砥砺则不能利、㉑，不得人力则不能断。骅骝、骐骥、纤离、绿耳㉒，此皆古之良马也，然

---

① 文：文采，花纹，引申指表示义的礼仪制度，如表示等级制度的车制、旗章、服饰、各种礼节仪式等。《韩非子·解老》："礼者，义之文也。"类：法。

② 论：通"伦"，条理。

③ 佚：当为"扶"字之误（孙诒让说）。

④ 谄：《集解》作"謟"，据宋浙本改。

⑤ 悖：违背。其言也谄，其行也悖：指阳奉阴违。

⑥ 齐给便敏：等于说"齐给便利"。

⑦ 旁魄：通"旁薄"、"磅礴"，广大无边。

⑧ 粹：通"萃"，聚集，指连缀文辞。孰：同"熟"。

⑨ 中：中正之道，指礼义。

⑩ 俗：用作动词，指与世沉浮，以世人之习俗为习俗。一说"俗"为"沿"字之误，与"循"同义。

⑪ 这两句是说：这种人在仁政统治下就会因为与仁德之君志同道合而得志，因而也不会贫穷；如果君主不行仁政，他就不愿同流合污而富贵。

⑫ 傀然：同"块然"、"岿然"。

⑬ 尚：通"上"。

⑭ 繁弱、钜黍：古代良弓名。

⑮ 排檠：矫正弓弩的器具。

⑯ 桓公：齐桓公。葱：桓公所用的良剑名，因剑呈青色，故名"葱"。

⑰ 太公：姜太公。阙：太公所用的良剑名。

⑱ 文王：周文王。录：文王所用的良剑名，因剑呈绿色，故名"录"。

⑲ 庄君：指楚庄王。曶：楚庄王所用的良剑名，因剑光恍惚，故名"曶"。

⑳ 干将、莫邪、钜阙、辟闾：都是阖闾使用的良剑名。干将、莫邪是阖闾让吴国剑匠干将与其妻子莫邪所铸，钜阙是越国人欧冶所铸、由越王允常献给阖闾的。

㉑ 砺：《集解》作"厉"，据世德堂本改。

㉒ 骅骝：黑鬣黑尾的赤色骏马，也名枣骝。骐：通"骐"，青黑色的骏马，其纹路如棋盘，故名。纤离：毛纹细密的黑色骏马，"离"通"骊"。绿耳：千里马。

而必有前衔辔之制，后有鞭策之威，加之以造父之驭，然后一日而致千里也。夫人虽有性质美而心辩知，必将求贤师而事之，择良友而友之。得贤师而事之，则所闻者尧、舜、禹、汤之道也；得良友而友之，则所见者忠信敬让之行也；身日进于仁义而不自知也者，靡①使然也。今与不善人处，则所闻者欺诬、诈伪也，所见者污漫、淫邪、贪利之行也，身且加②于刑戮而不自知者，靡使然也。传曰："不知其子视其友，不知其君视其左右。"靡而已矣！靡而已矣！

学习建议

1. 深刻理解《荀子》深邃丰富的思想内涵。重点理解其"明于天人之分"和"制天命而用之"的思想。这种在尊重自然规律的前提下充分肯定人在认识自然、改造自然过程中的主观能动性的提法，无疑是有进步意义的。

2. 着重把握《荀子》重"民"的思想。他认为"君者，舟也。庶人者，水也。水则载舟，水则覆舟"。(《王制》)

3. 背诵《劝学》。

4. 延伸阅读篇目：

《荣辱》、《非十二子》、《君道》、《礼论》、《乐论》、《解蔽》。

① 靡：指相顺从。

② 加：被施加。

韩非子

导读

韩非（约公元前280年—公元前233年），战国末期韩国人，出身贵族。为人口吃不喜言谈，擅长著述。据《汉书·艺文志》记载《韩非子》，有55篇，今本亦是55篇。大部分为韩非自著，但也有少量窜入的篇章。《韩非子》一书多针对现实问题而发，对战国时期的社会现实有冷峻的观察，主张以法、术、势制人，严刑峻法治国。他综合早期法家商鞅、申不害、慎到等人关于法、术、势的思想，研究儒、墨、道等各家的学说，在此基础上建立了一套完整的法家理论体系，为中央集权的封建统治奠定了思想基础。

《韩非子》深刻明切，锋利无比，具有严峻峭拔的风格。其中的《显学》、《五蠹》、《孤愤》、《说难》诸篇，词锋犀利，论证充实，且富于批判精神。《备内篇》扯掉了儒家竭力鼓吹的伦常之道的遮羞布，赤裸裸地暴露了剥削阶级君臣骨肉之间不顾伦常的矛盾冲突。《韩非子》长于分析，议论透辟。《五蠹》一文反复说明由于社会的变化发展，只有法治学说最符合实际情况，该文洋洋洒洒，近七千言，是先秦议论散文的进一步发展。《亡征》一文，分析可亡之道至四十七条之多，实属罕见。《难言》、《说难》二篇，揣摩所说者的心理状态，可谓无微不至，深入肌理。《韩非子》善于利用大量的寓言故事和丰富的历史知识作为论证资料，增强论辩的生动性和说服力。刘勰还说："韩非著博喻之富"。《说林》上下、内外《储说》等篇，上述特色颇为集中突出。《韩非子》文体多样，吸取了各家长处，兼擅各家文体，既有《五蠹》、《显学》那样的长篇大论，也有《难一》、《难二》等短篇驳论；《定法》是设问之体，《难势》是答难之文；《解老》有如章句之学，《说林》直是笔记一类。

《韩非子》提倡"道"和"理"的哲学观念。韩非汲取《老子》的哲理思想，在解释《老子》的名义下抒发了自己的思想。认为"道"是万物最根本的法则，宇宙间形形色色的事物形态，千差万别的发展变化，都有"道"贯穿其中。"道"是普遍法则，"理"是特殊的规律，普遍法则是通过许多特殊规律体现出来的。韩非第一次明晰地论述了"道"与"理"的关系，这在中国哲学思想史上是一大贡献。《韩非子》具有历史进化论思想。韩非认为社会是不断发展进步的，他将历史划分为上古、中古和近古三个阶段。上古"圣王"让位于贤者是容易做到的，后世争夺权力与财产也是必然的，儒学提倡的厚古薄今是毫无道理的。历史在变化，适用于古时的不一定能行于当今社会，"是以圣人不期修古，不法常可，论世之事，因为之备"。这种历史进化论思想，是主张变法的理论依据。《韩非子》中两次叙述到关于矛和盾的故事，这是我国"矛盾"概念的来源，指出"夫不可陷之盾与无不陷之矛，不可同世而立"的道理。韩非的矛盾观念，就如这个故事所说明的一样，强调对立面的不可调和，只能一方消灭一方、压倒一方，这是其思想方法的主要倾向。在认识论方面，韩非注意到感官与思维器官的作用。认识事物，就要与具体事物相接触，他反对主观先验性的臆测，指出“先物行、先理动谓之前识，前识者，无缘而也”（《解老》）。未接触“物”和“理”就先形成“前识”，只能是“妄意度”，为此，他认为人应当加强自身的修养。

说　难①

凡说②之难，非吾知③之有以说之之难也④，又非吾辩之能明吾意之难也⑤，又非吾敢横失⑥而能尽⑦之难也。凡说之难：在知所说⑧之心，可以吾说当⑨之。所说出于为名高者也，而说之以厚利⑩，则见⑪下节而遇卑贱，必弃远矣。所说出于厚利者也，而说之以名高，则见无心⑫而远事情⑬，必不收⑭矣。所说阴⑮为厚利而显⑯为名高者也，而说之以名高，则阳收其身而实疏之；说之以厚利，则阴用其言显弃其身矣。此不可不察也。

夫事以密成，语以泄败。未必其身泄之也，而语及所匿之事⑰，如此者身危。彼显有所出事⑱，而乃以成他故⑲，说者不徒知所出而已矣，又知其所以为⑳，如此者身危。规㉑异事而当，知者揣之外㉒而得之，事泄于外，必以为己也㉓，如此者身危。周泽未渥也㉔，而语极知㉕，说

---

① 本文选自《韩非子》第十二篇。说难，指向人主进说的困难。文章指出进说之难不在我之一方，而“在知所说之心，可以吾说当之”，而所听者之心理又深不可测，然而又“不可不察”、“不可不知”，这就是“说难”。韩非在深人揣摩人主心理和总结历史教训的基础上提出了一系列进说之术，其中揣摩迎合、纵横捭阖、辩才无碍、巧舌如簧、装聋作哑、胁肩谄笑、溜须拍马、顺风推船、与时逶迤，就说之一术而言，无疑集了战国游谈者的大成。司马迁说“余独悲韩子为《说难》而不能自脱耳”，则更见在专制君王面前进言之难了。

② 说：进言。

③ 知：通“智”，才智。

④ 知之有以说之：有才智用来进言。

⑤ 辩之能明吾意：有口才能表明我的思想。

⑥ 失：通“佚”，横佚同“横逸”，无所顾忌。

⑦ 横失而能尽：纵横捭阖，畅所欲言。

⑧ 所说：被说者，指国君。

⑨ 当（dàng）：适应，这里是迎合。

⑩ 厚利：与“高名”相反对。

⑪ 则见：刘淇《助词辩略》：“见谓之义，省文也。”即被说成。下同。

⑫ 无心：没有头脑。

⑬ 远事情：脱离实际。

⑭ 收：听用。

⑮ 阴：暗地里，与“显”相对，相当于实际上。

⑯ 显：表面上。

⑰ 所匿之事：君王心中秘而不宣之事。

⑱ 有所出事：做出某件事情。

⑲ 故：事。

⑳ 谓君王表面上做出某件事情，实际上是想借此促成另外一件事情，进言者不仅知道君王已经做的事情，而且还了解他所以这样做的动机。

㉑ 规：规划。

㉒ 揣之外：从外表去揣测。

㉓ 谓进说者替君王规划了一件非同寻常的事情，而且迎合君王的心理，但是聪明人从外部迹象上将它揣测出来了，这样这件机密事就会泄露，而君王则认为一定是这个规划的人泄露的。

㉔ 周：亲密。泽：恩泽。渥：深厚。

㉕ 谓把心里话都掏出来。

行①而有功，则德忘②；说不行而有败，则见疑，如此者身危。贵人③有过端④，而说者明言礼义以挑其恶⑤，如此者身危。贵人或得计而欲自以为功，说者与知⑥焉，如此者身危。强以其所不能为，止以其所不能已⑦，如此者身危。故与之论大人⑧，则以为间己⑨矣；与之论细人⑩，则以为卖重⑪。论其所爱，则以为藉⑫资；论其所憎，则以为尝己也⑬。径省其说，则以为不智而拙之；米盐⑭博辩，则以为多而交⑮之。略事陈意，则曰怯懦而不尽；虑事广肆⑯，则曰草野而倨侮⑰。此说之难，不可不知也。

凡说之务，在知饰所说之所矜而灭⑱其所耻。彼有私急也，必以公义示而强之⑲。其意有下也，然而不能已，说者因为之饰其美而少其不为也⑳。其心有高㉑也，而实不能及，说者为之举其过而见其恶㉒，而多㉓其不行也。有欲矜以智能，则为之举异事之同类者，多为之地㉔，使之资说于我，而佯不知也，以资其智㉕。欲内㉖相㉗存之言，则必以美名明之，而微见其合于私利也㉘。欲陈危害之事，则显其毁诽而微见其合于私患也。誉异人与同行者，规异事与同计者㉙。有与同污者，则必以大饰其无伤也；有与同败者，则必以明饰其无失也㉚。彼自多其

---

① 说行：建议被采纳。

② 德忘：进言者的功劳被遗忘。

③ 贵人：这里特指君王。

④ 过端：过错。

⑤ 言其违背礼义。

⑥ 与知：也知道其事，这里是参与其事。

⑦ 二句谓君王不能做的事，勉强要他去做，君王不肯放手的事，一定要他停下。

⑧ 大人：指大臣。

⑨ 间己：挑拨君臣关系。

⑩ 细人：小人，君王的左右近臣。

⑪ 卖重：卖权，出卖君王的权势。王焕镳的《韩非子选》中解释为："说者与人君论及小人的才能，人君便疑说者存心推荐，卖我之权。"

⑫ 藉：同"借"，凭借。

⑬ 四句谓与君王谈论他所爱幸的人，就会被认为说者在找靠山；谈论他所憎恨的人，则会被认为说者在试探自己。

⑭ 米盐：犹今言鸡毛蒜皮，琐屑。

⑮ 交：疑为"驳"之形近而误，驳杂，以……为驳杂。与"米盐博辩"相应，与上句"径省其说"则相反。

⑯ 广肆：放言无忌。

⑰ 谓则会被认为粗野而傲慢。

⑱ 灭：与"饰"相对，掩盖。

⑲ 二句谓对方有私人的迫切要求，进言者一定要以公义的名义去鼓励他做。

⑳ 三句谓当被说者的意图有卑下的倾向但又不能自制时，进言者就要替他把这种念头粉饰成美好的，还要对他不这样做表示出不满。

㉑ 高：企慕。

㉒ 谓进言者还要为他举出他所不能及的事情的缺点和坏处。

㉓ 多：以……为多，称道。

㉔ 地：根据。

㉕ 四句谓被说者倘若想自夸他的才智，说者就为他举出同类中的另外一些事情，让他从中得到引证的依据，而说者又要假装不知道，用这种办法去帮助他自我标榜。

㉖ 内：通"纳"，采纳。

㉗ 相：指代性副词，这里指君王。

㉘ 三句谓想要使君王采纳保全君王私利的劝谏，就要用美好的名义去阐明，又暗示他这是符合君王私利的。

㉙ 二句谓赞扬那些与君王有同样品行的人，谋划那些与君王所做的事可以相通的其他事（这样既讨了欢心，又无阿谀奉承、掠人之美之嫌）。

㉚ 四句谓有人与君王有一样的秽行和败迹，说者就要大力为之粉饰，明确指出这没有什么妨害。

力，则毋以其难概①之也；自勇之②断，则无以其谪③怒之；自智其计，则毋以其败穷④之。大意无所拂悟⑤，辞言无所系縻⑥，然后极骋智辩⑦焉。此道所得⑧亲近不疑而得尽辞也。伊尹为宰，百里奚为虏，皆所以干其上也。此二人者，皆圣人也，然犹不能无役身⑨以进，如此其污也⑩。今以吾言为宰虏⑪，而可以听用而振世，此非能仕之所耻也。夫旷日弥久，而周泽既渥，深计而不疑，引争而不罪，则明割⑫利害以致其功，直指⑬是非以饰⑭其身，以此相持⑮，此说之成也。

昔者郑武公⑯欲伐胡⑰，故先以其女妻胡君以娱其意。因问于群臣："吾欲用兵，谁可伐者？"大夫关其思对曰："胡可伐。"武公怒而戮之，曰："胡，兄弟⑱之国也。子言伐之，何也？"胡君闻之，以郑为亲己，遂不备郑。郑人袭胡，取之⑲。宋有富人，天雨墙坏。其子曰："不筑，必将有盗。"其邻人之父亦云。暮而果大亡其财，其家甚智其子，而疑邻人之父。此二人⑳说者㉑皆当矣，厚者为戮，薄者见㉒疑，则非知之难也，处知㉓则难也。故绕朝㉔之言当矣，其为圣人于晋，而为戮于秦也，此不可不察。

昔者弥子瑕㉕有宠于卫君。卫国之法，窃驾君车者罪刖㉖。弥子瑕母病，人间往㉗夜告弥子，弥子矫㉘驾君车以出。君闻而贤之㉙，曰："孝哉！为母之故，忘其刖罪。"异日，与

---

① 概：古代量米的器具，这里作动词，平抑。

② 之：《古书虚字集释》："之，其也。"《史记·老子韩非列传》中作"其"。

③ 谪：过失，指错误的判断。

④ 穷：通"窘"。

⑤ 悟：通"忤"。拂悟，违逆。

⑥ 系縻：又作"击摩"，实一声之转，古时成语，这里解作抵触。二句互文。

⑦ 极骋智辩：尽情地施展才智和舌辩。

⑧ 此道所得：俞樾《诸子平议》认为"得"字衍文，"道所"是"所道"的误置，此所道，即此所以。《史记》正作"此所以亲近不疑"。

⑨ 役身：使身为仆役。

⑩ 谓如此这般的卑下。

⑪ 宰虏：是"宰虏之言"的省文。

⑫ 明割：剖析。

⑬ 直指：直言不讳。

⑭ 饰：通"饬"，整饬。

⑮ 相持：指君臣相待。

⑯ 郑武公：春秋初期郑国君主。

⑰ 胡：诸侯国名。

⑱ 兄弟：先秦时嫁娶之间也曰"兄弟"，《国语·晋语》韦注："兄弟，婚姻之称。"

⑲ 《左传·定公十五年》："二月，楚灭胡。"其中言说或有出入。

⑳ 二人：指关其思和邻人之父。

㉑ 说者：二字疑前后误置。

㉒ 见：《古书虚字集释》："见犹受也。"与"为"互训。

㉓ 处知：处理这种认识。

㉔ 绕朝：人名，春秋时秦大夫。晋大夫士会逃亡在秦，晋人用计诱使归国，绕朝劝秦伯不要把士会遣送回国，秦伯不听，士会遂归晋。后来士会畏惧绕朝的才能，又用反间计借秦王之手杀了绕朝。

㉕ 弥子瑕：人名，卫灵公宠幸的臣子。

㉖ 刖（yuè）：断足之刑。

㉗ 间（jiàn）：小路。间往，从小道往。

㉘ 矫：假托（君命）。

㉙ 贤之：认为他有德行。

君游于果园，食桃而甘，不尽，以其半啗君①。君曰："爱我哉！忘其口味，以啗寡人。"及弥子色衰爱弛②，得罪于君，君曰："是固尝矫驾吾车，又尝啗我以余桃。"故弥子之行未变于初也，而以前之所以见贤而后获罪者，爱憎之变也。故有爱于主，则智当而加亲③；有憎于主，则智不当，见罪而加疏。故谏说谈论之士，不可不察爱憎之主而后说焉。夫龙之为虫也，柔可狎而骑也④；然其喉下有逆鳞⑤径尺⑥，若人有婴⑦之者，则必杀人。人主亦有逆鳞，说者能无婴人主之逆鳞，则几矣⑧。

亡　征⑨

凡人主之国小而家⑩大，权轻而臣重者，可亡也。简⑪法禁而务谋虑，荒封内⑫而恃交援⑬者，可亡也。群臣为学⑭，门子⑮好辩，商贾外积⑯，小民右仗⑰者，可亡也。好宫室、台榭、陂池⑱，事车服器玩⑲，好罢露⑳百姓，煎㉑靡㉒货财者，可亡也。用时日㉓，事鬼神，信卜筮，而好祭祀者，可亡也。听以爵㉔不以众言参验，用一人为门户㉕者，可亡也。官职可以重求㉖，爵

---

① 啗君：给君食。自食为啖，食人为啗。

② 色衰爱弛：人老珠黄，宠爱减退。

③ 加亲：更加亲近。

④ 柔：驯服。狎：戏弄。

⑤ 逆鳞：倒长的鳞片。

⑥ 径尺：长约一尺。

⑦ 婴："撄"，触。

⑧ 刘淇《助词辩略》："则几矣者，言近于善谏也。"

⑨ 本文选自《韩非子》第十五篇。亡征，即灭亡的征兆，作者自为界说道："亡征者，非曰必亡，言其可亡也。"关于"亡"的主词，从字面上看是国家，但因为韩非将专制君王与国家等同起来，因而事实上文中所讨论的四十七条"亡征"中，有些确是关系到国家的，有些是同时涉及国家与君王个人利益，更多的则只是影响到君王个人权力和地位的巩固而已，即使君主灭亡了，也于国于民无妨，故而不可一概而论。尽管如此，这四十七条极宏观又极微观、极恢宏博大又极细致深入的征兆是韩非对前代治乱兴衰经验教训的全面总结，又是对于战国末期政治斗争的高度概括，剔除其为专制集权张目的内核，其中仍有许多借鉴意义。

⑩ 家：卿大夫采地。

⑪ 简，轻忽。

⑫ 封内：境内，邦内。

⑬ 交援：外援。

⑭ 学：指当时诗书百家之学。

⑮ 门子：卿大夫的嫡子，泛指贵族子弟。

⑯ 外积：在公家之外私下积聚财富。

⑰ 右：崇尚。仗：依赖。谓依赖官府的施舍。

⑱《尚书·泰誓》孔传："土高曰台，有木曰榭，泽障曰陂，停水曰池。"

⑲ 器玩：供玩赏的器物。

⑳ 罢：通"疲"。罢露，作使动用法。

㉑ 煎：《广雅·释诂》："煎，尽也。"

㉒ 靡：浪费，挥霍。

㉓ 用时日：谓办事迷信吉日良辰。

㉔ 听以爵：根据有无爵位和爵位的高低来判断臣下的言论。

㉕ 指只偏听偏信一个臣子，其他人的言论都得经过这个人，就像出入的门户。

㉖ 以重求：以权势求得。

禄可以货得①者，可亡也。缓心②而无成，柔茹而寡断，好恶无决而无所定立者，可亡也。饕③贪而无餍④，近利而好得⑤者，可亡也。喜淫辞⑥而不周于法，好辩说而不求其用，滥于文丽⑦而不顾其功者，可亡也。浅薄而易见，漏泄而无藏，不能周密⑧而通⑨群臣之语者，可亡也。很刚⑩而不和，愎谏而好胜，不顾社稷而轻为自信者，可亡也。恃交援而简近邻，怙⑪强大之救而侮所迫之国者，可亡也。羁旅侨士⑫，重帑⑬在外，上间谋计，下与民事⑭者，可亡也。民信其相，下不能⑮其上，主爱信之而弗能废者⑯，可亡也。境内之杰不事，而求封外之士，不以功伐课⑰试，而好以名问⑱举错⑲，羁旅起贵⑳以陵故常㉑者，可亡也。轻其适㉒正，庶子称衡㉓，太子未定而主即世㉔者，可亡也。大心㉕而无悔，国乱而自多，不料境内之资而易㉖其邻敌者，可亡也。国小而不处卑，力少而不畏强，无礼而侮大邻，贪愎而拙交㉗者，可亡也。太子已置，而娶于强敌以为后妻，则太子危，如是，则群臣易虑㉘；群臣易虑者，可亡也。怯慑而弱守㉙，蚤见而心柔懦，知有谓可，断而弗敢行㉚者，可亡也。出君在外而国更置㉛，质太子未反而君易子㉜，如是则国携㉝；国携者，可亡也。挫辱大臣而

① 以货得：用财货买卖。
② 缓心：行事迟缓。
③ 饕（tāo）：本义为贪食，后泛指贪。
④ 餍（yàn）：本义为吃饱，这里指满足。句谓贪得无厌。
⑤ 谓急功近利，爱占便宜。
⑥ 淫辞：浮夸的言辞。
⑦ 文丽：浮华。
⑧ 周密：谨慎持重，小心防范。
⑨ 通：泄露。
⑩ 《庄子·渔父》："见过不更，闻谏愈甚，谓之很。"很：通"狠"。很刚：凶悍。
⑪ 怙（hù）：义同"恃"，依靠。
⑫ 羁旅侨士：指寓居本国的外国侨民。
⑬ 帑（tǎng）：钱财。
⑭ 二句谓在上面刺探国家机密，在下面干预民间事务。
⑮ 能：亲善。
⑯ 三句谓上下不相得，君王大权旁落于国相。
⑰ 课：《说文》："课，试也。"
⑱ 问：通"闻"。名问，口碑。
⑲ 错：通"措"。举错，任用（和废黜）。
⑳ 羁旅起贵：谓提拔侨居在国内的外国人，使之显贵。
㉑ 陵：通"凌"，凌驾。故常：故旧老臣。
㉒ 适：通"嫡"。
㉓ 庶子称衡：谓庶子与嫡子平起平坐。
㉔ 主即世：君主谢世。
㉕ 大心：狂妄自大。
㉖ 易：轻视。
㉗ 拙交：不善于外交。
㉘ 易虑：变心，谓变其事太子之心。
㉙ 弱守：不敢坚持自己的意见。
㉚ 这里指有识见但没有决断力和行动。
㉛ 谓君王在外国时国内另立一个国君。
㉜ 易子：另立太子。
㉝ 携：贰。国携：国有二君。

狎其身，刑戮小民而逆其使①，怀怒思耻而专习②则贼生；贼③生者，可亡也。大臣两重④，父兄众强⑤，内党外援⑥以争事势者，可亡也。婢妾之言听，爱玩⑦之智用，外内悲惋⑧而数行不法者，可亡也。简侮大臣，无礼父兄，劳苦百姓，杀戮不辜者，可亡也。好以智矫法，时以行杂公⑨，法禁变易，号令数下者⑩，可亡也。无地固，城郭恶，无畜积，财物寡⑪，无守战之备而轻攻伐者，可亡也。种类不寿，主数即世⑫，婴儿为君，大臣专制，树羁旅以为党，数割地以待⑬交者，可亡也。太子尊显，徒属众强，多大国之交，而威势蚤具者，可亡也。变褊⑭而心急，轻疾而易动发⑮，心悁忿而不訾⑯前后者，可亡也。主多怒而好用兵，简本教⑰而轻战攻者，可亡也。贵臣相妒，大臣隆盛，外借敌国，内困百姓，以攻怨仇，而人主弗诛者，可亡也。君不肖而侧室贤，太子轻而庶子伉⑱，官吏弱而人民桀，如此则国躁；国躁者，可亡也。藏怨而弗发，悬罪而弗诛⑲，使群臣阴憎而愈忧惧，而久未可知者，可亡也。出军命将太重⑳，边地任守太尊，专制擅命，径为而无所请者㉑，可亡也。后、妻淫乱，主母㉒畜秽㉓，外内混通，男女无别，是谓两主㉔，两主者，可亡也。后、妻贱而婢妾贵，太子卑而庶子尊，相室轻而典谒㉕重，如此则内外乖㉖；内外乖者，可亡也。大臣甚贵，偏党㉗众强，壅塞主断而重擅国㉘者，可亡也。私门之官用，马府㉙之世绌㉚；

---

① 逆其使：使民不以其道。
② 专习：特别亲近（怀怒思耻的大臣和小民）。
③ 贼：贼害之人和贼害之心。
④ 大臣两重：谓两个大臣同时得到重用。
⑤ 父兄众强：谓君王的叔伯兄弟们人多势众。
⑥ 内党外援：在国内拉帮结派，在国外争取外援。
⑦ 爱玩：与上句“婢妾”相对，当指弄臣。
⑧ 惋：通“怨”。
⑨ 谓常常因为私行扰乱公家事务。
⑩ 谓朝三暮四，民无所适从。
⑪ 谓既无地形的险固，又不修城池，既无充足的积蓄，当时的财物又十分匮乏。
⑫ 谓王族阳寿不永，君王一个接着一个谢世。
⑬ 待：当是“持”之形近而误。
⑭ 变褊（biǎn）：古语，亦心急也。
⑮ 谓轻率浮躁容易冲动。
⑯ 悁：《说文》：“悁，忿也。”訾（zǐ）：思考。
⑰ 本教：农耕和练兵，法家以农战为本。
⑱ 伉（kàng）：对等。与太子平起平坐。
⑲ 谓对有罪的臣下迟迟不处理。
⑳ 谓派出军队时授予将领的权力太大。
㉑ 谓不向君王请示而自作主张。
㉒ 主母：君主的母亲、太后。
㉓ 畜秽：暗指淫乱。
㉔ 两主：指外戚坐大，与君王分享权力。
㉕ 典谒：内廷主管宾客请谒的小官。
㉖ 乖：背离。
㉗ 偏党：大臣的私党。
㉘ 谓蒙蔽君主专擅大权。
㉙ 马府：军马之府，立功者也。依上下文句式皆相对而言论，可知当为因公功而居官者，无考，姑存疑。
㉚ 世：后人。绌：通“黜”，废黜。

乡曲①之善举，官职之劳废。贵私行而贱公功者，可亡也。公家虚而大臣实，正户②贫而寄寓富，耕战之士困，末作③之民利者，可亡也。见大利而不趋，闻祸端而不备，浅薄于争守之事④，而务以仁义自饰者，可亡也。不为人主之孝，而慕匹夫之孝，不顾社稷之利，而听主母之令，女子用国⑤，刑余⑥用事者，可亡也。辞辩而不法，心智而无术，主多能而不以法度从事者，可亡也。亲⑦臣进而故人退，不肖用事而贤良伏，无功贵而劳苦贱，如是则下怨；下怨者，可亡也。父兄、大臣禄秩过功，章服侵等⑧，宫室供养太侈，而人主弗禁，则臣心无穷⑨；臣心无穷者，可亡也。公婿公孙⑩与民同门⑪，暴慠其邻⑫者，可亡也。

亡征者，非曰必亡，言其可亡也。夫两尧⑬不能相王⑭，两桀⑮不能相亡；亡、王之机⑯，必其治乱、其强弱相踦⑰者也。木之折也必通蠹，墙之坏也必通隙。然木虽蠹，无疾风不折；墙虽隙，无大雨不坏。万乘之主，有能服术行法以为亡征之君风雨者⑱，其兼天下不难矣。

内储说上七术⑲

主之所用也七术⑳，所察也六微㉑。七术：一曰众端参观㉒，二曰必罚明威㉓，三曰信

---

① 乡曲：偏僻乡村。这里指乡野之士。

② 正户：有固定户籍者。

③ 末作：法家视工商为末作。

④ 谓不谙兵战之事。

⑤ 用国：当国，把持国政。

⑥ 刑余：指太监。

⑦ 亲：与“故”相对，通“新”。

⑧ 谓君主的父兄、大臣的旗章车服超过了规定的等级。

⑨ 无穷：贪得无厌。

⑩ 公婿公孙：泛指王亲国戚。

⑪ 同门：在一起。

⑫ 谓横行乡里。

⑬ 两尧：代贤明的君王。

⑭ 相王：互相统治对方。

⑮ 两桀：代残暴的君王。

⑯ 机：关键。

⑰ 踦（qī）：轩轾，不平衡。

⑱ 谓运用法术作为疾风大雨去摧毁那些已有亡征的国家。

⑲ 本文选自《韩非子》第三十篇。“储”是积储之意，“说”即历史、传说故事。从正文看来，所有这些故事又都被分门别类地安排在作者特定的法、术、势论点下，因此其中许多故事在韩非其他篇章中也曾出现过。因为思想丰富，故事众多，《储说》分为内、外篇，内、外篇又各分上、下，《外储说》又分左、右。在写法上，《储说》各篇都是先扼要地提出论点，叫做“经”，后广泛征引历史、传说故事详加阐述，即是“说”。这种“经”、“说”配合前后呼应的写法成为后世“连珠体”的滥觞，因而，韩非的六篇《储说》具有特殊的文体学意义。原文各小标题都在相关部分的文末，为照顾阅读习惯，今皆前移。所谓“七术”，指的是专制君主驾驭臣下的七种方法，其中不乏熟谙权力斗争的经验之谈，可为后世政治学说的重要资粮，而事实上，浸透在文中的官场厚黑思想已不断被后世的专制者付诸实施，害人不浅。读者于此不可不察。

⑳ 术：方法，手段。

㉑ 微：隐微。

㉒ 端：头绪。参：参验。

㉓ 必：坚决。明威：显示君主的权威。

赏尽能①，四曰一听②责下③，五曰疑诏④诡使⑤，六曰挟知而问⑥，七曰倒言反事⑦。此七者，主之所用也。

经一　参观

观听不参则诚不闻⑧，听有门户⑨则臣壅塞⑩。其说⑪在侏儒之梦见灶⑫，哀公之称“莫众而迷⑬”。故齐人见河伯，与惠子⑭之言“亡其半”也。其患在竖牛之饿叔孙，而江乞之说荆俗也。嗣公⑮欲治不知⑯，故使有敌⑰。是以明主推积铁⑱之类，而察一市之患。

经二　必罚

爱多者则法不立，威寡者则下侵上。是以刑罚不必则禁令不行。其说在董子⑲之行⑳石邑，与子产㉑之教游吉也。故仲尼说陨霜，而殷法刑弃灰；将行㉒去乐池㉓，而公孙鞅㉔重轻罪㉕。是以丽水㉖之金不守，而积泽之火不救。成欢以太仁弱㉗齐国，卜皮以慈惠亡魏王。管仲知之，故断死人㉘；嗣公知之，故买胥靡㉙。

经三　赏誉

赏誉薄而谩者下不用也，赏誉厚而信者下轻死。其说在文子称“若兽鹿”。故越王焚

---

① 句谓对有功者的赏赐一定要兑现，使臣下充分发挥才能。
② 一听：一一听之，如《说四》“好一一听之”。
③ 责下：督责臣下。
④ 疑诏：传出可疑的诏令。
⑤ 诡使：用诡诈的手段来使用臣下。
⑥ 谓拿已经了解的事情去向臣下询问（以考察臣下的忠心）。
⑦ 谓说与本意相反的话、做与本意相反的事。
⑧ 诚不闻：真实情况不会被君上了解到。
⑨ 谓君主偏听偏信，下情上达如同只通过一个门户。
⑩ 臣壅塞：近臣堵塞言路蒙蔽君主，使下情不上达。首句是《经一》的论点，下文各《经》体例同此。
⑪ 其说：上述论点的说明、展开。以下是例证的提要。
⑫ 事见《说》，以下各条同此。
⑬ 谓没有众人合计就会陷于迷乱。
⑭ 惠子：即惠施，战国时宋人，著名的名家学者。
⑮ 嗣公：《吕氏春秋》注：“卫平侯之子，秦贬其号曰君。”
⑯ 欲治不知：想治好国家却不知治国之术。
⑰ 敌：匹敌，抗衡。
⑱ 积铁：谓聚铁以作屏蔽。
⑲ 董子：即董安于，战国时赵简子家臣。
⑳ 行：巡视。
㉑ 子产：即公孙侨，春秋时政治家，治郑而有善政。
㉒ 将行：官名，犹今领队。
㉓ 乐（yuè）池（tuó）：战国时中山国相。
㉔ 公孙鞅：即商鞅。
㉕ 重轻罪：轻罪重罚。
㉖ 丽水：水名。
㉗ 与下句“亡”俱为使动用法。
㉘ 断死人：分尸。
㉙ 胥靡：刑徒。

宫室，而吴起倚车辕，李悝断讼①以射，宋崇门以毁②死。勾践知之，故式③怒蛙④；昭侯知之，故藏弊裤。厚赏之使人为贲、诸也，妇人之拾蚕，渔者之握鳣⑤，是以效之⑥。

经四　一听

一听则智愚不⑦分，责下则人臣不参⑧。其说在索郑与吹竽。其患在申子⑨之以赵绍、韩沓为尝试。故公子汜议割河东，而应侯⑩谋弛⑪上党。

经五　诡使

数见久待而不任⑫，奸则鹿散⑬。使人问他则不鬻私⑭。是以庞敬还公大夫，而戴骓诏视辒车⑮，周主亡玉簪，商⑯太宰论牛矢⑰。

经六　挟智

挟智⑱而问，则不智者至⑲；深⑳智一物，众隐皆变㉑。其说在昭侯之握一爪也。故必南门而三乡得。周主索曲杖而群臣惧，卜皮事庶子，西门豹详㉒遗辖。

经七　倒言㉓

倒言反事以尝所疑则奸情㉔得。故阳山谩樛竖，淖齿㉕为秦使，齐人欲为乱，子之以白马，子产离讼者，嗣公过关市。

---

① 断讼：断案，解决纠纷。
② 毁：悲哀过度。
③ 式：通“轼”，作动词，伏轼，表示敬意。
④ 怒蛙：蛙鼓气如怒，故云。
⑤ 鳣：通“鳝”。
⑥ 是以：当是“以是”的误置。效：明。谓妇人、渔者之所为可以证明“厚赏之使人为贲、诸也”。
⑦ 疑“不”字涉下句衍。
⑧ 参：掺杂。
⑨ 申子：即申不害，以倡术治被韩昭侯用为相，为法家前期重要人物。
⑩ 应侯：即范雎，秦昭襄王时拜相封侯。
⑪ 谋弛：这里是放弃的意思。
⑫ 谓君主屡次召见一些人，使之长期呆在自己周围又不任用他们。
⑬ 鹿散：鹿善散善聚，故以为喻。
⑭ 谓派人做事同时又从其他人处了解事情的进展情况，则被派之人就不敢图谋私利。
⑮ 辒（wēn）车：古代的一种卧车。
⑯ 商：宋也。宋为商后，故云。
⑰ 矢：通“屎”。
⑱ 智：通“知”，下二“智”字同。
⑲ 至：得。
⑳ 深：疑为“探”字之误。
㉑ 变：通“辨”。
㉒ 详：通“佯”，假装。
㉓ 倒言：“倒言反事”的省文。
㉔ 奸情：奸臣的隐情。
㉕ 淖齿：战国时楚将，后为齐相。

说一

卫灵公之时，弥子瑕有宠，专①于卫国。侏儒有见公者曰："臣之梦贱②矣。"公曰："何梦？"对曰："梦见灶，为见公也。"公怒曰："吾闻见人主者梦见日，奚为见寡人而梦见灶？"对曰："夫日兼烛天下，一物不能当③也；人君兼烛一国，一人不能拥④也。故将见人主者梦见日。夫灶，一人炀⑤焉，则后人无从见矣。今或者一人有炀君者乎？则臣虽梦见灶，不亦可乎！"

鲁哀公问于孔子曰："鄙谚曰：'莫众而迷⑥。'今寡人举事，与群臣虑之，而国愈乱，其故何也？"孔子对曰："明主之问臣，一人知之，一人不知也；如是者，明主在上，群臣直议于下。今群臣无不一辞同轨⑦乎季孙⑧者，举鲁国尽化为一，君虽问境内之人，犹不免于乱也。"

一曰⑨：晏婴子聘鲁，哀公问曰："语曰：'莫三人而迷。'今寡人与一国虑之，鲁不免于乱，何也？"晏子曰："古之所谓'莫三人而迷'者，一人失之，二人得之，三人足以为众矣，故曰'莫三人而迷'。今鲁国之群臣以千百数，一言于季氏之私，人数非不众，所言者一人也，安得三哉？"

齐人有谓齐王曰："河伯，大神也。王何不试与之遇乎？臣请使王遇⑩之遇。"乃为坛场⑪大水之上，而与王立⑫之焉。有间，大鱼动，因曰："此河伯。"

张仪欲以秦、韩与魏之势伐齐、荆，而惠施欲以⑬齐、荆偃兵⑭。二人争之。群臣左右皆为张子言，而以攻齐、荆为利，而莫⑮为惠子言。王果听张子，而以惠子言为不可。攻齐、荆事已定，惠子入见。王言曰："先生毋言矣。攻齐、荆之事果利矣，一国尽以为然。"惠子因说："不可不察也。夫齐、荆之事也诚利，一国尽以为利，是何智者之众也？攻齐、荆之事诚不利，一国尽以为利，何愚者之众也？凡谋者，疑也。疑也者⑯，诚疑：以为可者半，以为不可者半。今一国尽以为可，是王亡半也。劫主者固亡其半者也。"

叔孙⑰相鲁，贵而主断⑱。其所爱者曰竖牛，亦擅用叔孙之令。叔孙有子曰壬，竖牛妒

---

① 专：专权。

② 贱：当作"践"，应验。

③ 当：同"挡"，遮挡。

④ 拥：通"壅"。

⑤ 炀：炙烤。

⑥ 谓举事不与众谋者必惑。

⑦ 一辞同轨：用同一口径说话。

⑧ 季孙：当时鲁国的专权者。

⑨ 俞樾《古书疑义举例》将古书中这种诸说并存的写作方法归到"两义传疑而并存例"，并解释道："凡著书者，博采异文，附之简策。"《韩非子》中此类例子甚多，亦其众端参观思想的实践。

⑩ 遇：当是"与"字传写之误。

⑪ 坛场：祭神场所，堆土为坛，辟地为场。

⑫ 立：通"莅"，临。

⑬ 以：与。

⑭ 偃兵：罢兵不战。

⑮ 莫：没有人。

⑯ 依句例，此下似有脱文。

⑰ 叔孙：叔孙豹，春秋后期与季孙、孟孙同为鲁国执政。

⑱ 主断：专权独断。

而欲杀之，因与壬游于鲁君所。鲁君赐之玉环，壬拜受之而不敢佩，使竖牛请之叔孙。竖牛欺之曰："吾已为尔请之矣，使尔佩之。"壬因佩之。竖牛因谓叔孙："何不见壬于君乎？"叔孙曰："孺子何足见也。"竖牛曰："壬固已数见于君矣。君赐之玉环，壬已佩之矣。"叔孙召壬见之，而果佩之，叔孙怒而杀壬①。壬兄曰丙，竖牛又妒而欲杀之。叔孙为丙铸钟，钟成，丙不敢击，使竖牛请之叔孙。竖牛不为请，又欺之曰："吾已为尔请之矣，使尔击之。"丙因击之，叔孙闻之曰："丙不请而擅击钟。"怒而逐之，丙出走齐。居一年，竖牛为谢叔孙，叔孙使竖牛召之，又不召而报之曰："吾已召之矣，丙怒甚，不肯来。"叔孙大怒，使人杀之。二子已死，叔孙有病，竖牛因独养之，而去左右，不内②人，曰："叔孙不欲闻人声。"因不食而饿杀。叔孙已死，竖牛因不发丧也，徙其府库重宝，空之而奔齐。夫听所信之言而子父为人僇③，此不参④之患也。

江乙为魏王使荆，谓荆王曰："臣入王之境内，闻王之国俗曰：'君子不蔽人之美，不言人之恶。'诚有之乎？"王曰："有之。""然则若白公之乱，得庶无危乎⑤！诚得如此，臣免死罪矣⑥。"

卫嗣君重如耳⑦，爱世姬⑧，而恐其皆因其爱重以壅己也，乃贵薄疑⑨以敌如耳，尊魏姬以耦⑩世姬，曰："以是相参也。"嗣君知欲无壅，而未得其术也。夫不使贱议贵、下必⑪坐⑫上，而必待势重之钧⑬也，而后敢相议，则是益树壅塞之臣也，嗣君之壅乃始。

夫矢来有乡⑭，则积铁以备一乡；矢来无乡，则为铁室以尽备之。备之则体不伤。故彼以尽备之不伤，此以尽敌之无奸也⑮。

庞恭与太子质于邯郸，谓魏王曰："今一人言市有虎，王信之乎？"曰："不信。""二人言市有虎，王信之乎？"曰："不信。""三人言市有虎，王信之乎？"王曰："寡人信之。"庞恭曰："夫市之无虎也明矣，然而三人言而成虎。今邯郸之去魏也远于市，议臣者过于三人，愿王察之。"庞恭从邯郸反，竟不得见。

说　二

董阏于为赵上地⑯守。行石邑山中，见深涧，峭如墙，深百仞，因问其旁乡左右⑰曰：

---

① 此与下文事又见《左传·昭公四年》，但与此有出入。
② 内：通"纳"。
③ 僇：通"戮"。
④ 不参：即众端参观。
⑤ 谓象白公胜之类的作乱者大概没有危险了。
⑥ 谓不言人恶，故不致触怒人家而获罪。
⑦ 如耳：魏人而仕卫者。
⑧ 世姬：卫嗣君的宠妃。
⑨ 薄疑：初居赵，后仕卫。
⑩ 耦：并重。
⑪ "必"字衍。
⑫ 坐：判罪。
⑬ 钧：通"均"。
⑭ 矢：箭。乡：通"向"，下同。句谓箭所从来若有方向。
⑮ 此：指君主。敌：犹防范。谓君上当竭力杜绝奸邪。
⑯ 上地：上党的别称。
⑰ 旁乡左右：居住在近涧地方的人。

“人尝有入此者乎?”对曰:“无有。”曰:“婴儿、盲聋、狂悖①之人尝有入此者乎?”对曰:“无有。”“牛马犬彘尝有入此者乎?”对曰:“无有。”董阏于喟然太息曰:“吾能治矣。使吾法之无赦,犹入涧之必死也,则人莫之敢犯也,何为不治之?”

子产相郑,病将死,谓游吉②曰:“我死后,子必用郑,必以严莅③人。夫火形严,故人献灼;水形懦,人多溺。子必严子之形,无令溺子之懦。”故子产死,游吉不忍行严刑。郑少年相率④为盗,处于萑泽⑤,将遂以为郑祸。游吉率车骑与战,一日一夜,仅能克之。游吉喟然叹曰:“吾蚤行夫子⑥之教,必不悔至于此矣。”

鲁哀公问于仲尼曰:“《春秋》之记曰:‘冬十二月,賈霜⑦不杀菽⑧’,何为记此?”仲尼对曰:“此言可以杀而不杀也。夫宜杀而不杀,桃李冬实。天失道,草木犹犯干⑨之,而况于人君乎!”

殷之法,刑弃灰于街者,子贡以为重,问之仲尼。仲尼曰:“知治之道也。夫弃灰于街必掩人,掩人,人必怒,怒则斗,斗必三族相残也,此残三族⑩之道也,虽刑之可也。且夫重罚者,人之所恶也;而无⑪弃灰,人之所易也。使人行之所易,而无离⑫所恶,此治之道。”

一曰:“殷之法,弃灰于公道者断其手。”子贡曰:“弃灰之罪轻,断手之罚重,古人何太毅⑬也?”曰:“无弃灰,所易也;断手,所恶也。行所易,不关所恶,古人以为易,故行之。”

中山之相乐池以车百乘使赵,选其客之有智能者以为将行⑭,中道而乱。乐池曰:“吾以公为有智,而使公为将行,今中道而乱,何也?”客因辞而去,曰:“公不知治。有威足以服之人,而利足以劝之,故能治之。今臣,君之少客⑮也。夫从少正长,从贱治贵,而不得操其利害之柄以制之,此所以乱也。尝试⑯使臣:彼之善者我能以为卿相,彼不善者我得以斩其首,何故而不治!”

公孙鞅之法也重轻罪。重罪者,人之所难犯也;而小过者,人之所易去也。使人去其所易,无离其所难,此治之道。夫小过不生,大罪不至,是人无罪而乱不生也。

一曰:公孙鞅曰:“行刑重其轻者,轻者不至⑰,重者不来,是谓以刑去刑也。”

---

① 狂悖:疯癫。
② 游吉:郑大夫子太叔,继子产执政于郑。
③ 莅:临,这里是治。
④ 相率:拉帮结伙。
⑤ 萑:通“萑”(huán)。萑泽,即萑符之泽,位于今河南省中牟县境内。
⑥ 夫子:这里指子产。
⑦ 賈:同“殒”。賈霜,霜降。
⑧ 菽:豆类的总称,《汉书·五行志》:“菽,草之难杀者也。”今本《春秋》中未见。
⑨ 干:亦“犯”也。疑“犯”字系“干”字的注文而衍入。
⑩ 三族:父族、母族、妻族。
⑪ 无:通“毋”。
⑫ 离:通“罹”,遭遇。
⑬ 毅:严酷。
⑭ 将行:旧注:将主行道之人,以为行位。
⑮ 少客:年轻位卑的门客。
⑯ 尝试:假如。
⑰ 至:当依《商君书·去强》作“生”,亦传写之误耳。

荆南之地，丽水之中生金，人多窃采金。采金之禁：得而辄辜磔[①]于市，甚众，壅离其水也[②]，而人窃金不止。大罪莫重辜磔于市，犹不止者，不必得也[③]。故今有于此曰："予汝天下而杀汝身"，庸人不为也[④]。夫有天下，大利也，犹不为者，知必死。故不必得也，则虽辜磔，窃金不止；知必死，则天下[⑤]不为也。

鲁人烧积泽，天北风，火南倚[⑥]，恐烧国。哀公惧，自将众趣救火者[⑦]。左右无人，尽逐兽而火不救[⑧]，乃召问仲尼。仲尼曰："夫逐兽者乐而无罚，救火者苦而无赏，此火之所以无救也。"哀公曰："善。"仲尼曰："事急，不及以赏；救火者尽赏之，则国不足以赏于人，请徒行罚。"哀公曰："善。"于是仲尼乃下令曰："不救火者，比降北[⑨]之罪；逐兽者，比入禁[⑩]之罪。"令下未遍而火已救矣。

成驩谓齐王曰："王太仁，太不忍[⑪]人。"王曰："太仁，太不忍人，非善名邪？"对曰："此人臣之善也，非人主之所行也。夫人臣必仁而后可与谋，不忍人而后可近也；不仁则不可与谋，忍人则不可近也。"王曰："然则寡人安所太仁？安不忍人？"对曰："王太仁于薛公[⑫]，而太不忍于诸田[⑬]。太仁薛公，则大臣无重[⑭]；太不忍诸田，则父兄犯法。大臣无重，则兵弱于外；父兄犯法，则政乱于内。兵弱于外，政乱于内，此亡国之本也。"

魏惠王谓卜皮曰："子闻寡人之声闻亦[⑮]何如焉？"对曰："臣闻王之慈惠也。"王欣然喜曰："然则功且安至[⑯]？"对曰："王之功至于亡。"王曰："慈惠，行善也。行之而亡，何也？"卜皮对曰："夫慈者不忍，而惠者好与[⑰]也。不忍则不诛有过，好予则不待有功而赏。有过不罪，无功受赏，虽亡，不亦可乎？"

齐国好厚葬，布帛尽于衣衾，材木尽于棺椁[⑱]。桓公患之，以告管仲曰："布帛尽则无以为蔽，材木尽则无以为守备，而人厚葬之不休，禁之奈何？"管仲对曰："凡人之有为也，非名之[⑲]，则利之也。"于是乃下令曰："棺椁过度者戮其尸，罪夫当丧者[⑳]"。夫戮死[㉑]，无名；罪当丧者，无利；人何故为之也？

---

① 辜磔：古时一种极刑。
② 壅：遏。离：分流。谓弃尸于水，水流为积尸壅遏，至于分流，极言被辜磔者之众。
③ 谓心存侥幸，以为未必会被官府抓获。
④ 谓平庸的人也不会作出这种选择。
⑤ "天下"上当脱"有"字。
⑥ 南倚：向南蔓延。
⑦ 趣：通"促"。"者"字因下文"救火者"而衍。
⑧ 谓大家都追赶野兽而不扑火。
⑨ 比：比照。降北：战场上投降敌人。
⑩ 入禁：闯入禁地。
⑪ 忍：忍心，残忍。
⑫ 薛公：靖郭君田婴，时任齐相，封于薛。
⑬ 诸田：当时齐国王室宗族。
⑭ 二句旧注：太仁则纵之骄奢，不修德义，众必轻之，故威不得重也。
⑮ 亦：果，果真，果然。
⑯ 谓功业将达到什么境界？
⑰ 与：通"予"。
⑱ 二句谓好的布料全做了死人的衣被，好的木材全做了棺材。
⑲ 名之：以为其中有美名可猎取。
⑳ 谓处罚那个主持丧事的人。
㉑ 死：通"尸"。

卫嗣君之时，有胥靡逃之魏，因为襄王①之后治病。卫嗣君闻之，使人请以五十金买之，五反②而魏王不予，乃以左氏③易之。群臣左右谏曰："夫以一都买胥靡，可乎?"王曰："非子之所知也。夫治无小而乱无大。法不立而诛不必，虽有十左氏无益也；法立而诛必，虽失十左氏无害也。"魏王闻之曰："主欲治而不听之，不祥。"因载而往，徒献之。

说　三

齐王问于文子曰："治国何如?"对曰："夫赏罚之为道，利器也。君固握之④，不可以示人。若如臣者，犹兽鹿也，唯荐草而就⑤。"

越王⑥问于大夫文种⑦曰："吾欲伐吴，可乎?"对曰："可矣。吾赏厚而信，罚严而必。君欲知之，何不试焚宫室?"于是遂焚宫室，人莫救之。乃下令曰："人之救火者死，比死敌之赏；救火而不死者，比胜敌之赏；不救火者，比降北之罪。"人之涂其体⑧被濡衣而走火⑨者，左三千人，右三千人。此知必胜之势也。

吴起为魏武侯西河之守。秦有小亭⑩临境，吴起欲攻之。不去，则甚害田者⑪；去之，则不足以征甲兵。于是乃倚一车辕于北门之外而令之曰："有能徙此南门之外者，赐之上田、上宅。"人莫之徙也，及有徙之者，还⑫赐之如令。俄又置一石赤菽东门之外而令之曰："有能徙此于西门之外者，赐之如初。"人争徙之。乃下令曰："明日且攻亭，有能先登者，仕之国大夫，赐之上田上宅。"人争趋之。于是攻亭，一朝而拔之。

李悝为魏文侯上地之守，而欲人之善射也，乃下令曰："人之有狐疑之讼者，令之射的，中之者胜，不中者负。"令下而人皆疾习射，日夜不休。及与秦人战，大败之，以人之善射也。

宋崇门之巷人⑬，服丧而毁⑭，甚瘠⑮，上以为慈爱于亲，举以为官师。明年，人之所以毁死者岁十余人。子之服亲丧者，为爱之也，而尚可以赏劝也，况君上之于民乎！

越王虑谋伐吴，欲人之轻死⑯也，出见怒蛙，乃为之式。从者曰："奚敬于此?"王曰："为其有气故也。"明年之请以头献王者岁十余人。由此观之，誉之足以杀人矣。

一曰：越王勾践见怒蛙而式之。御者曰："何为式?"王曰："蛙有气如此，可无为式

---

① 襄王：名嗣，魏国国君。
② 五反：往返五次。
③ 左氏：卫国城邑，位于今山东省境内。
④ 固握之：牢牢地控制着赏罚之道。
⑤ 意谓臣下唯君上的赏赐是图。
⑥ 越王：指勾践。
⑦ 文种：楚人，入越助勾践败吴，后因勾践听信谗言被迫自杀。
⑧ 涂其体：在身上抹上防止烧伤之药。
⑨ 走火：奔跑着救火。
⑩ 小亭：小型军事建筑物。
⑪ 田者：种田者。
⑫ 还：通"旋"，立即。
⑬ 巷人：里巷平民。
⑭ 毁：哀痛。
⑮ 瘠：瘦弱。
⑯ 轻死：看轻死亡，即不怕死。

乎？”士人闻之曰：“蛙有气，王犹为式，况士人之有勇者乎！”是岁，人有自刭死以其头献者。故越王将复吴[①]而试其教：燔台而鼓之[②]，使民赴火者，赏在火也；临江而鼓之，使人赴水者，赏在水也；临战而使人绝头刳[③]腹而无顾心[④]者，赏在兵也。又况据法而进贤，其助甚此[⑤]矣。

韩昭侯使人藏弊裤，侍者曰：“君亦不仁矣，弊裤不以赐左右而藏之。”昭侯曰：“非子之所知也。吾闻明主之爱，一嚬[⑥]一笑，嚬有为嚬，而笑有为笑[⑦]。今夫裤，岂特嚬笑哉！裤之与[⑧]嚬笑相去远矣，吾必待有功者，故藏之未有予也。”

鳣似蛇，蚕似蠋[⑨]。人见蛇则惊骇，见蠋则毛起。然而妇人拾蚕，渔者握鳣，利之所在，则忘其所恶，皆为贲、诸。

说　四

魏王谓郑[⑩]王曰：“始郑、梁一国也，已而别[⑪]，今愿复得郑而合之梁。”郑君患之，召群臣而与之谋所以对魏。郑公子谓郑君曰：“此甚易应也。君对魏曰：‘以郑为故魏而可合也，则弊[⑫]邑亦愿得梁而合之郑。’”魏王乃止。

齐宣王使人吹竽，必三百人。南郭处士[⑬]请为王吹竽，宣王说之，廪食[⑭]以数百人。宣王死，湣王立，好一一听之，处士逃。

一曰：“韩昭侯曰：“吹竽者众，吾无以知其善者。”田严对曰：“一一而听之。”

赵令人因申子于韩请兵，将以攻魏。申子欲言之君，而恐君之疑己外市[⑮]也，不则恐恶于赵，乃令赵绍、韩沓尝试[⑯]君之动貌[⑰]而后言之。内则知昭侯之意，外则有得赵[⑱]之功。

三国[⑲]兵至韩[⑳]，秦王谓楼缓[㉑]曰：“三国之兵深矣！寡人欲割河东[㉒]而讲[㉓]，何如？”对

---

① 复吴：报吴之仇。
② 燔（fán）：焚烧。鼓之：击鼓使人前进。
③ 刳（kū）：挖空，剖开。
④ 顾心：反顾之心。
⑤ 助：顾广圻云当作“劝”。甚此：“甚于此”的省文。
⑥ 嚬：同“颦”（pín），皱眉头。
⑦ 谓颦笑皆有目的。
⑧ 与：《古书虚字集释》：“‘与’犹‘去’也。”去，距离。
⑨ 蠋（zhú）：蝴蝶、蛾等的幼虫。
⑩ 郑：即韩。
⑪ 谓不久分离为二。
⑫ 弊：通“蔽”。
⑬ 处士：没做官的读书人。
⑭ 廪食：由官府供给粮食。
⑮ 外市：借外力以自重。
⑯ 尝试：这里是试探之意。
⑰ 动貌：从言谈举止当中反映出的意向。
⑱ 得赵：讨好赵国。
⑲ 三国：韩、魏、齐。
⑳ 公元前 298 年，三国兵在韩集结后共击秦于函谷关。
㉑ 楼缓：战国时赵人，曾任秦昭襄王相。
㉒ 河东：黄河以东的土地。
㉓ 讲：讲和。

曰："夫割河东，大费也；免国于患，大功也。此父兄①之任也，王何不召公子汜而问焉？"王召公子汜而告之，对曰："讲亦悔，不讲亦悔。王今割河东而讲，三国归，王必曰：'三国固且②去矣，吾特以三城送之。'不讲，三国也入韩，则国必大举③矣，王必大悔。王曰：'不献三城也④。'臣故曰：'讲亦悔，不讲亦悔。'"王曰："为我悔也，宁亡三城而悔，无危乃悔。寡人断讲矣。"

应侯谓秦王曰："王得宛、叶、蓝田、阳夏⑤，断河内，困梁、郑⑥，所以未王者，赵未服也。弛上党在一而已⑦，以临东阳⑧，则邯郸口中虱也⑨。王拱而朝天下，后者⑩以兵中之。然上党之安乐，其处甚剧⑪，臣恐弛之而不听⑫，奈何？"王曰："必弛易⑬之矣。"

说　五

庞敬，县令也。遣市者行⑭，而召公大夫⑮而还之⑯。立以⑰间，无以诏之，卒遣行。市者以为令与公大夫有言，不相信⑱，以至无奸。

戴驩，宋太宰，夜使人曰："吾闻数夜有乘辒车至李史门者，谨为我伺⑲之。"使人⑳报曰："不见辒车，见有奉笥㉑而与李史语者，有间，李史受笥。"

周主亡玉簪，令吏求之，三日不能得也。周主令人求而得之家人㉒之屋间。周主曰："吾知吏之不事事㉓也。求簪，三日不得之，吾令人求之，不移日㉔而得之。"于是吏皆耸㉕惧，以为君神明也。

---

① 父兄：犹宗族。
② 固且：本来将。
③ 大举：大规模发兵，有兵患的委婉说法。
④ 谓这是不出让三城之故。
⑤ 四地原属楚，后被秦夺取。
⑥ 梁、郑：即魏、韩。
⑦ 谓放弃上党不过是一个郡而已。
⑧ 东阳：赵地名。
⑨ 极言取赵之易。
⑩ 后者：后至者。
⑪ 谓上党地势险要。
⑫ 谓担心不能采纳放弃上党的建议。
⑬ 弛易：放弃上党移兵东阳。
⑭ 市者：管理市场的人。行：巡视。
⑮ 公大夫：市官长也。
⑯ 梁启雄曰："庞敬遣市者和公大夫同行之市，而单独召公大夫还"。
⑰ 以：古音"以"、"有"声同，可训有。
⑱ 谓不信任市者。
⑲ 伺：窥探。
⑳ 使人：即派去窥探的人。
㉑ 奉笥（sì）：盛饭或衣物的方形竹器。
㉒ 家人：居民。
㉓ 之：当作"知"，涉下"之"字而误。事事：办事。
㉔ 不移日：日影没有移动，喻时间之短。
㉕ 耸：通"悚"。

商太宰使少庶子①之市，顾反②而问之曰："何见于市？"对曰："无见也。"太宰曰："虽然，何见也？"对曰："市南门之外甚众牛车，仅可以行耳。"太宰因诫使者③："无敢告人吾所问于女。"因召市吏而诮④之曰："市门之外何多牛屎？"市吏甚怪太宰知之疾也，乃悚惧其所职守也。

说　六

韩昭侯握爪，而佯亡一爪，求之甚急，左右因割其爪而效⑤之。昭侯以此察左右之诚不⑥。

韩昭侯使骑于县⑦。使者报，昭侯问曰："何见也？"对曰："无所见也。"昭侯曰："虽然，何见？"曰："南门之外，有黄犊食苗道左者。"昭侯谓使者："毋敢泄吾所问于女。"乃下令曰："当苗时，禁牛马入人田中固有令，而吏不以为事，牛马甚多入人田中。亟举其数上⑧之，不得，将重其罪。"于是三乡⑨举而上之。昭侯曰："未尽也。"复往审之，乃得南门之外黄犊。吏以昭侯为明察，皆悚惧其所而不敢为非。

周主下令索曲杖，吏求之数日不能得。周主私使人求之，不移日而得之。乃谓吏曰："吾知吏不事事也。曲杖甚易⑩也，而吏不能得，我令人求之，不移日而得之，岂可谓忠哉！"吏乃皆悚惧其所，以君为神明。

卜皮为县令，其御史污秽⑪，而有爱妾，卜皮乃使少庶子佯爱之，以知御史阴情。

西门豹为邺令，佯亡己车辖⑫，令吏求之不能得，使人求之而得之家人屋间。

说　七

阳山君相卫，闻王之疑己也，乃伪谤樛竖⑬以知之。

淖齿闻齐王之恶己也，乃矫为秦使以知之。

齐人有欲为乱者，恐王知之，因诈逐所爱者，令走王⑭知之⑮。

子之相燕，坐而佯言曰："走出门者何，白马也？"左右皆言不见。有一人走追之，报曰："有。"子之以此知左右之不诚信。

有相与讼者，子产离之而无使得通辞⑯，倒其言以告⑰而知之。

---

① 少庶子：年轻的家臣。
② 顾反：返回。
③ 使者：指少庶子。
④ 诮（qiào）：责备。
⑤ 效：献。
⑥ 不：通"否"。
⑦ 谓派骑马的人到县里巡视。
⑧ 数：闯入农田的牛马数目。上：上报。
⑨ 乡：通"向"。三乡：东、西、北三个方向。
⑩ 易："易求"之省文。
⑪ 污秽：有恶德。
⑫ 车辖：穿在车轴上的小棍。
⑬ 樛竖：卫君近臣。
⑭ 走王：逃避到齐王那里去。
⑮ 知之：借此了解齐王的反应。
⑯ 通辞：串通。
⑰ 倒其言以告：将双方所说的话倒过来告诉对方。

卫嗣公使人为客①过关市②，关市苛难③之。因事④关市以金，关吏乃舍之。嗣公为⑤关吏曰："某时有客过而所⑥，与汝金，而汝因遣之。"关市乃大恐，而以嗣公为明察。

外储说左上⑦

经　一

明主之道，如有若⑧之应宓子⑨也。明主之听言也，美其辩⑩；其观行也，贤其远⑪。故群臣士民之道言⑫者迂弘⑬，其行身也离世。其说在田鸠⑭对荆王也。故墨子为木鸢⑮，讴癸筑武宫⑯。夫药酒用⑰言，明君圣主之以独知也。

经　二

人主之听言也，不以功用为的，则说者多"棘刺"、"白马"之说；不以仪⑱的为关⑲，则射者皆如羿也。人主于说也，皆如燕王学道⑳也；而长说㉑者，皆如郑人争年㉒也。是以言有纤察微难而非务也，故李、惠、宋、墨㉓皆画策也；论有迂深闳大非㉔用也，故畏、

---

① 为客：装扮成外地人。

② 关市：官名，管理关和市的税收等事务。

③ 苛难：刁难。

④ 事：这里是贿赂之意。

⑤ 为：通"谓"。

⑥ 而所：你的关市。

⑦ 本文选自《韩非子》第三十二篇。韩非使用大量生动形象的历史故事和民间传说把他的功利主义学说阐述得有声有色、有滋有味，除了《经六》和《说六》宣扬守信用以外，前面五部分集中发挥以功利为原则治国的思想，并以此为基础，反对言谈，反对形式，反对学问，反对智巧，反对亲情，反对礼贤，反对仁义，反对君主为民表率。

⑧ 有若：与宓子俱为孔子弟子。

⑨ 宓子：即宓子贱。

⑩ 辩：口才。

⑪ 远：迂远不切实际。

⑫ 道言：言谈。

⑬ 迂弘：迂阔远于事情。

⑭ 田鸠：齐人，持墨家学说。

⑮ 鸢（yuān）：鹰的一种。

⑯ 讴：歌手，上古有以职业冠于名前之习惯，如优孟、师旷等，此亦一例。武宫：宋国用于练习武艺的建筑物。

⑰ 用：据《说文》，当是"忠"字因形近而误。

⑱ 仪：准的。

⑲ 关：衡，标准。

⑳ 道：不死之术。

㉑ 长说：长于说。

㉒ 争年：争论年龄大。

㉓ 李：顾广圻谓当作"季"，即季良，一作季梁，《列子》载："季良，杨朱之友也"。惠：惠施，战国时名家。宋：宋钘，又叫宋荣、宋荣子，战国时期思想家。墨：墨翟。

㉔ 依上句句例，"非"上当脱"而"字。

震、瞻、车、状①皆鬼魅也；言而②拂难坚确非功也，故务、卞、鲍、介、墨翟皆坚瓠也③。且虞庆④诎⑤匠也而屋坏，范且⑥穷工而弓折。是故求其诚者，非归饷⑦也不可。

经　三

挟夫相为⑧则责望⑨，自为⑩则事行。故父子或怨谍⑪，取庸作⑫者进美羹⑬。说在文公之先宣言，与勾践之称如皇⑭也。故桓公藏蔡怒而攻楚，吴起怀瘳实⑮而吮伤。且先王之赋颂、钟鼎之铭皆播吾⑯之迹、华山之博⑰也。然先王所期者利也，所用者力也。筑社之谚，目辞说⑱也。请许学者⑲而行宛曼⑳于先王㉑，或者不宜今乎？如是，不能更也。郑县人得车厄㉒也，卫人佐弋㉓也，卜子妻写㉔弊裤也，而其少者㉕也。先王之言，有其所为小而世意㉖之大者，有其所为大而世意之小者，未可必知也。说在宋人之解书，与梁人之读记也。故先王有郢书，而后世多燕说。夫不适国事而谋先王㉗，皆归取度者也。

经　四

利之所在，民归之；名之所彰，士死之。是以功外于法而赏加焉，则上不能得所利于

---

① 畏：顾广圻谓当作“魏”，即魏牟，以下皆战国时道家人物。震：当是“长”之误，长卢子。瞻：通“詹”，即詹何。车：系“陈”之误，即陈骈。状：当系“庄”之误，即庄子。

② 言而：顾广圻谓当作“行有”。

③ 务：务光。以下皆为公认的清廉之士。卞，卞随。鲍，鲍焦。介，介子推。坚瓠（hù）：实心葫芦，喻其无用，其义又见《庄子·逍遥游》。

④ 虞庆：又作虞卿，战国时赵人。

⑤ 诎：通“屈”。

⑥ 且：一作“雎”。

⑦ 归饷：回家吃饭。

⑧ 挟：怀。夫：语首助词。相为：互相帮助。

⑨ 望：怨。

⑩ 自为：自利。

⑪ 谍：顾广圻谓当作“谯”。

⑫ 庸作：帮工。

⑬ 谓人们为争取佣工就给他们丰美的饭菜。

⑭ 如皇：台名。

⑮ 瘳（chōu）：病愈。实：实际意图。

⑯ 播吾：又作“番吾”“鄱吾”，在今河北省境内。

⑰ 博：博戏。

⑱ 王先谦云：“目”乃“自”之误。辞说：解说。

⑲ 学者：这里指持儒家学说的人。

⑳ 宛曼：渺茫广远。

㉑ 谓如果答应儒家学者推行那些遥远的先王的统治方法。

㉒ 厄：通“轭”。

㉓ 弋：带有绳子的箭，用来射鸟。佐弋：掌管射猎者。

㉔ 写：效仿。

㉕ 下脱“侍长者饮”四字。

㉖ 世意：当世人们理解的意义。

㉗ 谋先王：谋求合于先王之道。

下；名外于法而誉加焉，则士劝名①而不畜②之于君。故中章、胥己仕，而中牟③之民弃田圃而随文学④者邑之半；平公腓⑤痛足痹而不敢坏坐⑥，晋国之辞仕托⑦者国之锤⑧。此三士⑨者，言袭法，则官府之籍⑩也；行中事，则如令之民也：二君⑪之礼太甚。若言离法而行远功，则绳外⑫民也，二君又何礼之？礼之当亡。且居学⑬之士，国无事不用力，有难不被甲。礼之，则惰修耕战之功；不礼，则周⑭主上之法。国安则尊显，危则为屈公之威⑮，人主奚得于居学之士哉？故明王论李疵视中山也。

经　五

《诗》曰："不躬不亲，庶民不信。"傅说之以"无衣紫"，缓之以郑简、宋襄⑯，责之以尊厚耕战。夫不明分，不责诚，而以躬亲位⑰，且为"下走""睡卧"，与夫"掩弊""微服"。孔丘不知，故称犹盂；邹君不知，故先自僇⑱。明主之道，如叔向赋猎⑲，与昭侯之奚听也。

经　六

小信成则大信立，故明主积于信。赏罚不信，则禁令不行。说在文公之攻原与箕郑⑳救饿也。是以吴起须㉑故人而食，文侯㉒会虞人而猎。故明主信，如曾子杀彘也。患在尊厉王击警鼓与李悝谩两和㉓也。

说　一

宓子贱治单父㉔。有若见之曰："子何臞㉕也？"宓子曰："君不知不齐不肖，使治单父，

---

① 劝名：声名所鼓励。
② 畜：顺从。
③ 中牟：赵地，在今河南省境内。
④ 文学：古代文献。
⑤ 腓：腿肚子。
⑥ 坏坐：坐不合礼。事指平公之敬重叔向。
⑦ 托：依附，为贵族门客。
⑧ 锤：当是"垂"之误，国之垂，义犹"邑之半"。
⑨ 三士：指中章、胥己、叔向。
⑩ 官府之籍：这里指国家的法令文件。
⑪ 如令：遵令而行。二君：赵襄子、晋平公。
⑫ 绳外：喻违法。
⑬ 居学：隐居而论学。
⑭ 周：曲，犹枉也。
⑮ 威：通"畏"。
⑯ 傅：太傅。衣：作动词。缓：通"援"，援引。
⑰ 明分：名分。位：通"莅"，君临。
⑱ 僇：羞辱。
⑲ 赋：分配。猎：当作"禄"。
⑳ 箕郑：晋大夫，食采于箕，故称。
㉑ 须：等待。
㉒ 文侯：魏文侯。
㉓ 军门曰"和"，两和，即两军。
㉔ 单（shàn）父：鲁国地名，位于今山东省。
㉕ 臞（qú）：瘦。

官事急，心忧之，故臞也。”有若曰：“昔者舜鼓五弦之琴，歌《南风》之诗而天下治。今以单父之细也，治之而忧，治天下将奈何乎？故有术而御之，身坐于庙堂之上，有处女子之色①，无害于治；无术而御之，身虽瘁臞，犹未有益。”

楚王谓田鸠曰：“墨子者，显学也。其身体②则可，其言多而不辩，何也？”曰：“昔秦伯嫁其女于晋公子，令晋为之饰装，从衣文之媵③七十人。至晋，晋人爱其妾而贱公女。此可谓善嫁妾，而未可谓善嫁女也。楚人有卖其珠于郑者，为木兰之柜，薰以桂椒④，缀以珠玉，饰以玫瑰⑤，辑⑥以翡翠。郑人买其椟而还其珠。此可谓善卖椟矣，未可谓善鬻珠也。今世之谈也，皆道辩说文辞⑦之言，人主览其文而忘有⑧用。墨子之说，传先王之道，论圣人之言，以宣告⑨人。若辩其辞，则恐人怀其文忘其直⑩，以文害用也。此与楚人鬻珠、秦伯嫁女同类，故其言多不辩。”

墨子为木鸢，三年而成，蜚⑪一日而败。弟子曰：“先生之巧，至能使木鸢飞。”墨子曰：“吾不如为车輗⑫者巧也。用咫尺之木，不费一朝之事，而引三十石之任，致远力多，久于岁数。今我为鸢，三年成，蜚一日而败。”惠子闻之曰：“墨子大巧，巧为輗，拙为鸢。”

宋王与齐仇也，筑武宫。讴癸倡⑬，行者止观，筑者不倦。王闻，召而赐之。对曰：“臣师射稽之讴又贤于癸。”王召射稽使之讴，行者不止，筑者知倦。王曰：“行者不止，筑者知倦，其讴不胜如癸美，何也？”对曰：“王试度其功，癸四板，射稽八板；擿其坚⑭，癸五寸，射稽二寸。”

夫良药苦于口，而智者劝而饮之，知其入而已己疾也。忠言拂于耳，而明主听之，知其可以致功也。

说　二

宋人有请为燕王以棘刺之端为母猴者，必三月斋然后能观之。燕王因以三乘⑮养之。右御、冶工言王曰：“臣闻人主无十日不燕⑯之斋。今知王不能久斋以观无用之器也，故以三

---

① 处女子：少女。处女子之色：言其气色之好。
② 身体：亲身实践。
③ 衣：穿着华丽的服装。媵（yìng）：陪嫁的女仆。
④ 桂椒：月桂和花椒，皆香料也。
⑤ 玫瑰：这里是指玫瑰色的玉石。
⑥ 辑：集，义同“饰”。
⑦ 辩说文辞：犹美妙动听、哗众取宠。
⑧ 依句例，“有”当作“其”。
⑨ 宣告：犹宣传，使人尽知。
⑩ 直：通“值”，实际价值。
⑪ 蜚：通“飞”。
⑫ 车輗（ní）：连接车辕和车衡的一个部件。
⑬ 倡：通“唱”。
⑭ 擿：同“掷”。句指检查墙体的坚硬程度。
⑮ 三乘：指三乘土地，《管子》：“方六里为一乘之地”。
⑯ 燕：通“宴”。

月为期。凡刻削者，以其所以削①必小②。今臣冶人③也，无以为之削④，此不然物也，王必察之。”王因囚而问之，果妄，乃杀之。冶又谓王曰：“计无度量，言谈之士多‘棘刺’之说也。”

一曰：“燕王好微巧术人。卫人请以棘刺之端为母猴。燕王说之，养之以五乘之奉⑤。王曰：“吾试观客为棘刺之母猴。”客曰：“人主欲观之，必半岁不入宫⑥，不饮酒食肉。雨霁日出，视之晏阴之间⑦，而棘刺之母猴乃可见也。”燕王因养卫人，不能观其母猴。郑有台下之冶者谓燕王曰：“臣为削者也。诸微物必以削削之，而所削必大于削。今棘刺之端不容削锋，难以治棘刺之端。王试观客之削，能与不能可知也。”王曰：“善。”谓卫人曰：“客为棘，削之？⑧”曰：“以削。”王曰：“吾欲观见之。”客曰：“臣请之舍⑨取之。”因逃。

儿说，宋人，善辩者也，持“白马非马⑩也”服齐稷下⑪之辩者，乘白马而过关，则顾白马之赋⑫。故籍之虚辞，则能胜一国；考实按形，不能谩于一人。

夫新砥砺杀矢⑬，彀弩⑭而射，虽冥⑮而妄发，其端未尝不中秋毫也，然而莫能复其处⑯，不可谓善射，无常仪的也；设五寸之的，引⑰十步之远，非羿、逢蒙不能必全者，有常仪的也；有度难而无度易也。有常仪的，则羿、逢蒙以五寸为巧；无常仪的，则以妄发而中秋毫为拙。故无度而应之，则辩士繁说⑱；设度而持之，虽知者犹畏失也，不敢妄言。今人主听说，不应之以度而说⑲其辩；不度以功，誉其行而不入关⑳。此人主所以长欺，而说者所以长养也。

客有教燕王为不死之道者，王使人学之，所使学者未及学而客死。王大怒，诛之。王不知客之欺己，而诛学者之晚也。夫信不然之物而诛无罪之臣，不察之患也。且人所急无如其身，不能自使其无死，安能使王长生哉？

郑人有相与争年者。一人曰：“吾与尧同年。”其一人曰：“我与黄帝之兄同年。”讼此

---

① 所以削：所用来刻削的工具。
② 句谓凡是刻削，所用来刻削的工具一定要比被刻削的东西细小。
③ 冶人：冶炼工匠。
④ 句谓没有这样小的工具。
⑤ 奉：通“俸”。
⑥ 不入宫：指不行房事。
⑦ 晏阴之间：指阴晴交错之时。
⑧ 二句谓你刻削母猴是用刻刀刻削的吗？
⑨ 之舍：到住处。
⑩ 白马非马：春秋战国名家一个著名的逻辑命题。
⑪ 稷下：春秋战国之交齐国都城学者讲学之地。
⑫ 顾：通“雇”，酬，缴纳。赋：税。
⑬ 杀矢：箭名。句谓刚磨好的打猎用的利箭。
⑭ 彀（gòu）弩：引满弓弩。
⑮ 冥：通“瞑”，闭目。
⑯ 复其处：再次射中同一个地方。
⑰ 引：退。
⑱ 繁说：夸夸其谈。
⑲ 说：通“悦”。
⑳ 关：规范。

而不决，以后息者为胜耳。

客有为周君画荚①者，三年而成。君观之，与髹②荚者同状。周君大怒。画荚者曰："筑十版之墙，凿八尺之牖，而以日始出时加之其上而观。"周君为之，望见其状，尽成龙蛇禽兽车马，万物之状备具，周君大悦。此荚之功非不微难③也，然其用与素④髹荚同。

客有为齐王画者，齐王问曰："画孰最难者？"曰："犬马最难。""孰最易者？"曰："鬼魅最易。"夫犬马，人所知也，旦暮罄⑤于前，不可类之，故难。鬼神⑥，无形者，不罄于前，故易之也。

齐有居士田仲者，宋人屈谷见之，曰："谷闻先生之义，不恃仰人而食。今谷有树瓠之道，坚如石，厚而无窍，献之。"仲曰："夫瓠所贵者，谓⑦其可以盛也。今厚而无窍，则不可剖，以盛物而任重⑧；如坚石，则不可以剖而以斟。吾无以瓠为也。"曰："然，谷将弃之。"今田仲不恃仰人而食，亦无益人之国，亦坚瓠之类也。

虞庆为屋，谓匠人曰："屋太尊⑨。"匠人对曰："此新屋也，涂濡而椽生⑩。"虞庆曰："不然。夫濡涂重而生椽挠，以挠椽任重涂，此宜卑。更日久，则涂干而椽燥。涂干则轻，椽燥则直，以直椽任轻涂，此益尊。"匠人诎，为之而屋坏⑪。

一曰：虞庆将为屋，匠人曰："材生而涂濡。夫材生则挠，涂濡则重，以挠任重，今虽成，久必坏。"虞庆曰："材干则直，涂干则轻。今诚得干，日以轻直，虽久，必不坏。"匠人诎，作之成，有间，屋果坏。

范且曰："弓之折，必于其尽也⑫，不于其始也。夫工人张弓也，伏檠三旬而蹈弦⑬，一日犯机⑭，是节之其始而暴⑮之其尽也，焉得无折？且张弓不然：伏檠一日而蹈弦，三旬而犯机，是暴之其始而节之其尽也。"工人穷⑯也，为之，弓折。

范且、虞庆之言皆文辩辞胜而反事之情⑰。人主说而不禁，此所以败也。夫不谋治强之功，而艳⑱乎辩说文丽之声，是却有术之士而任"坏屋"、"折弓"也。故人主之于国事也，皆不达乎工匠之构屋、张弓也。然而士穷乎范且、虞庆者，为虚辞，其无用而胜；实事，其无易而穷也。人主多无用之辩，而少无易之言，此所以乱也。今世之为范且、虞庆者不辍，

---

① 荚：豆荚、榆荚之类。其薄膜易于透光可作底片。
② 髹（xiū）：油漆。
③ 微难：微妙难能。
④ 素：没有着色的，即未画过的。
⑤ 罄（qìng）：显现。
⑥ 神：据上文，当作"魅"。
⑦ 谓：通"为"。
⑧ 旧注皆谓"任重"涉下节而衍。疑应于"重"下断句，上言其实，下言其坚。
⑨ 句谓屋脊至屋檐的坡度太陡。
⑩ 句谓湿泥重而椽未干，故宜陡。
⑪ 句谓匠人依虞庆之言修筑房子，房子因之倒塌。
⑫ 句谓弓的折断，一定在制作的最后阶段。
⑬ 伏檠（qíng）：校正弓弩的工具。蹈：安装。
⑭ 犯机：触动弩牙，指放箭。
⑮ 节：节制。暴：粗暴。
⑯ 穷：无言以对。
⑰ 反事之情：不合事物的实际情况。
⑱ 艳：艳羡。

而人主说之不止，是贵“败”、“折”之类，而以知术之人为工匠也，不得施其技巧，故屋坏弓折。知治之人不得行其方术①，故国乱而主危。

夫婴儿相与戏也，以尘为饭，以涂②为羹，以木为胾③，然至日晚必归饷者，尘饭涂羹可以戏而不可食也。夫称上古之传颂，辩而不悫④，道先王仁义而不能正国者，此亦可以戏而不可以为治也。夫慕仁义而弱乱者，三晋也；不慕而治强者，秦也；然而未帝者，治未毕也⑤。

说　三

人为婴儿也，父母养之简⑥，子长而怨；子盛壮成人，其供养⑦薄，父母怒而诮⑧之。子、父，至亲也，而或谯或怨者，皆挟相为而不周于为己也。夫卖⑨庸⑩而播耕者，主人费家⑪而美食，调布而求易钱⑫者，非爱庸客也，曰：如是，耕者且深，耨⑬者熟耘也。庸客致力而疾耘耕者，尽巧而正畦陌畦畤⑭者，非爱主人也，曰：如是，羹且美，钱布且易云也。此其养功力⑮，有父子之泽矣，而心调⑯于用者，皆挟自为心也。故人行事施予，以利之为心⑰，则越人⑱易和；以害之为心，则父子离且怨。

文公伐宋，乃先宣言曰：“吾闻宋君无道，蔑侮长老⑲，分财不中，教令不信⑳，余来为民诛之。”

越伐吴，乃先宣言曰：“我闻吴王筑如皇之台，掘渊泉之池，罢苦百姓，煎靡财货，以尽民力，余来为民诛之。”

蔡女为桓公妻，桓公与之乘舟，夫人荡舟，桓公大惧，禁之不止，怒而出㉑之。乃且复召之，因㉒复更嫁之㉓。桓公大怒，将伐蔡。仲父谏曰：“夫以寝席之戏㉔，不足以伐人之

---

① 方术：这里指治国之道。
② 涂：泥。
③ 胾（zì）：肉。
④ 悫（què）：实在。
⑤ 句谓治国的办法尚未完善。
⑥ 简：简慢。
⑦ 供养：供养父母。
⑧ 诮：责备。
⑨ 卖：当系“买”之讹。
⑩ 庸：通“佣”，雇工。
⑪ 费家：破费家财。
⑫ 调布：当时布币名称。易钱：换好的钱币。
⑬ 耨（nòu）：锄草。
⑭ 畦畤：二字当因注文而衍人。
⑮ 养功力：供养劳动力。
⑯ 王先慎曰：“调”即“周”之误，周合，专心。
⑰ 句谓从对人有利着想。
⑱ 越人：越非中原华夏之国，故每以越喻远方，以越人喻疏远的人。
⑲ 长老：年资高，品德好的人。
⑳ 中：适当。信：守信用。
㉑ 出：休弃。
㉒ 《古书虚字集释》：“因”犹“以”也。“因”训“以”，故亦训“已”。
㉓ 更嫁之：改嫁他人。
㉔ 寝席之戏：夫妻之间的玩笑。

国，功业不可冀也，请无以此为稽也。”桓公不听，仲父曰：“必不得已，楚之菁茅①不贡于天子三年矣，君不如举兵为天子伐楚。楚服，因还袭蔡，曰‘余为天子伐楚，而蔡不以兵听从’，因遂灭之。此义于名而利于实，故必有为天子诛之名，而有报仇之实。”

吴起为魏将而攻中山。军人有病疽②者，吴起跪而自吮其脓。伤者母立而泣，人问曰：“将军于若子如是，尚何为而泣？”对曰：“吴起吮其父之创而父死，今是子又将死也，今吾是以泣。”

赵主父令工施钩梯③而缘播吾，刻疏④人迹其上，广三尺，长五尺，而勒⑤之曰：“主父常⑥游于此。”

秦昭王令工施钩梯而上华山，以松柏之心为博，箭⑦长八尺，棋长八寸，而勒之曰：“昭王尝与天神博于此矣。”

文公反国，至河，令笾豆捐⑧之，席蓐⑨捐之，手足胼胝⑩、面目黧黑者后之⑪。咎犯⑫闻之而夜哭。公曰：“寡人出亡二十年，乃今得反国。咎犯闻之不喜而哭，意不欲寡人反国耶？”犯对曰：“笾豆，所以食也，而君捐之；席蓐，所以卧也，而君捐之；手足胼胝、面目黧黑，劳有功者也，而君后之。今臣有与在后，中不胜其哀，故哭。且臣为君行诈伪以反国者众矣，臣尚自恶也，而况于君？”再拜而辞。文公止之曰：“谚曰：‘筑社⑬者，攓撅而置之⑭，端冕而祀之⑮。’今子与我取之，而不与我治之；与我置之，而不与我祀之；焉可？”乃解左骖而盟于河⑯。

郑县人卜子，使其妻为裤，其妻问曰：“今裤何如？”夫曰：“象吾故裤。”妻子因毁新令如故裤。

郑县人有得车轭者，而不知其名，问人曰：“此何种也⑰？”对曰：“此车轭也。”俄又复得一，问人曰：“此是何种也？”对曰：“此车轭也。”问者大怒曰：“曩者⑱曰车轭，今又曰车轭，是何众也？此女欺我也！”遂与之斗。

---

① 菁茅：又称苞茅，草名，可滤酒。
② 疽（jū）：一种毒疮。
③ 钩梯：带钩的梯子。
④ 疏：义同“刻”。
⑤ 勒：刻字于石。
⑥ 常：通“尝”。
⑦ 博：古代游戏工具，与后世棋子相类。箭：游戏用的骰子。
⑧ 笾豆：盛食物的器皿。捐：丢弃。
⑨ 蓐：通“褥”。席蓐，指卧具。
⑩ 手足胼胝：手脚磨出了老茧。
⑪ 后之：走在队伍之后。
⑫ 咎犯：重耳之舅。
⑬ 社：土地神的祭坛。
⑭ 攓：通“褰”，揭起。撅（juē）：亦揭衣也。置：立。句言其不事礼仪。
⑮ 端冕：都作动词，正衣冠。句言其重视礼仪。
⑯ 左骖：马车上左边的马。盟于河：在黄河之上立誓。
⑰ 句谓这是什么东西？
⑱ 曩者：从前，这里是刚才之意。郑县人卜子使其妻为裤，其妻问曰：“今裤何如？”夫曰：“象吾裤。”妻子因毁新，令如故裤。

卫人有佐弋者，鸟至，因先以其裷麾[1]之，鸟惊而不射也。

郑县人卜子，妻之市，买鳖以归。过颍水，以为渴也，因纵而饮之，遂亡其鳖。

夫少者侍长者饮，长者饮亦自饮也。

一曰：鲁人有自喜[2]者，见长年饮酒不能釂[3]则唾之，亦效唾之。

一曰：宋人有少者亦欲效善[4]，见长者饮无余，非斟[5]酒饮也而欲尽之也。

《书》曰："绅[6]之束之。"宋人有治者[7]，因重带自绅束[8]也。人曰："是何也?"对曰："《书》言之，固然。"

《书》曰："既雕既琢，还归其朴。"梁人有治者，动作言学，举事于文[9]，曰："难之。"顾失其实[10]。人曰："是何也?"对曰："《书》言之，固然。"

郢人有遗燕相国书者，夜书，火不明，因谓持烛者曰："举烛。"而误书"举烛"[11]。举烛，非书意也。燕相受书而说之，曰："举烛者，尚明也；尚明也者，举贤而任之。"燕相白王，王大悦，国以治[12]。治则治矣，非书意也。今世学者多似此类。

郑人有欲买履者，先自度其足而置之其坐，至之市而忘操之。已得履，乃曰："吾忘持度。"反归取之。及反，市罢，遂不得履。人曰："何不试之以足?"曰："宁信度，无自信也。"

说　四

王登[13]为中牟令，上言于襄主曰："中牟有士曰中章、胥己者，其身甚修，其学甚博，君何不举之?"主曰："子见之，我将为中大夫。"相室谏曰："中大夫，晋重列[14]也，今无功而受，非晋臣[15]之意。君其耳而未之目邪?[16]"襄主曰："我取登，既耳而目之矣；登之所取，又耳而目之。是耳目人绝无已也[17]。"王登一日而见[18]二中大夫，予之田宅。中牟之人弃其田耘、卖宅圃，而随文学者邑之半。

叔向御坐[19]，平公请事[20]，公腓痛足痹，转筋而不敢坏坐。晋国闻之，皆曰："叔向贤

---

① 裷（yuān）：头巾。麾：通"挥"。
② 自喜：自爱。
③ 釂（jiào）：喝干。
④ 效善：模仿高雅的风度。
⑤ 斟：疑是"堪"字之误。
⑥ 绅：古代士大夫束在上衣外的大带子，这里义同"束"。句意谓要严格自我约束。
⑦ 治者：研究《尚书》者。
⑧ 重：一层又一层。绅：约束。
⑨ 二句谓梁人言谈举止都讲究要符合这两句话。
⑩ 句谓反而失去了他的本真。
⑪ 句谓嘴上说着"举烛"，信中也随着误书"举烛"。
⑫ 句谓燕国因举贤而大治。
⑬ 王登：即《说林上》中的任章，"王"系"任"字之残，章、登乃一人二名耳。
⑭ 重列：官位。
⑮ 臣：作动词，任命大臣。
⑯ 句谓君王恐怕只是耳听而未眼见吧！
⑰ 赵襄主意谓层层级级皆有耳目，未必要我自己眼见耳听，见贤方可授官。
⑱ 见：介绍。
⑲ 御坐：侍坐。
⑳ 平公：晋平公。请事：请教政事。

者，平公礼之，转筋①而不敢坏坐。”晋国之辞仕托慕叔向者，国之锤矣。

郑县人有屈公者，闻敌，恐，因死②；恐已，因生。

赵主父使李疵视中山可攻不也。还报曰：“中山可伐也。君不亟伐，将后齐、燕③。”主父曰：“何故可攻?”李疵对曰：“其君见好④岩穴之士⑤，所倾盖与车以见穷闾隘巷之士以十数⑥，伉礼⑦下布衣之士以百数矣。”君曰：“以子言论，是贤君也，安可攻?”疵曰：“不然。夫好显岩穴之士而朝之⑧，则战士怠于行阵；上尊学者，下士居朝，则农夫惰于田。战士怠于行阵者，则兵弱也；农夫惰于田者，则国贫也。兵弱于敌，国贫于内，而不亡者，未之有也。伐之不亦可乎?”主父曰：“善。”举兵而伐中山，遂灭也。

说　五

齐桓公好服紫⑨，一国尽服紫。当是时也，五素不得一紫⑩。桓公患之，谓管仲曰：“寡人好服紫，紫贵甚，一国百姓好服紫不已，寡人奈何?”管仲曰：“君欲止之，何不试勿衣紫也? 谓左右曰：‘吾甚恶紫之臭⑪。’于是左右适有衣紫而进者，公必曰：‘少却⑫，吾恶紫臭。’”公曰：“诺。”于是日，郎中⑬莫衣紫；其明日，国中莫衣紫；三日，境内莫衣紫也。

一曰：齐王好衣紫，齐人皆好也。齐国五素不得一紫，齐王患紫贵。傅说王曰：“《诗》云：‘不躬不亲，庶民不信。’今王欲民无衣紫者，王请自解紫衣而朝。群臣有紫衣进者，曰：‘益远！寡人恶臭。’”是日也，郎中莫衣紫；是月也，国中莫衣紫；是岁也，境内莫衣紫。

郑简公谓子产曰：“国小，迫于荆、晋之间。今城郭不完，兵甲不备，不可以待不虞⑭。”子产曰：“臣闭其外也已远矣，而守其内也已固矣，虽国小，犹不危之也。君其勿忧。”是以没简公身无患⑮。

子产相郑，简公谓子产曰：“饮酒不乐也。俎豆不大，钟鼓竽瑟不鸣⑯，寡人之事不一⑰，国家不定，百姓不治，耕战不辑睦⑱，亦子之罪。子有职，寡人亦有职，各守其职。”子产退而为政五年，国无盗贼，道不拾遗，桃、枣荫于街者莫援⑲也，锥、刀遗道三日可

---

① 转筋：抽筋。
② 死：昏死过去。
③ 句谓将被齐国、燕国抢先。
④ 见好：亲近。
⑤ 岩穴之士：隐居不仕者。
⑥ 倾盖：倾斜着车盖，喻车之多和巷之窄。与车：同乘一辆车，言其亲近。穷闾隘巷：指下层平民的住宅。
⑦ 伉（kàng）礼：以平等的礼节相待。
⑧ 朝之：使之朝。
⑨ 紫：紫色的服装。
⑩ 句谓五件白色的衣服抵不上一件紫色的衣服。
⑪ 臭（xiù）：气味。
⑫ 少：通“稍”。却：退后。
⑬ 郎中：近臣。
⑭ 不虞：暗指兵戎之事。
⑮ 没：通“殁”。句谓因此终简公之世无战祸。
⑯ 二句谓祭品不丰，礼乐不兴。
⑰ 不一：繁多。
⑱ 辑睦：和睦。句谓农民和士兵没能和睦相处。
⑲ 援：伸手（去采摘）。

反，三年不变，民无饥也。

宋襄公①与楚人战于涿谷②。宋人既成列③矣，楚人未及济。右司马购强④趋而谏曰："楚人众而宋人寡，请使楚人半涉未成列而击之，必败。"襄公曰："寡人闻君子曰：'不重伤，不擒二毛⑤，不推人于险，不迫人于阨⑥，不鼓⑦不成列。今楚未济而击之，害义⑧。请使楚人毕涉成阵，而后鼓士进之。"右司马曰："君不爱宋民，腹心不完⑨，特为义耳。"公曰："不反列，且行法⑩。"右司马反列，楚人已成列撰⑪阵矣，公乃鼓之。宋人大败，公伤股，三日而死。此乃慕自亲仁义⑫之祸。夫必恃人主之自躬亲而后民听从，是则将令人主耕以为上、服战雁行⑬也，民乃肯耕战，则人主不泰⑭危乎？而人臣不泰安乎？

齐景公游少海⑮，传骑⑯从中⑰来谒曰："婴⑱疾甚，且死，恐公后之。"景公遽起，传骑又至。景公曰："趋驾烦且⑲之乘，使驺子⑳韩枢御之。"行数百步，以驺为不疾，夺辔代之，御可数百步，以马为不进，尽㉑释车而走。以烦且之良，而驺子韩枢之巧，而以为不如下走也。

魏昭王欲与官事，谓孟尝君㉒曰："寡人欲与官事。"君曰："王欲与官事，则何不试习读法㉓？"昭王读法十余简而睡卧矣。王曰："寡人不能读此法。"夫不躬亲其势柄㉔，而欲为人臣所宜为者也，睡不亦宜乎？

孔子曰："为人君者，犹盂㉕也；民，犹水也。盂方水方，盂圜㉖水圜。"

邹君好服长缨㉗，左右皆服长缨，甚贵㉘。邹君患之，问左右，左右曰："君好服，百

---

① 宋襄公：春秋时宋国君主。
② 涿谷：地名，在今河南省境内。上事又见《左传·僖公二十二年》所载之"泓之战"，细节略有出入。
③ 列：军列，战阵。
④ 右司马：官名。购强：《左传》作"公孙固"。
⑤ 二毛：《左传》注："头白有二色。"二句谓不重复伤害人家，不抓捕年老的人。
⑥ 阨：通"厄"，困境。
⑦ 鼓：这里是击鼓进攻之意。
⑧ 害义：谓伤害道义。
⑨ 句指宋国的士民将被楚兵伤害。
⑩ 二句谓若不回到队列中去，将要按军法论处。
⑪ 撰：具。
⑫ 自亲仁义：亲自实行仁义。
⑬ 上：王先慎谓当作"食"。雁行：雁群列队飞行，此用以喻战阵。
⑭ 泰：通"太"。
⑮ 少海：即渤海。
⑯ 传骑：传递信息的骑兵。
⑰ 中：都中。
⑱ 婴：晏婴，齐景公相。
⑲ 趋：通"趣"，趣同"促"，赶快。烦且：良马名。
⑳ 驺子：掌管马和车者。
㉑ 俞樾《诸子平议》认为上句"进"字衍，尽通"进"，写者依本字作"进"，而又失删"尽"字，遂并失其读矣。
㉒ 孟尝君：即田文，战国时齐国贵族，袭封于薛，孟尝君其号，相传门下食客三千。
㉓ 试习读法：试着熟读一些法令。
㉔ 势柄：权柄。
㉕ 盂：盛器。
㉖ 圜：通"圆"。
㉗ 缨：帽带。
㉘ "甚贵"上当从"缨"字。

姓亦多服，是以贵。”君因先自断其缨而出，国中皆不服长缨。君不能下令为百姓服度①以禁之，乃断缨出以示民，是先戮②以莅民也。

叔向赋猎，功多者受多，功少者受少。

韩昭侯谓申子曰：“法度甚不易行也。”申子曰：“法者，见功而与赏，因能而受官。今君设法度而听左右之请，此所以难行也。”昭侯曰：“吾自今以来知行法矣，寡人奚听矣。”一日，申子请仕其从兄官③，昭侯曰：“非所学于子也。听子之谒，败子之道乎？亡④其用子之谒。”申子辟⑤舍请罪。

说　六

晋文公攻原，裹十日粮，遂与大夫期十日。至原十日而原不下，击金⑥而退，罢兵而去。士有从原中出者，曰：“原三日即下矣⑦。”群臣左右谏曰：“夫原之食竭力尽矣，君姑待之。”公曰：“吾与士期十日，不去，是亡吾信也。得原失信，吾不为也。”遂罢兵而去。原人闻曰：“有君如彼其信也，可无归⑧乎？”乃降公。卫人闻曰：“有君如彼其信也，可无从乎？”乃降公。孔子闻而记之曰：“攻原得卫者，信也。”

文公问箕郑曰：“救饿奈何？”对曰：“信。”公曰：“安信？”曰：“信名⑨。信名，则群臣守职，善恶不逾，百事不怠；信事，则不失天时，百姓不逾；信义，则近亲劝勉而远者归之矣。”

吴起出，遇故人而止之食⑩。故人曰：“诺，今返而御⑪。”吴子曰：“待公而食。”故人至暮不来，吴起至暮不食而待之。明日早，令人求故人。故人来，方与之食。

魏文侯与虞人期猎。明日，会天疾风，左右止文侯，不听，曰：“不可。以风疾之故而失信，吾不为也。”遂自驱车往，犯风而罢虞人⑫。

曾子之妻之市，其子随之而泣。其母曰：“女还，顾反为女杀彘。”妻适市来⑬，曾子欲捕彘杀之。妻止之曰：“特与婴儿戏耳。”曾子曰：“婴儿非与戏也。婴儿非有知也，待父母而学者也，听父母之教。今子欺之，是教子欺也。母欺子，子而不信其母，非所以成教也。”遂烹彘也。

楚厉王有警鼓，与百姓为戒。饮酒醉，过而击，民大惊，使人止，曰：“吾醉而与左右戏击之也。”民皆罢。居数月，有警，击鼓而民不赴，乃更令明号⑭而民信之。

---

① 服度：穿戴标准。
② 戮：辱，自辱。
③ 句谓申子请求让他的堂兄做官。
④ 亡：抑，或者。
⑤ 辟：通“避”。
⑥ 金：战鼓。
⑦ 句谓再过三天原就能被攻下。
⑧ 归：归附。
⑨ 俞樾依下文谓当有“信事，信义”二句。三句谓在名位、政事、道义上讲信用。
⑩ 止之食：留故人吃饭。
⑪ 今：立即。御：进食。
⑫ 罢虞人：告诉虞人打猎之事作罢。
⑬ 句谓刚从集市上回来。
⑭ 更令明号：重新申明号令。

李悝警其两和①，曰："谨警敌人，旦暮且至击汝。"如是者再三而敌不至。两和懈怠，不信李悝。居数月，秦人来袭之，至，几夺其军，此不信之患。

一曰：李悝与秦人战，谓左和曰："速上！右和已上矣。"又驰而至右和曰："左和已上矣。"左右和曰："上矣。"于是皆争上。其明年，与秦人战，秦人袭之，至，几夺其军，此不信之患。

有相与讼者，子产离之而毋使通辞，到②其言以告而知也。

惠嗣公使人伪关市，关市呵难之，因事关市以金，关市乃舍之。嗣公谓关市曰："某时有客过而予汝金，因谴③之。"关市大恐，以嗣公为明察。

难　一④

一

晋文公将与楚人战，召舅犯问之，曰："吾将与楚人战，彼众我寡，为之奈何？"舅犯曰："臣闻之，繁礼⑤君子，不厌忠信；战阵之间，不厌诈伪。君其诈之而已矣。"文公辞舅犯，因召雍季⑥而问之，曰："我将与楚人战，彼众我寡，为之奈何？"雍季对曰："焚林而田，偷取多兽⑦，后必无兽；以诈遇民，偷取一时，后必无复⑧。"文公曰："善。"辞雍季，以舅犯之谋与楚人战以败之。归而行爵，先雍季而后舅犯。群臣曰："城濮之事，舅犯谋也。夫用其言而后其身⑨，可乎？"文公曰："此非君所知也。夫舅犯言，一时之权⑩也；雍季言，万世之利也。"仲尼闻之，曰："文公之霸也，宜哉！既知一时之权，又知万世之利。"

或曰⑪：雍季之对，不当文公之问。凡对问者，有因问⑫小大缓急而对也。所问高大，而对以卑狭，则明主弗受也。今文公问"以少遇众"，而对曰"后必无复"，此非所以应也。且文公不知一时之权，又不知万世之利。战而胜，则国安而身定，兵强而威立，虽有后复⑬，莫大于此，万世之利，奚患不至？战而不胜，则国亡兵弱，身死名息，拔拂⑭今日之死不及，安暇待万世之利？待万世之利，在今日之胜；今日之胜，在诈于敌；诈敌，万世之

---

① 和：古时军队营垒之门，此借指军队。两和：指左右军。

② 到：通"倒"。

③ 谴：通"遣"。

④ 本文选自《韩非子》第三十六篇。全文分九章。"难"（nàn）是辩难，是韩非对前人成说的反驳，在文体上相当于今天的驳论文。因为驳论点都是基于对具体历史故事的评价之上，韩非的立论又是紧扣驳论点深入开掘，因而可读性强。在体例上，作者总是先引一段已有定论的历史故事，然后由"或曰"引出自己的议论，其论证过程体现出强烈的原创性和深刻性，有战国策士的雄辩之风，吕思勉称其"剖析精微，可见法术家综核名实之道。"（《经子解题》）其成功的创作实践开创了我国问难文体的一个先例。

⑤ 繁礼：多礼，指讲究礼节。

⑥ 雍季：人名，事迹无考。

⑦ 田：通"畋"，田猎。句谓苟且猎获了许多野兽。

⑧ 句谓失信于民，以后就不能再从中获利了。

⑨ 后其身：表彰时把舅犯排在后面。

⑩ 权：权宜之计。

⑪ 或曰：实际是作者自己的看法，下同。

⑫ 疑"问"字涉上句衍。

⑬ 据上下文，句当作"后虽无复"。

⑭ 拔：当作"祓"fú，一种禳灾祈福的祭祀。拂：祓拂，祛除。

利而已。故曰：雍季之对，不当文公之问。且文公又不知舅犯之言，舅犯所谓“不厌诈伪”者，不谓诈其民，谓诈其敌也。敌者，所伐之国也，后虽无复，何伤哉？文公之所以先雍季者，以其功耶？则所以胜楚破军者，舅犯之谋也；以其善言耶？则雍季乃道其“后之无复”也，此未有善言也。舅犯则以兼之矣。舅犯曰“繁礼君子，不厌忠信”者：忠，所以爱其下也；信，所以不欺其民也。夫既以爱而不欺矣，言孰善于此？然必曰“出于诈伪”者，军旅之计也。舅犯前有善言后有战胜，故舅犯有二功而后论①，雍季无一焉而先赏。“文公之霸，不亦宜乎？”仲尼不知善赏也。

二

历山之农者侵畔②，舜往耕焉，期年，甽③亩正。河滨之渔者争坻④，舜往渔焉，期年而让长⑤。东夷之陶者⑥器苦窳⑦，舜往陶焉，期年而器牢。仲尼叹曰：“耕、渔与陶，非舜官也，而舜往为之者，所以救败也。舜其信仁乎！乃躬藉处苦而民从之。故曰：圣人之德化乎！”

或问儒者曰：“方此时也，尧安在？”其人曰：“尧为天子。”“然则仲尼之圣尧奈何？圣人明察在上位，将使天下无奸也。今耕渔不争，陶器不窳，舜又何德而化？舜之救败也，则是尧有失也。贤舜，则去尧之明察；圣尧，则去舜之德化：不可两得也。楚人有鬻盾与矛者，誉之曰：吾盾之坚，莫能陷⑧也。又誉其矛曰：吾矛之利，于物无不陷也。或曰：以子之矛陷子之盾，何如？其人弗能应也。夫不可陷之盾与无不陷之矛，不可同世而立。今尧、舜之不可两誉，矛盾之说也。且舜救败，期年已一过⑨，三年已三过。舜有尽，寿有尽，天下过无已者，以有尽逐无已⑩，所止者寡矣。赏罚使天下必行之，令曰：‘中程⑪者赏，弗中程者诛。’令朝至暮变，暮至朝变，十日而海内毕矣，奚待期年？舜犹不以此说尧令从己，乃躬亲，不亦无术乎？且夫以身为苦而后化民者，尧、舜之所难也；处势而骄⑫下者，庸主之所易也。将治天下，释庸主之所易，道尧、舜之所难，未可与为政也。”

三

管仲有病，桓公往问之，曰：“仲父病，不幸卒于大命⑬，将奚以告寡人？”管仲曰：“微君言，臣故⑭将谒之。愿君去竖刁，除易牙，远卫公子开方。易牙为君主味，君惟人肉

---

① 论：论赏。
② 畔：田界。
③ 甽：同“畎”（quǎn），田边水沟。
④ 坻（chí）：水边高地。
⑤ 让长：礼让年长者。
⑥ 东夷：居住在东方的少数民族。陶者：制陶的工匠。
⑦ 苦窳（yǔ）：粗劣。
⑧ 陷：刺穿。
⑨ 已一过：纠正一个错误。
⑩ 有尽：指舜寿。逐：犹言对付。无已：指天下无穷尽的过错。
⑪ 中程：符合法令规定。
⑫ 骄：通“矫”，纠正。
⑬ 大命：寿数。
⑭ 故：通“固”，本来。

未尝，易牙烝①其子首而进之。夫人情莫不爱其子，今弗爱其子，安能爱君？君妒而好内，竖刁自宫以治内。人情莫不爱其身，身且不爱，安能爱君？闻开方事君十五年，齐、卫之间不容数日行，弃其母，久宦不归。其母不爱，安能爱君？臣闻之：'矜伪②不长，盖虚③不久。'愿君去此三子者也。"管仲卒死，桓公弗行。及桓公死，虫出尸④不葬。

或曰：管仲所以见告桓公者，非有度者之言也。所以去竖刁、易牙者，以不爱其身，适君之欲也。曰："不爱其身，安能爱君？"然则臣有尽死力以为其主者，管仲将弗用也。曰："不爱其死力，安能爱君？"是欲君去忠臣也。且以不爱其身，度⑤其不爱其君，是将以管仲之不能死⑥公子纠，度其不死桓公也，是管仲亦在所去之域矣。明主之道不然，设民所欲以求其功⑦，故为爵禄以劝之；设民所恶以禁其奸，故为刑罚以威之。庆赏信而刑罚必，故君举功于臣⑧而奸不用于上，虽有竖刁，其奈君何？且臣尽死力以与君市，君垂⑨爵禄以与臣市。君臣之际，非父子之亲也，计数⑩之所出也。君有道，则臣尽力而奸不生；无道，则臣上塞主明而下成私。管仲非明此度数⑪于桓公也，使去竖刁，一竖刁又至，非绝奸之道也。且桓公所以身死虫流出尸不葬者，是臣重⑫也。臣重之实，擅主⑬也。有擅主之臣，则君令不下究⑭，臣情不上通。一人之力能隔君臣之间，使善败⑮不闻，祸福不通，故有不葬之患也。明主之道，一人不兼官，一官不兼事；卑贱不待尊贵而进论⑯，大臣不因左右而见⑰。百官修通⑱，群臣辐凑。有赏者君见其功，有罚者君知其罪。见知不悖于前⑲，赏罚不弊于后，安有不葬之患？管仲非明此言于桓公也，使去三子，故曰："管仲无度矣。"

四

襄子⑳围于晋阳中，出围，赏有功者五人，高赫为赏首㉑。张孟谈曰："晋阳之事，赫无大功，今为赏首，何也？"襄子曰："晋阳之事，寡人国家危，社稷殆矣。吾群臣无有不骄侮之意者，惟赫不失君臣之礼，是以先之。"仲尼闻之曰："善赏哉襄子！赏一人而天下

---

① 烝：同"蒸"。
② 俞樾据《管子·小称》篇，认为当是"务"之形讹伪务伪，务为诈伪。
③ 盖虚：蒙骗。
④ 当系"户"之残。
⑤ 度：忖度，衡量。
⑥ 死：死于，为……而死。
⑦ 求其功：要求他们为君主立功。
⑧ 举功于臣：在大臣中提拔那些有功之人。
⑨ 垂：这里是设置的意思。
⑩ 计数：旧注：君计臣力，臣计君禄。
⑪ 度数：上述君臣交易的规律。
⑫ 臣重：臣下权势过大。
⑬ 擅主：专擅君主的权力。
⑭ 下究：犹下达。
⑮ 善败：好坏。
⑯ 顾广圻谓"论"字衍。
⑰ 二句犹谓上下沟通管道畅通，没有人为的阻塞。
⑱ "修通"当与"辐凑"互文相足。
⑲ 句谓君主事前对臣下有清楚的了解。
⑳ 襄子：赵襄子。
㉑ 赏首：受赏的第一人。

为人臣者莫敢失礼矣。"

或曰：仲尼不知善赏矣。夫善赏罚者，百官不敢侵职[①]，群臣不敢失礼。上设其法，而下无奸诈之心。如此，则可谓善赏罚矣。使襄子于晋阳也，令不行，禁不止，是襄子无国，晋阳无君也，尚谁与守哉[②]？今襄子于晋阳也，知氏灌之，臼灶生龟[③]，而民无反心，是君臣亲也。襄子有君臣亲[④]之泽，操令行禁止之法，而犹有骄侮之臣，是襄子失罚也。为人臣者，乘事而有功则赏。今赫仅不骄侮，而襄子赏之，是失赏也。明主赏不加于无功，罚不加于无罪。今襄子不诛骄侮之臣，而赏无功之赫，安在襄子之善赏也？故曰："仲尼不知善赏。"

五

晋平公与群臣饮，饮酣，乃喟然叹曰："莫乐为人君！惟其言而莫之违。"师旷侍坐于前，援琴撞之。公披衽[⑤]而避，琴坏于壁。公曰："太师谁撞？"师旷曰："今者有小人言于侧者，故撞之。"公曰："寡人也。"师旷曰："哑[⑥]！是非君人者之言也。"左右请除之，公曰："释之，以为寡人戒。"

或曰：平公失君道，师旷失臣礼。夫非其行而诛其身，君之于臣也；非其行则陈其言，善谏不听则远其身者，臣之于君也。今师旷非平公之行，不陈人臣之谏，而行人主之诛，举琴而亲[⑦]其体，是逆上下之位而失人臣之礼也。夫为人臣者，君有过则谏，谏不听则轻爵禄以待之[⑧]，此人臣之礼也。今师旷非平公之过，举琴而亲其体，虽严父不加于子，而师旷行之于君，此大逆之术也。臣行大逆，平公喜而听之，是失君道也。故平公之迹不可明也[⑨]，使人主过于听[⑩]而不悟其失；师旷之行亦不可明也，使奸臣袭[⑪]极谏而饰弑君之道。不可谓两明，此为两过。故曰："平公失君道，师旷亦失臣礼矣。"

六

齐桓公时，有处士[⑫]曰小臣稷[⑬]，桓公三往而弗得见。桓公曰："吾闻布衣之士不轻爵禄，无以易万乘之主；万乘之主不好仁义，亦无以下[⑭]布衣之士。"于是五往乃得见之。

或曰：桓公不知仁义。夫仁义者，忧天下之害，趋一国之患，不避卑辱，谓之仁义。故伊尹以中国[⑮]为乱，道为宰于[⑯]汤；百里奚以秦为乱，道为虏于穆公。皆忧天下之害，趋一

---

① 侵职：侵夺人家的职权。
② 句谓襄子还能与谁坚守晋阳呢？
③ 臼：当是"臼"字之讹。句谓因水淹晋阳，石臼和锅灶里都爬出了乌龟。
④ 据句例，疑"亲"字前或后脱一字。
⑤ 披衽：撩开衣襟。
⑥ 哑：叹词，同"恶"，不然之词也。
⑦ 亲：近，即撞也。
⑧ 轻爵禄：即辞去官禄。待之：等待君主的省悟。
⑨ 句谓平公的事迹不值得称道。
⑩ 过于听：听取意见方面犯错误。
⑪ 袭：因袭，效仿。
⑫ 处士：没做官的读书人。
⑬ 小臣：姓小臣，名稷。
⑭ 易：轻视。下：礼遇。
⑮ 中国：这里指夏桀统治的中原一带。
⑯ 为宰：厨师。于：当是"干"之讹，求。

国之患，不辞卑辱，故谓之仁义。今桓公以万乘之势，下匹夫之士，将欲忧齐国，而小臣不行，见小臣之忘民也。忘民不可谓仁义。仁义者，不失人臣之礼，不败君臣之位者也。是故四封①之内，执会而朝②名曰臣，臣吏分职受事名曰萌③。今小臣在民萌之众，而逆君上之欲，故不可谓仁义。仁义不在焉，桓公又从而礼之。使小臣有智能而遁桓公，是隐也，宜刑；若无智能而虚骄矜④桓公，是诬也，宜戮。小臣之行，非刑则戮。桓公不能领⑤臣主之理而礼刑戮之人，是桓公以轻上侮君之俗教于齐国也，非所以为治也。故曰："桓公不知仁义。"

七

靡笄⑥之役，韩献子⑦将斩人，郄献子⑧闻之，驾往救之。比至，则已斩之矣。郄子因曰："胡不以徇⑨？"其仆曰："曩不将救之乎？"郄子曰："吾敢不分谤乎？"

或曰："郄子言不可不察也，非分谤也。韩子之所斩也，若罪人，则不可救，救罪人，法之所以败也，法败则国乱；若非罪人，则劝之以徇，劝之以徇，是重不辜⑩也，重不辜，民所以起怨者也，民怨则国危。郄子之言，非危则乱，不可不察也。且韩子之所斩若罪人，郄子奚分⑪焉？若非罪人，则已斩之矣，而郄子乃至，是韩子之谤已成而郄子且⑫后至也。夫郄子曰"以徇"，不足以分斩人之谤，而又生徇之谤，是子言分谤也⑬。昔者纣为炮烙，崇侯、恶来又曰斩涉者之胫也⑭，奚分于纣之谤？且民之望于上也甚矣，韩子弗得，且望郄子之得之也⑮；今郄子俱弗得，则民绝望于上矣。故曰："郄子之言非分谤也，益谤也。"且郄子之往救罪也，以韩子为非也；不道其所以为非，而劝之"以徇"，是使韩子不知其过也。夫下使民望绝于上，又使韩子不知其失，吾未得郄子之所以分谤者也。

八

桓公解管仲之束缚而相之。管仲曰："臣有宠矣，然而臣卑。"公曰："使子立高、国之上。"管仲曰："臣贵矣，然而臣贫。"公曰："使子有三归之家。"管仲曰："臣富矣，然而臣疏。"于是立以为仲父。霄略⑯曰："管仲以贱为不可以治国，故请高、国之上；以贫为不可以治富，故请三归；以疏为不可以治亲，故处仲父。管仲非贪，以便治⑰也。"

---

① 四封：犹四境。
② 会：当作"禽"。执禽而朝：上古臣下见君长的礼节。
③ 句谓大臣的下属根据各自的职责办事叫"萌"。
④ 虚骄矜：装腔作势自命不凡。
⑤ 领：整顿。
⑥ 靡笄（jī）：山名，在今山东省境内。
⑦ 韩献子：即韩厥，晋卿，时掌军法。
⑧ 郄（xì）献子：即郄克，时任中军主帅。
⑨ 徇：示众。
⑩ 重不辜：双重的冤枉。
⑪ 分：指"分谤"。
⑫ 且：则，却。
⑬ 句谓这是郄子所说的分谤。
⑭ 《尚书·泰誓下》孔传："冬月见朝涉水者，谓其胫耐寒，斩而视之。"
⑮ 旧注："望郄子正韩子之过。"
⑯ 霄略：人名，生平无考。
⑰ 便治：利于治理。

或曰：今使臧获奉君令诏①卿相，莫敢不听，非卿相卑而臧获尊也，主令所加，莫敢不从也。今使管仲之治，不缘桓公，是无君也，国无君不可以为治。若负桓公之威，下桓公之令，是臧获之所以信②也，奚待高、国、仲父之尊而后行哉？当世之行事、都丞③之下征令④者，不辟尊贵，不就卑贱。故行之而法⑤者，虽巷伯⑥信乎卿相；行之而非法者，虽大吏诎⑦乎民萌。今管仲不务尊主明法，而事增宠益爵，是非管仲贪欲富贵，必暗而不知术也。故曰："管仲有失行，霄略有过誉。"

九

韩宣王问于樛留："吾欲两用⑧公仲、公叔，其可乎？"樛留对曰："昔魏两用楼、翟而亡西河⑨，楚两用昭、景而亡鄢、郢⑩。今君两用公仲、公叔，此必将争事⑪而外市⑫，则国必忧矣。"

或曰：昔者齐桓公两用管仲、鲍叔，成汤两用伊尹、仲虺⑬。夫两用臣者国之忧，则是桓公不霸，成汤不王也。湣王一用淖齿，而身死乎东庙；主父一用李兑，减食而死。主有术，两用不为患；无术，两用则争事而外市，一则专制而劫弑。今留无术以规上，使其主去两用一，是不有西河、鄢、郢之忧，则必有身死减食之患，是樛留未有善以知言也。

难　　势⑭

慎子⑮曰：飞龙⑯乘云，腾蛇游雾，云罢雾霁，而龙蛇与蚓蚁同矣，则⑰失其所乘⑱也。贤人而诎于不肖者，则权轻位卑也；不肖而能服于贤⑲者，则权重位尊也。尧为匹夫，不能治三人；而桀为天子，能乱天下，吾以此知势位之足恃，而贤智之不足慕也。夫弩弱而矢高

---

① 诏：诏令，告示。

② 信：通"伸"，使自己的意志得以实现，与下文"诎"相对。

③ 行事、都丞：皆当时小官。

④ 征令：征兵或钱粮赋税的命令。

⑤ 法：有法令依据。

⑥ 巷伯：宦官。

⑦ 诎：通"屈"，服也。

⑧ 两用：同时重用两人。二人皆韩国贵族。

⑨ 楼：楼缓。翟：翟璜。西河：黄河以西魏地，后人秦。

⑩ 昭、景：楚国王族二姓。鄢、郢：先后为楚都。

⑪ 争事：争权。

⑫ 外市：通过结交外部势力谋取私利。

⑬ 仲虺：奚仲之后，为汤左相。

⑭ 本文选自《韩非子》第四十篇。文章先设为尚贤的学者对于慎到势治学说的问难，接着是韩非对于这问难的问难，很有战国策士的雄辩风采。尚贤者悬尧、舜为高标，以尧、舜之治明任贤之功。韩非则把任贤等同于任尧、舜，而尧、舜不世出，治乱又如救饿，故治国不待贤。况且贤与势如冰炭，于是任势自然必须舍贤，无疑，是说亦不免为"两末之议"也。

⑮ 慎子：即慎到，战国时赵人，约在公元前 395 年—公元前 315 年在世，曾讲学于齐国的稷下学官，其所提出的势治学说被韩非继承发挥，有《慎子》残篇流传。

⑯ 飞龙：与"腾蛇"俱为传说中能腾云驾雾的动物，故称。

⑰ 则：以，因为，下二"则"字同。

⑱ 乘：依托。

⑲ 服于贤：让贤者折服。

者，激于风也[1]；身不肖而令行者，得助于众也。尧教于隶属[2]而民不听，至于南面而王天下，令则行，禁则止。由此观之，贤智未足以服众，而势位足以缶贤者[3]也。

应慎子曰[4]：飞龙乘云，腾蛇游雾，吾不以龙蛇为不托于云雾之势也。虽然，夫释贤而专任势，足以为治乎？则吾未得见也。夫有云雾之势而能乘游之者，龙蛇之材美之也；今云盛而蚓弗能乘也，雾醲[5]而蚁不能游也，夫有盛云醲雾之势而不能乘游者，蚓、蚁之材薄也。今桀、纣南面而王天下，以天子之威为之云雾，而天下不免乎大乱者，桀、纣之材薄也。且其人以尧之势以治天下也，其势何以异桀之势也，乱天下者也。夫势者，非能必使贤者用已[6]，而不肖者不用已也。贤者用之则天下治，不肖者用之则天下乱。人之情性，贤者寡而不肖者众，而以威势之利济乱世之不肖人，则是以势乱天下者多矣，以势治天下者寡矣。夫势者，便治而利乱者也。故《周书》曰："毋为虎傅翼，将飞入邑，择人而食之[7]。"夫乘不肖人于势，是为虎傅翼也。桀、纣为高台深池以尽民力，为炮烙以伤民性，桀、纣得成肆行[8]者，南面之威为之翼也。使桀、纣为匹夫，未始行一而身在刑戮矣。势者，养虎狼之心而成暴乱之事者也，此天下之大患也。势之于治乱，本未有位也[9]，而语专言势之足以治天下者，则其智之所至者浅矣。夫良马固车，使臧获御之则为人笑，王良御之而日取千里。车马非异也，或至乎千里，或为人笑，则巧拙相去远矣。今以国位为车，以势为马，以号令为辔，以刑罚为鞭策，使尧、舜御之则天下治，桀、纣御之则天下乱，则贤不肖相去远矣。夫欲追速致远，不知任王良；欲进利除害，不知任贤能：此则不知类[10]之患也。夫尧舜亦治民之王良也。

复应之曰[11]：其人[12]以势为足恃以治官。客曰"必待贤乃治"，则不然矣。夫势者，名一而变无数者也。势必于自然，则无为[13]言于势矣。吾所为言势者，言人之所设也。今曰尧、舜得势而治，桀、纣得势而乱，吾非以尧、舜为不然也。虽然，非一人之所得设也。夫尧、舜生而在上位，虽有十桀、纣不能乱者，则势治也；桀、纣亦生而在上位，虽有十尧、舜而亦不能治者，则势乱也。故曰："势治者则不可乱，而势乱者则不可治也。"此自然之势也，非人之所得设也。若吾所言，谓人之所得设也。若吾所言，谓人之所得势也而已矣，贤何事[14]焉？何以明其然也？客曰："人有鬻矛与楯者，誉其楯之坚，'物莫能陷也'，俄而又誉其矛曰：'吾矛之利，物无不陷也。'人应之曰：'以子之矛，陷子之楯，何如？'其人

---

① 句谓被风力推动的缘故。

② 隶属：奴隶，喻其时地位之低。

③ 缶：当是"诎"字之残，屈也。诎贤者：使贤者听命。

④ 应：应对，答复。此下韩非设为对慎子的问难之辞，与慎子舍贤任势反其道而行之，主张释势而任贤，代表着当时儒家、墨家的思想。

⑤ 醲：同"浓"。

⑥ 已：当是"己"之形讹，代势，下句同。

⑦ 引文见《逸周书·寤儆篇》。

⑧ 得成肆行：陈奇猷译为得成其放纵之行。

⑨ 句谓本来就没有固定不变的名位。

⑩ 不知类：不知道事物相类似的情况。

⑪ 这是对于上文问难的问难，代表着韩非的真实思想。

⑫ 其人：指慎到。

⑬ 无为：犹无用。

⑭ 事：任用。

弗能应也。”以为不可陷之楯，与无不陷之矛，为名不可两立也。夫贤之为势不可禁，而势之为道也无不禁①，以不可禁之势②，此矛楯之说也。夫贤势之不相容亦明矣。且夫尧、舜、桀、纣千世而一出，是比肩随踵③而生也，世之治者不绝于中④。吾所以为言势者，中也。中者，上不及尧、舜，而下亦不为桀、纣。抱法处势则治，背法去势则乱。今废势背法而待尧、舜，尧、舜至乃治，是千世乱而一治也。抱法处势而待桀、纣，桀、纣至乃乱，是千世治而一乱也。且夫治千而乱一，与治一而乱千也，是犹乘骥、駬⑤而分驰也，相去亦远矣。夫弃隐栝⑥之法，去度量之数，使奚仲⑦为车，不能成一轮。无庆赏之劝，刑罚之威，释势委法，尧、舜户说而人辨之⑧，不能治三家。夫势之足用亦明矣，而曰“必待贤”，则亦不然矣。且夫百日不食以待粱肉⑨，饿者不活；今待尧、舜之贤乃治当世之民，是犹待粱肉而救饿之说也。夫曰“良马固车，臧获御之则为人笑，王良御之则日取乎千里”，吾不以为然。夫待越人之善海游者以救中国⑩之溺人，越人善游矣，而溺者不济救矣。夫待古之王良以驭今之马，亦犹越人救溺之说也，不可亦明矣。夫良马固车，五十里而一置⑪，使中手⑫御之，追速致远，可以及也，而千里可日致也，何必待古之王良乎？且御，非使王良也，则必使臧获败之；治，非使尧、舜也，则必使桀、纣乱之。此味非饴蜜也，必苦莱、亭历⑬也。此则积辩累辞，离理失术，两末之议也⑭，奚可以难夫道理之言⑮乎哉？客议未及此论⑯也。

显　学⑰

世之显学，儒、墨也。儒之所至⑱，孔丘也。墨之所至，墨翟也。自孔子之死也，有子张⑲

① 二句谓贤人是“势”所不可以禁止的，而“势”作为一种手段又是没有不能够被禁止的。
② 本句有脱文，顾广圻谓当是“以不可禁之贤，与无不禁之势”。
③ 比肩随踵：喻不绝于途。谓尧、舜、桀、纣这样的人千年出一个，也算是挨得很紧了。
④ 中：中等人才，下同。
⑤ 骥、駬：二者皆古代名马。
⑥ 隐：同“檃”。隐栝（yǐnkuò）：矫正木材弯曲的器具。
⑦ 奚仲：传说中古时善造车者。
⑧ 户说而人辨之：挨家挨户地去游说，一人一人地去分辨。
⑨ 粱肉：代精美的食物。
⑩ 中国：这里指中原。
⑪ 置：驿站。
⑫ 中手：中等驭手。
⑬ 苦莱、亭历：皆苦味的草本植物。
⑭ 末：极端。三句谓这些都是夸夸其谈、背离法度和权术的片面之词。
⑮ 道理之言：指文首慎子的话。
⑯ 此论：势治理论。
⑰ 本文选自《韩非子》第五十篇。显学，就是影响广泛、地位显赫的学问，这里指当时阵容强大、声名远播的儒、墨两家，韩非以功利主义的刑名参验为手段，以法度为立场，直斥取舍不同的儒、墨后学是“愚诬之学，杂反之行”，而尤以对儒学的攻击最有力。与此同时，他希望人君利用权势禁止学术讨论，对异己的思想者“宜去其身而息其端”；认为民智“不足师用”，反对儒、墨提出的“得民之心”。诸如此类，都比较集中地体现出了韩非的法家思想，对后世专制集权的文化专制政策产生了深远的影响。本文保存了先秦时期一些重要的学术思想资料，与《庄子·天下篇》、《荀子·非十二子》同为该期重要的思想史、学术史文献。
⑱ 至：造诣最高的。
⑲ 子张：孔子弟子，姓颛孙，名师，子张其字。

之儒，有子思①之儒，有颜氏②之儒，有孟氏③之儒，有漆雕氏④之儒，有仲良氏⑤之儒，有孙氏⑥之儒，有乐正氏⑦之儒。自墨子之死也，有相里氏⑧之墨，有相夫氏⑨之墨，有邓陵氏⑩之墨。故孔、墨之后，儒分为八，墨离为三，取舍相反不同⑪，而皆自谓真孔、墨，孔、墨不可复生，将谁使定世之学乎？孔子、墨子俱道尧、舜，而取舍不同，皆自谓真尧、舜，尧、舜不复生，将谁使定儒、墨之诚乎？殷、周七百余岁，虞、夏二千余岁，而不能定儒、墨之真；今乃欲审尧、舜之道于三千岁之前，意者⑫其不可必乎！无参验而必之者，愚也；弗能必而据之者，诬也。故明据先王，必定尧、舜者，非愚则诬也。愚诬之学，杂反⑬之行，明主弗受也。

墨者之葬也，冬日冬服，夏日夏服，桐棺三寸，服丧三月，世主以为俭而礼之。儒者破家⑭而葬，服丧三年，大毁扶杖⑮，世主以为孝而礼之。夫是墨子之俭，将非孔子之侈也；是孔子之孝，将非墨子之戾⑯也。今孝、戾、侈、俭俱在儒、墨，而上兼礼之。漆雕之议，不色挠，不目逃⑰，行曲则违于臧获⑱，行直则怒于诸侯，世主以为廉而礼之。宋荣子⑲之议，设不斗争，取不随仇⑳，不羞囹圄，见侮不辱，世主以为宽而礼之。夫是漆雕之廉，将非宋荣之恕也；是宋荣之宽，将非漆雕之暴也。今宽、廉、恕、暴俱在二子，人主兼而礼之。自愚诬之学、杂反之辞争，而人主俱听之，故海内之士，言无定术㉑，行无常议㉒。夫冰炭不同器而久，寒暑不兼时而至，杂反之学不两立而治。今兼听杂学缪㉓行、同异之辞㉔，安得无乱乎？听行如此，其于治人又必然矣。

---

① 子思：孔子之孙，相传《中庸》、《缁衣》等为其作。

② 颜氏：孔子弟子，疑即是颜回。

③ 孟氏：即孟子，名轲，曾受业于子思之门人，战国中期儒家的代表人物，今存有《孟子》一书。

④ 漆雕氏：孔子弟子，姓漆雕，名启。

⑤ 仲良氏：鲁人，生平无考。

⑥ 孙氏：即荀况，战国时赵人，曾讲学于齐国稷下，为一时儒宗，今存有《荀子》一书。

⑦ 乐正氏：孔子门下曾参的弟子，姓乐正，名子春。

⑧ 相里氏：名勤，生平不详。

⑨ 相夫氏：又作伯夫氏，事迹无考。

⑩ 邓陵氏：《庄子·天下》称其为“南方之墨者”。

⑪ 相反不同：即互相矛盾，观点歧异。

⑫ 意者：推测之词。

⑬ 杂反：杂乱矛盾。

⑭ 破家：倾家荡产。

⑮ 句谓因悲哀而极大地损坏了身体，以致要依靠拐杖才能走路。

⑯ 戾：乖戾，违反人情。

⑰ 句谓面对威胁容色不屈服，目光不躲避。

⑱ 句谓自己的行为如果错了，即使碰到奴隶也要退让。

⑲ 宋荣子：战国时宋人，曾讲学于齐国稷下，《庄子》、《孟子》将他归入道家，《汉书·艺文志》列为小说家，本文和《荀子·非十二子》则将他归入墨家。

⑳ 随仇：立即复仇。

㉑ 定术：固定的道理。

㉒ 议：通“义”，道。

㉓ 缪：通“谬”。

㉔ 同异之辞：这里指互相矛盾的言论。

今世之学士，语治者多曰："与贫穷地以实无资①。"今夫与人相若也，无丰年旁人②之利而独以完给③者，非力④则俭也。与人相若也，无饥馑、疾疚⑤、祸罪之殃独以贫穷者，非侈则堕也。侈而堕者贫，而力而俭者富。今上征敛于富人以布施于贫家，是夺力俭而与⑥侈、堕也，而欲索民之疾作而节用，不可得也。

今有人于此，义不入危城，不处军旅，不以天下大利易其胫⑦一毛，世主必从而礼之，贵其智而高其行，以为轻物重生之士也。夫上所以陈良田大宅，设爵禄，所以易民死命⑧也。今上尊贵轻物重生之士，而索民之出死⑨而重殉上事⑩，不可得也。藏书策，习谈论，聚徒役，服文学而议说，世主必从而礼之，曰："敬贤士，先王之道也。"夫吏之所税，耕者也；而上之所养，学士也。耕者则重税，学士则多赏，而索民之疾作而少言谈，不可得也。立节参明⑪，执操不侵⑫，怨言过于耳必随之以剑，世主必从而礼之，以为自好⑬之士。夫斩首之劳不赏，而家斗之勇尊显，而索民之疾战距⑭敌而无私斗，不可得也。国平则养儒侠，难至则用介士⑮。所养者非所用，所用者非所养，此所以乱也。且夫人主于听学也，若是其言，宜布⑯之官而用其身；若非其言，宜去其身而息其端⑰。今以为是也，而弗布于官；以为非也，而不息其端。是而不用，非而不息，乱亡之道也。

澹台子羽，君子之容⑱也，仲尼几⑲而取之，与处久而行不称其貌。宰予之辞，雅而文也，仲尼几而取之，与处久而智不充⑳其辩。故孔子曰："以容取人乎，失之子羽；以言取人乎，失之宰予。"故以仲尼之智而有失实之声。今之新辩滥乎宰予，而世主之听眩乎仲尼，为悦其言，因任其身，则焉得无失乎？是以魏任孟卯㉑之辩，而有华下㉒之患；赵任马服㉓之辩，而

---

① 句谓将土地分给那些贫穷的人，以便使这些缺少财富的人富足起来。
② 旁人：额外收人。
③ 完给：生活条件充裕。
④ 力：勤劳。
⑤ 久病曰"疚"。
⑥ 与：通"予"。
⑦ 胫：小腿。
⑧ 易：换取。死命：作动词，拼死效力。
⑨ 出死：献出生命。
⑩ 重殉上事：看重为君上之事献身。
⑪ 句谓讲求气节，标榜高明。
⑫ 不侵：不受侵侮。
⑬ 自好：犹自尊。
⑭ 距：通"拒"。
⑮ 介士：武士。
⑯ 宜布：公布正确的言论。
⑰ 息其端：禁绝于刚露头的时候。
⑱ 容：仪表。
⑲ 几：接近，犹差一点。
⑳ 不充：不实，犹不称。
㉑ 孟卯：又作芒卯、昭卯，战国时魏将，有口才，在任时大败于秦，失华阳。
㉒ 华下：即华阳。
㉓ 马服：此指马服君赵奢之子赵括，爱纸上谈兵，代廉颇为赵将，在长平大败于秦。

有长平之祸。此二者，任辩之失也。夫视锻锡①而察青黄②，区冶不能以必剑③；水击鹄雁，陆断驹马，则臧获不疑钝利。发齿吻形容④，伯乐不能以必马；授车就驾，而观其末涂⑤，则臧获不疑驽良。观容服⑥，听辞言，仲尼不能以必士；试之官职，课⑦其功伐，则庸人不疑于愚智。故明主之吏，宰相必起于州部，猛将必发⑧于卒伍。夫有功者必赏，则爵禄厚而愈劝；迁官袭级，则官职大而愈治。夫爵禄大而官职治，王之道也。

磐石千里，不可谓富；象人⑨百万，不可谓强。石非不大，数非不众也，而不可谓富强者，磐不生粟，象人不可使距敌也。今商官技艺之士⑩亦不垦而食，是地不垦与磐石一贯⑪也。儒侠毋军劳显而⑫荣者，则民不使⑬，与象人同事也。夫祸知⑭磐石象人，而不知祸商、官、儒、侠为不垦之地、不使之民，不知事类⑮者也。

故敌国之君王虽说⑯吾义，吾弗入贡而臣；关内之侯⑰虽非吾行，吾必使执禽而朝⑱。是故力多则人朝，力寡则朝于人，故明君务力。夫严家无悍虏，而慈母有败子。吾以此知威势之可以禁暴，而德厚之不足以止乱也。

夫圣人之治国，不恃人之为吾善⑲也，而用其不得为非也。恃人之为吾善也，境内不什⑳数；用人不得为非，一国可使齐㉑。为治者用众而舍寡，故不务德而务法。夫必恃自直之箭，百世无矢；恃自圜之木，千世无轮矣。自直之箭，自圜之木，百世无有一，然而世皆乘车、射禽者何也？隐栝之道用也。虽有不恃隐栝而有自直之箭、自圜之木，良工弗贵也，何则㉒？乘者非一人，射者非一发也。不恃赏罚而恃自善之民，明主弗贵也，何则？国法不可失，而所治非一人也。故有术之君，不随适然㉓之善，而行必然之道。

---

① 锡：上古时铸剑时掺的锡。
② 青黄：铸剑时炉火的颜色。
③ 区冶：春秋末期越国铸剑名匠。必：判定。
④ 发：察见。句谓掰开马嘴看牙齿，端详马的外表。
⑤ 涂：通“途”。末涂：终点。
⑥ 容服：容颜服饰。
⑦ 课：考核。
⑧ 发：出身。
⑨ 象人：俑人。
⑩ 商官：靠金钱捐官的商人。技艺之士：手工业者。
⑪ 一贯：一样。
⑫ 王先慎谓“显而”当作“而显”。
⑬ 不使：不听差遣。
⑭ 祸：以……为祸，下同。顾广圻谓“祸知”当作“知祸”。
⑮ 事类：事情的类似性。
⑯ 说：通“悦”。
⑰ 关内之侯：即国内的封侯。此韩子在秦而言。
⑱ 执禽而朝：解见《难一》。
⑲ 为吾善：自觉地为我做好事。
⑳ 什：同“十”。
㉑ 齐：整顿。
㉒ 则：通“者”。
㉓ 适然：偶然。

今或谓人曰："使子必智而寿。"则世必以为狂①。夫智，性也；寿，命也。性命者，非所学于人也，而以人之所不能为说人，此世之所以谓之为狂也。谓之不能然，则是谕②也，夫谕，性也③。以仁义教人，是以智与寿说人也，有度之主弗受也。故善毛啬、西施④之美，无益吾面；用脂泽粉黛，则倍其初⑤。言先王之仁义，无益于治；明吾法度，必吾赏罚者，亦国之脂泽粉黛也。故明主急其助而缓其颂⑥，故不道仁义。

今巫祝之祝人曰："使若千秋万岁。"千秋万岁之声聒⑦耳，而一日之寿无征⑧于人，此人所以简⑨巫祝也。今世儒者之说人主，不言今之所以为治，而语已治之功；不审官法之事，不察奸邪之情，而皆道上古之传，誉先王之成功。儒者饰辞曰："听吾言，则可以霸、王。"此说者之巫祝，有度之主不受也。故明主举实事，去无用，不道仁义者故，不听学者之言。

今不知治者必曰："得民之心。"欲得民之心而可以为治，则是伊尹、管仲无所用也，将听民而已矣。民智之不可用，犹婴儿之心也。夫婴儿不剔首⑩则腹痛，不揊⑪痤则寖益⑫。剔首、揊痤，必一人抱之，慈母治之，然犹啼呼不止，婴儿子⑬不知犯其所小苦致其所大利也。今上急耕田垦草以厚民产也，而以上为酷；修刑重罚以为禁邪也，而以上为严；征赋钱粟以实仓库，且以救饥馑、备军旅也，而以上为贪；境内必知介而无私解⑭，并力疾斗，所以禽虏也，而以上为暴。此四者，所以治安也，而民不知悦也。夫求圣通⑮之士者，为民知之不足师用⑯。昔禹决江浚⑰河，而民聚瓦石；子产开亩树桑，郑人谤訾⑱。禹利天下，子产存⑲郑，皆以受谤，夫民智之不足用亦明矣。故举士而求贤智，为政而期适⑳民，皆乱之端，未可与为治也。

---

① 狂：通"诳"。
② 谕：明白告诉。
③ 句谓那明明白白说出来的恰恰是天性如此。
④ 毛啬、西施：古之美女。
⑤ 倍其初：比原来美丽许多。
⑥ 颂：对先王的称颂。
⑦ 声聒（guō）：声音嘈杂，使人厌烦。
⑧ 征：验征。
⑨ 简：简慢。
⑩ 剔首：在头上挑针砭刺，可止腹痛。
⑪ 揊（pì）：破开，割开。
⑫ 寖（jìn）：逐渐。寖益：渐渐加重。
⑬ "子"字疑有误。
⑭ 介：铠甲，代武装。解：免除兵役。句谓境内民众都懂得武装起来上阵杀敌而不会逃避服兵役。
⑮ 圣通：圣明通达。
⑯ 师用：学习和采纳。
⑰ 浚：疏通。与"决"互文。
⑱ 訾：咒骂。事见《左传·襄公三十年》。
⑲ 存：存问，关心。
⑳ 适：迎合。

学习建议

1. 重点把握《韩非子》进化的历史观点。韩非认为，社会历史是不断进化的。历史条件不同，治国之法也就各异。所以“圣人不期修古，不法常行，论世之事，因为之备”（《五蠹》）。

2. 背诵《说难》。

3. 延伸阅读篇目：

《主道》、《孤愤》、《解老》、《喻老》、《说疑》、《五蠹》。

孙子兵法

导读

《孙子兵法》是春秋末期我国古代大军事家孙武所著的一部经典军事著作，也是一部光辉的哲学著作。

《孙子兵法》的主要思想和内容出自孙武。但后人因《汉书·艺文志》著录《吴孙子兵法》有八十二篇，图九卷，而多认为十三篇是曹操削除繁冗，取其精粹而成。又有人因《汉书·艺文志》著录的《齐孙子》，即《孙膑兵法》久已失佚，后世流传的只有一部《孙子兵法》，而认为十三篇出自孙膑之手。不过，在1972年山东临沂银雀山汉墓出土了一部《孙膑兵法》和《孙子兵法》的残简，以及记载孙武言行的七十余枚竹简后，学者们已多倾向于十三篇应出自孙武之手，八十二篇则是孙武后学所著，是用以补充和解释十三篇的。

孙武的生卒年月现已不可考。他本是齐国人，后移居吴国，因擅长兵法，被吴国大臣伍子胥推荐给吴王阖闾。孙武将其所撰兵法十三篇献给吴王，阖闾遂以孙武为将，出兵西破强楚，北威齐晋，扬名诸侯之间。孙武最后终老于吴国，葬在吴都巫门外。

《孙子兵法》共有十三篇，各篇均有其主题思想，但又构成一个完整的思想体系。

《计》篇论述的是能否进行战争的问题。孙武指出，战争是关系到国家生死存亡的大事。"道"、"天"、"地"、"将"和"法"是决定战争胜负的五项基本要素；《作战》篇主要阐述的是如何进行战争。孙子主张速胜，主张"因粮于敌"，"胜敌而益强"；《谋攻》篇主要论述了如何进攻敌国的问题。孙子主张以尽可能小的代价，去取得最大的成功，即力求不战而胜，强调以谋略取胜，不仅需要知己，还要做到知彼；《形》篇主要讲如何利用物质之"形"来保全自己，取得完全的胜利。孙子认为，只有先使自己立于不败之地，然后等待和寻求战胜敌人的时机，才能夺得战争的胜利；《势》篇主要阐述如何造成有利的态势，来压倒对方。孙子认为，要出奇制胜，就应善于因时、因地、因事制宜，根据情况的变化，改换奇正的战法。《虚实》篇主要论述指挥作战如何争取主动权，主动灵活地打击敌人；《军争》篇论述的是如何通过机动掌握主动，先于敌人造成有利态势和取得制胜的条件；《九变》篇主要论述如何发挥指挥上的灵活性。只有全面看待利弊，在有利的情况下看到不利的因素，在不利的情况下看到有利的因素，方能根据具体情况，趋利避害，采取相应的对策和行动；《行军》篇主要讲述了如何配置、组织军队，观察判断敌情和团结将士；《地形》篇主要论述在不同的地形条件下如何指挥军队的行动；《九地》篇论述了在九种不同的作战地区指挥作战的原则；《火攻》篇主要指出火攻的目标、种类，发火的物质和气象条件，以及实施方法；《用间》篇主要论述使用间谍的重要性及其方法。

计　篇[①]

孙子曰：兵[②]者，国之大事，死生之地，存亡之道[③]，不可不察[④]也。

故经[⑤]之以五事[⑥]，校[⑦]之以计[⑧]，而索其情[⑨]：一曰道，二曰天，三曰地，四曰将，五曰法。道者，令民与上同意[⑩]也，故可与之死，可与之生，而不畏危也[⑪]。天者，阴阳[⑫]、寒暑、时制[⑬]也。地者，高下、远近、险易[⑭]、广狭、死生也。将者，智、信、仁、勇、严[⑮]也。法者，曲制[⑯]、官道[⑰]、主用[⑱]也。凡此五者，将莫不闻，知之者胜，不知者不胜。故校之以计，而索其情。曰：主孰有道[⑲]，将孰有能？天地孰得[⑳]？法令孰行？兵众孰强[㉑]？士卒孰练？赏罚孰明？吾以此知胜负矣。

将听吾计，用之必胜，留之；将不听吾计，用之必败，去之。

计利以听[㉒]，乃为之势[㉓]，以佐其外[㉔]。势者，因利而制权[㉕]也。

---

① 计：谋，指战前对战争全局的周密计划。本篇是孙武军事思想的概述，开宗明义地指出战争是关系国家存亡的大事，应持慎重态度。论述了战争要在分析对比作战双方基本条件的基础上，正确地解决决策和选将问题；提出“兵者，诡道”，“攻其不备，出其不意”的作战原则。本篇不仅提出了对影响战争胜负的基本因素的静态计算，而且提出了动态的计算。

② 兵：兵含义很广，指兵器、军械、兵卒、军队等，此处指战争。

③ 死生之地，存亡之道：《左传·襄公二十七年》：“圣人以兴，乱人以废。废、兴、存、亡，……皆兵之由也。”杜牧注：“国之存亡，人之死生，皆由于兵。”而贾林注：“地，犹所也，亦谓陈师、振旅、战陈之地。”所释义狭。戚继光《大学经解）谓此句“正以释国之大事也。地字虚看，乃兵之死生所系；存亡，以国亡。”其释较公允。

④ 不可不察：《尔雅·释估》：“察，审也。”此句言深入考察、研究。

⑤ 经：织机上的纵线，引申有“纲”、“纲领”之义。此为动词，意为“以……为纲进行研究”。

⑥ 五事：五个方面的情况，即下文“道、天、地、将、法”五个方面的情实。

⑦ 校：比较。

⑧ 计：上古指筹码。

⑨ 索其情：索，求索，探索。《广雅·释诂三》：“索，求也。”情，指敌我双方的实情。

⑩ 民与上同意：上，指国君；意，思想、志向。此句谓民众与国君统一意志。

⑪ 不畏危：曹操注：“危者，危疑也。”俞樾《诸子平议·补录》云：“曹公注曰：危者，危疑也，不释畏字，其所据本无畏字也。民不危，即民不疑、曹注得之。”

⑫ 阴阳：指昼夜、晴晦等自然天象。

⑬ 时制：指季节更替。

⑭ 险易：《说文》：“险，阻难也”，泛指险阻难行之地。易，平坦易行之地。

⑮ 智、信、仁、勇、严：孙武认为这是将领必须具备的五个方面的素质。此句《潜夫论》引作“将者，智也、仁也、敬也、信也、严也。”

⑯ 曲制：军队的组织、编制等制度。曹操注：“部曲、幡帜、金鼓之制也。”

⑰ 官道：各级将吏的职责区分、统辖管理等制度。

⑱ 主用：军备物资、军事费用的供应管理制度。

⑲ 主孰有道：孰，谁。道，曹操注：“道德智能。”此句指哪一方的国君得民心，政治清明。

⑳ 天地孰得：曹操注：“天时、地利。”李筌注同。即指哪一方得天时、地利。

㉑ 兵众孰强：指哪一方的军队武器装备、物资保障更好。

㉒ 计利以听：以，通“已”。听，从，采纳。此句谓筹谋有利的作战方略已被采纳，即战争决策已定。

㉓ 势：适势。《考工记·弓人》：“射远者用势。”郑司农云：“势为形势。”

㉔ 以佐其外：佐，辅助，辅佐。外，曹操注：“常法之外也”，未准。梅尧臣曰：“定计于内，为势于外，以助成胜。”此句谓造势以佐助人君有效地达到战争目的。

㉕ 权：权变之举。制权，即采取应变行动。《荀子·议兵》：“权不可预设，变不可先图，与时迁移，随物变化。”

兵者，诡道①也。故能而示之不能，用而示之不用，近而示之远，远而示之近。利而诱之，乱而取之②，实而备之③，强而避之，怒而挠之④，卑而骄之，佚而劳之，亲而离之⑤。攻其无备，出其不意。此兵家之胜，不可先传⑥也。

夫未战而庙算⑦胜者，得算多⑧也；未战而庙算不胜者，得算少也。多算胜，少算不胜，而况于无算乎？吾以此观之，胜负见⑨矣。

谋攻篇⑩

孙子曰：凡用兵之法，全国为上，破国次之⑪；全军⑫为上，破军次之；全旅⑬为上，破旅次之；全卒⑭为上，破卒次之；全伍⑮为上，破伍次之。是故百战百胜，非善之善者⑯也；不战而屈人之兵，善之善者也。

故上兵伐谋⑰，其次伐交⑱，其次伐兵，其下攻城⑲。攻城之法为不得已。修橹轒辒⑳，

---

① 诡道：欺诈、多变的方式。《孙膑兵法·威王问》："诈者，所以困敌也。"此句言用兵打仗，应以机变为原则。

② 乱而取之：杜牧注："敌有昏乱，可以乘而取之。"此句言敌人处于混乱状态，要乘机进攻。

③ 实而备之：曹操注："敌治实，须备之也。"梅尧臣注："彼实则不可不备。"敌具实力，则需严加戒备。

④ 怒而挠之：怒，士气旺盛。梅尧臣注："彼褊急易怒，则挠之，使愤急轻战"，注释颇偏。挠，扰之意，又训为屈。此句意谓敌人士气旺盛，我当谨慎屈避其锋锐，待其气衰，再攻击。

⑤ 亲而离之：离，离间《广雅·释诂一》："离，分也。"此句意为敌人内部团结，则设计使它们分裂。

⑥ 不可先传：曹操注："传，犹泄也。"杜牧注曰："传，言也。"此全句谓军事家克敌制胜的奥秘，不可以事先讲明。

⑦ 庙算：《新注》曰："古时候兴兵作战，要在庙堂举行会议，谋划作战大计，预计战争胜负，这就叫庙算。"

⑧ 得算多：谓指具备取胜的条件多。

⑨ 见：同"现"，呈现，显现。

⑩ 本文选自《孙子兵法》。谋是谋略，谋攻即以谋略攻敌，也就是用战略策略手段战胜敌人。本篇主要讲战争指导，强调以谋胜敌的重要性，中心是讲以谋略夺取全胜，通过智力运筹，最大限度地降低敌我伤亡和避免战争破坏，获取最大的战果。本文思想深刻，层次清楚，语言简洁，说服力强，是《孙子兵法》中的名篇。

⑪ 全国为上，破国次之：未诉诸兵刃使敌举国屈服是上等用兵策略，经过交战攻破敌国使之降服是次一等用兵策略。曹操注："兴师深入长驱，距其城廓、绝其内外，敌举国来服为上；以兵击破，败而得之，其次也。"

⑫ 军：泛指军队，亦作为军队编制单位。《周礼·地官·小司徒》郑玄注："军，万二千五百人。"曹操、杜牧注引《司马法》："一万二千五百人为军。"

⑬ 旅：《说文》："五百人为旅。"曹操注同。

⑭ 卒：古代兵制单位，百人为卒。卒长为百夫长。《周礼·地官·小司徒》："五人为伍，五伍为两，四两为卒。"

⑮ 伍：古代最基本的兵制单位，五人为伍。

⑯ 百战百胜，非善之善者：百战百胜固善，然终有杀伤、耗损，故非善之善者。

⑰ 上兵伐谋：上兵，用兵作战的上策。张预注："兵之上也。"易培基《杂记》谓"义不能通"，"上兵"应作"上正（政）"，其说非是。伐谋，用智谋使敌人屈服，曹操注："敌始有谋，伐之易也。"此句意为上等的用兵策略是以谋略取利。

⑱ 伐交：伐以交。以外交途径战胜敌人，散敌之联盟，固已之交与，亦为"不战而屈人之兵。"陈皞、张预等以为"交"谓伐于两军交合，义短。李筌注："伐其始交也。"孟氏曰："交合强国，敌不敢谋。"故"交"释以"外交"为善。

⑲ 其下攻城：其中最下等的用兵方略是攻城。其，指示代词，其中。

⑳ 修橹轒辒：修，《国语·周语》"修其簠簋"，韦昭注："修，备也。"曹操注："治也。"橹，曹操注："大楯也。"轒辒，古代攻城用的四轮车，用排木制作，外蒙生牛皮，下可藏十数人。杜牧注；"轒辒，四轮车，排大木为之，上蒙以生牛皮，下可容十人，往来运土填堑，木石所不能伤，今俗所谓木驴是也。"

具器械①，三月而后成，距闉②又三月而后已。将不胜其忿，而蚁附③之，杀士三分之一，而城不拔④者，此攻之灾也。

故善用兵者，屈人之兵而非战也，拔人之城而非攻也，破人之国而非久也，必以全争于天下⑤，故兵不顿⑥而利可全，此谋攻之法也。

故用兵之法，十则围之⑦，五则攻之，倍则分之，敌则能战之⑧，少则能逃⑨之，不若则能避之。故小敌之坚，大敌之擒⑩也。

夫将者，国之辅⑪也，辅周则国必强，辅隙⑫则国必弱。

故君之所以患于军⑬者三；不知军之不可以进而谓之进⑭，不知军之不可以退而谓之退，是谓縻军⑮。不知三军之事，而同三军之政⑯者，则军士惑矣。不知三军之权⑰而同三军之任，则军士疑矣。三军既惑且疑，则诸侯之难⑱至矣，是谓乱军引胜⑲。

故知胜⑳有五：知可以战与不可以战者胜，识众寡之用㉑者胜，上下同欲㉒者胜，以虞待不虞者胜，将能而君不御㉓者胜。此五者，知胜之道也。

故曰：知彼知己者，百战不殆㉔；不知彼而知己，一胜一负；不知彼，不知己，每战必殆。

---

① 具器械：具，修置，准备。此句言置备攻城的各种器用、械具。

② 距闉：为攻城而堆积的向敌城推进的土丘，堆积用来观察敌情，攻击守城之敌，既可于其上施放火器，又便于登城，是古代攻城必修之工事。杜佑注："距闉者，踊土积高而前，以附于城也。积土为山曰堙，以距敌城，以观虚实。"闉，通"堙"。

③ 蚁附：曹操注云："使士卒缘城而上，如蚁缘墙。"蚁，名词用如状语，意为"如蚁一样……"。

④ 拔：破城而取之曰拔。

⑤ 必以全争于天下：全，此言全国、全军。此句谓要用全胜的战略争胜于天下。

⑥ 兵不顿：兵刃不钝，兵锋未损。比喻战斗力未损，士气未挫。

⑦ 十则围之：此句"十"与以下几句"五""倍"皆言我与敌比较，我所处的力量地位。"十"即十倍于敌。此言绝对优势，但非一定为实数之十倍。

⑧ 倍则分之，敌则能战之：倍，比敌人多一倍。敌，即匹敌。言有多一倍于敌人之力量则可分割敌人而消灭之，双方势力大体均等则可以抗击。

⑨ 逃：与下文"避"异文同义，指主动地采取不与敌争锋的办法，并非消极地逃跑。

⑩ 小敌之坚，大敌之擒：之，此为"若"义。此句言只知固执硬拼的小敌，必为大敌所擒。

⑪ 国之辅：李筌注："辅，犹助也。"意为国君的辅佐。

⑫ 隙：缺也，疏漏之意。此言将领佐君不周，有疏漏。

⑬ 患于军：患，作动词，为患、贻害。此言危害军队。

⑭ 谓之进：谓，可训"使"，见《广雅·释诂》。故"谓之进"可作"使之进"，命令他们前进。

⑮ 縻军：縻，原义为牛辔，可引申为羁绊、束缚。杜牧注："縻军，犹驾御羁绊，使不自由也。"《新注》云："束缚军队，使军不能根据情况相机而动。

⑯ 同三军之政：同，毕以珣《孙子叙录》谓有"冒"义，有干预之意。政，政事，指军中行政事务。曹操注："军容不入国，国容不入军，礼不可以治兵也。"梅尧臣注："不知治军之务而参其政，则众惑乱也。"

⑰ 权：权变，权谋。

⑱ 诸侯之难：诸侯国乘其军士疑惑之机，起而攻之的灾难。

⑲ 乱军引胜：乱军，自乱其军。引胜，失去胜利。杜牧、王皙等注"引胜"为"致敌之胜"，于义亦通。梅尧臣注云："自乱其军，自去其胜"，可谓精确。

⑳ 知胜：预测胜利。

㉑ 识众寡之用：懂得众与寡的灵活运用。

㉒ 上下同欲：欲，意愿。同欲，亦即同心同德之谓。上下，曹操注指君臣。此句言君臣上下同心同德。

㉓ 将能而君不御：御，驾驭。在此为制约之意。此句言将领有才能，君主不得参与干涉。

㉔ 百战不殆：殆，危。百战不殆，即言每战必胜而无危险。

形　篇[①]

孙子曰：昔之善战者，先为不可胜[②]，以待敌之可胜[③]。不可胜在己，可胜在敌[④]。故善战者，能为不可胜[⑤]，不能使敌可胜。故曰：胜可知，而不可为[⑥]。

不可胜者，守[⑦]也；可胜者，攻也。守则有余，攻则不足。善守者，藏于九地[⑧]之下；善攻者，动于九天之上[⑨]，故能自保而全胜也。

见胜不过众人之所知，非善之善者[⑩]也；战胜而天下曰善，非善之善者[⑪]也。故举秋毫[⑫]不为多力，见日月不为明目。闻雷霆不为聪耳。古之所谓善战者，胜于易胜者也。故善战者之胜也，无智名，无勇功[⑬]。故其战胜不忒[⑭]，不忒者，其所措必胜，胜已败者也。故善战者，立于不败之地，而不失敌之败[⑮]也。是故胜兵先胜而后求战，败兵先战而后求胜。善用兵者，修道而保法[⑯]，故能为胜败之政。

---

① 形：情形，可见之情谓之形。这里指观察敌我双方情形，如度、量、数、称、胜，正确估计敌我双方军事实力。本篇主要论述如何根据敌我双方物质条件，军事实力的强弱，保存自己，战胜敌人；孙武提出作战首先要使自己立于不败之地，然后寻求敌人的可乘之隙，采取攻守两种不同形式，以压倒多数的优势兵力打击敌人，达到保全自己而取得完全消灭敌人的目的。即所谓“自保而全胜”。

② 先为不可胜：王皙曰：“不可胜者，修道保法也。”此句意思是先做到自己不被别人战胜。

③ 以待敌之可胜：待，等待。可胜，指敌方可能被战胜的机会或条件。

④ 不可胜在己，可胜在敌：杨炳安《孙子会笺》：“言创造不可被敌战胜之条件，乃属于我方主观努力之事；然敌方是否具有可能被我战胜之条件，则非我主观意愿所决定。”

⑤ 能为不可胜：能创造自己不可被敌战胜的条件。

⑥ 胜可知，而不可为：言胜利可以预见，但却不能强求。张预注：“己有备则胜可知，敌有备则不可为。”

⑦ 不可胜者，守：张预注云：“知己未可以胜，则守其气而待之。”此句言有了不可战胜的条件，就可以守了。

⑧ 九地：九，在此乃言数之极。汪中《述学·释三九篇》云：“古人措辞，凡一二所不能尽者，均约之以三以见其多；三之不能尽者，均约之以九以见其极多。”九地，梅尧臣注：“言深不可知也。”藏于九地之下，即言深秘隐藏其形而不露也。

⑨ 动于九天之上：九天，梅尧臣注谓指“高不可测”。此句言善攻击者进攻时迅捷异常。

⑩ 见胜不过众人之所知，非善之善者：言预见胜负不高出众人的水平，不算是高明者。

⑪ 战胜而天下曰善，非善之善者：力战而胜之，天下人都说好，不算好中最好的。曹操注：“交争胜也。太公曰，争胜于白刃之口，非良将也。”王皙曰：“以谋屈人则善矣。”

⑫ 秋毫：兽类子秋天新长出的极纤细的毛称秋毫，用以比喻轻细之物。

⑬ 无智名，无勇功：杜牧注：“胜于未萌，天下不知，故无智名；曾不血刃，敌国已服，故无勇功也。”张预注：“阴谋潜运，取胜于无形，天下不闻有料敌制胜之智，不见搴旗斩将之功。”二家注释皆有道理。

⑭ 忒：差。不忒，不差之意。

⑮ 不失敌之败：言不放过任何一个可打击敌人的时机。杜牧注：“窥伺敌人可败之形，不失毫发也。”王皙曰：“常为不可胜，待敌可胜，不失时机。”其说甚是。

⑯ 修道而保法：杜牧注云：“道者，仁义也；法者，法制也。”按：“道”与《计篇》“道者，令民与上同意”中“道”同义，指政治。“修道”即修明政治。“法”，亦指《计篇》“法者，曲制、官道主用”之“法”，指法令制度。“保法”即确保法制。此句的意思为修明政治，确保法令制度的贯彻实行。

兵法：一曰度①，二曰量②，三曰数③，四曰称④，五曰胜⑤；地生度⑥，度生量⑦，量生数⑧，数生称⑨，称生胜⑩。故胜兵若以镒称铢⑪，败兵若以铢称镒。胜者之战民⑫也，若决积于千仞之溪者，形也。

势　篇⑬

孙子曰：凡治⑭众如治寡，分数⑮是也；斗众⑯如斗寡，形名⑰是也；三军之众，可使毕受敌而无败者，奇正⑱是也；兵之所加，如以碫⑲投卵者，虚实是也。

凡战者，以正合⑳，以奇胜㉑。故善出奇者，无穷如天地㉒，不竭如江河。终而复始，日月是也，死而复生，四时是也。声不过五㉓，五声之变，不可胜听也。色不过五㉔，五色之变，不可胜观也。味不过五㉕，五味之变，不可胜尝也。战势不过奇正，奇正之变，不可

---

① 度：《礼记·明堂位》："度为丈尺、高卑、广狭也。"贾林曰："度，土地也。"此言土地幅员。

② 量：此言物资多少。

③ 数：贾林注曰："算数也。以数推之，则众寡可知，虚实可见。"王皙曰："百千也。"此言部队实力的强弱，兵员的多寡。

④ 称：《楚辞·惜誓》"苦称量之不审兮"，王逸注："称所以知轻重。"杜牧注："称，校也。"此言衡量双方实力之对比的状况。

⑤ 胜：指胜负优劣的情实。曹操曰："胜败之政，用兵之法，当以此五事称量，知敌之情。"

⑥ 地生度：曹操注："因地形势而度之。"地，指国土幅员。此句言敌我交战，必先以双方所拥有的土地幅员为基础。

⑦ 度生量：赵本学注："既度之，则其地之所容者何阵，或当用广、用长、用圆、用方，奇正当居何处，当分为几阵，皆可知矣，此'度生量'也。"此言基于双方拥有"地利"状况，可知其物质资源之储备及国力之强弱也。

⑧ 量生数：梅尧臣注："因量以得众寡之数。"此言物质资源状况之计量，可知所拥兵员之众寡。

⑨ 数生称：王皙注："喻强弱之形势也。"此言由兵员之众寡可知双方兵力强弱之对比。

⑩ 称生胜：曹操注："称量之数，知其胜负所在。"此言由双方强弱形势之衡量对比，可知其优劣胜负之情状。

⑪ 以镒称铢：铢，古代计量单位，二十四铢为一两。镒，二十四两为一镒，合五百七十六铢。以镒称铢，比喻兵力轻重众寡之悬殊。

⑫ 战民：《尉缭子·战威》："夫将之所以战者，民也。"此言统帅指挥部众参加作战。

⑬ 势：态势，指交战双方兵力部署和行动所造成的形势。孙武说："勇怯，势也；强弱，形也。"本篇以势命名，主要讲管理部队以形成战斗力，讲指挥部队和运用战斗力的基本规律，反映了孙武用兵的核心思想。用兵不外奇正，奇正又随着彼、己互因而引起的战况的变化而变化。本篇还进一步讨论了主动性的作用和"求之于势"——靠主观努力，而"不责于人"的思想。

⑭ 治：治理，这里指管理军队。

⑮ 分数：曹操注："部曲为分，什伍为数。"刘寅《直解》："偏裨卒伍之分，十百千万之数。"此言军队的编制和员额。

⑯ 斗众：指挥大部队战斗。

⑰ 形名：《孙膑兵法·奇正》："分定则有刑（形）矣，刑（形）定则有名"，"有刑（形）之徒，莫不可名；有名之徒，莫不可胜。"曹操注："旌旗曰形，金鼓曰名。"张预注云："用兵既众，相去必远，耳目之力所不闻见，故令士卒望旌旗之形而前却，听金鼓之号而行止。"

⑱ 奇正：古代兵法常用术语。一般说来，一般的、常规的为正，特殊的、变化的为奇；战术上先出为正，后出为奇，正面为正，侧击为奇，明战为正，暗袭为奇。总之，在人们意料之中为正，出乎人们的意料为奇。

⑲ 碫：磨刀石，此泛指坚硬石块。

⑳ 以正合：曹操注："正者当敌"。即言以正兵与敌正面交战也。

㉑ 以奇胜：曹操注："奇兵从傍击不备也。"即言出奇制胜。

㉒ 善出奇者，无穷如天地：言出奇制胜之法如宇宙万物之变化无穷，而非言如天地之大。

㉓ 声不过五：古代的五个音阶：宫、商、角、徵、羽，合称五声。

㉔ 色不过五：古代五种原色，指青、黄、赤、白、黑。亦称五色，其余为间色。

㉕ 味不过五：古代味分酸、甜、苦、辣、咸五种，以此五味为原味。

胜穷①也。奇正相生，如环之无端②，孰能穷之？

激水之疾，至于漂③石者，势也；鸷鸟之击，至于毁折④者，节⑤也。是故善战者，其势险，其节短。势如彍弩⑥，节如发机⑦。

纷纷纭纭⑧，斗乱⑨而不可乱也；浑浑沌沌⑩，形圆而不可败⑪也。乱生于治，怯生于勇，弱生于强⑫。治乱，数也；勇怯，势也；强弱，形也。故善动敌者，形之⑬，敌必从之⑭；予之⑮，敌必取之；以利动之，以卒待之。

故善战者，求之于势，不责于人⑯，故能择人而任势⑰。任势者，其战人也，如转木石。木石之性，安则静，危则动⑱，方则止，圆则行。故善战人之势，如转圆石于千仞之山者，势也。

九地篇⑲

孙子曰：用兵之法，有散地⑳，有轻地㉑，有争地㉒，有交地，有衢地，有重地，有圮

---

① 不可胜穷：此言无穷无尽之意。

② 如环之无端：像顺着环旋转一样没有尽头。

③ 漂：浮，漂移。《尚书·武成》："血流漂杵"。杜牧、张预注："转"，运、行之意。义近。

④ 毁折：言擒杀鸟雀。

⑤ 节：节制，《孟子·离娄》："礼之实，节文斯二者是也。"审度长短。此句曹操注："发起击敌"。张预注云："鹰鹯之擒鸟雀，必节量远近，伺候审而后击。"义近。

⑥ 彍弩：彍，弩弓张满曰"彍"。《汉书·吾丘寿王传》："十贼彍弩"，颜师古注："引满曰彍"。即言张满待发的弩。

⑦ 节如发机：机，《说文》："主发之为机"。节如扣动之机关，一触即发。此两句言势为张满之弩，节即为击发之机件——弩牙，比喻发机迅疾。

⑧ 纷纷纭纭：《说文》："＊，物数纷＊乱也。"徐锴《系传》云："即今纷纭字"。此句曹操注："旌旗乱也，示敌若乱，以金鼓齐之。"说是。

⑨ 斗乱：言在纷乱状态中指挥战斗。

⑩ 浑浑沌沌：杜牧注："浑浑，车轮转行；沌沌，步骤奔驰。"此句言混迷不清。

⑪ 形圆而不可败：形圆，行阵形制为圆形，即圆阵。圆阵首尾相接，四面外向，旋转应敌，是利于坚守，难以战败的军阵。

⑫ 乱生于治，怯生于勇，弱生于强：曹操注："皆毁形匿情也。"梅尧臣注："治，则能伪为乱；勇，则能伪为怯；强，则能伪为弱。"此句谓示敌混乱在于我之严整，示敌怯懦在于我之勇敢，示敌软弱在于我之坚强。

⑬ 形之：曹操注："见羸形也。"梅尧臣、张预、赵注本诸家同。而杜牧则注云："非止于羸弱也。言我强敌弱，则示以羸形，动之敌来；我弱敌强，则示以强形，动之使去。"杜说较是。此句言向敌人示以军形。

⑭ 从之：跟着采取相应的措施。此言既然战场表现反映部队的情况、素质，那么高明的指挥员就会故意在战争中示人以假象，使对方随着这个假象作出错误的举动。

⑮ 予之：给敌人以小利，引诱其上钩。

⑯ 不责于人：《说文》："责，求也。"此句谓不苛求部下。

⑰ 择人而任势：挑选合适人才，充分利用形势。

⑱ 安则静，危则动：安，平。危，高险。此句言平安的地方就守卫，危险的地方就赶紧离开。

⑲ 九地：指散地、轻地、争地、交地、衢地、重地、圮地、围地、死地等九种不同作战地区。用以篇名，指九种地域和军队在这些地域上作战所造成的态势。本篇详尽地论述和分析了九种不同作战地区的特点，以及官兵在"九地"中所产生的不同心理状态，从而指出在不同地域作战应采取不同的作战原则，并注意掌握士兵的心理状态，灵活机动地发挥部队战斗力。孙子还提出深入敌国的军事思想，主张把战争引向敌国境内，实行兼并战争。

⑳ 散地：指士卒近家，战不利则心易散，故言散地。曹操注："士卒恋土，道近易散。"杜牧曰："士卒近家，进无必死之心，退军归投之处。"

㉑ 轻地：梅尧臣注："入敌未远，道近轻返。"此句言军队进入敌境未深，可以轻易撤回。

㉒ 争地：曹操曰："可以少胜众，弱击强。"杜牧曰"必争之地，乃险要也。"此谓谁先占领就对谁有利的军事要地。

地，有围地，有死地。诸侯自战其地，为散地。入人之地而不深者，为轻地。我得则利，彼得亦利者，为争地。我可以往，彼可以来者，为交地。诸侯之地三属①，先至而得天下之众者②，为衢地。入人之地深，背城邑多者，为重地③。行山林、险阻、沮泽，凡难行之道者，为圮地。所由入者隘，所从归者迂④，彼寡可以击吾之众者，为围地。疾战则存，不疾战则亡者，为死地⑤。是故散地则无战⑥，轻地则无止⑦，争地则无攻⑧，交地则无绝⑨，衢地则合交⑩，重地则掠⑪，圮地则行⑫，围地则谋⑬，死地则战⑭。

所谓古之善用兵者，能使敌人前后不相及⑮，众寡不相恃⑯，贵贱⑰不相救，上下不相收⑱，卒离而不集⑲，兵合而不齐。合于利而动，不合于利而止。敢问：敌众整而将来，待之若何？曰：先夺其所爱⑳，则听㉑矣。兵之情主速㉒，乘人之不及，由不虞之道㉓，攻其所不戒也。

凡为客之道㉔：深入则专㉕，主人不克㉖；掠于饶野㉗，三军足食；谨养而勿劳㉘，并气

---

① 诸侯之地三属：三属，三国交界的地方。曹操注："我与敌相当，而傍有他国也。"

② 先至而得天下之众者：此句谓先到达可以得到诸侯列国的援助。曹操注："先至得其国助。"杜牧曰："天下，犹言诸侯也。"

③ 入人之地深，背城邑多者，为重地：谓深入敌国，所过城邑众多的地区，为重地。杜牧注："难返还也。背，去也；背与倍同。多，道里多也。"梅尧臣注："过城已多，津要绝塞，故曰重难之地。"二说皆是。

④ 所由入者隘、所从归者迂：进入的道路狭隘而回归的道路迂远。

⑤ 死地：梅尧臣注："前不得进，后不得退，旁不得走，不得不速战也。"此谓不速战求生则会被消灭之地。

⑥ 无战：不宜作战。李筌注："恐走散也。"张预注："士卒怀生，不可轻战。"二注均是。

⑦ 无止：不宜停留。赵本学注："入敌未深，人心未固，务速进攻，以期过险。"

⑧ 争地则无攻：梅尧臣曰："形胜之地，先据乎利；若敌已得其处，则不可攻。"曹操注曰："不当攻，当先至为利也。"此句谓敌已占据争地则不可进攻。

⑨ 交地则无绝：梅尧臣曰："道既错通，恐其邀截，当令部伍相及，不可断也。"全句言在交地，部伍相联结，不可断绝。

⑩ 衢地则合交：合交，曹操注："结诸侯也。"孟氏注："得交则安，失交则危也。"全句谓在行地，则当结交诸侯，陷敌于孤立。

⑪ 重地则掠：梅尧臣曰："去国既远，多背城邑，粮道必绝，则掠畜积以继食。"全句谓在重地作战则掠夺敌资粮。

⑫ 圮地则行：张预曰："难行之地，不可稽留也。"全句谓在圮地就应迅速通行。

⑬ 围地则谋：处围地则发谋以取胜。

⑭ 死地则战：在死地则力战以求生。

⑮ 不相及：不相连续。

⑯ 众寡不相恃：恃，依靠。全句谓大部队与小部队不能协同依恃。

⑰ 贵贱：指官与兵。

⑱ 不相收：不相统属，不能收聚。

⑲ 卒离而不集：离，分、散。《吕览·大乐》："离则复合"，高诱注："离，散也。"言士卒分散难于集中。

⑳ 夺其所爱：剥夺敌人所爱惜依恃的有利条件。

㉑ 听：《广雅·释诂》云："听，从也。"意谓使敌被动，从我意愿。

㉒ 兵之情主速：张预注："用兵之理，惟尚神速。"全句谓用兵的道理是以神速为上。

㉓ 由不虞之道：通过敌人料想不到的道路。

㉔ 为客之道：客，进入敌国作战的部队。全句谓深入敌境作战部队的用兵规律。

㉕ 深入则专：专，《广雅·释言》："齐也。"全句谓深入敌境，则军心一致。

㉖ 主人不克：梅尧臣曰："为客者，入人之地深，则士卒专精，主人不能克我。"全句谓在本土作战的军队，无法战胜客军。

㉗ 掠于饶野：谓掠夺野外的粮草。

㉘ 谨养而勿劳：认真养练休整，勿使疲劳。

积力①，运兵计谋，为不可测②。投之无所往，死且不北③，死焉不得，士人尽力④。兵士甚陷则不惧⑤，无所往则固⑥，深入则拘，不得已则斗⑦。是故其兵不修而戒⑧，不求而得⑨，不约而亲⑩，不令而信。禁祥去疑⑪，至死无所之⑫。吾士无余财，非恶货也⑬；无余命，非恶寿也⑭。令发之日，士卒坐者涕沾襟，偃卧者涕交颐⑮。投之无所往者，诸、刿⑯之勇也。

故善用兵者，譬如率然⑰；率然者，常山⑱之蛇也。击其首则尾至，击其尾则首至，击其中则首尾俱至。敢问：兵可使如率然乎？曰：可。夫吴人与越人相恶也，当其同舟而济，遇风，其相救也，如左右手。是故方马埋轮⑲，未足恃也；齐勇若一，政之道也⑳；刚柔皆得，地之理也㉑。故善用兵者，携手若使一人㉒，不得已也。

将军㉓之事：静以幽，正以治㉔。能愚士卒之耳目，使民无知㉕。易其事，革其谋，使

---

① 并气积力：并，合并，此为鼓舞、鼓励之意。全句谓鼓舞士气，积蓄力量。

② 为不可测：使敌人无法做出正确的判断。

③ 投之无所往，死且不北：梅尧臣注："置在必战之地，知死而不退走。"全句意谓将士卒置于无路可走的境地，虽死也不会败退。

④ 死焉不得，士人尽力：全句言置于死地的士卒必人人拼死尽力。

⑤ 兵士甚陷则不惧：张预曰："陷在危亡之地，人持必死之志，岂复畏敌也。"全句谓兵士深陷于危难之中，那么反而无所畏惧。

⑥ 无所往则固：往，杜牧注："走也。"固，李筌注："坚也。"全句言无路可走，则军心稳固。

⑦ 不得已则斗：曹操注："人穷则死战也。"

⑧ 不修而戒：修，修明法令。戒，警戒。曹操注："不求索其意，自得力也。"全句言士卒们不待休整而自戒备。

⑨ 不求而得：梅尧臣注："不索而情自得。"张预注："不求索而得情意。"全句谓不待征求而情意已得。

⑩ 不约而亲：梅尧臣注："不约而众自亲。"全句言不待约束而自亲和。

⑪ 禁祥去疑：梅尧臣注："妖祥之事不作，疑惑之言不入。"全句谓禁止迷信和谣言之事，避免士卒疑惑。

⑫ 至死无所之：士卒们至死也不会逃跑。

⑬ 无余财，非恶货也：梅尧臣曰："不得已竭财货。"全句言兵卒们毁弃财物，抛弃必需品以外的钱财，并非不爱惜财物，实乃性命不保，何惜财物。

⑭ 无余命，非恶寿也：士卒们不顾性命去拼死搏斗，并非不愿长寿，而是身陷死地，不得不舍命以求生。

⑮ 偃卧者涕交颐：士卒们仰卧在地，泪流满面。

⑯ 诸、刿：均为人名，指专诸、曹刿。

⑰ 率然：古代传说中的一种蛇。《神异经·西荒经》："西方山中有蛇，头尾差大，有色五彩。人物触之者，中头则尾至，中尾则头至，中腰则头尾并至，名曰率然。"

⑱ 常山：即恒山。西汉时因避汉文帝刘恒的"恒"字而改为常山。

⑲ 方马埋轮：曹操注："方，缚马也；埋轮，示不动也，此言专难不如权巧。故曰：虽方马埋轮，不足恃也。"全句谓缚马埋轮，以示坚守的决心。

⑳ 齐勇若一，政之道也：齐，齐心协力。梅尧臣曰："使人齐勇如一心而无怯者，得军政之道也。"全句谓三军齐勇如一人，靠的是军政之道严明，即治军有方。

㉑ 刚柔皆得，地之理也：王皙曰："刚柔，犹强弱也。言三军之士，强弱皆得其用者，地利使之然也。"全句意谓强者和弱者都能充分发挥战斗力，是巧妙地借助地形使然。

㉒ 携手若使一人：张预注："三军虽众，如提一人之手而使之，言齐一也。"

㉓ 将军：将，率领。将军，即主持军事。

㉔ 静以幽，正以治：曹操注云："谓清静幽深平正。"全句谓沉静而深邃、公正而有条理。

㉕ 能愚士卒之耳目，使民无知：曹操注："愚，误也。民可以乐成，不可以虑始。"李筌注："为谋未熟，不欲令士卒知之。"全句译为蒙蔽士卒的耳目，不让他们知晓军情。

民无识①；易其居，迂其途，使民不得虑②。帅与之期，如登高而去其梯③；帅与之深入诸侯之地，而发其机④；若驱群羊，驱而往，驱而来，莫知所之。聚三军之众，投之于险，此谓将军之事也。九地之变，屈伸之利⑤，人情之理，不可不察。

凡为客之道：深则专，浅则散⑥。去国越境而师者，绝地也⑦；四达者，衢地也；入深者，重地也；入浅者，轻地也；背固前隘⑧者，围地也；倍固前敌者，死地也；无所往者，穷地也。是故散地，吾将一其志⑨；轻地，吾将使之属⑩；争地，吾将趋其后⑪；交地，吾将谨其守；衢地，吾将固其结⑫；重地，吾将继其食⑬；圮地，吾将进其涂；围地，吾将塞其阙⑭；死地，吾将示之以不活⑮。故兵之情：围则御，不得已则斗，过则从⑯。

是故不知诸侯之谋者，不能预交⑰；不知山林、险阻、沮泽之形者，不能行军；不用乡导者，不能得地利。四五者⑱，不知一，非霸王之兵⑲也。夫霸王之兵，伐大国，则其众不得聚⑳；威加于敌，则其交不得合㉑。是故不争天下之交㉒，不养天下之权，信己之私㉓，

---

① 易其事，革其谋，使民无识：张预注："前所行之事，旧所发之谋，皆变易之，使人不可知也。"全句意谓变更部署，改变计谋，使人无法识破。

② 易其居，迂其途，使民不得虑：梅尧臣注云："更其所安之居，迂其所趋之途，无使人能虑也。"全句言变换驻防，迂回行军，使人们不得图谋。

③ 帅与之期，如登高而去其梯：赵本学注："期，约战之所也。"全句谓主帅与军队约战，犹言赋予作战任务，断绝其退路，使之勇往直前。

④ 帅与之深入诸侯之地，而发其机：机，弩机之扳机。此言将帅率兵深入重地后抓住战机，发动攻势。

⑤ 九地之变，屈伸之利：张预注曰："九地之法，不可拘泥，须识变通，可屈则屈，可伸则伸，审所利而已。"全句译为九地作战原则的灵活运用，或屈或伸的利害关系。

⑥ 深则专，浅则散：在敌国境内作战，深入则士卒一致，浅进则士卒涣散。

⑦ 去国越境而师者，绝地也：赵本学注本云："去国去己之国，越境越人之境。绝，绝望之意。此篇无绝地之文，此特因上文诸侯自战其地为散地之句，而反言申之也。"另一说，梅尧臣注云："进不及轻，退不及散，在二地之间也。"

⑧ 背固前隘：梅尧臣曰："背负险固，前当厄塞。"张预曰："前狭后险，进退受制于人也。"此句谓背后险固，前路狭隘。

⑨ 一其志：李筌注："一卒之心。"此言统一士卒意志。

⑩ 使之属：使军队部属相连接。

⑪ 趋其后：曹操注："利地在前，当速进其后也。"杜佑注："利地在前，当进其后；争地先据者胜，不得者负。"全句谓后续部队迅速跟进。

⑫ 固其结：杜牧注："结交诸侯，使之牢固。"此句言巩固与诸侯的结盟。

⑬ 继其食：贾林注："使粮相继而不绝也。"全句译为补充军粮，保障供给。

⑭ 塞其阙：孟氏注："意欲突围，示以守固。"此言堵塞阙口。

⑮ 示之以不活：表示死战的决心。

⑯ 过则从：孟氏曰："甚陷则无所不从。"全句谓陷于险境十分深重则无不听从。

⑰ 不知诸侯之谋者，不能预交：不了解诸侯的谋略，不能同他交往。

⑱ 四五者：指九地。曹操注："谓九地之利害。"清夏振翼《武经体注大全会解》云："四五，指'九地'言。'九地'中五为客兵，四为主兵，故不合言之而分言之。"

⑲ 霸王之兵：曹操注："霸者，不结成天下诸侯之权也。绝天下之交，夺天下之权，故己威得伸而自私。"全句谓能够称霸诸侯的军队。

⑳ 其众不得聚：聚，集中、动员。全句言敌人的军队来不及动员集中。

㉑ 威加于敌，则其交不得合：兵威指向敌国，他国惧我之威，不敢与该敌国结交。

㉒ 不争天下之交：不争着与天下诸侯交结。

㉓ 信己之私：信，同"伸"。私，偏爱。全句谓伸展自己对民众的恩爱。

威加于敌，故其城可拔，其国可隳①。施无法之赏，悬无政之令②，犯三军之众③，若使一人。犯之以事，勿告以言④；犯之以利，勿告以害⑤。投之亡地然后存，陷之死地然后生⑥，夫众陷于害，然后能为胜败⑦。故为兵之事，在于顺详敌之意⑧，并敌一向⑨，千里杀将，此谓巧能成事者也。

是故政举之日⑩，夷关折符，无通其使⑪；厉于廊庙之上⑫，以诛其事⑬。敌人开阖⑭，必亟入之。先其所爱⑮，微与之期⑯。践墨随敌⑰，以决战事。是故始如处女，敌人开户，后如脱兔，敌不及拒⑱。

学习建议

1. 学习掌握中国传统军事谋略思想和运筹艺术，包括“安国全军”的“慎战”论，“不战而屈人之兵”的善战论和“知己知彼”的备战论：孙武的“谋胜”艺术；孙武的管理之道。继承、弘扬祖国优秀的文化遗产，提高谋略运筹水平。

2. 了解《孙子》的篇章结构、历史地位、研究现状及其对后世的影响。

3. 延伸阅读篇目：

《作战》篇、《虚实》篇、《军争》篇、《九变》篇、《行军》篇、《地形》篇、《火攻》篇、《用间》篇。

---

① 其国可隳：《吕览·顺说》：“隳人之城郭”，高诱注：“隳，坏也。”全句谓可毁坏其国都。

② 施无法之赏，悬元政之令：无法，超出惯例，破格。悬，挂、颁布。黄巩《集注》：“无法之赏，谓破格也；无政之令，谓临享应变。”

③ 犯三军之众：犯，干也。此为驱使、任用之意。全句言使用三军队伍。

④ 勿告以言：王皙注：“情泄则谋乖。”此谓不要告诉士兵的意图。

⑤ 犯之以利，勿告以害：命令他们去完成任务，只告诉有利条件，不告诉危险因素，使其信心坚定。

⑥ 投之亡地然后存，陷之死地然后生：曹操注：“必殊死战，在亡地无败者。孙膑曰：‘兵恐不投之死地也。’”梅尧臣曰：“地虽曰亡，力战不亡；地虽曰死，死战不死。故亡者存之基，死者生之本也。”全句谓置军队于危亡之地，然后可以保存。

⑦ 能为胜败：意谓军队陷入危亡之地才能取胜。

⑧ 顺详敌之意：顺详，详通“佯”，假装顺从，全句言假装顺从敌人的企图。

⑨ 并敌一向：集中优势兵力，选择恰当的进攻方向。

⑩ 政举之日：决定实施民略计划的时候。

⑪ 夷关折符，无通其使：夷，封锁。符，通行证。曹操注：“谋定，则闭关以绝其符信，勿通其使。”全句言废除通行凭证，断绝交通往来。

⑫ 厉于廊庙之一：厉，反复推敲。此言在庙堂上反复研究，以决定战争大事。

⑬ 以诛其事：诛，治，这里指研究。此句言决定这一大事。

⑭ 开阖：曹操注：“敌有间隙，当急人之也。”在此比喻可乘之机。

⑮ 先其所爱：杜牧注：“凡是敌人所爱惜，倚恃以为军者，则先夺之也。”

⑯ 微与之期：期，约、合。全句谓不要与敌人约期交战。

⑰ 践墨随敌：践，通“划”。贾林注：“划，除也。”墨，墨守成规。全句意谓避免墨守成规，随敌情变化来决定作战方案。

⑱ 始如处女，敌人开户，后如脱兔，敌不及拒：全句言开始如处女般柔弱沉静，使敌人放松警戒，后如逃兔一般迅捷，打击敌人，使之措不及防。

楚　辞

导读

“楚辞”是战国时期兴起于楚国的一种诗歌样式。“楚辞”的名称，最早见于西汉前期。汉人有时简称它为“辞”，或连称为“辞赋”。又由于楚辞中最有代表性的作品是屈原的《离骚》，所以后人也有以“骚”来指称楚辞的。如萧统《文选》中的“骚”类、刘勰《文心雕龙》中的《辨骚》篇，就是对整个楚辞而言。从汉代开始，“楚辞”成为屈原等人作品的总集名。

“楚辞”渊源于中国江淮流域楚地的歌谣。它受着《诗经》的某些影响，但同它有直接血缘关系的，还是在南方土生土长的歌谣。可是这些楚地歌谣仅一鳞半爪地存于历史记载中，只是到了战国中期，屈原等人的一系列作品出现于楚国文坛之后，楚辞才形成一代文学样式。

“楚辞”的特征，宋代黄伯思在《校定楚辞序》中概括说：“盖屈宋诸骚，皆书楚语，作楚声，记楚地，名楚物，故可谓之‘楚辞’”（见《宋文鉴》卷九十二）。这一说法是正确的。除此而外，《楚辞》中屈、宋作品所涉及的历史传说、神话故事、风俗习尚以及所使用的艺术手段、浓郁的抒情风格，无不带有鲜明的楚文化色彩。这是楚辞的基本特征。它们是与中原文化交相辉映的楚文化的重要组成部分。

“楚辞”约于西汉前期已成为屈、宋等人作品的总称。《史记》、《汉书》在记述西汉事时，或者以《春秋》与“楚辞”对举，或者把“六艺”与“楚辞”并列，都表明此点。西汉末成帝河平三年（公元前26年）刘向领校中秘书，整理屈、宋诸作品，始编定《楚辞》。虽然东汉末郑玄、晋代郭璞等在注释其他典籍场合，引述屈原作品有时还以“离骚”来代称楚辞，但作为总集名称的《楚辞》，已流传于世。

安帝元初初年，王逸作《楚辞章句》。这就是现存最古的《楚辞》注本。以后，历代学者又对《楚辞》作了大量研究，产生了许多专著。

《楚辞》在中国诗史上占有重要地位。《诗》、《骚》并称，成为中国古典诗歌的两大源头。特别是《楚辞》中的屈原作品，以其深邃的思想、浓郁的情感、丰富的想象、瑰丽的文辞，体现了内容与形式的完美统一。它的比兴寄托手法，不仅运用在遣词造句上，且能开拓到篇章构思方面，为后人提供了创作的楷模。而它对其后的赋体、骈文、五七言诗的形成，又都发生了深远的影响。诚如刘勰所说：“其衣被词人，非一代也。”

屈原（约公元前340年—约公元前278年）我国最早的伟大诗人。名平，字原。战国楚人。初辅佐怀王，做过左徒，三闾大夫。主张彰明法度，举贤授能，改革政治，联齐抗秦。在同腐朽贵族势力作斗争中，遭谗去职。顷襄王时被放逐，长期流浪沅、湘流域。后因楚国的政治更加腐败，国都郢亦为秦兵攻破，悲愤至极，遂投汨罗江而死。现存屈原的作品，皆出自刘向辑集的《楚辞》，计二十五篇。它们是：《离骚》、《九歌》（十一篇）、《天问》、《九章》（九篇）、《远游》、《卜居》、《招魂》。

宋玉的生平事迹难以详考。从《史记》、《汉书》、《韩诗外传》、《文选》等的零星记载中，可知他是战国末期楚国人，后于屈原。他出身寒微，曾事襄王为"小臣"，才高位低，颇不得志。王逸曾说他是"屈原弟子"，虽无确证，但其作品确实师法屈原。《汉书·艺文志》著录"宋玉赋十六篇"，篇目失考。《楚辞》载有《九辩》。

离骚（节选）①

屈 原

帝高阳之苗裔兮，朕皇考曰伯庸②。摄提贞于孟陬兮，惟庚寅吾以降③。皇览揆余初度兮，肇锡余以嘉名④。名余曰正则兮，字余曰灵均⑤。

纷吾既有此内美兮，又重之以修能⑥。扈江离与辟芷兮，纫秋兰以为佩⑦。汩余若将不及兮，恐年岁之不吾与⑧。朝搴阰之木兰兮，夕揽洲之宿莽⑨。日月忽其不淹兮，春与秋其代序⑩。惟草木之零落兮⑪，恐美人之迟暮⑫。不抚壮而弃秽兮，何不改乎此度⑬？乘骐骥以驰骋兮，来吾道夫先路⑭！

---

① 《离骚》，屈原的代表作之一，是先秦时期篇幅最长的长篇抒情诗，也是中国文学史上绝无仅有的被一再评为可与日月争光的诗。诗大约作于楚怀王时期。诗中批判了楚国当权贵族的黑暗的政治和政治恶习，主张举贤授能，实现屈原自己进步的政治理想，并反复表达了他追求真理的不屈精神。诗中屈原的爱国、爱民精神和对追求真理的执著，影响了一代又一代的中国人。离骚：篇名历来有好几种解释，我们倾向于认为，离骚就是遭受忧愁的意思，与《楚辞》自身中"离尤"、"离忧"的格式相同。离，罹，遭受；骚，忧、愁。

② "帝高"二句，说自己是古帝王高阳氏的后代，父亲名叫伯庸。高阳：一般认为即五帝之一的颛顼的称号。苗裔：后代子孙。朕：我。皇：光明，美盛。考：父亲死后称考。后文简称"皇"。

③ "摄提"二句：说自己是在寅年正月的庚寅日降生的。摄提：即摄提格，太岁在寅叫摄提格，即寅年。贞：正。孟陬（zōu）：正月。夏历正月为寅月。这两句是屈原自道出生于一个特别的日子，即寅年、寅月、寅日，全碰上"寅"的日子是很难得的，显示他出生不凡。

④ "皇览"二句：父亲根据我初生时的气度，赐给我一个美好的名字。览：观察。揆（kuí）：估量。初：初生时节。度：气度。肇（zhào）：才，便。锡：赐。嘉：美。

⑤ 正：公正。则：法则。正则：隐括屈原的名"平"。灵；美，善。均：形容地势均衡平坦。灵均：隐括屈原的字"原"（高而平坦的土地）。

⑥ 纷：形容盛多。内美：指内在的美好品质。重：加上。修能：美好的仪态。"能"一作"态"。

⑦ 扈：披在身上。江离：香草名，今名川芎。辟芷：生在幽僻处的芷草，芷也是一种香草。纫：连缀成串的意思。兰：香草名。佩：指佩带在身上的玉佩。

⑧ 汩（mì）：形容水流迅疾，这里比喻时光流逝之快。与：待。不吾与：不等待我。

⑨ 搴（qiān）：拔取。阰（pí）：大土坡。木兰：香草名。揽：采。宿莽：一种经冬不死的香草。

⑩ 日月：指时光。忽：倏忽，形容时光迅速。淹：久留。序：次序。代序：春秋顺序轮换，即春去秋来之意。

⑪ 惟：语助词。零落：飘零、飘落。

⑫ 美人：比喻国君，可能指楚怀王。迟暮：指年老。

⑬ "不抚"二句：说楚王为何不趁年富力强的时候抛弃秽政，为什么不改变这种法度呢？抚：凭借。壮：壮年。度：法度，指政治条律。

⑭ "乘骐"二句：说楚王如肯委任贤臣，自己愿为先导。骐骥：骏马，比喻良才。道：同"导"。先路：前驱。

昔三后之纯粹兮[①]，固众芳之所在[②]。杂申椒与菌桂兮，岂惟纫夫蕙茝[③]？彼尧舜之耿介兮，既遵道而得路[④]。何桀纣之猖披兮，夫唯捷径以窘步[⑤]。惟夫党人之偷乐兮[⑥]，路幽昧以险隘[⑦]。岂余身之惮殃兮[⑧]，恐皇舆之败绩[⑨]。忽奔走以先后兮，及前王之踵武[⑩]。荃不察余之中情兮[⑪]，反信谗而齌怒[⑫]。余固知謇謇之为患兮[⑬]，忍而不能舍也[⑭]。指九天以为正兮[⑮]，夫惟灵修之故也[⑯]！曰黄昏以为期兮，羌中道而改路[⑰]。初既与余成言兮，后悔遁而有他[⑱]。余既不难夫离别兮[⑲]，伤灵修之数化[⑳]。

余既滋兰之九畹兮，又树蕙之百亩[㉑]。畦留夷与揭车兮[㉒]，杂杜衡与芳芷[㉓]。冀枝叶之峻茂兮[㉔]，愿竢时乎吾将刈[㉕]。虽萎绝其亦何伤兮[㉖]，哀众芳之芜秽[㉗]。众皆竞进以贪婪兮[㉘]，凭不厌乎求索[㉙]。羌内恕己以量人兮，各兴心而嫉妒[㉚]。忽驰骛以追逐兮[㉛]，非余心之所急。老冉冉其将至兮，恐修名之不立[㉜]。朝饮木兰之坠露兮，夕餐秋菊之落英[㉝]。苟余

---

① 三后：指楚国的先君熊绎、若敖、蚡冒。纯粹：指德行纯真完美。

② 众芳：即下文椒、桂、蕙、茝等香草，比喻贤能的人。

③ “杂申”二句：是说岂但把蕙、茝等香草联结成串以为佩饰，还杂有申椒、菌桂等香木。意思是求贤普遍，贤才众多。茝：同“芷”，即白芷。今人赵逵夫据武威医药汉简定茝为芷的古字，是对的。

④ “彼尧“二句：说尧、舜是光明正直的，他们循着正道前进，因而得到宽广的前途。耿：光明。介：正直。

⑤ “何桀”二句：说桀、纣是狂妄邪恶的，他们走上斜出的小路，因此寸步难行。猖：猖狂。披：邪恶。夫：彼。

⑥ 党人：指楚宫内部把持政权的贵族集团。偷乐：苟安享乐。

⑦ 幽昧：昏暗不明。以：加以。险隘：指党人将楚王引上危险而狭隘的道路。

⑧ 惮（dàn）：怕。殃：灾祸。

⑨ 皇舆：国王的车，这里喻王朝。败绩：战车倾覆。

⑩ “忽奔”二句：是说自己要在皇舆前后奔走效力，使它定上三后、尧、舜的正路。意思是要在政治上辅佐怀王，使他走上正确的道路。忽：迅疾的样子。踵武：足迹。

⑪ 荃：香草名，比喻楚王。中情：内心。

⑫ 齌（jì）：用急火烧饭。齌怒：急怒。

⑬ 謇謇（jiǎn）：尽忠直言的样子。

⑭ “忍而”句：想忍耐却止不住。

⑮ 九天：九重天。正：证。

⑯ 灵修：神灵，指楚王。

⑰ “曰黄”二句：古人黄昏时结婚，所以这里将与楚王结亲的日期定在黄昏，可是婚还没结，走到半路上却改路了。都是比喻的说法。据洪兴祖《楚辞补注》的考订，这两句是衍文，应删。

⑱ “初既”二句：先已同我有了成约，可是后来竟改变初衷，有了另外的打算。悔遁：因反悔而逃避。

⑲ 离别：指被楚怀王疏远而离去。

⑳ 数化：屡次改变主意。

㉑ “余既”二句：比喻培养贤才。滋：生。树：栽种。畹（wǎn）：三十亩为一畹。

㉒ 畦（qí）：田垄，用作动词，一垄一垄地种植。留夷、揭车：都是香草名。

㉓ 杜衡：一作“杜蘅”，香草名。

㉔ 冀：希望。峻茂：高大茂盛。

㉕ 竢：同“俟”，等待。刈（yì）：收割。

㉖ 萎绝：枯萎死亡，比喻所培植的人受到迫害。

㉗ 芜秽：比喻所培植的人变节。

㉘ 竞进：比赛着追逐权势利禄。

㉙ 凭：满，满足。求索：追求索取。

㉚ “羌内”二句：是说这些小人宽恕自己而苛求别人，生性嫉妒贤能。羌：语助词，楚国方言。

㉛ 驰骛（wù）：骑马奔跑。追逐：指追逐权势利禄。

㉜ 冉冉：渐渐。修名：美名。

㉝ 落：始也。英：花。落英，即初生的嫩的花瓣。

情其信姱以练要兮①，长颇颔亦何伤②。擥木根以结茝兮，贯薜荔之落蕊③。矫菌桂以纫蕙兮，索胡绳之纚纚④。謇吾法夫前修兮，非世俗之所服⑤。虽不周于今之人兮⑥，愿依彭咸之遗则⑦。

长太息以掩涕兮⑧，哀民生之多艰⑨。余虽好修姱以鞿羁兮⑩，謇朝谇而夕替⑪。既替余以蕙纕兮⑫，又申之以揽茝⑬。亦余心之所善兮，虽九死其犹未悔⑭！

怨灵修之浩荡兮⑮，终不察夫民心⑯。众女嫉余之蛾眉兮⑰，谣诼谓余以善淫⑱。固时俗之工巧兮⑲，偭规矩而改错⑳。背绳墨以追曲兮㉑，竞周容以为度㉒。忳郁邑余侘傺兮㉓，吾独穷困乎此时也㉔。宁溘死以流亡兮㉕，余不忍为此态也㉖。鸷鸟之不群兮㉗，自前世而固然。何方圆之能周兮，夫孰异道而相安㉘。屈心而抑志兮㉙，忍尤而攘诟㉚。伏清白以死直兮㉛，固前圣之所厚㉜。

---

① 信：诚。姱（kuā）：美好。信姱：确实好。以：与。练要：精要。

② 长：长久。颇颔（kǎn hàn）：因饥饿而面黄的样子。

③ 擥：同“揽”。木根：犹树枝。结：系。薜荔（bìlì）：木质蔓生植物，常攀缘其他大树或墙崖生长，夏季开花，花白色，果实又叫凉粉果，可作凉粉。这两句是说拿白芷编花枝，拿薜荔编花串。

④ 矫：举。索：用作动词，编绳。胡绳：香草名。纚纚（xǐ）：连缀的样子。这两句与前两句的意思差不多，都是说自己平素的修养好。

⑤ 謇：语助词，楚方言。法：效法。前修：前代贤人。服：用。

⑥ 周：相合，重合。

⑦ 依：依照。彭咸：相传是殷贤大夫，谏其君不听，投水而死。遗则：留下的准则。

⑧ 太息：大声叹息。掩涕：揩拭涕泪。

⑨ 民：人，民生：即人生。

⑩ 修姱：美好。鞿（jī）：马缰绳。羁：马笼头。这里“鞿羁”是约束自己的意思。

⑪ 谇（suì）：进谏。替：废弃。是说早上进谏而晚上就被废弃。

⑫ 蕙纕（xiāng）：纕通“缫”，佩带，蕙纕即缫蕙。

⑬ 申：重，加上。

⑭ 九死：死九次，言其多也。

⑮ 浩荡：脑子空荡无所思虑的样子。

⑯ 民心：人心。

⑰ 众女：比喻楚国当权派。蛾眉：这里指美德。

⑱ 谣诼（zhuó）：谣，造谣；诼，谮毁。

⑲ 固：诚然是。工巧：指表面工作十分到位。

⑳ 偭（miǎn）：按依《说文解字》等，偭应是面向之意。规矩：法度。错：同“措”，措施。这句是说面向规矩改规矩，即公然违法。

㉑ 背：违背。绳墨：木工用以取直线的工具。曲：邪曲。

㉒ 周容：迎合以取容。容：接纳。

㉓ 忳（tún）：忧愁深积的样子。郁邑：苦闷不伸的样子。邑：同“悒”。侘傺（chà chì）：失神，茫然无主的样子。

㉔ 穷：尽。这句是说没有出路。

㉕ 宁：宁愿。溘（kè）：忽然。以：且。流亡：指灵魂漂泊。

㉖ 态：指苟合取容之态。

㉗ 鸷鸟：指鹰、鹞一类猛禽，比喻刚强正直之人。不群：不愿与凡鸟同群。

㉘ “何方”二句：是说道不同不能安处，正如方与圆不能苟合。

㉙ 屈心抑志：心志受到委屈、压抑。

㉚ 尤：罪过。攘：通“让”，忍辱不理睬之意。诟：辱。

㉛ 伏：同“服”，保持。死直：为正直而死。

㉜ 厚：重视。

悔相道之不察兮，延伫乎吾将反①。回朕车以复路兮②，及行迷之未远③。步余马于兰皋兮④，驰椒丘且焉止息⑤。进不入以离尤兮⑥，退将复修吾初服⑦。制芰荷以为衣兮⑧，集芙蓉以为裳⑨。不吾知其亦已兮，苟余情其信芳⑩。高余冠之岌岌兮⑪，长余佩之陆离⑫。芳与泽其杂糅兮⑬，唯昭质其犹未亏⑭。忽反顾以游目兮⑮，将往观乎四荒。佩缤纷其繁饰兮，芳菲菲其弥章⑯。民生各有所乐兮，余独好修以为常⑰。虽体解吾犹未变兮⑱，岂余心之可惩⑲！

九歌·湘君⑳

君不行兮夷犹，蹇谁留兮中洲㉑！美要眇兮宜修，沛吾乘兮桂舟㉒。令沅湘兮无波，使江水兮安流㉓。望夫君兮未来，吹参差兮谁思㉔！

驾飞龙兮北征，邅吾道兮洞庭㉕。薜荔柏兮蕙绸，荪桡兮兰旌㉖。

---

① 相：观察。延：久。伫：站立。延伫是停下来观察的含义。反：同“返”。

② 复路：原路。

③ 及：及时。意思是说赶快回去吧，虽然迷失了一阵幸好走得还不是太远。

④ 皋（gāo）：水边高地。兰皋：生有兰草的水边高地。

⑤ 驰：奔驰。椒丘：有椒树的小山。且焉止息：正常语序是“且止息焉”，意思是在那儿休息一下，倒序是为了跟下文押韵。

⑥ 进不入：进取但是没能取效。离尤：同“罹尤”，遭罪。

⑦ 初服：当初的衣服，比喻原来的志趣。意思是由原来的进取改为退隐。

⑧ 芰（jì）：菱。

⑨ 集：连缀集结。芙蓉：水芙蓉，就是荷花。

⑩ 信芳：确实好。

⑪ 岌岌（jí）：高高的样子。

⑫ 陆离：长长的样子。

⑬ 芳：芳香。泽：润泽。“芳与泽”在《楚辞》中几次出现，都是指的美德。杂糅（róu）：集于一处的意思。

⑭ 昭质：光明的品质。亏：损。

⑮ 游目：极目远望。

⑯ 章：彰，显著。

⑰ 好修：喜欢修饰，即执著于自身美德的修养。常：常道，恒久不变的道。

⑱ 体解：肢解，古代一种酷刑。

⑲ 惩：打击并使之从心底里感到恐惧，与《九歌·国殇》“首身离兮心不惩”的“惩”同义。

⑳ 这首《湘君》和下一首《湘夫人》，都是《九歌》中祭祀湘水配偶神的诗歌。湘君指湘水男神，湘夫人指湘水女神，诗人把他们描写成一对相爱而不得相会的恋人。《湘君》以湘夫人的语气写出，写她久盼湘君不来而产生的思念和怨伤。

㉑ 君：指湘君。夷犹：犹豫，拿不定主意。蹇（jiǎn）：发语词，楚方言。中洲：即洲中。

㉒ 要眇：眇通“妙”，女子体态美好的样子。宜修：修饰得适宜。沛：水流或行船很快的样子。桂舟：桂木做的船，喻其贵重。

㉓ 沅湘：沅水和湘水，在湖南洞庭湖面南。江水；长江。下文“大江”、“江”，与此同。

㉔ 夫：彼，那个。参差：指笙或排箫一类参差不齐的管乐器。根据近年来的乐器考古发现，是笙的可能性更大。谁思：思谁。倒文以取韵。

㉕ 飞龙：飞快的龙船。邅（zhān）：转。

㉖ 薜荔柏：柏借为“箔”，用薜荔作帷幔装饰龙船，与《湘夫人》“罔薜荔兮为帷”同义。蕙绸：以蕙为绸。荪（sūn）：香草名。桡（náo）：船桨。荪桡：用荪装饰的船桨。兰旌：以兰为旌。

望涔阳兮极浦，横大江兮扬灵①。扬灵兮未极，女婵媛兮为余太息②。横流涕兮潺湲，隐思君兮陫侧③。

桂櫂兮兰枻，斲冰兮积雪④。采薜荔兮水中，搴芙蓉兮木末⑤。心不同兮媒劳，恩不甚兮轻绝⑥。石濑兮浅浅，飞龙兮翩翩⑦。交不忠兮怨长，期不信兮告余以不闲⑧！

鼂骋骛兮江皋，夕弭节兮北渚⑨。鸟次兮屋上，水周兮堂下⑩。

捐余玦兮江中，遗余佩兮醴浦⑪。采芳洲兮杜若，将以遗兮下女⑫。时不可兮骤得，聊逍遥兮容与⑬。

九歌·湘夫人⑭

帝子降兮北渚，目眇眇兮愁予⑮。嫋嫋兮秋风，洞庭波兮木叶下⑯。

登白薠兮骋望，与佳期兮夕张⑰。鸟何萃兮蘋中，罾何为兮木上⑱！

沅有芷兮醴有兰，思公子兮未敢言⑲。荒忽兮远望，观流水兮潺湲⑳。

---

① 涔阳：地名，湖南澧水有支流涔水，涔阳即位于涔水之北，在洞庭湖西偏北一点。浦：支流入较大水流的入口一带。极浦：远浦。横：渡。扬灵：神采飞扬，指神往。

② 未极：未至。指精神虽能到达远方，但是未见湘君其人。婵媛：忧思郁结的样子。余：指扮演湘夫人的女巫，这样的女巫具有亦神亦巫的双重身份。

③ 潺湲（chányuán）：水流淌的样子，这里形容流泪。隐：忧思而心痛。隐思：痛思，想得痛。陫侧：即“悱恻”的同音借字，形容内心痛苦。

④ 櫂（zhào）：同“棹”，桨一类的划船工具。枻（yì）：楫，也是桨一类的划船工具。斲：斫，砍。斲冰兮积雪：在积雪上斫冰，雪下以后天气持续寒冷则表面上的雪形成冰。是说湘夫人为见湘君不顾千难万险。

⑤ “采薜”二句：意思是说要想在水中采摘陆生的薜荔，在树梢上采摘水生的荷花，都是徒劳无功的，湘夫人盼君未来，自伤痴情，因以为喻。

⑥ “心不”二句：对方和自己不同心，即使有媒人也是徒劳的；如果恩情不深，就容易断绝关系。

⑦ 石濑（lài）：石滩上的急流。浅浅（jiān）；水流迅急的样子。翩翩：龙船船头高高的样子。是说石滩流急龙船难进，会见湘君虽然可以克服天气的困难，却遇到了急滩阻止。

⑧ “交不”二句：相交不忠心，怨恨就长了；约好了日子却不守信用，反而告诉我说没有空闲。湘夫人会见湘君不得，内心不安，生出好多想象。

⑨ 鼂（zhāo）：同“朝”，早晨。骋骛（wù）：奔驰。弭（mǐ）：停止。节：马鞭。渚：水中小洲。

⑩ 次：到达某地停下止息叫“次”，这里是“栖息”的意思。周：环流。这两句暗指物都恋家，何况人呢。很抒情的句子。

⑪ 捐：丢。玦（jué）：环形有缺口的佩玉。遗：留。佩：佩玉。这两句古多歧义。我们认为是湘夫人故意把这些东西遗留在水中作为信物，好让湘君知道（湘君本是水神，遗留在水中当然正是地方），所以下文还要特地采摘香草送给湘君的侍女。

⑫ 采芳洲兮杜若：正常语序应是“采杜若兮芳洲”，这里倒序是为了跟下句的“女”和再下句的“与”押韵（女、与是古鱼部字，若是古铎部字，它们的主要元音相同，所以谐韵）。杜若：香草名。遗（wèi）：赠给。下女：侍女。

⑬ 骤：屡次，多次。聊：姑且。逍遥：自由自在的样子，指放松一下。容与：从容的样子。

⑭ 这首诗主要以湘君的语气写出，其中夹有女巫扮演湘夫人的对唱。

⑮ 帝子：天帝的儿女，指湘夫人。古时子女都可称“子”。眇眇：通“渺渺”，望而不见，眼神显得怅惘的样子。愁予：使我忧愁。

⑯ 嫋嫋：同“袅袅”，余风不断的样子。木叶：树叶。

⑰ 白薠（fán）：一种水草，这里指长白薠的地方。骋望：纵目远望。与（yù）佳期：指和湘夫人约期相会。夕张：在黄昏时布置，表示湘君热诚准备迎接湘夫人到来。

⑱ 萃：聚集。蘋：水草名。罾（zēng）：一种用竹竿或木棍做成十字形支架的网兜状网具。

⑲ 沅澧：湖南西部两大河流，注入洞庭湖。公子：指湘君。

⑳ 荒忽：通“恍惚”，不清晰的样子。本段是女唱。

麋何食兮庭中，蛟何为兮水裔①？朝驰余马兮江皋，夕济兮西澨②。闻佳人兮召予，将腾驾兮偕逝③。

筑室兮水中，葺之兮荷盖④。荪壁兮紫坛，播芳椒兮成堂⑤。桂栋兮兰橑，辛夷楣兮药房⑥。罔薜荔兮为帷，擗蕙櫋兮既张⑦。白玉兮为镇，疏石兰兮为芳⑧。芷葺兮荷屋，缭之兮杜衡⑨。合百草兮实庭，建芳馨兮庑门⑩。九嶷缤兮并迎，灵之来兮如云⑪。

捐余袂兮江中，遗余褋兮醴浦⑫。搴汀洲兮杜若，将以遗兮远者⑬。时不可兮骤得，聊逍遥兮容与。

九章·橘颂⑭

后皇嘉树⑮，橘徕服兮⑯。受命不迁，生南国兮⑰。深固难徙，更壹志兮⑱。绿叶素荣，纷其可喜兮⑲。曾枝剡棘，圆果抟兮⑳。青黄杂糅，文章烂兮㉑。精色内白，类任道兮㉒。纷缊宜修，姱而不丑兮㉓。

---

① 麋：鹿类动物，比鹿大。蛟：传说中的一种龙，居深渊。水裔：水边。

② 澨（shì）：楚人称水边为澨，古籍中凡地名称澨者皆在楚地。

③ 偕逝；一同走。

④ 葺（qì）：用茅草覆盖房顶，这里指用荷叶盖房顶。

⑤ 荪壁：用荪草饰墙壁。紫：紫贝。紫坛：堂屋的台基镶饰以紫贝。播：涂抹。椒：古代用它来涂抹墙壁，取其香。

⑥ 橑（lǎo）：屋椽。辛夷：就是玉兰，又叫木笔。楣：门楣，门框上的横木。药：即白芷。房：指内室。药房：用白芷来装饰内室。

⑦ 罔：通“网”。擗（pǐ）：分析，剖开。櫋（mián）：幔，幕。在旁曰帷，在上曰幕。薜荔为藤状下垂，正好吊作帷；蕙叶长如茅，正好铺作幕。张：陈设。

⑧ 镇：玉镇。疏：分布，陈列。石兰：香草名。

⑨ 缭：缠绕。杜衡：香草名。以上这段是说湘君为迎接湘夫人而筑室水中，各种布置极具芳香之能事。这房屋既是他们想象中的居所，同时也是仪式中的祭祀场所。

⑩ 建：树立。庑门：堂前厢房。装扮好堂屋以后，又在庭院里、厢房边摆放各种花草，散发出芬芳香气。

⑪ 缤：缤纷，多。是说群峰并立以迎神。灵：神。各种准备就绪以后，祭祀典礼开始，群巫扮演群神如云一样的来到。如云：是说神之来多而飘。

⑫ 同《湘君》“捐余玦兮江中，遗余佩兮醴浦”，亦以之为信物。袂（mèi）：衣袖。褋：内衣。

⑬ “搴汀洲兮杜若”同《湘君》“采芳洲兮杜若”，亦倒序以取韵。本段也是女唱。

⑭ 《橘颂》选自《九章》。这是首托物言志的咏物诗，表面上颂橘，实际是诗人对自己理想和人格的表白。学者认为：《橘颂》是屈原的早期创作。

⑮ 后：后土。皇：皇天。后皇，天地。嘉：美，善。

⑯ 徕：同来。服：习惯，适应。以上二句的意思是：皇天后土之间生有美好的橘树，它一生下来就适应当地的水土。

⑰ 受命：禀受天命。迁：迁徙。不迁，指橘树不能移植。传说橘树生于淮南则为橘，生于淮北就变为枳。南国：指南方的楚国。以上二句的意思是：橘树禀受天命，不能迁移，只生在南方的楚国。

⑱ 壹志：志向专一。以上二句的意思是：橘树根深蒂固，难以迁徙，而且志向专一。

⑲ 素荣：白花。纷：茂盛。以上二句的意思是：橘树绿叶白花，长得茂盛可喜。

⑳ 曾：通层。曾枝，一层层的枝条。剡（yǎn）：尖锐。棘：刺。抟（tuán）：圆，楚方言。以上二句的意思是：橘树枝条重重，刺儿尖尖，果实圆圆。

㉑ 青黄：指橘皮，橘子成熟期，皮色青黄相杂。糅：混杂。文章：文采。以上二句的意思是：橘子皮色青黄相杂，文采斑斓。

㉒ 精：鲜明。类：似。以上二句的意思是：橘子的表皮颜色鲜明，内瓤雪白莹洁，好似可以赋予重任的人。

㉓ 纷缊：义同氤氲，指橘的香味。宜修：修饰很自然得体。姱：美好。以上二句的意思是：橘清香馥郁，装扮得体，美而不丑。

嗟尔幼志，有以异兮①。独立不迁，岂不可喜兮？深固难徙，廓其无求②。苏世独立，横而不流兮③。闭心自慎，终不失过兮④。秉德无私，参天地兮⑤。愿岁并谢，与日长友兮⑥。淑离不淫，梗其有理兮⑦。年岁虽少，可师长兮⑧。行比伯夷，置以为像兮⑨。

九　辩⑩

宋　玉

悲哉！秋之为气也。
萧瑟兮，草木摇落而变衰⑪。
憭栗兮，若在远行⑫。
登山临水兮，送将归。
泬寥兮，天高而气清⑬；寂寥兮，收潦而水清⑭。
憯悽增欷兮，薄寒之中人⑮；
怆怳圹悢兮，去故而就新⑯；
坎廪兮，贫士失职而志不平⑰；
廓落兮，羁旅而无友生⑱；惆怅兮，而私自怜。

---

① 嗟：叹词。尔：你，指橘树。幼志：幼年的志向。以上二句的意思是：可叹的是你从小就有志向，与众不同。

② 廓：廓落，指心胸阔大。无求：指没有私利的追求。以上二句的意思是：你深固其根，难以迁徙，你心胸廓落，不求私利。

③ 苏：醒。苏世：对世事有着清醒认识。横：横渡，垂直于流水方向而渡。一说横绝，有独立不阿的品德。流：指随流水而下。以上二句的意思是：你对世事清醒，独立不羁，不媚时俗，有如横渡江河而不随波逐流。

④ 闭心：密闭其心，防止外界污染。自慎：自我谨慎。失过：有过失错误。以上二句的意思是：橘闭心弃欲，谨慎自守，所以终无过失。

⑤ 秉德：持德，保持好品德。参：配，合。以上二句的意思是：橘秉持美德，没有私心，可与天地相合。

⑥ 岁：年岁。谢：去。长友：长久的朋友。以上二句的意思是：希望自己与橘树同心并志，一起度过岁月，做长久的朋友。

⑦ 淑：善。离：通“丽”。梗：强。理：文理。以上二句的意思是：橘树善良美丽而不淫，性格刚强而又有文理。

⑧ 少：年少。师长：动词，为人师长。以上二句的意思是：橘树年虽少，却可为人师长。

⑨ 行：德行。伯夷：古代的贤人，纣王之臣，固守臣道，反对周武王伐纣，与弟叔齐逃到首阳山，不食周粟而死，古人认为他是贤人义士。置：植。像：榜样。以上二句的意思是：橘树的道德品行可与伯夷相比，我要把橘树种在园中，作为榜样。

⑩ 《九辩》是宋玉的代表作，其内容主要是抒发他因不同流俗而被谗见疏、流离失所的悲哀，批判了楚国黑暗的现实政治。作品委婉曲折地表达了对君王的忠诚和自己的怨苦，表现了对国家兴亡的忧虑。它是中国文学史上第一篇情深意长的悲秋之作。

⑪ 摇落：动摇脱落。

⑫ 憭慄：凄凉。

⑬ 泬（xuè）寥：空旷寥廓。

⑭ 潦：积水。

⑮ 憯（cǎn）悽：同“惨悽”。欷：叹息。中：袭。

⑯ 怆怳（huǎng）：失意的样子。圹悢（kuànglǎng）：也是失意的样子。

⑰ 坎廪（lǐn）：坎坷不平。

⑱ 廓落：空虚寂寞的样子。羁旅：滞留外乡。友生：友人。

燕翩翩其辞归兮，蝉寂漠而无声①。
雁廱廱而南游兮②，鹍鸡啁哳而悲鸣③。
独申旦而不寐兮，哀蟋蟀之宵征。
时亹亹而过中兮④，蹇淹留而无成⑤。
悲忧穷戚兮独处廓，有美一人兮心不绎⑥；
去乡离家兮徕远客⑦，超逍遥兮今焉薄⑧！
专思君兮不可化，君不知兮可柰何！
蓄怨兮积思，心烦憺兮忘食事⑨。
愿一见兮道余意，君之心兮与余异。
车既驾兮朅而归⑩，不得见兮心伤悲。
倚结軨兮长太息⑪，涕潺湲兮下霑轼⑫。
慷慨绝兮不得，中瞀乱兮迷惑⑬。
私自怜兮何极？心怦怦兮谅直⑭。
皇天平分四时兮，窃独悲此廪秋⑮。
白露既下百草兮，奄离披此梧楸⑯。
去白日之昭昭兮，袭长夜之悠悠。
离芳蔼之方壮兮⑰，余萎约而悲愁⑱。
秋既先戒以白露兮，冬又申之以严霜。
收恢台之孟夏兮⑲，然欿傺而沉臧⑳。
叶菸邑而无色兮㉑，枝烦挐而交横㉒。

---

① 寂漠：同“寂寞”。
② 廱（yōng）廱：同“雍雍”，雁鸣声。
③ 鹍鸡：一种鸡，黄白色，似鹤。啁哳（zhāozhā）：鸟鸣声繁细。
④ 亹（wěi）亹：行进不停的样子。
⑤ 蹇（jiǎn）：发语词。淹留：滞留。
⑥ 绎：“怿”的假借，愉快。
⑦ 徕远客：来作远客。
⑧ 薄：同“迫”，接近。
⑨ 烦憺（dàn）：烦闷，忧愁。
⑩ 朅（qiè）：去。
⑪ 结軨（líng）：车厢，用木条构成，故称。
⑫ 潺湲（yuán）：流水声，此喻泪流不止。霑：同“沾”。轼：车前横木。
⑬ 瞀乱：心中烦乱。
⑭ 怦怦：忠诚的样子。
⑮ 廪：同“凛”，寒冷。
⑯ 奄：忽。离披：枝叶分离低垂，萎而不振的样子。
⑰ 芳蔼：芳菲繁荣。
⑱ 萎约：枯萎衰败。
⑲ 恢台：广大昌盛的样子。
⑳ 欿傺：王逸《楚辞章句》：“楚人谓住曰傺也。”《文选》“欿傺”作“坎傺”，吕延济主注：“陷止也。”谓草木繁盛的景象停止。
㉑ 菸邑（yūyì）：黯淡的样子。
㉒ 烦挐（ná）：稀疏纷乱的样子。挐，同“拿”。

颜淫溢而将罢兮①，柯仿佛而萎黄。
萷櫹槮之可哀兮②，形销铄而瘀伤③。
惟其纷糅而将落兮④，恨其失时而无当。
揽騑辔而下节兮⑤，聊逍遥以相佯⑥。
岁忽忽而遒尽兮⑦，恐余寿之弗将⑧。
悼余生之不时兮，逢此世之俇攘⑨。
澹容与而独倚兮⑩，蟋蟀鸣此西堂。
心怵惕而震荡兮⑪，何所忧之多方。
印明月而太息兮，步列星而极明⑫。
窃悲夫蕙华之曾敷兮⑬，纷旖旎乎都房⑭。
何曾华之无实兮⑮，从风雨而飞飏！
以为君独服此蕙兮⑯，羌无以异於众芳⑰。
闵奇思之不通兮⑱，将去君而高翔。
心闵怜之惨悽兮，原一见而有明⑲。
重无怨而生离兮，中结轸而增伤⑳。
岂不郁陶而思君兮㉑？君之门以九重！
猛犬狺狺而迎吠兮㉒，关梁闭而不通㉓。
皇天淫溢而秋霖兮㉔，后土何时而得漧㉕？

---

① 淫溢：过甚。罢（pí）通“疲”，在此指植物凋零。
② 萷（shāo）：同“梢”，枝条。櫹槮（xiāo sēn）：同“萧森”，萧条的样子。
③ 销铄：指毁伤。
④ 纷糅：枯枝败草混杂。
⑤ 騑（fēi）：骖马，驾在车子两边的马。节：马鞭。
⑥ 相佯：犹言徜徉。
⑦ 遒：迫近。
⑧ 将：长。
⑨ 俇（kuáng）攘：纷扰不安。
⑩ 容与：迟缓不前的样子。
⑪ 怵（chù）惕：惊惧。
⑫ 极明：到天亮。
⑬ 敷：伸展，借指花朵开放。
⑭ 旖旎：此为花朵繁盛的样子。都房：北堂。
⑮ 曾：“层”的假借。
⑯ 服：佩带
⑰ 羌：发语词。
⑱ 闵：同“悯”。
⑲ 有明：朱熹《楚辞集注》：“有以自明也。”即自我表白。
⑳ 结轸（zhěn）：愁思郁结。
㉑ 郁陶：忧思深重。
㉒ 狺（yín）狺：狗叫声。
㉓ 梁：桥。
㉔ 淫溢：雨下个不止的样子。
㉕ 后土：大地。古人常以“后土”与“皇天”对称。漧（gān）：同“干”。

块独守此无泽兮①，仰浮云而永叹！
何时俗之工巧兮？背绳墨而改错②！
却骐骥而不乘兮，策驽骀而取路③。
当世岂无骐骥兮，诚莫之能善御。
见执辔者非其人兮，故驹跳而远去④。
凫雁皆唼夫粱藻兮⑤，凤愈飘翔而高举。
圜凿而方枘兮⑥，吾固知其钼铻而难入⑦。
众鸟皆有所登栖兮，凤独遑遑而无所集。
愿衔枚而无言兮⑧，尝被君之渥洽⑨。
太公九十乃显荣兮，诚未遇其匹合⑩。
谓骐骥兮安归？谓凤皇兮安栖？
变古易俗兮世衰，今之相者兮举肥。
骐骥伏匿而不见兮，凤皇高飞而不下。
鸟兽犹知怀德兮，何云贤士之不处？
骥不骤进而求服兮⑪，凤亦不贪喂而妄食。
君弃远而不察兮，虽愿忠其焉得？
欲寂漠而绝端兮，窃不敢忘初之厚德。
独悲愁其伤人兮，冯郁郁其何极⑫？
霜露惨悽而交下兮，心尚幸其弗济⑬。
霰雪雰糅其增加兮⑭，乃知遭命之将至。
愿徼幸而有待兮⑮，泊莽莽与野草同死⑯。
愿自往而径游兮，路壅绝而不通⑰。
欲循道而平驱兮，又未知其所从。
然中路而迷惑兮，自厌按而学诵⑱。

---

① 块：块然，孤独的样子。无，通“芜”。泽：沼泽。
② 绳墨：绳线和墨斗，是木工画直线的额工具，借指规则法度。错：同“措”。
③ 驽骀（nǔ tái）：劣马。
④ 驹跳：跳跃。
⑤ 唼（shà）：水鸟或鱼吃东西。
⑥ 圜凿而方枘（ruì）：圆的洞眼安方的榫子。
⑦ 钼铻（jǔ yǔ）：同“龃龉”，彼此不相合。
⑧ 衔枚：指闭口不言。古时行军为防止士兵出声，令他们口中衔一根叫做枚的短木条，故称。
⑨ 渥洽：深厚的恩泽。
⑩ 匹合：合适。
⑪ 服：驾车，拉车。
⑫ 冯：内心愤懑。
⑬ 幸：希望。济：成功。
⑭ 霰：雪珠。雰糅：纷杂。
⑮ 徼幸：同“侥幸”。
⑯ 泊：止。
⑰ 壅（yōng）绝：壅塞，堵塞。
⑱ 厌按：压抑。学诵：学诵《诗经》。春秋时楚国士大夫社交往来常诵诗。

性愚陋以褊浅兮①，信未达乎从容。
窃美申包胥之气盛兮②，恐时世之不同。
何时俗之工巧兮？灭规矩而改凿③！
独耿介而不随兮，原慕先圣之遗教。
处浊世而显荣兮，非余心之所乐。
与其无义而有名兮，宁穷处而守高。
食不媮而为饱兮④，衣不苟而为温。
窃慕诗人之遗风兮，原托志乎素餐⑤。
蹇充倔而无端兮⑥，泊莽莽而无垠。
无衣裘以御冬兮，恐溘死不得见乎阳春⑦。
靓杪秋之遥夜兮⑧，心缭悷而有哀⑨。
春秋逴逴而日高兮⑩，然惆怅而自悲。
四时递来而卒岁兮，阴阳不可与俪偕⑪。
白日宛晚其将入兮⑫，明月销铄而减毁。
岁忽忽而遒尽兮，老冉冉而愈弛⑬。
心摇悦而日幸兮，然怊怅而无冀⑭。
中憯恻之悽怆兮，长太息而增欷。
年洋洋以日往兮，老嵺廓而无处⑮。
事亹亹而觊进兮⑯，蹇淹留而踌躇。
何泛滥之浮云兮？猋壅蔽此明月⑰。
忠昭昭而原见兮，然露曀而莫达⑱。
愿皓日之显行兮，云蒙蒙而蔽之。
窃不自聊而愿忠兮，或黕点而污之⑲。

---

① 褊浅：狭隘浅薄。
② 申包胥：春秋时楚大夫，为救楚国，曾在秦国朝廷上哭了七天七夜，终于感动秦哀公出兵救楚。
③ 凿：当作“错”，即措，措施。
④ 媮：同“偷”，苟且。
⑤ 讬志乎素餐：王夫之《楚辞通释》：“讬志素餐，以素餐为耻。”素餐，吃白饭。
⑥ 充倔：充，充塞；倔，通“屈”，委屈。
⑦ 溘（kè）：突然。
⑧ 靓（jìng）：通“静”。杪（miǎo）秋：秋末。
⑨ 缭悷（liáolì）：缠绕郁结。
⑩ 逴（chuō）逴：走得越来越远。
⑪ 俪偕：同在一起。
⑫ 宛晚：日落时光线黯淡的样子。
⑬ 弛：指精力不济。
⑭ 怊（chāo）怅：惆怅。冀：希望。
⑮ 嵺（liáo）廓：寥廓。
⑯ 觊（jì）：企图。
⑰ 猋（biāo）：快速。
⑱ 露曀（yín yì）：露，乌云蔽日；曀，阴风刮起。
⑲ 黕（dǎn）：污垢。

尧舜之抗行兮①，了冥冥而薄天。
何险巇之嫉妒兮②？被以不慈之伪名。
彼日月之照明兮，尚黯黮而有瑕③。
何况一国之事兮，亦多端而胶加④。
被荷裯之晏晏兮⑤，然潢洋而不可带⑥。
既骄美而伐武兮⑦，负左右之耿介。
憎愠惀之修美兮⑧，好夫人之慷慨。
众踥蹀而日进兮⑨，美超远而逾迈⑩。
农夫辍耕而容与兮，恐田野之芜秽。
事绵绵而多私兮，窃悼后之危败。
世雷同而炫曜兮，何毁誉之昧昧！
今修饰而窥镜兮，後尚可以窜藏。
愿寄言夫流星兮，羌儵忽而难当⑪。
卒壅蔽此浮云兮，下暗漠而无光。
尧舜皆有所举任兮，故高枕而自适。
谅无怨于天下兮，心焉取此怵惕？
乘骐骥之浏浏兮⑫，驭安用夫强策？
谅城郭之不足恃兮，虽重介之何益⑬？
邅翼翼而无终兮⑭，忳惛惛而愁约⑮。
生天地之若过兮，功不成而无効。
原沉滞而不见兮，尚欲布名乎天下。
然潢洋而不遇兮，直怐愗而自苦⑯。
莽洋洋而无极兮，忽翱翔之焉薄？
国有骥而不知乘兮，焉皇皇而更索⑰？

---

① 抗行：高尚的德行。
② 险巇（xī）：险阻，此指小人作梗。
③ 黯黮（dàn）：昏黑暗淡。
④ 胶加：指纠缠不清。
⑤ 裯（dāo）：短衣。
⑥ 潢洋：此指衣服空荡荡不贴身。
⑦ 伐：夸耀。
⑧ 愠惀（yùn lùn）：忠诚的样子。
⑨ 踥蹀（shà dié）：小步行进的样子。
⑩ 美：指贤人。迈：远行。
⑪ 儵忽：速度很快的样子。儵：同“倏”。
⑫ 浏浏：水流清澈的样子。此指骏马奔驰畅快。
⑬ 介：铠甲。
⑭ 邅（zhān）：回旋不前。翼翼：小心谨慎的样子。
⑮ 忳（tún）：郁闷。惛（hūn）惛：心中昏昏沉沉。约：约束，束缚。
⑯ 怐（kòu）愗：愚昧。
⑰ 皇皇：同“惶惶”。

宁戚讴于车下兮①，桓公闻而知之。
无伯乐之相善兮②，今谁使乎誉之？
罔流涕以聊虑兮③，惟著意而得之。
纷纯纯之原忠兮④，妒被离而鄣之⑤。
愿赐不肖之躯而别离兮，放游志乎云中。
乘精气之抟抟兮⑥，骛诸神之湛湛⑦。
骖白霓之习习兮⑧，历群灵之丰丰⑨。
左朱雀之茇茇兮⑩，右苍龙之躣躣⑪。
属雷师之阗阗兮⑫，通飞廉之衙衙⑬。
前轻辌之锵锵兮⑭，后辎乘之从从⑮。
载云旗之委蛇兮⑯，扈屯骑之容容⑰。
计专专之不可化兮，原遂推而为臧⑱。
赖皇天之厚德兮，还及君之无恙。

学习建议

1. 了解楚辞孕育产生的地域环境与文化背景。
2. 学习和领会《离骚》的美学内涵：无比光辉的崇高美；慷慨激昂的悲壮美。
3. 解读屈原忧国忧民、高洁耿介的崇高品德和为追求理想顽强奋斗的精神。
4. 有感情、有节奏地朗读并背诵《离骚》的名段。
5. 延伸阅读篇目：

屈原：《天问》、《招魂》、《九歌》（东皇太一、山鬼、河伯、国殇）、《九章》（抽思、思美人、涉江、怀沙）。

---

① 宁（nìng）戚：春秋时卫国人，初为小商人，遇齐桓公夜出，他在车下喂牛，敲着牛角唱了一首怀才不遇的歌，齐桓公听了，马上任用他。
② 伯乐：传说善于相马的人。
③ 罔：同“惘”。聊虑：暂且思索一下。
④ 纯（zhūn）纯：借为“忳忳”，诚挚的样子。
⑤ 被（pī）离：杂沓的样子。
⑥ 抟（tuàn）抟：团团。
⑦ 骛（wù）：奔驰。湛湛：众多。
⑧ 习习：快速飞翔的样子。
⑨ 丰丰：众多的样子。
⑩ 茇（pèi）茇：轻快飞翔的样子。
⑪ 躣躣：行貌。
⑫ 阗（tián）阗：鼓声。
⑬ 衙衙：向前行进的样子。
⑭ 辌（liáng）：一种轻型马车。
⑮ 辎：载重的重型马车。从从：跟随的样子。
⑯ 委蛇（wēi yí）：同“逶迤”。
⑰ 扈：扈从，侍从。屯骑：聚集的车骑。容容：众多的样子。
⑱ 臧：善，美。

吕氏春秋

导读

吕不韦（？—公元前235年），战国末卫国濮阳（今河南濮阳西南）人。他在赵国都城邯郸遇见秦公子异人（后改名子楚），认为“奇货可居”。遂游说秦国华阳夫人，立为太子。子楚继位（即庄襄王）后，吕不韦被任为相国，封文信侯。庄襄王死后，年幼的秦王政继位，是为秦始皇。吕不韦继任相国，被尊为“仲父”，主政。后因事获罪牵连，罢官，流放四川，自杀。

《吕氏春秋》是吕不韦指挥众多门客编写而成。是我国第一部有组织有计划地集体编撰而成的百科全书式的大作。刘勰称“吕氏鉴远而体周”（《文心雕龙·诸子》）；章学诚说：“吕氏之书，盖司马迁之所取法也。”（《校雠通义》卷三）都肯定了《吕氏春秋》体式创新的价值及其对后世的影响。结构上，《吕氏春秋》分为十二纪，每纪五篇；八览，每览八篇；六论，每论六篇。加上序文一篇，共一百六十一篇（今存一百六十篇）。“十二纪”的名称象征古往今来的时间，“八览”隐含观览八方之意，“六论”意欲论述六合以内之事。这样，寓意中包括了所有空间和时间，从而“以为备天地万物古今之事”。

《吕氏春秋》历来被视为“杂家”著作，此书“采精录异，成一家言”（《吕氏春秋附考》）。汪中以为“诸子之说兼有之”（《吕氏春秋序》）。《吕氏春秋》虽杂取众家之长，亦自有鉴别、抉择；而且有自己的思想倾向。其编撰目的，在于“纪治乱存亡”，“知寿夭吉凶”（《序意》），而且特别强调统一天下，如《大乐篇》“能以一治天下者，寒暑适，风雨时，为圣人。故知一则明，明两则狂。”可知《吕氏春秋》的思想倾向虽不主一家，但强调“一”的观点甚为突出。

《吕氏春秋》的文章，现实针对性强，敢于诋訾时君，指责时政，颇富批判精神。如《贵公》篇说：“天下非一人之天下也，天下之天下也！……万民之主，不阿一人。”《吕氏春秋》在更为详尽的天象、物候、人事解说之外，开始讨论“人道”与“世道”的关系。从《孟春纪》到《季春纪》，探讨了个人的生存意义，强调个人优先于社会的价值观念。从《孟夏纪》第四、《仲夏纪》第五到《季夏纪》第六，探讨了后天的教育、学习与社会节制及道德伦理的关系问题。在讨论社会存在中的关键性的伦理即忠与孝的时候，顺势引进了孔子、曾子一系儒者关于“劝学”的思想。从《孟冬纪》到《季冬纪》，按照人们关于冬季凝结、寒冷、黑暗、幽闭的联想，人们关于天人生存周期的最后环节的推理，讨论了“死”的话题。

《吕氏春秋》的文章精练短小，文风平实畅达，用事说理颇为生动。如《重己》篇讲自己的生命如何重要，先从人不爱倕之指而爱己之指、人不爱昆山之玉而爱己之玉说起，层层深入，语言朴素恳切。《吕氏春秋》寓言的创作和运用特色显著。《察今》篇为了说明“因时变法”的主张，后面连用“荆人涉雍”、“刻舟求剑”和“引婴儿投江”三个寓言，分别论证治世须“因时制宜”、“因地制宜”、“因人制宜”，三则寓言各有侧重而共同说明了一个主旨，构思和手法极富匠心。

重　己①

倕②，至巧也。人不爱倕之指，而爱己之指，有之利故也。人不爱昆山之玉、江汉之珠，而爱己一苍璧小玑③，有之利故也。今吾生之为我有，而利我亦大矣。论其贵贱，爵为天子，不足以比焉；论其轻重，富有天下，不可以易之④；论其安危，一曙失之，终身不复得⑤。此三者，有道者之所慎也⑥。有慎之而反害之者，不达乎性命之情也⑦。不达乎性命之情，慎之何益？是师⑧者之爱子也，不免乎枕之以糠；是聋者之养婴儿也，方雷而窥之于堂，有殊弗知慎者。夫弗知慎者，是死生存亡可不可，未始有别也。未始有别者，其所谓是未尝是，其所谓非未尝非，是其所谓非，非其所谓是，此之谓大惑⑨。若此人者，天之所祸⑩也。以此治身，必死必殃；以此治国，必残必亡。夫死殃残亡，非自至也，惑召⑪之也。寿长至常亦然。故有道者，不察所召，而察其召之者，则其至不可禁矣。此论不可不熟⑫。

使乌获疾引牛尾，尾绝力勯⑬，而牛不可行，逆也；使五尺竖子引其棬，而牛恣所以之⑭，顺也。世之人主、贵人⑮，无贤不肖，莫不欲长生久视⑯，而日逆其生，欲之何益？凡生之长也，顺之也；使生不顺者，欲⑰也；故圣人必先适⑱欲，

室大则多阴，台高则多阳，多阴则蹷⑲，多阳则痿⑳，此阴阳不适之患也。是故先王不处大室，不为高台，味不众珍，衣不燀㉑热。燀热则理塞㉒，理塞则气不达；味众珍则胃充，

① 本文选自《吕氏春秋·孟春纪》，是其中的第三篇。此篇是阴阳家的学说，重己即重视自己的生命。
② 倕：尧之巧工。
③ 苍璧：石多玉少，珠之不圜者曰玑，皆喻不好。
④ 论其轻重，富有天下，不可以易之：论其所轻所重，人虽富有天下之财，不肯以己易之。
⑤ 论其安危：贫贱所以安，富贵所以危。曙：明日。言一日失其所以安，终身不能复得之。
⑥ 此三者，有道者之所慎也：道尚无为，不尚此三者。
⑦ 守慎无为，轻贵重身，当时行则行，时止则止，而反有害之者，故曰“不达乎性命之情”。
⑧ 师：瞽师，目盲。
⑨ 己之所是，众人之所非也，故曰“未尝是”。己之所非，众人之所是也，故曰“未尝非”。是己之所是，非己之所非，而以此求同于己者也，故谓之“大惑”。
⑩ 祸：咎。
⑪ 召：致。
⑫ 熟：知。
⑬ 乌获：秦武王力士，能举千钧。勯：尽。
⑭ 恣：从。之：至。
⑮ 人主：指王者、诸侯。贵人：谓公卿大夫。
⑯ 视：活。
⑰ 欲：情欲。
⑱ 适：节。
⑲ 蹷：逆寒疾。
⑳ 痿：躄不能行。
㉑ 燀：厚。
㉒ 理塞：脉理闭结。

胃充则中大鞔①；中大鞔而气不达，以此长生可得乎？昔先圣王之为苑囿园池也，足以观望劳形而已矣②；其为宫室台榭也③，足以辟燥湿而已矣；其为舆马衣裘也，足以逸身暖骸而已矣；其为饮食酏醴也，足以适味充虚而已矣；其为声色④音乐也，足以安性自娱而已矣。五者，圣王之所以养性也，非好俭而恶费也，节乎性也。

贵　公⑤

昔先圣王之治天下也，必先公⑥，公则天下平⑦矣。平得于公。尝试观于上志，有得天下者众矣，其得之必以公，其失之必以偏⑧。故《鸿范》曰："无偏无党，王道荡荡⑨；无偏无颇，遵王之义；无或作好⑩，遵王之道；无或作恶，遵王之路。"

天下非一人之天下也，天下之天下也⑪。阴阳之和，不长一类；甘露时雨，不私一物；万民之主，不阿一人。伯禽⑫将行，请所以治鲁，周公曰："利而勿利也⑬。"荆人有遗弓者，而不肯索，曰："荆人遗之，荆人得之，又何索焉？"孔子闻之，曰："去其'荆'而可矣。"老聃闻之，曰："去其'人'而可矣。"故老聃则至公矣。天地大矣，生而弗子，成而弗有，万物皆被其泽、得其利，而莫知其所由始，此三皇、五帝之德也。

管仲有病，桓公往问之，曰："仲父之病⑭矣，渍⑮甚，国人弗讳，寡人将谁属⑯国？"管仲对曰："昔者臣尽力竭智，犹未足以知之也，今病在于朝夕之中，臣奚能言？"桓公曰："此大事也，愿仲父之教寡人也。"管仲敬诺，曰："公谁欲相？"公曰："鲍叔牙可乎？"管仲对曰："不可，夷吾善鲍叔牙。鲍叔牙之为人也，清廉洁直，视不己若者，不比于人；一闻人之过，终身不忘。""勿已，则隰朋其可乎"？"隰朋之为人也，上志而下求⑰，丑不若黄帝，而哀不己若者⑱。其于国也，有不闻也；其于物也，有不知也；其于人也，有不见也。勿已乎，则隰朋可也。"夫相，大官也。处大官者，不欲小察，不欲小智。故曰：大匠

---

① 鞔：通懑，不胜食气为懑病，指腹中闷胀。
② 畜禽兽所，大曰苑，小曰囿。树果曰园，《诗经》："园有树桃"。有水曰池，可以游观娱志，故曰足以劳形而已。
③ 宫：庙。室：寝。土方而高曰台。有屋曰榭。
④ 声：五音：宫商角徵羽。色：青黄赤白黑。
⑤ 本文选自《吕氏春秋·孟春纪》，是其中的第四篇。此篇是伊尹学派的学说，贵公即贵在公正。
⑥ 公：正。
⑦ 平：和。
⑧ 偏：私，不正。
⑨ 荡荡：平易。
⑩ 或：有。好：私好。
⑪ 《尚书》："皇天无亲，惟德是辅"，故谓"天下之天下也"。
⑫ 伯禽：周公子，成王封之于鲁。
⑬ 务在利民，勿自利。
⑭ 病：困。
⑮ 渍：病。
⑯ 属：托。
⑰ 志：追慕；求：问。
⑱ 丑：耻。哀不如己者，欲教育训厉，使与己齐。

不斫，大庖不豆①，大勇不斗，大兵不寇②。桓公行公去私恶，用管子而为五伯长③；行私阿所爱，用竖刀而虫出于户④。

人之少也愚，其长也智。故智而用私，不若愚而用公。日醉而饰服，私利而立公，贪戾而求王，舜弗能为⑤。

贵　生⑥

圣人深虑天下，莫贵于生。夫耳目鼻口，生之役⑦也。耳虽欲声，目虽欲色，鼻虽欲芬香，口虽欲滋味，害于生则止⑧。在四官者⑨，不欲，利于生者则弗为。由此观之，耳目鼻口，不得擅行，必有所制。譬之若官职，不得擅为，必有所制。此贵生之术也。

尧以天下让于子州支父⑩，子州支父对曰："以我为天子犹可也。虽然，我适有幽⑪忧之病，方将治之，未暇在天下也⑫。"天下，重物也⑬，而不以害其生，又况于它物乎？惟不以天下害其生者也，可以托天下。

越人三世杀其君，王子搜⑭患之，逃乎丹穴⑮。越国无君，求王子搜而不得，从之丹穴。王子搜不肯出，越人薰之以艾，乘之以王舆。王子搜援绥登车，仰天而呼曰："君乎，独不可以舍我乎！"王子搜非恶为君也，恶为君之患也。若王子搜者，可谓不以国伤其生矣，此固越人之所欲得而为君也⑯。

鲁君闻颜阖得道之人也，使人以币先焉。颜阖守闾，粗布之衣，而自饭牛。鲁君之使者至，颜阖自对之。使者曰："此颜阖之家邪？"颜阖对曰："此阖之家也。"使者致币，颜阖对曰："恐听缪而遗使者罪，不若审之。"使者还反审之，复来求之，则不得已。故若颜阖者，非恶富贵也，由重生恶之也。世之人主，多以富贵骄⑰得道之人，其不相知，岂不悲哉⑱！

故曰：道之真，以持身；其绪余，以为国家；其土苴⑲，以治天下。由此观之，帝王之

---

① 斫：挥斧弄凿。豆：簠簋笾豆。
② 寇：害。
③ 长：上。
④ 阿竖刀、易牙之谀，不正適长。其死，国乱民扰，五子争立，无主丧，六十日乃殡，至使虫流出户。
⑤ 舜犹不能为，况凡人乎。
⑥ 本文选自《吕氏春秋·仲春纪》，是其中的第二篇。此篇是子华子学派的学说，贵生即看重生命。
⑦ 役：事。
⑧ 止：禁。
⑨ 四官：耳目鼻口。
⑩ 子州支父：古贤人也。
⑪ 幽：隐也。
⑫ 《尔雅》："在，察也。"
⑬ 重：大。物：事。
⑭ 王子搜："越王翳也"。（《淮南子》）
⑮ 丹穴："山穴也"。（《淮南子》）
⑯ 欲得王子搜为君。
⑰ 骄：泰。《淮南记》："鱼相忘乎江湖，人相忘乎道术。"指各得其志，故不相知之。
⑱ 悲于富贵而骄人。
⑲ 土：瓦砾也。苴：草蒯也。

功，圣人之余事也①，非所以完身养生之道也。今世俗之君子，危身弃生以徇②物，彼且奚以此之③也？彼且奚以此为也？

凡圣人之动作也，必察其所以之，与其所以为④。今有人于此，以随侯之珠，弹千仞之雀，世必笑之，是何也？所用重，所要轻也⑤。夫生岂特随侯珠之重也哉？

子华子曰："全生为上⑥，亏生次之，死次之，迫⑦生为下。"故所谓尊生者，全生之谓。所谓全生者，六欲⑧皆得其宜也。所谓亏生者，六欲分得其宜也。亏生则于其尊之者薄矣。其亏弥甚者也，其尊弥薄。所谓死者，无有所以知，复其未生也。所谓迫生者，六欲莫得其宜也，皆获其所甚恶者，服是也，辱是也⑨。辱莫大于不义，故不义，迫生也⑩，而迫生非独不义也，故曰迫生不若死。奚以知其然也？耳闻所恶，不若无闻；目见所恶，不若无见。故雷则掩耳，电则掩目，此其比也。凡六欲者，皆知其所甚恶，而必不得免，不若无有所以知，无有所以知者，死之谓也；故迫生不若死。嗜肉者，非腐鼠之谓也；嗜酒者，非败酒之谓也；尊生者，非迫生之谓也。

用众⑪

善学者若齐王之食鸡也，必食其跖⑫数千而后足，虽不足，犹若有跖。

物固莫不有长，莫不有短，人亦然。故善学者，假人之长以补其短，故假人者遂有天下。

无丑不能，无恶不知。丑不能、恶不知病⑬矣。不丑不能、不恶不知尚⑭矣。虽桀、纣犹有可畏可取者，而况于贤者乎？

故学士曰："辩议不可为。"辩议而苟可为，是教也。教，大议也。辩议而不可为，是被褐而出，衣锦而入。

戎人生乎戎、长乎戎而戎言，不知其所受之；楚人生乎楚、长乎楚而楚言，不知其所受之。今使楚人长乎戎，戎人长乎楚，则楚人戎言，戎人楚言矣。由是观之，吾未知亡国之主不可以为贤主也，其所生长者不可耳。故所生长不可不察也。

天下无粹白之狐，而有粹⑮白之裘，取之众白也。夫取于众，此三皇五帝之所以大立功

---

① 圣人治之，优有余裕，故曰"余事"。
② 徇：随。
③ 之：至。
④ 为：作。
⑤ 重：谓随侯珠。要：得。轻：谓雀。
⑥ 子华子：古体道人。无欲，故全其生。长生是行之上。
⑦ 迫：促。
⑧ 六欲：生、死、耳、目、口、鼻。
⑨ 服：行。行不义，是故辱。
⑩ 不能蹈义而死，迫于苟生。
⑪ 本文选自《吕氏春秋·孟夏纪》，是其中的第五篇。此篇是儒家学说，用众即依靠民众。
⑫ 跖：鸡足踵。
⑬ 病：困。
⑭ 尚：上。
⑮ 粹：纯。

名也。凡君之所以立，出乎众也。立已定而舍其众，是得其末而失其本。得其末而失其本，不闻安居①。故以众勇无畏乎孟贲②矣，以众力无畏乎乌获③矣，以众视无畏乎离娄④矣，以众知无畏乎尧、舜矣。夫以众者，此君人之大宝也。田骈谓齐王曰："孟贲庶乎患术，而边境弗患。楚、魏之王，辞言不说，而境内已修备矣，兵士已修用矣，得之众也。"

大　乐⑤

音乐之所由来者远矣，生于度量，本于太一。太一出两仪，两仪出阴阳⑥。阴阳变化，一上一下，合而成章⑦。浑浑沌沌，离则复合，合则复离，是谓天常。天地车轮，终则复始，极则复反，莫不咸当⑧。日月星辰，或疾或徐，日月不同，以尽其行。四时代兴，或暑或寒，或短或长，或柔或刚。万物所出，造于太一，化于阴阳⑨。萌芽始震，凝凓以形。形体有处，莫不有声。声出于和，和出于适。先王定乐，由此而生。

天下太平，万物安宁，皆化⑩其上，乐乃可成。成乐有具，必节嗜欲，嗜欲不辟，乐乃可务。务乐有术，必由平出，平出于公，公出于道。故惟得道之人，其可与言乐乎！亡国戮民，非无乐也，其乐不乐。溺者非不笑也，罪人非不歌也，狂者非不武也，乱世之乐，有似于此。君臣失位，父子失处，夫妇失宜，民人呻吟，其以为乐也，若之何哉？

凡乐，天地之和，阴阳之调也。始生人者天也，人无事焉。天使人有欲，人弗得不求；天使人有恶，人弗得不辟。欲与恶所受于天也，人不得兴焉，不可变，不可易。世之学者，有非乐者矣，安由出哉？

大乐，君臣、父子、长少之所欢欣而说也。欢欣生于平⑪，平生于道。道也者，视之不见，听之不闻，不可为状。有知不见之见、不闻之闻、无状之状者，则几于知之矣。道也者，至精⑫也，不可为形，不可为名，强为之谓之太一。故一也者制令，两也者从听。先圣择两法一⑬，是以知万物之情。故能以一听政者，乐君臣，和远近，说黔首，合宗亲；能以一治其身者，免于灾，终其寿，全其天⑭；能以一治其国者，奸邪去，贤者至，大化成；能以一治天下者，寒暑适，风雨时⑮，为圣人。故知一则明，明两则狂。

---

① 不闻得末失本能有安定之居。
② 孟贲：古大勇士。
③ 乌获：有力人，能举千钧。
④ 离娄：黄帝时明目人，能见针末于百步之外。
⑤ 本文选自《吕氏春秋·仲夏纪》，是其中的第二篇。此篇是乐家学说，大乐即合乎"道"的音乐。
⑥ 两仪：天地。出：生。
⑦ 章：形。
⑧ 极：穷。咸：皆。当：合。
⑨ 造：始。太一：道。阴阳：化成万物者。
⑩ 化：随。
⑪ 平：和。
⑫ 精：微。
⑬ 择：弃。法：用。
⑭ 天：身。
⑮ 适：和。时：不差忒。

顺　民[1]

先王先顺民心，故功名成。夫以德得民心以立大功名者，上世多有之矣。失民心而立功名者，未之曾有也。得民心有道，万乘之国，百户之邑，民无有不说。取民之所说而民取矣，民之所说岂众哉？此取民之要也。

昔者汤克夏而正[2]天下。天大旱，五年不收，汤乃以身祷于桑林[3]，曰："余一人有罪，无及万夫。万夫有罪，在余一人。无以一人之不敏[4]，使上帝鬼神伤民之命[5]。"于是翦其发，𨠵[6]其手，以身为牺牲，用祈福于上帝。民乃甚说，雨乃大至。则汤达乎鬼神之化、人事之传也[7]。

文王处岐事纣，冤侮雅逊[8]，朝夕必时，上贡必适，祭祀必敬。纣喜，命文王称西伯，赐之千里之地。文王载拜稽首而辞曰："愿为民请炮烙之刑。"文王非恶千里之地，以为民请炮烙之刑，必欲得民心也。得民心则贤于千里之地，故曰文王智矣。

越王苦会稽之耻，欲深得民心，以致必死于吴，身不安枕席、口不甘厚味，目不视靡曼[9]，耳不听钟鼓，三年苦身劳力，焦唇干肺，内亲群臣，下养百姓，以来其心。有甘脆不足分，弗敢食；有酒流之江，与民同之。身亲耕而食，妻亲织而衣。味禁珍，衣禁袭[10]，色禁二[11]。时出行路，从车载食，以视孤寡老弱之渍[12]病困穷颜色愁悴不赡者，必身自食之。于是属诸大夫而告之，曰："愿一与吴徼天之衷[13]。令吴、越之国，相与俱残，士大夫履肝肺，同日而死，孤与吴王接颈交臂而偾[14]，此孤之大愿也。若此而不可得也，内量吾国不足以伤吴，外事之诸侯不能害之，则孤将弃国家，释群臣，服剑臂刃，变容貌，易名姓，执箕帚而臣事之，以与吴王争一旦之死[15]。孤虽知要领不属[16]，首足异处，四肢布裂，为天下戮，孤之志必将出焉！"于是，异日果与吴战于五湖，吴师大败。遂大围王宫，城门不守，禽夫差，戮吴相，残吴二年而霸。此先顺民心也。

齐庄子请攻越，问于和子。和子曰："先君有遗令曰：'无攻越。越，猛虎也。'"庄子曰："虽猛虎也，而今已死矣。"和子以告鸮子[17]。鸮子曰："已死矣，以为生。"故凡举事，

---

① 本文选自《吕氏春秋·季秋纪》，是其中的第二篇。此篇是兵家学说，顺民即要顺应民心。

② 正：治。

③ 祷：求。桑林：桑山之林，能兴云作雨。

④ 不敏：不材。

⑤ 上帝：天。天神曰神，人神曰鬼。谷者，民命，旱不收，故曰"伤民之命"。

⑥ 𨠵：音郦，砥也。

⑦ 达：通。化：变。传：至。

⑧ 雅：正。逊：顺。

⑨ 靡曼：好色。

⑩ 袭：重。

⑪ 二：青、黄二色。

⑫ 渍：病。《公羊传》："大渍者，大病也。"

⑬ 徼：求。衷：善。

⑭ 偾：僵。

⑮ 争：决。旦：朝。

⑯ 属：连。

⑰ 鸮子：齐相。

必先审民心，然后可举。

察　今[1]

上胡不法先王之法，非不贤也，为其不可得而法。先王之法，经乎上世而来者也，人或益之，人或损之，胡可得而法？虽人弗损益，犹若不可得而法。东夏之命[2]，古今之法，言异而典殊。故古之命多不通乎今之言者，今之法多不合乎古之法者。殊俗之民，有似于此。若舟车衣冠滋味声色之不同，其所为欲同，其所为欲异。口惽之命不愉，人以自是，反以相诽。天下之学者多辩，言利辞倒，不求其实，务以相毁，以胜为故[3]。先王之法，胡可得而法？虽可得，犹若不可法。凡先王之法，有要于时也，时不与法俱至，法虽今而至，犹若不可法。故择先王之成法，而法其所以为法。先王之所以为法者何也？先王之所以为法者人也；而己亦人也，故察己则可以知人，察今则可以知古，古今一也，人与我同耳。有道之士，贵以近知远，以今知古，以益所见，知所不见。故审堂下之阴，而知日月之行、阴阳之变；见瓶水之冰，而知天下之寒、鱼鳖之藏也；尝一脟肉，而知一镬之味、一鼎之调。

荆人欲袭宋，使人先表澭水。澭水暴益，荆人弗知，循表而夜涉，溺死者千有余人，军惊而坏都舍。向其先表之时可导[4]也，今水已变而益多矣，荆人尚犹循表而导之，此其所以败也。今世之主，法先王之法也，有似于此。其时已与先王之法亏矣，而曰“此先王之法也”，而法之以为治，岂不悲哉！故治国无法则乱，守法而弗变则悖，悖乱不可以持国。世易时移，变法宜矣。譬之若良医，病万变，药亦万变。病变而药不变，向之寿民，今为殇子矣。故凡举事必循法以动，变法者因时而化，若此论则无过务矣。

夫不敢议法者，众庶也；以死守法者，有司也；因时变法者，贤主也。是故有天下者七十一圣，其法皆不同。非务相反也，时势异也。故曰良剑期乎断，不期乎镆铘；良马期乎千里，不期乎骥骜。夫成功名者，此先王之千里也。楚人有涉江者，其剑自舟中坠于水，遽契其舟曰：“是吾剑之所从坠。”舟止，从其所契者入水求之。舟已行矣，而剑不行，求剑若此，不亦惑乎！以故法为其国与此同。时已徙矣，而法不徙，以此为治，岂不难哉？有过于江上者，见人方引婴儿而欲投之江中，婴儿啼。人问其故，曰：“此其父善游。”其父虽善游，其子岂遽善游哉？此任[5]物亦必悖矣。荆国之为政，有似于此。

正　名[6]

名正则治，名丧则乱。使名丧者，淫说也。说淫则可不可而然不然，是不是而非不非。故君子之说也，足以言贤者之实、不肖者之充而已矣，足以喻治之所悖、乱之所由起而已矣，足以知物之情、人之所获以生而已矣。

---

① 本文选自《吕氏春秋·慎大览》，是其中的第八篇。此篇是法家学说，察今即审察当今时势以变法。
② 东夏：东方。命：令。
③ 故：事。
④ 导：涉。
⑤ 任：用。
⑥ 本文选自《吕氏春秋·先识览》，是其中的第八篇。此篇是尹文学派的学说，正名即要使名实相符。

凡乱者，刑名不当也。人主虽不肖，犹若用贤，犹若听善，犹若为可者。其患在乎所谓贤、从不肖也，所为善、从邪辟也，所谓可、从悖逆也，是刑名异充而声实异谓也。夫贤不肖、善邪辟、可悖逆[1]，国不乱、身不危奚待也？齐湣王是以知说士，而不知所谓士也，故尹文问其故，而王无以应。此公玉丹之所以见信而卓齿之所以见任也，任卓齿而信公玉丹，岂非以自仇邪？

尹文见齐王，齐王谓尹文曰："寡人甚好士。"尹文曰："愿闻何谓士？"王未有以应。尹文曰："今有人于此，事亲则孝，事君则忠，交友则信，居乡则悌，有此四行者，可谓士乎？"齐王曰："此真所谓士已。"尹文曰："王得若人，肯以为臣乎？"王曰："所愿而不能得也。"尹文曰："使若人于庙朝中，深见侮而不斗，王将以为臣乎？"王曰："否。夫士见侮而不斗，则是辱也，辱则寡人弗以为臣矣。"尹文曰："虽见侮而不斗，未失其四行也。未失其四行者，是未失其所以为士矣。未失其所以为士，而王一以为臣，一不以为臣，则向之所谓士者乃非士乎？"王无以应。尹文曰："今有人于此，将治其国，民有非则亦非之，民无非则亦非之，民有罪则罚之，民无罪则亦罚之，而恶民之难治，可乎？"王曰："不可。"尹文曰："窃观下吏之治齐也，方若此也。"王曰："使寡人治国信若是，则民虽不治，寡人弗怨也。意者未至然乎？"尹文曰："言之不敢无说，请言其说。王之令曰：'杀人者死，伤人者刑。'民有畏王之令，深见侮而不敢斗者，是全王之令也，而王曰：'见侮而不敢斗，是辱也。'夫谓之辱者，非之也，此无非而无非之也，因除其籍，不以为臣。不以为臣者，罚之也，此无罪而王罚之也。"齐王无以应。论皆若此，故国残身危，走而之榖[2]，如卫。齐湣王，周室之孟侯也，太公之所老也。桓公尝以此霸矣，管仲之辩名实审也。

察　　传[3]

夫得言不可以不察，数传而白为黑，黑为白。故狗似玃[4]，玃似母猴，母猴似人，人之与狗则远矣。此愚者之所以大过也。闻而审则为福矣，闻而不审，不若无闻矣。齐桓公闻管子于鲍叔，楚庄闻孙叔敖于沈尹筮，审之也，故国治霸诸侯也。吴王闻越王勾践于太宰嚭，智伯闻赵襄子于张武，不审也，故国亡身死也。

凡闻言必熟论，其于人必验之以理[5]。鲁哀公问于孔子曰："乐正夔一足，信乎？"孔子曰："昔者舜欲以乐传教于天下，乃令重黎举夔于草莽之中而进之，舜以为乐正。夔于是正六律，和五声，以通八风[6]，而天下大服。重黎又欲益求人，舜曰：'夫乐，天地之精也，得失之节也，故唯圣人为能和，和，乐之本也。夔能和之，以平天下，若夔者一而足矣。'故曰'夔一足'，非'一足'也。"宋之丁氏，家无井而出溉汲，常一人居外。及其家穿井，告人曰："吾穿井得一人。"有闻而传之者曰："丁氏穿井得一人。"国人道之，闻之于宋君。宋君令人问之于丁氏，丁氏对曰："得一人之使，非得一人于井中也。"求能之若此，不若

---

① 不肖者贤之，邪辟者善之，悖逆者可之。

② 榖：齐邑。

③ 本文选自《吕氏春秋·慎行论》，是其中的第六篇。此篇是阴阳家的学说。察传即求贤须考虑传闻，验之以理。

④ 玃：猳玃，兽名。

⑤ 验：效。理：道理。

⑥ 六律：六气之律。阳为律，阴为吕，合为十二。五声：五行之声，宫商角徵羽。八风：八卦之风。

无闻也。

子夏①之晋，过卫，有读史记者曰，“晋师三豕涉河②。”子夏曰：“非也，是己亥也。夫‘己’与‘三’相近，‘豕’与‘亥’相似。”至于晋而问之，则曰“晋师己亥涉河”也。辞多类非而是，多类是而非。是非之经，不可不分③。此圣人之所慎也。然则何以慎？缘物之情及人之情以为所闻，则得之矣。

似　顺④

事多似倒而顺，多似顺而倒⑤。有知顺之为倒、倒之为顺者，则可与言化⑥矣。至长反短，至短反长，天之道也。

荆庄王⑦欲伐陈，使人视之。使者曰：“陈不可伐也。”庄王曰：“何故？”对曰：“其城郭高，沟洫深，蓄积多也。”宁国⑧曰：“陈可伐也。夫陈，小国也，而蓄积多，赋敛重也，则民怨上矣；城郭高，沟洫深，则民力罢矣。兴兵伐之，陈可取也。”庄王听之，遂取陈焉。

田成子之所以得有国至今者⑨，有兄曰完子，仁且有勇。越人兴师诛田成子，曰：“奚故杀君⑩而取国？”田成子患之。完子请率士大夫以逆越师，请必战，战请必败，败请必死。田成子曰：“夫必与越战可也。战必败，败必死，寡人疑焉。”完子曰：“君之有国也，百姓怨上，贤良又有死之，朝臣蒙耻。以完观之也，国已惧矣。今越人起师，臣与之战，战而败，败必死，贤良尽死，不死者不敢入于国。君与诸孤处于国，以臣观之，国必安矣。”完子行，田成子泣而遣之。夫死败，人之所恶也，而反以为安，岂一道哉？故人主之听者与士之学者，不可不博⑪。

尹铎为晋阳，下之绛，有请于赵简子⑫。简子曰：“往而夷⑬夫垒。我将往，往而见垒，是见中行寅与范吉射也。”铎往而增之。简子上之晋阳，望见垒而怒曰：“嘻！铎也欺我。”于是乃舍于郊，将使人诛铎也。孙明进谏曰：“以臣私之，铎可赏也。铎之言固曰：‘见乐则淫侈，见忧则诤治，此人之道也。今君见垒念忧患，而况群臣与民乎？夫便国而利于主，虽兼于罪，铎为之。夫顺令以取容⑭者，众能之，而况铎欤？’君其图之。”简子曰：“微子

① 子夏：孔子弟子卜商。
② 涉河：《意林》作“渡河”。
③ 经：理。分：明。
④ 本文选自《吕氏春秋·似顺论》，是其中的第一篇。此篇是阴阳家的学说，似顺即看来好似顺当，实则相反。
⑤ 倒：逆。
⑥ 化：道。
⑦ 庄王：楚穆王之子。
⑧ 宁国：楚臣。
⑨ 成子：田常。有国：齐国。
⑩ 杀君：杀齐简公而取其国。
⑪ 听博则达义，学博则达道。
⑫ 尹铎：赵简子家臣。为：治。晋阳：简子邑。
⑬ 夷：平。
⑭ 容：说。

之言，寡人几过。”于是乃以免难之赏赏尹铎。人主，太上喜怒必循理①，其次不循理，必数更②，虽未至大贤，犹足以盖浊世矣，简子当此。世主之患，耻不知而矜自用，好愎过而恶听谏，以至于危。耻无大乎危者。

学习建议

1. 着重把握《吕氏春秋》杂取互补，融会中有择有弃的编撰特点。它呈现出战国学术融会合流的趋向，促成社会对不同学派采取基本兼容的机制，给古代学风注入能够吸纳和改造异说的因素，对学术事业的发展影响深远。

2. 正确理解《吕氏春秋》对于个人生存意义问题的讨论。

3. 背诵《察今》。

4. 延伸阅读篇目：

《孟春》、《情欲》、《劝学》、《先己》、《顺民》、《节丧》。

① 太上：上德之君。
② 更：革。

史　记

导读

司马迁（公元前145年—约公元前87年），西汉史学家，文学家。字子长，左冯翊夏阳（今陕西韩城西南）人，武帝时为郎（皇帝侍从）。元封三年（公元前108年），司马迁继承其父司马谈之职，任太史令，掌管天文历法及皇家图籍，因而得读史官所藏图书。太初元年（公元前104年），与唐都、落下闳等共订《太初历》，以代替由秦沿袭下来的《颛顼历》，新历适应了当时社会的需要。此后，司马迁开始撰写《史记》。后因替投降匈奴的李陵辩护，获罪下狱，受宫刑。出狱后任中书令，发愤著述，完成纪传体的通史著作，被称为《太史公书》。东汉末年，习惯称《史记》。

《史记》是我国第一部纪传体通史，代表了汉代历史散文的最高成就，鲁迅先生称它是“史家之绝唱，无韵之离骚”（《汉文学史纲要》）。它是古代第一部由个人独力完成的具有完整体系的著作。此书上起黄帝，下至汉武帝太初年间，包括上下三千年，开创了纪传体历史和历史传记文学的新传统。司马迁本着“网罗天下放失旧闻，考之行事，稽其成败兴坏之理”的史学方法，带着“究天人之际，通古今之变，成一家之言”的写作宗旨，写成全书一百三十篇，五十多万字，由十二本纪，十表，八书，三十世家，七十列传五个部分组成，展示了波澜壮阔的社会生活图画。十二本纪按帝王世代顺序记叙各朝兴衰终始，十表排列帝王侯国间大事，八书是有关经济、文化、天文、历法等方面的专门论述，世家主要是贵族之家的历史，列传是不同阶层、不同类型的人物传记。《史记》这部纪传体通史著作，在体例上冲破了以往历史散文的局限，能够把更多的内容纳入其中，比较全面地反映了社会生活的总体风貌。

《史记》具有进步的历史观和对社会现实公正的批判精神。对封建统治阶级，特别是对汉代最高统治集团进行了揭露和讽刺；反映了广大人民对封建暴政的反抗；热情赞扬和肯定了一系列下层人物；描写了一系列的爱国英雄。

《史记》既是历史的“实录”，同时也具有相当高的文学价值。《史记》运用真实的历史材料成功地塑造出众多的性格鲜明的人物形象。在人物塑造上，司马迁竭力做到将历史、人物和主题统一起来。他能抓住带本质意义的典型性重大历史事件，写出人物在当时的作用，也表现了人物性格。既写活了历史，人物也栩栩如生。他还善于把人物置于尖锐的矛盾冲突中，通过人物的言行来完成人物性格的刻画。《史记》叙事简明生动，尤其是富有戏剧性场景的描写，更增加了作品的吸引力。《史记》极少用铺张排比的骈文，具有朴素简练、通俗流畅，既舒缓从容、庄谐有致，又富于变化的语言风格；《史记》的语言历来被奉为“古文”的最高成就。

《史记》的影响是极其深远的，它为后代文学的发展提供了丰富的营养和强大的动力。

司马迁作为伟大的历史学家和文学家，在《史记》一书中大力弘扬人文精神，为后代作家树立起一面光辉的旗帜。《史记》所渗透的人文精神主要表现为：以立德、立功、立言为宗旨，以求青史留名的积极入世精神；忍辱含垢，历尽艰辛而百折不挠，自强不息的进取精神；舍生取义，赴汤蹈火的勇于牺牲精神；批判暴政酷刑，呼唤世间真情的人道主义精神；立志高远，义不受辱的人格自尊精神。

《史记》是传记文学的典范，也是古代散文的楷模，从唐宋古文八大家，到明代前后七子，清代的桐城派，都对《史记》推崇备至，他们的文章也深受司马迁的影响。《史记》的许多传记情节曲折，人物形象栩栩如生，为后代小说创作积累了宝贵的经验。从唐传奇到明清小说，在人物塑造，情节安排，场面描写等方面都可以见到《史记》的痕迹。同时，古代作家还从写法上探讨《史记》与小说的关系，得出了许多精辟的结论。《史记》的许多故事在古代广为流传，成为后代小说戏剧的取材对象，它作为高品位的艺术矿藏得到反复地开发利用。

项羽本纪第七①

项籍者，下相②人也，字羽。初起时，年二十四。其季父③项梁，梁父即楚将项燕，为秦将王翦所戮者也④。项氏世世为楚将，封于项，故姓项氏。

项籍少时，学书⑤不成，去⑥学剑，又不成。项梁怒之。籍曰："书足以记名姓而已。剑一人敌⑦，不足学，学万人敌。"于是项梁乃教籍兵法，籍大喜，略知其意，又不肯竟⑧学。项梁尝有栎阳逮⑨，乃请蕲狱掾曹咎书抵⑩栎阳狱掾司马欣，以故事得已⑪。项梁杀人，与籍避仇于吴中。吴中贤士大夫皆出项梁下⑫。每吴中有大繇⑬役及丧，项梁常为主办，阴以兵法部勒⑭宾客及子弟，以是知其能。秦始皇帝游会稽⑮，渡浙江⑯，梁与籍俱观。籍曰：

---

① 《项羽本纪》是《史记》传记中最精彩的一篇，达到了思想和艺术的高度统一。通过秦末农民大起义和楚汉之争的宏阔历史场面，生动而又深刻地描述了项羽一生。他既是一个力拔山、气盖世、"近古以来未尝有"的英雄，又是一个性情暴戾、优柔寡断、只知用武不谙计谋的匹夫。司马迁巧妙地把项羽性格中矛盾的各个侧面，有机地统一于这一鸿篇巨制之中，虽然不乏深刻的挞伐，但更多的却是由衷的惋惜和同情。通篇文章气势磅礴，情节起伏，场面壮阔，脉络清楚，疏密相间，语言生动，成为我国文学史上的一篇不朽佳作。文中破釜沉舟、鸿门宴、四面楚歌、乌江自刎等故事，早已家喻户晓，历代传诵。

② 下相：县名。治所在今江苏省宿迁县西南。

③ 季父：小叔父。"季"，兄弟中排行最小的。

④ 为秦将王翦所戮：秦始皇二十三年（前224年），王翦虏楚王。项燕立昌平君为楚王，驻兵淮南反秦。第二年，王翦等破楚军，昌平君死，项燕自杀。事详《秦始皇本纪》。

⑤ 学书：学习认字和写字。

⑥ 去：放弃。

⑦ 敌：对抗，抵抗。

⑧ 竟：完成。

⑨ 栎阳：县名。治所在今山西省临潼县东北。逮：及，指有罪相连及。

⑩ 狱掾（yuàn）：掌管监狱管理的属员。掾，属员，相当于今天的办事员。抵：送到。

⑪ 以故：因此。已：了结。

⑫ 出项梁下：意指都不如项梁。

⑬ 繇：通"徭"。

⑭ 阴：暗地里。部勒：部署，组织。

⑮ 会稽：山名，在今浙江省绍兴县东南。

⑯ 浙江：即今浙江省的钱塘江。

“彼可取而代也。”梁掩其口，曰：“毋妄言，族①矣！”梁以此奇籍。籍长八尺余，力能扛②鼎，才气过人，虽③吴中子弟皆已惮籍矣。

秦二世元年七月，陈涉等起大泽中。其九月，会稽守通④谓梁曰：“江西⑤皆反，此亦天亡秦之时也。吾闻先即制人，后则为人所制。吾欲发兵，使公及桓楚将⑥。”是时桓楚亡⑦在泽中。梁曰：“桓楚亡，人莫知其处，独籍知之耳。”梁乃出，诫⑧籍持剑居外待。梁复入，与守坐，曰：“请召籍，使受命召桓楚。”守曰：“诺。”梁召籍入。须臾，梁眴⑨籍曰：“可行矣！”于是籍遂拔剑斩守头。项梁持守头，佩其印绶⑩。门下大惊，扰乱⑪，籍所击杀数十百人。一府中皆慴伏⑫，莫敢起。梁乃召故所知豪吏，谕⑬以所为⑭起大事，遂举⑮吴中兵。使人收下县⑯，得精兵八千人。梁部署吴中豪杰为校尉、候、司马。有一人不得用，自言于梁。梁曰：“前时某丧使公主某事，不能办，以此不任用公。”众乃皆伏⑰。于是梁为会稽守，籍为裨将⑱，徇⑲下县。

广陵人召平于是为陈王徇广陵⑳，未能下。闻陈王败走，秦兵又且㉑至，乃渡江矫㉒陈王命，拜梁为楚王上柱国㉓。曰：“江东已定，急引兵西击秦。”项梁乃以八千人渡江而西。闻陈婴已下东阳，使使欲与连和俱西。陈婴者，故东阳令史㉔，居县中，素信谨，称为长者㉕。东阳少年杀其令，相聚数千人，欲置长，无适用㉖，乃请陈婴。婴谢不能，遂强立婴为长，县中从者得二万人。少年欲立婴便㉗为王，异军苍

---

① 族：被族诛。
② 扛：举。
③ 虽：即使。
④ 通：《楚汉春秋》谓是殷通。
⑤ 江西：长江自安徽入江苏，形成偏南北流向的一段，以此段为界，江南地区称“江东”，江北地区称“江西”。
⑥ 将：率领。
⑦ 亡：潜逃。
⑧ 诫：告诉。
⑨ 眴（shùn）：使眼色。
⑩ 绶：丝带，常用于拴玉和印。
⑪ 扰乱：混乱。“扰”也是乱的意思。
⑫ 慴（shè）伏：惊吓得趴在地上。“慴”，同“慑”，惊吓、恐惧之意。
⑬ 谕：告诉。
⑭ 所为：之所以……的原因。
⑮ 举：发动。
⑯ 下县：此处指会稽郡以下所属各县。
⑰ 伏：通“服”。佩服。
⑱ 裨将：副将。
⑲ 徇（xùn）：兼有夺取、招降和安抚的意思。
⑳ 广陵：今扬州。
㉑ 且：将。
㉒ 矫：假传（命令）。
㉓ 上柱国：官名。
㉔ 令史：县令手下的书吏。《楚汉春秋》谓陈婴为东阳狱吏。
㉕ 长者：忠厚老实的人。
㉖ 无适用：没有恰当的人可以任用。
㉗ 便：立即。

头特起①。陈婴母谓婴曰："自我为汝家妇，未尝闻汝先古之有贵者。今暴②得大名，不祥。不如有所属，事成犹得封侯，事败易以亡，非世所指名③也。"婴乃不敢为王。谓其军吏曰："项氏世世将家，有名于楚。今欲举大事，将非其人不可。我倚名族，亡秦必矣。"于是众从其言，以兵属项梁。项梁渡淮，黥布④、蒲将军亦以兵属焉。凡六七万人，军⑤下邳。

当是时，秦嘉已立景驹为楚王⑥，军彭城东，欲距⑦项梁。项梁谓军吏曰："陈王先首事，战不利，未闻所在。今秦嘉倍⑧陈王而立景驹，逆无道。"乃进兵击秦嘉。秦嘉军败走，追之至胡陵。嘉还战一日，嘉死，军降。景驹走死梁地。项梁已并秦嘉军，军胡陵，将引军而西。章邯军至栗，项梁使别将朱鸡石、馀樊君与战。馀樊君死。朱鸡石军败，亡走胡陵。项梁乃引兵入薛，诛鸡石。项梁前使项羽别攻襄城，襄城坚守不下。已拔，皆阬⑨之。还报项梁。项梁闻陈王定⑩死，召诸别将会薛计事。此时沛公⑪亦起沛，往焉。

居鄛人范增，年七十，素居家，好奇计，往说⑫项梁曰："陈胜败固当。夫秦灭六国，楚最无罪。自怀王入秦不反⑬，楚人怜之至今，故楚南公⑭曰'楚虽三户⑮，亡秦必楚'也。今陈胜首事，不立楚后而自立，其势不长。今君起江东，楚蠭午⑯之将皆争附君者，以君世世楚将，为能复立楚之后也。"于是项梁然其言，乃求楚怀王孙心民间，为人牧羊，立以为楚怀王，从民所望也。陈婴为楚上柱国，封五县，与怀王都盱台。项梁自号为武信君。

居数月，引兵攻亢父，与齐田荣、司马龙且军救东阿，大破秦军于东阿。田荣即引兵归，逐其王假。假亡走楚。假相田角亡走赵。角弟田间故齐将，居赵不敢归。田荣立田儋子市为齐王。项梁已破东阿下⑰军，遂追秦军。数使使⑱趣⑲齐兵，欲与俱西。田荣曰："楚杀田假，赵杀田角、田间，乃发兵。"项梁曰："田假为与国⑳之王，穷来从我，不忍杀之。"

---

① 此句谓新起一支与众不同的军队，这个军队以黑色头巾为标志，与其他军队相区别。特起：新起，崛起。《史记集解》："应劭曰：苍头特起，言与众异也。苍头，谓士卒皂巾，若赤眉、青领，以相别也。"

② 暴：突然。

③ 指名：指着称说。

④ 黥布：英布。因曾受黥刑，所以称黥布。事详《黥布列传》。

⑤ 军：驻扎，动词。

⑥ 秦嘉：凌县（今江苏省苏迁县东南）人。一说广凌人。秦末起义将领之一。景驹：战国末年楚王的同族。陈涉被章邯打败后，下落不明，所以秦嘉另立景驹为王。

⑦ 距：通"拒"。

⑧ 倍：通"背"。

⑨ 阬（kēng）：同"坑"，活埋。

⑩ 定：确实。

⑪ 沛公：刘邦起兵时自称沛公。按楚国县令称公。

⑫ 说：游说。劝人听从自己的意见。

⑬ 怀王入秦不反：公元前299年，楚怀王被欺入秦，被秦昭王扣留，客死秦国。事详《楚世家》。反，通"返"。

⑭ 楚南公：《史记集解》："徐广曰：楚人也，善言阴阳。"

⑮ 楚虽三户：目前还无确切解释，主要有两解：一指三户人家，极言其少；一指楚王族昭、屈、景三大姓。

⑯ 蠭午：纵横交错，蜂拥而起。蠭，同"蜂"。午，纵横交错的样子。

⑰ 下：附近的意思。

⑱ 使使：派遣使者。

⑲ 趣（cù）：通"促"。催促。

⑳ 与国：友好国家。与，交好。

赵亦不杀田角、田间以市①于齐。齐遂不肯发兵助楚。项梁使沛公及项羽别攻城阳，屠之。西破秦军濮阳东，秦兵收入濮阳。沛公、项羽乃攻定陶。定陶未下，去，西略②地至雝丘，大破秦军，斩李由。还攻外黄，外黄未下。

项梁起③东阿，西，比④至定陶，再破秦军，项羽等又斩李由，益轻秦，有骄色。宋义乃谏项梁曰："战胜而将骄卒惰者败。今卒少⑤惰矣，秦兵日益，臣为君畏⑥之。"项梁弗听。乃使宋义使于齐。道遇齐使者高陵君显，曰："公将见武信君乎？"曰："然。"曰："臣论武信君军必败。公徐行即免死，疾行则及祸。"秦果悉起兵益章邯，击楚军，大破之定陶，项梁死。沛公、项羽去外黄攻陈留，陈留坚守不能下。沛公、项羽相与谋曰："今项梁军破，士卒恐。"乃与吕臣军俱引兵而东。吕臣军彭城东，项羽军彭城西，沛公军砀。

章邯已破项梁军，则以为楚地兵不足忧，乃渡河⑦击赵，大破之。当此时，赵歇为王，陈馀为将，张耳为相⑧，皆走入巨鹿城。章邯令王离、涉间围巨鹿，章邯军其南，筑甬道⑨而输之粟。陈馀为将，将卒数万人而军巨鹿之北，此所谓河北之军也。

楚兵已破于定陶，怀王恐，从盱台之彭城，并项羽、吕臣军自将之。以吕臣为司徒，以其父吕青为令尹。以沛公为砀郡长，封为武安侯，将砀郡兵。

初，宋义所遇齐使者高陵君显在楚军，见楚王曰："宋义论武信君之军必败，居数日，军果败。兵未战而先见败征⑩，此可谓知兵矣。"王召宋义与计事而大说之，因置以为上将军；项羽为鲁公，为次将；范增为末将，救赵。诸别将皆属宋义，号为卿子冠军⑪。行至安阳，留四十六日不进。项羽曰："吾闻秦军围赵王巨鹿，疾引兵渡河，楚击其外，赵应其内，破秦军必矣。"宋义曰："不然。夫搏牛之虻不可以破虮虱⑫。今秦攻赵，战胜则兵罢⑬，我承⑭其敝⑮；不胜，则我引兵鼓行⑯而西，必举⑰秦矣。故不如先斗秦赵⑱。夫被坚执锐⑲，义不如公；坐而运策，公不如义。"因下令军中曰："猛如虎，很如羊⑳，贪如狼，

---

① 市：交易，讨好卖乖。
② 略：夺取。
③ 起：起程，出发。
④ 比（bì）：等到。
⑤ 少：通"稍"，渐渐。
⑥ 畏：担心，担忧。
⑦ 河：黄河。
⑧ "陈馀为将"二句：陈馀、张耳本为刎颈之交，后反目为仇。二人都是魏国大梁人。详见《张耳陈馀列传》。
⑨ 甬道：两侧筑有墙垣的通道。
⑩ 征：征兆，预兆。
⑪ 卿子冠军：卿子，当时对男子的尊称，犹言公子。冠军，在诸军君之上。当时宋义为上将军，故有此称。
⑫ 搏牛之虻不可以破虮虱：虻虫可以叮咬大牛，却不可以损害毛里的虮虱。比喻志在大不在小，要想灭秦，不可立即与章邯交战去救赵。
⑬ 罢（pí）：通"疲"，疲劳、疲乏。
⑭ 承：趁机利用。
⑮ 敝：困，疲惫。
⑯ 鼓行：击鼓前进。
⑰ 举：攻取，占领。
⑱ 斗秦、赵：使秦国和赵国互相争斗。
⑲ 被：同"披"。坚：指坚固的盔甲。锐：指锐利的兵器。
⑳ 很：同"狠"，凶狠。羊性好斗，故曰"很如羊"。

强①不可使者，皆斩之。”乃遣其子宋襄相齐，身送之至无盐，饮酒高会②。天寒大雨，士卒冻饥。项羽曰：“将戮力③而攻秦，久留不行。今岁饥民贫，士卒食芋菽④，军无见粮⑤，乃饮酒高会，不引兵渡河因⑥赵食，与赵并力攻秦，乃曰‘承其敝’。夫以秦之强，攻新造之赵，其势必举赵。赵举而秦强，何敝之承！且国兵新破，王坐不安席，埽⑦境内而专属于将军，国家安危，在此一举。今不恤士卒而徇⑧其私，非社稷之臣。”项羽晨朝上将军宋义，即其帐中斩宋义头，出令军中曰：“宋义与齐谋反楚，楚王阴令羽诛之。”当是时，诸将皆慴服，莫敢枝梧⑨。皆曰：“首立楚者，将军家也。今将军诛乱。”乃相与共立羽为假⑩上将军。使人追宋义子，及之齐，杀之。使桓楚报命⑪于怀王。怀王因使项羽为上将军，当阳君、蒲将军皆属项羽。

项羽已杀卿子冠军，威震楚国，名闻诸侯。乃遣当阳君、蒲将军将卒二万渡河⑫，救巨鹿。战少利，陈馀复请兵。项羽乃悉引兵渡河，皆沉船，破釜甑⑬，烧庐舍，持三日粮，以示士卒必死，无一还心。于是至则围王离，与秦军遇，九战⑭，绝其甬道，大破之，杀苏角，虏王离。涉间不降楚，自烧杀。当是时，楚兵冠诸侯。诸侯军救巨鹿下者十余壁⑮，莫敢纵兵。及楚击秦，诸将皆从壁上观。楚战士无不一以当十，楚兵呼声动天，诸侯军无不人人惴恐。于是已破秦军，项羽召见诸侯将，入辕门，无不膝行而前⑯，莫敢仰视。项羽由是始为诸侯上将军，诸侯皆属焉。

章邯军棘原，项羽军漳南，相持未战。秦军数却，二世使人让⑰章邯。章邯恐，使长史欣请事。至咸阳⑱，留司马门⑲三日，赵高不见，有不信之心。长史欣恐，还走其军，不敢出故道，赵高果使人追之，不及。欣至军，报曰：“赵高用事于中⑳，下无可为者。今战能胜，高必疾妒吾功；战不能胜，不免于死。愿将军孰计㉑之。”陈馀亦遗章邯书曰：“白起为

---

① 强（jiàng）：倔强。此指倔强不听指挥之人。
② 高会：盛会，大宴宾客。
③ 戮力：肆力，努力。
④ 芋：蔬菜。菽：豆类。《史记集解》：徐广曰：“芋，一作‘半’。半，五升器也。”骃案：瓒曰：“士卒食蔬菜，以菽杂半之。”
⑤ 见粮：现存的粮食。
⑥ 因：依靠，凭借。
⑦ 埽：同“扫”。
⑧ 徇：谋求。
⑨ 枝梧：即“支吾”。
⑩ 假：暂时代理。
⑪ 报命：本为奉命出使，回来汇报的意思，这里只指报告的意思。
⑫ 河：指漳河。
⑬ 釜：锅。甑（zèng）：做饭用的一种瓦器。
⑭ 九战：多次作战。
⑮ 下：《汉书·陈胜项籍传》无“下”字，疑衍。这里也可作“城下”讲。壁：壁垒，营垒。
⑯ 膝行而前：跪着前进。
⑰ 让：责备。
⑱ 咸阳：在今陕西省咸阳市东北。秦孝公于前350年自栎阳迁都于此。
⑲ 司马门：皇宫的外门。宫墙里面到处设有卫士，门外都有司马指挥卫士把守，故称司马门。
⑳ 中：朝廷中。
㉑ 孰计：仔细考虑。孰，通“熟”。

秦将，南征鄢郢，北阬马服，攻城略地，不可胜计，而竟赐死。蒙恬为秦将，北逐戎人①，开榆中地数千里，竟斩阳周②。何者？功多，秦不能尽封，因以法诛之。今将军为秦将三岁矣，所亡失以十万数，而诸侯并起滋益多。彼赵高素谀日久，今事急，亦恐二世诛之，故欲以法诛将军以塞责，使人更代将军以脱其祸。夫将军居外久，多内郤③，有功亦诛，无功亦诛。且天之亡秦，无④愚智皆知之。今将军内不能直谏，外为亡国将，孤特独立而欲常⑤存，岂不哀哉！将军何不还兵与诸侯为从⑥，约共攻秦，分王其地，南面称孤；此孰与身伏鈇质⑦，妻子为僇⑧乎？"章邯狐疑，阴使候⑨始成使项羽，欲约。约未成，项羽使蒲将军日夜引兵度三户⑩，军漳南，与秦战，再破之。项羽悉引兵击秦军汙水上，大破之。

章邯使人见项羽，欲约。项羽召军吏谋曰："粮少，欲听其约。"军吏皆曰："善。"项羽乃与期洹水南殷虚⑪上。已盟，章邯见项羽而流涕，为言赵高⑫。项羽乃立章邯为雍王，置楚军中。使长史欣为上将军，将秦军为前行⑬。

到新安。诸侯吏卒异时故繇使屯戍⑭过秦中，秦中吏卒遇之多无状⑮，及秦军降诸侯，诸侯吏卒乘胜多奴虏使之，轻折⑯辱秦吏卒。秦吏卒多窃言曰："章将军等诈吾属降诸侯，今能入关破秦，大善；即不能，诸侯虏吾属而东，秦必尽诛吾父母妻子。"诸侯微⑰闻其计，以告项羽。项羽乃召黥布、蒲将军计曰："秦吏卒尚众，其心不服，至关中不听，事必危，不如击杀之，而独与章邯、长史欣、都尉翳入秦。"于是楚军夜击阬秦卒二十余万人新安城南。

行略定⑱秦地。函谷关有兵守关，不得入。又闻沛公已破咸阳⑲，项羽大怒，使当阳君等击关。项羽遂入，至于戏西。沛公军霸上，未得与项羽相见。沛公左司马曹无伤使人言于项羽曰："沛公欲王关中，使子婴为相，珍宝尽有之。"项羽大怒，曰："旦日飨⑳士卒，为击破沛公军！"当是时，项羽兵四十万，在新丰鸿门㉑；沛公兵十万，在霸上。范增说项羽

---

① 戎人：指匈奴人。
② 斩阳周：于阳周（地名）被斩。
③ 郤：通"隙"，裂缝，仇恨。
④ 无：无论。
⑤ 常：通"长"。
⑥ 还兵：倒戈。为从：联合。从，通"纵"。
⑦ 鈇质：杀人刑具。鈇，通"斧"，斩人用的刑具。质，通"锧"，斩人时所垫的砧板。
⑧ 僇：通"戮"。
⑨ 候：军候，官名。
⑩ 三户：地名。
⑪ 期：约期会晤。虚：通"墟"。
⑫ 为言赵高：向项羽诉说赵高（不信任自己的情况）。
⑬ 前行：前锋。
⑭ 异时：从前。故：从前，这里可译为曾经。繇（yáo）使：服徭役。屯戍：驻守边疆。
⑮ 遇：待。无状：无礼。
⑯ 轻：轻率，随便。折：折磨。
⑰ 微：暗地。
⑱ 行：即将。略定：夺取，平定。
⑲ 沛公已破咸阳：楚怀王派宋义、项羽去河北救赵国时，又派刘邦从河南西进攻秦。刘邦进攻咸阳，子婴投降。
⑳ 旦日：明天。飨：犒赏酒肉。
㉑ 新丰鸿门：新丰，地名。秦时称骊邑，在今陕西省临潼县东。鸿门，山坡名。在临潼县东，今当地仍称项王营。

曰：“沛公居山东①时，贪于财货，好美姬。今入关，财物无所取，妇女无所幸，此其志不在小。吾令人望其气，皆为龙虎，成五采②，此天子气也，急击勿失。”

楚左尹项伯者，项羽季父也，素善留侯张良。张良是时从沛公，项伯乃夜驰之沛公军，私见张良，具③告以事，欲呼张良与俱去。曰：“毋从俱死也。”张良曰：“臣为韩王送沛公，沛公今事有急，亡去不义，不可不语。”良乃入，具告沛公。沛公大惊，曰：“为之奈何?”张良曰：“谁为大王为此计者?”曰：“鲰生④说我曰‘距关，毋内诸侯，秦地可尽王也’。故听之。”良曰：“料大王士卒足以当项王乎?”沛公默然，曰：“固不如也，且为之奈何?”张良曰：“请往谓项伯，言沛公不敢背项王也。”沛公曰：“君安与项伯有故?”张良曰：“秦时与臣游，项伯杀人，臣活之。今事有急，故幸来告良。”沛公曰“孰与君少长?”良曰：“长于臣。”沛公曰：“君为我呼入，吾得兄事之⑤。”张良出，要⑥项伯。项伯即入见沛公。沛公奉卮酒为寿⑦，约为婚姻，曰：“吾入关，秋豪⑧不敢有所近，籍吏民⑨，封府库，而待将军。所以遣将守关者，备他盗之出入与非常⑩也。日夜望将军至，岂敢反乎！愿伯具言臣之不敢倍德⑪也。”项伯许诺。谓沛公曰：“旦日不可不蚤自来谢⑫项王。”沛公曰：“诺。”于是项伯复夜去，至军中，具以沛公言报项王。因言曰：“沛公不先破关中，公岂敢入乎？今人有大功而击之，不义也，不如因善遇之。”项王许诺。

沛公旦日从百余骑来见项王，至鸿门，谢曰：“臣与将军戮力而攻秦，将军战河北，臣战河南，然不自意⑬能先入关破秦，得复见将军于此。今者有小人之言，令将军与臣有郤。”项王曰：“此沛公左司马曹无伤言之，不然，籍何以至此。”项王即日因留沛公与饮。项王、项伯东向坐⑭。亚父南向坐。亚父⑮者，范增也。沛公北向坐，张良西向侍。范增数目项王，举所佩玉玦⑯以示之者三，项王默然不应。范增起，出召项庄⑰，谓曰：“君王为人不忍，若入前为寿，寿毕，请以剑舞，因击沛公于坐，杀之。不者⑱，若属皆且为所虏。”庄则入为寿，寿毕，曰：“君王与沛公饮，军中无以为乐，请以剑舞。”项王曰：“诺。”项庄拔剑起舞，项伯亦拔剑起舞，常以身翼蔽沛公，庄不得击。于是张良至军门，见樊哙。樊哙

---

① 山东：战国时泛指秦以外六国或六国土地，因在崤山、华山之东而得名。

② 采：通“彩”。

③ 具：通“俱”。

④ 鲰（zōu）生：小鱼所生，引申为浅陋之人。古代骂人或自称之辞。

⑤ 兄事之：以待兄长之礼待之。

⑥ 要：通“邀”。

⑦ 寿：向长者敬酒祝福。

⑧ 秋豪：鸟类秋天的毛最细，形容其细小。豪，通“毫”，毫毛。

⑨ 籍吏民：登记官吏和庶民的户籍。籍，登记户籍，用作动词。

⑩ 非常：意外的事变。

⑪ 倍德：忘恩负义。倍，通“背”。德，恩德。

⑫ 蚤：通“早”。谢：道歉，谢罪。

⑬ 自意：自料。意，料，料想。

⑭ 东乡坐：即面向东坐。乡，通“向”。《中经》曰：“堂上之位置，对堂下者，南向为贵；不对堂下者，唯东向为贵。”

⑮ 亚父：尊称，尊敬他仅次于父亲。一说亚父是范增的别名。

⑯ 玉玦：玉器名。圆形而有缺口。玦，与“决”谐音，范增举玉玦，是暗示项羽与刘邦决裂，杀掉刘邦。

⑰ 项庄：项羽的堂弟。

⑱ 不（fǒu）者：不然的话。

曰："今日之事何如？"良曰："甚急。今者项庄拔剑舞，其意常在沛公也。"哙曰："此迫矣，臣请入，与之同命①。"哙即带剑拥盾入军门。交戟之卫士欲止不内，樊哙侧其盾以撞，卫士仆地，哙遂入。披帷西向立，瞋目视项王，头发上指，目眦②尽裂。项王按剑而跽③曰："客何为者？"张良曰："沛公之参乘④樊哙者也。"项王曰："壮士！赐之卮酒！"则与斗卮⑤酒。哙拜谢，起，立而饮之。项王曰："赐之彘肩⑥。"则与一生彘肩。樊哙覆其盾于地，加彘肩上，拔剑切而啖⑦之。项王曰："壮士！能复饮乎？"樊哙曰："臣死且不避，卮酒安足辞！夫秦王有虎狼之心，杀人如不能举，刑人如恐不胜⑧，天下皆叛之。怀王与诸将约曰'先破秦入咸阳者王之'。今沛公先破秦入咸阳，豪毛不敢有所近，封闭宫室，还军霸上，以待大王来。故遣将守关者，备他盗出入与非常也。劳苦而功高如此，未有封侯之赏，而听细说⑨，欲诛有功之人。此亡秦之续耳，窃为大王不取也。"项王未有以应，曰："坐。"樊哙从良坐。坐须臾，沛公起如厕，因招樊哙出。

沛公已出，项王使都尉陈平召沛公。沛公曰："今者出，未辞也，为之奈何？"樊哙曰："大行不顾细谨，大礼不辞小让。如今人方为刀俎，我为鱼肉，何辞为。"于是遂去。乃令张良留谢。良问曰："大王来何操⑩？"曰："我持白璧一双，欲献项王；玉斗一双，欲与亚父，会其怒，不敢献。公为我献之。"张良曰："谨诺⑪。"当是时，项王军在鸿门下，沛公军在霸上，相去四十里。沛公则置车骑，脱身独骑，与樊哙、夏侯婴、靳强、纪信等四人持剑盾步走，从郦山下，道芷阳间行⑫。沛公谓张良曰："从此道至吾军，不过二十里耳。度我至军中，公乃入。"沛公已去，间至军中，张良入谢，曰："沛公不胜桮杓⑬，不能辞。谨使臣良奉白璧一双，再拜⑭献大王足下；玉斗一双，再拜奉大将军足下。"项王曰："沛公安在？"良曰："闻大王有意督过之，脱身独去，已至军矣。"项王则受璧，置之坐上。亚父受玉斗，置之地，拔剑撞而破之，曰："唉！竖子⑮不足与谋。夺项王天下者，必沛公也，吾属今为之虏矣。"沛公至军，立诛杀曹无伤。

居数日，项羽引兵西屠咸阳，杀秦降王子婴。烧秦宫室，火三月不灭；收其货宝妇女而东。人或说项王曰："关中阻山河四塞⑯，地肥饶，可都以霸。"项王见秦宫室皆

---

① 与之同命：有两解：一，与刘邦同生死；二，跟项羽拼命。

② 眦：眼角。

③ 跽：古人席地而坐，臀部贴在脚跟上，直身，臀不挨着脚跟为"跽"，又称"长跪"。项羽按剑而跽，是以备不测。

④ 参乘：也叫陪乘。乘车时立于车右，相当于卫士。

⑤ 斗卮：大卮，大杯。一说，《汉书·樊哙传》"与"下无"斗"字，"斗"字是衍字。

⑥ 彘肩：猪前腿。

⑦ 啖：大口吃。

⑧ 胜：尽。

⑨ 细说：小人的谗言。

⑩ 操：执持。此指带礼物。

⑪ 谨诺：遵命的意思。

⑫ 间行：抄小路走。

⑬ 桮杓：饮酒用桮，取酒用勺。"桮杓"这里是酒的代称。不胜桮杓，意为已经喝醉，不能再喝，是委婉的说法。桮：同"杯"。

⑭ 再拜：先后拜两次，古代一种隆重的礼节。

⑮ 竖子：骂人的话，相当于"小子"。这里明指项庄，实指项羽。

⑯ 阻山河四塞：以山河为险阻，四面都有关塞屏障。《史记集解》引徐广曰："东函谷，南武关，西散关，北萧关。"

以烧残破①，又心怀思欲东归，曰："富贵不归故乡，如衣绣夜行，谁知之者!"说者曰："人言楚人沐猴而冠耳②，果然。"项王闻之，烹说者。

项王使人致命③怀王。怀王曰："如约④。"乃尊怀王为义帝⑤。项王欲自王，先王诸将相。谓曰："天下初发难时，假立诸侯后以伐秦⑥。然身被坚执锐首事，暴露于野三年，灭秦定天下者，皆将相诸君与籍之力也。义帝虽无功，故⑦当分其地而王之。"诸将皆曰："善。"乃分天下，立诸将为侯王。项王、范增疑沛公之有天下，业已讲解，又恶负约，恐诸侯叛之⑧，乃阴谋曰："巴、蜀道险，秦之迁人⑨皆居蜀。"乃曰："巴、蜀亦关中地也⑩。"故立沛公为汉王，王巴、蜀、汉中⑪，都南郑。而三分关中，王秦降将以距塞汉王。项王乃立章邯为雍王，王咸阳以西，都废丘⑫。长史欣者，故为栎阳狱掾，尝有德于项梁；都尉董翳者，本劝章邯降楚。故立司马欣为塞王，王咸阳以东至河，都栎阳；立董翳为翟王，王上郡⑬，都高奴⑭。徙魏王豹为西魏王，王河东⑮，都平阳⑯。瑕丘申阳者⑰，张耳嬖臣⑱也，先下河南⑲，迎楚河上，故立申阳为河南王，都雒阳。韩王成因⑳故都，都阳翟㉑。赵将司马印定河内㉒，数有功，故立印为殷王，王河内，都朝歌㉓。徙赵王歇为代王。赵相张耳素贤，又从入关，故立耳为常山王，王赵地，都襄国㉔。当阳君黥布为楚将，常冠军，故立布为九江王，都六㉕。鄱君吴芮率百越佐诸侯㉖，又从入关，故立芮为衡山王，都邾㉗。

---

① 以：同"已"。

② 沐猴：猕猴。沐猴而冠，言其纵使戴上人帽子，也始终办不成人事。

③ 致命：禀命，请示。

④ 如约：按照原来的约定办，即"先入关者王之"。

⑤ 义帝：意思是假帝、名义上的帝，而不是真正的帝。

⑥ 假立：姑且设立。指临时设立一些徒有虚名的傀儡人物。诸侯后：六国诸侯的后代，如韩成、田假、赵歇等。

⑦ 故：同"固"，本来，诚然。

⑧ 疑沛公之有天下四句：意谓担心刘邦会趁机取得天下，但是由于是已经讲和了，（现在如果还对刘邦不好），那就要承担一个违背条约的罪名，怕诸侯由此背叛自己。

⑨ 迁人：被迁谪流放的罪人。

⑩ 巴蜀亦关中地：自东方而言，巴蜀亦处于函谷关之西，且又自战国时属秦，故项羽等可以强辞曰："巴蜀亦关中地。"

⑪ 汉中：秦郡名，辖今陕西省秦岭以南地区。

⑫ 废丘：在今陕西省延安市东北。

⑬ 上郡：秦郡名，辖今山西省西南部地区。

⑭ 高奴：在今陕西省延安市东北。

⑮ 河东：秦郡名，辖今山西省西南部地区。

⑯ 平阳：在今山西省临汾西南。

⑰ 瑕丘申阳：申阳是人名，曾任瑕丘县令，故称。

⑱ 嬖臣：宠幸的臣仆。

⑲ 河南：汉郡名，秦时称三川郡，辖今河南省黄河以北及其所邻近的山西省东南、河北省南部地区。

⑳ 因：沿袭。阳翟曾是夏禹都城、郑国别都，所以此处称"因故都"。

㉑ 阳翟：今河南省禹县。

㉒ 河内：楚汉之际的郡名，辖今河南省黄河以北及邻近的山西省东南、河北省南部地区。

㉓ 朝歌：殷代故都，在今河南省淇县。

㉔ 襄国：在今河北省邢台西南。

㉕ 六：在今安徽省六安北。

㉖ 鄱君吴芮：吴芮曾任鄱阳湖（今江西省波阳东）令，故称。百越：过去居住在今广东、广西、福建以及湖南、江西南部的少数民族，因其种类繁多，故统称为"百越"。

㉗ 邾：今湖北省黄冈。

义帝柱国共敖将兵击南郡①，功多，因立敖为临江王，都江陵。徙燕王韩广为辽东王。燕将臧荼从楚救赵，因从入关，故立荼为燕王，都蓟②。徙齐王田市为胶东王。齐将田都从共救赵，因从入关，故立都为齐王，都临菑③。故秦所灭齐王建孙田安，项羽方渡河救赵，田安下济北数城，引其兵降项羽，故立安为济北王，都博阳④。田荣者，数负项梁，又不肯将兵从楚击秦，以故不封。成安君陈馀弃将印去，不从入关，然素闻其贤，有功于赵，闻其在南皮⑤，故因环封三县⑥。番君⑦将梅鋗功多，故封十万户侯。项王自立为西楚霸王⑧，王九郡⑨，都彭城。

汉之元年⑩四月，诸侯罢戏下⑪，各就国⑫。项王出之国，使人徙义帝，曰："古之帝者地方千里，必居上游。"乃使使徙义帝长沙郴县⑬，趣义帝行，其群臣稍稍背叛之。乃阴令衡山、临江王击杀之江中⑭。韩王成无军功，项王不使之国，与俱至彭城，废以为侯，已又杀之。臧荼之国，因逐韩广之辽东，广弗听，荼击杀广无终⑮，并王其地。

田荣闻项羽徙齐王市胶东，而立齐将田都为齐王，乃大怒，不肯遣齐王之胶东，因以齐反，迎击田都。田都走楚。齐王市畏项王，乃亡之胶东就国。田荣怒，追击杀之即墨⑯。荣因自立为齐王，而西杀击济北王田安，并王三齐⑰。荣与彭越将军印，令反梁地⑱。陈馀阴使张同、夏说说齐王田荣曰："项羽为天下宰⑲，不平。今尽王故王于丑地，而王其群臣诸将善地，逐其故主赵王⑳，乃北居代，余以为不可。闻大王起兵，且不听不义，愿大王资㉑余兵，请以击常山㉒，以复赵王，请以国为扞蔽㉓。"齐王许之，因遣兵之赵。陈馀悉发三

---

① 南郡：秦郡名，辖今湖北省西部地区。

② 蓟：在今北京市西南。

③ 临菑：同"临淄"，在今山东省淄博市东北。

④ 博阳：即今山东省泰安东南的博县故城。一说，即今山东省博平县西北的博平镇。

⑤ 南皮：即今河北省南皮。

⑥ 环封三县：把南皮周围三县封给陈馀。

⑦ 番君：同前"鄱君"。

⑧ 西楚霸王：旧称江陵（今湖北省江陵县）一带为南楚，吴县（今江苏省苏州市）一带为东楚，彭城（今徐州市）一带为西楚。项羽建都彭城，故称西楚霸王。所谓"霸王"，略同于春秋时期的霸主，即"诸侯盟主"的意思。

⑨ 九郡：九郡的具体说法不一，大致相当于战国时的梁国和楚国的部分地区，即河南省东部、山东省西南部和邻近的安徽、江苏两省的大部分地区。

⑩ 汉之元年：刘邦称汉王的第一年，公元前 206 年。

⑪ 诸侯罢戏下：各路诸侯都从项羽的麾下解散而去。戏，通"麾"，将帅用来指挥的大旗。

⑫ 就国：到自己的封地上去。

⑬ 郴县：即今湖南省郴县。当时属长沙郡。

⑭ 乃阴令衡山、临江王击杀之江中：衡山王是吴芮，临江王是共敖。据《黥布列传》云："项氏立怀王为义帝，徙都长沙，乃阴令九江王布等行击之。其八月，布使将击义帝，追杀至郴县。"则杀义帝者主要是黥布，而且杀于郴县，并非杀于"江中"，二处记述有矛盾。

⑮ 无终：秦县名，县治在今河北省蓟县。

⑯ 即墨：秦县名，县治在今山东省平度东南。

⑰ 三齐：指齐、胶东、济北三国，其地均属战国齐地。

⑱ 荣与彭越将军印，令反梁地：详见《田儋列传》、《魏豹彭越列传》。

⑲ 为天下宰：指主持分封诸侯的事情。宰，主持、主宰。

⑳ 逐其故主赵王：梁玉绳《史记志疑》曰："赵王歇乃陈馀之故主，'其'字当衍。"

㉑ 资：助、借给。

㉒ 击常山：指迎击常山王张耳，不使其入赵地称王。

㉓ 请以国为扞蔽：以赵国为齐国的屏障。扞，同"捍"，屏障。

县兵，与齐并力击常山，大破之。张耳走归汉。陈馀迎故赵王歇于代，反之赵。赵王因立陈馀为代王。

是时，汉还定三秦①。项羽闻汉王皆已并关中，且东②，齐、赵叛之，大怒。乃以故吴令郑昌为韩王，以距汉。令萧公角③等击彭越。彭越败萧公角等。汉使张良徇韩，乃遗项王书曰："汉王失职④，欲得关中，如约即止，不敢东。"又以齐、梁⑤反书遗项王，曰："齐欲与赵并灭楚。"楚以此故无西意，而北击齐。征兵九江王布。布称疾不往，使将将数千人行。项王由此怨布也。汉之二年冬，项羽遂北至城阳，田荣亦将兵会战。田荣不胜，走至平原⑥，平原民杀之。遂北烧夷齐城郭室屋，皆阬田荣降卒，系虏其老弱妇女。徇齐至北海⑦，多所残灭。齐人相聚而叛之。于是田荣弟田横收齐亡卒得数万人，反城阳。项王因留，连战未能下。

春⑧，汉王部五诸侯兵，凡五十六万人，东伐楚。项王闻之，即令诸将击齐，而自以精兵三万人南从鲁出胡陵。四月，汉皆已入彭城，收其货宝美人，日置酒高会。项王乃西从萧，晨击汉军而东，至彭城，日中，大破汉军。汉军皆走，相随入穀、泗水，杀汉卒十余万人。汉卒皆南走山，楚又追击至灵壁东睢水上。汉军却，为楚所挤，多杀，汉卒十余万人皆入睢水，睢水为之不流。围汉王三匝⑨。于是大风从西北而起，折木发屋，扬沙石，窈冥昼晦⑩，逢迎楚军⑪。楚军大乱，坏散，而汉王乃得与数十骑遁去。欲过沛，收家室而西。楚亦使人追之沛，取汉王家。家皆亡，不与汉王相见。汉王道逢得孝惠、鲁元⑫，乃载行。楚骑追汉王，汉王急，推堕孝惠、鲁元车下，滕公⑬常下收载之。如是者三。曰："虽急不可以驱，奈何弃之？"于是遂得脱。求太公⑭、吕后，不相遇。审食其从太公、吕后间行，求汉王，反遇楚军。楚军遂与归，报项王，项王常置军中。

是时吕后兄周吕侯⑮为汉将兵居下邑，汉王间往从之，稍稍收其士卒。至荥阳⑯，诸败军皆会，萧何亦发关中老弱未傅悉诣荥阳⑰，复大振。楚起于彭城，常乘胜逐北，与汉战荥

---

① 三秦：秦地上的三个诸侯国，即雍、塞、翟。

② 且东：即将要出兵东下。

③ 萧公角：曾任萧县县令，其名为角者，姓氏不详。钱大昕（《十驾斋养新录》）曰："春秋之际，楚县令皆称公。楚汉之际，官名多沿楚制，故汉王其沛称沛公，楚有萧公、薛公、郯公、留公、柘公，汉有滕公、戚公，皆县令之称。"

④ 失职：没有得到应有的职位，即关中王。

⑤ 齐、梁：根据下文，可能是"齐赵"之误。

⑥ 平原：秦郡名，郡治在今山东省平原西南。

⑦ 北海：即渤海，这里是指今山东省潍坊市、昌乐、寿光、昌邑等一带地区，因其北临渤海，故云。后来汉代在此设有北海郡。

⑧ 春：指汉之二年春，因当时用秦历，以十月为岁首，故春在同一年的冬季之后。

⑨ 三匝：三层。匝，周遭。

⑩ 窈冥昼晦：昏暗得犹如黑夜。窈冥，幽黑的样子。屈原《九歌》："日窈冥兮羌昼晦"，史公盖用其语。

⑪ 迎逢楚军：指黑风砂石冲着楚军吹去。逢迎，冲着，迎着。按：对于当时流行的这种神化刘邦的捏造，史公姑妄言之。

⑫ 孝惠：刘邦的嫡子，名盈，吕后所生。鲁元：刘邦之女，孝惠之姐。

⑬ 滕公：即夏侯婴，因其曾为滕县令，故云。夏侯婴是刘邦的太仆官，为之赶车。

⑭ 求：寻找。太公：刘邦之父。

⑮ 周吕侯：吕泽。刘邦即位后，大封功臣，吕泽被封为周吕侯。下邑——秦县名，县治在今江苏省砀山东。

⑯ 荥阳：古城名，在今河南省荥阳东北。

⑰ 未傅：未入丁壮册籍的人。傅，著录，登记。诣：到……去。

阳南京、索间①，汉败楚，楚以故不能过荥阳而西。

项王之救彭城，追汉王至荥阳，田横亦得收齐，立田荣子广为齐王。汉王之败彭城，诸侯皆复与楚而背汉。汉军荥阳，筑甬道属之河②，以取敖仓③粟。汉之三年，项王数侵夺汉甬道，汉王食乏，恐，请和，割荥阳以西为汉。

项王欲听之。历阳侯范增曰："汉易与④耳，今释弗取，后必悔之。"项王乃与范增急围荥阳。汉王患之，乃用陈平计间项王。项王使者来，为太牢具⑤，举欲进之。见使者，详⑥惊愕曰："吾以为亚父使者，乃反项王使者。"更持去，以恶食食项王使者。使者归报项王，项王乃疑范增与汉有私，稍夺之权。范增大怒，曰："天下事大定矣，君王自为之。原赐骸骨归卒伍⑦。"项王许之。行未至彭城，疽⑧发背而死。

汉将纪信说汉王曰："事已急矣，请为王诳楚为王⑨，王可以间出⑩。"于是汉王夜出女子荥阳东门被甲二千人⑪，楚兵四面击之。纪信乘黄屋车⑫，傅左纛⑬，曰："城中食尽，汉王降。"楚军皆呼万岁⑭。汉王亦与数十骑从城西门出，走成皋⑮。项王见纪信，问："汉王安在?"信曰："汉王已出矣。"项王烧杀纪信。

汉王使御史大夫周苛、枞公、魏豹守荥阳。周苛、枞公谋曰："反国之王，难与守城。"乃共杀魏豹。楚下荥阳城，生得周苛。项王谓周苛曰："为我将，我以公为上将军，封三万户。"周苛骂曰："若不趣⑯降汉，汉今虏若，若非汉敌也。"项王怒，烹周苛，并杀枞公。

汉王之出荥阳，南走宛、叶，得九江王布⑰，行收兵，复入保成皋。汉之四年，项王进兵围成皋。汉王逃，独与滕公出成皋北门，渡河走修武，从张耳、韩信军⑱。诸将稍稍得出成皋，从汉王。楚遂拔成皋，欲西。汉使兵距之巩，令其不得西。

是时，彭越渡河击楚东阿，杀楚将军薛公。项王乃自东击彭越。汉王得淮阴侯兵，欲渡河南。郑忠说汉王⑲，乃止壁河内。使刘贾将兵佐彭越，烧楚积聚。项王东击破之，走彭

---

① 京：秦县名，在今河南省荥阳东南。索：古城名，即今河南省荥阳。

② 属之河：（从荥阳）通到黄河边上。属，连接。

③ 敖仓：秦朝在荥阳西北敖山上修筑的大粮仓，下临黄河。

④ 易与：容易对付。

⑤ 太牢具：牛、羊、豕三牲皆备的食品，为古代待客的最高礼数。具，原指盛放食品的器具，后来即用以指食品。

⑥ 详：同"佯"，假装。

⑦ 归卒武：犹言"归家为民"。古代乡里的基层编制是五家为一伍，三百家为一卒。归卒武，即回到基层的编制中去。

⑧ 疽：也叫痈，一种恶性的疥疮，多发于颈部、背部和臀部，治疗不及时，会有生命危险。

⑨ 请为王诳楚为王：后"为王"二字疑衍，《高祖本纪》作"诈为汉王诳楚"。

⑩ 间出：乘隙而出。

⑪ 夜出女子荥阳东门被甲二千人：谓令二千女子披甲，伪装士兵而出。《陈丞相世家》迳作"陈平乃夜出女子二千人荥阳城东门。"

⑫ 黄屋车：以黄缯为篷盖的车，古代王者所乘。

⑬ 傅左纛（dào）：车的左边，插着纛牛尾的饰物。这是古代王者仪仗。

⑭ 万岁：赵翼《二十二史札记》曰："本古人庆贺之辞，后乃为至尊之专称"。

⑮ 成皋：古邑名，在今河南省荥阳西北。

⑯ 趣：速。

⑰ 得九江王布：刘邦彭城之败后，曾拜说客随何往劝黥布反楚归汉，黥布几经动摇后，至此乃单身来归。

⑱ 从张耳、韩信军：从，往投。时张耳、韩信以破赵，驻兵修武，高祖乃诈称汉使者入营夺其兵。事详见《淮阴侯列传》。

⑲ 郑忠说汉王：郑忠是刘邦的郎中，他劝刘邦深沟高垒，暂时不与项羽作战，而派卢绾、刘贾等带兵入楚地，策应彭越多方以击之，使项王"备多力分"。事可参见《高祖本纪》。

越。汉王则引兵渡河，复取成皋，军广武①，就敖仓食。项王已定东海来，西②，与汉俱临广武而军③，相守数月。

当此时，彭越数反梁地，绝楚粮食，项王患之。为高俎，置太公其上，告汉王曰："今不急下，吾烹太公。"汉王曰："吾与项羽俱北面④受命怀王，曰'约为兄弟'，吾翁即若翁，必欲烹而翁，则幸分我一桮⑤羹。"项王怒，欲杀之。项伯曰："天下事未可知，且为天下者不顾家，虽杀之无益，衹益祸耳。"项王从之。

楚汉久相持未决，丁壮苦军旅，老弱罢转漕⑥。项王谓汉王曰："天下匈匈⑦数岁者，徒以吾两人耳，愿与汉王挑战决雌雄，毋徒苦天下之民父子为也。"汉王笑谢曰："吾宁斗智，不能斗力。"项王令壮士出挑战。汉有善骑射者楼烦⑧，楚挑战三合⑨，楼烦辄射杀之。项王大怒，乃自被甲持戟挑战。楼烦欲射之，项王瞋目叱之，楼烦目不敢视，手不敢发，遂走还入壁，不敢复出。汉王使人间问⑩之，乃项王也。汉王大惊。于是项王乃即⑪汉王相与临广武间⑫而语。汉王数之⑬，项王怒，欲一战。汉王不听，项王伏弩射中汉王。汉王伤，走入成皋。

项王闻淮阴侯已举河北，破齐、赵⑭，且欲击楚，乃使龙且往击之⑮。淮阴侯与战，骑将灌婴击之，大破楚军，杀龙且。韩信因自立为齐王。项王闻龙且军破，则恐，使盱台人武涉往说淮阴侯⑯。淮阴侯弗听。是时，彭越复反，下梁地，绝楚粮。项王乃谓海春侯大司马曹咎等曰："谨守成皋，则⑰汉欲挑战，慎勿与战，毋令得东而已。我十五日必诛彭越，定梁地，复从将军。"乃东，行击陈留、外黄⑱。

外黄不下。数日，已降，项王怒，悉令男子年十五已上诣城东，欲阬之。外黄令舍人儿⑲年十三，往说项王曰："彭越强劫外黄，外黄恐，故且降，待大王。大王至，又皆阬之，

---

① 广武：古城名，在今河南省荥阳东北之广武山上。

② 已定东海来，西：稳定了东海郡的形势后，又回到西线来。东海，秦郡名，定东海即指打败彭越事。

③ 与汉俱临广武而军：广武山上有东西二城，相距二百余步，中隔广武涧，即刘项对峙处也。时刘邦据西城，项羽据东城。

④ 北面：意指臣服。

⑤ 桮：同"杯"。

⑥ 罢转漕：疲敝劳乏于运送粮饷。车运曰转，船运曰漕。罢，通"疲"。

⑦ 匈匈：烦苦劳扰的样子。

⑧ 楼烦：指优秀射手。楼烦本北方种族名，其人善骑射，故号善射者为楼烦。

⑨ 三合：犹言三次，三回。

⑩ 间问：暗中打听。

⑪ 即：靠近。

⑫ 广武间：即广武涧。间，同"涧"。

⑬ 汉王数之：汉王罗列项羽十大罪状，详见《高祖本纪》。

⑭ 破齐、赵：梁玉绳《史记志疑》曰："韩信破赵已逾年矣，非破齐一时事。此与《高纪》皆多一'赵'字，《汉书》无。"

⑮ 乃使龙且往击之：韩信袭破齐军，齐王田广走高密，向楚求救，楚使龙且将二十万人救齐。详见《淮阴侯列传》。

⑯ 武涉往说淮阴侯：其辞令见《淮阴侯列传》。

⑰ 则：若。

⑱ 行击：前进攻打。陈留：秦县名，县治即今河南省开封东南的陈留城。外黄：秦县名，县治在今河南省民权西北。

⑲ 外黄令舍人儿：外黄县令的门客的孩子。舍人，依托于官僚贵族之家的士人，其地位高于一般仆从。

百姓岂有归心？从此以东，梁地十余城皆恐，莫肯下矣。”项王然其言，乃赦外黄当阬者。东至睢阳①，闻之皆争下项王。

汉果数挑楚军战，楚军不出。使人辱之，五六日，大司马怒，渡兵汜水。士卒半渡，汉击之，大破楚军，尽得楚国货赂。大司马咎、长史翳、塞王欣皆自刭汜水上。大司马咎者，故蕲狱掾，长史欣亦故栎阳狱吏，两人尝有德于项梁，是以项王信任之。当是时，项王在睢阳，闻海春侯军败，则引兵还。汉军方围钟离眛②于荥阳东，项王至，汉军畏楚，尽走险阻。

是时，汉兵盛食多，项王兵罢食绝。汉遣陆贾③说项王，请太公，项王弗听。汉王复使侯公往说项王，项王乃与汉约，中分天下，割鸿沟以西者为汉④，鸿沟而东者为楚。项王许之，即归汉王父母妻子。军皆呼万岁。汉王乃封侯公为平国君。匿弗肯复见⑤。曰：“此天下辩士，所居倾⑥国，故号为平国君⑦。”项王已约，乃引兵解而东归。

汉欲西归，张良、陈平说曰：“汉有天下太半⑧，而诸侯皆附之。楚兵罢食尽，此天亡楚之时也，不如因其机而遂取之。今释弗击，此所谓‘养虎自遗患’也。”汉王听之。汉五年，汉王乃追项王至阳夏南，止军，与淮阴侯韩信、建成侯彭越期会而击楚军。至固陵⑨，而信、越之兵不会。楚击汉军，大破之。汉王复入壁，深堑而自守。谓张子房曰：“诸侯不从约，为之奈何？”对曰：“楚兵且破，信、越未有分地，其不至固宜。君王能与共分天下，今可立致也。即不能，事未可知也。君王能自陈以东傅海⑩，尽与韩信；睢阳以北至穀城⑪，以与彭越：使各自为战，则楚易败也。”汉王曰：“善。”于是乃发使者告韩信、彭越曰：“并力击楚。楚破，自陈以东傅海与齐王，睢阳以北至穀城与彭相国⑫。”使者至，韩信、彭越皆报曰：“请今进兵。”韩信乃从齐往，刘贾军从寿春并行，屠城父⑬，至垓下⑭。大司马周殷叛楚，以舒屠六，举九江兵，随刘贾、彭越皆会垓下，诣项王⑮。

---

① 睢阳：秦县名，县治在今河南省商丘南。

② 钟离眛（mò）：项羽的猛将。

③ 陆贾：刘邦的谋士，说客，事迹见《郦生陆贾列传》。

④ 割鸿沟以西者为汉：鸿沟，战国时开凿的沟通黄河和淮水的运河，北起荥阳，东经中牟、开封，南流至淮阳东南入颍水（淮水的支流）。

⑤ 匿弗肯复见：谓刘邦躲避不欲见侯公。一说，指侯公不愿见刘邦，不图其赏赐。

⑥ 倾：颠覆。

⑦ 平国君：取其反称。

⑧ 太半：大半。《史记集解》引韦昭曰：“凡数三分有二为太半，一为少半。”

⑨ 固陵：秦县名，今河南省太康南。

⑩ 自陈以东傅海：大体包括今河南省东部，山东省西南部，和安徽江苏两省的北部地区。傅海，直到海边。

⑪ 睢阳以北至穀城：大体包括今河南省东北部和山东省西部一带地区。穀城，古邑名，在今山东省平阴西南。

⑫ 彭相国：当初魏豹为魏王跟从刘邦时，刘邦曾封彭越为魏相国。

⑬ 屠城父：城父，古邑名，在今安徽省亳州市。按：刘贾从寿春向垓下进军，不经过城父。屠城父者乃黥布也。

⑭ 垓下：古地名，在今安徽省灵璧东南的沱河北岸。

⑮ 大司马周殷叛楚五句：周殷，项羽的将领，官为大司马。时刘邦派人召诱之，殷遂叛楚归刘邦。以舒屠六，带领舒县（在今安徽省庐江西南）之众北行，而屠灭了六县。诣项王，此三字疑衍。按：此数句关系不明，事实为刘贾入楚地攻克寿春后，周殷又从舒县叛楚归汉，协助刘贾控制了九江郡（郡治寿春）的局势；而后又西行迎来了原为九江王、后来单身归汉的黥布；黥布军经过城父时，屠之。最后，周殷、黥布等皆随刘贾一同与刘邦、韩信等会师垓下。

项王军壁垓下①，兵少食尽，汉军及诸侯兵围之数重。夜闻汉军四面皆楚歌②，项王乃大惊曰："汉皆已得楚乎？是何楚人之多也！"项王则夜起，饮帐中。有美人名虞，常幸从；骏马名骓③，常骑之。于是项王乃悲歌慷慨，自为诗曰："力拔山兮气盖世，时不利兮骓不逝。骓不逝兮可奈何，虞兮虞兮奈若何！"歌数阕④，美人和之。项王泣数行下，左右皆泣，莫能仰视。

于是项王乃上马骑⑤，麾下壮士骑从者八百余人，直夜⑥溃围南出，驰走。平明，汉军乃觉之，令骑将灌婴以五千骑追之。项王渡淮，骑能属⑦者百余人耳。项王至阴陵，迷失道，问一田父，田父绐⑧曰"左"。左，乃陷大泽中。以故汉追及之。项王乃复引兵而东，至东城⑨，乃有二十八骑。汉骑追者数千人。项王自度不得脱。谓其骑曰："吾起兵至今八岁矣，身七十余战，所当者破，所击者服，未尝败北，遂霸有天下。然今卒困于此，此天之亡我，非战之罪也。今日固决死，愿为诸君快战⑩，必三胜之⑪，为诸君溃围，斩将，刈旗⑫，令诸君知天亡我，非战之罪也。"乃分其骑以为四队，四向。汉军围之数重。项王谓其骑曰："吾为公取彼一将。"令四面骑驰下，期山东为三处⑬。于是项王大呼驰下，汉军皆披靡⑭，遂斩汉一将。是时，赤泉侯⑮为骑将，追项王，项王瞋目而叱之，赤泉侯人马俱惊，辟易⑯数里。与其骑会为三处。汉军不知项王所在，乃分军为三，复围之。项王乃驰，复斩汉一都尉，杀数十百人，复聚其骑，亡其两骑耳。乃谓其骑曰："何如？"骑皆伏曰⑰："如大王言。"

于是项王乃欲东渡乌江⑱。乌江亭长檥船⑲待，谓项王曰："江东虽小，地方千里，众数十万人，亦足王也。愿大王急渡。今独臣有船，汉军至，无以渡。"项王笑曰："天之亡

---

① 项王军壁垓下：按汉军诸路到达垓下后与项羽尚有一次决定性的大战。据《高祖本纪》云："五年（公元前202年），高祖与诸侯兵共击楚军，与项羽决胜垓下。淮阴将三十万自当之，孔将军居左，费将军居右，皇帝在后，绛侯、柴将军在皇帝后。项羽之卒可十万。淮阴先合，不利，却。孔将军费将军纵，楚兵不利，淮阴复乘之，大败垓下。"而后始得云"兵少食尽，汉军及诸侯兵围之数重也。"

② 楚歌：唱楚地的民间歌谣。

③ 骓：毛色黑白相间的马。

④ 歌数阕：唱了几遍。阙，段、遍。

⑤ 于是项王乃上马骑：按："骑"字疑涉下文而衍者，《汉书》无"骑"字。

⑥ 直夜：中夜，半夜。

⑦ 属：跟随。

⑧ 绐（dài）：欺骗。

⑨ 东城：秦县名，县治在今安徽省定远县东南。

⑩ 快战：痛痛快快打一仗。

⑪ 三胜之：连续打败他几次。三，用指多次。有人说"三胜之"即指下述的"溃围、斩将、刈旗"，恐非。

⑫ 刈旗：砍倒敌军的大旗。

⑬ 期山东为三处：约定好突围后在山东面的三个地点集合。期，约定。

⑭ 披靡：伏倒避散的样子。

⑮ 赤泉侯：杨喜，因获项羽尸体功被封为赤泉侯。赤泉，在今河南省浙川西。

⑯ 辟易：因畏惧而退避。辟，同"避"。易，易地，挪动了地方。

⑰ 骑皆伏曰："如大王言"：伏，同"服"。郭嵩焘曰："项王自叙七十余战，史公所记独巨鹿、垓下两战为详。巨鹿之战全用烘托法，不一及战事；而于垓下显出项羽兵法及其斩将刈旗之功。项羽英雄，史公自是心折，亦由其好奇，于势穷力尽处自显神通。巨鹿、鸿门、垓下三段，自是史公《项羽纪》中聚精会神，极得意文字。"

⑱ 东渡乌江：谓欲从乌江浦渡长江东去。乌江浦，渡口名，在今安徽省和县东北之长江西岸。

⑲ 檥（yǐ）船：拢船靠岸。

我，我何渡为！且籍与江东子弟八千人渡江而西，今无一人还，纵江东父兄怜而王我，我何面目见之？纵彼不言，籍独不愧于心乎？”乃谓亭长曰：“吾知公长者。吾骑此马五岁，所当无敌，尝一日行千里，不忍杀之，以赐公。”乃令骑皆下马步行，持短兵接战。独籍所杀汉军数百人。项王身亦被十余创。顾见汉骑司马①吕马童，曰：“若非吾故人乎？”马童面之②，指王翳曰：“此项王也。”项王乃曰：“吾闻汉购我头千金，邑万户，吾为若德③。乃自刎而死。王翳取其头，余骑相蹂践争项王，相杀者数十人。最其后，郎中骑杨喜，骑司马吕马童，郎中吕胜、杨武各得其一体。五人共会其体，皆是。故分其地为五④：封吕马童为中水⑤侯，封王翳为杜衍⑥侯，封杨喜为赤泉侯，封杨武为吴防⑦侯，封吕胜为涅阳⑧侯。

项王已死，楚地皆降汉，独鲁不下。汉乃引天下兵欲屠之，为其守礼义，为主死节，乃持项王头视鲁⑨，鲁父兄乃降。始，楚怀王初封项籍为鲁公，及其死，鲁最后下，故以鲁公礼葬项王穀城。汉王为发哀，泣之而去。

诸项氏枝属，汉王皆不诛。乃封项伯为射阳⑩侯。桃侯、平皋侯、玄武侯皆项氏，赐姓刘⑪。

太史公曰：吾闻之周生⑫曰“舜目盖重瞳子”，又闻项羽亦重瞳子。羽岂其苗裔⑬邪？何兴之暴⑭也！夫秦失其政，陈涉首难，豪杰蜂起，相与并争，不可胜数。然羽非有尺寸⑮，乘埶⑯起陇亩之中，三年，遂将五诸侯灭秦，分裂天下，而封王侯，政由羽出，号为“霸王”，位虽不终，近古以来未尝有也。及羽背关怀楚⑰，放逐义帝而自立，怨王侯叛已，难矣。自矜功伐⑱，奋其私智而不师古，谓霸王之业，欲以力征经营天下，五年卒亡其国，身死东城，尚不觉寤而不自责，过矣。乃引“天亡我，非用兵之罪也”，岂不谬哉！

---

① 骑司马：骑兵中主管法纪的官。吕马童或系项王旧部反楚投汉者，故项羽以‘故人’称之。

② 面之：对面细看。面，向。

③ 吾为若德：犹言“我给你做点好事。”

④ 故分其地为五：原曰得项王者“邑万户”，今乃五人共得一尸，故将万户之邑分为五份，以赏五人。

⑤ 中水：地名，在今河北省献县西北。

⑥ 杜衍：地名，在今河南省南阳西南。

⑦ 吴防：地名，在今河南省遂平。

⑧ 涅阳：地名，在今河南省镇平南。

⑨ 视鲁：让鲁县人看。视，同“示”。

⑩ 射阳：地名，在今江苏省淮安东南。

⑪ 桃侯：名襄。桃亦县名，县治在今山东省汶上东北。平皋侯名佗，平皋在今河南省温县东。玄武侯名字不详。

⑫ 周生：周先生，汉时学者，名字不详，应是司马迁的长辈。

⑬ 苗裔：后代。

⑭ 暴：突然。

⑮ 非有尺寸：没有尺寸之地（为根基）。

⑯ 乘埶：趁势。埶，同“势”。

⑰ 背关怀楚：顾炎武《日知录》：“谓舍关中形胜之地，而都彭城也。”

⑱ 自矜功伐：夸耀自己的战功。矜，夸耀。

高祖功臣侯者年表第六[1]

太史公曰：古者人臣功有五品，以德立宗庙定社稷曰勋，以言曰劳，用力曰功，明其等曰伐，积日曰阅。封爵之誓曰："使河如带[2]，泰山若厉[3]。国以永宁，爰[4]及苗裔。"始未尝不欲固其根本，而枝叶稍陵夷[5]衰微也。

余读高祖侯功臣，察其首封，所以失之者，曰：异哉所闻！《书》曰"协和万国"[6]，迁于夏商，或数千岁。盖周封八百，幽厉之后，见于《春秋》。《尚书》有唐虞之侯伯，历三代千有余载，自全以蕃卫天子，岂非笃于仁义，奉上法哉？汉兴，功臣受封者百有余人[7]。天下初定，故大城名都散亡，户口可得而数者十二三[8]，是以大侯不过万家，小者五六百户。后数世，民咸归乡里，户益息[9]，萧、曹、绛、灌之属或至四万，小侯自倍[10]，富厚如之。子孙骄溢，忘其先，淫嬖[11]。至太初百年之间，见侯五[12]，余皆坐[13]法陨命亡国，秏[14]矣。罔[15]亦少[16]密焉，然皆身无兢兢[17]于当世之禁云。

居今之世，志古之道，所以自镜也，未必尽同。帝王者各殊礼而异务，要[18]以成功为统纪，岂可绲[19]乎？观所以得尊宠及所以废辱，亦当世得失之林也，何必旧闻？于是谨其终始，表其文，颇有所不尽本末；著其明，疑者阙之。后有君子，欲推而列[20]之，得以览焉。

---

① "表"是《史记》"五体"之一。"本纪"、"世家"、"列传"主要以人物为中心，"书"主要以事为中心，而"表"则以时间为中心：众多的人、事以"世"、"年"，甚至"月"为线索被清晰地表现出来，使《史记》不仅充分发挥了纪传体的优势，而且吸收了编年体的长处。

② 带：衣带。

③ 厉：通"砺"，石块。

④ 爰（yuán）：助词，无义。

⑤ 陵夷：走下坡路，衰败。

⑥ 见于《尚书·尧典》。原文为"百姓昭明，协和万邦"。

⑦ 下文高祖功臣百三十七人，兼外戚及王子，凡一百四十三人。

⑧ 十二三：十分之二三。

⑨ 息：繁殖，增长。

⑩ 自倍：指比初封时户数增加了一倍。

⑪ 嬖（bì）：宠爱，这里指骄纵。

⑫ 即平阳侯曹宗、曲周侯郦终根、阳阿侯齐仁、戴侯秘蒙、谷陵侯冯偃。

⑬ 坐：因。

⑭ 秏：通"耗"，这里指败落。

⑮ 罔：通"网"，这里指法网。

⑯ 少：通"稍"，渐渐。

⑰ 兢兢：谨慎，警惕。

⑱ 要：总括。

⑲ 绲（gǔn）：通"混"，混淆。

⑳ 推：进举。列：位次，地位。这里指进身做官。

平准书第八[①]

汉兴，接秦之弊[②]，丈夫从军旅，老弱转粮饟[③]，作业[④]剧而财匮，自天子不能具钧驷[⑤]，而将相或乘牛车，齐民[⑥]无藏盖[⑦]。于是为秦钱重难用[⑧]，更令民铸钱，一黄金一斤，约法省禁[⑨]。而不轨逐利之民，蓄积余业以稽[⑩]市物，物踊腾粜[⑪]，米至石万钱，马一匹则百金。

天下已平，高祖乃令贾人不得衣丝乘车，重租税以困辱之。孝惠、高后时，为天下初定，复弛商贾之律，然市井[⑫]之子孙亦不得仕宦为吏。量吏禄，度官用，以赋[⑬]于民。而山川园池市井租税之入，自天子以至于封君汤沐邑，皆各为私奉养焉，不领于天下之经费。漕转山东粟，以给中都[⑭]官，岁不过数十万石。

至孝文时，荚钱[⑮]益多，轻，乃更铸四铢钱，其文[⑯]为“半两”，令民纵得自铸钱。故吴，诸侯也，以即山[⑰]铸钱，富埒[⑱]天子，其后卒以叛逆。邓通[⑲]，大夫也，以铸钱财过王者。故吴、邓氏钱布天下，而铸钱之禁生焉。

匈奴数侵盗北边，屯戍者多，边粟不足给食当食者。于是募民能输[⑳]及转粟于边者拜爵，爵得至大庶长[㉑]。

孝景时，上郡以西旱，亦复修卖爵令，而贱其价以招民；及徒[㉒]复作，得输粟县官[㉓]以除罪。益造苑马[㉔]以广用，而宫室列观舆马益增修矣。

---

① “书”是《史记》“五体”之一，以“典章经制”为线索，记述了政治、经济、军事、文化等社会的诸方面。所谓“平准”，就是调控物价，使物价公平。“平准”政策是汉武帝时期最为核心的经济政策。

② 弊：犹俗语“烂摊子”。

③ 转粮饟（xiǎng）：运送粮食。

④ 作业：劳作。

⑤ 钧驷：四匹毛色一样的马，钧驷驾车是古代帝王出行的基本仪仗。此处谓国贫，连天子亦不能具钧色之驷马。

⑥ 齐民：平民。

⑦ 藏盖：积蓄。

⑧ 重难用：质量重而难以流通。

⑨ 约法省禁：简化法令，减省禁律。

⑩ 稽：贮滞、留待。

⑪ 粜（tiào）：粮食买入为籴，卖出为粜。

⑫ 市井：古人没有市集，一般早上都聚于井旁汲水，商贾便将货物于井边货卖，故言市井。此处借指商贾。

⑬ 赋：征收赋税。

⑭ 中都：犹指京城也。

⑮ 荚钱：谓钱如榆荚也。

⑯ 文：原义为花纹，此处乃文字之义。

⑰ 即山：即，就也。就山铸钱。一曰：即山，山名也。

⑱ 埒（lěi）：等同。

⑲ 邓通：西汉蜀郡南安（今四川乐山）人。汉文帝的宠臣。事详《佞幸列传》。

⑳ 输：纳。

㉑ 爵得至大庶长：《汉书・食货志》云文帝用晁错言，“令人入粟边六百石，爵上造；稍增至四千石，为五大夫；万二千石，为大庶长；各以多少为差”。

㉒ 徒：服劳役的犯人。

㉓ 县官：朝廷。

㉔ 益造苑马：修造苑囿，增益牧马。

至今上即位数岁，汉兴七十余年之间，国家无事，非遇水旱之灾，民则人给家足，都鄙廪庾①皆满，而府库余货财。京师之钱累巨万，贯②朽而不可校③。太仓之粟陈陈相因，充溢露积于外，至腐败不可食。众庶街巷有马，阡陌之间成群，而乘字牝④者傧⑤而不得聚会。守闾阎者⑥食粱肉⑦，为吏者长子孙⑧，居官者以为姓号⑨。故人人自爱而重犯法，先行义而后绌耻辱焉。当此之时，网疏而民富，役⑩财骄溢，或至兼并豪党之徒，以武断于乡曲⑪。宗室有土公卿大夫以下，争于奢侈，室庐舆服僭于上，无限度。物盛而衰，固其变也。

自是之后，严助、朱买臣等招来东瓯⑫，事两越⑬，江淮之间萧然烦费矣。唐蒙、司马相如开路西南夷，凿山通道千余里，以广巴蜀，巴蜀之民罢⑭焉。彭吴⑮贾⑯灭朝鲜，置沧海之郡，则燕齐之间靡然发动。及王恢设谋马邑⑰，匈奴绝和亲，侵扰北边，兵连而不解，天下苦其劳，而干戈日滋。行者赍⑱，居者送，中外骚扰而相奉，百姓抏弊⑲以巧法，财赂衰耗而不赡。入物者补官，出货者除罪，选举陵迟⑳，廉耻相冒㉑，武力进用，法严令具。兴利之臣自此始也。

其后汉将岁以数万骑出击胡，及车骑将军卫青㉒取匈奴河南地，筑朔方㉓。当是时，汉通西南夷道，作者数万人，千里负担馈粮，率十余钟致一石㉔，散币于邛僰㉕以集之。数岁道不通，蛮夷因以数攻，吏发兵诛之。悉巴蜀租赋不足以更㉖之，乃募豪民田南夷，入粟县

---

① 廪庾：仓库。

② 贯：穿钱的绳索。

③ 校：数。

④ 字牝（pìn）：字同“牸”，牸牝指母马。

⑤ 傧：通“摈”，排斥、抛弃。

⑥ 守闾阎者：看守里巷大门的人。

⑦ 粱肉：精肉。

⑧ 为吏者长子孙：谓时局安定，官吏长期任职，直至子孙长大而不转职。

⑨ 以为姓号：谓以所任官职为姓。

⑩ 役：占有，使用。

⑪ 以武断于乡曲：靠着势力横行于乡里。

⑫ 东瓯：古族名，地区名。分布在今浙江南部瓯江、吴江流域。

⑬ 两越：南越及闽越。南越，今广州南海也。闽越，今建州建安也。

⑭ 罢：同“疲”。

⑮ 彭吴：人名。

⑯ 贾：王念孙《读书杂志》认为应当是“穿”。穿灭即开其道而灭之。

⑰ 王恢设谋马邑：马邑，古县名。元光二年（公元前133年），汉在马邑旁伏兵，欲诱击匈奴，谋泄，单于引兵去。史称“马邑之谋”。

⑱ 赍（jī）：携带。

⑲ 抏（wán）弊：抏，消耗。言百姓贫弊，只好弄巧作弊逃避法令。

⑳ 陵迟：衰落。

㉑ 冒：混。

㉒ 卫青：西汉名将。本平阳公主家奴，后为汉武帝重用，官至大将军，封长平侯。他前后七次出击匈奴，解除了匈奴对汉王朝的威胁。

㉓ 朔方：朔方城，今内蒙古自治区河套地区。

㉔ 率十余钟致一石：大约运送十余钟（每钟六石四斗），只有一石才能运到。

㉕ 邛僰（qióng bó）：二古地名。应劭云：“临邛属蜀，僰属犍为。”

㉖ 更：续也。一曰更，偿也。

官，而内受钱于都内。东至沧海之郡，人徒之费拟于南夷。又兴十万余人筑卫朔方，转漕①甚辽远，自山东咸被其劳，费数十百巨万，府库益虚。乃募民能入奴婢②得以终身复③，为郎增秩④，及入羊为郎，始于此。

其后四年，而汉遣大将将⑤六将军，军十余万，击右贤王，获首虏万五千级。明年，大将军将六将军仍再出击胡，得首虏万九千级。捕斩首虏之士受赐黄金二十余万斤，虏数万人皆得厚赏，衣食仰给县官；而汉军之士马死者十余万，兵甲之财转漕之费不与焉。于是大农陈⑥藏钱经秏，赋税既竭，犹不足以奉战士。有司言："天子曰'朕闻五帝之教不相复而治，禹汤之法不同道而王，所由殊路，而建德一也。北边未安，朕甚悼之。日者⑦，大将军攻匈奴，斩首虏万九千级，留蹛无所食⑧。议令民得买爵及赎禁锢⑨免减罪'。请置赏官，命曰武功爵⑩。级十七万，凡直三十余万金。诸买武功爵官首者试补吏，先除⑪；千夫如五大夫⑫；其有罪又减二等；爵得至乐卿⑬，以显军功。"军功多用越等，大者封侯卿大夫，小者郎吏。吏道杂而多端，则官职秏废。

自公孙弘⑭以春秋之义绳臣下取汉相，张汤用峻文决理⑮为廷尉，于是见知之法⑯生，而废格沮诽⑰穷治之狱用矣。其明年，淮南、衡山、江都王谋反迹见，而公卿寻端治之，竟⑱其党与，而坐死者数万人，长吏益惨急而法令明察。

当是之时，招尊方正贤良文学之士，或至公卿大夫。公孙弘以汉相，布被，食不重味⑲，为天下先。然无益于俗，稍骛⑳于功利矣。

其明年，骠骑仍再出击胡，获首四万。其秋，浑邪王率数万之众来降，于是汉发车二万乘迎之。既至，受赏，赐及有功之士。是岁费凡百余巨万。

---

① 转漕：运输。《说文》曰："漕，水转谷也"。一曰车运曰转，水运曰漕。

② 入奴婢：献奴婢。

③ 复：免除徭役。

④ 为郎增秩：本身为郎者，倘向国家献纳奴婢，提升其职位。

⑤ 大将：谓大将军卫青。后一个"将"，此处为动词，率领。

⑥ 陈：旧。

⑦ 日者：往日。

⑧ 留蹛无所食：蹛，滞也。此句谓富人贮滞积谷，则贫者无所食。

⑨ 禁锢：因犯罪而不准做官。

⑩ 武功爵：《史记集解》："茂陵中书有武功爵：一级曰造士，二级曰闲舆卫，三级曰良士，四级曰元戎士，五级曰官首，六级曰秉铎，七级曰千夫，八级曰乐卿，九级曰执戎，十级曰左庶长，十一级曰军卫。此武帝所制以垄军功。"

⑪ 除：任命。

⑫ 千夫如五大夫：千夫，武功爵第七；五大夫，二十爵第九也。此处谓千夫这一级官职相当于朝廷的命官五大夫。

⑬ 至乐卿：爵名。《汉书音义》："十爵左庶长以至十八爵为大庶长也，名乐卿。乐卿者，朝位从九卿，加'乐'者，别正卿。又十九爵为乐公，食公卿禄而无职也"。

⑭ 公孙弘：字季，又字次卿，淄川薛（在今山东藤县南）人。年四十余治《春秋公羊传》。后得汉武帝信任，代薛泽为丞相，封平津侯。事详《平津侯主父列传》。

⑮ 峻文决理：以严峻苛刻的法令条文决断处理（事宜）。

⑯ 见知之法：处治对违法的事见而不举，知而不告者的法令。

⑰ 废格沮诽：废格：搁置天子之命而不行。沮诽：沮败诽谤。

⑱ 竟：追根究底。

⑲ 食不重味：谓只有一道菜。

⑳ 骛：追求。

初，先是往十余岁河决观①，梁楚之地固已数困，而缘河之郡堤塞河，辄决坏，费不可胜计。其后番系②欲省底柱③之漕，穿汾、河渠以为溉田，作者数万人④；郑当时为渭漕渠回远，凿直渠自长安至华阴，作者数万人；朔方亦穿渠，作者数万人：各历二三期，功未就，费亦各巨万十数。天子为伐胡，盛养马，马之来食长安者数万匹，卒牵掌者⑤关中不足，乃调旁近郡。而胡降者皆衣食县官，县官不给，天子乃损膳，解乘舆驷，出御府禁藏⑥以赡之。

其明年，山东被水灾，民多饥乏，于是天子遣使者虚郡国仓廥⑦以振⑧贫民。犹不足，又募豪富人相贷假。尚不能相救，乃徙贫民于关以西，及充朔方以南新秦中⑨，七十余万口，衣食皆仰给县官。数岁，假予产业，使者分部护之，冠盖⑩相望。其费以亿计，不可胜数。

于是县官大空，而富商大贾或蹛财役贫，转毂⑪百数，废居居邑⑫，封君皆低首仰给。冶铸煮盐，财或累万金，而不佐国家之急，黎民重⑬困。于是天子与公卿议，更钱造币以赡用，而摧浮淫并兼之徒。是时禁苑有白鹿而少府⑭多银锡。自孝文更造四铢钱，至是岁四十余年，从建元以来，用少，县官往往即多铜山而铸钱，民亦间盗铸钱，不可胜数。钱益多而轻，物益少而贵。有司言曰："古者皮币⑮，诸侯以聘享⑯。金有三等，黄金为上，白金为中，赤金为下⑰。今半两钱法重四铢，而奸或盗摩钱里取鋊⑱，钱益轻薄而物贵，则远方用币烦费不省。"乃以白鹿皮方尺，缘以藻缋，为皮币，直四十万。王侯宗室朝觐聘享，必以皮币荐⑲璧，然后得行。

又造银锡为白金。以为天用莫如龙，地用莫如马，人用莫如龟，故白金三品：其一曰重八两，圜之，其文龙，名曰"白选"，直三千；二曰以重差小，方之，其文马，直五百；三曰复小，撱⑳之，其文龟，直三百。令县官销半两钱，更铸三铢钱，文如其重。盗铸诸金钱罪皆死，而吏民之盗铸白金者不可胜数。

---

① 观：古县名。
② 番系：人名。
③ 底柱：同"砥柱"，黄河中的石岛。
④ 其后番系欲省底柱之漕，穿汾、河渠以为溉田，作者数万人：此事详见《河渠书》。
⑤ 卒牵掌者：管马的士兵。
⑥ 御府禁藏：皇帝的私人仓库。
⑦ 仓廥（kuài）：廥，原指堆放柴草的房舍，这里指粮仓。
⑧ 振：通"赈"。
⑨ 新秦中：地名。
⑩ 冠盖：借指官员。
⑪ 毂：车。
⑫ 废居居邑：废居，贮蓄。居邑，居谷于邑。谓囤积居奇。
⑬ 重：更加。
⑭ 少府：管理皇帝私人财产的官府。
⑮ 皮币：皮指狐貂之裘，币指缯帛之类。
⑯ 聘享：诸侯间的外交礼仪。
⑰ 白金：银也。赤金：铜也。
⑱ 鋊（yù）：铜屑。此句谓不法之徒偷偷磨取铜钱背后的屑来重新铸钱。
⑲ 荐：此处做衬、垫解。
⑳ 撱：同"椭"，长圆形。

于是以东郭咸阳、孔仅为大农丞，领盐铁事；桑弘羊以计算用事，侍中。咸阳，齐之大煮盐，孔仅，南阳大冶，皆致生累千金，故郑当时进言之。弘羊，雒阳贾人子，以心计，年十三侍中。故三人言利事析秋豪矣①。

法既益严，吏多废免。兵革数动，民多买复及五大夫，征发之士益鲜。于是除千夫五大夫为吏，不欲者出马；故吏皆适令伐棘上林，作昆明池②。

其明年，大将军、骠骑大出击胡，得首虏八九万级，赏赐五十万金，汉军马死者十余万匹，转漕车甲之费不与焉。是时财匮，战士颇不得禄矣。

有司言三铢钱轻，易奸诈，乃更请诸郡国铸五铢钱，周郭③其下，令不可磨取鋊焉。

大农上盐铁丞孔仅、咸阳言："山海，天地之藏也，皆宜属少府，陛下不私，以属大农佐赋。愿募民自给费，因官器作煮盐，官与牢盆④。浮食奇民⑤欲擅管山海之货，以致富羡⑥，役利细民。其沮⑦事之议，不可胜听。敢私铸铁器煮盐者，釱⑧左趾，没入其器物。郡不出铁者，置小铁官，便属在所县⑨。"使孔仅、东郭咸阳乘传⑩举行天下盐铁，作官府，除故盐铁家富者为吏。吏道益杂，不选，而多贾人矣。

商贾以币之变，多积货逐利。于是公卿言："郡国颇被灾害，贫民无产业者，募徙广饶之地。陛下损膳省用，出禁钱以振元元⑪，宽贷赋，而民不齐⑫出于南亩⑬，商贾滋众。贫者畜积无有，皆仰县官。异时⑭算⑮轺车⑯贾人缗⑰钱皆有差，请算如故。诸贾人末作贳贷卖买，居邑稽诸物，及商以取利者，虽无市籍⑱，各以其物自占，率缗钱二千而一算⑲。诸作有租及铸，率缗钱四千一算。非吏比者三老、北边骑士⑳，轺车以一算；商贾人轺车二算；船五丈以上一算。匿不自占㉑，占不悉㉒，戍边一岁，没入缗钱。有能告者，以其半

① 言利事析秋豪矣：此句言弘羊等三人言利事明察秋毫。
② 昆明池：汉武帝元狩三年为解决长安城市用水以及操练水军而开凿。池周四十里，今已湮。
③ 周郭：郭同"廓"，轮廓。周郭其下是说钱的外圈有一个厚出钱体的轮廓。
④ 牢盆：牢：廪食，公家发给的粮食，古名廪为牢。盆，煮盐之盆。
⑤ 浮食奇民：谓诸侯也，非农工之俦，故曰奇民。一说是游手好闲之人，奇，为多余之意。
⑥ 羡：丰饶。
⑦ 沮：败坏。
⑧ 釱（dì）：汉时的一种刑罚，以釱钳脚。
⑨ 便属在所县：意谓由小铁官即管辖所属县的铁器。郭嵩焘《史记札记》卷三《平准书第八》："是时铁器皆官铸，置铁官领之；郡不出铁，则小铁官，掌所属县铁器。为禁民私铸铁器故也。"。
⑩ 传：驿车。
⑪ 元元：指百姓。
⑫ 齐：皆。
⑬ 南亩：本指田垄南北向的田地，现泛指农田。
⑭ 异时：昔时。
⑮ 算：汉时赋税的名称。
⑯ 轺（yáo）：小车。
⑰ 缗：串钱用的丝。
⑱ 市籍：官府掌管的商人名册。
⑲ 算：汉代赋税的名称，并以"算"为计量单位。
⑳ 三老：掌管教化的官员。北边骑士：汉代守卫京师的屯卫兵。
㉑ 占：报资产数目。
㉒ 悉：尽。

畀①之。贾人有市籍者，及其家属，皆无得籍名田，以便农。敢犯令，没入田僮。"

天子乃思卜式之言，召拜式为中郎，爵左庶长，赐田十顷，布告天下，使明知之。

初，卜式者，河南人也，以田畜为事。亲死，式有少弟，弟壮，式脱身出分，独取畜羊百余，田宅财物尽予弟。式入山牧十余岁，羊致千余头，买田宅。而其弟尽破其业，式辄复分予弟者数矣。是时汉方数使将击匈奴，卜式上书，愿输家之半县官助边。天子使使问式："欲官乎？"式曰："臣少牧，不习仕宦，不愿也。"使问曰："家岂有冤，欲言事乎？"式曰："臣生与人无分争。式邑人贫者贷之，不善者教顺之，所居人皆从式，式何故见冤于人！无所欲言也。"使者曰："苟如此，子何欲而然？"式曰："天子诛匈奴，愚以为贤者宜死节于边，有财者宜输委，如此而匈奴可灭也。"使者具其言入以闻。天子以语丞相弘。弘曰："此非人情。不轨之臣，不可以为化而乱法，愿陛下勿许。"于是上久不报式，数岁，乃罢式。式归，复田牧。岁余，会军数出，浑邪王等降，县官费众，仓府空。其明年，贫民大徙，皆仰给县官，无以尽赡。卜式持钱二十万予河南守，以给徙民。河南上富人助贫人者籍，天子见卜式名，识之，曰"是固前而欲输其家半助边"，乃赐式外繇四百人②。式又尽复予县官。是时富豪皆争匿财，唯式尤欲输之助费。天子于是以式终长者，故尊显以风百姓。

初，式不愿为郎。上曰："吾有羊上林中，欲令子牧之。"式乃拜为郎，布衣屩③而牧羊。岁余，羊肥息。上过见其羊，善之。式曰："非独羊也，治民亦犹是也。以时起居；恶者辄斥去，毋令败群。"上以式为奇，拜为缑氏令试之，缑氏便之。迁为成皋令，将漕最④。上以为式朴忠，拜为齐王太傅。

而孔仅之使天下铸作器，三年中拜为大农，列于九卿。而桑弘羊为大农丞，管诸会计事，稍稍置均输以通货物矣。

始令吏得入谷补官，郎至六百石。

自造白金五铢钱后五岁，赦吏民之坐盗铸金钱死者数十万人。其不发觉相杀者，不可胜计。赦自出者百余万人。然不能半自出，天下大抵无虑皆铸金钱矣。犯者众，吏不能尽诛取，于是遣博士褚大、徐偃等分曹⑤循行郡国，举兼并之徒守相为利者。而御史大夫张汤方隆贵用事，减宣、杜周等为中丞，义纵、尹齐、王温舒等用惨急刻深为九卿，而直指夏兰⑥之属始出矣。

而大农颜异诛。初，异为济南亭长，以廉直稍迁至九卿。上与张汤既造白鹿皮币，问异。异曰："今王侯朝贺以苍璧，直数千，而其皮荐反四十万，本末不相称。"天子不说。张汤又与异有郤，及有人告异以它议，事下张汤治异。异与客语，客语初令下有不便者，异不应，微反唇。汤奏当⑦异九卿见令不便，不入言而腹诽，论死。自是之后，有腹诽之法

---

① 畀（bì）：送给。

② 赐式外繇四百人：此句意为把四百人交纳的用以代替戍边的钱赏赐给卜式。

③ 屩（juē）：草鞋。

④ 此句谓管理漕运极好。

⑤ 曹：辈分、官级。

⑥ 直指、夏兰：官名。

⑦ 当：定罪。

比[①]，而公卿大夫多谄谀取容矣。

天子既下缗钱令而尊卜式，百姓终莫分财佐县官，于是告缗钱纵矣[②]。

郡国多奸[③]铸钱，钱多轻，而公卿请令京师铸钟官赤侧[④]，一当五，赋官用非赤侧不得行。白金稍贱，民不宝用，县官以令禁之，无益。岁余，白金终废不行。

是岁也，张汤死而民不思。

其后二岁，赤侧钱贱，民巧法用之，不便，又废。于是悉禁郡国无铸钱，专令上林三官铸。钱既多，而令天下非三官钱不得行，诸郡国所前铸钱皆废销之，输其铜三官。而民之铸钱益少，计其费不能相当，唯真工[⑤]大奸乃盗为之。

卜式相齐，而杨可告缗遍天下，中家以上大抵皆遇告。杜周治之，狱少反者[⑥]。乃分遣御史廷尉正监分曹往，即治郡国缗钱，得民财物以亿计，奴婢以千万数，田大县数百顷，小县百余顷，宅亦如之。于是商贾中家以上大率破，民偷甘食好衣，不事畜藏之产业，而县官有盐铁缗钱之故，用益饶矣。

益广关[⑦]，置左右辅。

初，大农管盐铁官布多，置水衡[⑧]，欲以主盐铁；及杨可告缗钱，上林财物众，乃令水衡主上林。上林既充满，益广。是时越欲与汉用船战逐，乃大修昆明池，列观[⑨]环之。治楼船，高十余丈，旗帜加其上，甚壮。于是天子感[⑩]之，乃作柏梁台，高数十丈。宫室之修，由此日丽。

乃分缗钱诸官，而水衡、少府、大农、太仆各置农官，往往即郡县比没入田田之。其没入奴婢，分诸苑养狗马禽兽，及与诸官。诸官益杂置多，徒奴婢众，而下河漕度[⑪]四百万石，及官自籴乃足。

所忠[⑫]言："世家子弟富人或斗鸡走狗马，弋猎博戏，乱齐民。"乃征诸犯令，相引数千人，命曰"株送徒"。入财者得补郎，郎选衰矣。

是时山东被河灾，及岁不登数年，人或相食，方一二千里。天子怜之，诏曰："江南火耕水耨[⑬]，令饥民得流就食江淮间，欲留，留处。"遣使冠盖相属于道，护之，下巴蜀粟以振之。

---

① 比：例。

② 此句谓很多人开始告发他人报资产不实。

③ 奸：奸巧。

④ 钟官赤侧：钟官：掌管铸赤侧钱的官员。赤侧，以赤铜为边廓。

⑤ 真工：指技术巧妙，能以伪乱真的人。

⑥ 反：减轻刑罚，从轻审判。

⑦ 益广关：扩大京城的区域，把函谷关迁到新安县东界。

⑧ 水衡：官名。

⑨ 观：楼台。

⑩ 感：触动。

⑪ 度：运。

⑫ 所忠：人名。

⑬ 火耕水耨（nòu）：江南的一种耕作方法。先用火烧掉田里的杂草，作为肥料，然后放水种稻。等到杂草又生出来，长到七八寸高，再全部除掉，又下水灌之，草死，独稻生长，这就是火耕水耨。

其明年，天子始巡郡国。东度河，河东守不意行至，不辨[1]，自杀。行西踰[2]陇，陇西守以行往卒[3]，天子从官不得食，陇西守自杀。于是上北出萧关，从数万骑，猎新秦中，以勒边兵而归。新秦中或千里无亭徼[4]，于是诛北地太守以下，而令民得畜牧边县，官假马母[5]，三岁而归，及息什一，以除告缗，用充仞新秦中[6]。

既得宝鼎[7]，立后土、太一祠，公卿议封禅事，而天下郡国皆豫治道桥，缮故宫，及当驰道县，县治官储，设供具，而望以待幸。

其明年，南越反，西羌侵边为桀[8]。于是天子为山东不赡，赦天下囚，因南方楼船卒二十余万人击南越，数万人发三河以西骑击西羌，又数万人度河筑令居[9]。初置张掖、酒泉郡，而上郡、朔方、西河、河西开田官，斥塞卒六十万人戍田之。中国缮道馈粮，远者三千，近者千余里，皆仰给大农。边兵不足，乃发武库工官兵器以赡之。车骑马乏绝，县官钱少，买马难得，乃著令，令封君以下至三百石以上吏，以差出牝马天下亭，亭有畜牸马，岁课息。

齐相卜式上书曰："臣闻主忧臣辱。南越反，臣愿父子与齐习船者往死之。"天子下诏曰："卜式虽躬耕牧，不以为利，有余辄助县官之用。今天下不幸有急，而式奋愿父子死之，虽未战，可谓义形于内。赐爵关内侯，金六十斤，田十顷。"布告天下，天下莫应。列侯以百数，皆莫求从军击羌、越。至酎[10]，少府省金[11]，而列侯坐酎金失侯者百余人。乃拜式为御史大夫。

式既在位，见郡国多不便县官作盐铁，铁器苦恶，贾贵，或强令民卖买之。而船有算，商者少，物贵，乃因孔仅言船算事。上由是不悦卜式。

汉连兵三岁，诛羌，灭南越，番禺以西至蜀南者置初郡十七，且以其故俗治，毋赋税。南阳、汉中以往郡，各以地比给初郡吏卒奉食币物，传车马被具。而初郡时时小反，杀吏，汉发南方吏卒往诛之，间岁万余人，费皆仰给大农。大农以均输调盐铁助赋，故能赡之。然兵所过县，为以訾给毋乏而已，不敢言擅赋法矣。

其明年，元封元年，卜式贬秩为太子太傅。而桑弘羊为治粟都尉，领大农，尽代仅管天下盐铁。弘羊以诸官各自市，相与争，物故腾跃，而天下赋输或不偿其僦费[12]，乃请置大农部丞数十人，分部主郡国，各往往县置均输盐铁官，令远方各以其物贵时商贾所转贩者为赋，而相灌输。置平准于京师，都受天下委输。召工官治车诸器，皆仰给大农。大农之诸官

---

① 辨：通"办"，办理。

② 踰：度。

③ 卒：仓卒。

④ 亭徼（jiào）：边境上的防卫工事。

⑤ 马母：即母马。

⑥ 此句谓以废除告缗令的方法来充实新秦中的居民。

⑦ 宝鼎：详见《封禅书》："其夏六月中，汾阴巫锦为民祠魏脽后土营旁，见地如钩状，掊视得鼎。鼎大异于众鼎，文镂无款识，怪之，言吏。吏告河东太守胜，胜以闻。天子使使验问巫得鼎无奸诈，乃以礼祠，迎鼎至甘泉，从行，上荐之。"

⑧ 为桀：行凶、逞暴。

⑨ 令居：城名。

⑩ 酎（zhòu）：祭祀用的酒，此处指祭祀。

⑪ 省金：检查酎金成色。

⑫ 僦（jiù）费：运费。

尽笼天下之货物，贵即卖之，贱则买之。如此，富商大贾无所牟①大利，则反本，而万物不得腾踊。故抑天下物，名曰“平准”。天子以为然，许之。于是天子北至朔方，东到太山，巡海上，并北边以归。所过赏赐，用帛百余万匹，钱金以巨万计，皆取足大农。

弘羊又请令吏得入粟补官，及罪人赎罪。令民能入粟甘泉各有差，以复终身，不告缗。他郡各输急处，而诸农各致粟，山东漕益岁六百万石。一岁之中，太仓、甘泉仓满。边余谷诸物均输帛五百万匹。民不益赋而天下用饶。于是弘羊赐爵左庶长，黄金再百斤焉。

是岁小旱，上令官求雨，卜式言曰：“县官当食租衣税而已，今弘羊令吏坐市列肆，贩物求利。亨②弘羊，天乃雨。”

太史公曰：农工商交易之路通，而龟贝金钱刀布之币兴焉。所从来久远，自高辛氏之前尚矣，靡得而记云。故《书》道唐虞之际，《诗》述殷周之世，安宁则长庠序，先本绌末，以礼义防于利；事变多故而亦反是。是以物盛则衰，时极而转，一质一文，终始之变也。禹贡九州，各因其土地所宜，人民所多少而纳职焉。汤武承弊易变，使民不倦，各兢兢所以为治，而稍陵迟衰微。齐桓公用管仲之谋，通轻重之权，徼③山海之业，以朝诸侯，用区区之齐显成霸名。魏用李克，尽地力，为强君。自是以后，天下争于战国，贵诈力而贱仁义，先富有而后推让。故庶人之富者或累巨万，而贫者或不厌糟糠；有国强者或并群小以臣诸侯，而弱国或绝祀而灭世。以至于秦，卒并海内。虞夏之币，金为三品，或黄，或白，或赤；或钱，或布，或刀，或龟贝。及至秦，中一国之币为二等，黄金以溢名④，为上币；铜钱识曰半两，重如其文，为下币。而珠玉、龟贝、银锡之属为器饰宝藏，不为币。然各随时而轻重无常。于是外攘夷狄，内兴功业，海内之士力耕不足粮饟，女子纺绩不足衣服。古者尝竭天下之资财以奉其上，犹自以为不足也。无异故云，事势之流，相激使然，曷足怪焉。

越王勾践世家第十一⑤

越王勾践，其先禹之苗裔，而夏后帝少康之庶子也。封于会稽，以奉守禹之祀。文身断发⑥，披草莱而邑焉⑦。后二十余世⑧，至于允常。允常之时，与吴王阖庐战而相怨伐。允常卒，子勾践立，是为越王。

元年，吴王阖庐闻允常死，乃兴师伐越。越王勾践使死士挑战⑨，三行⑩，至吴陈⑪，呼而自刭。吴师观之，越因袭击吴师，吴败于槜李，射伤吴王阖庐，阖庐且死，告其子夫差

① 牟：取。
② 亨：通“烹”。
③ 徼（jiǎo）：招致。
④ 黄金以溢名：黄金以溢为单位。
⑤ 越王勾践在会稽之困中被吴王赦免回国后，便卧薪尝胆、亲自耕作，委曲求全、礼贤下士，赈济穷人，悼慰死者，与百姓同甘共苦。作为没有任何制衡、约束的具有最高权力的一国国君，虽说是在受辱后做出的这些举动，也是十分难得的。勾践在艰苦奋斗、发奋图强时能虚心征求、听取谋臣们的意见，终于战胜了吴国、扩大了地盘、称霸于诸侯。
⑥ 文身：在身上刺画花纹。断发：剪短头发。
⑦ 披：开辟。莱：野草。
⑧ 二十余世：《吴越春秋》作十世。
⑨ 据《左传·定公十四年》载：“吴伐越，越子勾践御之，陈于槜李。勾践患吴之整也，使死士再禽焉，不动，使罪人三行，属剑于颈，而辞曰：‘二君有治，臣奸旗鼓。不敏于君之行前，不敢逃刑，敢归死。’遂自刭也。”可见，死士之往禽与罪人之战两事也，此混并之。死士，勇战之士。
⑩ 三行：排成三行。
⑪ 陈：通“阵”。

曰："必毋忘越。"

三年，勾践闻吴王夫差日夜勒①兵，且以报越，越欲先吴未发往伐之。范蠡谏曰："不可。臣闻兵者凶器也，战者逆德也，争者事之末也。阴谋逆德，好用凶器，试身于所末，上帝禁之，行者不利。"越王曰："吾已决之矣。"遂兴师。吴王闻之，悉发精兵击越，败之夫椒。越王乃以余兵五千人保栖于会②稽。吴王追而围之。

越王谓范蠡曰："以不听子故至于此，为之奈何？"蠡对曰："持满者与天③，定倾者与人④，节事者以地⑤。卑辞厚礼以遗⑥之，不许，而身与之市。"勾践曰："诺。"乃令大夫种行成⑦于吴，膝行顿首曰："君王亡臣勾践使陪臣种敢告下执事⑧：勾践请为臣，妻为妾。"吴王将许之。子胥言于吴王曰："天以越赐吴，勿许也。"种还，以报勾践。勾践欲杀妻子，燔宝器，触战⑨以死。种止勾践曰："夫吴太宰嚭贪，可诱以利，请间行⑩言之。"于是勾践乃以美女宝器令种间献⑪吴太宰嚭。嚭受，乃见⑫大夫种于吴王。种顿首言曰："愿大王赦勾践之罪，尽入其宝器。不幸不赦，勾践将尽杀其妻子，燔其宝器，悉五千人触战，必有当⑬也。"嚭因说⑭吴王曰："越以⑮服为臣，若将赦之，此国之利也。"吴王将许之。子胥进谏曰："今不灭越，后必悔之。勾践贤君，种、蠡良臣，若反⑯国，将为乱。"吴王弗听，卒赦越，罢兵而归。

勾践之困会稽也，喟然叹曰："吾终于此乎？"种曰："汤系⑰夏台，文王囚羑里，晋重耳奔翟⑱，齐小白奔莒，其卒王霸。由是观之，何遽不为福乎？"

吴既赦越，越王勾践反国，乃苦身焦里，置胆于坐⑲，坐卧即仰胆，饮食亦尝胆也。曰："女忘会稽之耻邪？"身自耕作，夫人自织，食不加肉，衣不重采，折节下贤人⑳，厚遇宾客，振㉑贫吊死，与百姓同其劳。欲使蠡治国政，蠡对曰："兵甲之事，种不如蠡；填㉒

---

① 勒：约束，统帅。
② 保栖：守卫居住。
③ 持满：谓处在盛满的地全。与天：天与。得到天的保佑。
④ 定倾：平定危难。与人：得到人的帮助。
⑤ 以地：得到地利。《国语·越语》"以"作"与"，义同。
⑥ 遗：赠送。
⑦ 行成：求和。
⑧ 下执事：指待从左右供使令的人。
⑨ 触战：拼一死战。
⑩ 间行：潜行，从小路走。
⑪ 间献：暗中进献。
⑫ 见：推荐，介绍。
⑬ 有当：有相当的代价。
⑭ 说：劝说。
⑮ 以：通"已"。
⑯ 反：通"返"。
⑰ 系：拘囚。
⑱ 翟：通"狄"。
⑲ 坐：通"座"。座位。
⑳ 折节：屈己下人。
㉑ 振：救济。
㉒ 填（zhèn）抚：镇定安抚。

抚国家，亲附百姓，蠡不如种。”于是举国政属①大夫种，而使范蠡与大夫柘稽行成，为质于吴。二岁而吴归蠡②。

勾践自会稽归七年，拊循③其士民，欲用以报吴。大夫逢同谏曰：“国新流亡，今乃复殷给④，缮饰备利⑤，吴必惧，惧则难必至。且鸷鸟之击也，必匿其形⑥。今夫吴兵加齐、晋，怨深于楚、越，名高天下，实害周室，德少而功多，必淫自矜。为越计，莫若结齐，亲楚，附晋，以厚吴。吴之志广，必轻战。是我连其权，三国伐之，越承⑦其獘，可克也。”勾践曰：“善。”

居二年，吴王将伐齐。子胥谏曰：“未可，臣闻勾践食不重味，与百姓同苦乐。此人不死，必为国患。吴有越，腹心之疾，齐与吴，疥癣也⑧。愿王释齐先越。”吴王弗听，遂伐齐，败之艾陵，虏齐高、国以归。让子胥。子胥曰：“王毋喜！”王怒，子胥欲自杀，王闻而止之。越大夫种曰：“臣观吴王政骄矣，请试尝之贷粟，以卜其事。”请贷，吴王欲与，子胥谏勿与，王遂与之，越乃私喜。子胥言曰：“王不听谏，后三年吴其墟乎！”太宰嚭闻之，乃数⑨与子胥争越议，因谗子胥曰：“伍员貌忠而实忍人⑩，其父兄不顾⑪，安能顾王？王前欲伐齐，员强谏，已而有功，用是反怨王。王不备伍员，员必为乱。”与逢同共谋，谗之王。王始不从，乃使子胥于齐，闻其托子于鲍氏，五乃大怒，曰：“伍员果欺寡人！”役反，使人赐子胥属镂⑫剑以自杀。子胥大笑曰：“我令而父霸，我又立若⑬，若初欲分吴国半与我，我不受，已，今若反以谗诛我。嗟乎，嗟乎，一人固不能独立！”报使者曰：“必取吾眼置吴东门，以观越兵入也⑭！”于是吴任嚭政。

居三年⑮，勾践召范蠡曰：“吴已杀子胥，导谀⑯者众，要乎？”对曰：“未可”。

至明年春，吴王北会诸侯于也，吴国精兵从王，惟独老弱与太子留守。勾践复问范蠡，蠡曰“可矣”。乃发习流⑰二千人，教士⑱四万人，君子⑲六千人，诸御⑳千人，伐吴。吴师败，遂杀吴太子。吴告急于王，王方会诸侯于黄池，惧天下闻之，乃秘之。吴王已盟黄池，

---

① 属：通“嘱”。委托。

② 《国语》、《韩子》、《越绝书》、《吴越春秋》皆言勾践与范蠡亲身入臣于吴，三年遣归。与此不同。

③ 拊循：安抚，抚慰。

④ 殷给：富足。

⑤ 备利：指备战。

⑥ 必匿其形：指鸷鸟将击，卑飞敛翼。

⑦ 承：通“乘”。

⑧ 疥癣（xuǎn）：犹“疥癣”，此病于体外，不比“腹心之疾”，喻小毛病，小祸患。

⑨ 数（shuò）：屡次。

⑩ 忍人：残忍之人。

⑪ 其父兄不顾：其父伍奢，其兄伍尚为楚平王杀害。详见《楚世家》。

⑫ 属镂：剑名。

⑬ 若：你。

⑭ 《国语·吴语》载：子胥“遂自杀。将死，曰：‘以悬吾目于东门，以见越之人，吴国之亡也。’王愠曰：‘孤不使大夫得有见也。’乃使取申胥之尸，盛以鸱（皮制的口袋），而投之于江。”

⑮ 居三年：《疏证》曰：“当作‘居二年’”。

⑯ 导谀：谄谀之人。

⑰ 习流：熟习水流，即熟练的水兵。

⑱ 教士：受过训练的士兵。

⑲ 君子：君王亲近有恩的禁卫军。

⑳ 诸御：在军中有职掌的军官。

乃使人厚礼以表成越。越自度亦未能灭吴，乃与吴平①。

其后四年，越复伐吴。吴士民罢②弊，轻锐尽死于齐、晋。而越大破吴，因而留围之三年，吴师败，越遂复栖吴王于姑苏之山。吴王公孙雄肉袒膝行而前，请成越王曰："孤臣夫差敢布③腹心，异日尝得罪于会稽，夫差不敢逆命，得与君王成以归。今君王举玉趾而诛孤臣，孤臣惟命是听，意者亦欲如会稽之赦孤臣之罪乎？"勾践不忍，欲许之。范蠡曰："会稽之事，天以越赐吴，吴不取。今天以吴赐越，越其可逆天乎？且夫君王蚤朝晏罢④，非为吴邪？谋之二十二年，一旦而弃之，可乎？且夫天与弗取，反受其咎。'伐柯者其则不远⑤，君忘会稽之厄⑥乎？"勾践曰："吾欲听子言，吾不忍其使者。"范蠡乃鼓进兵，曰："王已属政于执事⑦，使者去，不⑧者且得罪。"吴使者泣而去。勾践怜之，乃使人谓吴王曰："吾置王甬东，君⑨百家。"吴王谢曰："吾老矣，不能事君王！"遂自杀。乃蔽其面，曰："吾无面以见子胥也！"越王乃葬吴王而诛太宰嚭。

勾践已平吴，乃以兵北渡淮，与齐、晋诸侯会于徐州，致贡于周。周元王使人赐勾践胙⑩，命为伯。勾践已去，渡淮南，以淮上地与楚，归吴所侵宋地于宋，与鲁泗东方百里。当是时，越兵横行于江、淮东，诸侯毕贺，号称霸王。

范蠡遂去，自齐遣大夫种书曰："蜚⑪鸟尽，良弓藏；狡兔死，走狗烹。越王为人长颈鸟喙，可与共患难，不可与共乐，子何不去？"种见书，称病不朝。人或谗种且作乱，越王乃赐种剑曰："子教寡人伐吴七术，寡人用其三而败吴，其四在子，子为我从先王试之。"种遂自杀。

勾践卒，子王鼫与立。王鼫与卒，子王不寿立。王不寿卒，子王翁立。王翁卒，子王翳立。王翳卒，子王之侯位。王之侯卒，子王无强立。

王无强时，越兴师北伐齐，西伐楚，与中国争强。当楚威王之时，越北伐齐，齐威王⑫使人说越王曰："越不伐楚，大不王⑬，小不伯⑭。图⑮越之所为不伐楚者，为不得晋⑯也。韩、魏固不攻楚。韩之攻楚，覆其军，杀其将，则叶、阳翟危；魏亦覆其军，杀

---

① 平：讲和。

② 罢：通"疲"。

③ 布：陈述。

④ 蚤朝晏罢：意谓越王操劳国事，奋发图强。蚤，通"早"。晏，晚。

⑤ 伐柯者其则不远：《诗经·豳（bīn）风·伐柯》中有"伐柯伐柯，其则不远"句。意思是说，用斧头去砍伐木头作斧柄，它的法则不要远求。用在此处的言外之意，即启发越王，不应失去良机灭吴，其理易知。柯，斧柄。则，法则、道理。

⑥ 厄：灾难。

⑦ 执事：《集解》曰："执事，蠡自谓也。"

⑧ 不：通"否"。

⑨ 君：统治。

⑩ 胙：祭祀用的肉。

⑪ 蜚：通"飞"。

⑫ 齐威王：据梁玉绳《史记志疑》云：楚威不与齐威同时，当作"齐宣王。"

⑬ 王：称王。

⑭ 伯：通"霸"。称霸。

⑮ 图：谋算。

⑯ 晋：此时晋已分为韩、魏、赵三国，此处的晋指代韩、魏两国。

其将，则陈、上蔡不安。故二晋之事越也，不至于覆军杀将，马汗之力不效①。所重于得晋者何也？”越王曰：“所求于晋者，不至顿刃②接兵，而况于攻城围邑乎？愿魏以聚大梁之下，愿齐之试兵南阳莒地，以聚常、郯之境，则方城之外不南，淮、泗之间不东，商、於、析、郦、宗胡之地，夏路以左，不足以备秦，江南、泗上不足以待③越矣。则齐、秦、韩、魏得志于楚也，是二晋不战而分地，不耕而获之。不此之为，而顿刃于河山之间以为齐秦用，所待者如此其失计，奈何其以此王也！”齐使者曰：“幸也越之不亡也！吾不贵其用智之如目，见毫毛而不见其睫也。今王知晋之失计，而不自知越之过，是目论④也。王所待于晋者，非有马汗之力也，又非可与合军连和也，将待之以分楚众也。今楚众已分，何待于晋？”越王曰：“奈何？”曰：“楚三大夫张⑤九军，北围曲沃、於中，以至无假之关者三千七百里，景翠之军北聚鲁、齐、南阳，分⑥有大此者乎？且王之所求者，斗晋楚也；晋楚不斗，越兵不起，是知二五而不知十也。此时不攻楚，臣以是知越大不王。小不伯。复雠、庞、长沙，楚之粟也；竟泽陵，楚之材也。越窥兵通无假之关，此四邑者不上贡事于郢矣⑦。臣闻之，图王不王，其敝⑧可以伯。然而不伯者，王道⑨失也。故愿大王之转攻楚也。”

于是越遂释齐而伐楚。楚威王兴兵而伐之，大败越，杀王无强，尽取故吴地至浙江，北破齐于徐州。而越以此散，诸族子争立，或为王，或为君，滨于江南海上，服朝于楚⑩。

后七世，至闽君摇，佐⑪诸侯平秦。汉高帝复以摇为越王，以奉越后。东越、闽君，皆其后也。

范蠡事越王勾践，既苦身戮力⑫，与勾践深谋二十余年，竟灭吴，报会稽之耻，北渡兵于淮以临⑬齐、晋，号令⑭中国，以尊周室，勾践以霸，而范蠡称上将军⑮。还反国，范蠡以为大名天下，难以久居，且勾践为人可与同患，难与处安，为书辞⑯勾践曰：“臣闻主忧臣劳，主辱臣死。昔者君王辱于会稽，所以不死，为此事也。今既以雪耻，臣请从会稽之诛。”勾践曰：“孤将与子分国而有之。不然，将加诛于子。”范蠡曰：“君行令，臣行意。”乃装其轻宝

---

① 效：《集解》云：“效犹见也。”

② 顿刃：指作战。

③ 待：抵御、防备。

④ 目论：《索隐》曰：“言越王知晋之失，不自觉越之过，犹人眼能见毫毛而自不见其睫，故谓之目论也。”后亦称浅见为“目论”。

⑤ 张：铺开。

⑥ 分：分散。

⑦ 不上贡事于郢：不向楚国进贡，即不服从楚国，不属于楚国的意思。

⑧ 敝：坏，此指不成功。

⑨ 王道：君主以仁义治天下的政策。

⑩ 服：服从。朝：朝见。

⑪ 佐：帮助。

⑫ 戮力：并力，尽力。

⑬ 临：靠近，此指进逼。

⑭ 号令：发号施令。

⑮ 上将军：古天子将兵称上将军。战国时也有因军功卓著之将领号上将军者。

⑯ 辞：辞别、告别。此指辞职。

珠玉，自与其私徒属乘舟浮海以行，终不反。于是勾践表会稽山以为范蠡奉邑①。

范蠡浮海出齐，变姓名，自谓鸱夷子皮②，耕于海畔，苦身戮力，父子治产。居无几何，致产数十万。齐人闻其贤，以为相。范蠡喟然叹曰："居家则致千金，居官则至卿相，此布衣之极也。久受尊名，不祥。"乃归相印，尽散其财，以分与知友乡党③，而怀其重宝，间行④以去，止于陶，以为天下之中，交易有无之路通，为生可以致富矣。于是自谓陶朱公。复约要⑤父子耕畜，废居⑥，候时转物，逐什一之利。居无何，则致赀⑦累巨万，天下称⑧陶朱公。

朱公居陶，生少子。少子及壮，而朱公中男⑨杀人，囚于楚。朱公曰："杀人而死，职⑩也。然吾闻千金之子不死于市⑪。"告其少子往视之。乃装黄金千溢⑫，置褐器⑬中，载以一牛车。且遣其少子，朱公长男固请欲行，朱公不听。长男曰："家有长子曰家督⑭，今弟有罪，大人不遣，乃遣少弟，是吾不肖⑮。"欲自杀。其母为言曰："今遣少子，未必能生中子也，而先空亡长男，奈何?"朱公不得已而遣长子，为一封书遗固所善庄生。曰："至则进千金于庄生所，听⑯其所为，慎⑰无与争事。"长男既行，亦自私赍⑱数百金。

至楚，庄生家负郭⑲，披藜藋到门，居甚贫。然长男发书进千金，如其父方。庄生曰："可疾去矣，慎毋留！即弟出，勿问所以然。"长男既去，不过⑳庄生而私留，以其私赍献遗楚国贵人用事者㉑。

庄生虽居穷阎㉒，然以廉直闻于国，自楚王以下皆师尊之。及朱公进金，非有意受也，欲以成事后复归之以为信㉓耳。故金至，谓其妇曰："此朱公之金。有如病不宿诫㉔，后复

---

① 据梁玉绳《史记志疑》云：蠡已去起，何奉邑之有?《国语》云环会稽三百里以为范蠡地，不言奉邑也。表，表彰。奉邑，供给俸禄的封邑。

② 鸱夷子皮：子胥自杀，吴王用鸱夷装了他的尸体，投之于江。范蠡自以为罪同子胥，故用"鸱夷子皮"自谓。

③ 乡党：同制以五百家为常，一万二千万百家为乡，后用以泛指乡里。

④ 间（jiàn）行：潜行，从小路走。

⑤ 约要：约束，约定。

⑥ 废居：指商人见货物价贱则买进，价贵则卖出，以求厚利。废，出卖。居，停蓄。

⑦ 赀：通"资"。巨万：《集解》曰："万万也。"

⑧ 称：称道，称赞。

⑨ 中男：次子。

⑩ 职：常，常理。

⑪ 市：闹市之中。

⑫ 溢：通"镒"。古时金二十两之称。

⑬ 褐器：褐色器具。

⑭ 家督：旧时长子管理家事，故称长子为"家督"。

⑮ 不肖：此处意指不孝之子。

⑯ 听：任凭，听任。

⑰ 慎：千万。

⑱ 赍（jī）：携带。

⑲ 负郭：靠近城郭。

⑳ 过：访，探望。

㉑ 献遗：赠送。用事者：执政者，当权者。

㉒ 阎：巷门，亦即指里巷。

㉓ 信：讲信用。

㉔ 病不宿诫：自己哪一天生病不能预先告知别人。

归，勿动，”而朱公长男不知其意，以为殊无短长也①。

庄生间时②入见楚王，言“某星宿某③，此则害于楚”。楚王素信庄生，曰：“今为奈何？”庄生曰：“独以德为可以除之。”楚王曰：“生休矣，寡人将行之。”王乃使使者封三钱之府④。楚贵人惊告朱公长男曰：“王且赦。”曰：“何以也？”曰：“每王且赦，常封三钱之府。昨暮王使使封之。”朱公长男以为赦，弟固当出也，重千金虚弃庄生，无所为也，乃复见庄生。庄生惊曰：“若不去邪？”长男曰：“固未也。初为事弟⑤，弟今议自赦，故辞生去。”庄生知其意欲复得其金，曰：“若自入室取金。”长男即自入室取金持去，独自欢幸。

庄生羞为儿子⑥所卖，乃入见楚王曰：“臣前言某星事，言欲以修德报之。今臣出，道路皆言陶之富人朱公之子杀人囚楚，其家多持金钱赂王左右，故王非能恤⑦楚国而赦，乃以朱公子故也。”楚王大怒曰：“寡人虽不德耳，奈何以朱公之子故而施惠乎！”令论⑧杀朱公子，明日遂下赦令。朱公长男竟持弟丧归。

至，其母及邑人尽哀之，唯朱公独笑，曰：“吾固知必杀其弟也！彼非不爱其弟，顾有所不能忍者也。是少与我俱，见⑨苦，为生难，故重弃财。至如少弟者，生而见我富，乘坚驱良逐狡兔⑩，岂知财所从来，故轻弃之，非所惜吝。前日吾所当欲遣少子，固为其能弃财故也。而长者不能，故以杀其弟，事之理也，无足悲者。吾日夜固以望其丧之来也。”

故范蠡三徙⑪，成名于天下，非苟去而已，所止必成名。卒老死于陶，故世传⑫曰陶朱公。

太史公曰：禹之功大矣，渐⑬九川，定九州，至于今诸夏艾安⑭。及苗裔勾践，苦身焦思，终灭强吴，北观兵中国，以尊周室，号称霸王。勾践可不谓贤哉，盖有禹之遗烈焉。范蠡三迁皆有荣名，名垂后世。臣主若此，欲毋显得乎！

刺客列传第二十六⑮

曹沫者，鲁人也，以勇力事鲁庄公。庄公好力⑯。曹沫为鲁将、与齐战，三败北⑰。鲁

---

① 殊：很。短长：过或不及。意谓效果无法预料。
② 间时：适当时机。
③ 某星宿某：天上某星的位置移到了某处。
④ 封三钱之府：封闭储存钱币（金、银、铜）的仓库。
⑤ 事弟：弟弟的事情。
⑥ 儿子：小儿辈，此指范蠡长男。
⑦ 恤：体恤，怜悯。
⑧ 论：定罪。
⑨ 见：知道，觉得。
⑩ 坚：好车。良：善马。
⑪ 三徙：自越徙于齐，又自齐徙于陶。
⑫ 世传：世人相传。
⑬ 渐：疏导。
⑭ 艾（yì）安：同“乂安”，谓太平无事，艾，通“乂”，治理。
⑮ 这是一篇类传，依次记载了春秋战国时代曹沫、专诸、豫让、聂政和荆轲等五位著名刺客的事迹。尽管这五人的具体事迹并不相同，其行刺或行劫的具体缘由也因人而异，但是有一点则是共同的，这就是他们都有一种扶弱拯危、不畏强暴、为达到行刺或行劫的目的而置生死于度外的刚烈精神。而这种精神的实质则是“士为知己者死”。
⑯ 好力：爱好勇武、力气。
⑰ 败北：战败逃跑。北，打了败仗往回逃。

庄公惧，乃献遂邑之地以和。犹复以为将。

齐桓公许与鲁会于柯而盟。桓公与庄公既盟于坛上，曹沫执匕首劫齐桓公，桓公左右莫敢动，而问曰："子将何欲?"曹沫曰："齐强鲁弱，而大国侵鲁亦甚矣。今鲁城坏即压齐境①，君其图之。"桓公乃许尽归鲁之侵地。既已言，曹沫投其匕首，下坛，北面就群臣之位，颜色②不变，辞令如故③。桓公怒，欲倍④其约。管仲曰："不可。夫贪小利以自快，弃信于诸侯，失天下之援，不如与之。"于是桓公乃遂割鲁侵地，曹沫三战所亡地⑤尽复予鲁。

其后百六十有七年而吴有⑥专诸之事。

专诸者，吴堂邑人也。伍子胥之亡楚而如吴也⑦，知专诸之能。伍子胥既见吴王僚，说⑧以伐楚之利。吴公子光曰："彼伍员父兄皆死于楚而员言伐楚，欲自为报私仇也，非能为吴。"吴王乃止。伍子胥知公子光之欲杀吴王僚，乃曰："彼光将有内志⑨，未可说以外事。"乃进⑩专诸于公子光。

光之父曰吴王诸樊。诸樊弟三人：次曰余祭，次曰夷眜，次曰季子札。诸樊知季子札贤而不立太子，以次传三弟⑪，欲卒致国于季子札⑫。诸樊既死，传余祭。余祭死，传余眜。余眜死，当传季子札；季子札逃不肯立，吴人乃立夷眜之子僚为王。公子光曰："使以兄弟次邪，季子当立；必以子乎，则光真適嗣⑬，当立。"故尝阴养谋臣以求立⑭。

光既得专诸，善客待之。九年而楚平王死⑮。春，吴王僚欲因楚丧，使其二弟公子盖余、属庸将兵围楚之灊；使延陵季子于晋，以观诸侯之变⑯。楚发兵绝吴将盖余、属庸路，吴兵不得还。于是公子光谓专诸曰："此时不可失，不求何获⑰！且光真王嗣，当立，季子虽来，不吾废也。"专诸曰："王僚可杀也。母老子弱，而两弟将兵伐楚，楚绝其后。方今吴外困于楚，而内空无骨鲠之臣⑱，是无如我何。"公子光顿首⑲曰："光之身，子之身也。"

---

① 鲁城坏即压齐境：意思是说，你们侵略鲁国，已经深入到都城边缘，假如鲁国的都城倒塌，就会压到齐国的边境了。

② 颜色：脸色。

③ 辞令如故：像平常一样谈吐从容。

④ 倍：通"背"。背弃、违背。

⑤ 所亡地：丢失的国土。亡，丢失，失去。

⑥ 有：又。

⑦ 伍子胥亡楚如吴见卷四十《楚世家》、卷六十六《伍子胥列传》。

⑧ 说（shuì）：劝说、说服。

⑨ 内志：在国内夺取王位的意图。志，志向，意图。

⑩ 进：推荐。

⑪ 以次传之弟：依照兄弟次序把王位传递下去。

⑫ 这一句的意思是说，想最终把国君的位子传给季子札。

⑬ 適（dí）嗣：正妻所生的长子。適，同"嫡"。旧时正妻为"嫡"。

⑭ 尝：通"常"。阴养：秘密地供养。

⑮ 按卷四十《楚世家》、卷十四《十二诸侯年表》、《左传·昭公二十六年》，记楚平王卒于其十三年（前516），是年为吴王僚十一年，此谓"九年"，误。下文所记吴王僚因楚丧而伐之的事，《左传》在昭公二十七年，即吴王僚十二年。

⑯ 变：动态。

⑰ 不求何获：意谓不争取（时机）就不会有收获。

⑱ 骨鲠之臣：正直敢言的忠臣。鲠，通"骾"。

⑲ 顿首：以头叩地。

四月丙子，光伏甲士于窟室中①，而具②酒请王僚。王僚使兵陈自宫至光之家，门户阶陛③左右，皆王僚之亲戚④也。夹立侍，皆持长铍⑤。酒既酣，公子光详为足疾⑥，入窟室中，使专诸置匕首鱼炙之腹中而进之⑦。既至王前，专诸擘⑧鱼，因以匕首刺王僚，王僚立死。左右亦杀专诸，王人扰乱，公子光出其伏甲以攻王僚之徒，尽灭之，遂自立为王，是为阖闾。阖闾乃封专诸之子以为上卿。

其后七十余年而晋有豫让之事。

豫让者，晋人也，故尝事范氏及中行氏，而无所知名。去而事智伯，智伯甚尊宠之。及智伯伐赵襄子，赵襄子与韩、魏合谋灭智伯，灭智伯之后而三分其地。赵襄子最怨⑨智伯，漆其头以为饮器⑩。豫让遁逃山中，曰："嗟乎！士为知己者死，女为说己者容⑪。今智伯知我，我必为报仇而死，以报智伯，则吾魂魄不愧矣。"乃变名姓为刑人⑫，入宫涂厕⑬，中挟匕首，欲以刺襄子。襄子如厕，心动，执问涂厕之刑人，则豫让，内持刀兵，曰："欲为智伯报仇！"左右欲诛之。襄子曰："彼义人也，吾谨避之耳。且智伯亡无后，而其臣欲为报仇，此天下之贤人也。"卒释去之⑭。

居顷之，豫让又漆身为厉⑮，吞炭为哑⑯，使形状不可知。行乞于市，其妻不识也。行见其友，其友识之，曰："汝非豫让邪？"曰："我是也。"其友为泣曰："以子之才，委质⑰而臣事襄子，襄子必近幸⑱子。近幸子，乃为所欲，顾不易邪⑲？何乃残身苦形⑳，欲以求报襄子，不亦难乎！"豫让曰："既已委质臣事人，而求杀之，是怀二心以事其君也。且吾所为者极难耳！然所以为此者，将以愧天下后世之为人臣怀二心以事其君者也。"

既去，顷之，襄子当出，豫让伏于所当过之桥下。襄子至桥，马惊，襄子曰："此必是豫让也。"使人问之，果豫让也。于是襄子乃数㉑豫让曰："子不尝事范、中行氏乎？智伯尽灭之，而子不为报仇，而反委质臣于智伯。智伯亦已死矣，而子独何以为之报仇之深也？"

---

① 甲士：身穿铠甲的武士。窟室：地下室。
② 具：备办。
③ 阶陛：台阶。
④ 亲戚：此指亲信。
⑤ 铍（pī）：长矛。一说两刃刀。
⑥ 详为足疾：假装脚有毛病。详，通"佯"，假装。
⑦ 鱼炙：烤熟的整条鱼。进：献上。
⑧ 擘：拆。掰开。
⑨ 怨：恨，仇恨。
⑩ 膝其头以为饮器：把他的头盖骨涂以膝作为饮具。
⑪ 以上二句为古成语。说（yuè），同"悦"。喜欢、爱慕。容，梳妆打扮。
⑫ 刑人：受刑的人。这里犹"刑余之人"即宦者。
⑬ 涂厕：修整厕所。涂，以泥抹墙。
⑭ 卒释去之：最终还是把豫让放走了。释，放。去，离开。
⑮ 漆身为厉（lài）：以漆涂身，使肌肤肿烂，像患癞病。厉，同"癞"。癞疮。
⑯ 吞炭为哑：吞炭为了使声音变得嘶哑。
⑰ 委质：初次拜见尊长时致送礼物。这里有托身的意思。
⑱ 近幸：亲近宠爱。
⑲ 顾不易邪：难道还不容易吗。
⑳ 残身苦形：摧残身体，丑化形貌。
㉑ 数：列举罪过而责之。

豫让曰："臣事范、中行氏，范、中行氏皆众人遇我①，我故众人报之②。至于智伯，国士③遇我，我故国士报之。"襄子喟然叹息而泣曰："嗟乎豫子！子之为智伯，名既成矣，而寡人赦子，亦已足矣。子其自为计，寡人不复释子！"使兵围之。豫让曰："臣闻明主不掩人之美，而忠臣有死名之义，前君已宽赦臣，天下莫不称君之贤。今日之事，臣固伏诛④，然愿请君之衣而击之焉，以致报仇之意，则虽死不恨。非所敢望也，敢布腹心⑤！"于是襄子大义之，乃使使持衣与豫让。豫让拔剑三跃而击之，曰："吾可以下报智伯矣！"遂伏剑自杀。死之日，赵国志士闻之，皆为涕泣。

其后四十余年，而轵有聂政之事。

聂政者，轵深井里人也。杀人避仇，与母、姊如齐，以屠为事。

久之，濮阳严仲子事韩哀侯，与韩相侠累有郤⑥。严仲子恐诛，亡去，游求人可以报侠累者。至齐，齐人或言聂政勇敢士也，避仇隐于屠者之间。严仲子至门请，数反⑦，然后具酒自畅⑧聂政母前。酒酣，严仲子奉黄金百溢⑨，前为聂政母寿⑩。聂政惊怪其厚，固谢严仲子。严仲子固进，而聂政谢曰："臣幸有老母，家贫，客游以为狗屠，可以旦夕得甘毳⑪以养亲。亲供养备，不敢当仲子之赐。"严仲子辟人，因为聂政言曰："臣有仇，而行游诸侯众矣；然至齐，窃闻足下义甚高，故进百金者，将用为大人粗粝之费⑫，得以交足下之欢，岂敢以有求望邪！"聂政曰："臣所以降志辱身居市井屠者⑬，徒幸以养老母；老母在，政身未敢以许人也。"严仲子固让，聂政竟不肯受也。然严仲子卒备宾主之礼而去。

久之，聂政母死。既已葬，除服⑭，聂政曰："嗟乎！政乃市井之人，鼓刀以屠；而严仲子乃诸侯之卿相也，不远千里，枉车骑而交臣⑮。臣之所以待之，至浅鲜⑯矣，未有大功可以称⑰者，而严仲子奉百金为亲寿，我虽不受，然是者徒深知政也。夫贤者以感忿睚眦⑱之意而亲信穷僻之人，而政独安得嘿⑲然而已乎！且前日要⑳政，政徒以老母！老母今以天年终，政将为知己者用。"乃遂西至濮阳，见严仲子曰："前日所以不许严仲子者，徒以亲

---

① 众人遇我：把我当成一般人对待。
② 众人报之：像一般人那样报答。
③ 国士：国内杰出人物。
④ 伏诛：受到应得的死罪。诛，杀死。
⑤ 敢布腹心：敢于披露心里话。
⑥ 有郤：有仇怨。郤，空隙，裂缝。喻感情上产生裂痕。
⑦ 数反：多次往返拜访。反，同"返"，返回。
⑧ 畅：敬酒。《战国策》作"觞"。是。
⑨ 溢：即"镒"。古代重量单位。为二十两。一说二十四两。
⑩ 寿：敬酒或用礼物赠人，表示祝人长寿。
⑪ 甘毳（cuì）：甜脆食物。毳，通"脆"。
⑫ 大人：对别人父母的敬称。粗粝：粗糙的粮食。谦词。
⑬ 降志辱身：使心志卑下，屈辱身份。市井：市场。下文"市井之人"指做买卖的人。
⑭ 除服：丧服期满。
⑮ 枉：屈，委屈。
⑯ 鲜：少，稀少。
⑰ 称：相比，相抵。
⑱ 睚眦（yá zì）：发怒时瞪眼睛。借指小的仇恨。
⑲ 嘿：通"默"，沉默。
⑳ 要：邀请。

在；今不幸而母以天年终。仲子所欲报仇者为谁？请得从事焉！”严仲子具告曰：“臣之仇韩相侠累，侠累又韩君之季父也，宗族盛多，居处兵卫甚设，臣欲使人刺之，终莫能就。今足下幸而不弃，请益其车骑壮士可为足下辅翼①者。”聂政曰：“韩之与卫，相去中间不甚远，今杀人之相，相又国君之亲，此其势不可以多人，多人不能无生得失，生得失则语泄，语泄是韩举国而与仲子为仇，岂不殆②哉！”遂谢车骑人徒，聂政乃辞独行。

杖③剑至韩，韩相侠累方坐府上，持兵戟而卫侍者甚众。聂政直入，上阶刺杀侠累，左右大乱。聂政大呼，所击杀者数十人，因自皮面决眼④，自屠出肠，遂以死。

韩取聂政尸暴于市⑤，购问⑥莫知谁子。于是韩县⑦购之，有能言杀相侠累者予千金。久之莫知也。

政姊荌闻人有刺杀韩相者，贼不得⑧，国不知其名姓，暴其尸而悬之千金，乃於邑⑨曰：“其是吾弟与？嗟乎，严仲子知吾弟！”立起，如韩，之市，而死者果政也。伏尸哭极哀，曰：“是轵深井里所谓聂政者也。”市行者诸众人皆曰：“此人暴虐吾国相，王悬购其名姓千金，夫人不闻与？何敢来识之也？”荌应之曰：“闻之。然政所以蒙污辱自弃于市贩之间者⑩，为老母幸无恙⑪，妾未嫁也。亲既以天年下世，妾已嫁夫，严仲子乃察举吾弟困污之中而交之，泽厚矣，可奈何！士固为知己者死，今乃以妾尚在之故，重自刑以绝从⑫，妾其奈何畏殁⑬身之诛，终灭贤弟之名！”大惊韩市人。乃大呼天者三，卒於邑悲哀而死政之旁。

晋、楚、齐、卫闻之，皆曰：“非独政能也，乃其姊亦烈女也。乡使政诚知其姊无濡忍之志⑭，不重暴骸之难⑮，必绝险千里以列其名⑯，姊弟俱僇⑰于韩市者，亦未必敢以身许严仲子也。严仲子亦可谓知人能得士矣！”

其后二百二十余年，秦有荆轲之事。

荆轲者，卫人也。其先⑱乃齐人，徙⑲于卫，卫人谓之庆卿。而之燕，燕人谓之荆卿。

---

① 辅翼：助手，辅助。
② 殆：危险。
③ 杖：持，携带。
④ 皮面决眼：割破面皮，挖出眼珠。
⑤ 暴（pù）于市：暴露在大街上。
⑥ 购问：悬赏询问。
⑦ 县（xuán）：同“悬”。悬挂。
⑧ 贼不得：指不知道凶手的姓名。
⑨ 於邑（wū yè）：同“呜咽”，哭泣。
⑩ 蒙污辱自弃于市贩：承受羞辱，不惜混在屠猪贩肉的人之间。
⑪ 无恙：平安无事。恙，忧，病。
⑫ 重自刑以绝从：深深地毁坏自己的面容肢体，使人不能辨认，以免牵连别人。从，连带治罪。一说通“踪”，踪迹线索。
⑬ 殁：死。
⑭ 乡使：从前假使。乡，同“向”，从前，过去。濡忍：含忍，忍耐。
⑮ 不重：不顾惜。暴骸：露尸于外。
⑯ 绝险：度越艰难险阻。列：显露，布陈。
⑰ 僇：通“戮”。杀戮。
⑱ 先：先人，祖先。
⑲ 徙：迁移。

荆轲好读书击剑，以术说①卫元君，卫元君不用。其后秦伐魏，置东郡，徙卫元君之支属于野王②。

荆轲尝游过榆次，与盖聂论剑③，盖聂怒而目④之。荆轲出，人或言复召荆卿。盖聂曰："曩者吾与论剑有不称者⑤，吾目之；试往，是宜去，不敢留。"使使往之主人，荆卿则已驾而去榆次矣。使者还报，盖聂曰："固去也，吾曩者目摄之⑥！"

荆轲游于邯郸，鲁勾践与荆轲博⑦，争道⑧，鲁勾践怒而叱之，荆轲默而逃去，遂不复会。

荆轲既至燕，爱燕之狗屠及善击筑⑨者高渐离。荆轲嗜酒，日与狗屠及高渐离饮于燕市，酒酣以往，高渐离击筑，荆轲和而歌于市中，相乐也，已而相泣，旁若无人者。荆轲虽游于酒人乎，然其为人沉深⑩好书；其所游诸侯，尽与其贤豪长者⑪相结。其之燕，燕之处士⑫田光先生亦善待之，知其非庸人也。

居顷之，会燕太子丹质秦亡归燕⑬。燕太子丹者，故尝质于赵，而秦王政生于赵，其少时与丹欢。及政立为秦王，而丹质于秦。秦王之遇燕太子丹不善，故丹怨而亡归。归而求为报秦王者，国小，力不能。其后秦日出兵山东以伐齐、楚、三晋⑭，稍蚕食诸侯⑮，且至于燕，燕君臣皆恐祸之至。太子丹患之，问其傅鞠武。武对曰："秦地遍天下，威胁韩、魏、赵氏，北有甘泉、谷口之固，南有泾、渭之沃，擅⑯巴、汉之饶，右陇、蜀之山，左关、殽之险，民众而士厉⑰，兵革⑱有余。意有所出，则长城之南，易水以北，未有所定也。奈何以见陵⑲之怨，欲批其逆鳞哉⑳！"丹曰："然则何由？"对曰："请入图之。"

居有间，秦将樊於期得罪于秦王，亡之燕，太子丹受而舍㉑之。鞠武谏曰："不可。夫以秦王之暴而积怒于燕，足为寒心㉒，又况闻樊将军之所在乎？是谓'委肉当饿虎之蹊'㉓

---

① 说：劝说，说服。
② 徙卫元君之支属于野王：迁移野王不只是支属，卫元君也在内。支属，旁支亲属。
③ 论剑：谈论剑术，有较量的意思。
④ 目：瞪眼逼视。
⑤ 曩者：过去。这里指刚才。不称：不相宜，不合适。
⑥ 摄：通"慑"。威慑，震慑。一说降服。
⑦ 博：古代一种博戏。
⑧ 争道：争执博局的着数。道，技艺，方法。
⑨ 筑：古代弦乐器，像琴，属于打击乐。
⑩ 沉深：深沉稳重。
⑪ 贤豪长者：贤士、豪杰和年高有德行的人。
⑫ 处士：有才有德不愿为官的隐居者。
⑬ 会：适逢，正赶上。质：人质。
⑭ 三晋：指韩、赵、魏三国。以其国君原来都是晋国的执政大夫，后各自立国，将晋一分为三，故称。
⑮ 稍：逐渐，一点一点地。蚕食：像蚕吃桑叶一样地逐渐侵吞。
⑯ 擅：拥有，据有。
⑰ 士厉：士兵训练有素。厉，勇敢者锐气。
⑱ 兵革：武器装备。兵，武器。革，皮制铠甲。
⑲ 见陵：被欺凌。见，被。陵，侵犯，欺侮。
⑳ 批：触动，触犯。逆鳞：传说中龙颈部生的倒鳞。触及倒鳞，龙即发怒。用以比喻暴君凶残。
㉑ 舍：使……住下来。
㉒ 寒心：提心吊胆。
㉓ 委肉当饿虎之蹊：古成语，意思是把肉放置在饿虎经过的小路上。委，抛给，抛弃。蹊，小路。

也，祸必不振①矣！虽有管、晏，不能为之谋也。愿太子疾遣樊将军入匈奴以灭口②。请西约三晋，南连齐、楚，北购③于单于，其后乃可图也。”太子曰：“太傅之计，旷日弥久④，心惛然⑤，恐不能须臾。且非独于此也，夫樊将军穷困于天下，归身于丹，丹终不以迫于强秦而弃所哀怜之交，置之匈奴，是固丹命卒之时也。愿太傅更虑之。”鞠武曰：“夫行危欲求安，造祸而求福，计浅而怨深，连结一人之后交⑥，不顾国家之大害，此所谓‘资怨而助祸’矣⑦。夫以鸿毛⑧燎于炉炭之上，必无事矣。且以雕鸷⑨之秦，行怨暴之怒，岂足道哉！燕有田光先生，其为人智深而勇沉⑩，可与谋。”太子曰：“愿因太傅而得交于田先生，可乎？”鞠武曰：“敬诺。”出见田先生，道：“太子愿图国事于先生也”。田光曰：“敬奉教。”乃造焉⑪。

太子逢迎，却行为导⑫，跪而蔽席⑬。田光坐定，左右无人，太子避席而请⑭曰：“燕秦不两立，愿先生留意也。”田光曰：“臣闻骐骥⑮盛壮之时，一日而驰千里；至其衰老，驽马⑯先之。今太子闻光盛壮之时，不知臣精已消亡矣。虽然，光不敢以图国事，所善荆卿可使也。”太子曰：“愿因先生得结交于荆卿，可乎？”田光曰：“敬诺。”即起，趋⑰出。太子送至门，戒曰：“丹所报，先生所言者，国之大事也，愿先生勿泄也！”田光俯而笑曰：“诺。”偻行见荆卿，曰：“光与子相善，燕国莫不知。今太子闻光壮盛之时，不知吾形已不逮也，幸而教之曰‘燕秦不两立，愿先生留意也’。光窃不自外，言足下于太子也，愿足下过太子于宫。”荆轲曰：“谨奉教。”田光曰：“吾闻之，长者为行，不使人疑之。今太子告光曰‘所言者，国之大事也，愿先生勿泄’，是太子疑光也。夫为行而使人疑人，非节侠⑱也。”欲自杀以激荆卿，曰：“愿足下急过太子，言光已死，明⑲不言也。”因遂自刎而死。

荆轲遂见太子，言田光已死，致光之言。太子再拜而跪，漆行⑳流涕，有顷而后言曰：“丹所以诫田先生毋言者，欲以成大事之谋也。今田先生以死明不言，岂丹之心哉！”荆轲

---

① 不振：不可拯救。振，救，挽救。
② 灭口：消除……借口。
③ 购：通“媾”，媾和，讲和。
④ 旷日弥久：时间长久。
⑤ 惛然：忧闷，烦乱。惛，糊涂。
⑥ 后交：新交，晚交。
⑦ 资怨而助祸：助长怨恨而促使祸患的发展。
⑧ 鸿毛：大雁羽毛。喻燕国力量薄弱。
⑨ 雕鸷：雕与鸷均为凶猛的禽鸟。比喻秦国的凶猛。
⑩ 勇沉：勇敢沉着，勇气潜于内心。
⑪ 乃造焉：就到太子那里去拜访。造，拜访。
⑫ 却行为导：倒退着走，为（田光）引路。
⑬ 蔽席：拂拭座位让坐。蔽，拂拭，掸。
⑭ 避席而请：离开自己的座席向田光请教。避席，以示敬意。
⑮ 骐骥：良马、骏马。
⑯ 驽马：劣等马。
⑰ 趋：小步快走。以示礼敬。
⑱ 节侠：有节操、讲义气的人。
⑲ 明：表明，显示。
⑳ 膝行：跪行，双膝着地向前。

坐定，太子避席顿首曰："田先生不知丹之不肖①，使得至前，敢有所道，此天之所以哀燕而不弃其孤②也。今秦有贪利之心，而欲不可足也。非尽天下之地，臣③海内之王者，其意不厌④。今秦已虏韩王，尽纳其地。又举兵南伐楚，北临赵；王翦将数十万之众距漳、邺，而李信出太原、云中。赵不能支秦，必入臣⑤，入臣则祸至燕。燕小弱，数困于兵，今计举国不足以当秦。诸侯服秦，莫敢合从⑥。丹之私计愚，以为诚得天下之勇士使于秦，窥⑦以重利；秦王贪，其势必得所愿矣。诚得劫秦王，使悉反诸侯侵地，若曹沫之与齐桓公，则大善矣；则不可，因而刺杀之。彼秦大将擅⑧兵于外而内有乱，则君臣相疑，以其间诸侯得合从，其破秦必矣。此丹之上愿，而不知所委命，唯荆卿留意焉。"久之，荆轲曰："此国之大事也，臣驽下，恐不足任使。"太子前，顿首，固请毋让⑨，然后许诺。于是尊荆卿为上卿，舍上舍。太子日造门下，供太牢具，异物间进，车骑美女恣荆轲所欲，以顺适其意⑩。

久之，荆轲未有行意。秦将王翦破赵，虏赵王，尽收入其地。进兵北略⑪地，至燕南界。太子丹恐惧，乃请荆轲曰："秦兵旦暮⑫渡易水，则虽欲长侍足下，岂可得哉！"荆轲曰："微⑬太子言，臣愿谒⑭之。今行而毋信，则秦未可亲也。夫樊将军，秦王购之金千斤，邑万家。诚得樊将军首与燕督亢之地图，奉献秦王，秦王必说⑮见臣，臣乃得有以报。"太子曰："樊将军穷困来归丹，丹不忍以己之私而伤长者之意，愿足下更虑之！"

荆轲知太子不忍，乃遂私见樊於期曰："秦之遇将军可谓深⑯矣，父母宗族皆被戮没⑰。今闻购将军首金千斤，邑万家，将奈何？"於期仰天太息流涕曰："於期每念之，常痛于骨髓，顾计不知所出耳！"荆轲曰："今有一言可以燕国之患，报将军之仇者，何如？"於期乃前曰："为之奈何？"荆轲曰："愿得将军之首以献秦王，秦王必喜而见臣，臣左手把其袖，右手揕其匈⑱，然则将军之仇报而燕见陵之愧除矣。将军岂有意乎？"樊於期偏袒搤捥⑲而进曰："此臣之日夜切齿腐心⑳也，乃今得闻教！"遂自刭。太子闻之，驰往，伏尸而哭，极

---

① 不肖：不成材，没出息。此谦词。

② 孤：按当时燕王尚在，不该称孤。

③ 臣：使……臣服，称臣。

④ 厌：满足。又写作"餍"。

⑤ 入臣：前往秦国称臣。

⑥ 合从：即"合纵"。东方六国南北联合，结成一体共同对抗秦国的政策。

⑦ 窥：示，引诱。

⑧ 擅：独揽，掌握。

⑨ 让：推辞。

⑩ 太牢：牛、羊、猪三种牲畜各一头，是古代祭祀的重礼。借指贵重美食。恣：听任，随其所欲。

⑪ 略：夺取，侵占。

⑫ 旦暮：早晚。极言时间短暂。

⑬ 微：无，没有。

⑭ 谒：请求，禀告。

⑮ 说：喜欢，高兴。这个意义后来写作"悦"。

⑯ 深：残酷，刻毒。

⑰ 戮：杀死。没：没入官府为奴。

⑱ 揕（zhèn）：直刺。匈：同"胸"。胸膛。

⑲ 偏袒搤（è）捥：脱掉一边衣袖，露出一边臂膀，一只手紧握另一支手腕，以示激愤。搤，同"扼"，掐住，捉住。捥，同"腕"。

⑳ 切齿腐心：上下牙齿咬紧挫动，愤恨得连心都粹了。

哀。既已不可奈何，乃遂盛樊于期首函封①之。

于是太子豫求天下之利匕首，得赵人徐夫人匕首，取之百金。使工以药焠之②，以试人，血濡缕③，人无不立死者。乃装为遣荆卿。燕国有勇士秦舞阳，年十三，杀人，人不敢忤视④。乃令秦舞阳为副。荆轲有所待，欲与俱。其人居远，未来，而为治行⑤。顷之，未发，太子迟之，疑其改悔，乃复请曰："日已尽矣，荆卿岂有意哉？丹请得先遣秦舞阳。"荆轲怒，叱太子曰："何太子之遣？往而不返者，竖子⑥也！且提一匕首入不测之强秦，仆所以留者，待吾客与俱。今太子迟之，请辞决⑦矣！"遂发。

太子及宾客知其事者，皆白衣冠以送之。至易水之上，既祖⑧，取道，高渐离击筑，荆轲和而歌，为变徵之声⑨，士皆垂泪涕泣。又前而为歌曰："风萧萧兮易水寒，壮士一去兮不复还！"复为羽声⑩忼慨，士皆瞋目⑪，发尽上指冠⑫。于是荆轲就车而去，终已不顾。

遂至秦，持千金之资币物⑬，厚遗⑭秦王宠臣中庶子蒙嘉。嘉为先言于秦王曰："燕王诚振怖⑮大王之威，不敢举兵以逆军吏，愿举国为内臣，比⑯诸侯之列，给贡职如郡县，而得奉守先王之宗庙⑰。恐惧不敢自陈，谨斩樊於期之头，及献燕督亢之地图，函封，燕王拜送于庭，使使以闻大王，唯大王命之。"秦王闻之，大喜，乃朝服，设九宾⑱，见燕使者咸阳宫。荆轲奉樊於期头函，而秦舞阳奉地图柙，以次进。至陛，秦舞阳色变⑲振恐，群臣怪之。荆轲顾笑⑳舞阳，前谢曰："北蕃蛮夷之鄙人，未尝见天子，故振慴。愿大王少假借㉑之，使得毕使于前。"秦王谓轲曰："取舞阳所持地图。"轲既取图奏之。秦王发图，图穷而匕首见㉒。因左手把秦王之袖，而右手持匕首揕之。未至身，秦王惊，自引而起，袖绝。拔

---

① 函封：装入匣子，封起来。

② 以药焠之：把烧红的匕首放到带有毒性液体里蘸。

③ 血濡缕：只要渗出一点血丝。

④ 忤（wǔ）视：用恶意的眼光看人。忤，逆，抵触。

⑤ 治行：准备行装。

⑥ 竖子：小子，对人的蔑称。

⑦ 辞决：长别。

⑧ 既祖：饯行之后。祖，古人出远门时祭祀路神的活动。这里指饯行的一种隆重仪式，即祭神后，在路上设宴为人送行。

⑨ 为变徵（zhǐ）之声：发出变徵的音调。古代乐律，分宫、商、角、变徵、徵、羽、变宫七调，大体相当今西乐的 C、D、E、F、G、A、B 七调。变徵即 F 调，此调苍凉、凄惋，宜放悲声。

⑩ 羽声：相当西乐 A 调。音调高亢，声音慷慨激昂。

⑪ 瞋目：瞪大眼睛。

⑫ 发尽上指冠：因怒而头发竖起，把帽子顶起来。此夸张说法。

⑬ 资：价值。资财。币：古代用作礼物的丝织品，泛指用作礼物的玉帛等物。

⑭ 遗：赠送。

⑮ 振怖：内心惊悸，害怕。怖，惊慌、害怕。

⑯ 比：排列、比照。

⑰ 宗庙：帝王或诸侯祭祀祖宗的地方。

⑱ 九宾：外交上极其隆重的礼仪。说法不一。一说九个接待宾客的礼宾人员；一说九种规格不同的礼节；一说九种地位不同的礼宾人员。

⑲ 色变：变了脸色。

⑳ 顾笑：指回头向舞阳笑。

㉑ 假借：宽容。

㉒ 发图：展开地图。穷：尽。见：同"现"。出现。

剑，剑长。操其室①。时惶急，剑坚，故不可立拔。荆轲逐秦王，秦王环柱而走。群臣皆愕，卒起不意，尽失其度②。而秦法，群臣侍殿上者不得持尺寸之兵；诸郎中执兵皆陈殿下，非有诏召，不得上。方急时，不及召下兵，以故荆轲乃逐秦王。而卒惶急，无以击轲，而以手共搏之。是时侍医夏无且以其所奉药囊提③荆轲也，秦王方环柱走，卒惶急，不知所为，左右乃曰："王负剑！"负剑，遂拔以击荆轲，断其左股④。荆轲废，乃引其匕首以擿⑤秦王，不中，中桐柱。秦王复击轲，轲被八创。轲自知事不就，倚柱而笑，箕踞⑥以骂曰："事所以不成者，以欲生劫之，必得约契以报太子也。"于是左右既前杀轲⑦，秦王不怡者良久。已而论功，赏群臣及当坐⑧者各有差，而赐夏无且黄金二百溢，曰："无且爱我，乃以药囊提荆轲也。"

于是秦王大怒，益发兵诣赵⑨，诏王翦军以伐燕。十月而拔⑩蓟城。燕王喜、太子丹等尽率其精兵，东保于辽东。秦将李信追击燕王急，代王嘉乃遗燕王喜书曰："秦所以尤追燕急者，以太子丹故也。今王诚杀丹献之秦王，秦王必解⑪，而社稷幸得血食⑫。"其后李信追丹，丹匿衍水中，燕王乃使使斩太子丹，欲献之秦。秦复进兵攻之。后五年，秦卒灭燕，虏燕王喜。

其明年，秦并天下，立号为皇帝。于是秦逐太子丹、荆轲之客，皆亡。高渐离变名姓为人庸保⑬，匿作于宋子。久之，作苦，闻其家堂上客击筑，彷徨不能去。每出言曰："彼有善有不善。"从者以告其主，曰："彼庸乃知音，窃言是非。"家丈人⑭召使前击筑，一坐称善，赐酒。而高渐离念久隐畏约无穷时，乃退，出其装匣中筑与其善衣，更容貌而前。举坐客皆惊，下与抗礼⑮，以为上客。使击筑而歌，客无不流涕而去者。宋子传客之，闻于秦始皇。秦始皇召见，人有识者，乃曰："高渐离也。"秦皇帝惜其善击筑，重赦之，乃矐其目⑯。使击筑，未尝不称善。稍益近之，高渐离乃以铅置筑中，复进得近，举筑朴⑰秦皇帝，不中。于是遂诛高渐离，终身不复近诸侯之人⑱。

---

① 室：指剑鞘。
② 卒：通"猝"，突然。度：常态。
③ 提：打，投掷。
④ 股：大腿。
⑤ 擿：同"掷"。投掷。
⑥ 箕踞：两脚张开，蹲坐于地，如同簸箕。以示轻蔑对方。
⑦ 此句末"轲"下似应有"舞阳"或及"秦舞阳"等字，不然，秦舞阳失交待。
⑧ 坐：治罪、办罪。
⑨ 益：增加。诣：往，到……去。
⑩ 拔：攻克，占领。
⑪ 解：缓解、宽释。
⑫ 社稷幸得血食：国家或许得到保存。社稷，土神和谷神，以古代君主都祭祀社稷，故成为国家政权的象征。血食，享受祭祀。因为祭祀时要杀牛、羊、豕三牲，所以叫血食。
⑬ 庸保：帮工，伙计。庸，同"佣"。被雇用的人。
⑭ 家丈人：东家，主人。
⑮ 抗礼：用平等的礼节接待。
⑯ 矐其目：弄瞎他的眼睛。矐，熏瞎。
⑰ 朴：撞击。
⑱ 诸侯之人：此前东方六国的人。

鲁勾践已闻荆轲之刺秦王，私曰："嗟乎，惜哉，其不讲①于刺剑之术也！甚矣，吾不知人也！曩者吾叱之，彼乃以我为非人②也！"

太史公曰：世言荆轲，其称太子丹之命③，"天雨粟，马生角"也④，太过。又言荆轲伤秦王，皆非也。始公孙季功、董生与夏无且游，具知其事，为余道之如是。自曹沫至荆轲五人，此其义⑤或成或不成，然其主意较⑥然，不欺⑦其志，名垂后世，岂妄⑧也哉！

儒林列传第六十一⑨

太史公曰：余读功令⑩，至于广厉学官之路⑪，未尝不废书而叹也⑫。曰：嗟乎！夫周室衰而《关雎》作⑬，幽厉微而礼乐坏⑭，诸侯恣⑮行，政由强国。故孔子闵⑯王路废而邪道兴，于是论次《诗》《书》⑰，修起⑱礼乐。适齐闻《韶》⑲，三月不知肉味。自卫返鲁，然后乐正⑳，《雅》《颂》㉑ 各得其所。世以混浊莫能用，是以仲尼干㉒七十余君无所遇，曰"苟有用我者，期月㉓而已矣"。西狩获麟㉔，曰"吾道穷矣"。故因史记作《春秋》㉕，以当

---

① 讲：讲究，精通。

② 非人：不是同类人。

③ 命：运气，命运。

④ 天雨粟，马生角：据《燕丹子》记载，"丹求归，秦王曰：'乌头白，马生角，乃许耳。'丹乃仰天长叹，乌头即白，马亦生角。"王充《论衡·感虚》等亦有此说。这里比喻不可能之事。雨，下雨。

⑤ 义：义举，指行刺活动。

⑥ 较：清楚，明白。

⑦ 欺：违背。

⑧ 妄：虚妄，荒诞。

⑨ 《儒林列传》记叙西汉前期多位五经儒学大师的事迹，并附带言及大师们的传承弟子数十人，主要反映了汉武帝时期儒学兴盛的局面。它是合写众多儒学之士的专题性类传，因以"儒林"标题。

⑩ 功令：古时国家考核和选用学官的法规。

⑪ 厉：通"励"。劝勉。学官：又称"教官"，指主管学务的官员和官学教师，如汉代开始设置的五经博士。

⑫ 未尝：未曾，不曾。废：放下，停止。

⑬ 夫（fú）：发语词。周室：周世王朝。《关雎》：《诗经·周南》中的名诗，为《诗经》首篇。《诗序》说它是歌咏"后妃之德"，《鲁诗》则说是大臣（毕公）刺周康王好色晏起之作。朱熹认为是爱情民歌。

⑭ 幽：指周幽王，公元前781—公元前771年在位。被犬戎所杀，西周亡。厉：指周厉王，贪狠好利，横征暴敛，钳制言论。公元前842年京城居民暴动，他逃奔到彘（今山西霍县）。微：衰微。

⑮ 恣：放纵。

⑯ 闵：通"悯"。忧伤。

⑰ 论次：论定编次。指整理。《诗》，中国最早的诗歌总集，儒家列为经典之一，故称为《诗经》。《书》：亦称为《尚书》、《书经》，上古历史政治汇编，儒家经典之一。

⑱ 修起：修订兴起。

⑲ 《韶》：虞舜乐名。

⑳ 乐正：使音乐归为雅正。

㉑ 《雅》《颂》：《诗经》的内容，按作品性质和乐调的不同，分为"风"、"雅"、"颂"三类。"风"是各国的民歌，"雅"是周王畿地乐歌。"颂"是朝廷祭祀鬼神，赞美功德的乐歌。

㉒ 干：求取官职。

㉓ 期月：一年。引语见《论语·子路》。

㉔ 西狩获麟：古代传说麟是一种仁兽，是圣王的祥瑞。鲁哀公十四年春，在鲁国的西部猎获一只麟。孔丘伤周道不兴，有感于祥瑞无由而至，所以因鲁史而修《春秋》，绝笔于"获麟"一句。

㉕ 《春秋》：编年体史书，儒家的经典之一。相传为孔丘依据鲁国的史官所编的《春秋》加以整理修订而成的。

王法，其辞微而指博①，后世学者多录焉。

自孔子卒后，七十子之徒散游诸侯，大者为师傅卿相②，小者友教③士大夫，或隐而不见④。故子路居卫，子张居陈⑤，澹台子羽⑥居楚，子夏⑦居西河，子贡终于齐⑧。如田子方、段干木、吴起、禽滑厘之属⑨，皆受业于子夏之伦⑩，为王者师。是时独魏文侯⑪好学。后陵迟⑫以至于始皇，天下并争于战国，儒术既绌焉⑬，然齐鲁之间，学者独不废也。于威、宣⑭之际，孟子、荀卿之列，咸遵夫子之业而润色之，以学显于当世。

及至秦之季世⑮，焚《诗》《书》，坑术士⑯，六艺⑰从此缺焉。陈涉之王也，而鲁诸儒持孔氏之礼器往归陈王。于是孔甲为陈涉博士⑱，卒与涉俱死。陈涉起匹夫，驱瓦合适戍⑲，旬月⑳以王楚，不满半岁竟灭亡，其事至微浅㉑，然而缙绅先生之徒负孔子礼器往委质为臣者㉒，何也？以秦焚其业㉓，积怨而发愤于陈王也。

---

① 辞微：言词含蓄。指博：意旨广博。指，通“旨”。

② 师傅：官名，古代官职有太师、太傅、太保、少师、少傅、少保等，统称为师傅、师保、保博。卿：古代高级长官和爵位的称谓。西周、春秋时天子、诸侯所属的高级长官都称为卿。战国时作为爵位的称谓有上卿、亚卿等。相：辅佐诸侯的大臣，也称相国、相邦或丞相，为百官之长。

③ 友教：交结和教育。

④ 隐：隐居。见：通“现”。

⑤ 子张：孔子的学生。陈国人。姓颛孙，名师，字子张。

⑥ 澹台子羽：孔丘的学生。鲁国武城（今山东费县）人。姓澹台，名灭明，字子羽。

⑦ 子夏：孔丘的学生。晋国温（今河南温县西南）人。姓卜，名商，字子夏。曾在卫国西河（今河南安阳）一带讲学，魏文侯亲咨国政，待以师礼。相传《诗》、《春秋》等儒家经典是由他传授下来的。

⑧ 子贡：孔丘的学生，卫国人。姓端木，名赐，字子贡。善于辞令，曾游说齐、吴等国。终：老死。

⑨ 田子方：魏国人。曾为魏文侯所优礼。段干木：姓段干，名木，魏国人。吴起：兵家。卫国左氏（今山东曹县北）人。后任楚国令尹，辅佐楚悼王实行变法，促进楚国的富强。楚悼王死，被旧贵族所杀。禽滑厘：后来成为墨家代表人物。

⑩ 伦：同类、同辈。

⑪ 魏文侯：魏斯。战国时魏国的建立者。公元前445—公元前396年在位。

⑫ 陵迟：像丘陵逶迤逐渐低下，意为走下坡路。迟，通“夷”，平坦。

⑬ 绌：通“黜”。贬退，排除。

⑭ 威、宣：指齐威王、齐宣王。

⑮ 季世：末世。

⑯ 焚《诗》、《书》，坑术士：秦始皇三十四年（公元前217年），博士淳于越反对中央集权的郡县制，要求根据古制实行分封，丞相李斯加以驳斥，主张禁止儒生以古诽今、以私学诽谤朝政。秦始皇采纳李斯的建议，下令焚烧《秦记》以外的列国史记，对不属于博士官的私藏《诗》、《书》等限期缴出烧毁；有敢谈论《诗》《书》的处死，以古诽今的灭族；禁止私学，要学法令以吏为师。次年，卢生、侯生等方士、儒生攻击秦始皇。秦始皇派御史查究，将四百六十名方士和儒生坑死在咸阳，史称“焚书坑儒”。详见《秦始皇本纪》、《李斯列传》。

⑰ 六艺：即六经，《诗》、《书》、《易》、《礼》、《乐》、《春秋》。

⑱ 孔甲：孔鲋，字甲。孔丘八代孙。博士：古代学官名，源于战国。秦及汉初，博士所掌为古今史事以备顾问及书籍典守。

⑲ 瓦合：如破瓦之相合，虽说聚合，而不齐同。形容不相亲附。适：通“谪”，指封建时代的官吏或百姓有罪被遣戍远方。

⑳ 旬月：一个月。旬，训为“遍”，所以满一月叫旬月。

㉑ 微浅：（事情的规模）细小。

㉒ 缙绅：亦作“搢绅”、“荐绅”。古时原指高级官吏的装束，后来用为官宦的代称。委质：“质”通“贽”，古代臣下向君主献礼，表示献身。另一说为下拜、表示恭敬承奉之意，引申为归顺。

㉓ 业：古时的书版，此处指六经等书籍。

及高皇帝诛项籍，举兵围鲁，鲁中诸儒尚讲诵习礼乐，弦歌之音不绝，岂非圣人之遗化①，好礼乐之国哉？故孔子在陈，曰“归与归与②！吾党之小子狂简③，斐然成章④，不知所以裁之”。夫齐鲁之间于文学⑤，自古以来，其天性也。故汉兴，然后诸儒始得修其经艺⑥，讲习大射⑦乡饮之礼。叔孙通⑧作汉礼仪，因为太常⑨，诸生弟子共定者，咸为选首⑩，于是喟然叹兴于学。然尚有干戈，平定四海，亦未暇遑庠序之事也⑪。孝惠、吕后时，公卿皆武力有功之臣。孝文时颇征用，然孝文帝本好刑名⑫之言。及至孝景，不任儒者，而窦太后又好黄老之术⑬，故诸博士具官⑭待问，未有进者。

及今上⑮即位，赵绾、王臧⑯之属明儒学，而上亦乡之，于是招方正贤良文学之士⑰。自是之后，言《诗》于鲁则申培公⑱，于齐则辕固生⑲，于燕则韩太傅⑳。言《尚书》自济南伏生㉑。言《礼》自鲁高堂生㉒。言《易》自菑川田生㉓。言《春秋》于齐鲁自胡毋

---

① 遗化：遗留下来的教化。

② 与：通“欤”。

③ 党：乡党。周制以五百家为党，一万二千五百家为乡。小子：旧时长辈称晚辈，或老师称学生。狂简：急于进取而流于疏阔，致行事不切实际。

④ 斐然成章：文采斐然可观。斐，有文采的样子。

⑤ 文学：古时“文学”一词接近现在所说的“学术”之义。

⑥ 经艺：儒家经典“六经”又称为“六艺”，因亦称为“经艺”。

⑦ 大射：为祭祀而举行的射礼。

⑧ 叔孙通：薛县（今山东滕县南）人。曾为秦博士，后归刘邦，任博士，称稷嗣君。汉朝建立，与儒生共立朝仪。后任太子太傅。

⑨ 太常：官名。秦置奉常，汉景帝时改称太常。掌宗庙礼仪，兼掌选试博士，为九卿之一。

⑩ 选首：优先被选用的对象。

⑪ 暇遑：空闲。庠序：古代学校名。夏名校，殷名庠，周名序。

⑫ 刑名：亦称“形名”。原指形体（或实际）和名称。先秦法家则把“刑名”和“法术”联系起来，把“名”引申为法令、名分、言论等，主张循名责实，慎赏明罚。

⑬ 黄老之术：战国后期，道家思想与名家、法家相结合，在政治上体现为所谓的黄、老之术（因号称祖述黄帝、老子而得名）；而法家申不害、韩非等亦早已吸收道家“自然”之义作为法制的理论基础，故汉初黄老、刑名并称，颇为统治者推重。

⑭ 具官：配备应有的官员。形式上有此种官员的设置，但不被信用。

⑮ 今上：指汉武帝刘彻。

⑯ 赵绾、王臧：都是当时有名的儒者。

⑰ 招方正贤良文学之士：汉文帝为了寻访政治得失，始下诏“举贤良方正能直言极谏者”，中选者授予官职。武帝时复诏举贤良文学，名称虽有不同，性质仍无异。

⑱ 申培公：姓申，名培。“公”是敬称。申培为今文《诗》学“鲁诗学”的开创者，文帝时为博士。

⑲ 辕固生：齐人。今文《诗》学“齐诗学”的开创者，景帝时任博士。

⑳ 韩太傅：姓韩，名婴。燕人。今文《诗》学“韩诗学”的开创者，文帝时任博士。景帝时为常山王刘舜的太傅。著有《韩诗内传》和《韩诗外传》。

㉑ 伏生：姓伏，名胜。“生”是敬称。济南人。今文《尚书》的最早传授者。西汉的《尚书》学者，都出于他的门下。今本今文《尚书》二十八篇，即由他传授而存。

㉒ 《礼》：又名《仪礼》、《礼经》，儒家经典之一，是春秋战国时一部分礼制的汇编。高堂生：姓高堂，字伯，鲁人。今文《礼》学的最早传授者。今本《仪礼》十七篇即出于他的传授。

㉓ 《易》：又名《周易》、《易经》，儒家经典之一。菑（zī）川：封国名。在今山东寿光县境内。

生①，于赵自董仲舒②。及窦太后崩，武安侯田蚡③为丞相，绌黄老、刑名百家之言，延文学儒者数百人，而公孙弘以《春秋》白衣为天子三公④，封以平津侯。天下之学士靡然乡风矣⑤。

公孙弘为学官，悼道之郁滞⑥，乃请曰："丞相御史言⑦：制⑧曰'盖闻导民以礼，风⑨之以乐。婚姻者，居室之大伦也⑩。今礼废乐崩，朕甚愍⑪焉。故详延天下方正博闻之士，咸登诸朝。其令礼官⑫劝学，讲议洽闻⑬兴礼，以为天下先。太常议，与博士弟子⑭，崇⑮乡里之化，以广⑯贤材焉'。谨与太常臧、博士平等议曰⑰：闻三代之道，乡里有教⑱，夏曰校，殷曰序，周曰庠。其劝善也，显⑲之朝廷；其惩恶也，加之刑罚。故教化之行也，建首善⑳自京师始，由内及外。今陛下昭至德，开大明㉑，配天地，本人伦，劝学修礼，崇化厉贤，以风四方，太平之原也。古者政教未洽㉒，不备其礼，请因旧官而兴焉㉓。为博士官置弟子五十人，复其身㉔。太常择民年十八已㉕上，仪状端正者，补博士弟子。郡国县道邑有好文学㉖，敬长上，肃政教，顺乡里，出入不悖所闻者，令相、长、丞上属所二千石㉗，二

---

① 胡毋生：姓胡毋，字子都。齐人。今文经学家，治《春秋公羊传》。景帝时为博士。

② 董仲舒（公元前179年—公元前104年）：广川（今河北枣强县东）人，今文经学大师，专治《春秋公羊传》。汉武帝举贤良文学之士，他对策建议说："诸不在六艺之科，孔子之术者，皆绝其道，勿使并进。"为武帝所采纳，开此后两千余年封建社会以儒学为正统的先声。著有《春秋繁露》及《董子文集》。

③ 田蚡：长陵（今陕西咸阳东北）人。汉景帝王皇后弟，好儒术。武帝时，封武安侯、拜太尉，后迁丞相。

④ 公孙弘（公元前200年—公元前121年）：菑川薛人。治《春秋公羊传》；曾建议设五经博士，置弟子员。以熟悉文法吏治任丞相，封平津侯。白衣：古代平民着白衣，因而以之为平民的代称。三公：西汉时以丞相、太尉、御史大夫合称三公。

⑤ 靡然：朝一边倒下的样子。乡风：顺风归化。

⑥ 悼：担心，忧伤。道：一定的世界观、人生观、政治主张或思想体系。这里指儒家的道理和主张。郁滞：闭结滞留而不向前发展。

⑦ 丞相：官名。始于战国时，为百官之长。秦以后为封建官僚组织中的最高官职，辅佐皇帝，综理全国政务。御史：官名。此指御史大夫，秦汉时仅次于丞相的中央最高长官，主要职务为监察、执法、兼掌重要文书图籍。

⑧ 制：帝王的命令。

⑨ 风：感化。

⑩ 居室：指夫妇关系。大伦：伦常之道，指古时统治阶级规定的人与人关系的根本准则。

⑪ 愍（mǐn）：忧伤。

⑫ 礼官：掌教化、礼仪的官。

⑬ 洽闻：多闻博知。

⑭ 博士弟子：汉代以在太学学习者为博士弟子。

⑮ 崇：使……兴盛。

⑯ 广：扩大。

⑰ 臧：孔臧。人名。平：人名。

⑱ 教：此处指教育组织的形式。

⑲ 显：彰显，显扬。

⑳ 首善：实施教化的开始和榜样。

㉑ 开：显示。大明：本指日月的光明，此处为美化帝王之德的颂词。

㉒ 洽：周遍；普及。

㉓ 因：根据。旧官：指原有的学官。

㉔ 复其身：免除租税和徭役。

㉕ 已：通"以"。

㉖ 道：指少数民族聚居的县。邑：指皇帝、后妃、公主的封地。

㉗ 上属：指向上举荐。属，交付。所二千石：此指侯国相、县长、县丞所隶属的上级郡守和诸侯王国相。二千石：汉代对郡太守及王国相的通称。因其俸禄为二千石（月俸为一百二十斛谷），故称。

千石谨察可者，当与计①偕②，诣③太常，得受业如弟子。一岁皆辄试，能通一艺④以上，补文学掌故⑤缺；其高弟⑥可以为郎中者，太常籍奏⑦。即有秀才⑧异等，辄以名闻。其不事学若下材及不能通一艺，辄罢之，而请诸不称者罚。臣谨案诏书律令下者，明天人分际⑨，通古今之义，文章尔雅⑩，训辞⑪深厚，恩施甚美。小吏浅闻，不能究宣⑫，无以明布谕下。治礼次治掌故⑬，以文学礼义为官，迁留滞⑭。请选择其秩比⑮二百石以上，及吏百石通一艺以上，补左右内史、大行卒史⑯；比百石已下，补郡太守⑰卒史：皆各二人，边郡一人。先用诵多者⑱，若不足，乃择掌故补中二千石属⑲，文学掌故补郡属，备员⑳。请著功令。佗㉑如律令。"制曰："可。"自此以来，则公卿大夫士吏斌斌㉒多文学之士矣。

申公者，鲁人也。高祖过鲁，申公以弟子从师㉓入见高祖于鲁南宫。吕太后时，申公游学长安，与刘郢㉔同师。已而郢为楚王，令申公傅其太子戊。戊不好学，疾㉕申公。及王郢卒，戊立为楚王，胥靡㉖申公。申公耻之，归鲁，退居家教，终身不出门，复谢绝宾客，独王㉗命召之乃往。弟子自远方至受业者百余人。申公独以《诗经》为训㉘以教，无传㉙，疑者则阙不传。

---

① 计：计吏。郡国掌计簿（报告地方政情的文书）的官吏。
② 偕：偕同。
③ 诣：前往。
④ 一艺：一种经学。
⑤ 文学掌故：官名，掌管学术故实。
⑥ 弟：通"第"，考试的等次。
⑦ 籍奏：造册上奏。籍，簿籍。
⑧ 秀才：本系通称才之秀者，汉以来成为荐举人员科目之一。这里指才能特别优秀。
⑨ 分际：区别和联系。
⑩ 尔雅：雅正。
⑪ 训辞：教导的言词。
⑫ 究宣：透彻无误地宣示讲解。
⑬ 治：研究。掌故：国家典章制度或学术方面的故实。此句"次治"二字可能系衍文。
⑭ 迁留滞：此处指晋升缓慢造成人才积压。
⑮ 比：类。
⑯ 左右内史：汉代京畿地方长官，后改名左冯翊、京兆尹。大行：官名，掌接待宾客。卒吏：官名，官署中的办事人员。
⑰ 太守：郡的最高行政长官。
⑱ 诵多者：指熟知经书能大量诵讲的人。
⑲ 属：泛指官署的各种吏员。
⑳ 备员：担任官吏而无实权。
㉑ 佗：通"他"，别的。
㉒ 斌斌：同"彬彬"。文质兼备的样子。
㉓ 师：指浮丘伯。
㉔ 刘郢：汉高祖之弟，楚元王刘交之子。
㉕ 疾：痛恨。
㉖ 胥靡：亦作"缗縻"，古代对一种奴隶的称谓，因被绳索牵连着强迫劳动，故名。汉代常常用作一种罚作苦工的罪犯的名称。
㉗ 王：指鲁恭王刘馀。
㉘ 训：解释。
㉙ 传：阐述经文的文字。

兰陵王臧既受《诗》①，以事孝景帝为太子少傅②，免去。今上初即位，臧乃上书宿卫③上，累迁，一岁中为郎中令④。及代⑤赵绾亦尝受诗申公，绾为御史大夫。绾、臧请天子，欲立明堂⑥以朝诸侯，不能就其事，乃言师申公。于是天子使使束帛加璧安车驷马迎申公⑦，弟子二人乘轺传⑧从。至，见天子。天子问治乱之事，申公时已八十余，老，对曰："为治者不在多言，顾力行何如耳。"是时天子方好文词，见申公对，默然。然已招致，则以为太中大夫⑨，舍鲁邸⑩，议明堂事。太皇窦太后好老子言，不说儒术，得赵绾、王臧之过以让上，上因废明堂事，尽下赵绾、王臧吏⑪，后皆自杀。申公亦疾免以归，数年卒。

弟子为博士者十余人：孔安国⑫至临淮太守，周霸至胶西内史⑬，夏宽至城阳内史，砀鲁赐至东海太守，兰陵缪生至长沙内史，徐偃为胶西中尉⑭，邹人阙门庆忌⑮为胶东内史。其治官民皆有廉节，称其好学。学官弟子行⑯虽不备⑰，而至于大夫、郎中、掌故以百数。言《诗》虽殊，多本于申公。

清河⑱王太傅辕固生者，齐人也。以治《诗》，孝景时为博士。与黄生争论景帝前。黄生曰："汤武非受命，乃弑也。"辕固生曰："不然。夫桀纣虐乱，天下之心皆归汤武，汤武与天下之心而诛桀纣，桀纣之民不为之使而归汤武，汤武不得已而立，非受命为何？"黄生曰："冠虽敝，必加于首；履虽新，必关于足⑲。何者？上下之分也。今桀纣虽失道，然君上也；汤武虽圣，臣下也。夫主有失行，臣下不能正言匡过⑳以尊天子，反因过而诛之，代立践南面㉑，非弑而何也？"辕固生曰："必若所云，是高帝代秦即天子之位，非邪？"于是景帝曰："食肉不食马肝㉒，不为不知味；言学者无言汤武受命，不为愚。"遂罢。是后学者

---

① 兰陵：县名。在今山东枣庄市东南。受：接收。此处引申为"学习"。

② 太子少傅：官名。为辅导太子的官。

③ 宿卫：在宫禁中值宿警卫。

④ 郎中令：官名。始于秦，汉初沿设。为皇帝左右亲近的高级官职，所属有大夫、郎、谒者及期门、羽林宿卫官等。

⑤ 代：国名。地在今山西省北部、河北省西北部和内蒙古自治区东南部一带，原都代（今河北省蔚县东北），汉文帝时改都中都（今山西平遥县西南）。

⑥ 明堂：古代帝王宣明政教的地方，凡朝会及祭祀、庆赏、选士、养老、教学等大典，均在此举行。

⑦ 束帛：古代聘问、赏赐的礼物。把三丈六尺的帛两端合卷成一匹，五匹束成一束，称为束帛。安车：一种可以安坐的小车。是敬老尊贤的一种优待。驷马：古代一车套四马，因以称一车所驾之四马或驾四马之车。

⑧ 轺（yáo）传：古代驿站车子的一种，驾一匹马或两匹马。

⑨ 太中大夫：官名。掌议论。

⑩ 邸：侯王或朝见皇帝的官员在京城的住所。

⑪ 下……吏：把……交给司法的官吏审问治罪。

⑫ 孔安国：经学家。相传他曾得孔丘住宅壁中所藏古书《尚书》，开古文《尚书》学派，但为后来学者所怀疑。

⑬ 周霸：鲁人。内史：西汉初，诸侯王国设内史，掌民政。

⑭ 中尉：官名。主管王国军事。

⑮ 阙门庆忌：姓阙门，名庆忌。

⑯ 行：造诣，德行。

⑰ 备：完美。

⑱ 清河：国名。地在今河北省、山东省交界地区。治所在清阳（今河北清河县东南）。这时的国王是汉景帝的儿子刘乘。

⑲ 关于足：穿在脚上。关，贯，穿。

⑳ 匡过：纠正过错。

㉑ 践：帝王登位。南面：古代以面向南为尊位，帝王之位南向，故称居帝位为"南面"。

㉒ 马肝：马的肝脏。相传马肝有毒，食之能置人于死。

莫敢明受命放杀①者。

窦太后好《老子》书，召辕固生问《老子》书。固曰："此是家人②言耳。"太后怒曰："安得司空城旦书乎③？"乃使固入圈刺豕。景帝知太后怒而固直言无罪，乃假固利兵④，下圈刺豕，正中其心，一刺，豕应手而倒。太后默然，无以复罪，罢之。居⑤顷之，景帝以固为廉直，拜为清河王太傅。久之，病免。

今上初即位，复以贤良征固。诸谀儒多疾毁固，曰"固老"，罢归之。时固已九十余矣。固之征也，薛人公孙弘亦征，侧目而视固。固曰："公孙子，务正学以言，无曲学以阿世⑥！"自是之后，齐言《诗》皆本辕固生也。诸齐人以《诗》显贵，皆固之弟子也。

韩生者，燕人也。孝文帝时为博士，景帝时为常山⑦王太傅。韩生推《诗》之意而为《内外传》⑧ 数万言，其语颇与齐鲁间殊，然其归一也。淮南贲生受之。自是之后，而燕赵间言《诗》者由韩生。韩生孙商为今上博士。

伏生者，济南人也。故为秦博士。孝文帝时，欲求能治《尚书》者，天下无有，乃闻伏生能治，欲召之。是时伏生年九十余，老，不能行，于是乃诏太常使掌故朝错⑨往受之。秦时焚书，伏生壁藏之。其后兵大起，流亡，汉定，伏生求其书，亡数十篇，独得二十九篇，即以教于齐鲁之间。学者由是颇能言《尚书》，诸山东大师无不涉《尚书》以教矣。

伏生教济南张生及欧阳生⑩，欧阳生教千乘兒宽⑪。兒宽既通《尚书》，以文学应郡举，诣博士受业，受业孔安国。兒宽贫无资用，常为弟子都养⑫，及时时间行佣赁⑬，以给衣食。行常带经，止息则诵习之。以试第次⑭，补廷尉史⑮。是时张汤方乡⑯学，以为奏谳掾⑰，以古法议决疑大狱⑱，而爱幸宽。宽为人温良，有廉智，自持，而善著书、书奏，敏于文，口不能发明⑲也。汤以为长者，数称誉之。及汤为御史大夫，以兒宽为掾，

① 放杀：此处指流放、杀掉天子。

② 家人：奴仆。

③ 司空：主刑徒之官。城旦：秦汉时有一种刑罚，罚人作苦工，昼窥敌伺寇，夜修筑城墙，故称作城旦。《史记集解》引《汉书音义》云："道家以儒法为急，比之于律令"。由于辕固将道家书称为奴仆人之书，窦太后此处把儒家书称为罪犯之书。

④ 假：给予；授予。利兵：锋利的兵器。

⑤ 居：处；经过。

⑥ 曲学：本指邪僻之学，以别于所谓正学。此处指出于个人功利目的的有意曲解儒学经典。阿世：迎合世俗。

⑦ 常山：国名。地在今河北省西部，治所在元氏（今元氏县西北）。这时的国王是汉景帝的儿子刘舜。

⑧ 《内外传》：指《韩诗内传》与《韩诗外传》。南宋后仅存《韩诗外传》，清人辑《内传》佚文，附于后。

⑨ 朝错：即晁错。朝，通"晁"。

⑩ 欧阳生：字伯河，千乘人。西汉今文《尚书》学"欧阳学"的开创者。千乘：郡县名。地在今山东省北部，治所在千乘（今高青县东北）。

⑪ 兒（ní）：姓，同"倪"。兒宽：后任左内史、御史大夫。曾在郑国沿岸开发"六辅渠"，扩大灌溉效益。又曾与司马迁共同制定《太初历》。

⑫ 都养：为众人当炊事员。

⑬ 间行：暗中行动。佣赁：受雇做工。

⑭ 第次：等次，名次。

⑮ 廷尉：官名。掌刑狱，为九卿之一。廷尉史：廷尉属官，秘书之类。

⑯ 乡：通"向"。

⑰ 奏：臣子向君主进言、上书。谳：审判定案。掾（yuàn）：古代属官的通称。

⑱ 议决：朝议决定。疑大狱：案情不明、难以判决的大案件。

⑲ 发明：阐发清楚。

荐之天子。天子见问，说之。张汤死后六年，兒宽位至御史大夫。九年而以官卒。宽在三公位，以和良承意从容得久①，然无有所匡谏；于官，官属易之②，不为尽力。张生亦为博士。而伏生孙以治《尚书》征，不能明也。

自此之后，鲁周霸、孔安国，雒阳贾嘉③，颇能言《尚书》事。孔氏有古文④《尚书》，而安国以今文⑤读之，因以起其家。逸《书》得十余篇，盖《尚书》滋多于是矣。

诸学者多言《礼》，而鲁高堂生最本⑥。《礼》固自孔子时而其经不具，及至秦焚书，书散亡益多，于今独有《士礼》⑦，高堂生能言之。

而鲁徐生善为容⑧。孝文帝时，徐生以容为礼官大夫。传子至孙徐延、徐襄⑨。襄，其天姿⑩善为容，不能通《礼经》；延颇能，未善也。襄以容为汉礼官大夫，至广陵⑪内史。延及徐氏弟子公户满意、桓生、单次，皆尝为汉礼官大夫。而瑕丘萧奋以《礼》为淮阳太守⑫。是后能言《礼》为容者，由徐氏焉。

自鲁商瞿受《易》孔子，孔子卒，商瞿传《易》，六世至齐人田何⑬，字子庄，而汉兴。田何传东武人王同子仲，子仲传菑川人杨何。何以《易》，元光⑭元年征，官至中大夫⑮。齐人即墨成以《易》至城阳⑯相。广川人孟但以《易》为太子门大夫⑰。鲁人周霸，莒人衡胡，临菑人主父偃⑱，皆以《易》至二千石。然要言《易》者本于杨何之家。

董仲舒，广川人也。以治《春秋》，孝景时为博士。下帷⑲讲诵，弟子传以久次相受业⑳，或莫见其面，盖三年董仲舒不观于舍园㉑，其精如此。进退容止㉒，非礼不行，学士

---

① 和良：谦和温良。承意：奉迎他人的旨意。从容：指善于周旋。

② 官属：主官的属吏。易：轻视。

③ 贾嘉：贾谊孙。后为郡守、九卿。

④ 古文：此处指秦、汉以前的古文字。

⑤ 今文：专指隶书。隶书是汉代通行的文字，当时称为“今文”或“今字”。

⑥ 最本：此指最切近本义。

⑦ 《士礼》：即《仪礼》。简称《礼》，亦称《礼经》。儒家经典之一。

⑧ 善为容：擅长于礼节仪式。容：指礼节、仪式。

⑨ 徐延为徐生子，徐襄为徐生孙。

⑩ 天姿：犹言“天资”。姿，资质、品质。

⑪ 广陵：国名。地在今江苏省长江北岸一带，治所在广陵（今扬州市西北）。

⑫ 暇丘：县名。《春秋》鲁负瑕邑。在今山东省兖州东北。淮阳：地在今河南省淮阳县一带，治所在陈（今淮阳）。

⑬ 六世：商瞿传桥庇，再传馯臂子弓，再传周醜，再传孙虞、田河，共为六代。田何：西汉今文《易》的开创者。

⑭ 元光：汉武帝年号（公元前134—公元前129年）。

⑮ 中大夫：官名。掌议论。属于光禄勋。

⑯ 城阳：国名。地在今山东莒县一带，治所在莒县（今莒县）。

⑰ 广川：国名。地在今河北省南部和山东省交界地区，治所在信都（今河北省冀县）。太子门大夫：官名。为太子太博或少博的属官，秩六百石。

⑱ 主父偃：（？—公元前126年）：任中大夫。主张进一步削弱割据势力，使诸侯王多封子弟为侯。武帝采其建议，下“推恩令”，以此王国封地愈来愈小，名存实亡。后为齐相，以胁齐王自杀，被杀。

⑲ 下帷：放下室内悬挂的帷幕，指居家讲学。

⑳ 传：依次轮流。久次：以问学时间长短为次序。

㉑ 舍园：屋舍旁的园圃。

㉒ 容止：仪容举止。

皆师尊之。今上即位，为江都相。以《春秋》灾异之变推阴阳所以错行①，故求雨闭诸阳，纵诸阴，其止雨反是。行之一国，未尝不得所欲。中废为中大夫，居舍，著《灾异之记》。是时辽东高庙灾②，主父偃疾③之，取其书奏之天子。天子召诸生示其书，有刺讥。董仲舒弟子吕步舒不知其师书，以为下愚④。于是下董仲舒吏，当死，诏赦之。于是董仲舒竟不敢复言灾异。

董仲舒为人廉直。是时方外攘四夷⑤，公孙弘治《春秋》不如董仲舒，而弘希世用事⑥，位至公卿。董仲舒以弘为从谀⑦。弘疾之，乃言上曰："独董仲舒可使相胶西王⑧。"胶西王素闻董仲舒有行⑨，亦善待之。董仲舒恐久获罪，疾免居家。至卒，终不治产业，以修学著书为事。故汉兴至于五世⑩之间，唯董仲舒名为明于《春秋》，其传公羊氏也。

胡毋生，齐人也。孝景时为博士，以老归教授。齐之言《春秋》者多受胡毋生，公孙弘亦颇受焉。

瑕丘江生为穀梁⑪《春秋》。自公孙弘得用，尝集比⑫其义，卒用董仲舒。

仲舒弟子遂⑬者：兰陵褚大，广川殷忠，温⑭吕步舒。褚大至梁相。步舒至长史，持节使决淮南狱⑮，于诸侯擅专断，不报，以《春秋》之义正⑯之，天子皆以为是。弟子通⑰者，至于命大夫⑱；为郎、谒者、掌故者以百数。而董仲舒子及孙皆以学至大官。

游侠列传第六十四⑲

韩子曰："儒以文乱法，而侠以武犯禁。"二者皆讥，而学士多称⑳于世云。至如以术

---

① 阴阳：中国哲学的一种范畴。古代思想家看到一切现象都有正反两方面，就用阴阳这个概念来解释自然界两种对立和互相消长的物质势力。错行：交替运行。

② 辽东：郡名。地在辽宁大凌河以东，治所在襄平（今辽宁市）。高庙：祭祀汉高祖的庙。

③ 疾：通"嫉"，嫉妒。

④ 下愚：至愚之人。

⑤ 四夷：古代泛指四方各部落

⑥ 希世：迎合世俗。用事：行事。

⑦ 从谀：逢迎谄谀。

⑧ 胶西王：汉景帝的儿子刘瑞，为人阴险狠毒，曾杀害胶西国的许多相和高级官吏。详见《五宗世家》。

⑨ 行：指道德学问。

⑩ 五世：指汉高祖、吕后、文帝、景帝、武帝五代。

⑪ 穀梁：复姓。战国时鲁人穀梁赤著有《春秋穀梁传》。

⑫ 集比：收集，比较。

⑬ 遂：通达，有成就。

⑭ 温：县名。即今河南省温县。

⑮ 节：使者所持以作凭证的信物，用竹、木制成。淮南狱：指淮南王刘安谋反案件。

⑯ 正：治罪。

⑰ 通：处境顺利，做官显达。

⑱ 命大夫：受皇帝赐命的大夫，如光禄大夫、太中大夫、谏大夫等。命，原指帝王以爵位仪物赐给臣子的诏书。

⑲ 《游侠列传》是《史记》名篇之一，记述了汉代著名侠士朱家、剧孟和郭解的史实。司马迁实事求是地分析了不同类型的侠客，充分地肯定了"布衣之侠"、"乡曲之侠"、"闾巷之侠"，赞扬了他们"其言必信，其行必果，已诺必诚，不爱其躯，赴士之厄困……不矜其能，不伐其德"等高贵品德。

⑳ 称：称扬。

取宰相卿大夫，辅翼其世主，功名俱著于春秋①，固无可言者。及若季次、原宪，闾巷②人也，读书怀独行君子之德，义不苟合当世，当世亦笑之。故季次、原宪终身空室蓬户③，褐衣疏食④不厌。死而已四百余年，而弟子志⑤之不倦。今游侠，其行虽不轨于正义⑥，然其言必信，其行必果，已诺必诚，不爱其躯，赴士之阸⑦困。既已存亡死生矣，而不矜⑧其能，羞伐⑨其德，盖亦有足多⑩者焉。且缓急，人之所时有也。太史公曰："昔者虞舜窘于井廪⑪，伊尹负于鼎俎⑫，傅说匿于傅险⑬，吕尚困于棘津⑭，夷吾桎梏⑮；百里饭牛⑯，仲尼畏匡，菜色陈、蔡⑰。此皆学士所谓有道仁人也，犹然遭此菑⑱，况以中材⑲而涉乱世之末流乎？其遇害何可胜道哉！

鄙人有言曰："何知仁义，已飨⑳其利者为有德。"故伯夷丑周㉑，饿死首阳山，而文、武不以其故贬王㉒；跖、蹻㉓暴戾，其徒诵义无穷。由此观之，"窃钩者诛，窃国者侯，侯之门仁义存"，非虚言也。

今拘学或抱咫尺之义㉔，久孤于世，岂若卑论侪俗㉕，与世沉浮而取荣名哉！而布衣之

---

① 春秋：此处泛指史书。

② 闾巷：里巷，指民间。

③ 蓬户：蓬蒿所编成的门，极言家贫。

④ 褐衣：粗布短衣；疏食：粗饭。

⑤ 志：怀念。

⑥ 不轨：不遵循轨道，即"不合"。正义：当时社会的道德准则，此处指国法。

⑦ 阸：通"厄"，厄困。

⑧ 矜：夸耀。

⑨ 伐：夸耀。

⑩ 多：称赞。

⑪ 窘：困。廪：粮仓。虞舜未为帝时，其父与后母所生的弟弟多次害他，叫他修粮仓，却在下面纵火；叫他去治井，又从上面填塞。舜几次都脱了险。可参看《五帝本纪》。

⑫ 伊尹：名挚，商汤时的贤相。负：背着。鼎：烹煮用的炊具。俎：切菜用的案板。伊尹曾作厨师，可参看《殷本纪》。

⑬ 傅说：殷王武丁的贤相。匿：隐藏，这里是"埋没"的意思。傅险：即傅岩，地名，在今山西省平陆东。傅说未遇武丁时在傅险作苦工，可参看《殷本纪》。

⑭ 棘津：古水名，在今河南省延津东北，现已无。据史载，吕尚先前曾在棘津卖食。

⑮ 夷吾：春秋时齐桓公的名相。桎：脚镣。梏：手铐。管仲佐公子纠争位失败后曾被囚，可参看《管晏列传》。

⑯ 百里：百里奚，春秋时秦穆公的贤相。饭：喂养。

⑰ 畏：害怕，受惊。匡：春秋时卫国的地名，故址在今河南省长垣西南。孔子路过匡，匡人误以认作仇人阳虎，几乎被害。菜色：饥饿的面色。陈：国名，建都宛丘（今河南省淮阳）。蔡：国名，原建都上蔡（今河南省上蔡），后迁都州来（今安徽省寿县西北）。孔子路过陈、蔡时被困，绝粮七日。可参看《孔子世家》。

⑱ 菑：同"灾"。

⑲ 中材：中等才智的人。

⑳ 飨：食，此处指受用。

㉑ 伯夷：殷末孤竹君长子，因反对周武王伐纣，隐于首阳山，不食周粟而饿死。丑：耻，瞧不起。可参看《伯夷列传》。

㉒ 文武：指周文王、周武王。贬王：降低作为王者的声誉。

㉓ 跖、蹻：盗跖、庄蹻，旧时被视为大盗的两个人。

㉔ 拘学：拘谨迂腐的学者。咫尺：形容渺小、狭隘。咫，古代长度单位，八寸为一咫。

㉕ 卑论：降低论调。侪俗：和世俗同流。侪，类。这里用作动词，成为同类的意思。

徒，设①取予然诺，千里诵义，为死不顾世②，此亦有所长，非苟而已也。故士穷窘而得委命③，此岂非人之所谓贤豪间者④邪？诚使乡曲之侠，予⑤季次、原宪⑥比权量力，效⑦功于当世，不同日而论矣。要以功见言信⑧，侠客之义又曷可少哉！

古布衣之侠，靡得⑨而闻已。近世延陵、孟尝、春申、平原、信陵⑩之徒，皆因王者亲属，藉于有土卿相之富厚，招天下贤者，显名诸侯，不可谓不贤者矣。比如顺风而呼，声非加疾，其势激也。至如闾巷之侠，修行砥名，声施于天下，莫不称贤，是为难耳。然儒、墨皆排摈⑪不载。自秦以前，匹夫之侠，湮灭不见，余甚恨⑫之。以余所闻，汉兴有朱家、田仲、王公、剧孟、郭解之徒，虽时扞⑬当世之文罔⑭，然其私义廉洁退让，有足称者。名不虚立，士不虚附。至如朋党宗强比周⑮，设⑯财役贫，豪暴侵凌孤弱，恣欲自快，游侠亦丑之。余悲世俗不察其意，而猥⑰以朱家、郭解等令与暴豪之徒同类而共笑之也。

鲁朱家者，与高祖同时。鲁人皆以儒教，而朱家用侠闻。所藏活豪士以百数，其余庸人不可胜言。然终不伐其能，歆⑱其德，诸所尝施⑲，唯恐见之。振人不赡⑳，先从贫贱始。家无余财，衣不完采㉑，食不重味㉒，乘不过軥牛㉓。专趋人之急，甚已之私。既阴脱季布㉔将军之厄，及布尊贵，终身不见也。自关以东，莫不延颈愿交焉。

楚田仲以侠闻，喜剑，父事朱家，自以为行弗及。田仲已死，而雒阳有剧孟。周人以商

---

① 设：大。此处指重视，看重。

② 不顾世：不管世俗议论。

③ 委命：委托生命，依靠。

④ 贤豪间者：处于豪贤之间的人。一说，“间”为衍字。

⑤ 予：通“与”。

⑥ 季次：即公皙哀，孔子的学生。原宪：即子思，孔子的学生。二人都是有声誉的儒者，可参看《仲尼弟子列传》。

⑦ 效，通“校”。比较。

⑧ 要：总之。功见言信：办事见成效，说话讲信用。

⑨ 靡得：不得。

⑩ 延陵：春秋时吴国公子季札，因封于延陵，故称延陵季子。孟尝：即孟尝君田文，战国后期齐人。春申：即春申君黄歇，战国后期楚人。平原：即平原君赵胜，战国后期赵人。信陵：即信陵君魏公子无忌，战国后期魏人。

⑪ 排摈（bìn）：排斥、抛弃。

⑫ 恨：遗憾。

⑬ 扞（hàn）：触犯。

⑭ 文罔：通“文网”，法律禁令。

⑮ 朋党宗强：结成帮派的豪强。比周：互相勾结。比，近。周，合。

⑯ 设：依仗。

⑰ 猥：谬，错误。

⑱ 歆：欣喜，自我欣赏。

⑲ 诸所尝施：指那些受过其接济、救护的人。

⑳ 振：通“赈”，救济。

㉑ 完采：完整的花纹。采，通“彩”。

㉒ 重味：兼味，两种菜味。

㉓ 軥（gōu）牛：挽軥的小牛。軥，套在牛颈上与车相连的曲木。

㉔ 季布：原项羽将，项羽败死后，刘邦悬赏捉拿他，他听人计策装作囚徒躲至朱家处。朱家通过汝阴侯夏侯婴说情，刘邦赦免季布并拜为郎中，后官至中郎将，河东太守。可参看《季布栾布列传》。

贾为资①，而剧孟以任侠②显诸侯。吴楚反③时，条侯④为太尉，乘传车⑤将至河南，得剧孟，喜曰："吴楚举大事而不求孟，吾知其无能为已矣。"天下骚动，宰相得之若得一敌国⑥云。剧孟行大类朱家，而好博，多少年之戏。然剧孟母死，自远方送丧盖千乘。及剧孟死，家无余十金⑦之财。而符离人王孟亦以侠称江淮之间。

是时济南瞯⑧氏、陈周庸亦以豪闻，景帝闻之，使使尽诛此属。其后代诸白、梁韩无辟、阳翟薛兄、陕韩孺纷纷复出焉。

郭解，轵人也，字翁伯，善相人⑨者许负外孙也。解父以任侠，孝文时诛死。解为人短小精悍，不饮酒。少时阴贼⑩，慨⑪不快意，身所杀甚众。以躯借交报仇，藏命作奸剽攻⑫，休乃铸钱掘冢，固不可胜数。适⑬有天幸，窘急常得脱，若⑭遇赦。及解年长，更折节为俭⑮，以德报怨，厚施而薄望⑯。然其自喜为侠益甚。既已振人之命，不矜其功，其阴贼著于心，卒⑰发于睚眦如故云。而少年慕其行，亦辄为报仇，不使知也。解姊子负解之势，与人饮，使之嚼⑱。非其任，强必灌之。人怒，拔刀刺杀解姊子，亡去。解姊怒曰："以翁伯之义，人杀吾子，贼不得。"弃其尸于道，弗葬，欲以辱解。解使人微知⑲贼处。贼窘自归，具以实告解。解曰："公杀之固当，吾儿不直。"遂去⑳其贼，罪其姊子，乃收而葬之。诸公闻之，皆多解之义，益附焉。

解出入，人皆避之。有一人独箕倨㉑视之，解遣人问其名姓。客欲杀之，解曰："居邑屋㉒至不见敬，是吾德不修也，彼何罪！"乃阴属尉史曰："是人，吾所急㉓也，至践更㉔时脱之。"每至践更，数过，吏弗求。怪之，问其故，乃解使脱之。箕踞者乃肉袒谢罪。少年闻之，愈益慕解之行。

---

① 资：生活的资本。
② 任侠：讲义气，打抱不平。
③ 吴楚反：汉景帝三年，吴、楚七国起兵反叛中央。
④ 条侯：周亚夫，封于条。
⑤ 传车：驿车。
⑥ 敌国：与本国势均力敌的国家。
⑦ 金：古代计算货币的单位，在汉代一斤或一镒黄金称一金。
⑧ 瞯（xián）：古时姓氏。
⑨ 相人：给人相面。
⑩ 阴贼：感情隐蔽，内心残忍。
⑪ 慨：愤慨。
⑫ 藏命：窝藏亡命之徒、逃犯。作奸：犯法。剽攻：抢掠、劫夺。
⑬ 适：遇到。
⑭ 若：或。
⑮ 折节：改变操行。俭：通"检"，检束，检点。
⑯ 望：怨。
⑰ 卒：通"猝"，突然。
⑱ 嚼：通"釂"，干杯。
⑲ 微知：暗中探知。
⑳ 去：放走。
㉑ 箕倨：岔开两腿坐着，像簸箕之状，是一种无礼不恭敬的表现。倨，通"踞"。
㉒ 邑屋：乡里。
㉓ 急：关心。
㉔ 践更：《史记集解》引如淳曰："更有三品，有卒更，有践更，有过更。古有正卒无常人，皆当迭为之，一月一更，是为卒更也。贫者欲得顾更钱者，次直者出钱顾之，月二千，是为践更也"。

雒阳人有相仇者，邑中贤豪居间①者以十数，终不听。客乃见郭解。解夜见仇家，仇家曲听②解。解乃谓仇家曰："吾闻雒阳诸公在此间，多不听者。今子幸而听解，解奈何乃从他县夺人邑中贤大夫权乎！"乃夜去，不使人知，曰："且无用，待我去，令雒阳豪居其间，乃听之。"

解执恭③敬，不敢乘车入其县廷。之旁郡国，为人请求事，事可出④，出之；不可者，各厌⑤其意，然后乃敢尝酒食。诸公以故严重⑥之，争为用。邑中少年及旁近县贤豪，夜半过门常十余车，请得解客舍养⑦之。

及徙豪富茂陵⑧也，解家贫，不中訾⑨，吏恐，不敢不徙。卫将军为言"郭解家贫不中⑩徙"。上曰："布衣权至使将军为言，此其家不贫。"解家遂徙。诸公送者出千余万。轵人杨季主子为县掾，举⑪徙解。解兄子断杨掾头。由此杨氏与郭氏为仇。

解入关，关中贤豪知与不知，闻其声，争交欢解。解为人短小，不饮酒，出未尝有骑。已⑫又杀杨季主。杨季主家上书，人又杀之阙下⑬。上闻，乃下吏捕解。解亡，置其母家室夏阳，身至临晋。临晋籍少公素不知解，解冒⑭，因⑮求出关。籍少公已出解，解转入太原，所过辄告主人家。吏逐之，迹⑯至籍少公。少公自杀，口绝。久之，乃得解。穷治⑰所犯，为解所杀，皆在赦前。轵有儒生侍使者坐，客誉郭解，生曰："郭解专以奸犯公法，何谓贤！"解客闻，杀此生，断其舌。吏以此责解，解实不知杀者。杀者亦竟绝⑱，莫知为谁。吏奏解无罪。御史大夫公孙弘议曰："解布衣为任侠行权，以睚眦杀人，解虽弗知，此罪甚于解杀之。当⑲大逆无道。"遂族郭解翁伯。

自是之后，为侠者极众，敖⑳而无足数者。然关中长安樊仲子，槐里赵王孙，长陵高公子，西河郭公仲，太原卤公孺，临淮儿长卿，东阳田君孺，虽为侠而逡逡㉑有退让君子之

---

① 居间：从中间调解。
② 曲听：委屈心意而听从。
③ 执：谨守。
④ 出：得到解决。
⑤ 厌：通"餍"，满足。
⑥ 严重：尊重。
⑦ 舍养：供养在自家房舍之中。
⑧ 茂陵：汉武帝的陵墓。按汉武帝建元二年（公元前 139 年），为扩充新修的茂陵的居民人数，迁移全国家财在三百万以上的人家到茂陵居住；至元朔二年（公元前 127 年），又迁郡国富豪人家到茂陵居住。郭解就在这时需要迁居茂陵。
⑨ 訾：通"资"，钱财。
⑩ 中：符合。
⑪ 举：检举。
⑫ 已：不久。
⑬ 阙下：宫阙之下。
⑭ 冒：冒昧。此处指冒然相见。
⑮ 因：顺便。
⑯ 迹：追寻线索。
⑰ 穷治：深究其事，追问到底。
⑱ 绝：此处指消息断绝。
⑲ 当：判处。
⑳ 敖：通"傲"，傲慢无礼。
㉑ 逡逡（qūn）：谦虚退让的样子。

风。至若北道姚氏，西道诸杜，南道仇景，东道赵他、羽公子，南阳赵调之徒，此盗跖居民间者耳，曷足道哉！此乃乡①者朱家之羞也。

太史公曰：吾视郭解，状貌不及中人，言语不足采②者。然天下无贤与不肖，知与不知，皆慕其声，言侠者皆引以为名。谚曰："人貌荣名，岂有既乎③！"于戏④，惜哉！

货殖列传第六十九⑤

《老子》曰⑥："至治之极⑦，邻国相望，鸡狗之声相闻，民各甘其食⑧，美其服⑨，安其俗，乐其业，至老死不相往来。"必用此为务⑩，挽近世涂民耳目⑪，则几无行矣⑫。

太史公曰：夫神农以前，吾不知已。至若《诗》⑬《书》⑭所述虞夏以来，耳目欲极声色之好⑮，口欲穷刍豢之味⑯，身安逸乐，而心夸矜势能之荣使⑰。使俗之渐⑱民久矣，虽户说以眇论⑲，终不能化。故善者因之⑳，其次利道之㉑，其次教诲之，其次整齐之㉒，最下者与之争㉓。

夫山西饶材㉔、竹、穀㉕、纑㉖、旄㉗、玉石；山东多鱼、盐、漆、丝㉘、声色㉙；江南

---

① 乡：通"向"，从前。

② 不足采：不值得采取。

③ 人貌荣名，岂有既乎：用荣名作人的容貌，难道会衰老吗？（"既"解释为"尽"）此句也可以另外解释为：人的容貌和人的名声，难道必定有联系吗？（"既"解释为"定"）

④ 于戏：通"呜呼"。表感叹。

⑤ 货殖，意为通过贸易来生财获利（货，财物；殖，生资货财利）。《货殖列传》是《史记》中叙述经济发展情况的专文。文章驳斥了老子"小国寡民"的错误观点，肯定了人民追求物质财富的合理性，说明发展生产、互通有无既符合规律，又利国利民，表现了司马迁的经济学观点。

⑥ 引文见《老子》下篇第八十章，文字略有不同。

⑦ 至治：治理得极好的社会，指政治清明之世。至：极。治：治世，与"乱世"相对。

⑧ 甘其食：以其食为甘美。即认为自家的饮食甘美。甘：美。

⑨ 美其服：以其服饰为美。即认为自己穿着的衣服漂亮。

⑩ 必：如果，假若。用：以。务：要求得到、追求。

⑪ 挽近世：亦作"挽近"。挽，通"晚"。离现在最近的时代。涂：堵塞。

⑫ 几：差一点儿，几乎。无行矣：不可行了。

⑬ 《诗》：即《诗经》，中国最早的诗歌总集。计三百零五篇，分为"风"、"雅"、"颂"三大类。

⑭ 《书》：即《尚书》，儒家经典之一。它是中国上古历史文献和部分追述古代事迹的著作的汇编。

⑮ 极：尽头、极点。此处意为"享尽"。声：音乐。色：女色。

⑯ 穷：穷尽。刍豢：泛指各种牲畜的肉。刍：吃草的牲畜，如牛羊。豢：吃粮食的牲畜，如猪狗。

⑰ 夸矜（jīn）：夸耀。矜：骄傲、夸耀。势能：权势和才能。

⑱ 渐：浸，浸染。

⑲ 户说：挨家挨户地劝说。眇论：微妙的理论。眇，通"妙"。美，好。

⑳ 善者：好的办法。因：循，依照，顺着。

㉑ 利道之：以利引导它。道，同"导"。

㉒ 整齐之：用规章制度约束他们的行动，使之规规矩矩。

㉓ 与之争：与民争利。

㉔ 饶：富有。材：木材。

㉕ 穀（gǔ）：木名，即楮木，树皮可以造纸。

㉖ 纑（lú）：野麻，可以织布。

㉗ 旄：牦牛尾。尾上的长毛可作舞蹈道具和旌旗的装饰。

㉘ 丝：蚕丝。

㉙ 声色：音乐和女色。当时统治者将此看做供享乐用的商品，故也列入货物中。

出楠①、梓②、姜、桂③、金、锡、连④、丹沙⑤、犀⑥、玳瑁⑦、珠玑⑧、齿革⑨；龙门、碣石北多马⑩、牛、羊、旃裘⑪、筋角⑫；铜、铁则千里往往山出棋置⑬：此其大较⑭也。皆中国人民所喜好，谣俗被服饮食奉生送死之具也⑮。故待⑯农而食之，虞⑰而出之，工而成之⑱，商而通之⑲。此宁有政教发征期会哉⑳？人各任其能㉑，竭其力，以得所欲。故物贱之征贵㉒，贵之征贱㉓，各劝其业㉔，乐其事，若水之趋下，日夜无休时，不召而自来，不求而民出之。岂非道之所符㉕，而自然之验邪㉖？

《周书》㉗曰："农不出㉘则乏其食，工不出则乏其事㉙，商不出则三宝绝㉚，虞不出则财匮㉛少。"匮少而山泽不辟㉜矣。此四者，民所衣食之原也㉝。原大则饶㉞，原小则鲜㉟。上则富国，下则富家。贫富之道，莫之夺予㊱，而巧者有余，拙者不足㊲。故太公望封于营丘，地潟

---

① 楠：楠木，是贵重的建筑和造船材料。
② 梓：梓树，木材可以制作器具。
③ 桂：也叫木樨，是珍贵的芳香植物。
④ 连：通"链"，铅矿石。
⑤ 丹沙：矿物名。即丹砂，俗称朱砂。
⑥ 犀：指犀牛角。
⑦ 玳瑁：爬行动物，跟龟相似。甲壳可作珍贵的装饰品。
⑧ 珠玑：泛指珠子。珠，珍珠。玑，不圆的珠子。
⑨ 齿革：指某些兽类的牙齿和皮革，如象牙、虎皮。
⑩ 龙门：即龙门山，在今山西河津县西北、陕西韩城县东北。碣石：即碣石山，在今河北昌黎县北。
⑪ 旃裘：毡子和皮衣。旃，通"毡"。
⑫ 筋角：兽筋、兽角，用作制造弓弩。
⑬ 棋置：好像棋子那样密布。
⑭ 大较：大略、大概。
⑮ 谣俗：民间习俗。因歌谣能反映民间习俗，故以谣俗代指。奉生：养生。奉，供养。具：器具、用品。
⑯ 待：依靠。
⑰ 虞：掌管山林水泽的官员，包括开发山泽资源的人。
⑱ 工：工匠，手工业者。成之：制造出来。
⑲ 商：商人。通之：流通货物。
⑳ 宁（nìng）：难道。政教：政令。发征：征发。征，求取。期会：约期会集。
㉑ 任其能：尽其所能。指发挥自己的特长与技能。
㉒ 物贱之征贵：意思是物贱极必贵，所以贱是贵的征兆。征，征兆。
㉓ 贵之征贱：意思是物贵极必贱，所以贵是贱的征兆。
㉔ 劝：劝勉、努力。
㉕ 道：客观规律。此处指经济法则。符：符合。
㉖ 自然：指自然法则。验：证明。
㉗《周书》：《尚书》组成部分之一。相传是记载周代史事之书。
㉘ 出：生产、种田。
㉙ 事：事物、器物。
㉚ 三宝：指粮食、器物、财富。绝：断绝，无。
㉛ 匮：缺乏。
㉜ 辟：开辟。
㉝ 原：本源、源泉。
㉞ 饶：富足，东西多。
㉟ 鲜：贫困，东西少。
㊱ 莫：无人，没有谁。予：通"与"，给与。
㊲ 拙者：愚笨的人。不足：不富裕，穷困。

卤①，人民寡②，于是太公劝其女功③，极技巧④，通⑤鱼盐，则人物归之⑥，繦至而辐凑⑦。故齐冠带衣履天下⑧，海岱之间敛袂而往朝焉⑨。其后，齐中衰，管子修⑩之，设轻重九府⑪，则桓公以霸⑫，九合⑬诸侯，一匡⑭天下；而管氏亦有三归⑮，位在陪臣⑯，富于列国之君。是以齐富强至于威、宣也⑰。

故曰："仓廪实而知礼节，衣食足而知荣辱⑱。"礼生于有而废于无⑲。故君子富，好行其德；小人富，以适其力⑳。渊深而鱼生之，山深而兽往之，人富而仁义附㉑焉。富者得势益彰，失势则客无所之㉒，以而㉓不乐，夷狄益甚㉔。谚曰："千金之子㉕，不死于市㉖。"此非空言也。故曰："天下熙熙㉗，皆为利来；天下壤壤㉘，皆为利往。"夫千乘之王㉙，万家之侯㉚，百室之君㉛，尚犹患贫㉜，而况匹夫编户之民㉝乎！

---

① 舄（xì）卤（lǔ）：不适宜耕种的盐碱地。

② 寡：少。

③ 女功：亦作"女工"、"女红"。指妇女所作的纺织、刺绣、缝纫等事。

④ 极技巧：极尽其技巧。即使其技巧达到极高的水平。

⑤ 通：交流、贩运。

⑥ 人物：指人和物。归：归附，归聚。

⑦ 繦至：像绳索相连一样接连而来。繦，用绳索穿好的钱串。辐凑：形容四方人物来归，像辐之集中于毂一般。辐，车轮中间的直木。凑，聚集。

⑧ 冠带衣履天下：以冠带衣履供给天下。意为天下的冠带衣履多为齐所制作。

⑨ 海岱之间：今山东半岛。海，指今渤海。岱，指泰山。敛袂：整理衣袖。袂，衣袖。朝：朝见，朝拜。

⑩ 修：修治、整顿。

⑪ 轻重：中国历史上关于调节商品、货币流通和控制物价的理论。以《管子·轻重》论述最为详细。此处意为调节物价，掌管财政。九府：周代掌管财政的九个官府。

⑫ 霸：称霸。

⑬ 九合：多次会合。

⑭ 匡：正，纠正。

⑮ 三归：台观名。相传为管仲修筑，作游赏用。说明其财势超过一般大臣。

⑯ 陪臣：春秋时期诸侯的大夫对周天子自称陪臣。

⑰ 威：指齐威王田因齐。宣：指齐宣王田辟疆。

⑱ "仓廪实……知荣辱"：此二句引文见《管子·牧民》篇。廪，粮仓。

⑲ 礼：我国奴隶社会、封建社会的等级制度，以及与此相适应的一整套礼节仪式。有：富有。无：匮乏，贫穷。

⑳ 适其力：适当地用自己的劳力。适，适宜、适当。

㉑ 附：附着，增益。

㉒ 客：门客，食客。无所之：无处去，无处容身。

㉓ 以而：因而。

㉔ 夷狄：泛指少数民族。益甚：更为严重，更加厉害。

㉕ 千金之子：千金之家的子弟。指富家子弟。

㉖ 不死于市：不会因犯法而在市上处死。古代常在闹市处决犯人，并暴尸街头。

㉗ 熙熙：形容拥挤、热闹的样子。

㉘ 壤壤：通"攘攘"，纷乱的样子，与"熙熙"同义。

㉙ 千乘之王：拥有千辆兵车的国君。

㉚ 万家之侯：享有食邑万户的封侯。指诸侯。

㉛ 百室之君：享有食邑几百户的封君。指大夫。

㉜ 尚犹：尚且还。患：忧虑，担心。

㉝ 编户之民：编入户口册的老百姓。

昔者越王勾践困于会稽之上，乃用范蠡、计然。计然曰："知斗则修备①，时用则知物②，二者形③则万货之情可得而观已。故岁在金，穰；水，毁；木，饥；火，旱④。旱则资舟⑤，水则资车，物之理也。六岁穰⑥，六岁旱，十二岁一大饥。夫粜⑦，二十病农⑧，九十病末⑨。末病则财不出⑩，农病则草不辟矣⑪。上不过八十，下不减⑫三十，则农末俱利，平粜齐物⑬，关市不乏⑭，治国之道也。积著之理⑮，务完物⑯，无息币⑰。以物相贸，易腐败而食⑱之货勿留，无敢居贵⑲。论⑳其有余不足，则知贵贱。贵上极则反贱㉑，贱下极㉒则反贵。贵出如粪土，贱取如珠玉㉓。财币欲㉔其行如流水。"修㉕之十年，国富，厚赂㉖战士，士赴矢石㉗，如渴得饮，遂报强吴㉘，观兵中国㉙，称号"五霸㉚"。

范蠡既㉛雪会稽之耻，乃喟然㉜而叹曰："计然之策七，越用其五而得意㉝。既已施于

---

① 斗：打仗。修备：做好准备。

② 时用则知物：知道货物何时为人需求购用。时，时间、季节。用，用途，使用。

③ 形：对照。

④ 穰：丰收。毁：坏，指歉收。饥：饥荒，年成不好。旱：干旱。此句是以阴阳五行说来论说年景收成好坏。

⑤ 资舟：积蓄船只。

⑥ 六岁穰：六年丰收。

⑦ 粜（tiào）：卖粮食。

⑧ 二十病农：每斗价格二十钱，则农人受损害。病，损害。

⑨ 九十病末：每斗价格九十钱，则商人受损害。末，指工商业，与本（农）相对。

⑩ 出：流出，流通。

⑪ 草不辟：指田地荒芜。辟，开垦，开辟。

⑫ 减：低于，少于。

⑬ 平粜：平价卖粮。齐物：同等货物。

⑭ 关市：指关卡税收与市场供应。乏：缺乏。

⑮ 积著：积贮。指囤积货物。著，同贮。

⑯ 务：务须，务求。完物：完好牢固的货物。

⑰ 无息币：没有滞留的货币资金。息，滞留、停息。

⑱ 腐败而食：腐败而易蚀。食，即蚀。

⑲ 无敢居贵：不敢积居以求高价。

⑳ 论：研究、论断。

㉑ 贵上极：物贵到极点。反：返。

㉒ 贱下极：物贱到极点。

㉓ 贵出如粪土，贱取如珠玉：当物贵到极点时，要及时卖出，视同粪土；当物贱到极点时，要及时购进，视如珠宝。

㉔ 欲：要想，想使。

㉕ 修：整治，治理。

㉖ 厚赂：重金收买，重赏。

㉗ 赴：奔赴危险境地。赴矢石：指赴战场。矢，箭。古代作战发矢抛石以打击敌人，故云。

㉘ 遂：终于。报：报复，报仇。

㉙ 观兵：炫耀兵力。观，显示。中国：指中原地区。

㉚ 五霸：春秋时先后称霸的五个诸侯。指齐桓公、晋文公、楚庄公、吴王阖闾、越王勾践。一说指齐桓公、宋襄公、晋文公、秦穆公、楚庄王。

㉛ 既：已经。

㉜ 喟然：叹息的样子。

㉝ 得意：满足意愿，实现愿望。

国，吾欲用之家。”乃乘扁舟浮于江湖①，变名易姓，适齐为鸱夷子皮②，之③陶为朱公。朱公以为陶天下之中④，诸侯四通，货物所交易也⑤。乃治产积居，与时逐而不责于人⑥。故善治生⑦者，能择人而任时⑧。十九年之中三致⑨千金，再分散与贫交疏昆弟⑩。此所谓富好行其德者也。后年衰老而听⑪子孙，子孙修业而息⑫之，遂至巨万。故言富者皆称⑬陶朱公。

子赣⑭既学于仲尼，退而仕于卫，废著鬻财于曹、鲁之间⑮，七十子之徒⑯，赐最为饶益⑰。原宪不厌糟糠⑱，匿⑲于穷巷。子贡结驷连骑⑳，束帛之币以聘享诸侯㉑，所至，国君无不分庭与之抗礼㉒。夫使孔子名布扬于天下者，子贡先后㉓之也，此所谓得势而益彰㉔者乎？

白圭，周㉕人也。当魏文侯时，李克务尽地力㉖，而白圭乐观时变，故人弃我取，人取我与㉗。夫岁孰㉘取谷，予之丝漆；茧出取帛絮，予之食㉙。太阴在卯，穰㉚；明岁衰恶㉛。

---

① 扁舟：小船。浮：漂泊。
② 适：到……去。鸱夷：亦作“鸱鴺”。皮制的口袋。也用来盛酒。
③ 之：到……去。
④ 中：中心。
⑤ 交：交流。易：容易、方便。
⑥ 与时逐：随时逐利。责：责求，要求。
⑦ 治生：经营产业。
⑧ 择人：择用贤人。任时：把握时效。
⑨ 致：取得、得到。
⑩ 再：两次。与：给予。贫交：贫穷的朋友。疏昆弟：远房同姓的兄弟。
⑪ 听：听任，任凭。
⑫ 息：增长，增利。指发展。
⑬ 称：称颂，赞誉。
⑭ 子赣：即子贡。其人其事又见卷六十七《仲尼弟子列传》。
⑮ 废著：卖贵买贱。废，卖出。著，同贮，囤积。鬻财：经商。
⑯ 七十子之徒：指孔门七十余个高徒。
⑰ 饶益：富有。
⑱ 不厌糟糠：连糟糠都吃不饱。厌，同“餍”。饱。
⑲ 匿：躲藏，隐居。
⑳ 结驷连骑：乘坐四马并辔齐头牵引的车子。
㉑ 束帛之币：指束帛这类赠礼。帛五匹为一束。每匹从两端卷起，共为十端。帛也称为币，故称“束帛之币”。聘：访问。享：供奉。
㉒ 分庭与之抗礼：即与子贡分庭抗礼。古时宾客和主人分别站在庭中的两边，相对行礼，以平等地位相待。此处意为，子贡见诸侯，不行君臣之礼而行宾主之礼。
㉓ 先后：辅助，相助。
㉔ 益彰：更加显著。
㉕ 周：指战国初期的小诸侯国西周国。
㉖ 务：致力于。尽地力：竭力开发土地资源。
㉗ 与：通“予”。给予。此处意为出售。
㉘ 岁孰：每年谷物成熟。指一年的农事收成。
㉙ 食：粮食。
㉚ 太阴：指木星。卯：地支的第四位。穰：丰收年。
㉛ 衰恶：年景不好。

至午①，旱；明岁美。至酉，穰；明岁衰恶。至子，大旱；明岁美，有水。至卯②，积著率岁倍③。欲长钱，取下谷；长石斗，取上种④。能薄饮食⑤，忍嗜欲，节衣服，与用事僮仆同苦乐，趋时若猛兽挚鸟之发⑥。故曰："吾治生产⑦，犹伊尹、吕尚之谋，孙吴用兵，商鞅行法是也。是故其智不足与权变⑧，勇不足以决断，仁不能以取予，强不能有所守，虽欲学吾术，终告之矣。"盖天下言治生祖⑨白圭。白圭其有所试⑩矣，能试有所长⑪，非苟而已也⑫。

猗顿用盬盐起⑬。而邯郸郭纵以铁冶成业⑭，与王者埒⑮富。

乌氏倮⑯畜牧，及众⑰，斥卖⑱，求奇缯物⑲，间献遗戎王⑳。戎王什倍其偿㉑，与之畜，畜至用谷量马牛㉒。秦始皇帝令倮比封君㉓，以时与列臣朝请㉔。而巴寡妇清㉕，其先得丹穴㉖，而擅㉗其利数世，家亦不訾㉘。清，寡妇也，能守其业，用财自卫，不见㉙侵犯。秦皇帝以为贞妇而客之㉚，为筑女怀清台㉛。夫倮鄙人牧长㉜，清穷乡寡妇，礼抗万乘㉝，名显天下，岂非以富邪㉞？

---

① 至午：木星在午宫（方位）时。午，地支的第七位。下文"至酉"、"至子"，均指木星所在方位。
② 至卯：此指木星复至卯宫（方位）时。
③ 积著：积贮。率：大致，大概。岁倍：每年增长一倍。
④ 上种：上等谷物。
⑤ 薄饮食：不讲究吃喝。薄，轻视。
⑥ 趋时：争取时机，捕捉时机。若：好像。挚：通"鸷"，凶猛。发：奋发，指动作迅捷。
⑦ 生产：经商致富之事。
⑧ 不足与权变：够不上随机应变。不足与，即够不上。
⑨ 祖：效法。
⑩ 试：尝试。
⑪ 长：专长。
⑫ 非苟而已也：并不是马虎随便行事。苟，不严肃。
⑬ 用：以，由于。盬：古盐池名，在今山西临猗县南。起：起家，发家。
⑭ 成业：成就家业。
⑮ 埒（liè）：相等，等同。
⑯ 倮：人名。秦时大畜牧主。
⑰ 及众：等到牲畜繁殖众多时。
⑱ 斥卖：变卖、拿去卖掉。
⑲ 求奇缯物：寻求奇异之物和丝织品。缯，丝织品总称。
⑳ 间：秘密地、悄悄地。遗：赠送，给予。
㉑ 什倍：十倍。偿：偿还。
㉒ 至：以至，甚至。用谷量马牛：以山谷为单位来计算马牛的数量。意为给的马牛过多，无法用"匹"、"头"计算。
㉓ 比封君：与封君并列，地位差不多。比，比照，并列，挨着。
㉔ 以时：按规定时间。朝（cháo）请：朝见。请，谒见。
㉕ 巴：指寡妇清所在之邑。清：人名。
㉖ 先：先人，祖上。丹穴：丹砂矿。
㉗ 擅：独揽、独得。
㉘ 家：家产。不訾：不计其数。訾，通"赀"。计量。
㉙ 见：被。
㉚ 以为贞妇：认为她是贞妇。客之：以宾客之礼待她。
㉛ 女怀清台：在今四川长寿县南。
㉜ 鄙人：边鄙之人，即边民。鄙，边远之地。牧长：畜牧主。
㉝ 礼抗万乘：与皇帝分庭抗礼。万乘，拥有万辆兵车的统治者，此指皇帝。
㉞ 岂非以富邪：难道不是因为有钱吗？岂，难道。以，因为、凭借。

汉兴①，海内为一，开关梁②，弛山泽之禁③，是以富商大贾周流天下④，交易之物莫不通，得其所欲，而徙豪杰诸侯强族于京师⑤。

关中自汧、雍以东至河、华⑥，膏壤沃野千里，自虞夏之贡以为上田⑦，而公刘适邠⑧，大王⑨、王季在岐，文王作丰⑩，武王治镐⑪，故其民犹有先王之遗风，好稼穑⑫，殖⑬五谷，地重⑭，重为邪⑮。及秦文、德、缪居雍⑯，隙陇蜀之货物⑰而多贾。献公⑱徙栎邑，栎邑北却戎翟⑲，东通三晋⑳，亦多大贾。孝、昭治咸阳㉑，因以汉都㉒，长安诸陵㉓，四方辐凑并至而会㉔，地小人众，故其民益玩巧而事末也㉕。南㉖则巴蜀。巴蜀亦沃野，地饶卮㉗、姜、丹沙、石、铜、铁、竹、木之器。南御㉘滇僰，僰僮㉙。西近邛笮㉚，笮马、旄牛㉛。然四塞㉜，栈㉝道千里，无所不通，唯褒斜绾毂其口㉞，以所多易所鲜㉟。天水、陇

---

① 汉兴：汉朝兴起。即汉朝建立。

② 关梁：水陆交通要地。关，关口。梁，桥梁。

③ 弛：放松，开放。山泽之禁：山泽中的出产为国家专利，严禁百姓开采。禁，禁令。

④ 贾：商人。周流：通行，遍行。

⑤ 徙：迁移。豪杰：豪强。诸侯：指战国时旧诸侯。京师：国都。

⑥ 河：黄河。华：华山。

⑦ 贡：赋税。传说中夏代的租赋制度。上田：上等田地。

⑧ 适：到……去。邠：同“豳”，音 bīn。

⑨ 大王：即周太王，古公亶父。

⑩ 作丰：兴建丰邑。丰，丰京。

⑪ 治镐：治理镐京。

⑫ 好稼穑（sè）：喜好农业生产。稼，种谷。穑，收谷。

⑬ 殖：种植。

⑭ 地重：以地为重，重视土地的价值。

⑮ 重为邪：把做坏事看得很严重。即很难去做坏事。

⑯ 及：等到。文：指秦文公。德：指秦德公。缪：通“穆”。指秦穆公。

⑰ 隙陇蜀之货物：地居陇蜀货物交流的要道。隙，间孔、要道。

⑱ 献公：指秦献公。

⑲ 却：退，御。翟：同“狄”。

⑳ 三晋：战国时韩赵魏三家分晋，各自立国，故称三晋。此指原三晋之地。

㉑ 孝：指秦孝公。昭：指秦昭王。

㉒ 因以汉都：汉朝借此而作为都城。因，凭借、沿袭。

㉓ 长安诸陵：指长安附近诸皇陵所在地，亦即诸陵县。

㉔ 会：会聚，会合。

㉕ 益：更加。事：做，从事。末：末业。指商业。

㉖ 南：指秦岭以南。

㉗ 卮：栀子，可以入药或制颜料。

㉘ 御：抵御。

㉙ 僰僮：僰地多出僮仆。汉代僰人常被贩卖为奴。

㉚ 邛（qióng）笮（zuó）：均古族名，国名。

㉛ 笮马、旄牛：笮地出产的马和旄牛。

㉜ 四塞：四周闭塞。

㉝ 栈道：在险绝的山上用竹木架成的道路。

㉞ 褒斜：即褒斜道。古道路名。因取道褒水、斜水两河谷得名。两水同出秦岭太白山：褒水南注汉水，谷口在旧褒城县北十里；斜水北注渭水，谷口在湄县西南三十里。汉武帝时曾发数万人治褒斜水道，欲使通漕运，未成；其陆道则自汉以后长期间为往来秦岭南北重要通道之一。绾毂：挖扼，勾连。比喻处于中枢地位，对各方面起联络、扼制的作用。

㉟ 所多：多余之物。易：交换。所鲜：缺少之物。鲜，少。

西、北地、上郡与关中同俗，然西有羌中之利，北有戎翟之畜，畜牧为天下饶。然地亦穷险①，唯京师要②其道。故关中之地，于天下三分之一③，而人众不过什三④；然量其富，什居其六⑤。

昔唐⑥人都河东，殷⑦人都河内，周⑧人都河南。夫三河⑨在天下之中，若⑩鼎足，王者所更居也⑪，建国各数百千岁⑫，土地小狭，民人众，都国诸侯所聚会⑬，故其俗纤俭习事⑭。杨、平阳陈西贾秦、翟⑮，北贾种、代。种、代，石北也，地边⑯胡，数被寇⑰。人民矜懻忮⑱，好气⑲，任侠⑳为奸，不事农商。然迫近北夷，师旅亟往㉑，中国委输时有奇羡㉒。其民羯羠不均㉓，自全晋之时固已患其僄悍㉔，而武灵王益厉之㉕，其谣俗㉖犹有赵之风也。故杨、平阳陈掾㉗其间，得所欲。温、轵西贾上党，北贾赵、中山。中山地薄人众，犹有沙丘纣淫地余民㉘，民俗懁急㉙，仰机利而食㉚。丈夫相聚游戏，悲歌忼慨㉛，起

---

① 穷险：阻塞不通，地势险要。

② 要：要约、约束。

③ 于天下三分之一：占天三分之一。

④ 人众：人口。什三：十分之三。

⑤ 什居其六：十份中占有六份。即占十分之六。

⑥ 唐：即陶唐氏。

⑦ 殷：此指盘庚迁都于殷后的商氏。

⑧ 周：此指平王东迁后的东周。

⑨ 三河：指河东、河内、河南。

⑩ 若：好像。

⑪ 更：更迭，交替。居：建都居住。

⑫ 岁：年。

⑬ 都：都市。国：京城。

⑭ 纤俭：小气俭事。习事：熟悉世故。

⑮ 陈：《索隐》谓此字为衍字。下文“杨、平阳陈椽其间”之“陈”亦因此而衍。

⑯ 边：接壤，靠近。

⑰ 数：屡次。寇：侵犯，掠夺。

⑱ 矜：夸耀，崇尚。懻忮：强直忌恨。

⑲ 好气：好使性子。

⑳ 任侠：以扶弱抑强为己任。

㉑ 师旅：军队。亟：屡次。

㉒ 委输：运送。奇羡：剩余、赢余。

㉓ 羯羠：强悍。均：同“耘”。耕耘。

㉔ 全晋：指韩、赵、魏三家分晋以前的晋国。患：担忧，忧虑。僄悍：同“剽悍”。轻捷勇猛。

㉕ 武灵王益厉之：谓赵武灵王提倡胡服骑射，使崇尚强悍的风气进一步加强。参见卷四十三《赵世家》。

㉖ 谣俗：民俗。

㉗ 陈掾：驰逐，经营驰逐。

㉘ 沙丘纣淫地：相传殷纣于沙丘扩筑苑台，恣意胡为，淫戏无度。详见卷三《殷本纪》。淫地，荒淫之地。指纣于此荒淫作乐。

㉙ 懁急：同“狷急”。急躁。懁，性急。

㉚ 仰：依仗。机利：投机取巧。

㉛ 忼慨：同“慷慨”。情绪激昂。

则相随椎剽①，休则掘冢作巧奸冶②，多美物③，为倡优④。女子则鼓鸣瑟⑤，跕屣⑥，游媚贵富⑦，入后宫，遍诸侯⑧。

然邯郸亦漳、河之间一都会也⑨。北通燕、涿，南有郑、卫。郑、卫俗与赵相类，然近梁、鲁，微重而矜节⑩。濮上之邑⑪徙野王，野王好气任侠，卫之风也。

夫燕亦勃、碣之间一都会也⑫。南通齐、赵，东北边胡。上谷至辽东，地踔远⑬，人民希⑭，数被寇，大与赵、代俗相类，而民雕捍少虑⑮，有鱼盐枣栗之饶。北邻乌桓、夫余，东绾⑯秽貉、朝鲜、真番之利。

洛阳东贾齐、鲁，南贾梁、楚。故泰山之阳⑰则鲁，其阴⑱则齐。

齐带山海⑲，膏壤千里，宜桑麻，人民多文彩布帛鱼盐⑳。临菑亦海岱之间一都会也。其俗宽缓阔达，而足智，好议论，地重㉑，难动摇㉒，怯于众斗，勇于持刺㉓，故多劫人者，大国之风也。其中具五民㉔。

而邹、鲁滨洙、泗㉕，犹有周公遗风㉖，俗好儒㉗，备㉘于礼，故其民龊龊㉙。颇有桑麻之业，无林泽之饶。地小人众，俭啬，畏罪远邪。及其衰，好贾趋利，甚于周人㉚。

---

① 椎：用槌打。剽：抢劫财物。
② 掘冢：盗墓。冢，坟墓。作巧：制作假的，冒充真的。奸冶：私自熔炼钱币。奸，私下。
③ 美物：奇美的物品。另说，美作“弄”，是玩物的意思。
④ 倡优：歌舞艺人和演戏的人。
⑤ 鼓：弹奏、敲击乐器。瑟：一种弹奏乐器。
⑥ 跕屣（tiē xǐ）：拖着鞋走路。
⑦ 游媚贵富：到处向权贵富豪献媚。
⑧ 遍：充斥，遍及。
⑨ 漳：漳河。河：黄河。都会：都市。
⑩ 微重：稍显庄重。重，庄重，端重。矜节：顾惜节操。矜，顾惜、注重。
⑪ 濮上之邑：指帝丘，战国时改名濮阳，故云。
⑫ 勃：渤海。碣：碣石山。
⑬ 踔远：遥远。踔，超越。
⑭ 希：少。通“稀”。
⑮ 雕捍：迅捷，凶猛。捍，通“悍”。少虑：缺乏考虑。即不爱动脑思考问题。
⑯ 绾：系，集结。
⑰ 阳：指泰山的南面。
⑱ 阴：指泰山的北面。
⑲ 带山海：被山海环绕。带，腰带。比喻围绕着。
⑳ 文彩：彩色丝绸。布帛：麻布和丝织品。布，亦指钱币。
㉑ 地重：以地为重，即乡土观念重。
㉒ 难动摇：不易浮动外流。
㉓ 持刺：行刺。指暗中伤人。
㉔ 具：具备，具有。五民：指士、农、商、工、贾。
㉕ 滨：临近，靠近。洙：水名。
㉖ 遗风：传留的风俗。
㉗ 儒：儒家学说，儒术。
㉘ 备：完备、齐全，应有尽有。
㉙ 龊龊：小心拘谨，注意小节。
㉚ 甚：厉害、严重。周人：指周地之人（洛阳人）。

夫自鸿沟[①]以东，芒、砀以北[②]，属巨野[③]，此梁、宋也。陶、睢阳亦一都会也。昔尧作[④]于成阳，舜渔于雷泽[⑤]，汤止于亳。其俗犹有先王遗风，重厚多君子，好稼穑，虽无山川之饶，能恶衣食[⑥]，致其蓄藏[⑦]。

越、楚则有三俗[⑧]。夫自淮北沛、陈、汝南、南郡，此西楚也。其俗剽轻，易发怒，地薄，寡于积聚。江陵故郢都，西通巫、巴，东有云梦[⑨]之饶。陈在楚夏之交[⑩]，通鱼盐之货，其民多贾。徐、僮、取虑，则清刻[⑪]，矜已诺[⑫]。

彭城以东，东海、吴、广陵，此东楚也。其俗类徐、僮。朐、缯以北，俗则齐[⑬]。浙江[⑭]南则越。夫吴自阖庐、春申、王濞[⑮]三人招致天下之喜游子弟，东有海盐之饶，章山之铜，三江、五湖之利，亦江东一都会也。

衡山、九江、江南、豫章、长沙，是南楚也，其俗大类西楚。郢之后徙寿春，亦一都会也。而合肥受南北潮，皮革、鲍、木输会也[⑯]。与闽中、于越[⑰]杂俗，故南楚好辞[⑱]，巧说少信。江南卑湿[⑲]，丈夫早夭[⑳]。多竹木。豫章出黄金，长沙出连、锡，然堇堇[㉑]物之所有，取之不足以更费[㉒]。九疑[㉓]、苍梧以南至儋耳者，与江南大同俗[㉔]，而杨越多焉。番禺亦其一都会也，珠玑、犀、玳瑁、果、布之凑[㉕]。

颍川、南阳，夏人之居[㉖]也。夏人政尚忠朴，犹有先王之遗风。颍川敦愿[㉗]。秦末世，迁不轨之民[㉘]于南阳。南阳西通武关、郧关，东南受汉、江、淮[㉙]。宛亦一都会也。俗杂好

---

① 鸿沟：古运河名。
② 芒：指芒山。砀：指砀山。
③ 属（zhǔ）：连接。
④ 作：兴起。
⑤ 雷泽：古泽名。
⑥ 恶衣食：指不择衣食。意即省吃俭用。
⑦ 致：达到，求得。蓄藏：积蓄。
⑧ 三俗：指下文西楚、东楚、南楚三地的不同风俗。
⑨ 云梦：古泽薮名。
⑩ 陈在楚夏之交：因陈南面为楚，北面为夏（古国名）故云。交，会合、交接之处。
⑪ 清刻：清廉苛严。意为要求自己很严格。
⑫ 矜：注重。已诺：自己应诺、答应之事。
⑬ 俗则齐：风俗与齐地相同。
⑭ 浙江：即钱塘江。
⑮ 王濞：刘濞。其人其事见卷一百六《吴王濞列传》。
⑯ 南北潮：指南面长江、北面淮河之潮。输会：集散地。
⑰ 于越：中华书局点校本作“干越”，误。
⑱ 辞：言辞。
⑲ 卑湿：地低潮湿。
⑳ 丈夫早夭：指当时江南男子一般寿命不长。
㉑ 堇堇：仅仅。堇，通“仅”。
㉒ 更费：抵偿支出。
㉓ 九疑：即九疑山，又名苍梧山。疑，又作“嶷”。
㉔ 大：大致，大体。同俗：风俗相同。
㉕ 果：指龙眼、荔枝一类水果。布：葛布。凑：会合，会集。意指番禺为上述商品之集散地。
㉖ 夏人之居：夏民族曾居住过的地区。因夏建都多在上述二郡范围之内，故云。
㉗ 敦愿：敦厚老实。
㉘ 不轨之民：不法之民。不轨，违法叛乱。
㉙ 受：承受、面临。汉、江、淮：分别指汉水、长江、淮河。

事，业多贾。其任侠①，交通颍川，故至今谓之“夏人”。

夫天下物所鲜所多，人民谣俗，山东食海盐，山西食盐卤②，领南、沙北固往往出盐③，大体如此矣。

总之，楚越之地，地广人希，饭稻羹鱼④，或火耕而水耨⑤，果隋蠃蛤⑥，不待贾而足，地势饶食⑦，无饥馑之患，以故呰窳⑧偷生，无积聚而多贫。是故江淮以南，无冻饿之人，亦无千金之家。沂、泗水以北，宜五谷桑麻六畜，地少人众，数被水旱之害⑨，民好畜藏⑩，故秦、夏、梁、鲁好农而重民。三河、宛、陈亦然，加以商贾。齐、赵设智巧，仰机利。燕、代田畜而事蚕⑪。

由此观之，贤人深谋于廊庙⑫，论议朝廷，守信死节隐居岩穴之士设为名高者安归乎⑬？归于富厚也。是以廉吏久，久更富，廉贾归富⑭。富者，人之情性，所不学而俱欲者也。故壮士在军，攻城先登，陷阵却敌，斩将搴旗⑮，前蒙矢石，不避汤火之难者，为重赏使⑯也。其在闾巷⑰少年，攻剽椎埋⑱，劫人作奸⑲，掘冢铸币，任侠并兼，借交报仇，篡逐幽隐⑳，不避法禁，走死地如骛㉑者，其实皆为财用耳。今夫赵女郑姬㉒，设形容㉓，揳㉔鸣琴，揄长袂㉕，蹑利屣㉖，目挑心招㉗，出不远千里，不择老少者，奔富厚也。游闲公子，饰冠剑，连车

---

① 任侠：好行侠义。

② 盐卤：指岩盐、池盐。山西、陕西、甘肃等省皆产池盐。

③ 领南：即岭南。沙北：沙漠以北。指内蒙、甘肃、新疆等地。

④ 饭稻羹鱼：以稻米为饭，以鱼类为菜。羹，用肉或菜调和五味做成带汤的食物。

⑤ 火耕：一种原始耕作方法。烧去杂草，种植杂粮或引水种稻。水耨：一种利用灌水除草的方法。据《集解》引应劭曰：“烧草下水种稻，草与稻并生，高七八寸，因悉芟去，复下水灌之，草死独稻长，所谓火耕水耨也。”

⑥ 果隋：据《集解》，即果蓏（luǒ）。指瓜果。蠃（luó）：通“螺”。蛤：蛤蜊。

⑦ 地势：地理形势。饶食：丰足。

⑧ 呰窳（zīyǔ）：苟且，偷懒。

⑨ 地少：中华书局点校本作“地小”，误。数被：屡次遭受。

⑩ 畜藏：积蓄储藏。

⑪ 田畜而事蚕：种田、畜牧和养蚕。

⑫ 廊庙：古代帝王和大臣议论国事的地方。后世也称朝廷为廊庙。

⑬ 设为：设使成为。安归：归于何处。

⑭ 廉贾归富：不贪一时之利、讲信用的商人，能多赚钱而终久致富。归，趋向。

⑮ 搴（qiān）旗：拔取敌方旗帜。

⑯ 使：驱使。

⑰ 闾巷：指街道里弄。

⑱ 攻剽：抢劫财物。椎埋：杀人埋尸。

⑲ 劫人作奸：胁迫别人干坏事。

⑳ 篡逐幽隐：在昏暗隐蔽之处追逐强夺。篡，非法地夺取。幽，昏暗、深暗。

㉑ 骛：马乱奔驰。此处意为追求财利而不惧死。

㉒ 姬：古时对妇女的美称，也称美女。

㉓ 设：化妆、打扮。形容：身段容貌。

㉔ 揳（jiá）：打击，弹奏。击响乐器。

㉕ 揄（yú）：拉，引，提起。袂：衣袖。

㉖ 蹑：踩、踏。利屣：轻便的舞鞋。

㉗ 目挑心招：用眼神挑逗，用心招引。

骑，亦为富贵容也。弋射①渔猎，犯晨夜②，冒霜雪，驰阬③谷，不避猛兽之害，为得味④也。博戏驰逐⑤，斗鸡走狗，作色相矜⑥，必争胜者，重失负⑦也。医方诸食技术之人⑧，焦神极能⑨，为重糈⑩也。吏士舞文弄法，刻章伪书⑪，不避刀锯之诛者，没于赂遗也⑫。农工商贾畜长⑬，固求富益货也。此有知尽能索耳⑭，终不余力而让⑮财矣。

谚曰："百里不贩樵⑯，千里不贩籴⑰。"居之一岁，种之以谷；十岁，树⑱之以木；百岁，来之以德⑲。德者，人物⑳之谓也。今有无秩禄之奉㉑，爵邑之入㉒，而乐与之比者㉓，命曰："素封㉔"。封者食租税，岁率户二百㉕。千户之君㉖则二十万，朝觐聘享出其中㉗。庶民农工商贾，率亦岁万息二千㉘，百万之家则二十万㉙，而更㉚徭租赋出其中。衣食之欲，

---

① 弋射：用绳系在箭上射。

② 犯晨夜：指起早贪黑。犯，干犯，违反。

③ 阬：同"坑"。

④ 味：野味。指弋射渔猎所得鸟兽鱼类。

⑤ 博戏：古代一种赌胜负的游戏。驰逐：指赛马一类游戏。

⑥ 作色：装模作样，变换脸色。相矜：争相夸耀。

⑦ 失负：即败输，失败损失。

⑧ 方：方士。指从事求仙、炼丹之人。食技术：依靠技艺谋生的人。

⑨ 焦神：过度劳神。极能：极尽其能。

⑩ 糈：粮食。此指收入。

⑪ 刻章：私刻公章官印。伪书：假造文书材料。

⑫ 没：陷入，沉没。赂遗：别人的贿赂赠礼。

⑬ 畜长：储积增加各种财物。

⑭ 知（zhì）：智慧，智能。索：求取。

⑮ 让财：争夺财物。让，通"攘"。窃取，侵夺。

⑯ 贩樵：贩卖薪柴。

⑰ 贩籴：贩运粮食。籴（dí），买进粮食。

⑱ 树：种植。

⑲ 来：招来。德：德行。

⑳ 人物：人和物。意为人的才德名望和财富。

㉑ 秩禄：官吏的俸禄。指官吏按品级享受不同的俸禄。奉：供给。

㉒ 爵邑之人：爵位封地的租税收人。邑：封地。

㉓ 乐：喜欢，乐意。比：比较、相比。

㉔ 素封：指不仕之人虽"无爵邑之入"，"秩禄之奉"，但"自有园田收养之给，其利比于封君"，故称"素封"。素：空。

㉕ 率：标准，规格。户：每一户。二百：二百钱。

㉖ 千户之君：指有一千户的封君。

㉗ 朝觐：古代诸侯去拜见天子。朝，春天朝见。觐，秋天朝见。聘：古代诸侯之间或诸侯与天子之间派使节问候。享：用食物供奉"鬼神"或用食物招待人。

㉘ 万息二千：一万钱可得利息二千钱。

㉙ 百万之家则二十万：拥有一百万钱的人家，每年即可得息二十万钱。

㉚ 更：汉代指轮流更替的兵役。汉承秦制，规定凡二十三岁至五十六岁男丁，应服三项兵役；一是为郡县（地方）服兵役一月；二是为中央服兵役一年；三是为戍边服役三日。因轮流服役，故名"更"。自身不服役而出钱由政府雇人代替，名"更赋"。

恣①所好美矣。故曰陆地牧马二百蹄②，牛蹄角千③，千足羊④，泽中千足彘⑤，水居千石鱼陂⑥，山居千章⑦之材。安邑千树⑧枣；燕、秦千树栗；蜀、汉、江陵千树橘；淮北、常山已南⑨，河济之间千树萩⑩；陈、夏千亩漆；齐、鲁千亩桑麻；渭川⑪千亩竹；及名国万家之城，带郭千亩亩钟之田⑫，若千亩卮茜⑬，千畦姜韭：此其人皆与千户侯等⑭。然是富给之资也⑮，不窥市井⑯，不行异邑⑰，坐而待收，身有处士之义而取给焉⑱。若至家贫亲老，妻子软弱，岁时无以祭祀进醵⑲，饮食被服不足以自通⑳，如此不惭耻，则无所比㉑矣。是以无财作力㉒，少有㉓斗智，既饶㉔争时，此其大经㉕也。今治生不待危身取给㉖，则贤人勉㉗焉。是故本富㉘为上，末富次之㉙，奸富最下㉚。无岩处奇士㉛之行，而长贫贱，好语仁义，亦足羞也㉜。

凡编户之民，富相什则卑下之㉝，伯则畏惮之㉞，千则役㉟，万则仆㊱，物之理也。夫用贫求

---

① 恣：任凭。

② 二百蹄：一马四蹄，二百蹄即五十匹马。

③ 牛蹄角千：一牛四蹄二角，蹄角千即大约一百六十七头牛。

④ 千足羊：一羊四足，千足羊即二百五十只羊。

⑤ 泽：草泽。彘：猪。一猪四足，千足彘即二百五十头猪。

⑥ 千石鱼陂（bēi）：每年收鱼一千石的鱼塘。石，汉制石为一百二十斤。千石共十二万斤。陂，池塘。

⑦ 章：大的木材叫章。

⑧ 千树：一千株树，极言其多，未必是确指。下同。

⑨ 已南：以南。已，通“以”。

⑩ 萩：通“楸”。一种落叶乔木。

⑪ 渭川：渭河平原。

⑫ 带郭：指城外附近的田地。亩钟：每亩产量一种。钟，量器。一钟为六斛（十斗）四斗，合今二百一十九点二公升。

⑬ 若：或，或者。茜：草名，根可作大红色染料。

⑭ 等：相同。

⑮ 富给：富足，富有。资：资本，凭借。

⑯ 市井：古称做买卖的地方。

⑰ 异邑：别的城邑。

⑱ 处：古代指有才德而隐居不当官的人。义：名义。取给：取用丰足。

⑲ 醵（jù）：凑钱饮酒或聚集饮食。

⑳ 自通：自我满足。通，畅通无阻。

㉑ 无所比：没有什么值得相比的。

㉒ 无财作力：没有钱财，出卖劳力。

㉓ 少有：少许有钱。

㉔ 既饶：已经富足。

㉕ 大经：一般的常规、常理。

㉖ 治生：谋求生计。危身取给（jǐ）：冒着生命危险去取得所需物品。

㉗ 勉：劝勉，鼓励。

㉘ 本富：以从事农业生产而致富。

㉙ 末富：从事商工而致富。

㉚ 奸富：靠奸巧，甚至违法去求利。

㉛ 岩处奇士：深居山野不肯做官的隐士。

㉜ 亦足羞也：也值得羞惭了。足，够得上。

㉝ 富相什：财富相差十倍。什，即“十”。卑下：低声下气。

㉞ 伯：即“百”。百倍。畏惮：惧怕。

㉟ 役：役使。

㊱ 仆：奴仆。

富，农不如工，工不如商，刺绣文不如倚市门①，此言末业，贫者之资也。通邑大都②，酤一岁千酿③，醯酱千瓨④，浆千甔⑤，屠牛羊彘千皮⑥，贩谷粜千钟，薪稿⑦千车，船长千丈⑧，木千章⑨，竹竿万个，其轺车⑩百乘，牛车千两⑪，木器髤者千枚⑫，铜器千钧，素木⑬铁器若卮茜千石，马蹄躈⑭千，牛千足，羊彘千双⑮，僮手指千⑯，筋角丹沙千斤，其帛絮细布千钧，文采⑰千匹，榻布⑱皮革千石，漆千斗，蘖麹盐豉千荅⑲，鲐鮆千斤⑳，鲰㉑千石，鲍㉒千钧，枣栗千石者三之㉓，狐貂裘千皮㉔，羔羊裘千石，旃席㉕千具，佗㉖果菜千钟，子贷金钱千贯㉗，节驵会㉘，贪贾三之㉙，廉贾五之㉚，此亦比千乘㉛之家，其大率㉜也。佗杂业不中什二㉝，则非吾财也㉞。

请略道㉟当世千里之中，贤人所以富者，令后世得以观择焉㊱。

---

① 倚市门：即所谓"倚门卖笑"。指充当妓女以谋生。
② 通邑大都：交通发达的大城市。
③ 酤（gū）：酒。千酿：千瓮酒。
④ 醯（xī）酱：醋。瓨（hóng）：瓦制量器。陈直《史记新证》释为"缸"。
⑤ 浆：古代一种带酸味的饮料，用来代酒。甔（dān）：坛子一类的贮物瓦器。
⑥ 千皮：皮一千张。
⑦ 稿：麦、稻秸秆。
⑧ 船长千丈：把所有船只的总长度为千丈。
⑨ 木千章：大木材一千根。与上文"千章之材"略异。
⑩ 轺车：小型轻便的马车。
⑪ 两：同"辆"。
⑫ 髤（xīu）：同"髹"。用漆涂器物。千枚：千个。
⑬ 素木：未上漆的木器。
⑭ 躈（qiào）：马的肛门。
⑮ 千双：二千只。
⑯ 僮手指千：指奴婢百人。据《集解》引《汉书音义》："僮，奴婢也。古者无空手游日，皆有作务，作务须手指，故曰手指，以别马牛蹄角也。"
⑰ 文采：指有各种图案的彩色的绢帛。
⑱ 榻布：粗厚的布。
⑲ 蘖麹：即蘖曲。酿酒用的发酵剂。盐豉（chì）：咸豆豉。豆豉是把大豆煮熟发酵而成。荅：据《集解》徐广曰："或作'台'，器名有瓿。孙叔然云瓿，瓦器，受斗六升合为瓿。"
⑳ 鲐：鱼名，即河豚。鮆（jì）：鱼名，刀鱼。
㉑ 鲰：鱼名，杂小鱼。
㉒ 鲍：盐渍的鱼。
㉓ 千石者三之：一千石的三倍，即三千石。
㉔ 貂；貂鼠。裘：皮衣。
㉕ 旃席：毛毯。旃，通"毡"，毛织品。
㉖ 佗：通"他"。其他。
㉗ 子：利息。贯：古代铜钱用绳穿，一千个为一贯。
㉘ 节：节制，管理，估定价格。驵会：说合牲畜交易，从中谋利的人。驵，好马，壮马。会，即"侩"。
㉙ 贪贾三之：指贪心大的商人由于惜售，货物滞销，资金周转不灵，所得利润仅为十分之三。
㉚ 廉贾五之：指廉价抛售，薄利多销的商人，财物流通无滞，所得利润可达十分之五。
㉛ 千乘：见前"千乘之王"条注。
㉜ 大率：大致、一般的情况。
㉝ 不中什二：不能获得十分之二的利润。中，达到，射中目标。
㉞ 则非吾财也：就算不得好的致富行业。
㉟ 略道：简略地述说。
㊱ 令：让，使得。观择：观察、选择。

蜀卓氏之先，赵人也，用铁冶富①。秦破赵，迁卓氏。卓氏见虏略②，独夫妻推辇③，行诣④迁处。诸迁虏少有余财⑤，争与吏⑥，求近处⑦，处葭萌。唯卓氏曰："此地狭薄⑧。吾闻汶⑨山之下，沃野，下有蹲鸱⑩，至死不饥。民工于市⑪，易贾。"乃求远迁。致之临邛⑫，大喜，即铁山鼓铸⑬，运筹策⑭，倾⑮滇蜀之民，富至僮千人。田池射猎之乐，拟于人君⑯。

程郑，山东迁虏也，亦冶铸，贾椎髻之民⑰，富埒⑱卓氏，俱居临邛。

宛孔氏之先，梁人也，用铁冶为业。秦伐魏，迁孔氏南阳。大鼓铸，规⑲陂池，连车骑，游诸侯，因⑳通商贾之利，有游闲公子之赐与名㉑。然其赢得过当㉒，愈于纤啬㉓，家致富数千金，故南阳行贾尽法孔氏之雍容㉔。

鲁人俗俭啬，而曹邴㉕氏尤甚，以铁冶起㉖，富至巨万。然家自父兄子孙约㉗，俛有拾㉘，仰有取，贳贷行贾遍郡国㉙。邹、鲁以其故多去文学而趋利者㉚，以㉛曹邴氏也。

---

① 用铁冶富：以冶铁致富。

② 见：被。虏略：即"虏掠"。指秦灭六国时，曾多次组织大规模的强制移民，掳其财富。

③ 辇：用人拉挽的车子。

④ 诣（yì）：到……去。

⑤ 诸迁虏：指那些被迁徙的人。少有：稍许有。

⑥ 争与吏：争相送给负责的官吏。

⑦ 处（chù）：居住。

⑧ 狭薄：地方狭小，土地贫瘠。

⑨ 汶（mín）山：即"岷山"。

⑩ 蹲鸱：大芋头，因状似蹲伏的鸱鸟得名。

⑪ 工于市：善于交易。工，善于，擅长。市，交易。

⑫ 致之临邛（qióng）：指远迁到临邛。

⑬ 鼓铸：熔金属以铸器械或钱币。

⑭ 运筹策：分析、研究和策划。

⑮ 倾：超过，指财势压人。

⑯ 拟于人君：比得上国君。拟，比拟。

⑰ 贾椎髻之民：把鼓铸的铁器卖给西南地区少数民族。椎髻，头上挽的如椎形的发髻。这是汉代广东、广西一带少数民族的普通发式。

⑱ 埒：相等，等同。

⑲ 规：规划。

⑳ 因：凭借，依靠。

㉑ 赐与名：施舍的美名。

㉒ 赢得过当：赢利很多，大大超过花费的本资。

㉓ 愈于纤啬：胜于悭吝的商人。纤啬，小气吝啬。

㉔ 法：效仿。雍容：举止大方，从容不迫的样子。

㉕ 邴：姓。

㉖ 起：开始，起家。

㉗ 约：约定，规定。指家规。

㉘ 俛：同"俯"。此句"俛有拾"，和下句"仰有取"，意为一举一动都要有所得，时刻不忘取利。

㉙ 贳贷：指租赁、放贷的经济活动。郡国：指郡地和诸侯国。

㉚ 去：离开，丢弃。文学：此指儒学。

㉛ 以：因为，由于。

齐俗贱①奴虏，而刀间独爱贵之②。桀黠奴③，人之所患④也，唯刀间收取，使之逐渔盐商贾之利，或连车骑，交守相⑤，然愈益任之。终得其力，起富⑥数千万。故曰："宁爵毋刀"⑦，言其能使豪奴自饶⑧而尽其力。

周人既纤⑨，而师史⑩尤甚，转毂以百数⑪，贾郡国，无所不至。洛阳街居⑫在齐秦楚赵之中，贫人学事⑬富家，相矜以久贾⑭，数过邑不入门，设任此等⑮，故师史能致七千万⑯。

宣曲任氏之先⑰，为督道⑱仓吏。秦之败也，豪杰皆争取⑲金玉，而任氏独窖⑳仓粟。楚汉相距㉑荥阳也，民不得耕种，米石至万㉒，而豪杰金玉尽归任氏，任氏以此起富。富人争奢侈，而任氏折节为俭㉓，力田畜㉔。田畜人争取贱贾㉕，任氏独取贵善㉖。富者数世㉗。然任公家约，非田畜所出弗㉘衣食，公事不毕则身不得饮酒食肉。以此为为闾里率㉙，故富而主上重之㉚。

塞之斥也㉛，唯桥姚已致马千匹㉜，牛倍之，羊万头，粟以万钟计㉝。

---

① 贱：贱视，鄙视。
② 刀间：即刁间。爱贵之：喜欢、重视他们。
③ 桀黠奴：凶残狡猾的奴虏。
④ 患：担忧、忧虑。
⑤ 交：交结。守相：泛指地方官。守，郡守。相，诸侯国的相国。
⑥ 起富：致富。
⑦ 宁爵毋刀：据《集解》此为家奴互相对话之语。意为，"与其出外求取官爵，倒不如在刀家为奴。"
⑧ 自饶：自身富足。
⑨ 既纤：原本很吝啬。既，本来。纤，俭，啬。
⑩ 师史：姓师名史。
⑪ 转毂：指以车载货，贩运赚钱。以百数（shǔ）：以百计。数，计算。
⑫ 街居：指路当、道处。
⑬ 学事：学习、奉事。
⑭ 相矜以久贾：以长期在外经商相互夸耀。
⑮ 设：筹划。此等：此辈，这类人。
⑯ 七千万：七千万钱。
⑰ 先：先祖。
⑱ 督道：据陈直《史记新证》："疑为仓名，道疑字省文，凡将篇一禾六穗，督盖取其嘉名。"
⑲ 争取：争夺。
⑳ 窖：把东西藏在窖里。
㉑ 距：通"拒"，指两军相持。
㉒ 米石至万：一石米价达到一万钱。
㉓ 折节：屈己从人，意为不炫耀富有。为俭：更加勤俭节约。
㉔ 力田畜：致力于耕种畜养。力，竭力、尽力。
㉕ 贱贾：价钱便宜。
㉖ 贵善：价钱贵而质量好的。
㉗ 富者数世：数代都很富有。
㉘ 弗：不。
㉙ 率：表率、榜样。
㉚ 主上：指皇帝。重：重视、敬重。
㉛ 塞：边塞。斥：开拓。
㉜ 桥姚：姓桥名姚。据陈直《史记新证》，"东汉则有桥玄，两汉时桥姓尚属常见。"致：取得。
㉝ 按：此段与下段中华书局点校本原为一段，今据文意，分为两段。

吴楚七国兵起时①，长安中列侯封君行从军旅②，赍贷子钱③，子钱家④以为侯邑国在关东，关东成败未决，莫肯与。唯无盐氏出捐千金贷⑤，其息什之⑥。三月，吴楚平。一岁之中，则无盐氏之息什倍，用此富埒关中⑦。

关中富商大贾，大抵尽诸田⑧，田啬⑨、田兰。韦家栗⑩氏，安陵、杜⑪杜氏，亦巨万。

此其章章尤异者也⑫。皆非有爵邑奉禄弄法犯奸⑬而富，尽椎埋去就⑭，与时俯仰⑮，获其赢利，以末致财，用本守之⑯，以武一切⑰，用文持之⑱，变化有概⑲，故足术也⑳。若至力㉑农畜，工虞商贾，为权利㉒以成富，大者倾郡，中者倾县，下者倾㉓乡里者，不可胜数。

夫纤啬筋力㉔，治生之正道也，而富者必用奇胜。田农，掘业㉕，而秦扬以盖㉖一州。掘冢，奸事也，而田叔以起㉗。博戏，恶业也，而桓发用富㉘。行贾，丈夫贱行㉙也，而雍

---

① 吴楚七国兵起：即西汉景帝时吴楚等七国的叛乱。景帝前三年（公元前154年），吴王刘濞和楚、赵、胶东、胶西、济南、淄川等七国以诛晁错为名，发动叛乱。朝廷派周亚夫为太尉，在三个月内即平定吴楚及其他五国，诸王都自杀或被杀。详见卷一百六《吴王濞列传》。

② 列侯封君：指有高爵位的人。列侯，爵位名。封君，受有封地的贵族。据陈直《史记新证》："景帝时封君，如稷嗣君叔孙通，奉春君娄敬，平原君朱建之类，皆已不存，太史公仍沿习俗语联书。"行从军旅：跟随军队出外作战。

③ 赍：送物给人。贷：借贷。子钱：指贷与他人取息之钱。

④ 子钱家：高利贷者。

⑤ 无盐：复姓。捐：捐助。

⑥ 其息什之：其利息为十倍。

⑦ 富埒关中：富到与关中相匹敌。埒，等于，相等。

⑧ 诸田：姓田的那些人家。

⑨ 啬：据陈直《史记新证》，"啬为穑字省文，犹啬夫即为穑夫。"

⑩ 栗：姓。

⑪ 杜：指杜县。

⑫ 章章：即"彰彰"，显著。尤异：特别与众不同。

⑬ 弄法犯奸：钻法律的空子，胡作非为。

⑭ 椎埋：据《史记会注考证》："各本推理作椎埋。凌稚隆曰，二字疑有误。顾炎武曰，当是推移之误。中井积德曰，当作推理。愚按枫三本，正作推理，今依改。推理，言推测物理也。"去就：进退、取舍。

⑮ 与时俯仰：与时变化，随机应付。

⑯ 用本守之：以从事农业（占有土地），来保持下去。

⑰ 以武一切：用强力去掠夺一切。

⑱ 用文持之：用文的方式维持下去。

⑲ 有概：大略如此。

⑳ 故足术也：所以值得记述。术，通"述"。记述。

㉑ 至力：致力。

㉒ 权利：权势和货利。

㉓ 倾：超过。

㉔ 纤啬筋力：精打细算，勤苦劳动。

㉕ 掘业：据《集解》，徐广释掘为"拙"。意即笨重的行业。

㉖ 盖：冠，压倒。

㉗ 起：指致富。

㉘ 用富：因此致富。

㉙ 贱行：低贱的行业。

乐成①以饶。贩脂②，辱处③也，而雍伯④千金。卖浆，小业也，而张氏千万。洒削⑤，薄技⑥也，而郅氏鼎食⑦。胃脯⑧，简微⑨耳，浊氏连骑⑩。马医，浅方⑪，张里击钟⑫。此皆诚壹⑬之所致。

由是观之，富无经业⑭，则货无常主，能者辐凑⑮，不肖者瓦解⑯。千金之家比一都之君，巨万者乃与王者同乐⑰。岂所谓“素封”者邪？非也？

学习建议

1. 司马迁“厥协六经异传，整齐百家杂语”的学术功力、严谨的实事求是的史学态度对自身治学有何启示。

2. 《史记》以人为中心的纪传体体例与“文学即人学”的思考。

3. 联系《高祖本纪》、《淮阴侯列传》、《李将军列传》等文章，体会《史记》中对“公德”与“私德”的不同态度。

4. 了解《史记》中表现儒学的重要篇章，系统把握司马迁对儒学的评价与运用。

5. 了解“侠客之义”的历史演化。

6. 延伸阅读篇目：

《六国年表第三》、《孔子世家第十七》、《陈涉世家第十八》、《荆燕世家第二十一》、《留侯世家第二十五》、《伯夷列传第一》、《管晏列传第二》、《孙子吴起列传第五》、《伍子胥列传第六》、《仲尼弟子列传第七》、《商君列传第八》、《苏秦列传第九》、《魏公子列传第十七》、《廉颇蔺相如列传第二十一》、《田单列传第二十二》、《鲁仲连邹阳列传第二十三》、《李斯列传第二十七》、《李将军列传第四十九》、《西南夷列传第五十六》。

---

① 雍乐成：雍地的乐成（姓乐名成）。
② 贩脂：贩卖油脂。
③ 辱处：低下的行业。
④ 雍伯：人名。据陈直《史记新证》，“汉书作翁伯，雍翁二字古通，犹铙歌十八曲、擁离或作翁离。”
⑤ 洒削：洒水磨刀。据陈直《史记新证》，“削工谓治刀剑者，而本文之洒削则不然，盖以磨刀剪为业者”。
⑥ 薄技：微不足道的技能。
⑦ 鼎食：列鼎而食。形容富家饮食之奢侈。
⑧ 胃脯：胃干。即熟羊肚儿。
⑨ 简微：简单而轻易的事。
⑩ 连骑：马队相连。即富至车马成行。
⑪ 浅方：浅薄的小术。
⑫ 击钟：击钟佐食。指吃饭时奏乐。
⑬ 诚壹：心志专一。
⑭ 经业：常业。经，固定、永恒。
⑮ 辐凑：指集聚财货。
⑯ 不肖者瓦解：能力差的人会破败家财。不肖，不贤。
⑰ 同乐：同样享乐。

太平经

导读

《太平经》为早期道教的主要经典，一名《太平清领书》，属于汉末批判思潮的产物，是黄老学、儒学、神学、民间巫术直至佛教等相结合而写成的道教经书。

该经假托神人（又称天师）与六方真人问答以敷衍成文。整部经书卷帙浩繁，构成庞杂，非一人一时之作。汤用彤先生认为：《太平经》上接黄老图谶之道术，下启张角、张陵之教。“两汉之世，鬼神祭祀，服食修炼，托始于黄帝老子。采用阴阳五行之说，成一大综合，而渐演为后来之道教。浮屠虽外来之宗教，而亦容纳，为此大综合之一部分。”这种综合性在《太平经》中有集中体现。因此，《太平经》正是上接黄老，兼容浮屠之教而成“一大综合”的道教最早经典。

具体来看，《太平经》大抵以奉天法道，顺应阴阳五行为宗旨，广述“去乱世，致太平”的治世之道，伦理之则，以及长寿成仙、治病养生、通神占验之术。其说虽多受汉代谶纬神学影响，宣扬灾异祥瑞，善恶报应观念，但亦综合多门而自成体系。尤其值得注意的是，经中提出了诸多改良政治，挽救社会危机的理想主义主张。例如统治者应该先以仁义道德治国，不得已时再施用刑罚；皇帝要重用贤良，疏远奸佞小人，制定政策时应听取老百姓的意见；反对官府横征暴敛，权势者聚积财富、恃强凌弱，主张人人自食其力，有了钱财应该救穷周急等等。这些主张虽然有为统治者出谋划策的功利色彩，但在一定意义上也反映了广大农民阶级的某些愿望和要求。同时，在《太平经》的元气流转神仙系统中，即使处于最下层的凡民奴婢，亦可通过自身的修炼摆脱社会身份约束，提升自己的地位，直至得道成仙。因此种种，《太平经》对于广大平民百姓具有极大的感召力。故为张角等早期民间道教领袖所利用，组织发动农民起义；张陵创五斗米道（天师道）也利用了它。其对后世道教及道教思想的发展亦有重大影响。

史载汉代曾流传三种《太平经》，均已佚。据《后汉书·襄楷传》称：汉顺帝时，琅玡人宫崇诣阙，献其师于吉所得神书，号曰《太平清领书》。此神书即《太平经》。构成形式上，《太平经》分甲乙丙丁戊己庚辛壬癸十部，每部十七卷，共一百七十卷。《正统道藏》所收《太平经》仅残存五十七卷，另收唐末闾丘方远《太平经钞》十卷及《太平经圣君秘旨》。敦煌遗书有《太平经目录》一卷。

今人王明有《太平经合校》（中华书局），颇便学者。

分别贫富法第四十一①

“真人前，子连时来学道，实已毕足未邪②？”“今天师不复为其说也，以为已足；复见天师言，乃知其有不足也。今意极讫③，不知所当复问，唯天师更开示其所不及也④。”“行⑤，真人来。天下何者称富足，何者称贫也？”“然，多所有者为富，少所有者为贫。”“然，子言是也，又实非也。”

“何谓也？”“今若多邪伪佞盗贼，岂可以为富邪？今若凡人多也，君王少，岂可称贫邪？”“愚暗生见天师有教⑥，不敢不言，不及有过。”“子尚自言不及，俗人安知贫富之处哉⑦？”“今唯天师令弟子之无知，比若婴儿之无知也，须父母教授之，乃后有知也。”

“善哉！子之言也。太谦，亦不失之也。诺。真人自精⑧，为子具言之。富之为言者⑨，乃毕备足也。天以凡物悉生出为富足。故上皇气出，万二千物具生出，名为富足⑩；中皇物小减⑪，不能备足万二千物，故为小贫；下皇物复少于中皇，为大贫；无瑞应⑫，善物不生，为极下贫。子欲知其大效，实比若田家，无有奇物珍宝，为贫家也。万物不能备足，为极下贫家，此天地之贫也。

“万二千物俱出，地养之不中伤，为地富；不而善养令小伤⑬，为地小贫；大伤，为地大贫；善物畏见，伤于地形⑭而不生，至为下极贫；无珍宝物，万物半伤，为大因贫也⑮；悉伤，为虚空贫家。此以天为父，以地为母，此父母贫极，则子愁贫矣，与王治相应。

“是故古者圣王治，能致万二千物，为上富君也；善物不足三分之二，为中富之君也；不足三分之一，为下富之君也；无有珍奇善物，为下贫君也；万物半伤，为衰家也；悉伤，为下贫人。古者圣贤乃深居幽室，而自思道德，所及贫富，何须问之？坐自知之矣。”

---

① 本篇相对于真人“多所有者为富，少所有者为贫”的世俗贫富观念，提出了“天以凡物悉生出为富足”，以“无瑞应，善物不生，为极下贫”的新贫富观念，并认为帝王所奉行的统治政策，及所招致的相应各色神灵出助是导致这种贫富分别的重要原因。若帝王力行道德，招致“天生神助其化”，“地之阴养神出，辅助其治”，“中和仁神出助其治”，则可望跻身上富之君、中富之君、下富之君的行列，进入三等太平“富家”范围；反之，若重礼崇刑，招致“欺神出助”，“盗贼神出助”，则只能落得乱君以至衰败之君的下场，堕入下贫、衰家、极下贫家的境地。还认为“凡人轻道失事”也是使“王治不平”的重要原因，并例举残杀女婴的行为，认为残杀女婴是“深乱王者之治”的“大咎”。作者还进一步分析了缺衣乏食是戕残女婴的重要原因之一，告诫人们不要残杀女婴而妨害王治。

② 毕足未邪：全部领悟了，还是没有呢？

③ 极讫：已到尽头了。

④ 不及：不明白的。

⑤ 行：近前来。

⑥ 愚暗生：真人自谦之称。

⑦ 处：区别所在。

⑧ 精：精思。

⑨ 为言者：讲的是。

⑩ 上皇：最盛明。万二千物：这是《太平经》作者用术数推导出来的物种数目。

⑪ 中皇：介于上皇和下皇之间的天地施予万事万物的生命气息。

⑫ 瑞应：古代以为帝王修德，时世清平，天就降祥瑞以应之，谓之瑞应。《西京杂记》卷三：“瑞者，宝也，信也。天以宝为信，应人之德，故曰瑞应。”

⑬ 而：能。

⑭ 形：通“刑”，指刑杀之气。

⑮ 因：当为“困”。

“善哉善哉！今唯天师幸哀帝王久愁苦，不得行意①，以何能致此贫富乎？”“善哉善哉！子之难问也，已入微言要矣②。然，所行得失致之也。力行真道者，乃天生神助其化，故天神善物备足也③；行德者，地之阳养神出④，辅助其治，故半富也；行仁者，中和仁神出⑤，助其治，故小富也。行文者⑥，隐欺之阶也，故欺神出助之，故其治小乱也；行武者，得盗贼神出助之，故其治逆于天心，而伤害善人也。

“道者，乃天所案行也⑦。天者最神⑧，故真神出助其化也；地者养，故德神出助其化也；人者仁，故仁神出助其化也；文者主相文欺⑨，失其本根，故欺神出助之也，上下相文，其事乱也；武者以刑杀伤服人，盗贼亦以刑杀伤服人，夫以怒喜猛威服人者，盗贼也，故盗贼多出，其治凶也，盗贼多以财物为害⑩，故其治失于财货也。

“故古者上君，以道服人，大得天心，其治若神而不愁者，以真道服人也。中君以德服人，下君以仁服人，乱君以文服人，凶败之君将以刑杀伤服人。是以古者上君，以道德仁治服人也，不以文刑杀伤服人也，所以然者，乃鄙用之也⑪。

“上君子乃与天地相似，故天乃好生不伤也，故称君称父也；地以好养万物，故称良臣称母也；人者当用心仁，而爱育似于天地，故称仁也。此三者善也，故得共治万物，为其师长也。夫欺刑者⑫，不可以治，日致凶矣，不能为帝王致太平也，故当断之也。今真人以吾书付有道德之君，力行之令效，立与天相应，而致太平，可名为富家，不疑也，可无使帝王愁苦，反名为贫家也。”

“今民间时相谓为富家，何等也？”“是者，但俗人妄语耳。富之为言者，乃悉备足也。一事不具，辄为不具足也。故古者圣贤不责备于一人者，言其不能备之也，故不具责之也。今八十一域国⑬，物各少，不备足也，不能常足也，故从他国取之也。今一家，有何等富哉？真人其好随俗人妄言邪？”“不敢不敢。”“子既学慎言，无妄谈也。夫妄谈，乃乱天地之正文，不可为人法⑭，慎之！”

“唯唯。今天师既加恩爱，乃怜帝王在位，用心愁苦，不得天意，为其每具开说，可以致上皇太平之路。愚生受书众多，大眩童蒙⑮，不知当复问何等哉，唯天明师，悉具陈列其诫。”“善哉善哉！然天法，阳数一，阴数二。故阳者奇，阴者偶，是故君少而臣多。阳者

---

① 行意：指治国大法的要义。

② 难问：诘难性的发问。微言要：精微深远之言的要害之处。

③ 生神：掌管万物生长之神。天：自然界。神善物：即上文提到的瑞应和善物。

④ 阳养神：地神。

⑤ 中和：阴阳二气交合之气，成形则为人类。仁神：仁惠之神。

⑥ 文：本意文采，此指繁多的典章制度。

⑦ 案行：遵行。

⑧ 神：神明。

⑨ 文欺：公开冠冕堂皇地欺诈。

⑩ 害：杀人越货。

⑪ 鄙用：不屑于行用。即服人以道不以威。

⑫ 欺：此处指典制礼法。

⑬ 此句根据战国阴阳家邹衍的大九州说而来。邹衍认为：中国叫赤县神州，九个像赤县神州那样大的州，合成一个大州，周围有小海环绕；这样的大州又有九个，周围有大海环绕；再往外，才是天地的边际。这里所言，系指一大州，即中国内分冀、兖等九州，九九八十一，则为一大州。

⑭ 人法：世人遵循的法则。

⑮ 童蒙：年幼未开化，这里是自谦。

尊，阴者卑，故二阴当共事一阳，故天数一而地数二也，故当二女共事一男也。”

“何必二人共养一人乎？”“尊者之傍①不可空，为一人行，一人当立坐其傍②，给侍其不足。故一者，乃象天也；二者，乃象地也；人者，乃是天地之子，故当象其父母。今天下失道以来，多贱女子，而反贼杀之，令使女子少于男，故使阴气绝，不与天地法相应。天道法：孤阳无双，致枯，令天不时雨③。女者应地，独见贱，天下共贱其真母④，共贼害杀地气，令使地气绝也不生，地大怒不悦，灾害益多，使王治不得平。”

“何也？”“夫男者，乃天之精神也；女者，乃地之精神也⑤。物以类相感动⑥，王治不平，本非独王者之过也，乃凡人失道轻事，共为非，其得过非一也，乃万端，故使治难平乖错也。天地之性，万二千物，人命最重，此贼杀女，深乱王者之治，大咎在此也⑦。”

“今天师为王者开辟太平之阶路，太平之真经出，为王者但当游而无事⑧。今是伤女，为其致大灾，当奈何之乎？”“善哉！子之问也，得天心矣。然天下所以贱恶女者，本恶过在其行⑨。”“何谓也？愿闻之，试得记于竹帛，万万世不敢去也。”“善哉，子今能记之，天下无复杀女者也。”“唯唯，愿记之，以除帝王之灾，吾所乐也，以救冤女之命。”“善哉，子已得益天算矣⑩。”“何谓也？”“然，活人名为自活⑪，杀人名为自杀。天爱子可为，已得增算于天，司命易子籍矣。”“不敢也，不敢也。”

“无可复让，此乃天自然之法也。然天下所以杀女者，凡人少小之时，父母自愁苦，绝其衣食共养之⑫。非独人也，跂行亦皆然⑬。至于老长巨细⑭，各当随其力而求衣食，故万物尚皆去其父母而自衣食也，贤者得乐，不肖得苦。又子者年少，力日强有余，父母者日衰老，力日少不足也。夫子何男何女⑮，智贤力有余者，尚乃当还报复其父母功恩而供养之也。故父母不当随衣食之也⑯。是者名为弱养强，不足筋力养有余也，名为逆政。少者还愁苦老者，无益其父母⑰，父母故多杀之也。今但为乏衣食而杀伤之，孰若养活之者，而使各自衣食乎？真人，是诚冤绝地统⑱，民之愚甚剧也。”

---

① 傍：通“旁”。
② 一：此处“一”当是“二”。
③ 时雨：按正常节令降雨。
④ 真母：大地。
⑤ 古人认为：人是承元气分化成阴阳精气而降生，受阳之精气为男，反之为女。
⑥ 此句为汉代通行的观点。
⑦ 大咎：大祸患。
⑧ 游而无事：（依靠《太平经》）在游乐无事中治理好国家。
⑨ 其行：指女子日后无益于父母且婚前需要父母养育。
⑩ 天算：上天在人生前为之注定的寿命。其未享部分由天另行赐给其他有功之人。
⑪ 活人：使人活。
⑫ 此句指父母养育之艰辛。共：通“供”。
⑬ 跂行：非人动物。跂：通“蚑”。
⑭ 此句指成年以后。
⑮ 此句指做子女的无论是男还是女。
⑯ 随衣食之：一直对子女进行供养。
⑰ 愁苦：女子出生后给父母带来了沉重的负担。无益其父母：汉代规定，女子十五至三十岁不嫁者，征收五倍人口税。
⑱ 地统：地之系统，与天统、人统相对。

"今小生闻是，心大悲而恐恔①，知冤者诚多，当奈何哉?""然。夫好学而不得衣食之者，其学必懈而道止也，而得衣食焉，则贤者学而不止也。当使各有所利，不当使其还反相愁穷也。""何谓也?""夫女者无宫②，女之就夫，比若男子之就官也，当得衣食焉。女之就夫家，乃当相与并力，同心治生③，乃共传天地统，到死尚复骨肉同处。当相与并力，而因得衣食之，令使贤且乐，令使不肖者且苦④。比若土地，良土其物善，天亦付归之；薄土其物恶，天亦付归之；不夺其材力所生长也。天地尚不夺汝功⑤，何况人乎哉！如是，则凡人无复杀其女者也。"

"善哉善哉！一大深害除矣，帝王太平已至矣。""真人何以知之乎?""然，夫父母与子，极天下之厚也，不得困愁焉，不宜杀之也。毋乃杀其子⑥，是应寇贼之气，大逆甚无道也，故其乱帝王治最深。夫女今得生，不见贼杀伤，故大乐到矣。"

"然，子说是也，可谓知之矣。今天下一家杀一女，天下几亿家哉！或有一家乃杀十数女者，或有妊之未生出，反就伤之者，其气冤结上动天，奈何无道理乎？故吾诚□□重知之也。夫人各自衣食其力，则令妇人无两心，则其意专，作事不复狐疑也。苦而无功，则令使人意常不和调。此者，乃天性自然之术也。真人慎之，无去此书，以付仁贤之君，可以除一大冤结灾害也。慎吾书言，以示凡人，无肯复去女者也，是则且应天地之法也，一男者得二女也。

"故天制法，阳数者奇，阴数者偶。大中古以来⑦，人失天道意，多贼杀之，乃反使男多，而女少不足也，大反天道，令使更相承负，以为常俗。后世者剧天下恶过，甚痛无道也。夫男者乃承天统，女者承地统，今乃断绝地统，令使不得复相传生⑧，其后多出绝灭无后世，其罪何重也！此皆当相生传类，今乃绝地统，灭人类，故天久久绝其世类也。

"又人生皆含怀天气具乃出⑨，头圆，天也⑩；足方，地也；四支，四时也；五藏，五行也；耳目口鼻七政，三光也⑪；此不可胜纪，独圣人知之耳。人生皆具阴阳，日月满乃开胞而出户⑫，视天地当复长，共传其先人统，助天生物也，助地养形也。今天地神信此家，故天地神统来寄生于此人，人反害之，天大咎之，而人不相禁止，故天使吾出此书，以示后世也。事已发觉，而复故为者，名为故犯天法，其罪增倍，灭世不疑⑬。真人慎之，自励自励。"

---

① 恔：愁苦。

② 宫：终身栖住的处所。

③ 治生：谋生立业。

④ 贤：贤妇。不肖：拙妇，蠢妇。

⑤ 功：劳作的成效。

⑥ 毋乃：恐怕。

⑦ 大中古以来：指夏商周以下的历史时期。

⑧ 断绝地统，令使不得复相传生：指种族延续和繁衍受到人为的阻碍和破坏。

⑨ 天气：指源于元气的阴阳精气。

⑩ 头圆，天也：天是圆形的，人法天，故头部也是圆形的。

⑪ 七政：七窍。三光：日月星。

⑫ 日月满乃开胞而出户：犹言十月怀胎，一朝分娩。《淮南子·精神训》谓，人始孕，一月而膏（形成黏稠形状），二月而肤（膨胀，dié），三月胎（成胎），四月而肌，五月而筋，六月而骨，七月而成，八月而动，九月而躁，十月而生。

⑬ 灭世：指断子绝孙。

“唯唯。”“子今既已发觉此事，而逃亡其书，子代人得罪坐之矣①。”“不敢不敢。”“行去，各为身计。”“唯唯。”

右分别说贫富、君王行之立吉、禁人断绝地统、以兴男女、平复王政。

一男二女法第四十二②

“真人前。今天太和平气方至，王治且太平，人当贞邪不当贞③？何以当贞？”“夫贞者，少情欲不妄为也。”“噫！真人之说纯，大中古以来，俗人之失也，其师内妒④，反教民妄为也。”

真人曰：“何谓也？”“夫贞男乃不施，贞女乃不化也。阴阳不交，乃出绝灭无世类也⑤。二人共断天地之统，贪小虚伪之名，反无后世，失其实核，此天下之大害也⑥。汝向不得父母传生，汝于何得有汝乎？而反断绝之，此乃天地共恶之，名为绝理大逆之人也。其应乃使天地隔绝，天不肯雨，地不肯化生，何也乎？夫天不雨，即其贞不施也；夫地不生万物，即其贞不化也；夫天乃不雨，地乃无所生物，天下之大凶咎也，何以为善哉？观真人之说也，不顺天地之教，令逆天道，不乐助天地生化，反欲断绝之，子之吐口出辞，曾无负于皇天后土乎？”“无壮不及⑦，有过。见天师说，自知罪重不也⑧。”“为子言⑨，事无当反天道，而以俗人之言，不顺天意！阴阳所以多隔绝者，本由男女不和⑩。男女者，乃阴阳之本也⑪。夫治事乃失其本，安得吉哉？”

“今唯天师，当云何乎？”“然，太皇天上平气将到⑫，当纯法天，故令一男者当得二女，以象阴阳。阳数奇、阴数偶也，乃太和之气到也。如大多女，则阴气兴；如大多男，则阳气无双无法⑬，亦致凶。何也？人之数，当与天地相应；不相应，力而不及，故得凶害也。”

“夫帝王后宫，乃应土地，意云何哉？”“今真人所言，即助吾语也。夫女，即土地之精

---

① 逃亡：指不授付，不传布。坐：受惩罚。

② 本篇依据阳奇阴偶的“天数”论和阳尊阴卑的法则，认为孤阳无双、贪慕“贞男贞女”的虚名，不仅会使自己成为绝理大逆之人，而且还会导致天不雨、地不生的凶咎，为王治之一大深害。因此人们宜顺应天地之法，一男娶二女，和合阴阳，使男女无冤结，辅助天地生化，共传天地之统，这样才能使太平之气应运而至；帝王实行妃嫔制，目的是为了沟通和合九州之气，使王施均平和良。其中，关于凡人不可过度纵欲的劝诫，具有养生术的合理因素，对帝王妃嫔制的阐释是一种神学辩解。一男二女法：指一夫二妻制。

③ 太和平气：指太阳、太阴、中和之气的统一体。邪：耶。

④ 妒：指妒嫉真道。

⑤ 世类：族姓系统。

⑥ 二人：即贞男贞女两种人。男子属阳，为天精神，乃承天统；女子属阴，为地精神，乃承地统，故语。统：统系。实核：指男施女化的新生命。

⑦ 无壮：犹言乳臭未干。不及：指对问题的认识没达到应有的高度。

⑧ 不：下不为例。

⑨ 为：对于。

⑩ 和：交合。

⑪ 男女者，乃阴阳之本：《易・系辞下》谓：男女构精，万物化生。

⑫ 太皇天上平气：指无以复加的太平盛气。

⑬ 法：指阳尊阴卑等法则。

神也①，王者，天之精神也，主恐土地不得阳之精神，王气不合也，令使土地有不化生者，故州取其一女，以通其气也②。乐其化生者，恐其施恩不及，王施不洽③，故应土地而取之也。遍施焉乃天气通，得时雨也，地得化生万物。今太平气至，不可贵贞人也，内独为过甚深，使王治不和良。凡人亦不可过节度也，故使一男二女也。”“善哉善哉！”

右顺天地、法合阴阳、使男女无冤者、致时雨令地化生、王治和平。

兴善止恶法第四十三④

“真人前。今太平气临到，欲使谨善者日益兴⑤，恶者日衰却也。为其有伤杀人，盗贼发，为作政当云何乎⑥？”“何谓也？”“谓临发所知也，如人君坐有所疑⑦，而欲使善者大兴，恶者立衰也，盗贼起，使即时得也。”“其为政当奈何乎？”“今真人宜善记之。”“今天师使之，敢不言！每言不中天师法。”“何谦？为言之。自古大圣人不责备于一人也，今子言不中，何谦乎？”“唯唯。但当赏善罚恶，令使其分明□□，即善者日兴，恶者日衰矣。”“子言是也，其赏罚独无名字邪？”“不及勤能壹言⑧，不敢复重。今唯天师大开示之。”

“然，子主记之，为子具言之。长吏到其发所，悉召其部里人民⑨。故大臣故吏使其东向坐，明经及道德人使北向坐，孝悌人使西向坐，佃家谨子使居东南角中，西北向坐，恶子少年使居西南角中，东北向坐，君自南向坐⑩。”

“何必正如此坐乎？”“各从其类，乃天道顺人立善也，盗贼易得。”“何谓也？”“大臣故吏投义处，此人去不仕，欲乐使以义相助也⑪。明经道德投明处⑫，欲使明其经道，相助察恶也。孝悌投本乡⑬，至孝者用心，故使归本乡也；孝悌者欲使常谨敬如朝时也，物生于

---

① 夫女，即土地之精神也：人禀元气分化成的阴阳精气而生，受阴之精气多者为女，反之为男，故语。

② 主：职责在于。州：此指九州。

③ 洽：均匀。

④ 本篇主要讲述了使“善者大兴，恶者立衰”，“盗贼易得”的为政之法。具体方法是，将故臣旧吏、明经道德孝悌之人、恭谨之子以及恶子少年、盗贼按照易纬八卦方位的空间设计，隔户而呼以试佞伪与否，对“言而相应”的“善人”，采取擢官进职的方式加以奖掖；对“言而不应”的“恶子少年”、“贼者”，则责令吏卒“逐捕，不得贼者，不得止也”。之所以要“隔户而呼”是因为要营造一种人进“真言”的社会氛围，使帝王聪明洞达，以实现太平之世的统治。帝王治世所以要将此兴善止恶的对策预先公诸于世，是遵循“天将兴雨，必先有风云，使人知之”的自然之法，欲使人事先有所警戒，以防患于未然。为善日兴，为恶日止。兴善止恶法：指按照易纬八卦方位，聚众就坐，隔户呼问的一种教化与镇压双管齐下的为政方法。

⑤ 谨善者：恭谨良善的人。

⑥ 为作政：指采取相应的对付办法。

⑦ 临发：身临出事地点。坐：坐镇天下。

⑧ 勤：充其量、往好说之义。

⑨ 长吏：是指中央派往各州即监区的州刺史。部里：部，领辖之义。里，汉代基层行政单位，由百户居民组成。

⑩ 东向：坐西朝东。明经及道德人使北向坐：明经及道德人，均为汉代选举科目。前者主要指精通儒家一经者，后者包括有道、敦厚质直、仁贤等。北向，坐南朝北。孝悌人：汉代选举科目，包括孝廉、至孝等。东南角中，西北向坐：句中东南适与西北相对。向，面向。西南角中，东北向坐：句中西南与东北相对。君：指州刺史。

⑪ 义处：按照八卦方位，兑居西，属金行，代表义，故语。去不仕：指退休家居。

⑫ 明处：按照八卦方位，离居南，属火行，代表人住五常中的礼，火性明，故语。

⑬ 本乡：按照八卦方位，震居东，属木行，代表仁。仁者有心，万物始生东方，故语。

东，乐其日进也。谨力之子投东南角者，东南长养之乡，欲乐其修治万物，而不懈怠也①。恶子少年投西南，西南者，阳衰阴起之乡，恶欲相巧弄，刑罚罪起焉，故猴猿便巧，处向衰之地置焉②。东向、西向、北向悉居前，不谨子与恶子居其后③。有酒者赐其各一器，无酒者赐其善言者，使相助为聪明④。已毕也，君坐间处，居户内自闭也⑤。一一而呼，此众人，以尊卑始教，其各言一，各记主名也⑥。所言所记，后当相应，后不相应者坐之⑦。言而不相应者，大佞伪人也，后即知佞伪人处矣。言而相应者，久久乃赐之；进其人，毋即时也⑧。"

"何乎？""将致怨⑨。为人君父，而使其臣子致怨，非慈父贤君也。故已毕，悉遣诸善人去，恶子少年，与吏俱逐捕⑩，不得贼者，不得止也。真人用此书，以付上德之君，以示凡人，各知有此教，善者日兴，恶者日衰矣，盗贼邪奸得矣。"

"善哉善哉！何故先示之乎？""夫天将兴雨，必先有风云，使人知之，所以然者，欲乐其收藏也。所以先示者，乐其为善者日兴，为恶者日止也。今太平气当至，恐人为恶，乱其治，故先觉之也⑪。为政当象天。夫天不掩人之短，太古圣人不为也⑫，名为暗昧政，反复致凶，不得天地心意，故先示之也。"

"善哉善哉！君何故必居户内自闭，而使言者居户外乎哉？""然，夫人将闻密言者，必心不自知前也⑬。头面相近，傍人知之，令为言者得害矣。夫为人君长，受人聪明，后使其人得害，名为中伤忠信贤良股肱，后无肯复言者也。聪明闭绝，其政乱危者矣。又君者，阳也，居阴中；臣者，阴也，处阳中也⑭；阴阳相得者，使人悦，所言进必尽信也，此天自然之法也。真人宁知之邪？""唯唯。""行去，勿妄言。此致太平之书也。""唯唯。"

右兴善止恶、聪明达、立得盗贼、忠信者得诀法⑮。

---

① 力：指致力农耕。东南长养之乡：按照八卦方位，巽居东南，属木行，为万物随阳气生长过程中的散布阶段，故语。

② 西南者，阳衰阴起之乡：按照八卦方位，坤居西南，属土行，时值农历六月。六月阴气在地下形成，与阳气构成消长进退之势，故语。猴猿便巧，处向衰之地置焉：在十二生肖中，猴为申，申属西南，故语。

③ 东向：指故大臣故吏。西向：指孝悌人。北向：指明经和道德人。

④ 有酒者赐其各一器：有酒者，指官府备酒的。一器，指酒量。善言者：指官府用好言抚慰与激励。聪明：指详听明察。

⑤ 已毕：安排就绪。坐间处：指坐北朝南的特设处所。按照八卦方位，坎居北，属水行，代表信。由于其为天正（历法名）之始，阳气此时生发，故被视作天纲地纪之所在。

⑥ 言一：告知一桩事情或某种情况。主名：指当事人。

⑦ 当：属实。

⑧ 久久乃赐之：以后会不断地加赐。进：提拔。毋即时也：并不一定会立刻加赐或提拔。

⑨ 致怨：指告发属实者被被告发者所怨恨，或招来未被提拔者的嫉恨。

⑩ 与：责成，责令。

⑪ 觉：使警觉。

⑫ 太古：即上古，指天皇、地皇、人皇所谓的三皇时代。

⑬ 闻：使闻知。前：指后果。

⑭ 君者，阳也，居阴中；臣者，阴也，处阳中也：是说阴中含阳，阳中含阴。

⑮ 诀：通"决"，决断。

学习建议

1. 梳理出经文中的其他文化如佛教、儒家等被道教整合的痕迹。

2. 比较思考道教所倡导的“太平”治世、道家老子的“小国寡民”思想、儒家“大同”“小康”理想社会三者之间异同。

3. 怎样看待道教信仰与宗教迷信问题。

4. 搜集地方道教文化特色资料，尝试调查研究地方道教文化资源开发、保护与地方旅游等经济发展之间的良性互动关系。

5. 延伸阅读篇目：

《乐生得无心法》、《案书明刑德法》、《善仁人自贵年在寿曹诀》、《禁烧山林诀》。

坛　经

导读

《坛经》，一名《六祖法宝坛经》，是中国佛教禅宗创始者禅宗六祖惠能（一作慧能）的传法记录。因系在法坛上宣讲的经教，故称。

惠能（638年—713年），俗姓卢，先世河北范阳（今涿县）人，因其父谪官至岭南新州（今广东新兴县东），遂为广东新州人。惠能幼年丧父，家境贫困，靠卖柴养母。龙朔元年（661年），惠能赴黄梅东禅寺参拜五祖弘忍。八个月后，弘忍密授惠能衣钵，成为禅宗六祖。惠能得法后，回到岭南四会、怀集一带隐居，达十五年之久。仪凤元年（676年），惠能至南海（今广东广州）法性寺，遇印宗法师，得以剃度受戒。次年，惠能至韶州曹溪宝林寺，弘扬"直指人心，见性成佛"的顿悟法门。

惠能本与神秀同为弘忍门下的大弟子，由于禅法不同，于是分为南北二宗。神秀的北宗禅法多弘传于北方贵族阶层，惠能的南宗禅法则流行于岭南一带。开元十八年（730年），惠能的弟子神会在洛阳定南北宗是非大会上，极力批评北宗禅为"师承是旁，法门是渐"。从此以后，北宗的势力逐渐衰退，南宗的势力迅速发展。

惠能是人类文化史上的一个奇迹。从目不识丁的樵夫到万众景仰的禅宗祖师，惠能的一生充满了传奇色彩。他以整个人生塑造的禅文化，至今仍然是人类思想文化宝库中最迷人、最有价值的一部分。

惠能的《坛经》是绝无仅有的一本被称作"经"的由中国僧人撰述的佛典，是六祖惠能大师将印度佛教文化与中国传统文化融合的结晶。一方面，他既保留了佛陀原始的"以心印心"的禅法思想，又革新了传统禅法，强调不重禅定，一切众生皆有佛性，皆可顿悟成佛，为佛教输入了新鲜的血液，使佛教展现出了一派欣欣向荣的气象。另一方面，他又在禅法思想里融入了中国的传统文化，在中国禅法发展上，建立了真正的中国禅宗。中国佛教的禅法思想走向了更加民族化、系统化、通俗化和大众化。

《坛经》是中国祖师"顿悟"法门的根本源流，是佛弟子"明心见性"的法宝。《坛经》不仅引发了中国佛教的革新，而且影响到其他思想文化领域，是研究中国佛教、文学、哲学等的一个宝库，从而成为研究中国传统文化的一部不可不读的重要典籍。胡适先生曾将《坛经》列入《一个最低限度的国学书目》当中；1978年，钱穆先生在香港中文大学的讲座上，指出了七部作为中国学子必读的书，《坛经》便是其中一本，钱穆先生还认为《坛经》是"中国第一部白话作品"。由此可见，《坛经》不仅是中国佛教史上的重要典籍，而且也是中国思想史、文化史上的重要典籍。在北京大学、清华大学、四川大学等名校的大学生推荐书目中，都有《坛经》一书。

从以上说明，我们不难发现《坛经》在佛教中的地位，她在中国佛教中体现着原典精神和独有的思想价值；从中国文化史的视野来看，她的影响不仅关涉到僧俗各界，也渗透到了社会文化的方方面面。如欲深入佛教研究或是欲对中国文化有进一步的了解，该部经是一个基础，是必须一读的经典。

不但如此，现今社会纷繁复杂，现代人尝试从传统文化中实现人格完善、自身价值、利益社会、心智平和等理想，而佛教"自利利他，自觉觉人"的精神，恰恰能资以人们从事现代意义上的"菩萨行"。学习经典中的思想内涵，必能在很大程度上让我们远离尘情俗念，于生活于工作都不无裨益。这也是古老佛教经典凸显出的现代意义。

《坛经》版本有法海本、惠昕本、契嵩本、宗宝本等多种。1944 年"普慧大藏经刊行会"刊印了以上四种版本的合编本。《坛经》注释本有近人丁福保的《六祖大师法宝坛经笺注》、郭朋的《坛经校释》等。法海本和其余三种版本在内容上颇有出入。

行由品第一①

时，大师至宝林②。韶州韦刺史与官僚入山，请师出，于城中大梵寺讲堂③，为众开缘说法。师升座次。刺史官僚三十余人、儒宗学士三十余人、僧尼道俗一千余人④，同时作礼，愿闻法要。

大师告众曰："善知识⑤！菩提自性⑥，本来清净，但用此心，直了成佛。善知识！且听惠能行由得法事意。"

"惠能严父，本贯范阳，左降流于岭南，作新州百姓⑦。此身不幸，父又早亡，老母孤遗，移来南海⑧。艰辛贫乏，于市卖柴。时，有一客买柴，使令送至客店。客收去，惠能得钱。却出门外，见一客诵经。惠能一闻经语，心即开悟，遂问：'客诵何经？'客曰：'金刚

---

① 本品（章）主要讲述了六祖惠能大师于东山得法的艰辛过程。"辛苦受尽，命若悬丝"的求法经历，洋溢着生动、形象而又具娓娓道来之从容的文学艺术精彩；五祖南廊壁间两首偈颂的思惟灵光，"风动、幡动、心动"的哲学睿智，是本章闪烁的最耀眼的两颗明珠。品：梵语 varga，巴利语 vagga 之意译。音译作跋渠。相当于篇、章等语，用以划分文章。例如《坛经》共分为十品。品之数目，称为品数。给品冠上题目，称为品题（与经题相对）。

② 宝林：（寺名）在广东韶州曲江县南六十里南华山，即曹溪南华寺也。法海坛经序曰："先是西国智药三藏，自南海经曹溪口，掬水而饮，香美，异之。谓其徒曰：此水与西天之水无别。溪源上必有胜地，堪为兰若。随流至源步顾。山水回环，峰峦奇秀。叹曰：宛如西天宝林山也。乃谓曹侯村居民曰：可于此山建一梵刹。一百七十年后，当有无上法宝，于此演化。得道者如林，宜号宝林。时韶州牧侯敬中以其言具表闻奏，上可其请，赐宝林为额。遂成梵宫，盖始于梁天监三年也。"曾名中兴寺、法泉寺。后又名南华寺、华果寺。

③ 大梵寺：（寺名）刺史韦宙请六祖说法处也。《广东通志》载：韶州府曲江县，报恩光孝寺，在河西。唐开元二年，僧宗锡建，名开元寺，又更名大梵寺，刺史韦宙请六祖说《坛经》处。宋崇宁三年，诏诸州建崇宁寺，致和中改天宁寺。绍兴三年，专奉徽宗香火，赐额曰报恩光孝寺。

④ 儒宗：儒者的宗师。汉以后亦泛指为读书人所宗仰的学者。

⑤ 善知识：能教众生远离恶法修行善法的人。

⑥ 菩提：（术语）Bodhi，旧译为道，新译为觉。道者通义，觉者觉悟之义。自性：（术语）诸法各自有不变不改之性，是名自性。

⑦ 范阳：今北京大兴、宛平一带。岭南：指五岭以南地区，即广东、广西一带。新州：今广东西南新兴一带。

⑧ 南海：今广东佛山一带。

经①。’复问：‘从何所来，持此经典？’客云：‘我从蕲州黄梅县东禅寺来②。其寺是五祖忍大师在彼主化③，门人一千有余。我到彼中礼拜，听受此经。大师常劝僧俗：但持金刚经，即自见性，直了成佛。’惠能闻说，宿昔有缘，乃蒙一客取银十两与惠能，令充老母衣粮，教便往黄梅参礼五祖。”

“惠能安置母毕，即便辞违，不经三十余日，便至黄梅，礼拜五祖。祖问曰：‘汝何方人。欲求何物？’惠能对曰：‘弟子是岭南新州百姓，远来礼师，惟求作佛④，不求余物。’祖言：“汝是岭南人，又是獦獠⑤，若为堪作佛？’惠能曰：‘人虽有南北，佛性本无南北⑥；獦獠身与和尚不同，佛性有何差别？’五祖更欲与语，且见徒众总在左右，乃令随众作务。惠能曰：‘惠能启和尚：弟子自心常生智慧，不离自性，即是福田⑦。未审和尚教作何务？’祖云：‘这獦獠，根性大利⑧！汝更勿言，著槽厂去⑨。’惠能退至后院，有一行者，差惠能破柴、踏碓⑩。经八月余。”

“祖一日忽见惠能，曰：‘吾思汝之见可用，恐有恶人害汝，遂不与汝言，汝知之否？’惠能曰：‘弟子亦知师意，不敢行至堂前，令人不觉。’”

“祖一日唤诸门人总来：‘吾向汝说：世人生死事大，汝等终日只求福田，不求出离生死苦海⑪。自性若迷，福何可救？汝等各去，自看智慧，取自本心般若之性，各作一偈⑫，来呈吾看。若悟大意，付汝衣法，为第六代祖。火急速去，不得迟滞。思量即不中用，见性之人，言下须见；若如此者，轮刀上阵，亦得见之。’”

“众得处分，退而递相谓曰：‘我等众人，不须澄心用意作偈，将呈和尚，有何所益？神秀上座，现为教授师⑬，必是他得。我辈谩作偈颂，枉用心力。’诸人闻语，总皆息心，咸言：‘我等已后，依止秀师，何须作偈？’神秀思惟：‘诸人不呈偈者，为我与他为教授

---

① 金刚经：（经名）梵名 Vajra-Prajnapa ramita-Sntra，一卷，般若部，姚秦鸠摩罗什译。又称《金刚般若经》，或曰《金刚般若波罗蜜经》。佛在舍卫国，为须菩提等，初说境空，次示慧空，后明菩萨空者，盖此经以空慧为体，说一切法无我之理为诠也。此经不如大般若经之浩瀚，又不如般若心经之太简，而能说般若之空慧，无有余蕴，故古来传持，弘通甚盛。

② 蕲州：今湖北蕲州西北。黄梅县：《大明一统志》载：黄州府黄梅山，在黄梅县西四十里。其山多梅，故名。隋以此山名县。东禅寺：（寺名）《湖广通志》载：黄州府黄梅县，东禅寺在黄梅县西南一里。《名胜志》载：东禅寺号莲华寺，乃五祖传衣钵于六祖处。有六祖簸糠池、坠腰石及吴道子传衣图。

③ 弘忍，俗姓周，湖北黄梅人，生于隋仁寿元年（601 年）。七岁时，从四祖道信（580 年—651 年）出家，年十三，正式剃度为僧。永徽三年（651 年），道信付法传衣给他，后世称他为禅宗第五祖。因为四方来学的人日多，便在双峰山的东面冯茂山另建道场，名东山寺，时称他的禅学为东山法门。主化：负责讲解经文教化众生。

④ 作佛：（术语）成佛。菩萨之行终者，断妄惑开真觉之谓。《法华经》载：具足菩萨所行之道，当得作佛。

⑤ 獦獠：古代对南方少数民族的称呼。亦以泛指南方人。

⑥ 佛性：（术语）佛者觉悟也，一切众生皆有觉悟之性，名为佛性。性者不改之义也，通因果而不改自体是云性。

⑦ 福田：（术语）田以生长为义，于应供养者供养之，则能受诸福报，犹如农夫播种于田亩，有秋收之利。故名福田。

⑧ 根性：（术语）气力之本曰根，善恶之习惯曰性。

⑨ 槽厂：马房也。

⑩ 踏碓：踩踏杵杆一端使杵头起落舂米。

⑪ 苦海：（喻）众生在六道之中生死轮回，备受种种的痛苦，好像沉溺于无边无际的大海之中一样。

⑫ 偈：偈他的简称，华译为颂，即一种略似于诗的有韵文辞，通常以四句为一偈。

⑬ 神秀：（人名）唐荆州当阳山度门寺神秀，受心印于东山弘忍，忍寂后，往江陵当阳山。道誉响四海。则天武后闻之，召使趣都。肩舆上殿，亲加跪礼。为北宗之祖。神龙二年人寂，敕谥大通禅师之号。上座：僧寺的职位名，位在住持之下，除了住持以外，更无人高出其上，故名为上座。教授师：是专门教授弟子威仪，作法的轨范师。

师。我须作偈，将呈和尚。若不呈偈，和尚何知我心中见解深浅？我呈偈意，求法即善，觅祖即恶，却同凡心夺其圣位奚别？若不呈偈，终不得法。大难，大难！'"

"五祖堂前，有步廊三间，拟请供奉卢珍画《楞伽经》变相及《五祖血脉图》①，流传供养。神秀作偈成已，数度欲呈。行至堂前，心中恍惚，遍体汗流，拟呈不得。前后经四日，一十三度呈偈不得。秀乃思惟：'不如向廊下书著，从他和尚看见。忽若道好，即出礼拜，云是秀作；若道不堪，枉向山中数年，受人礼拜，更修何道！'是夜三更，不使人知，自执灯，书偈于南廊壁间，呈心所见。偈曰：

身是菩提树②，心如明镜台，

时时勤拂拭，勿使惹尘埃。

秀书偈了，便却归房，人总不知。秀复思惟：'五祖明日见偈欢喜，即我与法有缘；若言不堪，自是我迷，宿业障重，不合得法。'圣意难测，房中思想，坐卧不安，直至五更。"

"祖已知神秀入门未得，不见自性。天明，祖唤卢供奉来，向南廊壁间绘画图相。忽见其偈，报言：'供奉却不用画，劳尔远来。经云：'凡所有相，皆是虚妄③。'但留此偈，与人诵持。依此偈修，免堕恶道，依此偈修，有大利益。'令门人：'炷香礼敬，尽诵此偈，即得见性。'门人诵偈，皆叹善哉。祖三更唤秀入堂，问曰：'偈是汝作否？'秀言：'实是秀作，不敢妄求祖位，望和尚慈悲，看弟子有少智慧否？'祖曰：'汝作此偈，未见本性，只到门外，未入门内。如此见解，觅无上菩提④，了不可得。无上菩提，须得言下识自本心，凡自本性，不生不灭。于一切时中，念念自见，万法无滞，一真一切真，万境自如如⑤。如如之心，即是真实。若如是见，即是无上菩提之自性也。汝且去，一两日思惟，更作一偈，将来吾看。汝偈若入得门，付汝衣法。'神秀作礼而去。又经数日，作偈不成，心中恍惚，神思不安，犹如梦中，行坐不安。"

"复两日，有一童子于碓坊过，唱诵其偈。惠能一闻，便知此偈未见本性。虽未蒙教授，早识大意。遂问童子曰：'诵者何偈？'童子曰：'尔这獦獠不知。大师言：世人生死事

---

① 供奉：（职位）内供奉之略称。供奉大内之道场之僧官名。略曰内供。《楞伽经》：（经名）全名《楞伽阿跋多罗宝经》，或称《入楞伽经》。为印度佛教法相唯识系与如来藏系的重要经典，内容阐述"诸法皆幻"，宣说"离言自性的法门"等旨趣。有四译，今存三本：一宋求那跋陀罗译，名楞伽阿跋多罗宝经，有四卷，名四卷楞伽；二元魏菩提流支译，名入楞伽经，有十卷，名十卷楞伽；三唐实叉难陀译，名大乘入楞伽经，有七卷，名七卷楞伽。《楞伽经》对中国佛教影响颇大，据说菩提达磨尝以四卷《楞伽经》授慧可，并云："我观汉地，唯有此经，仁者依行，自得度世。"慧可对此经进行自由阐发。慧可门徒亦持此经，游行村落，不入都邑，行头陀行，主张"专唯念慧，不在话言"，实行以"忘言、忘念、无得正观"为宗旨的禅法，遂渐形成独立的派别，而被称为楞伽师，并成为以后禅宗的先驱者。变相：（术语）有二义：一、变动也。画极乐或地狱种种动相，故曰变相。二、转变其形相。写此之义也。又转变本质为画图相也。此处指佛教以图画形式描绘佛经故事，宣传教义。《五祖血脉图》：该图是描绘禅宗五代祖师传承佛法故事的图画。五祖，指菩提达摩、慧可、僧璨、道信、弘忍五位禅宗祖师。血脉，（术语）诸宗各有列祖传来之奥旨。世世传受，如人体之血脉相连，故云。密家最重之。

② 菩提树：（植物）Bodhidruma，又 Bodhivrksa，释尊于此树下成道，故名菩提树，译曰道树，又云觉树。

③ 语出《金刚经》。

④ 无上菩提：（术语）菩提有三等，声闻、缘觉、佛，此中佛所得之菩提，无有过之者，故云无上。

⑤ 念念：（术语）梵语刹那，译曰念，刹那者，时之极少，凡物变化于极少时者，莫如心念，故刹那义翻为念。念念者，刹那刹那也。万法无滞：一切诸法都以空无自性为性，空性是一如不变的，由此不变的缘故，所以万法即真如而毕竟无滞了。一真一切真：一真是指绝对的真理而言，华严宗所谓一真法界，天台宗所谓诸法实相，都是不离自性，站在真如的立场上谈性，则一切法的不虚妄性和不变异性即是真如，故说一真一切真。如如：如于真如，是不动、寂默、平等不二、不起颠倒分别的自性境界。因是如理智所证得的真如，故说如如。

大，欲得传付衣法，令门人作偈来看，若悟大意，即付衣法为第六祖。神秀上座于南廊壁上书无相偈①，大师令人皆诵，依此偈修，免堕恶道，依此偈修，有大利益。’惠能曰：我亦要诵此，结来生缘。上人②，我此踏碓八个余月，未曾行到堂前，望上人引至偈前礼拜。’童子引至偈前礼拜。惠能曰：‘惠能不识字，请上人为读。’时，有江州别驾③，姓张，名日用，便高声读。惠能闻已，遂言：‘亦有一偈，望别驾为书。’别驾言：‘汝亦作偈，其事希有！’惠能向别驾言：‘欲学无上菩提，不得轻于初学。下下人有上上智，上上人有没意智。若轻人，即有无量无边罪。’别驾言：‘汝但诵偈，吾为汝书。汝若得法，先须度吾，勿忘此言。’惠能偈曰：

菩提本无树，明镜亦非台，
本来无一物，何处惹尘埃。

书此偈已，徒众总惊，无不嗟讶，各相谓言：‘奇哉！不得以貌取人。何得多时使他肉身菩萨④！’祖见众人惊怪，恐人损害，遂将鞋擦了偈，曰：‘亦未见性。’众以为然。”

“次日，祖潜至碓坊，见能腰石舂米，语曰：“求道之人，为法忘躯，当如是乎！’乃问曰：‘米熟也未？’惠能曰：‘米熟久实，犹欠筛在。’祖以杖击碓三下而去。惠能即会祖意，三鼓入室。祖以袈裟遮围，不令人见，为说《金刚经》事应无所住而生其心⑤，惠能言下大悟：一切万法⑥，不离自性。遂启祖言：‘何期自性，本自清净；何期自性，本无生灭；何期自性，本自具足；何期自性，本无动摇；何期自性，能生万法。’祖知悟本性，谓惠能曰：‘不识本心，学法无益；若识自本心，见自本性，即名丈夫、天人师、佛⑦。’三更受法，人尽不知，便传顿教及衣钵云⑧：‘汝为第六代祖，善自护持，广度有情⑨，流布将来，无令断绝。听吾偈曰：

有情来下种，因地果还生，
无情亦无种⑩，无性亦无生。

祖复曰：‘昔达磨大师⑪，初来此土，人未之信，故传此衣，以为信体，代代相承。法则以心传心，皆令自悟自解。自古佛佛惟传本体，师师密付本心。衣为争端，止汝勿传。若传此衣，命如悬丝。汝须速去，恐人害汝。’惠能启曰：‘向甚处去？’祖云：‘逢怀则止，

---

① 无相：于一切相，离一切相，即是无相。又，涅槃的别名，因涅槃离一切虚妄之相。

② 上人：（术语）上德之人也。佛家谓内有德智，外有胜行，在人之上，故名上人。

③ 别驾：唐代官名，为刺史佐官。

④ 肉身菩萨：（菩萨）犹言生身菩萨。以父母所生之身而至菩萨位之人也。

⑤ 无所住而生其心：无所住是不滞住善恶、是非、空有、断常、迷悟等等对待的两边，连中道亦不住。而生其心者，即是生其空寂灵知妙明真如的心。

⑥ 万法：一切的事物。

⑦ 丈夫：（术语）勇健之人。勇进正道修行不退者。天人师：如来十号之一，六趣中的天与人无不以佛为教师，故称天人师。

⑧ 顿教：不历阶梯渐次，直指本源，顿时开悟的教法。

⑨ 有情：（术语）Sattva，梵语曰萨埵。旧译曰众生。新译曰有情。

⑩ 无情：指没有情识活动的矿、植物，如山河大地及草木等。

⑪ 达磨：（术语）Dharma，又作达摩、达么、驮摩。菩提达磨的简称，印度人，梁武帝时泛海到达中国的广州，武帝迎至建业，因与帝话不投机，遂渡江入魏，在嵩山少林寺面壁九年，为中国禅宗之始祖，圆寂于东魏天平以前，葬熊耳山。

遇会则藏①。’慧能三更领得衣钵，云：‘能本是南中人②，素不知此山路，如何出得江口?’五祖言：‘汝不须忧，吾自送汝。’祖相送至九江驿。祖令上船，五祖把橹自摇。慧能言：‘请和尚坐，弟子会摇橹。’祖云：‘合是吾渡汝。’惠能云：‘迷时师度，悟了自度，度名虽一，用处不同。惠能生在边方，语音不正，蒙师付法，今已得悟，只合自信自度。’祖云：‘如是，如是。以后佛法由汝大行。汝去三年，吾方逝世。汝今好去，努力向南。不宜速说，佛法难起。’”

“惠能辞违祖已，发足南行，两月半间，至大庾岭。遂后数百人来，欲夺衣钵。一僧俗姓陈，名惠明，先是四品将军，性行粗糙，极意参寻，为众人先，趁及惠能。惠能掷下衣钵于石上，云：‘此衣表信，可力争耶?’解隐于草莽中。惠明至，提掇不动，乃唤云：“行者！行者！我为法来，不为衣来。’惠能遂出，坐盘石上。惠明作礼云：‘望行者为我说法。’惠能云：‘汝既为法而来，可屏息诸缘，勿生一念，吾为汝说。’明坐良久，惠能云：‘不思善，不思恶，正与么时③，那个是明上座本来面目。’惠明言下大悟。复问云：‘上来密语密意外，还更有密意否?’惠能云：‘与汝说者，即非密也。汝若返照，密在汝边。’明曰：‘惠明虽在黄梅，实未省自己面目。今蒙指示，如人饮水，冷暖自知。今行者即惠明师也。’惠能曰：‘汝若如是，吾与汝同师黄梅，善自护持。’明又问：“惠明今后向甚处去?’惠能曰：‘逢袁则止，遇蒙则居④。’明礼辞。”

“明回至岭下，谓趁众曰：‘向陟崔嵬，竟无踪迹，当别道寻之。’趁众咸以为然。惠明后改道明，避师上字。惠能后至曹溪⑤，又被恶人寻逐。乃于四会⑥，避难猎人队中，凡经一十五载，时与猎人宣说法。猎人常令守网，每见生命，尽放之。每至饭时，以菜寄煮肉锅。或问，则对曰：‘但吃肉边菜。’一日思惟：时当弘法，不可终遁。遂出至广州法胜寺。值印宗法师讲《涅槃经》⑦，时有风吹幡动，一僧曰风动，一僧曰幡动，议论不已。惠能进曰：‘不是风动，不是幡动，仁者心动。’一众骇然。印宗延至上席，征诘奥义。见惠能言简理当，不由文字。宗云：‘行者定非常人。久闻黄梅衣法南来，莫是行者否?’惠能曰：‘不敢！’宗于是作礼，告请传来衣钵，出示大众。宗复问曰：‘黄梅付嘱，如何指授?’惠能曰：‘指授即无，惟论见性，不论禅定、解脱。’宗曰：‘何不论禅定、解脱?’惠能曰：‘为是二法，不是佛法。佛法是不二之法⑧。’宗又问：‘如何是佛法不二之法?’惠能曰：‘法师讲《涅槃经》，明佛性是佛法不二之

---

① 谶语。“怀”指广西怀集县，“会”指广东四会县。

② 南中：指岭南地区。

③ 正与么时：是唐五代时的流行口语“就是现在”或“就在当下”的意思，在唐宋公案中比比皆是。

④ 谶语。“袁”，袁州。“蒙”，袁州蒙山。在今江西宜春。

⑤ 曹溪：水名。在广东省曲江县东南双峰山下。

⑥ 四会：今广东四会。

⑦ 《涅槃经》：（经名）有小乘大乘之二部，小乘之《涅槃经》，说八相成道化身之释迦，于拘尸那城入涅槃前法之状者。是化身佛之实录也。其他中阿含中有《涅槃经》。说可得涅槃之观行。大乘之《涅槃经》，其全经为北凉昙无谶译《大般涅槃经》四十卷，称为北本涅槃。后刘宋慧观等再治前经为《大般涅槃经》三十六卷，称为南本涅槃。说佛之涅槃，非灰身灭智，佛今虽现人灭之相，然佛身常住不灭。此外唐若那跋陀罗译《大般涅槃经》后分二卷，说佛之附属及入涅槃，荼毗，分骨等事。是为前经后分之补足，故称为后分经。已上数本中，常称为《涅槃经》者，乃南北二本之《大般涅槃经》。

⑧ 不二之法：（术语）独一无二之法门。

法。如高贵德王菩萨白佛言：‘犯四重禁，作五逆罪，及一阐提，当断善根佛性否①？’佛言：‘善根有二：一者常，二者无常，佛性非常非无常，是故不断，名为不二。一者善，二者不善，佛性非善非不善，是名不二。’蕴之与界②，凡夫见二，智者了达，其性无二。无二之性，即是佛性。’印宗闻说，欢喜合掌，言：‘某甲讲经，犹如瓦砾；仁者论义，犹如真金。’于是为惠能剃发，愿事为师。”

“惠能遂于菩提树下，开东山法门③。惠能于东山得法，辛苦受尽，命似悬丝。今日得与使君官僚僧尼道俗同此一会，莫非累劫之缘④，亦是过去生中供养诸佛，同种善根，方始得闻如上顿教，得法之因。教是先圣所传，不是惠能自智。愿闻先圣教者，各令净心。闻了，各自除疑，如先代圣人无别。”

一众闻法，欢喜作礼而退。

般若品第二⑤

次日，韦使君请益⑥。师升坐，告大众曰：“总净心念摩诃般若波罗蜜多⑦。”复云：“善知识，菩提般若之智，世人本自有之，只缘心迷，不能自悟，须假大善知识示导见性。当知愚人智人，佛性本无差别；只缘迷悟不同，所以有愚有智。吾今为说‘摩诃般若波罗蜜’法，使汝等各得智慧。志心谛听，吾为汝说。”

---

① 高贵德王菩萨：（菩萨）具名光明遍照高贵德王菩萨。《涅槃经疏》载：光明遍照，论外化广。高贵德王，辨内行深。四重禁：又名四重罪、四弃、四波罗夷罪等，即犯淫戒、犯盗戒、犯杀人戒、犯大妄语戒。五逆罪：五种极逆于理的罪恶，即杀父、杀母、杀阿罗汉、出佛身之血，破和合之僧。因此五种是极端罪恶的行为，任犯一种，即堕无间地狱，故又名无间业。一阐提：一阐提迦的简称，是极难成佛的意思。有二种：起大邪见，断一切善根者，名断善阐提。大悲菩萨，发愿众生度尽，方成佛道，而众生至多，故亦成佛无期者，名大悲阐提。

② 蕴之与界：即指五蕴十八界。蕴，（术语）即五蕴。蕴是积集的意思，五蕴就是色蕴、受蕴、想蕴、行蕴、识蕴。色就是一般所说的物质，变碍为义，是地、水、火、风四大种所造；受就是感受，领纳为义，其中包括苦、乐、舍三受；想就是想象，于善恶憎爱等境界中，取种种相，作种种想；行就是行为或造作，由意念而行动去造作种种的善恶业；识就是了别的意思，由识去辨别所缘所对的境界。在此五蕴中，前一种属于物质，后四种属于精神，乃是构成人身的五种要素。界，即十八界。合眼、耳、鼻、舌、身、意之六根，色、声、香、味、触、法之六尘，眼识、耳识、鼻识、舌识、身识、意识之六识，名为十八界。此中因根对尘，中间发识以了别境界。如眼根为能发，眼识为所发，色尘为助发。眼根如是，余根可类推。每一根的根境识，必须同时具备，才会发生效用。

③ 东山法门：（杂语）禅宗四祖道信，五祖弘忍，俱住黄梅东山，引接学人，故云。《宋高僧传》载：“昔魏末有天竺沙门达摩者，得禅宗妙法。自释迦佛相传，授以衣钵为记。隐于嵩山少林寺。寻卒，以法付慧可，可付璨，璨付道信，信付忍。忍与信俱住东山，故谓其法为东山法门。”

④ 累劫：（杂语）累叠数多之劫量也。世界成坏之时期云劫。

⑤ 本品（章）认为，无上“菩提般若之智，世人本自有之，只缘心迷，不能自悟”，并且，“妙性本空”“不假文字”的自性，其“心量广大，遍周法界”，因而，“一切般若智，皆从自性生，不从外人”。能够观照自性，就能够达到这样的思维高度——“一切即一，一即一切，去来自由”；观照了自性，“凡夫即佛，烦恼即菩提”；观照了自性，“前念迷即凡夫，后念悟即佛”；观照了自性，最终就能够“见性成佛”。在这里，佛第一次离我们如此之近，甚至近到——如果你能够化解自我心魔的话，佛就是等同于你我自身。这种众生平等的成佛观，在等级制度理所当然的封建时代里，给了苦难众生以多少佛的慈悲之光啊！

⑥ 请益：（杂语）和尚先有所与，复请余分，谓之请益。其法，学者若愿请益，则先禀烧香侍者，侍者通于住持，若允，则因住持之指挥，定时。多为定钟后。侍者于方丈秉烛烧香，引入参学者而出外，或依住持之命，立于椽之左。参学者于当面问讯烧香，大展九拜，收具进云：某为生死事大，无常迅速，伏望和尚慈悲，方便开示。肃而侧立，以闻垂诲。或胡跪，或坐，依住持之指挥。

⑦ 摩诃般若波罗蜜多：华译为大智慧度，意谓乘此大智慧则能由生死苦海渡到涅槃彼岸。

“善知识，世人终日口念般若，不识自性般若，犹如说食不饱。口但说空，万劫不得见性，终无有益。”

“善知识，‘摩诃般若波罗蜜’是梵语，此言大智慧到彼岸。此须心行，不在口念。口念心不行，如幻如化，如露如电。口念心行，则心口相应。本性是佛，离性无别佛。何名‘摩诃’？‘摩诃’是大，心量广大，犹如虚空，无有边畔，亦无方圆大小，亦非青黄赤白，亦无上下长短，亦无嗔无喜，无是无非，无善无恶，无头无尾。诸佛刹土①，尽同虚空。世人妙性本空，无有一法可得。自性真空，亦复如是。”

“善知识，莫闻吾说空，便即著空。第一莫著空，若空心静坐，即著无记空②。善知识，世界虚空，能含万物色像，日月星宿、山河大地、泉源溪涧、草木丛林、恶人善人、恶法善法、天堂地狱、一切大海、须弥诸山③，总在空中。世人性空，亦复如是。”

“善知识，自性能含万法是大，万法在诸人性中。若见一切人，恶之与善，尽皆不取不舍，亦不染著，心如虚空，名之为大，故曰‘摩诃’。善知识，迷人口说，智者心行。又有迷人，空心静坐，百无所思，自称为大。此一辈人，不可与语，为邪见故。”

“善知识，心量广大，遍周法界，用即了了分明。应用便知一切。一切即一，一即一切，来去自由，心体无滞，即是般若。”

“善知识，一切般若智，皆从自性而生，不从外入，莫错用意。名为真性自用，一真一切真，心量大事，不行小道。口莫终日说空，心中不修此行，恰似凡人自称国王，终不可得，非吾弟子。”

“善知识，何名‘般若’？‘般若’者，唐言智慧也。一切处所，一切时中，念念不愚，常行智慧，即是‘般若’行。一念愚即‘般若’绝；一念智即‘般若’生。世人愚迷，不见‘般若’绝；口说‘般若’，心中常愚。常自言：我修‘般若’。念念说空，不识真空。‘般若’无形相，智慧心即是。若作如是解，即名‘般若’智。何名‘波罗蜜’？此是西国语④，唐言到彼岸，解义离生灭。著境生灭起，如水有波浪，即名为此岸，离境无生灭，如水常流通，即名为彼岸，故号‘波罗蜜’。”

“善知识，迷人口念，当念之时，有妄有非。念念若行，是名真性。悟此法者，是‘般若’法；修此行者，是‘般若’行。不修即凡。一念修行，自身等佛。”

“善知识，凡夫即佛，烦恼即菩提。前念迷即凡夫，后念悟即佛。前念著境即烦恼，后念离境即菩提。”

“善知识，‘摩诃般若波罗蜜’，最尊最上最第一，无住无往亦无来，三世诸佛从中

---

① 刹土：（术语）刹，梵语 Ksetra，音译差多罗。意译曰土田。梵汉双举云刹土。即国土之义。

② 无记空：无善恶区别，又非自我本心显现的境界。

③ 须弥：（杂名）Sumeru，又作修迷楼，苏弥楼，须弥楼，弥楼。新作苏迷卢，苏迷呼。山名。一小世界之中心也。译言妙高，妙光，安明，善积，善高等。凡器世界之最下为风轮，其上为水轮，其上为金轮即地轮，其上有九山八海，即持双，持轴，担木，善见，马耳，象鼻，持边，须弥之八山八海与铁围山也，其中心之山，即为须弥山。入水八万由旬，出水八万由旬，其顶上为帝释天所居，其半腹为四王天所居，其周围有七香海七金山，其第七金山外有碱海，其外围曰铁围山，故云九山八海。赡部洲等四大洲在此碱海之四方。

④ 西国语：印度语，多指梵语。

出①。当用大智慧，打破五蕴烦恼尘劳。如此修行，定成佛道，变三毒为戒定慧②。”

“善知识，我此法门，从一‘般若’生八万四千智慧。何以故？为世人有八万四千尘劳③。若无尘劳，智慧常现，不离自性。悟此法者，即是无念、无忆、无著。不起诳妄，用自真如性，以智慧观照；于一切法，不取不舍。即是见性成佛道。

“善知识，若欲入甚深法界及‘般若’三昧者④，须修‘般若’行，持诵《金刚般若经》即得见性。当知此经功德无量无边。经中分明赞叹，莫能具说。此法门是最上乘，为大智人说，为上根人说，小根小智人闻，心生不信。何以故？譬如天龙下雨于阎浮提⑤，城邑聚落悉皆漂流，如漂草叶；若雨大海，不增不减。若大乘人，若最上乘人，闻说《金刚经》，心开悟解，故知本性自有般若之智，自用智慧常观照，故不假文字。譬如雨水，不从天有，元是龙能兴致，令一切众生，一切草木，有情无情，悉皆蒙润。百川众流，却入大海，合为一体。众生本性般若之智，亦复如是。”

“善知识，小根之人，闻此顿教，犹如草木，根性小者，若被大雨，悉皆自倒，不能增长。小根之人，亦复如是。元有般若之智，与大智人，更无差别。因何闻法不自开悟？缘邪见障重，烦恼根深。犹如大云覆盖于日，不得风吹，日光不现。般若之智亦无大小，为一切众生自心迷悟不同。迷心外见，修行觅佛，未悟自性，即是小根。若开悟顿教，不执外修，但于自心常起正见，烦恼尘劳，常不能染，即是见性。”

“善知识，内外不住，去来自由，能除执心，通达无碍，能修此行，与《般若经》本无差别。”

“善知识，一切修多罗及诸文字、大小二乘、十二部经，皆因人置，因智慧性，方能建立⑥。若无世人，一切万法，本自不有，故知万法本自人兴；一切经书，因人说有。缘其人中有愚有智；愚为小人，智为大人。愚者问于智人，智者与愚人说法。愚人忽然悟解心开，即与智人无别。”

“善知识，不悟，即佛是众生；一念悟时，众生是佛。故知万法尽在自心，何不从自心

---

① 三世诸佛：过去世、现在世、未来世，称为三世。在佛教成立的当时，释迦牟尼佛称为现在佛，在释迦牟尼佛以前的一切佛称为过去佛，在释迦牟尼佛以后成佛的称为未来佛。三世诸佛，统指出现于三世的一切佛。

② 三毒：贪、嗔、痴。贪是贪爱五欲，嗔是嗔恚无忍，痴是愚痴无明，因贪嗔痴能毒害人们的身命与慧命，故名三毒。戒定慧：又名三学，或三无漏学。戒是戒止恶行，定是定心一处，慧是破妄证真。持戒清净心则安，心安则可得定，得定则可观照分明而生智慧。持此戒定慧三法，能对治三毒，成就佛果，所以又叫做三无漏学。

③ 八万四千尘劳：（术语）八万四千之烦恼也，尘劳为烦恼之异名，以烦恼污人之真性，使人烦劳也。

④ 三昧：又名三摩提，或三摩地，华译为正定，即离诸邪乱，摄心不散的意思。

⑤ 阎浮提：（界名）Jambudvipa，旧称阎浮提，琰浮洲，阎浮提鞞波。新称赡部洲。当须弥山之南方大洲名。即是我们现在所住的娑婆世界。阎浮者新称赡部。树名。提为提鞞波之略，译曰洲。此洲之中心，有阎浮树之林，故以为洲名。又属南方，故曰南阎浮提。

⑥ 修多罗：华译契经，契是上契诸佛妙理，下契众生根机，经是线的意思，贯穿法义，使不散失。十二部经：一切经教的内容分为十二类，叫做十二部经，也叫做十二分教。一、长行，以散文直说法相，不限定字句者，因行类长，故称长行；二、重颂，既宣说于前，更以偈颂结之于后，有重宣之意，故名重颂；三、孤起，不依前面长行文的意义，单独发起的偈颂；四、因缘，述说见佛闻法，或佛说法教化的因缘；五、本事，是载佛说各弟子过去世因缘的经文；六、本生，是载佛说其自身过去世因缘的经文；七、未曾有，记佛现种种神力不思议事的经文；八、譬喻，佛说种种譬喻以令众生容易开悟的经文；九、论议，指以法理论议问答的经文；十、无问自说，如阿弥陀经，系无人发问而佛自说的；十一、方广，谓佛说方正广大之真理的经文；十二、记别或授记，是记佛为菩萨或声闻授成佛时名号的记别。此十二部中，只有长行、重颂与孤起颂是经文的格式，其余九种都是依照经文中所载之别事而立名。又小乘经中无自说、方等、授记三类，故仅有九部经。

中顿见真如本性?《菩萨戒经》云①：'我本元自性清净'，若识自心见性，皆成佛道。《净名经》云②：'即时豁然，还得本心。'"

"善知识，我于忍和尚处，一闻言下便悟，顿见真如本性。是以将此教法流行，令学道者顿悟菩提。各自观心，自见本性。若自不悟，须觅大善知识，解最上乘法者，直示正路，是善知识有大因缘，所谓化导令得见性。一切善法，因善知识能发起故。三世诸佛、十二部经，在人性中本自具有，不能自悟，须求善知识指示方见；若自悟者，不假外求。若一向执谓须他善知识方得解脱者，无有是处。何以故？自心内有知识自悟，若起邪迷妄念颠倒，外善知识虽有教授，救不可得；若起正真般若观照，一刹那间妄念俱灭，若识自性，一悟即至佛地。"

"善知识，智慧观照，内外明彻，识自本心。若识本心，即本解脱，若得解脱，即是'般若'三昧，即是无念。何名无念？若见一切法，心不染著，是为无念。用即遍一切处，亦不著一切处。但净本心，使六识出六门，于六尘中无染无杂，来去自由，通用无滞，即是'般若'三昧③。自在解脱，名无念行。若百物不思，当令念绝，即是法缚，即名边见④。"

"善知识，悟无念法者，万法尽通；悟无念法者，见诸佛境界；悟无念法者，至佛地位。"

"善知识，后代得吾法者，将此顿教法门，于同见同行，发愿受持，如事佛故，终身而不退者，定入圣位。然须传授从上以来默传分付，不得匿其正法；若不同见同行，在别法中⑤，不得传付。损彼前人，究竟无益。恐愚人不解，谤此法门，百劫千生，断佛种性。"

"善知识，吾有一《无相颂》，各须颂取，在家出家，但依此修；若不自修，惟记吾言，亦无有益。听吾颂曰：

说通即心通，如日处虚空。
唯传见法性，出世破邪宗。
法即无顿渐，迷悟有迟疾。
只此见性门，愚人不可悉。
说即虽万般，合理还归一。
烦恼暗宅中，常须生慧日。
邪来烦恼至，正来烦恼除。
邪正俱不用，清净至无余。

---

① 《菩萨戒经》：（经名）姚秦罗什最后译出《梵网经》中之菩萨心地戒品第十，为二卷，题曰梵网经卢遮那佛说菩萨心地戒品第十。后别录此下卷中偈颂已后所说之戒相为一卷，以便诵持。

② 《净名经》：（经名）《维摩诘经》之异名。

③ 六识：（名数）眼识，耳识，鼻识，舌识，身识，意识也。言六根如其次第，对于色声香味触法之六境，而生见闻嗅味觉知之了别作用者。为大小乘通说之法门，位于大乘所说八识中第一至第六，故常称为前六识。此六识在欲界，六识皆有，在色界之初禅天，有眼耳身意之四识，无鼻舌之二识，又第二禅天以上至无色界之有顶，唯有意识，无眼耳身之三识，以是为识相应而非与禅定相应故也。六门：眼、耳、鼻、舌、身、意六根也叫六门。六尘：（名数）色声香味触法之六境，此六境有眼等六根入身以污净心者。故谓之尘。

④ 法缚：思想被所知所见所束缚，也就是执着于法，与法执同义。边见：五见之一，即遍于一边的恶见。如有人固执人死之后为断灭，没有后世，叫做断见或无见。又有人固执人死之后仍是为人，猪马牛羊死后仍是为猪马牛羊，叫做常见或有见。这些执断执常的见解，都遍于一边，不合中道，故名边见。

⑤ 别法：除禅宗外的其他佛教派别。

菩提本自性，起心即是妄。
净心在妄中，但正无三障①。
世人若修道，一切尽不妨。
常自见己过，与道即相当。
色类自有道，各不相妨恼。
离道别觅道，终生不见道。
波波度一生②，到头还自懊。
欲得见真道，行正即是道。
自若无道心，暗行不见道。
若真修道人，不见世间过。
若见他人非，自非却是左。
他非我不非，我非自有过。
但自却非心，打除烦恼破。
憎爱不关心，长伸两脚卧。
欲拟化他人，自须有方便。
勿令彼有疑，即是自性现。
佛法在世间，不离世间觉。
离世觅菩提，恰如求兔角③。
正见名出世，邪见是世间。
邪正尽打却，菩提性宛然。
此颂是顿教，亦名大法船④。
迷闻经累劫，悟则刹那间。”

师复曰：“今于大梵寺说此顿教，普愿法界众生，言下见性成佛。”

时韦使君与官僚道俗，闻师所说，无不省悟。一时作礼，皆叹：“善哉！何期岭南有佛出世！”

决疑品第三⑤

一日，韦刺史为师设大会斋。斋讫，刺史请师升座，同官僚士庶肃容再拜，问曰：“弟子闻和尚说法，实不可思议。今有少疑，愿大慈悲，特为解说。”

师曰：“有疑即问，吾当为说。”

---

① 三障：（名数）障正道害善心者有三：一、烦恼障，贪欲嗔恚愚痴等之惑；二、业障，五逆十恶之业；三、报障，地狱饿鬼畜生等之苦报。又，一、皮烦恼障，三界中之思惑也。贪嗔等之惑，对于外之六应而起。如皮之在身外。二、肉烦恼障，三界中之见惑也。断见常见等皆属于内心之分别者。如肉之在皮内。三、心烦恼障，根本无明也。由此无明惑迷真心而妄起，故名心烦恼障。又，三重障也。一、我慢重障；二、嫉妒重障；三、贪欲重障。

② 波波：（杂语）奔波忽扰之貌。

③ 兔角：兔不生角，故以“兔角”喻必无之事。《楞严经》卷一：“无则同于龟毛兔角，云何不着？”

④ 法船：（喻）佛法能使人了脱生死，好像船能渡人，过生死海而到涅槃的彼岸。

⑤ 本品（章）以答疑的形式，通过比较三组概念——功德与福德、心净土与西方净土、在家与在寺修行，承前章进一步具体阐述“佛向性中作，莫向身外求”的“明心见性”“见性成佛”的修道观。

韦公曰："和尚所说，可不是达摩大师宗旨乎？"

师曰："是。"

公曰："弟子闻，达摩初化梁武帝，帝问云：'朕一生造寺、度僧，布施、设斋，有何功德①？'达摩言：'实无功德。'弟子未达此理，愿和尚为说。"

师曰："实无功德，勿疑先圣之言。武帝心邪，不知正法，造寺、度僧、布施、设斋，名为求福，不可将福便为功德。功德在法身中，不在修福②。"

师又曰："见性是功，平等是德。念念无滞，常见本性，真实妙用，名为功德。内心谦下是功，外行于礼是德；自性建立万法是功，心体离念是德；不离自性是功，应用无染是德。若觅功德法身，但依此作，是真功德。若修功德之人，心即不轻，常行普敬。心常轻人，吾我不断，即自无功；自性虚妄不实，即自无德；为吾我自大，常轻一切故。善知识！念念无间是功，心行平直是德；自修性是功，自修身是德。善知识！功德须自性内见，不是布施、供养之所求也。是以福德与功德别，武帝不识真理，非我祖师有过。"

刺史又问曰："弟子常见僧俗念'阿弥陀佛'，愿生西方③。请和尚说，得生彼否？愿为破疑。"

师言："使君善听，惠能与说。世尊在舍卫城中，说西方引化经文，分明去此不远④。若论相说里数，有十万八千，即身中十恶八邪⑤，便是说远。说远，为其下根；说近，为其上智。人有两种，法无两般。迷悟有殊，见有迟疾。迷人念佛，求生于彼；悟人自净其心。所以佛言：'随其心净，即佛土净。'使君东方人，但心净即无罪；虽西方人，心不净亦有愆。东方人造罪，念佛求生西方；西方人造罪，念佛求生何国？凡愚不了自性，不识身中净土，愿东愿西，悟人在处一般。所以佛言：'随所住处，恒安乐。'使君心地但无不善，西方去此不遥；若怀不善之心，念佛往生难到。今劝善知识，先除十恶，即行十万；后除八邪，乃过八千。念念见性，常行平直，到如弹指，便睹弥陀。使君但行十善，何须更愿往生？不断十恶之心，何佛即来迎请？若悟无生顿法⑥，见西方只在刹那；不悟，念佛求生，路遥如何得达？惠能与诸人移西方如刹那间，目前便见，各愿见否？"

众皆顶礼云⑦："若此处见，何须更愿往生？愿和尚慈悲，便现西方，普令得见。"

师言："大众！世人自色身是城⑧，眼耳鼻舌是门。外有五门，内有意门。心是地，性是王，王居心地上。性在，王在；性去，王无。性在，身心存；性去，身心坏。佛向性中

---

① 度僧：（仪式）度人为僧也。度者，出也、离也。出离俗也，又出离生死也。故云度。布施：以自己的财物，分施给别人。布施有三种，即一、财施，即以财物去救济疾病贫苦的人；二、法施，即以正法去劝人修善断恶；三、无畏施，即不顾虑自己的安危去解除别人的怖畏。功德：（术语）功者，福利之功能，此功能为善行之德，故曰德。又，德者得也，修功有所得，故曰功德。

② 法身：佛三身之一，又名自性身，或法性身，即诸佛所证的真如法性之身。

③ 阿弥陀佛：译义为无量光，或无量寿，故亦称为无量寿佛，是西方极乐世界的教主。西方：即西方净土，西方阿弥陀佛的极乐世界。

④ 世尊：佛的尊称，因佛是世人所共尊的人。舍卫：地名，为古印度憍萨罗国都城，华译为好名闻，因其国中政教善良，风俗敦厚，且充满许多有德有智的学者，嘉誉风闻各国，故名。引化：（术语）引接化度也。

⑤ 十恶：又名十不善，即杀生、偷盗、邪淫、妄语、恶口、两舌、绮语、贪欲、嗔恚、愚痴。八邪：与八正道相反的八种邪道，即邪见、邪思惟、邪语、邪业、邪命、邪方便、邪念、邪定。

⑥ 无生：不生不灭的意思，也是涅槃的道理。

⑦ 顶礼：（术语）五体投地以吾顶礼尊者之足也。是一种最敬礼节。

⑧ 色身：（术语）三种身之一，自四大五尘等色法而成之身，谓之色身。

作，莫向身外求。自性迷，即是众生；自性觉，即是佛。慈悲，即是观音；喜舍，名为势至①。能净，即释迦；平直，即弥陀。人我是须弥②，邪心是海水，烦恼是波浪，毒害是恶龙，虚妄是鬼神，尘劳是鱼鳖，贪嗔是地狱，愚疑是畜生。善知识！常行十善，天堂便至③。除人我，须弥倒；去邪心，海水竭；烦恼无，波浪灭；毒害忘，鱼龙绝。自心地上，觉性如来④，放大光明，外照六门清净，能破六欲诸天⑤。自性内照，三毒即除，地狱等罪，一时消灭，内外明彻，不异西方。不作此修，如何到彼？"

大众闻说，了然见性，悉皆礼拜，俱叹善哉！唱言："普愿法界众生，闻者一时悟解。"

师言："善知识！若欲修行，在家亦得，不由在寺。在家能行，如东方人心善；在寺不修，如西方人心恶。但心清净，即是自性西方。"

韦公又问："在家如何修行？愿为教授。"

师言："吾与大众说《无相颂》，但依此修，常与吾同处无别。若不作此修，剃发出家，于道何益？"颂曰：

"心平何劳持戒？行直何用修禅？
恩则孝养父母，义则上下相怜。
让则尊卑和睦，忍则众恶无喧。
若能钻木出火，淤泥定生红莲。
苦口的是良药，逆耳必是忠言。
改过必生智慧，护短心内非贤。
日用常行饶益，成道非由施钱。
菩提只向心觅，何劳向外求玄？
听说依此修行，天堂只在目前。"

师复曰："善知识！总须依偈修行，见取自性，直成佛道。法不相待，众人且散，吾归曹溪，众若有疑，却来相问。"

时，刺史官僚、在会善男信女，各得开悟，信受奉行。

---

① 观音：（菩萨）旧云光世音，观世音，略称观音，新云观世自在，观自在。梵语 Avalokites/vara，观世音者，观世人称彼菩萨名之音而垂救，故云观世音，观世自在者，观世界而自在拔苦与乐。观音有六观音，七观音乃至三十三观音，但常称之观音，指六观音中之圣观音。显教以为阿弥陀之弟子，密教以为阿弥陀之化身，与大势至菩萨皆在阿弥陀佛之左右（观音左，势至右），而赞其教化。故称弥陀之二胁士。喜舍：（术语）又云净舍，净施等。喜施财宝也。势至：（菩萨）具名大势至菩萨，得大势。梵语摩诃那钵 Mahastha maprapta，阿弥陀三尊之一。侍于阿弥陀之右胁。主佛之智门者。菩萨之大智至一切处，故名大势至。真言以为胎藏界观音院之一尊。

② 人我：（术语）人身固执常一主宰之我有实体。谓之我之相，人我之见。由此执见而生种种之过失。

③ 十善：十种的善业，即不杀生、不偷盗、不邪淫、不妄语、不两舌、不恶口、不绮语、不贪、不嗔、不痴。天堂：（杂名）天上宫殿也。《法华玄义》一："释论云：三界无别法，唯是一心作。心能地狱，心能天堂，心能凡夫，心能贤圣。"《三论玄义》："若必无因而有果者，则善招地狱，恶感天堂。"

④ 如来：（术语）Tathagata，梵语曰多陀阿伽陀，译言如来，佛十号之一。如者真如也，乘真如之道从因来果而成正觉之故，名为如来。是真身如来也。又乘真如之道来三界垂化之故，谓之如来。是应身如来也。又，如诸佛而来，故名如来。

⑤ 六欲诸天：（界名）欲界有六天，谓之六欲天。色界之四禅有十八天。无色界之四处有四天。其他有日天月天韦驮天等诸种天神。即诸天部也。

学习建议

1. 梳理出经文中印度文化痕迹。

2. 比较思考“明心见性”、“见性成佛”观、道家“养生”与“养性”并重理念、儒家“修身养性”思想三者之间异同。

3. 怎样看待佛教信仰与宗教迷信问题。

4. 搜集地方佛教文化特色资料，尝试调查研究地方佛教文化资源开发、保护与地方旅游等经济发展之间的良性互动关系。

5. 延伸阅读篇目：

《坛经》、《金刚经》、《心经》。

参考书目

［1］周振甫. 诗经选译［M］. 北京：中华书局，2005.
［2］陈戍国. 诗经校注［M］. 长沙：岳麓书社，2004.
［3］高亨. 诗经今注［M］. 上海：上海古籍出版社，1980.
［4］陈子展. 诗经直解［M］. 上海：复旦大学出版社，1983.
［5］程俊英. 诗经译注［M］. 上海：上海古籍出版社，1985.
［6］顾宝田. 尚书译注［M］. 长春：吉林文史出版社，1995.
［7］陈戍国. 尚书校注［M］. 长沙：岳麓书社，2004.
［8］孙星衍. 尚书今古文注疏［M］. 北京：中华书局，1986.
［9］陈梦家. 尚书通论［M］. 北京：中华书局，1985.
［10］施忠连. 四书五经鉴赏辞典［M］. 上海：上海辞书出版社，2005.
［11］本社. 四书五经［M］. 北京：中国书店，1985.
［12］陈戍国. 礼记校注［M］. 长沙：岳麓书社，2004.
［13］陈浩. 礼记集说［M］. 上海：上海古籍出版社，1987.
［14］洪业等. 礼记引得［M］. 上海：上海古籍出版社，1983.
［15］杨庆中. 周易经传研究［M］. 北京：商务印书馆，2005.
［16］周振甫. 周易译注［M］. 北京：中华书局，1991.
［17］陈鼓应、赵建伟. 周易今注今译［M］. 北京：商务印书馆，2005.
［18］金景芳、吕绍纲. 周易全解［M］. 上海：上海古籍出版社，2005.
［19］徐中舒. 左传选［M］. 北京：中华书局，1963.
［20］王守谦. 左传选译注［M］. 贵阳：贵州人民出版社，1985.
［21］童书业. 春秋左传研究［M］. 上海：上海人民出版社，1980.
［22］瞿蜕园. 左传选译［M］. 上海：上海古籍出版社，1982.
［23］杨伯峻. 春秋左传注［M］. 北京：中华书局，1990.
［24］徐元诰. 国语集解［M］. 北京：中华书局，2002.
［25］李维琦. 国语［M］. 长沙：岳麓书社，1988.
［26］朱友华. 战国策［M］. 上海：上海古籍出版社，1987.
［27］刘向. 战国策［M］. 上海：上海古籍出版社，1985.
［28］牛鸿恩. 战国策选注［M］. 天津：天津古籍出版社，1984.
［29］何建章. 战国策注释［M］. 北京：中华书局，1990.
［30］钱超尘. 战国策译注［M］. 北京：北京燕山出版社，1993.
［31］王扶汗. 文白对照全译战国策［M］. 北京：中央民族学院出版社，1993.
［32］程树德. 论语集释［M］. 北京：中华书局，1990.
［33］杨伯峻. 论语译注［M］. 北京：中华书局，1981.

［34］刘宝楠. 论语正义［M］. 北京：中华书局，1990.
［35］姚永朴，余国庆. 论语解注合编［M］. 合肥：黄山书社，1994.
［36］陈鼓应. 老子注译及评价［M］. 北京：中华书局，1984.
［37］王弼. 老子注［M］. 上海：上海书店影印本，1991.
［38］魏源. 老子本义［M］. 上海：上海书店影印本，1991.
［39］李妙根.《墨子》选评［M］. 上海：上海古籍出版社，2005.
［40］罗炳良. 墨子解说［M］. 北京：华夏出版社，2007.
［41］何怀远. 墨子［M］. 呼和浩特：远方出版社，2006.
［42］陈秋平、尚荣译注. 金刚经　心经　坛经［M］. 北京：中华书局，2007.
［43］郭朋. 坛经校释［M］. 北京：中华书局，2004.
［44］丁福保. 佛学大辞典（全二册）［M］. 上海：上海辞书出版社，1991.
［45］杨寄林译注. 太平经今注今译（上、下）［M］. 河北人民出版社，2002.
［46］焦循. 孟子正义［M］. 北京：中华书局，1987.
［47］杨伯峻. 孟子译注［M］. 北京：中华书局，1981.
［48］孟轲. 孟子［M］. 长沙：岳麓书社，2000.
［49］朱熹. 孟子集注［M］. 上海：上海古籍出版社，1987.
［50］郭庆藩. 庄子集释［M］. 北京：中华书局，1961.
［51］王先谦. 庄子集解［M］. 北京：中华书局，1954.
［52］陈鼓应. 庄子今注今译［M］. 北京：中华书局，1983.
［53］王先谦. 荀子集解［M］. 北京：中华书局，1988 年.
［54］章诗同. 荀子简注［M］. 上海：上海人民出版社，1974.
［55］张觉. 荀子译注［M］. 上海：上海古籍出版社，1995.
［56］俞志慧. 韩非子直解［M］. 杭州：浙江文艺出版社，2000.
［57］陈奇猷. 韩非子集释［M］. 上海：上海人民出版社，1974.
［58］陈启天. 韩非子校释［M］. 北京：中华书局，1941.
［59］王先谦. 韩非子集解［M］. 北京：中华书局，1998.
［60］吴九龙. 孙子校释［M］. 北京：军事科学出版社，1990.
［61］曹操. 孙子十家注［M］. 上海：上海书店，1992.
［62］孙武. 孙子兵法［M］. 合肥：安徽文艺出版社，2003.
［63］孙武. 孙子兵法［M］. 南京：江苏古籍出版社，2002.
［64］聂石樵. 楚辞新注［M］. 北京：商务印书馆，2004.
［65］李山. 楚辞选译［M］. 北京：中华书局，2005.
［66］董楚平. 楚辞译注［M］. 上海：上海古籍出版社，1986.
［67］洪兴祖. 楚辞补注［M］. 北京：中华书局，1983.
［68］高诱，毕沅. 吕氏春秋［M］. 北京：中华书局，1954.
［69］吕不韦，陈奇猷. 吕氏春秋新校释［M］. 上海：上海古籍出版社，2002.
［70］王范之. 吕氏春秋选注［M］. 北京：中华书局，1981.
［71］吕不韦，高诱. 吕氏春秋［M］. 上海：上海古籍出版社，1989.
［72］韩兆琦. 史记评注［M］. 长沙：岳麓书社，2004.

［73］王冉冉．史记讲读［M］．上海：华东师范大学出版社，2006.
［74］司马迁．史记［M］．长沙：岳麓书社，2004.
［75］司马迁．史记．［M］北京：中华书局，1982.
［76］侯外庐．中国思想通史（四卷本）［M］．北京：人民出版社，1957－1960.
［77］郭预衡．中国散文史（全三卷）［M］．上海：上海古籍出版社，1986.
［78］张国刚，乔治中．中国学术史［M］．上海：东方出版中心，2002.
［79］袁行霈．中国文学史［M］．北京：高等教育出版社，1999.
［80］游国恩．中国文学史［M］．北京：人民文学出版社，1979.
［81］柳诒徵，蔡尚思．中国文化史（全二册）［M］．上海：上海古籍出版社，2001.
［82］任继愈．中国哲学史（全四册）［M］．北京：人民出版社，1985.